한국의 외교정책

한국의 외교정책

김 달 중 편저

Korea's Foreign Policy

Edited by
Kim Dalchoong

ORUEM Publishing House
Seoul, Korea
1998

◈ Abstract: p. 573

간 행 사

이 책은 연세대학교 정치외교학과 교수로 봉직중이신 김달중 교수님의 화갑을 기념하기 위하여 김 교수님으로부터 지대한 학문적 가르침과 영향을 받았던 후학들과 제자들이 사은의 뜻을 하나로 모아 출간하는 책입니다.

김달중 교수님은 지난 1977년 이래 모교에 봉직하시면서 국제정치학 분야에서 커다란 학문적 일가를 이루셨습니다. 특히 외교정책분야에 대한 남다른 관심과 열정은 이 분야에 관한 수많은 저서와 학술논문으로 출판되어 후학들에게 훌륭한 학문적 길잡이가 되었을 뿐 아니라, 교수님의 학문적 세계는 한국 국제정치학계의 발전에 탄탄한 초석이 되었습니다. 또한 김 교수님께서는 한국 외교정책의 결정과 수행과정에서도 훌륭한 안내자적 역할을 해오셨습니다. 사회과학자로서 가져야 하는 현실세계에 대한 지적 책임을 교수님께서는 남달리 먼저, 그리고 가장 활발하게 실천하신 분입니다. 외교통상부는 물론 통일부, 국방부의 자문위원으로서 오랜 기간 활동하시면서 학자적 입장에서 한국 현대외교사의 발전을 이끌어오신 분이라 해도 결코 지나침이 없을 것입니다.

김달중 교수님은 이 시대 한국 국제정치학계를 대표하는 가장 뛰어난 학자임은 물론 민간 국제교류분야에서 남다른 업적을 쌓아올리신 출중한 민간외교관임은 자타가 공인하는 사실입니다. 1997년 세계정치학회 서울대회 조직위원회 위원장으로서 이 대회를 성공적으로 이끄신 업적은 널리 알려진 일입니다. 김 교수님의 뛰어난 조직력과 추진력, 그리고 평소 탄탄하게 구축해 오셨던 국제학술교류의 경험과 인적 네트워크가 없었더라면 서울대회의 성공은 아예 불가능했을 것입니다. 현재 세계정치학회 수석부회장직을 수행하시면서 한국 정치학계의 국제적 위상을 제고하는 노력을 계속하고 계십니다.

김 교수님의 국제학술교류 영역은 세계적이라 할 수 있습니다. 1998년 화갑을 맞으신 오늘에도 이루 다 헤아릴 수 없을 정도로 다양하고 광범위한 국제교류의 일선에서 활동하고 계십니다. 1996년 한·독 학술교류 및 한·독 이해증진에 기여하신 공로로 독일연방공화국으로부터 수상하신 십자공로훈장은 지난 20여년간 김 교수님의 성공적 국제교류 활동의 한 표상이기도 했습니다. 1980년 후반 연세대학교 동서문제연구원장으로 재직시 추진하신 한독회의를 통한 동구권 학자들과의 교류는 뒷날 동구권 국가들과 국교수립에 기초가 되었다는 것은 이미 잘 알려진 사실입니다. 더욱이 현재 아태안보협력이사회(CSCAP) 한국위원회 회장직을 맡고 계시면서 국제평화 증진을 위한 민간외교관 역할을 훌륭하게 수행하고 계십니다. 국제관계에서 비정부조직체(NGOs)의 역할 증대라는 현 시대상을 한걸음 앞서, 그리고 가장 활발하게 실천하시면서 한국 외교영역에서 그 신기원을 이룩하신 분이 김달중 교수님이십니다. 이러한 민간 외교관으로서의 왕성한 국제학술교류활동은 시대와 현실을 조망하는 김 교수님의 시각을 항상 세계적 문제에 두게 만드는 토대가 되어왔으며, 후학들에 있어 김 교수님의 그같은 세계지향적 통찰력은 21세기 한국의 미래상을 만들어나가는 노력에 좋은 나침반이 되고 있습니다.

김달중 교수님은 한국국제정치학회 회장직을 수행하시면서 학회의 발전을 위해 몸을 아끼지 않으셨습니다. 국제정치학회의 오랜 숙원이었던 회관건립사업도 김 교수님의 주도로 현재 착실히 추진되고 있습니다. 한국 공산권 연구협의회 회장직을 맡고 계시면서 뒷날 북방정책을 위한 학문적 초석을 닦으신 분도 김 교수님이셨습니다. 연세대학교 동서문제연구원장 및 국제학대학원장직을 수행하시면서 국제사회에서 한국의 학문적 위상을 널리 알리셨으며, 아울러 한국 학계의 국제화 수준을 한 단계 높이셨습니다.

김 교수님으로부터 학문적 은혜를 입었던 많은 후학들과 제자들이 이제 학계는 물론 현실 정책영역에서 작은 역할이나마 담당할 수 있게 된 것도 모두 김 교수님의 학문적 그늘을 잠시나마 스쳐갔던 것에서 연유합니다. 이번 뜻깊은 행사를 기념하여 출판하게 된 이 책은 김 교수님께서 평소 지니고 계셨던 외교정책 및 한국 외교정책에 대한 학문적 관심을 다시 한번 체계적으로 정리한다는 의미가 주어져 있습니다. 지난 20여년 동안 김 교수님께서 강의실에서, 그리고 수많은 연구활동을 통해 강조해 오셨던 외교정책의 이론적 탐구와 한국 외교정책에 대한 분석과 전망을 후학들과 제자들이 발전적으로 계승한다는 뜻을 이 책에 담았습니다. 그러나 간행작업에 참여했던 저희들은 오히려 김 교수님의 거대한 학문세계를 제대로 전수하지 못하고 있는 것이 아닌가 하는 두려움과 송구스러움이 먼저 앞섭니다. 김 교수님께서 저희들에게 학문적 길을 열어주셨던 것처럼 이 책이 이 분야에 관심을 가진 후학들의 좋은 지침서가 되었으면 하는 바람을 함께 가져봅니다.

필설로 다하지 못하는 김 교수님의 학문적 은혜에 깊이 감사드리면서 이 책을 김 교수님께 봉정하는 바입니다. 출판업계의 어려운 현실 속에서도 기꺼이 출판을 맡아주신 도서출판 오름의 부성옥 사장님과 편집부 관계자 여러분께 고마움을 전합니다.

1998년 6월
김달중 교수 화갑기념저서 간행위원회

8

목 차

제 1 부 외교정책이론과 한국외교정책

10

제3부 지역별 한국외교정책

서 장

한국외교정책의 이론과 실제: 회고와 전망

김 달 중

I

이 글을 쓰면서 필자는 2가지를 자문해 보았다. 필자가 처음 연구대상으로 삼았던 구한말시기부터 현재까지 한국의 외교는 어떤 변화를 겪어왔으며 앞으로 어떻게 갈 것인가가 그 하나 였으며, 다른 하나는 한국외교정책에 대한 그동안의 연구들이 한국외교 현실을 얼마나 잘 설명해왔고 또 어느 정도의 이론적 발전을 해왔는가 하는 것이었다. 이런 질문을 던지고 보니 필자는 그동안 강단에서 그리고 한국외교 현실을 관찰하면서 어떤 고민을 해왔고 또 앞으로 무엇을 해야 할 것인가 하는 반성으로 이어졌다.

사실 한국외교정책의 이론과 현실을 되돌아보고, 이를 토대로 21세기 한국외교를 전망하고자 한 이 책은 필자가 그동안 가르쳤던 제자나 후배들의 손으로 쓰여진 점에서 필자 인생의 회고이며, 또한 그들이 앞으로 한국외교의 길을 밝혀나갈 것이라는 점에서 전망을 담고 있다 하겠다. 그동안 교단에 몸담고 있으면서 한국외교정책에 대한 이렇다 할 교재가 없다는 점이 늘 아쉬움이었다. 이런 아쉬움에 대한 빚을 이 책을

16

통해 조금이나마 덜고 싶었다.

이론과 현실, 현상과 인식은 끊임없는 대화 속에서 과거를 반추하기도 하고 새로운 역사를 창출하기도 한다. 하지만 늘 이론과 현실, 현상과 인식 간에는 채워지지 않는 간격이 있기 마련이다. 그럼에도 불구하고 인간은 끊임없이 현상을 해석하려 하고 그것을 통해 자신의 존재이유와 가치를 확인하곤 한다. 이 책에서는 한국외교의 이론과 현실 간의 긴장관계를 유지하고, 한국외교정책의 역사적 전개를 통해 미래를 전망하고자 했다.

한 나라의 외교정책은 많은 요인과 복잡한 과정을 거치지만 대체로 환경·행위자·제도의 세 요인들 간의 긴밀한 대화의 결과물로 볼 수 있다. 물론 이들 요인 간의 상호작용을 어떻게 보느냐에 따라 그 외교정책을 해석하는 방식과 대처방법도 달라질 수 있다. 그럼에도 불구하고 그 시각은 역사성(특수성)과 공간성(보편성)의 조화를 벗어나지 않는다. 우리가 흔히 냉전기 외교정책과 탈냉전기 외교정책으로 구별하는 것은 역사성에 착안하여 외교정책을 해석하는 것이며, 한국외교정책이나 미국외교정책, 동북아 외교정책 등은 공간성에 착안한 것이다. 그리고 이둘은 독립적으로 존재하는 것이 아니라 서로 얽혀 있다. 결국 외교정책을 분석한다는 것은 환경·행위자·제도 그리고 그 외교정책이 처한 역사성과 공간성 그리고 특수성과 보편성이라는 날줄과 씨줄을 가지고 짜여진 외교 돗자리의 문양과 용도를 보는 것과 같은 것이다.

1945년 이후 한국외교정책의 역사는 편향성에서 보편성과 다양성 및 다변화로 전환·발전해 온 역사였다. 이제 한국외교정책은 세계화와 개방화가 전지구적 추세가 되고 있는 가운데 또 한번의 전환기를 맞고 있다. 19세기 말 서유럽 국가들의 경쟁적 팽창시대에 맞았던 '제1의 개방위기'에 이어, 보편성의 확산시대를 맞아 '제2의 개방위기'를 적극적으로 극복해 나가야 하는 것이다. 이런 시점에서 한국외교정책의 과거와 현재를 조망해 보는 일은 우리 외교의 현 위상을 확인시킬 뿐만 아니라, 21세기 한국외교정책의 밑그림을 제공하여 새로운 출발을 위한 토대가 되었으면

한다. 또한 이 책이 한국외교정책에 관한 이론이나 분석틀이 부재한 우리
의 현실을 극복하는 데 하나의 징검다리 역할을 했으면 하는 바람이다.
　이 책은 3부로 구성되었다. 제1부에서는 외교정책이론의 연구동향과
한국외교정책의 이론화 노력을, 그리고 제2부와 3부에서는 외교정책의 실
제를 살펴보았다. 제2부에서는 안보외교·원자력외교·경제외교 등 문제영
역별 한국외교정책을 역사적으로 조망해 보았고, 제3부에서는 대상국가
와 지역별 한국외교정책을 살펴보았다. 이러한 이론과 실제의 분석을 토
대로 종장에서는 한국외교정책의 과제와 대응방안을 모색해 보았다.

II

　외교정책이론의 발전에 대해서는 이 책과 동시에 출간된 『외교정책
의 이론과 이해』에서 잘 설명되어 있기에 여기서는 생략한다. 다만 요
약한다면 한 나라의 외교정책은 환경·행위자·제도와 역사성·공간성의
상호작용에 의해 이루어지고 또 분석될 수 있다고 할 수 있다.
　그동안 한국의 외교정책 연구는 주로 외교정책결정론, 관료조직과정
모델, 로즈노(James Rosenau)의 예비이론 등을 응용한 것이 많았다. 뿐만
아니라 이론적 접근보다는 외교정책의 종속변수에 대한 서술적 연구가
주종을 이루었다. 이러한 점은 제1장(이서항)에서 보는 바와 같이 한국
외교정책 연구의 문제점으로서 개념화와 분석틀을 통한 일관성있는 연
구의 부재, 그리고 외교정책 연구전통의 부재가 지적되고 있다. 그리고
그 원인을 대미 의존성, 비자율성, 분단체제와 권위주의, 외교정책 자체
의 빈곤에서 찾고 있으며, 나아가 국내외 정세의 변화에 따른 이론화를
위한 방안으로 ‘국가이익’을 중심개념으로 한 개념정립과 분석틀 정립
의 중요성을 제기하고 있다. 또한 대안적 분석틀로 로즈노의 예비이론
과 이스턴(David Easton)의 체계이론을 바탕으로 한 환경모델을 제안하
고 있다. 무엇보다도 중심개념 설정, 분석수준의 명료화를 이론발전의

기초로 제시하고 있다.

한국외교정책을 이론적으로 분석할 때 한국이 약소국이고, 분단국이라는 점이 우선적으로 고려되어야 한다. 제2장(김의곤)은 냉전종식 이후 세계정치의 변화를 선진세계·동부유럽·제3세계로 나누어 연속성과 불연속을 밝히고, 이에 따른 한국외교정책에 주는 함의를 제시하고 있다. 또한 선진세계에서 전쟁에 대한 비용증가와 대가감소에 따른 기피현상과, 국내체제와 가치에서 민주주의 채택에 따른 전쟁억제, 동부유럽의 불안정과 평화의 양면성, 제3세계에서의 전통적 갈등요인의 지속 등을 지적하면서, 이에 따라 넓어진 한국외교의 선택폭과 손익계산에 따른 효율적 외교수행을 제안하고 있다.

한국외교정책을 분석할 때 외교정책결정자, 즉 외교정책의 행위자에 대한 이해도 필수적이다. 카첸스타인(Peter Katzenstein)의 신제도주의에서 제기된 국내구조의 중앙집권화와 분권화 정도, 혹은 로즈노가 제시한 사회분화와 국내정치체제의 특성에 따라 사회집단·관료·최고정책결정자 등 외교정책 결정 행위자의 역할과 영향은 달라지기 마련이다. 전통적으로 한국외교정책 결정에서 가장 중요한 행위자는 최고정책결정자인 대통령과 행정부인데, 이는 권위주의체제라는 한국의 국내구조의 특성을 반영한 것이다. 그 결과 한국은 외교정책 결정과정에서 다양한 요구의 투입보다는 제한적이고 통제된 정책투입이라는 특성을 갖게 되었다. 민주화된 체제일수록 다원적 요구분출과 이익집단의 압력이 외교정책 결정과정에서 더 많이 반영되게 된다. 한국도 1980년대 후반 민주화되면서 외교정책의 다양화가 어느 정도 이루어지고 있다.

한국외교정책을 이론적으로 분석할 때 냉전체제와 분단체제에서 오는 이데올로기적 특성은 빠뜨릴 수 없다. 탈냉전 이후 외교정책에서 이데올로기적 변수는 그 중요성이 약화되고 있는 것이 사실이다. 그러나 한국외교정책은 그동안 반공이데올로기·안보이데올로기와 접목되어 대서방 외교를 중심으로 반사회주의적 특성을 띠어왔다. 이런 반공이데올로기적 제약은 탈냉전과 더불어 자유주의 시장경제라는 경제이데올로기가 외교정책의 쟁점으로 부각되면서 변화하게 되었다. 제3장(여현덕)은 한국외교정책에 이데올로기가 미치는 영향을 IMF위기를 둘러싼 영국과 칠레 사례, 즉 보수와 혁신 논쟁을 통해 살피고 한국에 주는 함의를 제시하고 있다. 또한 이러한 이데올로기 논쟁은 국내정치세력 간의 세력갈등이라는 국내구조의 특성 및 국내외 경제환경과 맞물려 있음을 지적하고 있다.

한국외교정책의 가장 보편적인 분석방법 중 하나는 역사적 접근이다. 근대 외교사 분석이나 한국외교의 역사적 전개과정과 특성을 분석하는 데 이 분석방법이 가장 많이 사용되었다. 제4장(김계동)은 한국외교정책의 외교사적 고찰을 통해 구한말 이후 현재까지의 한국외교정책을 분석하고 있다. 특히 한국외교정책의 역사적 요인, 지정학적 요인, 이념적 요인의 상호작용관계를 주로 ① 역사성에서 기인하는 적대외교와 동맹외교라는 분단외교의 지속과 ② 국제정세변화에 따른 교차승인외교·북방외교·다자안보외교의 변화를 통해 밝히고 있다.

제5장(고상두)에서는 한국이 당면한 분단국외교의 방향을 독일의 통일사례 분석을 통해 다자적 협력체의 활용과 장기적이고 일관적 정책수립의 필요성을 제시하고 있다.

이 외에도 한국외교정책을 이해하기 위해서는 한국 외교제도에 대한 분석도 절실하다. 그동안 한국외교에 대한 제도적 분석은 주로 정권별로 외교정책기구의 편제개편 논의와 맞물려 전개되었던 것이 특징이다. 최근 제도를 정태적인 것이 아니라 동태적인 개념으로 보고 외교정책망을 분석하는 신제도주의적 분석은 경제외교정책을 분석하는 데 유용하게 적용되고 있다.

III

일반적으로 한 국가의 외교정책은 국가의 특성에 따라 달라진다. 예컨대 강대국인가 약소국인가, 민주국가인가 독재국가인가, 혹은 산업화된 국가인가 개발도상국가인가에 따라 외교정책행위도 달라지게 되는 것이다. 그런데 동일한 국가의 외교정책이라도 문제영역(issue area)에 따라 상이한 정책결정과정과 산출이 일어나게 된다. 다시 말해 외교정책 문제에 연관된 가치의 성격에 따라 사회세력의 정책결정에 관련되는 정도가 달라지는 것이다. 제2부는 문제영역별 한국외교정책과 역사적 전개과정을 분석하고 있다.

첫째, 안보영역의 외교정책은 사활적 국가이익이 달린 문제이다. 현실주의의 논리를 빌리지 않더라도 국가의 제일 목표는 생존이다. 그래서 모든 국가는 무정부적 국제질서 속에서 안보균형을 이루기 위해 자국의 능력을 키우는 데 일차적인 관심을 갖게 되는 것이다. 한국의 경우 안보는 한국전쟁을 거치면서 제1차적인 외교정책 목표가 되었고, 이러한 안보적 동인으로 대미 외교와 군사력을 중시하는 전통적 외교정책 목표와 수단에 집착할 수밖에 없었다. 제6장(이정훈)에서는 이러한 문제를 중점적으로 논의하고 있다.

미·소를 중심으로 한 핵무기 경쟁은 인류공멸이라는 딜레마를 낳게 됨으로써 미·소 화해의 길을 열었다. 그러나 캐플란(Morton A. Kaplan)의 이른바 '불완전한 핵확산체제'(incomplete nuclear diffusion system)에 대한 우려가 최근 북한의 핵개발, 인도의 핵실험, 포괄적 핵실험방지조약(CTBT) 위기와 더불어 현실화되고 있다. 미국이 핵확산방지조약(NPT)을 냉전체제의 억지전략(deterence strategy)의 대체전략으로 사용하고 있으나, 최근 약소국들의 핵개발 노력은 국제체제 자체를 근본적으로 무질서하게 만들 가능성이 높아지고 있는 것이다. 그러나 이런 현실의 이면에는 단순히 물리적 군사력의 증가만이 아닌 석유자원의 고갈에서 오는 에너지 위기와 맞물려 있다고 볼 수 있다. 21세기 초반에 산업화의 핵심적 에너지인 석유가 고갈될 것이라는 예측은 원자력을 비롯한 대체에너지 개발에 관심을 갖게 하고 있는 것이다. 이러한 측면에서 제7장(박한규)에서는 원자력을 둘러싼 한국의 에너지외교 전개과정과 대체

에너지 개발의 중요성을 지적하고 있다. 즉 현대 안보에서 제기되고 있는 '포괄적 안보'(comprehensive security)라는 측면에서 볼 때 석유 한 방울 나오지 않는 한국은 경제안보 차원뿐만 아니라 에너지안보를 심각히 고려해야 할 필요가 있다는 것이다.

둘째, 탈냉전과 더불어 국제질서가 지정학적 질서에서 지경학적 질서로 전환됨에 따라 경제영역의 외교정책은 그 어느 때보다 중요해 지고 있다. 오늘날 '국경없는 경제'(borderless economy)는 지역주의(regionalism)와 WTO, OECD의 다자주의(multilateralism) 등과 더불어 가장 많이 회자되는 단어가 된 지 오래이다. 경제문제는 대부분 국가들에게 GNP 대비 군사비 지출에서 제약을 가하고 있고, 나아가 경제안보와 군사안보를 연동시키기에 이르렀다. 이러한 변화로 한국외교에서 경제외교가 차지하는 위상이 높아지고 있으며, 최고정책결정자들의 세일즈외교의 중요성 또한 커져가고 있다. 제8장(김정기)에서는 이러한 한국 경제외교의 역사적 전개와 개선방향을 제시하고 있다.

셋째, 안보영역과 모순관계에 있는 외교정책이 통일외교정책이다. 한국의 통일정책은 제1공화국의 무력통일론에서 제3공화국 이후의 평화통일론, 점진통일론 등으로 전환되어 왔다. 이와 더불어 우리의 통일외교는 6·23선언, 북방외교, 남북기본합의서 채택 등을 거치면서 점차 가속화되어 왔으나, 북한의 핵문제로 남북관계는 교착되었다. 제9장(정규섭)에서는 통일외교의 역사적 변화를 시기별로 나누어 분석하면서, 한국 통일외교의 방향을 경제발전 및 안보강화에 두고 동북아 정세 및 4자회담 등 다자체제, 한·미 쌍무체제 간의 연계성에서 찾고 있다.

한편 지속적인 경제발전과 민주화의 확산, 핵확산방지레짐을 통한 '지구안보' 개념 등이 범지구적 쟁점이 되고 있다. 특히 전지구적 경제발전의 지속화는 공해와 환경파괴문제라는 또 다른 문제를 부각시키면서 이는 경제외교와 환경외교 간에 갈등을 낳고 있다. 1992년 '리우선언'은 '지속가능한 발전'(sustainable development)이라는 개념을 통해 새로운 경제개발 지침을 제시했고, 이에 따라 선진국들은 환경보존의 중요성을 강조하기 시작했다. 그러나 이러한 환경보존문제는 개발도상국과 저개발국에게 경제발전의 제약요인으로 되어 선진국과 개발도상국 간의 갈등관계를 조성시키고 있다. 제10장(손기웅)에서는 환경레짐의 역사적 발전과 21세기 한국 외교에서 환경외교가 차지하는 중요성을 상기시키면서, 인식의 전환과 전문인력의 양성, 다자적 협력의 필요성을 모색하고 있다.

신국제질서가 형성되면서 국제기구 및 국제레짐 등이 중요한 국제정치행위자로 등장하고 있다. 걸프전 이후 나타난 UN의 역할강화, EU·APEC·ASEM 등 지역경제공동체의 발전, OSCE·CSCAP 등 다변적 안보기구 및 협의체의 발전, 최근 일고 있는 자동차·전자·금융 산업의 빅뱅 및 M&A의 활성화에 따라 거대화·지구화하고 있는 다국적 기업, 그리고 그린피스(Green Peace) 등 비정부조직(NGO)의 역할증대 등은 국제질서에서의 초국가적 행위자의 증대라는 특성을 가시적으로 보여주는 예이다. 이러한 초국가적 행위자의 보편화는 정부간 국제기구와 비정부간 국제기구, 더 나아가 국제레짐 등에 대한 외교정책의 중요성을 높여주고 있다. 제11장(백진현)에서는 국제기구 및 지역협력외교의 실상을 분석하였으며, 제12장(이연호)은 다자기구 중 국제경제협력과 상호의존의 증대에 따른 대국제경제기구 외교의 중요성을 APEC과 ASEM을 중심으로 살펴보았고, 제13장(이인호)에서는 점차 증가하고 있는 비정부조직의 영향과 이들 조직이 한국외교에 주는 시사점을 분석하였다.

IV

한국외교정책은 전통적으로 한반도를 둘러싼 국제체제와 동북아시아 지역체제에 더 많이 영향받아왔다. 그 결과 냉전기 한국외교정책은 미국과 일본, 그리고 서구유럽에 중점이 두어졌다. 그러나 1970년대 들어 제3세계 국가들에 대한 관계개선이 시작되었고, 1980년대에는 북방외교를 통해 동구·러시아·중국·베트남 등 사회주의권과의 국교정상화를 이루어냄으로써 현재는 전방위외교시대를 맞고 있다.

그동안 한·미관계는 안보강화와 경제발전이라는 긍정적인 결과와 함께 주권외교의 제약이라는 부정적 측면을 동시에 갖고 있었다. 그러나 탈냉전과 더불어 한국의 민주화가 진척된 지금 '새로운 동반자관계'를 구축해 나가야 할 과제를 안고 있다. 제14장(이정민)에서는 한·미 양국이 21세기 환경에 적극적으로 대처하고 새로운 전략적 협력 관계를 모색하기 위한 제반 쌍무적 외교현안을 분석하고 있다.

한국의 대일외교정책은 그동안 불편한 역사적 경험으로 인해 제약되어 왔지만 경제·안보·문화 등 전 분야에 걸쳐 협력관계를 넓혀왔다. 그것은 한·일 양국이 갈등의 역사와 함께 숙명적으로 협력을 추구하지 않을 수 없는 현실이 교차하고 있기 때문이다. 이제 과거사 문제를 비롯한 각종 쟁점현안을 매듭짓고 진정한 '미래지향적 한·일관계'를 구축해 나가야 하는 과제를 안고 있다. 제15장(김재호)은 한국의 대일외교의 역사적 전개와 신국제질서 이후 대일외교의 과제를 일본의 국내정치구조와의 관련에서 분석하고 있다.

한·중관계 및 한·러관계는 1990년대 초 한중수교를 통해 비정부적인 관계를 청산하고 정치·경제·사회·문화 등 모든 영역에서 밀접한 협력과 교류의 폭을 넓혀오고 있다. 하지만 민감한 안보 및 전략부분에 있어서는 여전히 독자적인 전략을 펼치고 있다. 제16장(금희연)에서는 대중국 외교정책의 역사적 전개와 향후 전망을 살펴보았으며, 제17장(양승함)은 한·러관계의 구조와 특징을 포괄적으로 분석하고 있다.

이상과 같은 한반도를 중심으로 한 주변4강외교 이외에 국제기구를 통한 다자외교가 활발해지고 있는 상황에서 유럽국가와 제3세계 국가와의 외교의 중요성이 나날이 증가하고 있다. 전통적인 우방이자 주요 외교대상인 유럽에 대한 외교정책은 제18장(최동희)에서 분석하고 있으며, 제19장(이대우)에서는 한국의 제3세계 외교정책의 변천과 향후 발전방향을 제시하고 있다.

제1부
외교정책이론과 한국외교정책

제 1 장 한국외교정책이론의 재조명

이 서 항

제 1 절 서 론

외교정책은 한 국가가 대외관계에 있어서 목표설정에 따라 추구하는 공공정책의 하나로서, 간단히 말하면 대외적으로 그 나라의 국가이익(national interest)으로 정의된 구체적 목적을 달성하기 위한 전략 또는 계획적인 행동방침을 의미한다.[1] 외교정책은 국가 공공정책의 범주에 들지만 국가 간의 대외관계 맥락에서 비교적 구체적인 설명이 가능한 만큼 외교정책의 이해는 항상 국제정치학 연구의 중요한 주제 중의 하나가 되어왔다. 1980년대 중반 국제정치연구의 다양한 이론현황을 소개했던 영국의 정치학자 라이트(Margot Light)는 외교정책 분석은 지난 십수년 동안 연구가 가장 활발했던 분야의 하나이며 비록 국제관계연구의 핵심적·중심적 요소(focal point of international relations)가 되는 위치를 차지하지는 못하고 있다 하더라도 국제관계 연구의 필수불가결한 분석수

---

[1] Jack C. Plano and Roy Olton, *The International Relations Dictionary* (Santa Barbara, CA: ABC-CLIO, 1982), p. 7. 한편 또 다른 국제정치학사전은 외교정책을 '한 국가가 행동, 대응, 상호접촉하는 행위일체'라고 정의하고 있다. Graham Evans and Jeffrey Newnham, *Dictionary of International Relations* (New York: Penguin Books, 1998), p. 179 참조.

준(an indispensable level of analysis)이 되고 있다고 지적한 바 있다.[2]

외교정책이 국제관계 연구의 필수불가결한 분석수준이 되고 있는 만큼 이 분야에 관한 연구는 국내외적으로 국제정치학의 발달과 깊은 연관을 맺고 있다. 현대 국제정치학 연구가 가장 활발한 지역이라 할 수 있는 미국에서 외교정책의 이론화 노력은 1960년대에 본격적으로 비롯되었는데 국제정치연구의 한 분야로서 외교정책의 이론화가 시도된 데에는 다음과 같이 크게 세 가지 관련사실로부터 영향을 받았다고 할 수 있다. 첫째 사회학이나 심리학 및 경제학 등 인근분야의 학문들이 과학적 연구방법을 도입하여 큰 성과를 이룩하였으며, 둘째 1950년대와 1960년대에 걸쳐 아시아와 아프리카로부터 수많은 신생독립국가들이 국제사회에 등장함으로써 보다 많은 외교정책 사례들을 제공하였으며, 셋째 이들 국가들의 외교정책은 대체로 많은 유사성을 띠고 있어, 이를 연구하는 학자들은 종래의 역사적·서술적·당위적 성격을 띤 전통주의적 접근방법 대신에 객관적·계량적·체계적인 과학적 접근방법을 적용하기 시작했던 것이다. 이론화를 추구하는 미국의 학자들은 수많은 사례에서 발견되는 개개의 외교정책이 갖고 있는 특수성에 초점을 맞추기보다는 시간과 장소를 초월하여 되풀이되는 국가들의 대외정책에 적용될 수 있는 일정한 규칙성(regularities), 유형(patterns)과 일반적인 경향(trends) 등을 찾아내려고 노력하였다고 평가할 수 있다.[3]

1960년대 이후 진행된 수많은 이론화의 노력 중에서 로즈노(James Rosenau)는 가장 뛰어난 업적을 보이고 있는데 그는 외교정책을 과정(process)인 동시에 결과(output)로 파악, 국내정치(즉 국내정책 결정과정)와 국제정치를 연결하는 교량적인 학문분야(bridging discipline)로 규정하고 외교정책 연구에서도 자연과학의 이론처럼 가설검증을 통해 일반화

---

2) Christopher Hill and Margot Light, "Foreign Policy Analysis," in Margot Light and A. J. R. Groom, eds., *International Relations: A Handbook of Current Theory* (Boulder, Colorado: Lynne Rienner Publishers, 1985), p. 156.
3) 유승익, "한국외교정책의 분석틀," 이범준·김의곤 편, 『한국외교정책론: 이론과 실제』(서울: 법문사, 1993), p. 104.

된 이론의 확립이 가능하다고 주장하면서 이론의 수준에 미치지는 못
하지만 그에 근접하는 '예비이론'(pre-theory)을 소개한 바 있다.4) 그는 3
개의 변수—즉 국가의 크기(영토와 자원), 국가경제의 발전 정도, 그리
고 정치체계의 폐쇄성 여부를 각기 두 종류로 나누어 8개의 국가유형
(national type)을 제시하고, 한 국가의 외교정책은 그 나라가 어떤 유형의
국가에 속하느냐에 따라 지배적인 영향을 받는다고 주장하였다.5)

　이후 외교정책 연구의 이론화 작업은 앨리슨(Graham T. Allison), 허만
(Charles Hermann), 케글리(Charles W. Kegley) 등의 학자가 승계하여 외교
정책결정과정의 모형화 및 일반화가 꾸준히 모색되고 있다.6) 물론 이와
같은 이론화 작업은 아직까지 외교정책을 분석하는 데 필요한 안정된
개념과 틀의 설정은 물론이고 이를 바탕으로 많은 국가들의 대외정책
과 관련된 특수성과 보편성을 완벽히 설명해 줄 수 있는 대이론(grand
theory)의 개발에는 이르지 못했으나 특정 소수국가에게만 한정적으로
적용되는 외교정책 이론의 틀을 벗어나려는 과학화·일반화 노력은 꾸
준히 지속되고 있다.

　우리나라에서도 미국을 비롯한 서구 국가 학자들의 외교정책 연구
이론화 작업에 영향을 받아 그동안 이 방면에 대한 비교적 진지한 시도
가 있었다고 평가할 수 있다. 한국학자들에 의한 한국을 대상으로 한
외교정책 연구는 1980년대 이후 본격적으로 전개되었다고 할 수 있는
데, 예를 들면 구영록과 한승주는 1985년 한국의 대외관계와 외교를 전

4) James N. Rosenau, "Pre-Theories and Theories of Foreign Policy," in *The Scientific Study of Foreign Policy*, revised and enlarged ed. (New York: Nichols Publishing Co., 1980), pp. 115-168 참조.
5) J. N. Rosenau (1980), p. 127.
6) 이에 대한 자세한 설명은 정종욱·김태현, "외교정책이론," 이상우·하영선 편, 『현대국제정치학』(서울: 나남출판, 1997), pp. 419-453 및 Charles F. Hermann and Gregory Peacock, "The Evolution and Future of Theoretical Research in the Comparative Study of Foreign Policy," in Charles F. Hermann, Charles W. Kegley, Jr. and James N. Rosenau, eds., *New Directions in the Study of Foreign Policy* (Boston: Allen & Unwin, 1987), pp. 13-32.

반적으로 살핀 영문판 단행본 *Foreign Policy of the Republic of Korea* (New York: Columbia University Press, 1985)를 출간했으며 한국국제정치학회는 1988년 '외교정책의 재조명: 민주화와 한국외교정책'이라는 주제의 연례학술회의를 개최하는 데 이어, 1993년에는 한국외교정책 연구의 분석틀 모색을 위한『한국외교정책론: 이론과 실제』라는 제목의 단행본7)을 발간한 바 있다. 또 최근에 구영록은 국가이익개념을 바탕으로 한국의 외교정책을 이해하려는 의도에서 1995년『한국의 국가이익: 외교정치의 현실과 이상』을 출간한 바 있다.8) 물론 한국외교정책에 대한 연구와 분석은 위에서 언급한 단행본만을 포함하지 않는다. 이호재는 외국학자의 접근방법을 응용, 제1공화국의 외교정책 특성을 분석하여 1969년『한국외교정책의 이상과 현실』을 발간한 바 있으며9) 오기평은 냉전종식 이후 국제질서가 개편되는 초기과정에서 한국외교정책이 입안·집행되는 대응과정의 특성을 살피기 위한 목적으로 1994년『한국외교론: 신국제질서와 불확실성의 논리』를 출간한 바 있다.10)

 그러나 이와 같은 본격적인 한국외교정책에 대한 분석에도 불구하고 한국의 외교정책 연구는 질과 양 모두 미흡하여 이론화의 성취와는 거리가 먼 것으로 지적되고 있다. 즉 특정사안이나 시기 또는 문제들을 중심으로 한 분석은 단편적으로 많이 이루어졌으나, 극히 소수의 경우를 제외하고는 일정한 개념적 틀이나 이론에 바탕을 둔 일관성 있는 연구는 빈곤 내지 부재에 가까운 상황이라는 것이다.11) 이 장은 상기와 같은 지적과 관련, 한국의 외교정책 연구를 반성하고 기존에 이루어진 한국외교정책 이론을 평가·재조명하는 동시에 이를 바탕으로 바람직한 한국외교정책 연구의 방향을 모색하는 데 목적이 있다.

---

7) 이범준·김의곤 편,『한국외교정책론: 이론과 실제』(서울: 법문사, 1993).
8) 구영록,『한국의 국가이익: 외교정치의 현실과 이상』(서울: 법문사, 1995).
9) 이호재,『한국외교정책의 이상과 현실』(서울: 법문사, 1969).
10) 오기평,『한국외교론: 신국제질서와 불확실성의 논리』(서울: 오름, 1994).
11) 하영선, "한국외교정책 분석틀의 모색," 한국국제정치학회,『국제정치논총』, 제28집 2호(1988), p. 3.

제 2 절 외교정책의 일반적 분석틀

한 국가의 외교정책 특성이나 결정과정을 명확히 이해하고 다른 나라의 그것과 어떻게 유사성과 차이점이 있는가를 명료하게 설명하기 위해서는 일정한 개념이나 분석도구 또는 안정된 분석틀이 있어야 함은 아무리 강조해도 지나치지 않다. 외교정책 연구에 필요한 개념과 도구를 설정하고 분석틀을 마련하는 것을 우리는 외교정책 연구의 이론화 작업이라고 불러도 무방할 것이다.[12]

이미 지적한 바와 같이 국내외의 수많은 국제정치학자들은 지역과 공간을 뛰어넘어 국제사회에 존재하는 여러 다양한 국가들의 외교정책과 관련된 특수성과 보편성을 체계적으로 설명해 줄 수 있는 대이론의 개발에는 아직 이르지 못한 것으로 평가되고 있다. 그러나 비교적 적은 수의 국가들이나 특정 단일국가에 적용할 수 있는 이른바 중범위이론(middle range theory) 또는 특정한 사례들을 설명하기 위한 예비이론(pre-theory)들은 많은 학자들에 의해 개발되었다고 할 수 있다. 이들 중 가장 빈번히 활용되고 있는 분석틀을 우리는 현수준에서 적용가능한 외교정책의 일반이론이라고 부를 수 있을 것이다. 그렇다면 오늘날 한 국가의 외교정책을 가장 적절히 설명해 줄 수 있는 활용가능한 분석틀 또는 일반이론의 내용은 무엇인가? 현재 외교정책 분석에 있어 가장 흔히 통용되는 분석틀과 이론을 찾아내기 위해서는 우선 먼저 외교정책이 일반적으로 갖는 특성을 이해하는 것이 필요하다. 러셋(Bruce Russet)과 스타(Harvey Starr)는 외교정책의 독특한 성격을 다음과 같이 요약하고 있다.

첫째, 외교정책은 항상 상대방이 있는 '관계적'(relational) 성격을 띤다는 점이다. 한 나라가 외교정책을 통해 의도하는 것은 아무리 일반적인 용어로 표현된다 하더라도 다른 나라의 행동에 영향을 미치도록 하는

---

12) Margot Light, "Foreign Policy Analysis," in A. J. R. Groom and Margot Light, eds., *Contemporary International Relations: A Guide to Theory* (London: Pinter Publishers, 1994), p. 94.

것에 목적이 있으며 이러한 의미에서 외교정책은 어떠한 이유에서건 다른 나라에 대한 태도 및 행태가 주요 관심사가 된다.[13]

둘째, 외교정책이 다른 나라에 대한 관계적 성격을 띤다 하더라도 한 나라가 본래 갖고 있던 의도와 항상 일치하느냐 하는 것은 별개의 문제라는 점이다. 이제까지의 대부분 외교정책 분석은 한 나라의 본래 의도와 실제 결과와의 연계성을 검토하는 것에 집중되었다고 해도 과언이 아니며 국제정치에 대한 현실주의적 시각을 가진 상당수 학자들은 외교정책이란 결국 자국의 이익을 위해 다른 나라에 대해 영향을 미치거나 통제를 추구하는 행위에 지나지 않는다고 규정하고 있다.[14]

셋째, 외교정책은 과정인 동시에 결과로서 한 나라의 내부에서 일어나는 행태와 외부의 환경을 연결시켜 주는 특성을 갖고 있다는 점이다. 외교정책은 어느 나라에 대해서건 외부 국제세계를 연결해 주는 통로 구실을 수행하며 이러한 의미에서 외교정책 분석은 국내정치와 국제정치를 연계시키는 교량적 학문이 되고 있다.[15]

이와 같은 특성을 갖는 외교정책—특히 외교정책의 결정과정과 대외적 성격—을 적절히 설명해 줄 수 있는 많은 나라에 적용가능한 분석틀은 무엇인가? 앞서 지적한 바와 같이 지역과 시간을 뛰어넘어 일반적으로 적용되는 대이론은 없으나 비교적 적은 수의 국가나 특정 단일국가의 외교정책 분석에 유용한 분석틀은 다수 존재한다. 이들 중 가장 많이 활용되는 것이 로즈노의 '예비이론'과 이스턴(David Easton)의 '투입·산출'(input-output) 개념을 바탕으로 한 체계이론(system theory)을 기초로 발전된 이른바 환경모델(environmental model)이라고 할 수 있다.

로즈노에 의하면 한 국가의 외교정책은 크게 보아, 첫째 국가의 외부

---

13) Bruce Russet and Harvey Starr, *World Politics: The Menu for Choice*, 5th ed. (New York: W. H. Freeman and Co., 1996), p. 163.

14) B. Russet and H. Starr (1996), p. 163.

15) James N. Rosenau, "Introduction: New Directions and Recurrent Questions in the Comparative Study of Foreign Policy," in Charles F. Hermann, Charles W. Kegley, Jr. and James N. Rosenau, eds. (1987), p. 1.

환경, 둘째 국가의 사회적 환경, 셋째 정부의 형태, 넷째 주요 정책결정자들의 자리에 따른 역할, 다섯째 외교정책결정 참여 개인의 성향 등 5가지로부터 영향을 받는다고 한다. 이들 중 외부환경은 한 나라의 국경 밖에서 일어나는, 그러나 해당 국가에게 직·간접적으로 영향을 미치는 여러 형태의 국제적 상황과 사건을 포함하며 사회적 환경은 비정부적 차원의 변수로서 사회일반의 중요한 가치성향, 국가통합의 정도와 산업화 수준 등이 포함된다.

또한 정부요인은 외교정책 수립에 직접 또는 간접적으로 관련되어 있는 구체적인 정부구조를 의미하며 지위에 따른 역할요인은 의사결정을 수행하는 해당 직위에 부여된 역할 및 그와 관련하여 법적·사회적으로 인정되는 행동영역의 범위를 뜻한다. 끝으로 개인요인은 외교정책을 결정하고 수행하는 정책 결정자 개인들이 갖고 있는 독특한 특성—즉 성격과 믿음 및 심리적 성향 등을 포함한다.

이들 5가지 요인(source)들은 국가의 대외적 행위를 결정하는 중요한 변수들로서 로즈노는 이들이 외교정책 분석수준(level of analysis)을 반영하는 일련의 범주가 되나 한 국가의 단일 외교정책 또는 여러 국가의 외교정책들에서 나타나는 유형을 설명하는 데 있어서 어느 하나의 요인이 결정적인 영향을 미치는 경우는 거의 없다고 주장하고 있다. 로즈노는 대신 복수의 요인들이 유기적 상관관계를 통해 외교정책 결정에 복합적으로 영향을 미치는 것으로 보고 있다. 이들 5개 요인과 외교정책과의 관계는 최근 로즈노 이론을 요약한 유승익에 따르면 간단히 $Y=F(x)$로 표시될 수 있는데 이때 Y는 종속변수(dependent variable)로서 외교정책으로 나타난 한 국가의 대외행위이며, x는 독립변수(independent variable)로서 위에서 언급한 5개의 요인들이다.[16] 즉 한 나라의 외교정책은 5가지의 독립변수와 함수관계를 이루는 다시 말해 독립변수들의 상호작용에 의한 결과물이라는 것이다.

---

16) 유승익 (1993), p. 109.

<그림 1> 외교정책 분석의 환경모델

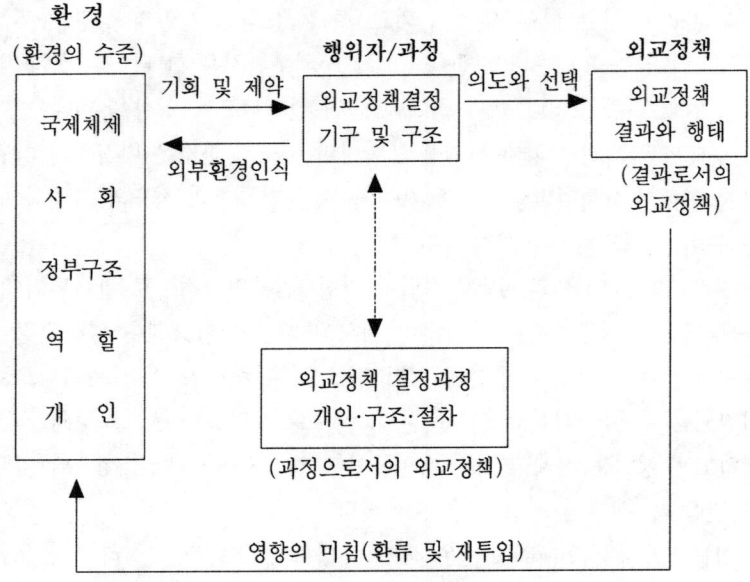

환 경
(환경의 수준)

국제체제

사 회

정부구조

역 할

개 인

기회 및 제약

외부환경인식

행위자/과정

외교정책결정
기구 및 구조

의도와 선택

외교정책

외교정책
결과와 행태

(결과로서의
외교정책)

외교정책 결정과정
개인·구조·절차

(과정으로서의 외교정책)

영향의 미침(환류 및 재투입)

자료: Maria Papadakis and Harvey Starr, "Opportunity, Willingness, and Small States: The Relationship between Environment and Foreign Policy," in Charles F. Hermann, Charles W. Kegley, Jr. and James N. Rosenau, eds., *New Directions in the Study of Foreign Policy* (Boston: Allen & Unwin, 1987), p. 417.

5가지 요인들이 한 나라의 외교정책 결정에 미치는 일련의 과정은 <그림 1>에 나타난 바와 같다. 그림에 나타난 모형의 분석틀은 5가지 환경요인을 강조했기 때문에 '환경모델'이라고도 부를 수 있는데 이 그림에 의하면 외교정책 결정요인들은 이스턴이 발전시킨 체계이론에서의 투입(input) 역할을 하고 있으며, 외교정책 결정과정을 거쳐 실제로 나타난 정책들은 산출(output)로 설명되고 있다. 한마디로 외교정책 결정과정은 환경적 요인에 의해 투입이 산출로 변화되는 단계를 일컫는데 이는 해당국가의 정책결정 구조·기관·개인의 성향 등에 따라 다르다. 로즈노의 예비이론과 이스턴의 체계이론에 기초하여 발전된 환경모델은 투입이 내부의 의사결정구조를 통해 산출로 나타나고, 그리고 산출이 환경에 의해 영향을 받은 후 새로운 투입으로 재입력되는 외교정책의 순환과정을 잘 나타내 주고 있다.

이 모델이 갖고 있는 순환성은 한 국가의 외교정책이 역사적으로 어떻게 변화되었는가를 설명하는 데도 커다란 도움이 될 뿐만 아니라 5개 결정요인들의 복합효과가 어떻게 다른 외교정책을 산출하는가를 잘 설명하고 있다. 이 모델에 의하면 A라는 하나의 외교정책이 5개의 결정요인들 사이에서 어떻게 상호작용하여 이루어졌는지를 밝힐 수 있으며, 이후 외교정책 A가 환경의 영향을 받아 환류하여 투입에 변화를 일으키고 나아가 결과적으로는 B라는 새로운 외교정책을 산출하는 과정을 비교적 명확히 밝힐 수 있다.[17] 또한 이 모델은 외교정책이 과정인 동시에 결과라는 특성도 적절히 설명해 줄 수 있는 장점을 지니고 있다.

제 3 절 한국외교정책 연구의 반성

미국을 포함한 서구학자들의 외교정책 연구에 대한 일반적 분석틀 모색과 작업에 비해 한국외교정책 연구의 이론화 모색은 매우 부진하다고 평가되고 있다. 그동안 한국외교정책 연구는 "근대외교사를 서술하는 수준이거나 시사문제를 다루는 것이 주류를 이루고 있다"고 지적되고 있거나[18] 아니면 한국과 외국의 "상호작용관계를 설명한 국제관계론적 연구이거나 강대국 중심의 대한반도 정책분석이 중심을 이루고 있다"고[19] 비판되고 있다. 더 나아가 한국외교정책 연구는 "각 사안이나 문제들을 중심으로 한 단편적인 논문들은 많이 있으나 일정한 개념적 틀이나 이론

17) 유승익 (1993), p. 111.
18) 구영록 (1995), p. 7.
19) 전웅, "한국외교정책의 전통과 연구현황," 이범준·김의곤 편, 『한국외교정책론: 이론과 실제』(서울: 법문사, 1993), p. 35.

에 바탕을 둔 일관성 있는 전반적 연구는 찾아볼 수 없으며" 과학적 이론화 노력은 거의 전무한 상태로 지적되고 있다.[20] 따라서 한국외교정책 연구는 하영선의 표현대로 외국에 비해 상대적인 빈곤 내지는 부재에 가까운 상황에 머물고 있다고 평가되고 있다.[21]

실제로 한국외교정책 연구는 분석틀의 모색이나 이론화 작업보다는 특정시기, 특정문제를 중심으로 관련 대외정책을 설명하거나 주변강대국에 대한 한국의 전반적 관계 및 사안별 정책을 서술하는 데 집중되고 있다. 일례로 한국에서 이루어진 일반적 정치학연구의 맥락에서 외교 및 국제관계연구의 문헌과 업적을 상세히 소개한 김학준의 분류에 따르면 과거 한국의 외교정책 연구는 대부분 대미관계와 대일관계의 분석이 압도적으로 다수를 차지하고 있다.[22] 또한 한국외교정책에 대한 본격적인 교과서가 없는 상황을 감안, 한국국제정치학회 주관으로 한국의 외교정책에 관한 총론을 정리하고자 시도한 결과로 출간되었던 『한국외교정책론: 이론과 실제』의 경우도 한국외교정책 분석에 적합한 이론 또는 틀의 모색보다는 주제별 및 지역별 한국외교정책의 실제적 내용설명이 더 많은 부분을 차지하고 있다.[23]

이상의 평가 및 지적과 같이 한국외교정책 연구가 안정된 기본개념이나 분석도구의 모색없이 외국의 이론을 그대로 수용하는 데 그칠 뿐 아니라 특정시기·특정문제 중심의 단편적 설명에 치우치는 이론의 빈곤상태를 보이는 근본적 이유는 무엇인가? 이는 복합적 요인에 기인하고 있는데 하영선은 다음과 같이 설명하고 있다.

첫째 1948년의 정부수립 이래 한국의 대외관계는 상호의존성보다는 주변 강대국—특히 미국에 대한 일방적인 의존성이 강하였으므로 이에 따라 한국외교정책이 독자적으로 추구될 수 있는 상대적인 자율성의

---

20) 유승익(1993), p. 107.
21) 하영선(1988), p. 3
22) 김학준, 『한국정치론사전』(서울: 한길사, 1990), pp. 772-828.
23) 이범준·김의곤 편(1993).

폭이 대단히 좁았으며 이로 인해 외교정책 연구 자체가 부진했다는 점이다. 둘째 한국외교정책의 비자율성은 남북한 분단체제의 고착화가 심화됨에 따라 더욱 강화되었다. 왜냐하면 남북한 분단체제는 남북한 상호간에 어느 한 쪽의 변화에 따른 다른 상대방의 타율적인 변화를 가져왔으며, 또한 남북한 분단체제는 한국의 대외적 자율성의 제고에 커다란 제약요인이 되어 왔다. 이같은 제약요인은 한국외교정책에 대한 연구영역을 제한하는 요소로 작용할 수밖에 없다는 것이다. 셋째 한국외교정책의 상대적 빈곤은 국제체제 및 남북한 분단체제적 요인과 함께 국내체제적 측면에서 군사논리에 기반한 권위주의적 세력이 이미 상당한 정도로 제약되어 있는 한국외교정책의 운신의 폭을 스스로 제한함으로써 심화되었다. 넷째 한국외교정책 연구의 빈곤은 일차적으로 한국외교정책 자체의 빈곤에 기인하고 있다. 그러나 또 하나의 핵심적인 요인은 비록 한국외교정책의 상대적인 자율성을 높이려는 노력이 전혀 없었던 것은 아니나, 이러한 노력을 실증적으로 연구할 수 있는 자료에의 접근이 극히 제한되어 왔다는 것이다.[24]

물론 하영선이 지적한 이들 요인만이 한국외교정책 연구의 빈곤을 초래한 것은 아니다. 최근 한국외교정책 연구의 문제점을 분석한 구영록은 보다 큰 원인을 국가이익과 같은 외교정책의 기준이 되는 핵심·중심 개념의 미개발에서 찾고 있다. 구영록에 따르면, 한국은 대외정책의 개념과 정책개발에 있어서 아직 유아상태를 벗어나지 못하고 있다고 해도 과언이 아니며, 정치인·정책결정자·학자 그리고 언론인들이 흔히 국가이익이란 용어를 즐겨 사용하고 있지만 제각기 단편적 이익을 위한 정치도구로, 혹은 자기의 주장을 정당화하는 매력적인 수단으로 이용하고 있는 경우가 허다하다는 것이다.[25]

이러한 현상은 한국의 외교정책에 혼란을 일으키고, 정책의 설정이나 집행에 막대한 지장을 초래하게 되며 결국 정당한 외교정책 연구도 제

---

24) 하영선 (1988), pp. 3-4.
25) 구영록(1995), p. 61.

한될 수밖에 없다는 것이다. 한국이 국가이익과 같은 외교정책의 중심 개념으로 삼아야 할 개념을 발전시키지 못한 이유는 한국의 대외정책이 냉전기에 있어서 미국의 대외정책과 연계된 큰 틀 속에서 짜여졌기 때문이며, 또 당시 한국의 국가이익이 미국의 그것과도 대체로 일치했기 때문이라고 볼 수 있다.[26]

이외에도 한국에서는 정책의 개념이나 가설 등을 전제로 한 외교정책 연구의 전통이 거의 없다는 것도 이론의 빈곤상태를 초래한 중요한 원인이 되고 있다. 이러한 전통의 결여 때문에 한국에서 벌어지는 외교정책상의 논쟁을 보면, 한국외교정책은 외교문제를 지극히 인간화시켜서 다루는 상식적인 습성에서 벗어나지 못하고 있음을 드러내 주고 있다. 즉 한국외교정책에는 의리의 개념이나 감정 그리고 개인적인 영웅심 등이 많이 작용하고 있으며, 한·일 국교정상화와 월남파병과 같은 중차대한 결정이 권위주의체제의 폐쇄적인 정책결정과정에서 여론을 통한 국민들의 참여를 배제한 채 이루어져 가설 등을 전제로 한 체계적인 외교정책이론 정립의 기회를 제공하지 못했다는 것이다.[27]

한마디로 한국에서의 외교정책 연구는 남북분단과 대미의존의 상황적 요인에 따른 외교정책 자체의 철학 및 비전의 부재 때문에 안정된 분석틀이나 일정한 개념을 발전시킬 수 없었던 것으로 지적되고 있는데, 이 때문에 한국외교정책 연구는 일정한 시기, 특정사안, 강대국 위주의 개별국가에 대한 대외관계의 단편적 설명에 집중되어 왔다고 요약할 수 있다. 또한 이러한 상황적 요인 때문에 한국외교는 그동안 '대세영합' 또는 '대세추종'(bandwagoning)형의 특성을 보여왔으며[28] 외교정

---

26) 구영록(1995), p. 61.
27) 구영록(1995), pp. 61-62.
28) Sung-Hack Kang, "The Korean Style of Foreign Policy: From Bandwagoning to Quo Vadis?," in Yong Soon Yim and Ki-Jung Kim, eds., *Korea in the Age of Globalization and Information: Direction of Korea's Diplomacy and Broadcasting toward the 21st Century*, The KAIS International Conference Series, No. 7 (1997), p. 18.

책 연구도 그와 같은 상황에 따른 특성을 찾아내는 데에 몰두했음을 부인할 수 없을 것이다.

그러나 최근 이러한 한국외교정책 연구의 빈곤과 제약은 변화하는 국내외의 상황속에서 다음과 같은 이유로 개선의 가능성을 보여주고 있다. 첫째 범세계적 냉전종식과 함께 그동안의 경제발전에 따른 국제정치적 위상의 상향추세로 인해 한국의 대외문제 참여 및 결정에 대한 자율성이 상대적으로 높아가고 있다. 한국은 1997년을 기준으로 세계 제12위의 대외무역고를 성취하고 있으며[29] 냉전체제의 와해로 인해 국제적 제약으로부터 어느 정도 자유로워졌다고 평가할 수 있다. 이는 과거에 비해 대외문제에 관한 한국의 선택과 책무의 범위가 상대적으로 증대했다는 것을 의미한다. 둘째 한국의 경제발전 및 국제정치적 위상의 향상에 따른 아·태 경제협력체(APEC: Asia-Pacific Economic Cooperation), 경제협력개발기구(OECD: Organization for Economic Cooperation and Development), 세계무역기구(WTO: World Trade Organization) 등 경제관련 중요 국제기구에의 가입은 한국외교정책분석의 영역과 대상을 크게 확대시켜 주고 있다. 이에 따라 과거 외교정책분석의 주요 대상이었던 안보·통일 문제 이외에 경제·통상 문제 등이 새롭게 한국외교정책분석의 중요한 영역으로 등장하고 있다.[30] 셋째 지난 1980년대 후반부터 진행된 한국 국내체제의 민주화과정은 합리적 논리에 기반한 새로운 사고방식의 확산을 촉진하여 한국외교정책결정과 관련된 자율성의 폭을 넓혀줄 가능성을 보여주고 있다.[31] 특히 국내체제의 민주적 공고화가 진척되면서 정착되는 정치

29) 1998년 3월 발표된 세계무역기구(WTO) 자료에 따르면 한국의 1997년 수출총액은 1,366억 달러로서 세계 12위를 차지하고 있으며 수입총액은 1,446억 달러로서 세계 11위를 차지하고 있다.
30) 예를 들면 길정우, "한국 통상외교의 환경변화와 특징: 한·미 통상관계를 중심으로," 한국국제정치학회, 『국제정치논총』, 제32집 2호 (1992), pp. 63-83; 이동휘, "한국의 경제외교," 이상우·하영선 편, 『현대국제정치학』(서울: 나남출판, 1997), pp. 677-701 등.
31) 하영선(1988), p. 4.

체제의 성격과 제반 사회세력과의 상호작용관계 유형(pattern)은 한국외교정책결정 및 집행에 큰 영향을 미칠 것으로 예측되고 있다.[32] 넷째 국내체제의 민주화 진전은 외교정책 관련문서 및 정보의 공개를 촉진함으로써 연구에 필요한 자료의 접근을 보다 용이하게 하고 있다. 외교통상부(구 외무부)는 1993년 7월 '외교문서 보존 및 공개에 관한 규칙'을 제정, 1994년 1월부터 원칙적으로 30년이 경과한 외교문서를 심사후 일반에게 공개하는 제도를 시행하고 있으며, 1998년 1월부터는 '공공기관의 정보공개에 관한 법률'에 따라 공개대상 외교문서의 범위를 더욱 확대하고 있다. 일정한 기간이 지난 외교문서에 대한 공개제도의 시행에 따라 이미 공개된 중요 외교문서는 약 1,800권으로서 한국군 월남파병과 관련된 서류와 유엔에서의 중국대표권문제 관련문서를 포함하며 앞으로도 미국의 월남전 개입에 관한 자료와 사할린 교포 귀환문제에 관한 서류 등이 공개될 예정이다.[33] 이외에도 외교통상부는 1990년부터 매년 한국의 외교활동을 정리한 『외교백서』를 발간하고 있다. 이같은 외교문서의 공개제도와 백서의 발간은 자료접근을 개선함으로써 한국외교정책 연구를 더욱 활성화하는 데 공헌할 것으로 기대된다.

제4절 외교정책 연구의 이론화를 위한 모색

국내외의 상황변화에 따른 외교정책결정 자율성의 증대, 연구영역 및 대상의 확대, 자료접근의 개선 등은 한국외교정책 연구의 발전을 위한 새로운 토양을 제공하고 있다. 그러나 한국외교정책 연구의 이론화를 위해서는 외교정책 자체를 꿰뚫어 볼 수 있는 일정한 안정된 개념을 설

---

32) 김기정·이행, "민주화와 한국외교정책: 이론적 분석틀의 모색," 한국국제정치학회, 『국제정치논총』, 제32집 2호(1992), p. 22.
33) 그러나 국가 안보·국방·통일 등 국가의 중대한 이익을 해칠 우려가 있는 문서는 일반 공개대상에서 제외된다.

정하고, 이 개념에 바탕을 둔 체계적이고 포괄적인 분석틀의 정립이 이루어져야 함은 아무리 강조해도 지나치지 않을 것이다.

물론 외교정책의 수립과정과 집행과정의 분석을 위해 치밀하고 정확하게 적용할 수 있는 중심개념을 설정하는 것은 쉬운 일이 아니나 최근 이러한 노력의 일환으로 제기되고 있는 중심개념의 하나는 '국가이익'(national interest) 개념이다. 국가이익은 한 국가의 최고정책 결정과정을 통하여 표현되는 국민의 정치적·경제적 및 문화적 욕구와 갈망으로 이해된다. 이러한 만화경 과정으로 국가이익을 이해하는 것은 정치 체제·사고·이념, 그리고 수많은 이익의 상호작용이 한 국가의 대외정책에 어떻게 표출되는가를 평가·검토하는 데 유용하기 때문이다.[34]

국가이익을 한국외교정책 분석의 중심개념으로 삼아야 할 것을 주장하고 있는 구영록에 따르면 대외정책의 목적은 바로 국가이익의 추구이며, 그것은 국가이익의 우선순위에 따라 이루어진다. 국가이익은 자국의 생존이라는 핵심적인 이익으로부터 자국의 문화를 해외에 널리 보급시켜 국제환경이 자국의 번영에 유리하도록 유도하는 상황의 추구까지, 중요성이 서로 다른 여러 층위의 이익으로 이루어져 있다. 이것이 곧 국가이익의 우선순위이다. 일반적으로 국가이익의 우선순위는 첫째 존망의 이익(survival interest), 둘째 핵심적 이익(vital interest), 셋째 중요한 이익(major interest), 넷째 지엽적 이익(peripheral interest) 등으로 분류된다.[35] 존망의 국가이익은 '국가의 존립을 직접적으로 위협하는 사안'으

---

34) 국가이익의 개념에 기초하여 외교정책을 분석하는 것은 대체로 국제정치학 연구의 현실주의(realism) 시각을 반영하는 것으로 평가된다. 대외정책 결정에 있어 국가이익을 내세우는 국가중심주의는 국가이익의 공식적·절차적 개념규정에 머물고 있다는 비판이 제기되고 있으나 시민사회의 활성화 및 탈냉전과 같은 국내외적 시대변천에 따른 변화를 적절히 반영할 경우 국가이익 개념은 여전히 외교정책 분석의 유용한 개념이 될 수 있다. M. Light (1994), p. 93 참조. 한편 국가이익 개념에 대한 비판은 함택영, "국가와 국가이익: 국제정치학의 국가중심성 비판," 구영록교수 화갑기념논총 편집위원회 편, 『국가와 전쟁을 넘어서: 국제환경의 변화와 한국정치』(서울: 법문사, 1994), pp. 230-252.

35) 구영록 (1995), p. 31.

로서 전투부대의 동원 또는 전쟁의 개시라는 방법이 동원되며, 이 경우 협상과 타협의 여지는 거의 없다. 핵심적 국가이익은 '국가안보와 안녕에 치명적 손실을 가져올 사안들'로서 이 경우에도 역시 단시일 내에 군사행동을 포함한 강력한 대응책이 필요하지만 가급적이면 전쟁보다는 다른 방법에 의한 해결이 모색된다. 중요한 국가이익은 국가가 방지책을 사용하지 않는다면 심각한 불이익 또는 손해가 예상되는 경우의 이해관계이다. 지엽적인 국가이익은 시기적으로도 급박하지 않을 뿐만 아니라 아주 적은 손해가 예상되는 경우의 사안들이다.[36]

물론 국가이익이란 개념은 각 국가가 처한 환경과 때에 따라 내용이 달라질 뿐만 아니라 우선순위와 강도의 차이가 있을 수 있으므로, 시·공을 초월하여 모든 나라에 일정하게 적용될 수 있는 국가이익의 기본적 내용을 정하는 것은 용이하지 않다. 분단상태를 유지하고 있는 한국의 경우 국가안보와 통일문제가 밀접히 관련되어 있기 때문에 국가이익의 내용과 우선순위가 국제사회의 다른 많은 국가들과는 차이가 날 수밖에 없다. 그러나 대체로 ① 국토의 방위(국가안보), ② 경제의 번영, ③ 자국의 가치증진, ④ 호의적인 또는 유리한 국제질서의 창출 등이 모든 국가가 공통적으로 추구하는 국가이익의 기본적인 내용임을 감안할 때 한국의 국가이익은 국가안보, 경제발전, 통일, 지역적 이익, 국제적 이익의 순위로 공식화되고 분류될 수 있을 것이다.[37]

이와 같이 국가이익으로 표현되는 중심개념을 설정한 후 한국외교정책 분석의 이론화를 추구하기 위해서는 외교정책의 분석수준과 분석영역을 명확히 이해하고 이들 간의 동태적인 상호작용관계를 규명하는 분석틀의 설정작업이 뒤따라야 할 것이다. 한국외교정책 분석의 이론화를 위한 이러한 분석틀을 설정하는 데에는 로즈노의 예비이론과 이스턴의 체계이론을 바탕으로 발전된 환경모델(앞의 <그림 1> 참조)이 적절한 모형을 제공하고 있는 것으로 평가된다.

---

36) 구영록 (1995), pp. 31-32.
37) 구영록 (1995), p. 60.

환경모델을 이용, 한국외교정책을 검토하기 위한 분석수준으로서는 최소한 국제체제, 남북한 분단체제, 사회체제, 정부구조 그리고 외교정책결정 및 수행담당 세력이 명확히 설정되어야 할 것이다.[38] 이들 분석수준에 대한 명확하고 새로운 개념설정이 필요한 것은 각 수준을 둘러싼 환경이 최근 괄목할 정도로 변화하고 있기 때문이다. 일례로 국제체제의 변화는, 첫째는 힘(power)의 한계와 힘의 개념 변화, 둘째는 세계적인 냉전체제의 종식, 셋째는 세계무역기구(WTO) 체제구축과 같은 경제영역에서의 초국가주의의 대두 및 유럽연합(EU)의 발족과 같은 경제·정치통합의 진전, 넷째는 마약·테러 문제와 같은 비재래식 위협요인의 등장과 확산 등을 포함한다. 이러한 탈이념적이고 상호의존적인 시대의 도래는 한국외교의 외부여건이라고 할 수 있는 국제체제의 새로운 개념정립을 요구한다.

한편 국제사회 모든 국가들의 보편적인 문제가 아니라 한국이 당면한 특수한 상황으로서 외교정책 결정에 영향을 미쳐 왔던[39] 남북분단문제도 냉전체제의 와해로 인해 우리나라가 과거의 제약으로부터 어느 정도 자유로워진 성격변화와 함께 국제화의 양상을 띠는 흐름이 전개되고 있다. 즉 최근 한반도문제는 냉전종식에 따른 주변 강대국―미국·중국·일본·러시아―의 대한반도 정책조정과 남북대화의 부진으로 인해 점차 국제화·다자화되는 추세를 보이고 있다. 이미 북한의 핵문제·식량문제 등은 국제적인 주요 의제로 부각되어 국제적인 차원에서 해결책이 모색되고 있으며 이러한 상황변화는 당연히 한국외교정책 분석수준 설정에 반영되어야 할 것이다.

또한 국내의 민주화 진전과 함께 사회체제, 정부구조, 그리고 외교정책 결정 및 수행담당 세력의 변화도 진행되고 있다. 과거 국가이익의

---

38) 하영선은 한국외교정책 검토를 위한 최소한의 분석수준으로 국제체제, 남북한 분단체제, 국내체제, 외교정책결정 및 수행담당세력 등 4개의 범주를 제시하고 있다. 하영선(1988), pp. 9-10.
39) 하영선 (1988), p. 12.

정의와 외교정책결정 및 이에 따라 동원되는 수단은 최고정책결정자를 비롯한 소수 정책엘리트들의 독점물이었다고 할 수 있다. 국민 전체 혹은 대다수의 합의 및 지지에 의한 정책결정은 단순한 이상이었던 것이다. 그러나 국내 민주화의 진전은 외교정책의 결정과정에 커다란 변혁을 가져올 것으로 예상되고 있으며, 국민의 동의나 지지기반이 약한 외교정책은 수행되기 어려운 시기가 되었다고 볼 수 있다.

이러한 분석수준의 명확한 개념설정에 이어 한국외교정책 연구의 이론화 추구를 위해 마지막으로 필요한 것은 외교정책의 중심개념이 되는 국가이익이 정치·경제·군사·안보·환경 분야 등 여러 특정한 문제영역(issue areas)에서 다양한 분석수준과 어떻게 서로 얽혀져 상호작용하고 있으며 실제로 특정 외교정책이 어떻게 형성·결정되어 나가는지를 살피는 일이 될 것이다. 범세계적 냉전종식 이후 한국의 정치적 자율성 증대와 함께 경제발전과 관련한 WTO 등 주요 국제경제기구에의 가입은 한국의 외교정책 영역을 크게 확대시키고 있으며, 다양한 문제영역에서의 수많은 특정 사례연구를 통해 우리는 한국외교정책 결정의 모형을 설정하고 일반화된 유형과 규칙성을 찾아냄으로써 외교정책이론을 확립할 수 있을 것이다.[40]

제5절 결론: 요약과 과제

외교정책은 크게 보면 국가 공공정책의 하나이지만 국가 간의 대외관계 맥락에서 비교적 구체적인 설명이 가능하므로, 외교정책의 이해는

---

40) 이상의 작업 외에도 일부학자들은 한국외교정책의 향후 방향과 과제제시를 이론화 추구의 일환으로 간주하고 있다. 일례로 구영록은 앞으로 한국외교는 '부강하며, 아름답고, 통일된 한국과 평화롭고 번영하는 세계의 성취'를 위하여 나아가야 한다고 강조하고 있으며 하영선은 '남북한 분단의 모순제거, 민주외교를 통한 외교정책의 국민적 합의기반 창출' 등을 앞으로의 과제로 제시하고 있다. 구영록 (1995), p. 330 및 하영선 (1988), p. 15 각각 참조.

국제정치학 연구의 중요한 주제가 되어왔다. 그러나 한 국가의 외교정
책 특성이나 결정과정을 명확히 이해하고 다른 나라의 그것과 어떻게
비슷한 점과 차이점이 있는가를 명료하게 설명하기 위해서는 일정한
개념이나 분석도구 또는 안정된 분석틀이 있어야 함은 아무리 강조해
도 지나치지 않다. 외교정책 연구에 필요한 개념과 도구를 설정하고 분
석 틀을 마련하는 것을 우리는 외교정책 연구의 이론화 작업이라고 불
러도 무방할 것이다.

서구학자들의 외교정책 연구에 대한 일반적 분석틀 모색과 작업에
비해 한국외교정책 연구의 이론화 모색은 매우 부진한 점과 그 이유에
대해서는 앞서 설명한 바와 같다.

그러나 이러한 상황을 탈피하기 위해 최근 시도되고 있는 '국가이익'
의 개념을 중심으로 한 외교정책의 분석은 현실주의 또는 신현실주의
에 대한 비판에서 보는 것처럼 국가를 추상화하고 국가중심성을 지나
치게 내세우게 되는 한계점을 드러낼 수 있지만, 오늘날 국가이익은 국
가관료집단을 포함하여 사회 내의 상충하는 세력들의 이익갈등과 상호
견제를 통해 결정되는 것임을 감안할 때 국가이익은 외교정책 분석의
적합한 개념이 될 수 있을 것이다.

또한 한국외교정책 연구의 분석수준과 분석영역을 둘러싼 환경의 변
화에 따른 이론화 모색을 위해서는 새롭고도 명확한 개념의 설정을 필
요로 하고 있다.

이러한 새로운 분석틀을 이용하여 다양한 문제영역에서의 수많은 특
정 사례연구를 통해 우리는 한국외교정책 결정의 모형을 설정하고 일
반화된 유형과 규칙성을 찾아냄으로써 한국외교정책 설명에 적합한 이
론을 확립할 수 있을 것이다. 한국외교정책이론 정립을 위한 이와 같은
과제를 원만히 수행할 때 우리는 국내정치와 국제정치 연구를 연결하
는 교량적 학문(bridging discipline)으로서의 특성을 갖는 외교정책 분석
의 본질을 올바르게 이해하게 될 것이다.

제 2 장 세계정치의 변화와 한국외교*
―연속성과 불연속성―

김 의 곤

제 1 절 서 론

역사는 언제나 우리의 기대나 희망을 쫓아가면서 형성되지는 않는다. 제2차 세계대전이 끝난 1945년 이후부터 지금까지, 그 어느 때보다 사람들을 놀라게 했던 1990년대의 사건들은 예전에는 전혀 생각지도 못한 것이었다. 대부분의 분석가들은 1990년대 중반과 후반, 그리고 21세기 초반을 밝게 보려는 경향을 가지고 있지만, 지금 우리가 보는 새로운 시대는 그리 밝은 것 같지는 않다. 그럼에도 불구하고 우리는 새로운 시대로 진입하고 있으며, 모든 국제정치를 확실히 예언할 수는 없다 하더라도 선진국들 사이에서 또 선진국과 제3세계의 사이에는 새로운 관계가 형성되고 있음은 확실하다. 그들 간의 관계는 한편으로 과거 냉전시대에 보여주었던 갈등과 협력을 지속적으로 보여주고 있으며, 다른 한편으로 전혀 다른 차원과 쟁점들에서 새로운 갈등과 협력의 양상을 보여주고 있는 것이다.

---

* 이 논문은 1998년 인하대학교 교내연구비 지원에 의하여 작성되었음.

이 장의 목적은 냉전이 종식된 이후 국제정치에서 무엇이 변화하고 있으며 또 무엇이 변하지 않고 그대로 유지되는가를 분석하는 데 있다. 무엇보다도 선진국들 간의 관계와 동부 유럽 국가들 간, 그리고 제3세계국가들 간의 관계에서 어떠한 현상들이 연속적으로 혹은 불연속적으로 나타나는가를 고찰하고자 한다. 세계질서의 연속성과 불연속성을 분석함으로써 21세기 한국의 외교가 나아갈 길이, 적어도 이론적인 지침이, 그 가운데서 발견될 수 있기 때문이다.

제 2 절 무엇이 변화하고 무엇이 변하지 않는가?

세상의 모든 것이 순환적으로 반복한다고 생각하는 '순환사상'은 국제정치가 냉전의 지속성에서 벗어나 다시 냉전의 초기형태로 되돌아갈 것을 암시하고 있다.[1] 다시 말해서 그것은 국제정치의 기본적 일반성은 변하지 않는다고 믿는 것이다. 이 말은 국제법이나 조약을 강제하고 또 만들 수 있는 국제적인 주권국 혹은 중앙정부가 존재하지 않는다는 점에서 아직도 무정부상태라고 말하고 있는 것이다. 뿐만 아니라 '안보 딜레마'(security dilemma)는 타국과 협력하고자 하지만, 안보환경이 이에 맞지 않는 국가들에 있어서 여전히 남아 있다. 여전히 많은 대립과 갈등의 원인들이 남아 있는데, 그것들은 더 많은 권력을 획득하기 위한 것으로 경제적 대립, 적대적인 민족주의, 서로 다른 시각적 견해, 정당성에 대한 서로 다른 기준, 종교적 분쟁, 그리고 영토확장 등에서 나타나고 있다. 보다 일반적으로는 침략주의, 불안정의 악순환, 그리고 불안이 여전히 세계평화를 방해하고 있다.

그러나 이런 상황이 과거만큼 널리 퍼진 현상이라 말할 수 있는 것인

---

1) 이에 관한 좋은 예는 Mearsheimer, "Back to the Future: Instability in Europe, After the Cold War," *International Security*, Vol. 15, No. 1 (Summer 1990), pp. 5-56 참조.

가? 그리고 폭력을 억제할 수 있는 힘은 지금이 과거보다 강한가, 아니면 비슷한가? 그에 관한 대답은 아마도 지역마다 다를 것이다. 탈냉전이라는 근본적인 변화를 거치지 않은 지역에서조차도 위에서 언급한 여러 가지의 장애물들을 예측하기에는 어려움이 따른다. 그러나 최소한 과거에 행해져 왔던 다양성과 연관성은 계속 지속적으로 나타날 것이라고 말할 수는 있는 것이다.

역사의 진보가 우월적으로 나타나는 곳에서는 위에서 언급한 연속적인 현상은 아마도 발견되지 않을지도 모른다. 다시 말해서 그곳에서는 어떤 일반화된 유형은 쉽사리 다시 재현되지 않을지도 모른다는 것이다. 과연 그럴 것인가? 이런 가정하에서 최소한 새롭게 수립되는 국제질서의 외형을 살펴보고, 다음 단계로 어떠한 현상이, 아직 드러나지는 않았지만 그 출현을 기다리고 있는가를 살펴보고자 한다.

제 3 절 선진세계

선진국의 세계에서 '역사의 진보'는 두드러지게 표출된다. 이 세계에서는 혁명적인 국내정세의 변화나 심각한 경제적 불황이 없다면 아마도 전쟁은 일어나기 힘들 것이다. 따라서 이 지역에서의 평화는 이미 보장되어 있는 것처럼 보인다. 그렇게 말할 수 있는 이유는 많이 있다. 그리고 각각의 이유는 왜 그 나라들만이 평화상태에 남아 있는가에 대한 충분한 설명이 된다.[2] 하나의 예를 들어 본다면, 영국외교의 주된 목표는 언제나 유럽 대륙에 패권적인 지배자가 생기는 것을 저지하는 것이었다. 설사 유럽 사회와 연합하려는 영국인도 그리고 대륙의 지배자가 정치적 주권국으로 발전해 나가는 것을 거부해 왔던 영국인도, 이러

---

2) Stephen Van Evera, "Primed for Peace: Europe After the Cold war" *International Security*, Vol. 15, No. 3 (Winter 1990/91), pp. 7-57; Richard H, Ullman, *Securing Europe* (Princeton, N.J.: Princeton University Press, 1991).

한 현상의 발전을 저지하기 위하여 영국이 전쟁을 일으키는 것에 대해서는 반대하지 않을 것이다. 미국은 독일이 유럽의 패자가 되는 것을 방해하기 위하여 싸웠으며, 또 같은 이유에서(독일이 유럽의 지도자격이지만) 냉전시대부터 지금까지 유럽의 후원자로서 호의를 가지고 독일을 지원하였던 것이다.[3] 이와 비슷하게 만약 양극체제하에서 유럽의 국제정치가 발전해 오지 않았다면, 미국이 프랑스나 영국의 핵전력에 전혀 위협을 느끼지 않았던 것을 결코 이해할 수 없을 것이다.

국제정치에 관한 기본이론들이 이런 발전된 나라들에서 계속적으로 적용될 수 있는지에 대한 실험은 과연 그들 국가에 어떠한 두려움이 생겨날 것인지에 달려 있는 것처럼 보인다. 일본과 독일은 이 두려움 때문에 냉전의 지속적인 상태에서 벗어난 이후에도 안보측면에서 뚜렷한 적이 존재하지 않음에도 불구하고, 강대국들이 성능 좋고 강하며 또 언제든지 사용가능한 군사무기를 추구한다는 선결이론에 따라서 핵무기를 추구하게 할지도 모른다. 그러나 그들의 핵무기에 대한 이러한 견해는 아무리 그 동기가 러시아와 중국의 위협이라고 하지만 입증되지는 못할 것이다. 이러한 과거로부터의 사고와 일반적인 서구평화의 극적인 파괴는 전쟁비용의 급격한 증가와 그에 대한 대가의 감소 그리고 국내 이념과 가치의 변화로 설명될 수 있다. 어떠한 사건이건 간에 초기에 나타나는 특정한 사건은 때때로 역사에 전혀 다른 발자국을 남길 수 있다. 그러나 선진국들의 이런 변화는 너무나 깊고 강력하게 맞물려 있기 때문에, 그들은 어떤 명확한 사건에 의해서도 쉽사리 변화하지 않을 것이다.

---

3) 부시 정부는 다음과 같이 말했다. "미국은 유라시아 대륙을 억압적으로 어지럽히는 어떤 끔찍한 힘이나 무장 그룹도 대의를 위해 묵과하지 않을 것이다. 그러나 사실상 미국뿐 아니라 영국조차도 대륙을 조정할 의사가 없는 것으로 믿는다." George Bush, *The National Security Strategy of the Unite States, 1990~1991* (Washington, D. C.: Brassey's, 1990), p. 5.

1. 전쟁비용의 증가

선진국 사이의 전쟁비용은 설사 핵무기가 사용되지 않는다 하더라도 엄청날 것이다.[4] 더욱이 핵무기는 아직도 존재하고 있으며, 그러므로 전쟁비용은 증가할 것이고 따라서 평화를 지키기 위한 비용도 더욱 증가할 것이다. 이것은 일반적으로 인정된 사실이다. 많은 핵억지 이론가들은 핵무기는 직접 공격을 억제할 수 있고, 그래서 많은 나라들이 핵위협으로부터 안전할 수 있다고 주장한다. 그러나 현실적으로 동맹국은 핵우산 아래에서 안전한 피난처가 될 수 없으며, 따라서 상호방위의 확장은 궁극적인 면에서 볼 때 허구일 뿐이다. 다른 많은 경우들과 마찬가지로, 이 경우에도 역사는 이론과 실제가 같지 않다는 것을 증명했다.[5] 왜냐하면 핵을 포함하거나 핵을 사용할 수 있는 통상적인 전쟁의 확산은 그 어떤 나라도 핵무기의 피해로부터 자유로울 수는 없기 때문이다.

냉전기간 동안 미국은 서부 유럽이 충분한 재래식 방어능력도 또 선제공격의 능력도 없음에도 불구하고, 서부 유럽을 방어할 수 있다고 믿었다. 그리고 미국은 유럽 국가들이 설사 핵무기를 소유하지 않았다 하더라도 핵전쟁에 대한 전쟁 억지력을 가지고 있다고 생각하고 있었다. 왜냐하면 서부 유럽의 국가수반들은 유럽에서의 어떠한 전쟁도 절망적인 핵 피해와, 침략, 게다가 공황까지 가져다 줄 것이라는 것을 이미 인식하고 있기 때문이었다. 이러한 생각은 유럽에서 핵무기의 확산을 급격히 감소시켰다. 핵무기는 그것이 존재하지 않는 독일에서처럼 유럽 국가들의 안보에 필수적인 것이 아니며, 만약 그들이 핵무기를 개발한다 해도 그 어떤 나라도 자국의 원대한 목표 달성에 그것이 큰 도움이

---

4) John Muller, *Retreat from Doomsday: The Obsolescence of Major War* (New York: Basic Books, 1989).

5) Robert Jervis, *The Illogic of Amearican Nucular Strategy* (Ithaca, N. Y.: Cornell University Press, 1984), Chs. 5 and 6; Robert Jervis, *The Meaning of the Nucular Revolution* (Ithaca, N. Y.: Cornell University Press, 1989). Ch. 3.

되지 않을 것이기 때문이다. 왜냐하면 영국과 프랑스가 소유하고 있는 핵무기는 유럽에서의 어떠한 분쟁도 핵전쟁으로 확대시킬 수 있는 기회를 제공할 뿐만 아니라, 다른 유럽 국가들의 핵무장을 가속시킬 수 있다. 또한 그 나라들의 핵무기는 궁극적으로 미국을 위협할 수도 있는 것이다.

결국 선진국 사이의 전쟁은, 만약 발발한다면 상상할 수 없는 핵전쟁으로 발전할 가능성이 높으며, 그것은 전인류를 돌이킬 수 없는 재앙으로 몰고 갈 것이다. 이러한 전쟁비용의 증가는 선진국들 간의 전쟁 가능성을 낮추는 결정적인 요인으로 작용할 것이다.

2. 줄어든 전쟁의 대가

선진국들 간의 무장충돌은 그 예상되는 비용이 너무나 크기 때문에, 전쟁에 대한 압력이 특히 강할 때만이 그러한 충돌이 현실화될 것이다. 그래서 전쟁을 향한 어떤 의미심장한 충동을 갖는다는 것은 그리 쉽지는 않은 일이 될 것이다. 선진국들 사이에서 나타나는 높은 수준의 경제적 상호의존성은 전쟁의 비용을 증가시킬 뿐 아니라, 또한 평화에 대한 이익을 증가시키고 있다. 이러한 현상은 높은 수준의 긴장상태를 보여주는 경우에서조차, 예컨대 최근의 미국·일본의 통상 관계에서 보듯이, 그 누구도 전쟁이 자국의 이익을 증진시켜 주리라고는 기대할 수 없을 것이다.6) 이것은 윌슨주의적 자유주의자이건 혹은 모겐소(Hans Morgenthau)류의 현실주의자건 간에 정도의 차는 있다 하더라도 동의하지 않을 수 없을 것이다.

높은 수준의 통합이 각 나라로 하여금 비용 억제측면에서 전쟁을 일으키지 못한다는 주장은 바로 엔젤(Norman Angell)의 대환상에서 잘못

---

6) 미국과 일본의 전쟁에 관한 애매한 시도는 다음을 참조할 것. George Friedman and Meredith LeBard. *The Coming War with Japan* (New York: St. Martin's, 1996).

기인된 것이었다. 이 책이 출판된 후 바로 몇 년 후에 발발한 제1차 세계대전은 바로 이 견해의 잘못을 증명해 주는 한 증거가 되었다. 그럼에도 불구하고 엔젤의 저서의 주제는 국제정치 이론가들과 정치가들에게 실질적인 논쟁거리를 제공하였다. 그 논쟁은 과연 전쟁이 경제적인 이득을 가져다 주는가 혹은 그러한 믿음은 환상인가에 집중되었다.[7] 그 논쟁은 그 묘사만큼이나 규정적인 것이었다. 필수불가결하지 않은 첫번째 견해는 자기 확신을 품고 있는 두번째 견해를 이기지 못한 것처럼 보인다. 오늘날 이 말이 함축하고 있는 의미는 더욱 분명하다.

오늘날 상호의존의 객관적인 여건은 분명히 중요하다. 그리고 그것들이 일반대중·지식인·정치인들에게 어떻게 조명되고 있는가를 따져보는 것이 필요하다. 상호의존에 있어서는 그 정도뿐만 아니라 종류까지도 고려해야만 한다. 다시 말해서 만약 정치인들이 어떤 목적을 가지고 그 가정적 상황을 검증하고자 할 때, 그들은 자본과 상품의 흐름에 대한 정도와 그 긍정적인 효과를 고려하기보다는, 오히려 그 흐름이 멈추었을 때 그 국가에 야기될 수 있는 부정적인 문제를 더욱 심각히 고려해야만 한다.[8] 그래서 1914년보다 오늘날 선진세계에서의 무역수준이 훨씬 높다는 사실은, 외국에 대한 직접적인 투자가 증가하고 있으며 많은 회사(비록 그것이 다국적인 것은 아니라 할지라도)들이 중요한 국제적인 유대를 돈독히 하고 있다는 사실 앞에서는 그리 중요한 점이 되지 못한다.[9] 뿐만 아니라 분쟁이나 전쟁에 의하여 선진 국가들의 재정적인

---

7) J. D. B. Miller, *Norman Angell and the Futility of War* (New York: St. Martin's Press, 1986).

8) 상호의존의 강도와 취약성에 관한 논의는 Richard Cooper, *The Economics of Interdependence* (New York: McGraw-Hill, 1968), 그리고 Robert Keohane and Joseph S. Nye, Jr., *Power and Interdependence* (Boston: Little Brown, 1977) 참조할 것. 또 Albert Hirschman, *National Power and the Structure of International Trade* (Berkeley: University of California Press, 1980).

9) Richard Rosecrance, *The Rise of the Trading State* (New York: Basic Books, 1986), ch.7; Hellen Milner, *Resisting Protectionism* (Princeton, N.J.: Princeton University Press, 1988).

손상이 발생했을 때, 해당 국가나 기업이 그 대용물을 찾는다는 것은 그리 쉬운 일이 아니라는 점 또한 빼놓을 수 없을 것이다.

이러한 견해의 또 다른 측면은, 선진세계 간의 계속되는 높은 수준의 경제적 교류가 각 나라의 부를 결정적으로 증가시킬 수 있다는 것이다. 물론 이것은 개방된 국제경제체제의 이점에 관한 논쟁의 기초가 되며, 또한 선진세계의 전후 역사는 이러한 쟁점의 찬반토론으로 인하여 강하게 소용돌이쳐 온 것이 사실이다. 보호주의를 주장하는 사람들조차도 무역이 번영의 필수적인 조건인 것을 부인하지는 않으며, 또한 선진세계의 정치적 관계를 고려함에 있어서 특히 중요한 것은, 무역을 통해서가 아니라 다른 나라를 정복함으로써 자국의 부를 증대시킬 수 있을 것이라고는 그 누구도 생각하지 않는다는 점이다.[10]

이와 비슷한 논리로 각 국가내부에서도, 사람들이 만약 그들의 파트너가 경제적으로 번영하지 못하고 또 그 어려움을 극단적이고도 불공정한 경제의 탓으로 돌린다면, 자신의 부는 개선되어질 것이라고 생각하는 사람은 많지 않을 것이다. 이것은 만약 그들의 파트너가 막대한 경제적인 불행에 빠졌을 때, 자신이 상대적으로 번영할 수 있다는 것을 결코 의미하지 않는다는 것이다. 그럼에도 불구하고 한 개인의 경제적 번영이 다른 사람들의 경제적 부와 연관되어 있다는 믿음이, 상호간의 평화를 구축하는 데 충분하다고는 말할 수 없는 것이다.

그 이유는 무엇보다도 국민들에게는 부 자체보다 더 중요한 가치들이 많이 있기 때문일 것이다. 높은 수준의 경제적 상호의존은 비록 내전을 억제하기는 했으나, 완전히 제거하지는 못했다. 아마도 많은 내부 분쟁들은 잘 통합되지 않는 국가에서 일어났던 것임에 틀림없다. 이것은 바로 왜 현대국가들이 유혈사태를 과거에서 보다 덜 경험하고 있는

10) Stephen Van Evara, "Why Europe Matters?, Why the Third World Doesn't?: America's Grand Strategy After the Cold War," *Journal of Strategic Studies*, Vol. 13, No. 2 (June 1990), p. 5; Stephen Van Evera (1990/91), pp. 14-16: Carl Kaysen, "Is War Obsolete?: A Review Essay," *International Security*, Vol. 14, No. 4 (Spring 1990), pp. 53-57.

지를 설명하는 데 도움이 된다.

반면에 또 다른 선택적인 설명이 가능한데, 스페인 내전이나 유고 내전 그리고 체코슬로바키아 및 구소련에서의 소수민족 갈등 등의 문제점들은 높은 수준의 경제적 통합이 무력충돌을 억제할 수 있다는 주장에 의하여 잘 설명되지 않는다. 그것은 오히려 현재의 국제체제를 특징지우고 있는 통합의 유형에 의하여 보다 잘 설명될 수 있을 것이다.

국제정치에 있어서 부가 모든 민족의 가장 주요한 목표가 되는 것은 아니라는 것은 부분적인 사실인 것처럼 보인다. 실제로 국가들은 그들의 안전과 자국의 가치의 확대를 위하여 높은 대가를 치를 뿐 아니라, 또한 경제적 이익의 산술방법은 국제적인 규범과 가치 등에 의하여 크게 영향받아 왔다. 이것은 17세기에서 18세기에 이르는 동안 국가의 부는 중상주의적인 가치에 의해 영향받았고, 그 이후는 아담 스미스에 의해 결정적으로 영향을 받은 데서 분명히 증명된다. 즉 중상주의 시기에 국가의 부는 금과 은의 소유 정도에 따라 결정되었고, 그 이후에는 상품과 그것을 구매할 수 있는 자본의 양으로 결정되었다.

다른 한편으로, 경제이론에는 또 다른 논쟁이 있는데, 즉 경제적 행위의 주체는 그 행위의 결과가 자신에게 어떠한 영향을 미칠 것인지 그리고 상대적 이익과 절대적 목표에 고심하는 다른 사람들에게 어떤 영향을 미칠 것인지에 대하여 주의를 기울여야 한다는 점이다.[11] 더욱이 제

---

11) Kenneth Waltz, *International Politics* (Reading, Mass.: AddisonWesley, 1979): Arthur Stein, "The Hegemon's Dilemma: Great Britain, The United States, and the International Economic Order," *International Organization*, Vol. 38, No. 2 (Spring 1984), pp. 355-386; Robert Jervis, "Realism, Game Theory, and Cooperation," *World Politics*, Vol. 40, No. 3 (April 1988), pp. 334-336; Joseph Grieco, "Anarchy and the Limit of Cooperation: A Realist Critique of the Newest Liberal Institutionalism," *International Organization*, Vol. 42, No. 3 (Summer 1988), pp. 485-507; Michael Mastanduno, "Do Relative Gains Matter?: America's Response to Japanese Industrial Policy," *International Security*, Vol. 16, No. 1(Summer 1991), pp. 73-113. 물론 순수한 경제적 교환에서조차 행위자들은 절대적 이익뿐만 아니라 상대적 이익이 앞으로는 감소될

2차 세계대전 이전의 발칸반도 국가들에서 나타났듯이, 상대적으로 다른 나라에 훨씬 더 의존적인 국가들은 압력에 더 굴복하기 쉽다는 점도 반드시 고려해야 하는 것이다. 고립에 대한 두려움과 상대적 이익에 대한 염려는 국가들이 서로 평화로운 관계로 남아 있을 것이라는 기대가 충족될 때 그 정도가 약해진다. 사실 미래의 평화로운 관계에 대한 기대야말로 유럽 공동시장 형성과 궁극적인 유럽 통합의 중요한 전제조건인 것이다.

선진세계에 있어서 상호의존의 증가는 국제정치에서 초보적인 변화요인만큼이나 근본적인 것이다. 만약 유럽인들이 서로 공격을 가할 수 있는 기회가 있을 것이라고 생각했다면, 그들은 그들의 경제가 그렇게 상호의존적으로 성장하도록 허락하지 않았을 것이다. 또 만약에 그들의 안전이 위험에 처해 있다고 느꼈다면, 부의 증가는 쉽게 이루어지지 않았을 것이다. 그렇게 볼 때 유럽 지역을 제외한 다른 지역에서 성공적인 유럽의 경험을 모방하지 않는다 하더라도 그렇게 놀라운 일이 아닐 것이다. 국가들이 서로를 두려워할 때 상호의존은 오히려 분쟁의 소지를 증가시킬 수 있다. 그래서 현상황에서는 피드백 상황을 재강화시키는 최소한의 요소들이 남아있다. 결국 상호의존은 부분적으로 평화에 대한 기대감과 그리고 밀접한 경제적 관계가 평화를 구축하는 데 도움이 될 것이라는 기대감하에서 더욱 발전되었다고 말할 수 있다.

경제적 여건에 대한 정치적 관련성은 20세기초 영국과 독일에 있어

것이라는 예측으로 인하여, 보다 작은 이익의 추구에 대해 관심을 갖는다. 이것이 전략적 무역이론의 한 관심사이다. Helen Milner and David Yoffe, "Between Free Trade and Protectionism; Strstegic Trade Policy and a Theory of Corporate Trade Demmands," *International Organization*, Vol. 43, No. 2 (Spring 1988), pp. 237-272; J, David Richardson, "The Political Economy of Strategic Trade Theory." *International Organization*, Vol. 44, No. 1(Winter 1990), pp. 107-135. 넓은 의미에서 작은 상대적 가치는 크고 완벽한 가치를 이끌어 낸다는 주장은, E. J. Hobsbawn, *Industry and Empire* (New York: Pantheon, 1968); Immanuel Wallerstein, *The Modern World-system* (New York: Academic Press, 1988) 참조.

서 매우 다르게 전개되었다. 비록 두 나라가 당시 무역으로 밀접한 관
계를 유지했다 하더라도, 두 나라는 이러한 경제적인 전략이 결국은 자
신의 나라에 타격을 가할 것이라는 점에 대해 매우 두려워했다. 영국의
한 기자가 독일을 여행하고 난 뒤에 "독일의 공장들의 굴뚝은 모두 영
국을 향해 총을 겨누는 것과 같다"고 논평했듯이,[12] 어떤 국가의 정치
적·경제적 힘의 성장은 그 자체가 어떤 직접적인 방법으로 타국에 대하
여 위협을 가할 수 있다는 것이다. 이제 더이상 한 국가의 능력을 감소
시킴으로써 다음 전쟁이 일어났을 때 자신의 이익을 보호할 수 있을 것
이라고 생각하는 것을 당연스럽게 받아들일 수 없다.

헌팅턴(Samuel Huntington)은 왜 미국이 일본의 도전에 대해 그렇게
염려하는지에 대한 대답은 명확하다고 주장한다. 미국은 한때 구소련과
밀착되었던 똑같은 이유로 일본과 밀착되어 있다. 이것은 자국이 첫번
째 적이라고 생각하는 나라와의 힘 대결은 곤란하다는 것이다.[13] 그러
나 두 나라 사이에 분쟁 가능성이 보이지 않는 한, 한 국가의 경제적 성
장이 다른 나라의 위협이 된다고 보는 것은 그다지 명확한 것이 아니
며, 또한 한 국가의 상대적 이익이 다른 나라의 정치적인 논쟁에서 중
요한 자리를 점할 수 있다고 보기는 어려운 것이다. 따라서 가상적인
대결상태가 미국과 일본 관계에 있어서 명확히 들어맞는 것은 아니다.
또한 다른 두 나라에 있어서도 이러한 관점은 논쟁의 여지가 있다. 라
이벌이라는 것은 그 의미나 함축성에 있어서 평화를 기대할 수 있을 때
보다는, 미래의 분쟁을 일으킬 만한 소지가 있을 때 더욱더 다른 양상
을 나타내고 있는 것이다.

결국 전쟁이 경제적 이득을 준다는 주장은 현실적으로 설득력이 없
으며, 상대국가와의 관계에서 미래 평화에 대한 기대가 클 때 상호의존

---

12) Paul Kennedy, *The Rise of The Anglo-German Antagonism, 1860-1914*
    (Boston: George Allen and Unwin, 1980), p. 8에서 재인용.
13) Samuel Huntington, "America's Changing Strategic Interests," *Survival*, Vol.
    23, No. 1 (January/February 1991), p. 8.

은 보다 높은 수준의 경제발전을 보장하는 것이다. 이러한 측면은 선진
국가들 간의 관계에서 특히 부각된다.

3. 국내체제와 가치의 변화

선진국 사이의 관계 변화는 부분적으로 견해와 가치의 변화의 결과
에서 초래한다. 뮐러(J. Muller)가 말했듯이, 전쟁은 더이상 좋은 것이 아
니며, 대신 혐오스럽고 절망적인 환경에 불과하다.[14] 독일 수상이었던
몰트케(H. V. Moltke)가 1911년 모로코 위기 때 자신의 부인에게 보낸 편
지에서처럼, 어떤 서방의 지도자라 할지라도 말하지도 또 생각조차도
하기 싫은 것이다.

> 우리는 기가 죽어서 그 일에서 손을 뗄 것이요. 무력으로 해결하려는
> 결정적인 요구를 제시할 수 없게 된다면 독일 제국의 미래는 실망스러울
> 것이요. 그렇게 되면 나는 사임할 것이고, 내 사임을 수리하기 전에 나는
> 군대를 해산하고 일본 보호령 아래에 들어갈 것이요. 그렇게 되면 우리도
> 아무런 방해도 받지 않고 돈을 벌 수 있는 위치에 있게 될 것이요.[15]

그러나 이런 감정은 이미 낡은 것이다. 선진국 사이에서는, 이미 오래
전에 엔젤과 슘페터(Joseph Schumpeter)가 예측했듯이,[16] 감정과의 대립

---

14) J. Muller (1989). 인생의 목표와 가정에 대한 서구인의 변화된 가치에 관한 논
의는 다음을 참조. Ronald Inglehart, *The Silent Revolution* (Princeton, N.J.:
Princeton University Press, 1977); Ronald Inglehart, *Culture Shift in
Advanced Industral Society* (Princeton, N.J.: Princeton University Press,
1990). 그리고 이에 관한 반증에는, Harold Clarke and Nitish Dutt, "Mesuring
Value Change in Western Industrialized Societies," *American Political Science
Review*, Vol. 85, No. 3 (September 1991), pp. 905-920 참조.

15) V. R. Berghahn, *Germany and the Approach of War in 1914* (New York: St,
Martin's, 1973), p. 97 에서 재인용.

16) Norman Angell, *The Great Illusion*, 4th ed.(New York: Putnam's, 1913);
Josep Schumpeter, "The Sociology of Imperialism" in *Imperialism and Social*

에서 이익이 항시 승리한다고 볼 수 있다. 걸프전은 우리로 하여금 전쟁 자체를 다시 한번 생각하게 하였다. 걸프전을 통해 알 수 있듯이, 선진국들은 더이상 자부심이나 자기 정체성을 과시하기 위하여 외국으로 뻗어 나가려고 하는 것은 아니다. 그럼에도 불구하고 그런 충동들은 예전보다는 훨씬 일시적이며 또 다른 민주주의 국가에 대항하는 것도 아니다. 그 충동들은 선진국들에게 충격을 주는 효과를 갖는 것이 아니라, 오히려 경제적 가치를 부여하는 것으로서의 역할을 수행해 왔다.

이러한 가치변화에 대한 설명은 아마도 자국의 업적에 대한 자부심과 자국이 다른 국가보다 우월하기 때문에 그 국가를 지배해야 한다는 믿음에서 볼 때, 그것은 민족주의적인 측면을 가지고 있다. 그러나 유럽 통합의 과정에 있어서 가치변화는, 자국에 집착하는 것은 정체성을 높이고 또 사적 이익만을 추구한다는 이기심을 약화시켜 유럽 통합을 생각보다 수월하게 했다. 참여하고 싶지 않은 감정이 유럽 통합을 아직도 완벽히 이루지 못하게 하는 데 중요한 역할을 하고 있다. 그러나 다른 사례들에서도 마찬가지지만, 민족주의가 1920년대 수준에 머물러 있었다면 유럽 통합의 과정이 이처럼 빨리 이루어지지 않았을 것이다.

퇴조한 민족주의가 지금처럼 경제적·정치적 이익이 권력과 충성심에 밀착되어 있는 때에 다시 부활할 것인가에 대해서는 논란의 여지가 있다. 1918년 이후로 몇몇 유럽 국가에서 민족주의는 받아들여지지 않았다. 물론 여기서 독일은 예외이다. 그러나 이것은 민족주의가 실패로 끝났기 때문에 비롯된 것이지, 민족주의가 성공을 거두었기 때문은 아니었다.

가치의 변화는 유럽에서 영토분쟁의 소멸을 통해서도 알 수 있다. 독일은 더이상 알사스·로렌 지방이 프랑스령이라는 것에 대해 신경쓰지 않고 있는 것처럼 보인다. 국민투표로 자르(Saar) 지방을 독일에게 반환해야 한다는 프랑스인은 이런 손실에 관심을 두고 있지 않은 것처럼 보

Classes (New York: Kelly, 1951); Albert Hirschman, *The Passion and the Interests* (Princeton, N. J.: Princeton University Press, 1977) 참조.

이며, 따라서 그것을 손실이라고조차 생각지도 않는다. 현재 독일인들
도 국가의 통합이라는 게르만주의를 중요히 여기지만, 동쪽의 잃어버린
영토를 회복하려는 의지는 지극히 낮다. 더욱이 독일 통합은 다른 나라
(특히 폴란드)의 의지에 반해 이루어지지 않았고, 보다 위험한 배타적
민족주의와는 달리 어느 한 나라가 다른 나라를 지배하는 것은 정당하
다는 생각을 포함하지도 않았다.

또한 현재 선진국들은 모두 민주주의를 채택하고 있으며, 자유민주주
의 국가들 간의 상호전쟁은 거의 없다. 여기에도 가치가 중요하게 작용
하고 있음을 알 수 있다.17) 다른 나라를 정복함으로써 민주주의가 얻을
수 있는 것이 무엇인가? 예를 들어 미국은 캐나다를 정복할 수 있지만,
얻고자 하는 것을 이미 얻고 있는 데 왜 정복을 해야만 하는가? 안보와
세계를 향상시키려는 바람이 자유민주주의 국가들로 하여금 다른 나라
를 침략하지 않게 하는 것은 너무도 자명한 일이다.

4. 선진국세계의 관계 변화의 의미

요약하자면 선진국 세계에서의 전쟁은 거의 일어나지 않을 것이다.
왜냐하면 목표를 향한 여러 가지 방법 중 전쟁은 비용이 엄청나고, 또
소요된 비용에 비하여 대가가 적기 때문이다. 그리고 이제 선진국가들
은 변화를 추구할 것이다. 이러한 관점에서 다음과 같은 4가지의 변화
가 특히 중요하다.

첫째, 선진국들은 강력한 행위의 결정권자이다. 여러 가지 요인들을
고려해 볼 때에 국제체제의 양극적인 특징은 극히 경미하게 나타난다고
할 수 있다. 다극체제가 양극체제보다 덜 안정적이며 또 미래의 정치체

---

17) Michael Doyle, "Kant, Liberal Legacies and Foreign Affairs(1)," *Philosophy and Public Affairs*, Vol. 12, No. 3 (Summer 1983), pp. 205-235; Michael Doyle, "Kant, Liberal Legacies and Foreign Affairs(2)," *Philosophy and public affairs*, Vol. 12, No. 4 (Fall 1983), pp. 323-255.

제가 다극체제로 발전되어 간다 하더라도, 전체적인 결과가 위험할 수 있다고 보는 것은 합리적이지 않다. 왜냐하면 평화를 위한 선진국들 간의 힘은 너무나 압도적인 것이어서, 어떤 다른 환경하에서도 불안정적인 충돌이 폭력적인 전쟁으로 쉽게 발전하지는 않을 것이기 때문이다.

둘째, 위에서 언급한 변화의 3종류는 서로 상호작용하며 또 보강시킨다. 높은 전쟁비용은 각국이 상호간의 충돌을 두려워하게 함으로써 경제적 상호의존 관계를 가능하게 했고, 또한 경제적 협력은 서로에게 긍정적인 이해관계를 형성하고 있다. 그렇게 해서 선진세계 내의 정치적 분쟁은 제한되는 것이다. 그러나 이런 종류의 발전은 민주주의의 전파와 가치의 전이가 이루어진다고 해서 항상 이루어지는 것은 아니다. 다시 말하면 평화의 이로움을 이해함으로써 이루어지는 것이다. 만약 극단적 민족주의와 그 지도자들이 세계의 지도자가 될 운명이라고 생각한다면, 폭력만이 국가의 목표를 이루기 위한 유일한 방법이 될 것이다. 만약 정치가들이 영토확장이 국가명예를 위한 길이라 생각하고 추구한다면, 그들은 아마도 탄압적인 전쟁을 위해 많은 비용을 감수해야 할 것이다. 그러므로 다른 이들과 격리된 어떤 사람들은 왜 그리고 어떻게 세계가 변했는지 도저히 알 수 없게 될 것이다.

셋째, 서부 유럽의 정치와 가치의 큰 변화는 부분적으로 내부갈등에 의해서 발생했다. 구소련과의 분쟁은 유례없는 결속을 가능케 하였고, 각 국가들은 다른 국가와 주요한 연관관계 속에서 부를 공동으로 창출했다. 그것의 연장선상에서도 각국은 반소련노선에서 서로를 원조했고, 상대국의 경제적 성장과 강함으로부터 정치적 이익을 거둬들였다.[18] 이런 연합이 사회적 불안과 정치적 불안정을 약화시켰 때, 각국은 국가의 복지를 추구하고, 적절하지 못한 경영에 의한 사회문제와 불안요소들을 최소화하는 쪽을 추구하였다. 만약 자신의 국내적 문제를 타국에 전가함으로써 해결하려는 노력은 매우 값비싼 대가를 지불하는 결과를 초

---

18) Jonne Gowa, "Bipolarity, Multipolarity, and Free Trade," *American Political Science Review*, Vol. 83, No. 4 (December 1989), pp. 1245-1256.

래하였을 것이다. 또한 연합은 만약 한 국가가 다른 어느 국가에 대하여 강력한 불만이 있었더라면 붕괴되었을 것이지만, 각국은 잠재되어 있는 불온한 요구를 누그러뜨렸고 불만이 심화되었을 때는 서로 중재하려 노력하였다.

그러나 냉전이 끝났다고 해서 유럽 국가들 간의 관계가 과거의 형태로 회귀할 것이라는 것은 아니다. 오히려 특히 민주주의가 아직도 남아 있을 법한 선진국들 내부에서의 변화는 돌이킬 수 없는 것이다. 그럼에도 불구하고 선진국 내에서 일부사람들은 국가가 개인의 정체성에 우선한다고 생각하며, 또 보다 많은 가치와 권리 그리고 새로운 극단적 민족주의의 등이 자신들의 정체성과 결합할 때 나타날 수 있는 전쟁의 가능성은 언제나 도사리고 있다.

마지막으로, 이런 변화는 역사의 순환을 상징하고 있다. 선진국들 사이의 국제정치는 그들이 어떤 역사를 거쳤느냐에 따라 질적으로 다를 것이다. 전쟁과 전쟁에 대한 공포는 국가들 사이에서 만들어지는 정책들의 지배적인 원동력이다. 물론 냉전의 종말이 분쟁의 종말을 의미하지는 않는다. 선진국들은 계속 어떠한 목적을 위해 경쟁할 것이고, 유리한 형세를 위해 책략을 사용할 것이며, 그리고 그것을 위하여 서로 간 협약을 맺을 것이다. 그래서 마찰과 분쟁은 계속 고려될 것이다. 사실 그들의 기대감은 그들을 전쟁으로 이끌지 않을 것이며, 어떤 질책과 비방도 억제되어 나타날 것이다.

그러나 다른 한편으로 분쟁의 부재는 소유가 분명하지 않은 영토에 대하여 눈앞의 이익을 위하여 적절하지 않은 힘을 사용하게 할지도 모른다. 정치가와 대중은 만약 새로운 개념이 존재하지 않는다면, 아마도 새로운 전망을 요구할 것이다. 그리고 학자들은 새로운 변수들을 찾아내고 또 새로운 이론들을 만들어야 할 것이다. 비록 도이치(Karl Deutsch)와 그의 동료들은 어떤 정책들이 '다원적 안보공동체'라 부르는 형태를 —전쟁의 가능성을 믿지 않는 단체—발전시킬 것인가를 심도있게 연구했다 하더라도,[19] 아직도 지구상에는 외형상 국가의 행동을 결정하는 조직적

인 위협이 많이 남아 있는 것처럼 보인다.[20]

제 4 절 동부 유럽

그러나 서부 유럽 이외의 다른 지역에서 우리는 오랫동안 되풀이해
서 나타났던 역사의 순환을 쉽게 볼 수 있다. 현재 동부 유럽과 구소련
내에서의 민족 혹은 인종 분쟁은 그들이 1945년과 1970년 이전에 소련
의 권력에 의하여 억압받을 때와 비슷하게 나타나고 있다. 이것은 흡사
시간이 거꾸로 흐르고 있는 것처럼 보인다. 이것은 또 색(Oliver Sack)이
말한 것대로 이상한 질병 때문에 냉동되었다가 약물 치료를 통해 생명
을 되찾은 환자와 같이 이 지역의 국제정치는 심각하다고 볼 수 있다.[21]
앞부분에서 서부 유럽의 평화를 말할 때 논의한 대부분의 이야기는 대
륙의 동쪽부분을 포함하지는 않는다. 그 이유는 동부 유럽에서는 상호
안녕이라는 이해관계를 발전시키거나 협조할 수 있는 안정된 민주주의
적 정부들이 들어서지 못하고 있기 때문이다.

---

19) Karl Deutsch, et al, *Political Community and the North Atlantic Area:
   International Organnization in the Light of Historical Experience* (Princeton, N.
   J.: Princeton University Press, 1957).
20) 코헤인과 나이(Keohane and Nye)는 '복합적 상호의존' 모델을 설명하면서, 무
   력이 발생하는 상황에 대한 중요한 논쟁이 많이 있지만, 다원적인 안보공동체
   내에서의 국가 간 관계에 관한 이론은 더욱 정교하게 검증해야 한다고 말한다.
   더욱이 이전의 행동들은 냉전에 의해 심하게 영향을 받았기 때문에 역설적으로
   평화적이었다 하더라도, 앞으로는 다르게 나타날 것이라고 주장한다.
21) Oliver Sack, *Awakenings* (New York: Dutton, 1983). 사실 유사성은 그렇게
   많지는 않을 것이나, 상처받은 역사는 강하게 남아 있을 것이다. 이에 관해서는,
   George Kennan, "Communism in Russian History," *Foreign Affairs*, Vol. 69,
   No. 5 (Winter 1990/91), pp, 168-186 참조. 모틸(Alexander Motyl)이 논쟁한
   대로, 페레스트로이카는 민족주의를 불러 일으켰을 뿐 아니라, 경제적 생존을
   위해 필수적인 것이었다. Alexander Motyl, "Empire or Stability?: The Case
   for Soviet Dissolution," *World Policy Journal*, Vol. 8, No. 3, (Summer 1991),
   pp. 499-524.

민족주의와 군국주의는 특히 민족들 간의 국경에 분쟁의 원인이 있을 때 더욱 위험해지고 또 불안해진다. 에베라(S. Van Evera)는 국가내부에 사회적 계층들의 확실한 구분이 감소할수록 극단적인 민족주의가 등장할 가능성은 약화된다고 주장한다.[22] 물론 국제분쟁의 전통적 요소인 계층 간의 불화가 항상 전쟁의 공포를 가지고 있는 국가 간의 관계를 이끌어왔다는 데 재론의 여지가 없다. 그러나 전쟁은 필연적인 것이다. 정치인들은 구소련의 개입이 있었을 때나, 소련이 사라진 지금도 전쟁비용은 매우 높을 것이라고 생각한다. 또한 동부 유럽의 경제적 번영은 유럽 공동시장에 접근할 수 있느냐에 달려 있으며, 따라서 그들의 체제가 불안하고 권위적이며 또 호전적이라고 해서 유럽 공동시장에 받아들여지지 않는다면, 동부 유럽의 국가들은 강한 힘을 지속적으로 추구하게 될 것이다. 그렇게 볼 때 유럽 공동시장의 성공적인 존재와 광범위한 포용력은 동부 유럽에서의 평화와 안정을 도울 수도 있을 것이다.[23] 그러므로 비록 그 정도와 범위는 확실치 않지만, 서구는 동부 유럽과 러시아의 민주주의와 평화를 지지하며 그리고 적절한 제도와 과정의 수립을 도울 것으로 기대된다.[24]

그럼에도 불구하고 동부 유럽의 평화와 번영은, 우선 상당 부분 동부 유럽 국가들 내의 안정과 발전에 달려 있다 할 것이다. 그리고 그 방식 또한 다른 나라들에 큰 영향을 미칠 것이다. 만약 국가들 내부에서 민족주의와 군국주의의 부활을 무력을 통해 통제할 수 있다면, 그 지역 평화의 가능성은 더욱 높아질 것이다.[25] 다른 한편으로, 동부 유럽의 평

---

22) Stephen Van Evera (1990/91), pp. 9-10 and 43-44.
23) 유럽의 평화유지의 동기는, 스페인의 민주주의로 발전에서 보인 것 같이, 유럽 정치가들의 역동적인 원조와 직접적으로 연관되어 있다. Edward Malefakis, "Spain and Francoist Heritage" in John Herz, ed., *From Distatorship to Democracy* (Westport, Conn.: Greenwood, 1982), pp. 217-219.
24) Jack Snyder, "Avoiding Anarchy in the New Europe," *International Security*, Vol. 14, No. 4 (Spring 1990), pp.5-41.
25) 신더(Synder)의 처방정책의 중심은 여기에서 기원한다. J. Snyder (1990). 메어샤이머(Mearsheimer) 또한 극단적 민족주의 "가장 주요한 전쟁의 국내적 요

화는 부분적으로 해당 국가경제들의 성공 여하에 달려 있다.

그러나 그 결과가 평화적이건 혹은 폭력적이건 간에, 이 지역의 국제 정치의 일반적 결정요인은 여전히 전통적인 것으로 남아 있다. 예를 들면 호전적 정치체제의 존재 여부, 공격적 군사전술과 방어의 균형, 그리고 지도자들의 정치외교적 기술수준 등에 의하여 밀접하게 영향받게 될 것이다.

여기서 우리가 동부 유럽의 미래에 대해 정확한 예측을 하지 못하는 근본적인 이유는 많은 핵심적 가치들의 상대적 중요성에 대한 확신을 가질 수 없기 때문이다. 그럼에도 불구하고 여기서 조심스럽게 말할 수 있는 것은 동부 유럽 국가들이 유럽 대륙에서 분리되어 있는 것이 아니기 때문에, 앞에서 언급한 선진국에 관한 낙관론이 어울린다고 할 수 있을 것이다. 아마도 국제정치 전반에도 영향을 미칠 수 있는 유럽 평화와 안정의 가장 큰 위협은 동부 유럽과 구소련 내에서 존재하고 있는 광범위한 폭력일 것이다. 국외적으로나 국내적으로 독일이 보유하고 있는 권력, 독일의 위치, 그리고 역사는 동부 유럽의 국가들과 러시아에 관련된 가장 위험한 외부적 요인들이다. 독일은 역사적으로 무력을 통하여 쉽게 동쪽으로 진출할 수 있었으며, 이것으로 인하여 독일이 대륙을 지배할 수 있다는 두려움을 갖게 된 것이다.

그러나 이러한 일련의 사건들은 향후 다르게 나타날 것으로 예측된다. 왜냐하면 과거에 서구나 독일이 동부 유럽에 무력을 사용해서 그다지 큰 이익을 보지 못했기 때문이다. 다시 말해서 서구의 동부 유럽에 대한 공격동기는 강하지 않다고 할 수 있다. 더욱이 동부 유럽의 사태가 서구의 관심을 불러 일으키는 것은 바람직한 일이 아니다. 이 문제는 서구가 동부 유럽과 높은 수준의 경제적 의존관계를 가지고 있다면 심각하게 받아들여질 수 있지만, 현재의 상황에서는 무력을 사용하는데 필요한 비용이 기대할 수 있는 가치보다 훨씬 크기 때문에 더욱 그러하다.

인"이라 보았지만 이건 좀 과장되었다고 본다. Mearsheimer (1990), p. 21.

그럼에도 불구하고 서구가 동부 유럽에 개입하게 되는 경우는 다음과 같다. 첫째, 만약에 동부 유럽이 광범위한 폭력에 직면할 때, 서구는 동부 유럽에 개입할 가능성이 높아진다. 물론 서구에게는 안보가 더욱 중요한 동기가 될 수 있을지도 모른다. 그러나 서구의 입장에서는 아마도 불개입이 개입하는 것보다 더욱 효과적일 것이다. 동부 유럽에서의 폭력은 엄청난 난민을 생산하고 또 경제적·정치적 어려움을 만들어 낼 것이므로 여기서도 군사력이 가장 좋은 처방이 되지 못할 것이다.26)

둘째, 이데올로기가 서구를 동부 유럽으로 끌어들일 수 있다. 즉 새로운 민주주의 체제의 수립과 유지가 강력하게 작용할 수도 있다. 그러나 이런 상황 아래에서는 외교가 활발해지고 무력은 최후의 수단이 될 것이다.

그러나 이런 가능한 모든 상황으로 볼 때, 서구에 있어서 중요한 것은 개입과 불개입의 범위일 것이다. 서구의 개입이 있다면 그 위험은 적을 것이고, 특히 독일 등 다른 국가가 개입하면 그보다 클 것이다. 또 다른 서구국가가 동부 유럽의 반대파나 국가와 연결되어 있으면, 그 위험은 가장 심각하게 나타날 것이다. 확대해서 보면 서구가 동부 유럽의 폭력을 막지는 못할지라도 결과는 받아들일 수 있다. 결국 유럽의 단일성을 유지하는 것이 북대서양조약기구(NATO)의 가장 중요한 기능이기 때문이다. 1991년에 있었던 동부 유럽에 대한 NATO군 투입에 대한 논쟁도 일반적인 개입을 회피하려는 서구의 바람이 폭넓게 작용한 결과였다고 볼 수 있다.

제 5 절 제3세계

아프리카·아시아·라틴아메리카 모두를 하나의 개념으로 포괄하려는

---

26) 안보와 인구이동에 관련된 논의는, Myron Weinner, "Security, Stability, and International Migration," *International Security*, Vol. 17, No. 3 (Winter 1992/93), pp. 91-126을 참조.

것은 지금까지 이해해 왔던 개념보다는 훨씬 폭넓은 것이다. 이러한 잔여범주 그대로를 '제3세계'라 하는 것은 확실히 학문적으로 적절치 않는 것처럼 보인다. 의심할 나위 없이 그 지역들은 경제적 발전정도가 매우 다양하고, 역사적 그리고 문화적 전통이 서로 다르며, 또 이데올로기적으로도 정치체제 측면에서도 다양한 형태를 보이고 있다. 따라서 그들의 안보에 대한 개념은 매우 다양하다.[27]

그럼에도 불구하고 제3세계라는 광범위한 범주가 가능한 것은, 무엇보다도, 사회주의체제 즉 제2세계의 붕괴로 인하여 제3세계라는 인위적 분류는 더이상 적절하지 않기 때문이다. 그리고 전세계적인 경제적 전쟁이 심화됨에 따라, 세계는 서구 선진자본주의 국가들과 비서구 개발도상국들로 분화되는 경향을 뚜렷이 보이고 있다. 이렇게 볼 때 여기서 의미하는 제3세계는 어떠한 요인이 정치행태를 지배하는가 뿐만 아니라, 예컨대 이데올로기나 종교 혹은 여타의 요인에 따른 구분뿐 아니라, 경제적 발전정도까지 포함하는 구분이며, 따라서 선진자본주의 국가들 특히 미국에 의하여 강력한 영향을 받을 수 있는 국가들을 의미한다. 이렇게 볼 때 일본을 제외한 아시아나 중남미 및 아프리카 국가들은 이 범주에 속해서 일반적으로 연구될 수 있을 것이다.

그러나 이 장에서 분석하려는 것은 그 지역들에 관한 세부사항들이 아니라, 단순히 냉전의 종식은 제3세계의 국제적 갈등을 증폭시킬 것인가 혹은 감소시킬 것인가에 관한 것이다. 달리 말하면 탈냉전이 갈등을 완화시켰는가 아니면 심화시켰는가인 것이다. 그 대답은 아마도 둘다인 것처럼 보인다. 즉 특정한 환경에서는 갈등상황을 약화시켰지만, 다른 곳에서는 그것을 강화시켰다. 그러나 전반적으로는 냉전시기보다는 갈등이 약화되었다고 보아도 무방할 것이다.[28]

---

27) 제3세계 안보에 관한 일반적인 개요는 다음을 참조. Yezid Sayigh, "Confronting the 1990s: Security in the Deceloping Country," *Adelphi Paper*, No. 251 (London: International Institute of Strategic Studies, Summer 1990); Mohammed Ayoob, "The Security Problematic of the Third World," *World Politics*, Vol. 43, No. 2 (January 1991), pp. 257-283.

학자들은 제3세계의 갈등은 강대국의 연계와 밀접한 관계가 있다고 주장한다. 첫째로 많은 학자들이 강대국들의 패권경쟁으로 인하여 제3세계의 갈등이 늘어났다고 주장한다. 그들은 일반적으로 패권국가가 특정세력을 약화시키려 하지 않거나 혹은 다른 패권국가의 영역을 빼앗으려고 하지 않았다면, 분쟁은 전혀 일어나지 않아도 된다고 주장한다. 둘째는 이와 반대되는 경우로, 어떤 학자들은 제3세계의 갈등은 강대국과의 연계에서라기보다 자신의 내부상황에서 비롯된다고 말한다. 즉 제3세계의 정부나 정당이 자신들의 특정한 약점을 외세의 원조로 메우려 하지 않았더라면, 갈등이 훨씬 덜 비참하게 진행되었을 것이라고 한다. 많은 국가들의 경우에서 잘 나타나지만 앙골라 내전은 그런 과정을 잘 요약하고 있다.

그러나 강대국과의 연계 유무가 제3세계의 갈등에 관한 실체를 보다 설득력 있게 설명할 수 있는 것은 아니다. 그 이유는 패권국과 연계하는 것이 지속적으로 또 규칙적으로 제3세계의 갈등을 완화시켰는지 혹은 심화시켰는지를 입증할 수 있는 사례가 많지 않기 때문이다. 단지 여기서 말할 수 있는 것은, 규칙성을 가지고 나타나지는 않지만, 패권국가와의 연계가 제3세계의 갈등을 완화시켰던 몇 가지 사례들이 발견된다는 것이다. 과거 냉전기간 동안 패권국가는 제3세계가 적대적 패권국가로부터 큰 이익을 얻지 못한 것에 대해 안심했고, 상대 패권국가가 유사한 관심을 가지고 있다는 것을 알게 되었다. 또 패권국가는 대부분의 상황에서 위성국가에 그렇게 하라고 지시하는 것이 무력대응을 불러일으킬 수 있다는 것을 알았다. 물론 구소련은 그 위상을 바꾸려는 기대에서 제3세계 내에서 폭력혁명을 지원했고, 위성국가의 국내체제적 본질상 인접국가를 침략하려는 시도를 부분적으로 도와주었다. 그러나

---

28) 이것은 매우 중요하다. 그러나 과거의 비판으로 미래를 이끌어낸다는 것은 다른 비슷한 상황에서나 가능하다. 이런 가정의 무시는 냉전의 종말이 제한된 초강대국의 짐을 덜기 위한 진행의 원인이고, 다른 한편으로는 제3세계의 앞날을 예측하기 어렵게 한다.

일반적으로 폭력을 양산한 것은 제3세계국가 자체의 힘이었다. 스리랑카 편잡 지방의 내분이 강대국과는 관계없이 내부 분열로 인하여 유혈사태로 번졌다는 것이 이를 반증해 준다.

게다가 중동에서의 무력분쟁이, 예컨대 이란·이라크 전쟁이나 이집트의 예맨 개입 등은 미국과 구소련의 경쟁과는 아무런 관계가 없다는 것은 우연이 아니다. 아랍-이스라엘 전쟁은 지역 당사자들이나 두 패권 국가들이 서로가 포기하지 않는다는 것을 알게 되었고, 또 전쟁은 패권 국가들 사이에서도 위험한 것이 되었기 때문에 짧게 끝이 났다. 앙골라나 아프가니스탄처럼 몇몇의 경우에는 미국과 소련 때문에 장기화될 수 있었고, 결국 오랫동안 지연되었다. 그러나 그것은 패권국가들의 이해 관계가 큰 지역은 오히려 그들의 무차별원조가 진행되고 따라서 분쟁은 심화될 수 있기 때문에 피하는 것이 합리적이라는 교훈을 주었다.

탈냉전 이후 무력의 첫번째 사용처인 1991년의 걸프전쟁은 이전같았으면 일어나지도 않았을 것이다. 미국은 만약 소련이 이라크와 동맹을 맺고 유럽을 위협했다면, 미국은 이라크에 대규모 병력을 파병할 수 없었을 것이다. 미국은 무력대응이 소련을 자극시킬까 두려워했으며, 실제로 이라크 자체에 대한 공격보다는, 소련의 한 위성국을 공격한다는 사실이 더욱 염려스러운 것이었다. 그래서 전쟁이 발발하자 미국은 더욱 신중하게 대응했고, 소련도 이를 인지하여 자신의 위성국에게 자제하도록 압력을 가했을지도 모른다. 만약 그 당시 이라크에 대한 소련의 원조가 있었다면, 이라크는 쿠웨이트의 부에 대한 욕구는 줄어들었을 것이고, 이라크의 반격은 예상보다 심하게 나타났을 것이다. 결국 새로운 국제질서가 기회의 탈출구를 제공하리라는 희망이 있었더라면 냉전은 덜 공격적으로 시작되었을 것이다.[29]

---

29) Milton Viorst, "Report from Baghdad," *New Yorker* (June 24, 1991), pp. 67-68; 1990년 2월 24일 아랍 정상회담에서 있었던 후세인(Saddam Hussein)의 연설. *Foreign Broadeast Information Service: Near East and South Asia* (February 27, 1990), pp. 1-5.

패권국가는 제3세계에 있는 자신의 위성국을 억압하기도 하지만, 다른 한편으로 그것의 안보를 보장하기도 한다. 무력의 수단들 즉 전쟁 무기나 전쟁 테크놀로지의 발달로 침략은 보다 쉬워지게 되고, 또 이러한 이유 때문에 제3세계 국가들은 자신의 안전에 더욱 신경을 써야 하게 되었다. 확실한 침략 동기가 없을지라도 갈등은 곧 안보 딜레마에 빠지게 한다－자국의 안보를 더욱 강화하려는 노력은 타국의 위협이 되고 이것은 국제분쟁의 전통적 요인이 된다. 제3세계 국가들은 적어도 몇 년 안에 패권국이 쇠퇴하는 상황에 적응하도록 빠르게 변해야 할 것이다. 결국 어떤 경우에도 나약한 위성국들은 붕괴되거나 또는 전복될 것이며, 지역적인 갈등은 더욱 높아갈 가능성이 크다. 이것은 동북아에서 한반도를 에워싸고 일어나고 있는 갈등 상황에 의하여 잘 설명된다.

그렇다고 해서 제3세계가 반드시 선진국의 국제정치를 그대로 반영한다는 것은 아니다. 게센크론(Alexander Gerschenkron)이 국내정치에 대하여 말했던 것이 국제정치에 있어서도 들어맞는 것처럼 보인다. 즉 앞서있는 나라들은 뒤늦게 좇아오는 국가들의 진로를 다르게 만들기 위하여 국제환경을 바꾼다는 것이다.[30] 냉전의 소멸 여부와는 직접적인 관계없이, 패권국가와 서유럽 국가들은 그들의 정치적·경제적 영향력을 계속 행사할 것이다. 제3세계 지도자들 또한 자원과 투자, 시장경제로의 전환이라는 희망을 가지고 제1세계와의 경쟁을 계속하고자 할 것이다. 그러는 과정에 민족주의·인종분쟁·분파주의에 근거한 정치적·경제적 갈등이 두드러지게 나타날 것이다.

제6절 한국외교를 위한 제언

냉전의 종말은 '역사의 순환'과 '역사의 진보'에 관한 근거를 제공하

---

30) Robert Jervis, "The Future of World Politics," in Robert Art and Robert Jervis, eds., *International Politics*, 3rd ed. (Boston; Little, Brown and Co., 1995), p. 411.

였다. 선진국의 정치는 결코 1939년 이전으로 돌아가지는 않을 것이다. 전쟁비용은 급격히 증가해 왔고, 반면에 이익은 양자를 비교해 볼 때 상대적으로 감소되었다. 즉 이러한 변화의 이유는 그것을 구성하는 국가와 개인의 가치가 변했다는 것을 증명하는 것이다. 비록 국제정치의 불변요소인 경쟁이나 안보 딜레마에 의하여 다른 나라로부터 이익을 추구하는 현상이 계속 유지된다 하더라도, 과거와 같은 정도의 폭력을 산출하지는 않을 것이다. 그리고 전쟁의 위협을 상기시킬 때 나타나는 선진세계의 국제정치의 패턴은 같다.

그러나 이러한 변화에 대한 예측은 세계 어느 곳에서나 똑같이 적용되지는 않는다. 동부 유럽과 제3세계는 많은 국제정치이론들에서 설명되는 서구의 역사를 요약하지는 않을 것이며, 그들이 상호연관된 비슷한 양식의 변화를 기대할 수도 없을 것이다. 적어도 중단기적 미래에 있어서 동부 유럽과 제3세계는 과거의 전통적인 갈등요인들에 의하여, 비록 그 정도는 약화되었다 하더라도 지속적으로 영향받을 것이다. 그 중에서도 특히 분파주의와 경제적 불평등에 근원을 두는 갈등은 국제정치에 새로운 양상으로 등장하게 될 것이다.

한국에 대한 전통적인 위협요인들이 냉전기간에 비해서 감소했다는 것은, 적어도 이론적으로는 한국외교가 택할 수 있는 선택의 폭이 넓어졌음을 의미한다. 다시 말해서 한국외교가 안보분야에서 보여준 낮은 비율의 이윤율(이득의 총비용 혹은 투자액에 대한 비율)로부터 벗어나 보다 효율적인 외교를 수행할 수 있음을 뜻한다. 이제는 한국외교도 변화하는 선진세계의 가치와 국제환경적 요소들을 과감하게 국내정치에 반영하는 자세를 보여야 한다. 한국외교는 소요비용과 이익을 면밀히 따지고, 변화하는 대외적 요인들에 대한 합리적 적응을 내부화로 연결시키는 촉매의 역할을 수행해야 할 것이다.

제 3 장 한국의 국내정치 이념구조와 외교정책
—IMF사태에 대한 보혁논쟁을 중심으로—

여 현 덕

제 1 절 서 론

오늘날 냉전 이후의 시대는 국제정치상의 역학관계가 '군사력의 균형'으로부터 점차 '경제이익의 균형'으로 전환되고 있다. 다시 말해서 경제력이 군사력의 바탕이자 외교를 해나가는 힘의 근원으로 자리잡게 되었다. 이처럼 경제이익을 추구하기 위한 전쟁이 국제무대의 기본양상이 되면서 경제외교가 국제관계의 변화를 촉진시킬 것으로 전망되고 있다. 정보통신의 범세계화가 진행되면서 경제문제의 정치화 및 정치·경제의 다극화가 상호연계되면서 국가 간에 발생하는 경제적 마찰은 국제관계에서 새로운 긴장요인으로 부각되고 있다.

한국의 경우도 수출주도형 경제성장전략을 채택한 1960년대 이래, 국제경제 질서의 변화 속에서 편입·마찰·조정의 과정을 거치면서 오늘에 이르고 있다. 미·소 냉전체제의 와해와 세계경제가 근본적인 약육강식 체제에 돌입한 이래 한국은 가혹하고 새로운 환경을 맞게 되었다. 1997년 12월, 국제통화기금(IMF: International Monetary Fund)과 '스탠바이 협정'(Stand-by Arrangements)을 체결한 이후 한국은 길고도 추운 겨울날들을 거쳐야 할 것으로 보인다. 한국은 1970년대의 눈부신 경제성장을 뒤로 한 채 '스탠바이 협정'에 서명함으로써 경제주권을 IMF에게 이양하고, 그들이 제시하는 수치에 맞게 거시경제 목표들을 조정해야 했다. 이제 한국은 어쩔 수 없이 IMF 프로그램에 맞는 거시경제를 운용해야 하는 처지에 이른 것이다.

IMF의 도입은 경제주권 이양에 대한 반성과 함께 여러 가지 의문이 제기됐다. IMF 프로그램이 과연 한국의 경제위기를 치유하기에 적절한 프로그램인가? 아니면 한국의 경제위기를 더욱 심화시킬 것인가? 또는 IMF가 과연 '한국의 국제시장에의 재편입'이라는 선의의 목적만을 가지고 개입한 것인가? 이러한 문제의식은 IMF 자체뿐만 아니라 IMF 지원 프로그램을 받은 국가들의 경험적 연구 필요성을 제기케 했다.

한국의 경제위기와 IMF 프로그램에 대한 많은 논의들은 이론적으로 발전모델에 대한 재구성,[1] 경제위기의 외부효과에 대한 논의[2] 등을 제외하면 학문적 가치가 떨어지며, 사례연구 또한 경제위기와 회복이라는 개념상의 혼란[3]과 함께 단편적인 기술이라는 한계를 보여주고 있다. 따라서 본 장에서는 IMF의 지원을 받은 영국과 칠레의 경험적 사실을 토대로 그들 국가의 경제정책을 비교분석하는 데 일차적인 목적을 두고 있다. 또한 IMF 프로그램에 대처한 국가들의 경제정책을 분석함으로써

---

1) 전통과 현대 편, "동아시아 경제발전 모델은 존재하는가?" 『전통과 현대』 (1997년 겨울호), pp. 147-176.
2) 정진영, "한국 외환위기의 배경과 발생: 내적 조건과 외적 충격." 한국국제정치학회 학술회의 발표논문(1998년 2월 27일).
3) 본 연구는 외환위기를 경제위기의 하부개념으로 파악하고 있으며, 경제위기의 극복은 지표상의 건전성 회복뿐만 아니라 실업과 지니계수의 안정까지도 포함하는 포괄적 개념의 경제위기 극복으로 보고 있다. 왜냐하면 경제위기와 외환위기를 동일시할 경우 1997년 하반기 경제지표는 건강한 반면 외환보유고는 바닥선을 나타내고 있는 상황을 설명하지 못하기 때문이다. 또한 경제위기의 극복을 단지 국제수지 흑자와 외환보유고 회복으로 한정시킬 경우 남미에서 발생하고 있는 것과 같은 반복적 경제위기를 설명하는 데 한계가 있기 때문이다.

현재 구제금융을 받고 있는 한국경제외교정책에 주는 함의를 찾고자
한다.

영국과 칠레를 비교사례로 설정했을 때의 문제점은 두 국가가 비
교가능한 사례인가 하는 데 있다. 즉 영국과 칠레는 경제규모면에서
차이가 크며, 구제금융의 원인도 다르고, 지역적 차원에서도 거리가
있다는 비판이 있을 수 있다. 그러나 근인(近因)적 측면에서 두 국가
모두 국제수지 적자와 외환보유고 급감이라는 위기 속에서 IMF와
스탠바이 협정을 맺었으며, 둘째 정권교체 이후 사회와의 절연성을
획득한 이후에 경제위기를 극복했다. 또한 셋째 본 장에서 정의한
경제위기 극복이라는 측면에 있어서 두 국가가 가장 유사하게 접근
해 있다. 한편 종속변수에 대한 개념차에서 비롯되는 문제는 남미국
가 간의 비교를 어렵게 만드는 점이다. 남미에서 IMF 지원을 받은
국가는 칠레를 비롯하여 멕시코·브라질·아르헨티나 등 다양한 국가
들이 있다. 그러나 칠레를 제외한 국가는 인플레이션과 실업률 문제
가 현저하게 나타나며, 국가별 외채를 비롯한 1인당 외채에서도 경
제위기를 극복하지 못하고 있다. 예를 들어 국가별 외채의 경우 멕
시코는 1,684억 9,700만 달러, 브라질은 1,550억 달러, 아르헨티나는
967억 3,100만 달러를 차지하고 있다. 또한 1인당 외채의 경우 아르
헨티나는 2,714달러, 우루과이 2,285달러, 멕시코는 1,793달러를 지고
있다.4) 이와 같은 이유로 멕시코·브라질 등의 국가가 과연 경제위기
를 극복했는가 하는 의문이 생기기 때문이다. 따라서 본 장은 건강
한 경제지표와 인플레이션 및 실업률에서도 안정적인 영국과 칠레를
비교사례로 선정하였다.

---

4) 『문화일보』(1997년 7월 16일).

제 2 절 국제통화기금(IMF)에 대한 이데올로기적 (보혁)논쟁

1. IMF의 효용성에 대한 몇 가지 해석

제2차 세계 대전 이후 미국은 막강한 생산력과 자본력을 바탕으로 자유무역과 원활한 자본이동을 보장하는 다변적 세계질서의 수립을 추구했다. 바로 이러한 질서의 수립과 유지를 가능케 만드는 기구들은 국제통화기금(IMF), 세계은행(IBRD), 그리고 관세 및 무역에 관한 일반협정(GATT) 등이었다.

IMF는 국제수지상으로 어려움을 겪고 있는 나라들에게 단기금융을 제공하려는 목적으로 이루어졌다. IMF를 둘러싼 논쟁은 1980년대 이래로 다양하게 전개되고 있다. 논의의 편의상 시각을 세 가지로 크게 분류하면 IMF 프로그램이 경제위기에 처한 국가를 구제할 수 있다는 '적실론'(適實論), IMF 처방은 너무 느릴 뿐만 아니라 경제위기 해결에 부적절하다는 '무용론'(無用論), 그리고 IMF 프로그램은 해당국가의 종속을 심화시킨다는 '종속심화론'으로 대별할 수 있다.

먼저 '적실론'은 자유주의이론 또는 정통경제학자들에 의해서 제기되는 것으로 IMF는 자본주의체제의 운용을 원활히 촉진시키는 국제적인 재정기관(international financial intermediary)이며, 선진국과 제3세계를 연결하는 시장형성자(market-maker)로서의 역할을 한다라는 것이다.[5] 비엔(Henry S. Bienen)과 게르소비츠(Mark Gersovitz)는 IMF를 "구조조정을 용이하게 함으로써 (국내)정치적 불안정을 줄일 수 있는 자원을 제공"하는 기구로서 파악하고 있으며, IMF정책은 경제적 성공을 일으킬 수 있는 정책으로 파악하고 있다.[6]

---

5) George M. Von Furstenberg, "The IMF as Market for Official Business between Nations," in Robert J. Myers, eds., *The Political Morality of the International Monetary Fund* (New York: Transaction Books, 1987), pp. 111-126.

6) Henry S. Bienen and Mark Gersovitz, "Economic Stabilization, Conditionality,

둘째, '무용론'의 근거는 IMF 설립동기와 프로그램 획일성에 비추어 경제위기 극복의 올바른 대안이 되지 못한다는 것이다. IMF 설립동기는 브레턴우즈체제 유지를 위한 자유무역과 고정환율제 견지에 있는데 브레턴우즈체제는 붕괴됐으며, 고정환율제 역시 변동환율제로 전환되는 것이 국제현실이므로 IMF는 존재할 필요가 없다는 것이다. 또한 IMF 프로그램이 다양한 국가들에 대하여 일방적이고 획일적인 정책을 종용함에 따라 적절하지 않다는 것이다. 즉 개발도상국에서 IMF의 기능에 관해 고찰한 버드(Graham Bird)는 IMF가 ① 단일한 행위자가 아니라 상이한 정치이익을 표출한다는 점, ② 대상국가가 직면하고 있는 경제문제, 경제개혁의 범위, 국내정치적 맥락이 상이하다는 점, ③ 대상국가의 정치적·군사적·전략적 중요성이 다르기 때문에 IMF의 획일적인 처방은 부적절하다는 것이다.[7]

셋째, '종속심화론'은 IMF가 누구에 의하여 조정되는가 또는 누구를 위한 기구인가에 따라 종속이론과 네오마르크시즘으로 구분되고 있다. 종속이론에서 IMF는 부유하고 강력한 국가들에 의해서 세워졌으며 이들 국가, 특히 미국의 지배적 이익을 유지하기 위한 기구로 생각하고 있다. 따라서 IMF의 경제안정화 프로그램의 결과는 제3세계에 있어서 외국부문의 지배현상을 강화시킴으로써 경제발전을 저해하고 종속을 영구화시키는 효과를 가지고 있는 것으로 파악하고 있다.[8] 이들의 연구 초점은 외환과 수입의 자유조치, 환율 평가절하, 외국인 투자여건 개선에 따른 종속심화에 맞추어져 있다.

---

and Political Stability," *International Organization*, Vol. 39, No. 4 (Autumn 1985), p. 729.

7) Graham Bird, "The International Monetary Fund and Developing Countries: A Review of the Evidence and Policy Options," *International Organization*, Vol. 50, No. 3 (Summer 1996), pp. 478-479.

8) Cheryl Payer, *The Debt Trap: The International Monetary Fund and the Third World Stabilization and Class Conflict* (Boulder, Co.: Westview Press, 1987), pp. 40-48.

네오마르크시즘의 시각은 초수도프스키(Michel Chossudovsky)에 의해서 대표적으로 표명되고 있다. 초수도프스키는 "IMF 및 세계은행은 국제금융기관이나 그 기관의 대주주, 즉 선진국가들이 권력을 가지고 있는 것이 아니라 경제적·금융적 이해관계를 가지고 있는 세력의 이익을 대변하는 조절기구이다"라고 정의하고 있다.9) 즉 IMF와 같은 국제금융기구는 세계자본주의 세력의 대변자이며 이들의 이익을 위해서 행동한다는 것이다. 이러한 주장의 근거는, 첫째 기존에 있던 외채를 상환하기 위해서 제공되는 새로운 정책담보차관은 총 외채를 늘리는 역할을 하며, 둘째 무역자유화 결과 국내생산은 무역자유화에 따라 보다 싼 수입품으로 대체되면서 (생산)체계가 와해되고, 이에 따라 국제수지가 악화된다. 또한 해당국가에는 세계시장으로부터 상품을 계속 수입할 수 있는 새로운 긴급지원차관이 제공된다. 셋째 국내시장이 국제시장의 기준에 맞추어짐에 따라 지적재산권과 같은 서비스 사용료가 수입총액에서 차지하는 비중이 커지게 되며, 수입 결제대금의 규모가 그에 상응하는 제조상품의 유입이 없음에도 불구하고 증가하게 된다. 넷째 구조조정계획에 따라 프로젝트 차관이 줄어들게 되며, 이 때문에 수출산업과 직접 관련이 없는 모든 분야에서는 자본형성이 멈추게 된다.10)

2. 전후 세계경제질서와 IMF의 역할

이와 같은 다양한 입장 속에서 IMF가 어떠한 조직이며 어떤 역할을 수행하고 있는지를 살펴보기 위해서는 정태적인 측면에서 그들의 공식입장과 동태적 측면에서 경험적인 사실을 추적해 볼 필요가 있다.

먼저 IMF의 정태적 측면을 살펴보면 다음과 같다. IMF는 1944년 7월

---

9) Michel Chossudovsky, 이대훈 역,『빈곤의 세계화: IMF 경제신탁통치의 실상』(서울: 당대, 1998), p. 14.
10) Michel Chossudovsky (1998), P. 75. 이외에도 갈등의 이론적 시각을 IMF 프로그램에 도입한 논의로 김왕식, "IMF 경제안정화 프로그램의 효과: 라틴아메리카의 경험," 한국정치학회, 『한국정치학회보』, 제25집 2호 (1991)가 있다.

1일부터 22일 미국 뉴햄프셔에서 열린 브레턴우즈 회의에서 설립되었고, 1945년 12월 27일 29개 국가가 IMF의 헌장을 인준함으로써 공식적으로 존재하게 되었다. IMF 의사결정은 분담국의 지분에 따라 결정되며, 현재 최대지분을 갖고 있는 국가는 미국(18.25%)이며, 그 다음으로는 일본과 독일(5.67%)이다. 1997년 12월 현재 회원국은 182개국이며 전체 분담금은 1,450억 SDR이다.[11]

제2차 세계대전의 종결을 앞두고 세계경제질서를 유지하기 위한 한 축으로써 구축된 IMF는 표면적으로 6가지 목적을 명시하고 있다.[12] 첫째 국제적 금융문제에 대한 협의 및 원조가 가능한 영구적 제도를 설립함으로써 국제금융의 협조를 증진시키는 데 있다. 둘째 국제무역의 확장과 균형된 발전을 증진시키고, 이를 통하여 높은 고용수준과 실질임금을 인상 및 유지시키며, 경제정책의 주요 목표로서 모든 회원국의 생산자원 발전에 기여한다. 셋째 외환안정성을 증진시키고, 규율적 외환협정을 유지하며, 경쟁적 외환 평가절하를 회피하는 데 있다. 넷째 통용거래의 관점에서 회원국들 사이 다자적 지불체계의 설립을 지원하고, 세계적 무역성장에 방해가 되는 외환규제 제거를 지원하는 데 있다. 다섯째 적절한 안전장치(safeguards)하에 회원국들이 활용할 수 있는 자금을 확보함으로써 회원국들에게 신뢰감을 주고, 이를 통하여 국가적 또는 국제적 번영에 파괴적인 조치를 취하지 않고도 국제수지상의 부적응을 정정할 수 있는 기회를 제공하는 데 있다. 여섯째 이와 함께 회원국들의 국제수지상의 불균형을 줄이고 그 기간을 단축하는 데 있다.

이상의 목적을 위하여 IMF는 자신의 활동영역을 규정하고 제반 기능을 마련하고 있다.[13] IMF의 활동영역은 감독·재정지원·기술지원이다. 감독이란 해당국의 일반적 경제상황과 정책의 포괄적 분석 내에서 외

---

11) http://www.imf.org/external/np/exr/facts/glance.htm.
12) IMF, "Articles of Agreement of the International Monetary Fund," http://www.imf.org/pubs/ft/aa/index.htm, p. 2.
13) http://www.imf.org/external/np/exr/facts/glance.htm.

환정책을 평가하는 과정이다. 재정지원이란 국제수지균형의 어려움을 겪는 국가에게 조정 및 개혁 정책을 지지하기 위하여 제공되는 대부 및 차관을 의미한다. 기술지원이란 다양한 영역에 걸쳐 IMF에 의해 제공되는 전문적 기술 및 지식과 보조금을 의미한다. 전문적 기술과 보조금에는 재정 및 금융정책 계획과 수행, 제도창설, IMF와의 계약관리와 회계, 통계자료 수집 및 가공, IMF를 비롯한 타기관에서의 관료훈련이 있다. 이를 위하여 IMF가 사용하는 기제는 정규기제(regular IMF facilities)14)·양도기제(concessional IMF facility)15)·특별기제(special IMF facilities)16)이며, 각 기제에 따라 하위기제를 갖추고 있다.

---

14) 정규기제는 Stand-by Arrangements(SBA)와 Extended Fund Facility(EFF)로 구성되어 있다. SBA란 일시적 또는 순환적 성격의 적자로 인한 단기 국제수지균형을 위해 제공되도록 고안됐다. SBA는 통상 12개월에서 18개월 기간으로 시행된다. 인출은 분기별 체계를 가지고 있으며, 발행은 이행기준과 정기적 프로그램 평가에 따라 조건적이다. 상환은 각 구입 이후 3년 3개월부터 5년 사이에 행해져야 한다. 한국에 대한 IMF 지원프로그램은 SBA에 속한다. EFF는 일반적으로 3년 동안 행해지는 중기 프로그램을 지원하기 위하여 고안되었으며, 거시경제 및 구조적 문제에서 기인하는 국제수지의 문제점을 극복하기 위하여 만들어졌다. 이행기준은 SBA와 유사하며 상환은 4년 6개월에서 10년 사이에 행해져야 한다.

15) 양도기제란 Enhanced Structural Adjustment Facility(ESAF)를 의미하는 것으로서 ESAF는 1987년에 입안되었고, 1994년에 확대되었다. ESAF는 지속적으로 국제수지문제를 지니고 있는 저소득회원국들을 위하여 고안된 것으로서 ESAF 인출은 타국가의 화폐를 구입하지 않는 차관이다. ESAF는 3년 동안 지원되며 연리 0.5%의 5년 지불유예 및 10년 만기 프로그램이다. 분기별 수준기표(benchmark)와 반 년 동안의 이행기준이 적용된다. 1997년 12월 현재 79개 저소득국가가 ESAF를 이용할 수 있다.

16) 특별기제는 Systemic Transformation Facility(STF)와 Compensatory and Contingency Financing Facility로 구성되어 있는데, STF는 1993년 4월부터 1995년 4월까지 유효한 임시적 기제로서 무역 및 수지조정에 심각한 어려움을 겪고 있는 전환기 경제를 재정지원하기 위하여 고안되어졌다. 상환은 4년 6개월 이상 10년 사이에 이루어져야 한다. 또한 CCFF는 일시적인 수출하락을 겪고 있는 회원국 및 곡물수입 비용의 초과 및 자금협정상의 외부적 손실에 대하여 보상적 보정(補整)을 제공하는 것을 의미한다. 상환은 3년 3개월 이상 5년 사이에 행해져야 한다.

이상과 같이 정태적인 측면에서의 IMF는 세계경제의 마지막 구제자 (last resort)로서 설립됐으며 또한 그 기능을 수행하고 있다. 그러나 IMF 에 의해 금융지원을 받은 국가는 대부분이 제3세계 국가이며, 이들 국 가의 대부분이 IMF 프로그램 이후 높은 실업률과 물가상승률에 시달리 고 있다. 따라서 IMF 프로그램이 경험적으로 구체화된 사례를 비교분석 하는 것이 필요할 것이다.

제 3 절 경제위기와 국가별 대처유형

1. 생산성과 임금 및 경제위기: 영국

1) 정부역할의 확대와 제한적인 외환통제: 노동당 정부

1970년대 초반 영국의 경제상황은 무역수지 악화, 외환보유고 감 소, 환율의 평가절하가 동시에 발생하고 있었다. 1972년부터 1976년까 지의 경제지표를 보면, 무역적자규모는 18억 5,900만 달러, 63억 600만 달러, 125억 1,800만 달러, 70억 1,300만 달러에 달하고 있었다. 외환보 유고는 485만 달러, 559만 달러, 64만 달러, 337만 달러밖에 보유하고 있지 못했으며, 환율은 1파운드 대비 달러 기준으로 2.3481, 2.3232, 2.2485, 2.0235, 1.7024를 기록하고 있었다(<표 1> 참조). 단순화시키면 무역수지 악화 → 외환보유고 감소 → 환율 평가절하라는 악순환이 계 속되었다.

1975년 말과 1976년 초 파운드화 방어를 기치로 하던 영국정부는 외환 보유고가 급감함에 따라 외환유동성을 확보하기 위하여 유럽 상업은행 들과 국제경제은행(BIS), 그리고 미국과의 쌍무협상을 진행하여 약 50억 달러의 차관을 도입하기로 결정하였다. 그러나 이러한 노력은 국제신용 도 하락과 이에 따른 국제자본의 이탈심화로 인해 파운드화 방어에 실패하게 되었으며, 정부는 1976년 9월 9일 파운드화 방어를 포기하고

<표 1> 영국 주요경제지표의 변화

		1972	1973	1974	1975	1976	1977	1978	1979	1980	1981	1982	1983	1984	1985	1986
환율[1]		2.3481	2.3232	2.3485	2.0235	1.7024	1.9060	2.0345	2.2240	2.3850	1.9080	1.6145	1.4506	1.1565	1.4445	1.4745
St-by[2]	총액	-	-	-	-	-	2.250	2.250	-	-	-	-	-	-	-	-
	인출금	-	.	-	-	-	1.720	1.720	-	-	-	-	-	-	-	-
외환보유고[3]		4.85	5.59	6.04	4.60	3.37	20.11	16.03	19.74	20.65	15.24	12.40	11.34	9.44	12.86	18.42
무역수지[4]		-1,859	-6,306	-12,518	-7,459	-7,013	-3,937	-2,965	-7,209	3,362	7,170	3,906	-1,312	-5,851	-2,440	-12,144
무역외수지[5]		3,046	4,926	5,748	4,909	6,802	5,721	8,273	10,672	8,512	9,687	6,389	9,655	10,901	11,764	15,322
자본수지[6]		-114	2,508	4,550	3,527	168	8,460	-8,240	-17,448	-7,895	-13,702	1,813	-8,505	-19,898	-13,069	-6,839
정부재정[7]		-1,742	-2,524	-3,828	-7,796	-7,251	-5,118	-8,396	-11,000	-10,828	-11,346	-8,274	-13,327	-10,078	-	-
GDP[8]		64.05	74.00	84.10	106.26	126.44	145.57	168.08	196.76	230.33	253.89	276.16	301.05	320.17	351.57	373.38
예금이자율(%)		4.15	8.02	9.50	7.08	7.54	4.90	6.08	11.71	14.13	10.67	8.77	6.46	6.37	8.87	6.89
대출이자율(%))		7.50	8.00	9.00	9.00	9.00	9.75	8.83	13.88	16.17	13.25	11.79	9.79	9.65	12.29	10.83
임금[9]		29.6	33.6	39.5	50.0	57.8	63.7	73.0	84.2	100.0	113.4	126.3	137.1	144.9	161.1	174.1
산업생산[10]		91.4	99.6	97.6	92.3	95.3	100.3	103.3	107.2	100.0	96.6	98.4	101.9	103.2	108.1	109.7
고용[11]		99.4	101.8	102.4	102.0	101.3	99.9	100.3	101.4	100.0	95.8	93.5	94.7	95.6	94.4	94.9

주: 1) 1파운드: 달러, 최기말 기준.
2) Stand-by Arrangement. 단위: 백만 SDRs, 최기말 기준.
3) 단위: 백만 달러, 최기말 기준. 외환보유고유고는 외환보유고유고는 금을 제외한 수치로서 SDRs, IMF 지원금 및 외환을 포함.
4), 5), 6) 단위: 백만 달러. -는 체무.
7) 단위: 10억 파운드, 12월 31일 기준.
8) 단위: 10억 파운드.
9), 10), 11)은 1980년(100) 기준임. 기준평균.

자료: IMF, International Financial Statistics yearbook (1987), pp. 692-695.

IMF에 금융지원을 요청하게 되었다. 마침내 1976년 12월 노동당 정부는 IMF와 스탠바이 협정을 체결했으며, IMF에 의해 1977~78년간 4,500만 SDRs 지원받는 대신 재정적자 감축, 경제성장률 하향조정, 물가억제, 통화량 감소 등을 요구받게 되었다.

노동당 정부의 경제위기 해결방안은 정부역할의 확대와 제한적인 외환통제로 요약될 수 있다. 노동당 정부는 경제위기가 수요측면, 즉 생산성이 저조한 상태에서 임금인상 요구 → 생산비용 증대 → 공급부족 → 인플레이션 → 임금인상이라는 고리를 형성하고 있다고 판단함으로써 임금인상 절감에 의해 수요를 줄이고 공급을 늘리는 방법으로 시장에 대한 정부개입 강화라는 정책을 내세웠다.

노동당 정부가 임금과 생산성 간의 관계가 비례적이지 못하다고 판단한 근거는 다음과 같은 이유에 연유한다고 본다. 임금과 생산성 간의 관계를 보면 1980년(=100) 기준으로 1972년 29.6: 91.4, 1973년 33.6: 99.6, 1974년 39.65: 97.6, 1975년 92.3: 102.0, 1976년 95.3: 101.3으로 양자가 비례적으로 증가한다기보다는 임금이 생산성의 증가율을 상회하고 있었다. 또한 임금인상 요구에서 비롯되는 빈번한 파업은 생산을 저해함으로써 단위가격을 상승시키고 인플레이션 상승을 유도했다.

한편 노동당 정부는 1974년 하반기 이후 급격한 국제수지 악화와 높은 물가상승률로 파운드화가 폭락함에 따라 자본의 해외유출을 방지하기 위하여 주요 선진국에 비해 훨씬 제한적인 외환통제를 실시하여 왔다. 앞서 언급한 바와 같이 영국의 무역적자 규모는 1973년에 63억 600만 달러였던 것이 1975년에 125억 1,800만 달러, 1976년에 70억 1,300만 달러에 달하고 있었다. 또한 소비자 물가상승률도 1974년 16.5%, 1975년 23.6%, 1976년 15.5%로 기록하고 있었고, 환율은 1파운드 대비 달러 기준으로 1974년 2.2485, 1975년 2.0235, 1976년 1.7024로 폭락하고 있었다(<표 2> 참조).

노동당 정부의 시장에 대한 정부역할 강화와 제한적인 통제정책은 표면적인 지표에 있어서는 성공을 거두었다. 무역적자 규모도 1976년에

<표 2> 영국의 GDP 성장률·실업률·소비자 물가상승률(1958~78)

(단위: %)

	GDP 성장률	실업률	소비자물가 상승률
1958~67	3.0	1.8	2.9
1968~73	3.2	2.7	7.9
1974~78	0.9	4.6	15.7
1974	-0.6	2.4	16.5
1975	-1.6	3.8	23.6
1976	2.6	5.3	15.5
1977	0.7	5.6	14.2
1978	3.2	5.3	8.6

자료: Commission of the EC, *Annual Economic Review 1978~79 HMSO* (United Kingdom, Balance of Payments), 한국은행 편, 『주간내외경제』, 914호(1979. 7. 22-28), p. 12에서 재인용.

70억 1,300만 달러였던 것이 1977년 39억 3,700만 달러, 1978년 29억 6,500만 달러, 1979년 72억 900만 달러로 비교적 회복세에 있었으며, 외환보유고 또한 1976년 337만 달러였던 것이 1977년 2,011만 달러, 1978년 1,603만 달러, 1979년 1,974만 달러로서 1977년 이후 보유고의 안정세를 회복하고 있었다. 이에 따라 환율도 1파운드 대비 달러 기준으로 1976년 1.7024에서 1.9060, 2.0345, 2.2240으로 회복되고 있었다.

그렇지만 영국경제의 회복세는 표면적인 현상이었지 실제적인 회복은 아니었으며, 노동당 정부의 무리한 정책은 또 다른 씨앗을 내포하고 있었다. 영국경제가 실제적인 회복이 아니었다는 첫번째 이유는 임금과 생산성의 관계가 회복되고 있다고 할지라도 아직도 격차가 현저하다는 점에 있다. 즉 1974년 58.1, 1975년 42.3, 1976년 37.5로 임금·생산성 격차가 줄어들고는 있었지만, 이후 1977년 36.6, 1978년 30.3, 1979년 23.0으로써 격차는 여전히 심각했다. 노동당 정부가 그 격차를 현저하게 줄이지 못했던 주요한 이유는 노동당의 정치적 지지기반이 노조와 노동자들에게 있었기 때문이다. 따라서 임금억제를 위해서는 물가인상 억제가 선행된 상태에서 명목임금 하락과 실질임금 유지가 이루어짐과 동시에 노동유연성 확보를 통해 노동자들의 저항을 무마시켜야 했지만, 이러한 정책을 시행할 경우 노동당의 정치적 기반이 근본적으로 와해될 가능성이 컸기 때문에 이를 시행하지 못했다.

둘째, 무역수지 흑자와 환율안정은 당시 북해유전 생산의 본격화와 고금리정책에 기인하는 바가 크다. 그러나 고금리정책에 대한 제한적인 외환통제정책은 기업과 투자가들의 자율적 선택을 제한하고 자원배분을 왜곡시키는 역기능현상이 나타났다.

셋째, 경기와 물가면 또한 반드시 호전이라고 볼 수 없는 사정이 있었다. 1978년 경기는 확대과정에 있었지만 그것은 노동당 정부의 경기부양책 실시, 특히 감세효과와 제3차 소득정책 실패의 결과, 두 자릿수의 임금상승이 발생했으며, 이로 인하여 실질가처분 소득이 급증하였고, 개인소비가 대폭적으로 증가하였기 때문이다. 한편 물가에 있어서는 제2차 소득정책이 임금상승을 저율에 머물게함으로써 당시 소매가격을 안정시키는 데는 기여했지만 1978년의 임금상승이 10% 이상이나 되었기 때문에 이미 임금상승률은 커지고 있었다. 더욱이 재정적자도 증대하는 경향(1977년 51억 1,800만 달러, 1978년 83억 9,600만 달러, 1979년 110억 1천만 달러)이 있었기 때문에 물가상승률의 전조는 명확하게 나타나고 있었다.

2) 정부역할 축소와 노동유연성 제고: 보수당 정부의 정책

보수당 정부는 영국 경제위기의 원인이 수요면에 있다기보다는 공급면에 있다라고 판단하여 정부의 관여범위 축소와 가격기구의 활성화를 기본으로 영국경제 재활성화를 시도했다. 이러한 정책기조는 1979년 예산연설(Budget Speech)이 발표된 4개원칙에서 구체화되었다.[17] 4개원칙이란, 첫째 민간부문의 활동을 확대하고 재정적자를 축소한다. 둘째 정부

---

17) 한일은행 편, "대처 정부하의 영국경제와 그 과제," 『한일월보』, 제880호 (1982. 6), pp. 35-38.

의 역할을 축소하고 개인의 선택자유를 확대한다. 셋째 노동량 및 능력에 따른 소득을 인정하여 노동에 대한 인센티브를 높인다. 넷째 노사쌍방이 책임 있는 행동을 취하도록 환경을 조성한다. 이를 구체적으로 보면 다음과 같다.

보수당 정부는 첫번째 원칙인 인플레 억제를 위해서 공공부문 차입수요(PSBR: Public Sector Borrowing Requirement)[18] 감소와 통화량 억제를 주축으로, 중기 금융재정전략(Medium-Term Financial Strategy)에서 PSBR 및 통화량을 중기적이고 명시적인 체계 안에서 점감(漸減)시켜 나간다는 목표를 책정하였다. 따라서 <표 3>에 나타난 바와 같이 중기 재정금융전략의 목표가 설정되었다.

둘째, 정부역할의 축소는 재정지출의 감축 및 국영기업의 민영화라고 하는 이른바 '작은 정부'를 지향한 것이며, 이의 인식적 바탕은 전후 계속된 고복지·고부담 정책, 그리고 노동당 정부의 국유화정책 추진 결

<표 3> 영국의 중기 재정금융전략 목표치

(단위: %)

	1980	1981	1982	1983
통화량	7-11	6-10 (〃)	5-9 (〃)	4-8 (〃)
PSBR/명목GDP	3.75	3.0 (4.25)	2.25 (3.25)	1.5 (2.0)
재정지출	△0.7	△1.7 (0.0)	△2.2 (△1.7)	△0.4 (△2.4)

주:( ) 안의 숫자는 1981년도 예산안 발표시의 개정 중기 재정·금융 전략 목표치임.
자료: United Kingdom, *Finacial Statement and Budget Report, 1980. 3*(1981. 3);
    United Kingdom, *The Government's Expenditure Plans, 1980. 3*(1981. 3), 한일은행 편, "대처 정부하의 영국경제와 그 과제," 『한일월보』, 제880호 (1982. 6), p. 38에서 재인용.

---

18) PSBR은 중앙정부·지방공공단체·공영기업을 포괄한 공공부문 전체의 금융소유액을 말한다.

과 가격기구의 기능 저하, 재정부문의 비중이 서구 주요국에 비하여 고수준이 됨으로써 이것이 경제 전체의 효율을 떨어뜨렸다는 데 있었다.

이를 위하여 개별지출항목을 명목치 기준으로 책정하는 소위 '캐시 리미트'(cash limit) 제도[19]를 보다 중시하고, 1981년부터는 명목치에 의한 전체 지출계획을 발표하는 등 재정지출을 엄격히 관리하였다. 또한 노동당 정부가 추진하여 온 국유화정책을 국유기업의 민영화정책으로 전환하여 Britishi Petroleum(1979), British Aerospace(1981), British Telecom(1984), British Gas(1986) 등을 비롯한 50여 개의 대표적 공기업을 민영화하였다.

셋째, 노동의 인센티브 강화를 겨냥한 조세정책의 개정을 실시하였다. 조세정책의 기조는 소득세 감축과 부가가치세율 인상이며, 이는 국민의 조세부담을 소득으로부터 지출행위에 이전함으로써 개인의 가처분소득 증가를 통한 노동의욕 제고, 구매력 증대, 생산증가를 도모한다는 의미이다. 이러한 취지에 따라 대처 정부는 소득세와 관련하여 기초세율을 종전의 33%에서 30%로 3포인트 인하하고, 연간 2,500파운드 이상의 고소득층에 대한 최고세율은 종전의 83%에서 60%로 대폭 인하하였다. 한편 종전에는 표준세율을 8%로 하고 상품별로 12.5%까지 적용하였던 부가가치세율(VAT)을 일률적으로 15%로 인상하였다. 보수당 정부가 부가가치세율을 인상했던 이유는, 첫째 식료품 등의 생활필수품에 대하여는 대부분 부가가치세율이 적용되지 않기 때문에 저소득층에게 큰 부담을 주지 않으며, 둘째 과세대상품목이 광범위하고, 셋째 수출에는 면세되나 수입품에는 과세되기 때문에 무역수지 개선효과가 있으며, 넷째 세무행정상 간편하고, 다섯째 세수증대 효과가 크기 때문에 소득세감축에 따른 세수 격차를 최대한 보완할 수 있다는점 등의 장점을 가지고 있기 때문이었다.[20]

---

19) 캐시 리미트 제도는 개별지출항목마다 각 목표 베이스로 지출상한액을 결정하는 것이며, 사회보장관련비 등을 제외한 중앙정부 세출, 지방공공단체 및 일부 국유기업의 자본지출을 포괄하고 있다.

20) 한국은행 편, "칠레의 개방경제정책 채택과 그 성과." 『주간내외경제』, 제1035호 (1981. 11), p. 15.

넷째, 노사관계 개선을 목표로 제도정비를 단행하였다. 보수당 정부는 임금인상에 있어 노사 간의 자율적 교섭권을 강화하고, 노조의 노동쟁의에 관한 규제조치 도입을 통하여 임금인상 압력을 완화시키고, 임금인상요구는 물가상승과 실업증가의 요인이라는 의식을 강화함으로써 노조세력 약화 및 사용자 경제환경개선을 시도하였다. 예를 들어 1980년 8월에 제2차 쟁의행위 금지, 클로즈드 숍(closed shop) 남용방지 등을 내용으로 하는 고용법을 제정하였으며, 1981년 11월에는 보다 강도를 높인 노동법안을 발표했다.

이외에도 자유경쟁을 촉진하기 위한 조치를 들 수 있다. 보수당 정부는 1980년 4월 경쟁법을 제정하여 지금까지 가격통제 역할을 담당하고 있던 가격위원회를 폐지함과 함께 독점·합병 위원회의 자유경쟁촉진에 관한 권한을 강화시켰다. 같은 맥락에서 1979년 6월 이후 외환규제를 점차 완화하고 동년 10월 사실상 완전철폐를 단행하였다. 이에 따라 우선적으로 해외투자자원에 대한 제한과 중개무역에 대한 수입대금의 파운드화 결제 금지조치를 해제하고, 기타 제한조치도 파운드화의 추이와 국내 경제상황에 비추어 단계적으로 자유화하기로 하였다.[21] 또한 외국인 투자를 활성화하기 위하여 상공부 산하에 투자유치 전담기구, 즉 영국투자청(IBB)을 설치하였다.

요컨대 보수당 정부의 경제위기 해결책은 공급측면에서 살펴볼 수 있다. 정부의 시장기능 관여를 축소하고 민간부문 활성화를 기하는 한편 외자도입에 유리한 환경을 구축함으로써 공급을 늘리고, 공급증가에 따라 인플레이션 감소 및 고용창출을 기대하는 것이었다.

이상의 정책결과 보수당 정부는 물가상승을 억제하고, 국제수지 흑자라는 성과를 거둘 수 있었으나, 실업률 상승과 경기후퇴 확대라는 결과를 피할 수 없었다. 먼저 보수당 정권 초기에 물가는 거의 1년간에 걸쳐 지속적으로 상승하였으나, 긴축재정이 지속되는 가운데 수급이 급속히

---

21) 한국은행 편 (1981. 11), pp. 16-17.

완화되고 파운드 시세가 상승함에 따라 수입물가가 안정된데다 부가가
치세율 인상의 영향과 석유가격 인상효과로 물가상승은 1980년 중반 이
래 급속히 둔화되었다. 더욱이 1980년 가을 이후 임금교섭에서 한 자리
숫자의 물가인상률 실현되어, 겨우 물가·임금의 악순환에서 탈출할 수
있었다.

국제수지 변동을 살펴보면 영국의 경상수지는 제1차 석유위기 이후
적자기조가 계속되었지만 1978년에는 흑자로 반전하였다. 그후 1979년
에는 또다시 적자로 급락하였지만 1980년에는 1978년을 상회하는 흑자
를 기록하고 1981년에는 흑자폭이 한층 확대되었다. 흑자가 확대된 이
유는 생산량 증대에 따른 오일 수지의 호전과 경기후퇴에 따른 수입감
소 등에 있었다.

이상과 같이 건전한 경제지표와는 달리 실업률이 크게 상승하고 있
었다. 1980년을 기준(100)으로 한 고용비에서 1978년 100.3(실업률 5.3%),
1981년 95.8, 1982년 93.5 등 실업률이 연간 평균 5% 이상 증대하고 있었
다. 실업률이 증대하고 있는 원인은 철공업생산 후퇴와 제조업 불황에
서 찾아볼 수 있다. 철공업생산은 1979년 봄 이래 하락하기 시작하여 최
저수준을 보였던 1981년 제2·4분기까지 감소폭은 14%로 전후의 불황을
상회하는 전후 최대의 감소를 보였다. 또한 제조업의 경우도 재고조정
의 급진전과 수요구조의 변화에 따라 제조업 비중이 떨어져 버린 장기
적 요인으로 인하여 불황을 면치 못하고 있었다. 생산이 감소함에 따라
기업이 대규모로 인원을 감축시켰기 때문에 고용은 급격히 악화되어
실업률은 1980년 봄에 전후 최대수준을 기록한 후에도 계속 그 기록을
갱신하고 있었다.

경기면에 있어서 국내 석유가격을 국제가격과 연동시켰기 때문에 민
간수요의 감소는 피할 수 없었다. 즉 북해유전의 생산이 본격화된 1980
년에는 석유의 완전자급이 달성됐기 때문에 제2차 석유위기에 의한 해
외로의 소득이전은 극히 경미하여, 이 점에서는 다른 선진국에 비해 유
리한 상황이었다. 그러나 영국에서도 소비절약을 추진할 필요가 있어

석유의 국내가격을 국제가격에 완전 연동시키고 있었기 때문에 석유가
격 상승에 따라 민간 수요억제효과의 영향은 피할 수 없었으며, 경기후
퇴는 점증하게 되었다.

2. 민간채무와 수출하락 및 경제위기: 칠레

1) 대내지향적 경제구조조정 단계: 1973~1981년

경제위기의 배경이 된 아옌데(Salavador Allende) 정부의 경제정책은 국
유화와 고정환율제를 통한 저물가, 균등한 소득분배 및 고성장에 초점
을 두고 있었다. 그러나 아옌데 정부의 구리산업 국유화와 다국적기업
에 대한 제한정책은 경제위기를 촉발시키는 계기가 되었으며, 정권 말
기의 이러한 통제정책은 높은 인플레이션, 대내·대외 신용도 하락, 심각
한 국제수지 문제를 일으킴으로써 외환보존을 위한 정책으로 전환하였
다.22) 그렇지만 아옌데 정부의 경제정책은 1973년 피노체트(Augusto
Pinochet Ugarte)에 의한 쿠데타로 일단락되었다.

피노체트의 개혁1기는 강력한 긴축재정·금융정책을 통한 경제안정화
정책에 초점을 두었다.23) 산업기반 조성정책에 선행하여 정부보조금 삭
감 및 공무원 1/3 감축 등을 통한 정부재정의 견실화, 통화량 중심의 긴
축통화정책, 공기업의 민영화, 수입관세 인하를 통한 무역자유화정책 등
경제구조 및 제도에 대한 일대 개혁을 실시하였다. 당시 재정적자 규모
는 1973년 24.7에서 1974년 10.5, 1975년 2.6, 1976년 2.3, 1977년 1.8, 1978년
0.8로 축소하였다. GDP 대비 총 투자 또한 1973년 7.8에서 21.2, 13.1, 12.8,
14.4, 17.8로 점감하였고, 통화량을 1973년 36.2에서 1974년 231.2, 1975년
257.2, 1976년 189.4, 1977년 113.5, 1978년 65.0으로 억제하는 조치를 취했

---

22) Stephan Haggard and Sylvia Maxfield, "The Political Economy of Financial
Internationalization in the Developing World," *International Organization*, Vol.
50, No. 1 (Winter 1996), p. 50.
23) 곽수종, "칠레 경제개혁 결실 안정성장 기틀마련," 『삼성경제』(1997. 1), p.
128.

다. 이러한 조치들은 소비자물가지수를 1973년 605.1에서 369.2, 197.9, 84.2, 37.2, 38.9로 안정화시키는 효과를 가져왔다(<표 4> 참조).

그러나 칠레의 경제성장에 대한 성급한 과신은 거품경제라는 부작용을 낳게 되었다. 즉 과잉자본유입이 생산투자보다 금융투기 및 소비투자에 집중됨으로써 수출지향적 경제발전전략의 주요 장애요인으로 작용하게 되었다. 특히 고정환율제도하에서 대내외 금리격차로 인해 유입된 단기성 자본의 유출입 관리정책의 부재는 1982년 외환위기의 씨앗을 내재하고 있었다.

1979~81년 칠레 정부는 정책 중심을 안정화에서 경제구조조정으로 전환시켰다.

1981년 취해진 주요 조치는 사회보장제도와 깊은 관련을 맺고 있다.[24] 이전의 현금지불주의방식(a pay-as you-go-system)은 개인의 저축능력에 따라 수익이 보장되는 방식으로 전환되었다. 이는 민영화 프로그램에 필수적인 요소로 지적되었는데 이를 통해 저축이 늘어나고 그 저축재원이 산업발전에 동인이 될 수 있었다. 둘째 의료체계와 관련된 프로그램은 민간부문의 참여를 촉진시키는 방향으로 추진되었다. 즉 민간보험회사가 의료보험을 취급할 수 있도록 허용하였다. 셋째 중앙정부는 사회 서비스의 분권화를 추진하였다. 즉 정부는 정책수립에만 간여하고 인사문제나 예산집행은 책임지지 않는 방식을 취하였다. 넷째 1979년 제정된 새로운 노동법은 조합화(unionization)와 집단교섭절차 등을 새로이 규정하고 있었다. 그동안의 관례와 달리 복수노조가 인정되었고, 임금교섭도 산업별 교섭에서 각 기업별 교섭으로 바뀌었다. 또한 기업에게 임시노동자를 고용할 수 있게 함으로써 노동자의 파업권에 제한을 가했으며, 자발적인 노조가입원칙을 규정하고 공무원의 파업을 금지하고 있었다.

그러나 1979년의 노동법은 물가연동제를 도입하여 수출지향형 기업

---

24) Luis A Riveros, 장광익 역, "칠레의 경제개혁과 시사점," 『지역경제』(1994. 7), pp. 135-136.

<표 4> 칠레의 주요 경제지표(1970~81)

	경제성장률 (%)	교역재 성장률(%)[1]	비교역재 성장률(%)[2]	소비자 물가지수[3]	M1 증가율[4]	총투자[5]	재정 적자[6]	경상수지[7]	실질 환율[8]
1970	2.1	1.4	2.9	32.5	66.2	16.4	2.7	-1.2	38.5
1971	9.0	9.2	8.8	22.1	113.4	14.5	10.7	-1.9	35.3
1972	-1.2	-0.8	-1.1	260.5	151.8	12.2	13.0	-4.0	36.7
1973	-5.6	-7.3	-3.7	605.1	362.9	7.8	24.7	-2.7	56.7
1974	1.0	6.6	-0.4	369.2	231.2	21.2	10.5	-2.6	83.8
1975	-12.9	-16.6	-8.4	197.9	257.2	13.1	2.6	-6.8	100.0
1976	3.5	5.3	1.6	84.2	189.4	12.8	2.3	1.5	91.5
1977	9.9	7.8	9.4	37.2	113.5	14.4	1.8	-4.1	83.5
1978	8.2	4.5	9.6	38.9	65.0	17.8	0.8	-7.1	101.6
1979	8.3	7.0	10.0	31.2	57.8	17.8	-1.7	-5.7	105.9
1980	7.8	5.5	10.0	9.5	64.0	21.0	-3.1	-7.1	94.0
1981	5.5	3.8	5.4	20.7	-3.8	22.7	-1.7	-14.5	74.8

주: 1), 2) 무역재는 농산물·수산물·공산품이며, 비교역재는 건설업·서비스업임.
3), 4) 소비자물가지수 및 M1은 11월부터 다음해 11월까지의 평균치임.
5) 1960~69년간 GDP 대비 평균투자율은 14.9%임.
6), 7), 8) GDP 대비 %임.

자료: Banco de Chile, Boletin Mensual, *Indicadores Economicos y Sociales 1960~85*; IBRD, *Chile's Country Economic Memorandum*; IMF, *International Financial Statistics*; Luis A. Riveros, 장공이 역, "칠레의 경제개혁과 시사점," 『지역경제』(1994. 7). p. 139에서 재인용.

<표 5> 칠레의 국제수지 추이

(단위: 백만 달러)

	1975	1976	1977	1978	1979	1980
경상수지	-490	149	-552	-1,088	-1,190	-1,786
무역수지	70	643	35	-426	-355	-626
수출(FOB)	1,590	2,116	2,186	2,460	3,835	4,706
수입(FOB)	1,520	1,473	2,151	2,886	4,190	5,332
용역수지	-672	-518	-657	-732	-915	-1,230
이전수지	12	24	70	70	80	70
자본수지	308	12	677	1,771	2,269	3,117
장기자본	-82	51	58	1,510	1,786	2,053
단기자본	390	71	620	261	483	1,064
종합수지	-182	271	125	683	1,079	1,331

자료: 한국수출입은행 편, "칠레의 대외채무 현황," 『주간수은뉴스』(1982. 8. 15~8. 21), p. 27.

에게 생산비용을 추가시키는 부정적 요소도 내포하고 있었으며, 1970년 중반 이후 주요 수출품인 구리가격이 계속 하향세를 나타냄으로써 무역적자규모(1978년 4억 2,600만 달러, 1979년 3억 5,500만 달러, 1980년 6억 2,600만 달러)는 급격히 커지게 되었다(<표 5> 참조).

또한 정부의 외자도입정책은 민간채무만 증대시켰을 뿐 생산성을 제고하지 못하는 부정적 결과만을 도출하였다. 즉 외환위기 전의 외자도입에 대한 기본정책은, 첫째 세 차례에 걸친 파리클럽 채권단과의 재협상에 성공한 후 기존대외채무의 상환의무 수행에 충실하고자 하였다. 둘째 칠레 중앙은행은 대외차입에 대하여 지급보증을 하지 않는 정책을 일관하였다. 즉 시중은행이나 민간기업이 차주(借主)가 되거나 지급보증을 한 대외차입에 대하여는 아무런 제한을 두지 않고 민간부문의 자율에 일임하는 대신 정부·중앙은행·국영기업체가 직접 차주가 되거나 지급보증을 하는 대외차입은 억제하였다[25](<표 6> 참조).

25) 한국수출입은행 편, "칠레의 대외채무현황," 『주간수은뉴스』(1982. 8. 15~21), p. 26.

<표 6> 칠레의 대외 채무도입 잔액 추이*

(단위: 백만 달러)

		1975	1976	1977	1978	1979	1980	1981
공공채무	잔 액	3,597	3,475	3,520	4,353	4,771	4,720	4,415
	증가율	0.4%	-0.4%	1.3%	23.7%	9.6%	-1.1%	-6.5%
	구성비	84.3%	81.3%	78.0%	73.5%	63.6%	50.1%	35.2%
민간채무	잔 액	670	799	990	1,570	2,736	4,693	8,138
	증가율	51.2%	19.3%	23.9%	58.6%	74.3%	71.5%	73.4%
	구성비	15.7%	18.7%	22.0%	26.5%	36.4%	49.9%	64.8%
총 대외 채무	잔 액	4,267	4,274	4,510	5,923	7,507	9,413	12,553
	증가율	6.0%	0.2%	5.5%	31.3%	26.7%	25.4%	33.4%
	구성비	100.0%	100.0%	100.0%	100.0%	100.0%	100.0%	100.0%

* 상환기간 1년 이상 장기차입.
자료: 한국수출입은행 편 (1982. 8. 15~21), p. 26.

결과적으로 정부의 외자도입에 대한 정책은 공공채무의 감소, 민간채무의 증가라는 결과를 낳았는데, 시중은행에 의해 주도된 민간부문의 외자도입은 생산부문에 이용되지 않고 수입업자에 대한 대출용과 경상수지 적자를 보충하는 데 쓰여졌다는 문제가 있었다. 특히 1980년 이후 주요 수출품인 구리가격의 급격한 하락에도 불구하고 수입자유화에 따른 수입확대로 인하여 1981년 7월 국내시장이 포화상태에 이르게 되었다. 국내시장의 포화는 수입상품 판매부진 및 외상매출금 회수부진으로 인하여 연쇄파산사태에 직면하게 되며, 이는 시장원리에 따른 금융기관 폐쇄[26] 등 금융위기로 연결되었다.

2) 대외지향적 경제구조조정 단계

칠레는 남미 외환위기 여파, 소위 '데킬라 효과'의 영향과 대내지향적

---

26) 1982년 4월 15일 Banco de Fomento de Valparaiso, Banco Regional de Linares, Compania General Financiera S.A., Financiera CASH S.A., Financiera de Capitales S.A., Sociedad Financiera ded Sur S.A., 1982년 7월 8일 Banco de Fomento de Bio-Bio, Banco Austral de Chile가 청산됐다(자료: Superintendencia de Banco). 한국수출입은행 편 (1982. 8. 15~12), p. 35 참조.

경제구조조정의 결과 나타난 민간채무의 증가와 수출하락으로 인해 또 한번의 외환위기를 겪게 됐으며, 이는 IMF의 통화량 감축, 신용팽창 수 치 설정 등을 조건으로 1983~84년간에 걸쳐 784억 1천만 SDRs을 제공 받는 스탠바이 협정을 체결하게 되었다.

1982년 이후 진행된 두번째 단계의 경제구조조정은 높은 환율유지, 재정지출 규제, 공공기업의 민영화, 외자도입의 적극화, 노동유연성 제 고 등으로 요약될 수 있다.

칠레는 자국의 환율을 지속적으로 평가절하(1981년 74.8, 1982년 81.1, 1983년 98.1, 1984년 100.8, 1985년 123.0, 1986년 139.9)함과 동시에 재정계 정 역시 흑자를 유지하도록 했다(1981년 -1.7, 1982년 2.3, 1983년 3.8, 1984년 4.0, 1985년 6. 3임. <표 7>참조).

국영기업의 민영화는 재정적자를 해결하기 위해서뿐만 아니라 생산 성 증가 및 외국채권자에게 경제개혁이 진행되고 있음을 보여주기 위 한 정책이었다. 또한 외국자본을 유인하기 위하여 '외국인 투자가들도 칠레인이다'라는 구호하에 투자절차를 간소화시키고 모든 수속을 외국 인 투자위원회에 집중시킴으로써 소위 'one-stop agency' 정책을 실시했 다. 또한 중앙은행의 주도하에 시행된 채무주식화 방식[27]이 외국자본유 치가 활발하도록 한 요인으로 지적할 수 있다.[28] 물론 투기성 외국자금, 즉 핫머니의 유입을 최대한 막기 위해 외국인 투자의 경우 과실송금은 즉시 가능하지만 원금송금은 1년 이후에 가능하게 했다.

노동유연성 확보를 위하여 피노체트 정부가 도입한 정책은 소위 '정 리해고'였다. 즉 1개월 전 근로자에게 사전통고만 함으로써 해고할 수 있는 모든 카드를 사용자에게 주었다. 이와 같은 노동시장의 유연성은 사용자의 기업경환경을 최대한 개선시켜주는 효과를 가져다줌으로써 수출경쟁력 향상뿐만 아니라 외자유치에 유리한 환경을 조성해 주었다.

---

27) 채무주식화방식이란 외채를 주식으로 전환하는 것을 일컫는 것으로서 남미국 가의 외채를 변제하는 하나의 수단으로서 이용되었다.

28) Luis A Riveros, 장광익 역 (1994), p. 136.

<표 7> 칠레의 주요 경제지표(1981∼90)

	경제성장률(%)	교역재 성장률(%)[1]	비교역재 성장률(%)[2]	소비자 물가지수[3]	M1 증가율[4]	총투자[5]	재정 적자[6]	경상수지[7]	실질 환율[8]
1982	-14.1	-11.2	-10.8	23.1	7.3	11.3	2.3	-9.5	81.1
1983	-0.7	0.5	-6.1	23.0	27.7	9.8	3.8	-5.6	98.1
1984	6.3	7.9	5.3	26.4	12.1	15.3	4.0	-10.7	100.8
1985	2.4	2.5	2.4	17.4	11.3	13.9	6.3	-8.3	123.0
1986	5.7	6.7	5.0	21.5	41.4	15.0	2.8	-6.5	139.9
1987	5.7	3.5	6.6	21.5	9.8	17.9	0.1	-4.6	143.5
1988	7.4	6.9	7.7	12.7	17.7	18.1	1.7	3.0	149.9
1989	10.0	8.4	11.0	21.4	13.2	21.8	0.04	-2.1	146.4
1990	2.1	0.7	3.0	27.3	17.5	20.8	1.3	n.a.	151.9

주 및 자료는 <표 4>와 동일함.

　경제구조조정의 2단계에 있어서 칠레는 보다 적극적인 민영화정책을 실시했다. 국가 또는 정부 주도의 독점형 기업은 절대 경쟁력을 가질 수 없다는 원칙하에 대대적인 민영화정책을 발동시켰다. 또한 전술한 바와 같이 '외국인 투자가들도 칠레인이다'라는 구호 아래 민영화에 외국기업도 동등하게 참여할 수 있는 기회를 부여했다.

　결과적으로 두번째 경제구조조정 단계에 행해진 정책은 민간채무 해소와 수출증대라는 두 가지 목표에 두어져 있다고 파악할 수 있다. 즉 민간채무를 해소하기 위하여 환율을 평가절하 기조로 안정화시키면서 외자도입 적극화 및 부실기업 매각 및 국영기업의 민영화 등을 통하여 민간채무를 정부채무로 전환되는 것을 가능한 줄여보고자 했다. 또한 민영화와 더불어 부실기업 정리와 노동유연성 제고를 통하여 수출증대를 꾀하였다.

　칠레 정부의 개혁·개방정책은 경제지표상으로는 분명한 회복을 나타내고 있다. 외환보유고의 측면에서 보면 1982년 18억 1,500만 달러였던 것이 1983년 20억 3,630만 달러, 1984년 23억 290만 달러, 1985년 24억 4,990만 달러, 1986년 23억 5,130만 달러로 안정된 보유고를 지속하게 됐다. 또한 무역수지 흑자(1982년 6,300만 달러, 1983년 9억 8,600만 달러, 1984년 2억 9,300만 달러, 1985년 8억 5,000만 달러, 1986년 11억 1,000만 달러)와 GDP 성장(1982년 1조 2,391억 페소, 1983년 1조 5,577억 페소, 1984년 1조 8,934억 페소, 1985년 2조 5,766억 페소, 1986년 3조 2,461억 페소)을 달성하고 있었다. 따라서 표면적인 면에서는 외환위기 회복과 경제위기를 극복하게 되었다.

　그러나 IMF 구제금융 이후 칠레 정부의 주도적인 시장개발정책이 모든 면에서 성공을 거둔 것은 아니다. 가장 두드러진 현상이 '빈익빈 부익부'의 심화이다. 20년간의 저돌적인 시장경제 추구는 1,350만 인구 가운데 400만이 빈곤층이라는 데 결과를 가져왔다[29]. 종속이론과 네오마

---

29) *Newsweek* (1995. 8. 2), p. 30.

르크시즘에서 주장하듯이 칠레는 저임금화된 국가가 되었을 뿐만 아니라 내부적으로 주변부의 주변부화를 심화시켰다.

제4절 결 론

경제외교정책을 대별해 보면, 우선 일국의 경제이익을 극대화하기 위한 대외경제정책의 추진이라는 1차적 기능과 경제적 능력을 통한 정치적 목적의 달성이라는 2차적 기능의 두 가지 측면을 살펴볼 필요가 있다. 전자는 경제이득을 획득하기 위하여 통상·원조·투자 등의 대외적 경제활동을 전개해 나가는 경우를 말하고, 후자는 원조제공 등 경제협력 강화를 통한 상대국에 대한 외교적 발언권 신장으로부터 극단적으로는 경제봉쇄까지 다양하다.

이렇게 보았을 때 IMF협정도 경제외교정책의 중요한 결정임에 틀림없다. 우리가 앞으로 이러한 상황을 극복하기 위해서는 다른 나라의 사례를 살펴보는 것이 의미가 있을 것이다. 그런 배경에서 다시 본다면 영국과 칠레는 외환위기로 구체화된 경제위기에 직면하여 IMF와 스탠바이 협정을 맺었고, 각국의 상황에 맞게 경제개혁을 실시하여 위기를 극복했다. 영국의 경우 노동당 정부는 정부역할 확대와 제한적인 외환통제정책을 사용하여 현재의 위기를 헤쳐나가고자 했다. 정책 결과 표면적인 경제지표는 건강성을 회복했으나 위기의 원인이었던 생산성과 임금 간의 관계, 고금리로 인한 선택자율의 왜곡과 자원배분의 왜곡 및 물가상승이라는 문제를 야기시키면서 실질적인 위기를 극복하지 못하고 있었다.

1979년 정권을 이양받은 보수당 정부는 정부역할의 축소와 노동유연성 제고라는 정책기조로 위기를 극복하고자 했다. 구체적인 정책은 공공부문 차입수요 감축 및 통화량 억제, 재정지출 감축 및 국영기업 민영화, 소득세 감축과 부가가치세 인상 이라는 조세정책, 그리고 노사 간

자율적 교섭권 강화라는 사용자에게 유리한 환경개선, 그리고 외환규제
의 실질적 철폐 등이다. 이들 정책은 북해유전의 본격적인 생산이라는
'우연'과 결합하여 실질적인 경제회복을 일궈냈다. 그러나 영국은 노동
유연성 제고에 따른 실업률 상승과 국내 석유가격의 국제석유가 연동
에 따른 민간부문의 수요 감소라는 문제를 안고 있다.

　1973년 쿠데타에 의해 집권한 피노체트 정권은 전(前) 정부였던 아옌
데 정부의 정책기조였던 국유화 및 고정환율제와 달리 민영화 및 변동
환율제를 도입하여 외자를 유치하고자 했다. 피노체트 정부의 경제정책
은 2단계, 즉 대내지향적 경제구조조정 단계 및 대외지향적 경제구조조
정 단계를 거쳤다. 대내지향적 단계는 다시 안정화 시기와 구조조정 시
기로 구분할 수 있는데, 안정화 시기에서는 강력한 긴축재정·금융정책
을 통한 경제안정화 정책에 초점을 두었다. 구조조정 시기에는 민영화,
정부역할 축소, 노사간 자율협상권 강화에 정책목표가 있었다. 그러나
대내지향적 정책은 주요 수출품(구리) 가격 하락이라는 외부변수와 민
간주도의 외자도입에 따른 민간채무 증가, 임금과 물가를 연동시키는
물가연동제 도입에 따른 임금상승 → 물가상승으로 인하여 1982년 또 다
른 경제위기를 맞게 되었다.

　대외지향적 경제구조조정 단계에서는 이와 같은 문제점들을 해결하
기 위하여, 고환율 유지, 재정지출 규제, 적극적 민영화·외자도입, 노동
유연성 제고 등을 정책목표로 내세웠으며, 정책의 상위목표로서 수출증
대와 외자유치를 선정하고 있었다. 피노체트의 대외지향적 경제구조조
정은 경제위기를 극복하는 데 효율적인 정책이 되었고, 이후 중남미국
가들의 경제모델로서 기능하게 되었다. 그러나 수출경쟁력 향상에 선행
하는 경영환경 개선은 칠레가 중남미국가들 가운데 가장 빈곤층이 많
은 국가라는 결과를 가져왔다. 즉 칠레는 경제회복과 경제발전이라는
긍정적 측면과 함께 빈곤층의 양산이라는 부정적 측면을 아울러 갖게
된 것이다.

　경제위기 극복에 있어서 IMF가 한 역할은 경제위기의 일시적 회피책

을 준 것에 불과하다. 즉 IMF가 한 행위는 설립동기에 따라 세계경제에 있어서 해당국가의 낙오를 방지하고 경쟁적 평가절하를 방지하기 위하여 금융지원을 한 것에 불과했다. 이들이 제시한 긴축재정, 통화량 억제, 시장개방 또한 상위목표에 충실한 것이었다. 문제는 이들 프로그램의 결과로 나타난 실업과 빈곤의 심화에 있었다. 긴축재정·경기후퇴 및 노동유연성의 제고라는 정책결과로 나타나는 이들 문제점들은 규범적인 측면의 재고뿐만 아니라 실업 및 저소득층에 대한 대책이 시급하고도 중요한 문제이다. 그러나 이들 문제들은 IMF 구제금융이나 조건에 의해 발생한 것이 아닐 뿐 아니라 오히려 해당국가의 의도적 정책에서 비롯된 것일 가능성이 크다. 비엔과 게르소비츠는 칠레의 1979년 변화는 IMF 프로그램에 의했다기 보다는 피노체트 정부의 정통성 획득을 위한 신보수적 정책의 결과였다라고 주장한다.[30] 즉 그들은 경제위기를 극복하기 위해 제시했던 정책들이 노동조합 억제, 공기업 매각, 사회복지 해체에 있었으며, 이들 정책은 국제수지 문제의 해결이라는 제한적 목표보다는 기존의 정치·경제 권력관계를 변화시키고자 하는 데 보다 중점이 주어졌다는 것이다.

---

30) Henry S. Bienen and Mark Gersovitz (1985).

제 4 장 외교사적 측면에서 본 한국외교정책

김 계 동

제 1 절 서 론

외교정책은 국가의 안전을 도모하고 경제적 번영을 추구하기 위한
국가이익의 극대화를 위하여 타국의 행위를 자국에 유리하도록 유도하
여 자국의 위신과 영향력을 제고시키는 것이라 정의된다. 외교정책의
수립에 기본이 되는 일반적인 국가이익은 "자국의 영토와 외국에 거주
하는 자국민을 보호하고, 자국의 정치적 이념을 수호하며 경제적 번영
을 증진시키는 것" 등 다양하다.1) 이와 같은 일반적인 국가이익 이외에
각국이 처한 특수한 환경에 따라 특정 국가이익을 충족시키기 위한 목
표로 외교정책이 추구되기도 한다. 그 대표적인 예로 한반도가 처한 분
단적 상황에서 적대적인 분단외교를 추진하고 있으며, 다른 한편 대내
외적 환경변화를 맞이하여 민족의 지상최대목표인 통일을 이룩하기 위
한 통일외교를 추진하고 있다.

외교사적 측면에서 살펴볼 때 한반도의 분단은 민족에게 있어서 불
행 또는 재난으로 받아들여졌지만, 이 분단체제에 적응하고 국가의 생

---

1) 김계동, "세계질서의 변화와 외교정책의 유형," 구본학·김계동 외, 『세계외교
정책론』(서울: 을유문화사, 1995), p. 20.

존과 번영을 유지하기 위하여 한국정부는 다양한 형태의 외교정책을 추진하였다. 이념·체제적으로 경쟁·대립하는 북한의 공세를 극복하기 위하여 적대외교를 추진하였고, 전쟁을 경험한 후 전쟁의 재발을 방지하고 전쟁이 재발하더라도 이를 효과적으로 막아내기 위하여 미국과의 동맹외교도 추진하였다. 다른 한편 대내외적 정세가 전방위외교를 필요로 할 때 북방외교·교차승인외교·다자안보체제를 형성하기 위한 외교도 전개하고 있다. 분단상태에서 적대외교와 동맹외교를 지속적으로 추구하면서, 평화와 통일을 위한 전향적인 외교정책도 모색하고 있는 것이다.

한국전쟁은 이러한 다양한 외교정책을 추진하게 된 동기를 제공하였다. 전쟁을 경험하게 됨으로써 1945년의 분단상태 보다 더 적대적인 외교정책을 추진하게 되었고, 한국전쟁의 대표적인 부산물로 한·미 동맹이 태동하게 되었다. 남북한 간의 극한적인 대립은 한국전쟁의 재발을 초래할 것이라는 인식하에 전쟁의 참화를 경험한 한국인들은 전쟁의 재발을 방지하기 위하여 화해와 협력을 모색하여야 한다는 측면에서 북방외교·교차승인외교·다자안보체제 외교도 추진하게 되었다.

이 장은 이러한 관점에서 한반도 외교환경의 특성을 분석하고 이러한 환경적 요인에 의하여 한국외교정책이 어떠한 기본틀을 유지하며 변화해 왔는가를 도출하는 데 그 목적이 있다. 한국전쟁이라는 변수를 매개로 하여 지속적으로 추구된 외교정책 및 변화된 외교정책에 대한 연구가 이 장의 주된 내용이다.

제 2 절 한국외교환경의 특성

한국의 외교환경은 특수하기 때문에 외교정책의 성격도 보편적인 국가들과 차이가 많다. 여타의 보편적 국가들과 달리 한국은 외교·안보적으로 분단, 전쟁, 적대적 대치, 의존적 동맹을 체결하고 있는 특수한 상황에 처하여 있다. 한국외교정책의 특수성에 심대한 영향을 미친 환경적 요인들을 세 개의 큰 변수로 분류하면, 주변국들에게 있어서 전략적으로 중요한 지정학적 요인, 침략과 개입으로 점철된 역사적 요인, 극한대립의 이념적 요인으로 나누어진다.

위의 세 가지 요인들은 상호연관되어 한국외교에 많은 영향을 미쳤으며, 특히 그 중에서도 앞의 두 가지 요인들, 즉 지정학적 요인과 역사적 요인은 하나의 틀을 구성하며 한국외교를 운명지어 왔다고 할 수 있다. 한국의 역사는 한반도의 지정학적 위치 때문에 역사적으로 팔레스타인·폴란드·벨기에가 처했던 운명과 유사하게 중국·러시아·일본에 의한 침략으로 점철되어 왔다. 대륙세력과 해양세력의 교차점에 위치하여 대외관계에 있어서 국가자율성이 떨어지고 외세의 영향권 내에서 의존적인 외교정책을 모색해 왔다.

일본인들은 한반도를 '아시아 본토로 진출하기 위한 디딤돌'로 활용하였으면서도, 다른 한편 한반도는 '일본의 심장부를 겨냥한 단도(短刀)'라 표현하였다. 중국인들은 한반도를 '중국의 머리를 가격할 준비가 되어 있는 망치' 또는 '중국의 치아를 보호하기 위한 입술'로 인식하였다. 러시아는 상업적 이익, 1차자원 확보, 영토확장, 정치적 지배 등 '제국주의적 이익'과 더불어 부동항 획득 및 태평양에로의 진출을 위하여 러시아와 한반도가 연결되어 있어야 한다는 인식을 가지고 있었다.[2] 이러한 점을 보면 한반도는 지정학적으로 극동에 있어서 중요한 교차점 또는 동북아 전략의 요충지에 위치하고 있음을 알 수가 있다. 이에 따라 한반도는 역사적으로 아시아 열강들의 주요한 전략적 목표였고, 그들의 한반도에 대한 이해관계가 교착상태에 처할 경우 전쟁을 피하면서 어느 한편도 손해를 보지 않고 공평한 이익을 획득하기 위하여 한반도의

---

2) Carl Berger, *The Korea Knot: A Military-Political History* (Philadelphia : University of Pennsylvania Press, 1964), p. 15; "Korea Past and Present," *The World Today*, Vol. 2 (1964), p. 176; Gregory Henderson, *Korea: The Politics of Vortex* (Cambridge, Mass.: Harvard University Press, 1977), p. 15.

분단이 제기되곤 하였다.

지정학적 위치 때문에 제기되었던 한반도의 분단사는 고대부터 그 유래를 찾을 수 있다. 7세기에 당태종이 "고구려와 백제를 멸망시키고 패수(浿水) 이남은 신라가 다스리며 그 이북은 내가 다스리겠다"고 김춘추에게 제의한 적이 있다.[3] 그후 한반도의 분단은 16세기 말 일본인들에 의하여 다시 제의되었다. 1592년 도요토미 히데요시(豊臣秀吉)를 선봉으로 한 일본군이 침략하자, 조선왕조는 중국의 명나라에게 침략자들을 물리쳐 주도록 요청하였다. 결국 중국이 개입하여 일본군이 남부지역 일부만을 점령하는 데 그치고 더이상 진격하지 못하도록 하는 데 성공하였다. 이후 교착상태가 지속되자 도요토미는 일본이 충청·강원·전라·경상도 등 남부 4개도를 점령하고 나머지 4개도, 즉 함경·평안·황해·경기도는 조선의 왕이 지배하도록 하자는 제의를 하였다. 이 제의를 중국과 조선 양측이 거부하였고, 1598년 도요토미가 사망하자 일본군은 조선으로부터 철수하였다. 이때 제의된 분단선은 북위 38도선에서 45마일 정도 남쪽에 이어진 선이었다.[4]

한반도의 분단은 1894년 다시 제의되었다. 1882년 서방세계에 개방을 한 이후 조선은 강대국의 각축장이 되었다. 개국 이래 외세의 내정개입을 정부가 적절히 대응하지 못하자 동학난이 발생하였고, 이 난이 전국으로 확대되자 조선왕은 중국에게 요청하여 이 난을 진압해 줄 것을 요청하였다. 두 척의 전함과 2,500명의 중국군인이 한반도에 파견되자, 일본도 자국의 외교사절들을 보호한다는 명목으로 조선이 요청을 하지 않았는데도 4,000여 명의 병력을 파견하였다. 동학난이 진압되자 조선왕은 중국과 일본군의 철수를 요구하였으나, 그들은 이 요구를 묵살하여 갈등이 지속되었다. 양군대 간의 충돌이 예상되자 영국이 중재를 하였

---

3) 신복룡은 이 안이 실현되어 한민족이 "발해와 후신라로 나누어지는 최초의 분단을 경험"하게 되었다고 주장하였다. 신복룡, "삼국전쟁 후의 사회변동," 『한국정치사』(서울: 박영사, 1991), pp. 65-98 참조 : 허만호, "한국의 외교정책," 구본학·김계동 외 (1995), p. 158에서 재인용.

4) 진단학회, 『한국사』 제3권 (서울: 1960), pp. 642-644.

는데, 1894년 7월 영국 외상인 킴벌리(Kimberley) 경이 "극동의 평화를 위하여 조선을 중립화하든지 청(淸)과 일본이 조선을 분할·점령하자"고 제의하였다. 중국은 서울이 자기 점령 지역에 포함되어야 한다는 조건으로 이 제의를 수용하였으나, 일본은 이를 거부하였다. 일본인들은 한반도의 반쪽만 점령하는 데 만족하지 않았고, 일본군이 중국군을 충분히 이길 수 있다고 확신하고 있었다. 결국 청일전쟁이 이 분쟁을 종식시켰는데, 한반도 분할협상에 대한 영국의 제의를 조선은 전혀 통보받지 못하였다.5)

1896년과 1903년 러시아와 일본은 북위 38도 또는 39도선에서의 한반도 분할에 대한 논의를 하였다. 러시아의 주요 목적은 부동항의 획득이었다. 러시아의 조선에 대한 영향력이 점차 강화되어 급기야 조선왕은 러시아 공사관으로 거처를 옮기고 그곳에서 정사업무를 집행하였다. 청일전쟁 이후 조선에 대한 독점적 영향력을 행사하던 일본인들은 조선왕의 아관파천을 매우 심각하게 받아들이지 않을 수 없었다. 따라서 일본은 러시아가 38도 이북 지역에 대한 영향력을 행사하고 그 이남은 일본의 영향권으로 하자고 제의 하였다. 1896년 6월 러시아의 니콜라스(Nicholas) 2세의 대관식에서 일본육군의 야마가타 아리토모(山縣有朋) 원수가 이를 제의하였을때 대관식에 참석한 조선사절은 이 제의를 통보받지 못하였다. 러시아는 조선 전체를 점령할 수 있다는 자신감에 일본의 제의를 거절하였다. 결국 일본은 러시아와의 일전을 예상하고 전쟁준비를 하게 되었고, 이의 일환으로 '영일동맹 조약'을 체결하였다. 궁지에 몰린 러시아는 도쿄주재 공사를 통하여 1903년 10월 한반도의 39도선 이북은 어느 나라의 군대도 주둔하지 않는 완충지대로 하고, 그 이남 지역은 일본의 영향권으로 인정하겠다는 제의를 하였다. 일본은

---

5) 진단학회 (1960), pp. 3-23; 허만호 (1995), p. 159; Peter Farrar, "British Policy towards Korea during the Sino-Japanese War of 1894~1895," Association for Korean Studies in Europe (AKSE) 주최 학술회의 발표문 (1985년 4월 10일-15일).

이에 대하여 한·만 국경 지역에 남북으로 50마일씩 100마일의 비무장지
대를 설치하자는 역제의를 하였다. 러시아가 이 제의를 거부하자 일본
은 1904년 2월 10일 대러시아 전쟁을 선포하였다. 러일전쟁에서 러시아
가 패배하여 결국 러시아는 조선에의 영향권을 잃게 되었다.[6] 이와 같
이 한반도 주변국들은 한반도의 분단을 통한 동북아의 세력균형을 모
색하였고, 이 과정에서 조선의 주권은 전혀 고려대상이 되지 못하였다.

이와 같은 한반도 분할 제의는 1945년 8월 15일 현실로 나타났다. 제2
차 세계대전의 종전 처리과정에서 급작스럽게 아시아의 대일전에 참전
한 소련의 남진을 봉쇄하기 위하여 미국은 38선에 의한 미국과 소련의
한반도 영향권 분할을 제의하였고, 소련이 이를 수락하여 분단이 되었
다.[7] 1945년의 분단은 이후 한국현대사의 운명을 좌우하는 결정적인 계
기가 되었고, 따라서 한국외교정책의 벗어버릴 수 없는 굴레가 되어 항
상 정책변화의 주요 요인이 되어 왔다. 특히 분단 이후 세계적인 차원
에서 냉전이 시작되면서 한국의 외교정책은 자율성을 확보하지 못한
채, 미국 대소봉쇄정책의 '곁가지' 아니면 '외곽의 전초기지'로써 임무를
수행해야 하는 운명에 처하게 되었다. 1946년 미국의 외교관이었던 케
넌(George F. Kennan)이 제시한 봉쇄정책(containment policy)의 주요 거점
역할을 하게 됨에 따라 한국의 국가형성·국가성격·대외관계를 수립하
는 데 있어서 결정적 영향을 받게 되었다.

앞서 구체적으로 설명한 지정학적 요인과 역사적 요인은 한국외교정
책에 있어서 이념적 요인이 자리잡는 데 결정적 기여를 하게 되었다.

---

6) Hak Joon Kim, *The Unification Policy of South and North Korea* (Seoul:
Seoul National University Press, 1977), pp. 20-21; Soon-Sung Cho , *Korea in
World Politics 1940-1950 : An Evolution of American Responsibility* (Berkeley:
University of California Press, 1981), p. xii.
7) 한반도 분단과정에 대한 구체적 내용에 관하여는 Gye-Dong Kim, *Foreign
Intervention in Korea* (Aldershot: Dartmouth Publishing Company, 1993), pp.
27-38; 김기조, 『38선 분할의 역사: 미, 소·일 간의 전략대결과 전시외교 비사』
(서울: 동산출판사, 1994) 참조.

분단에 의하여 적대적인 두 정부가 수립되면서 양체제 간에 극한적인 이념적 대결이 시작됨으로써 외교이념이 한국외교정책의 수립과 수행에 있어서 중요한 부분으로 자리잡게 되었다. 외교이념은 "외교적 행위에 직·간접으로 관련된 사고 및 가치체계" 또는 "일국의 외교정책이나 대외관계와 깊이 관련된 주의·사상·관념·세계관 등 신념체계의 집합"으로 풀이된다.8) 남북한의 대립적 외교이념은 한반도 내에서 자생적으로 생긴 측면도 있지만 분단의 주역인 미국과 소련의 이념대결구도를 그대로 옮겨 왔기 때문에 한반도에 설립된 두 개 정부의 대외관계도 같은 틀 속에서 변화되어 왔다.

한반도에 설립된 두 정부의 이념적인 차이, 또는 이념대결이 외교정책에 미쳐 온 영향은 다음과 같이 설명되어질 수 있다. 첫째 자율성을 잃고 의존적인 외교를 추진해야만 했다. 철저한 반공주의를 채택함에 따라 한국외교는 명확한 흑백논리에 의하여 운영되었으며 그만큼 외교의 운신의 폭을 축소시켰다. 좁혀진 운신의 폭 때문에 부족되는 외교역량을 보충하기 위하여 미국이라는 '후견국'에 의존하지 않을 수 없었으며, 북한을 비롯한 공산권과의 대립이 격화될수록 미국에의 의존도는 더욱 높아만 갔다.

둘째 국력을 낭비하는 소모성 외교를 추진해야만 했다. 철저한 반공주의에 의한 체제대립과 자유민주주의 체제수호를 목표로 한 외교정책은 모든 사회주의 국가들을 적대시하고 친사회주의 중립국도 비우호국으로 규정하였다. 할슈타인 외교원칙을 적용하여 북한과 수교하는 국가들에 대하여 외교관계 수립을 배제하였으며 국교를 단절하였다. 다시 말해서 상대국이 한국에게 우호적인 국가였다 할지라도 북한과 관계개선을 하거나 교역을 할 경우 비우호적 행위로 간주하고 외교관계를 단절하였다. 이러한 원칙하에 외교무대에서 남북한은 서로의 정통성을 무시하려는 목표하에 '상대방 죽이기'라는 소모적 외교정책을 수립하고

---

8) 변대호, "한국의 외교이념과 외교정책," 이범준·김의곤 편, 『한국외교정책론: 이론과 실제』(서울: 법문사, 1993), p. 72.

추진하지 않을 수 없었다.

이상에서 설명한 세 가지 변수들, 즉 지정학적·역사적·이념적 요인들은 한국외교정책을 수립하고 추진하는 데 있어서 핵심적 요인이 되었으며, 주변상황 또는 시대적 변화에 한국외교정책이 적응하여 변화를 해 나가는 데 있어서도 기본원칙으로 작용하였다. 보편적으로 일국의 외교는 외부적 환경이 변화할 때, 이에 적응하기 위하여 변화를 추구하지만 한국외교는 외부적 변화가 있더라도 분단에 의한 대립이라는 기본원칙은 유지한 채 제한적인 변화만이 이루어졌을 뿐이다.

제 3 절 한국외교의 지속과 변화

1. 비융통적·편향적 한국외교의 태동: 건국외교와 전시(戰時)외교

1948년 8월 15일 건국 이후 대한민국 정부는 그동안의 점령상태에서 벗어나 미국과의 수평적 외교관계를 수립하게 되었으나, 내용적으로는 미국에 안보문제와 대외관계를 의지하지 않을 수 없었다. 1948년 8월 16일 행정기구 인수를 위한 미국과의 회담을 전개한 한국정부는 8월 24일에는 대한민국 대통령과 주한미군 사령관 간에 체결된 과도기에 시행될 '잠정적 군사안전에 관한 행정협정'을 체결하였다. 이어 9월 11일에는 대한민국 정부와 미합중국 정부 간의 '재정 및 재산에 관한 원조협정'에 서명함으로써 미국과 특수한 관계를 가지게 되었다.[9]

이후 한국정부는 미국의 경제 및 군사 원조를 최대한 획득하기 위한 노력을 기울였다. 경제력과 군사력을 발전시켜 북한과의 대립에서 우월한 위치를 점하기 위한 목적이었다. 한국이 당면한 과제는 한편 북한과의 대립에서 승리를 추구하면서, 다른 한편 남한체제 자체를 안정시켜

---

9) 홍규덕, "한국의 대미외교정책," 이범준·김의곤 편 (1993), p. 317.

야만 하는 것이었다. 여수·순천 반란사건, 제주도 등지에서의 공산 게릴라 활동 등 남한 내 좌익세력에 의한 체제불안정과 더불어 북한군과의 38선에서의 잦은 무력분쟁으로 국가안보가 위기상태에 이르고 있었다.

이승만 대통령은 대한민국 정부수립 이후 철수를 진행하고 있던 미군의 철수연기를 요청하였고, 이승만의 빈번한 '북침발언'을 우려하며 공격용 무기를 제공하지 않고 있던 미국을 설득하여 군사원조 확대를 위한 외교에 총력을 기울였다. 그러나 주한미군 철수요청은 미국이 단지 몇 개월 더 주둔하는 효과를 거두었을 뿐 1949년 6월 30일 마침내 미군은 500명의 고문단만 남겨 놓은 채 철수를 종료하였다.[10] 미군철수가 시작되자 이승만은 미국과의 양자관계에서 한 걸음 더 나아가 다자적 접근방법도 시도하였다. 1949년 3월 유럽에서 북대서양조약기구(NATO)가 결성되자 필리핀의 키리노(E. Quirino) 대통령이 제의한 집단안보구상을 적극 지지하면서 미국 주도하의 '반공태평양동맹체' 결성을 주장하였다.[11]

한국정부는 미국에 대하여 한국안보를 위하여 보다 더 적극적인 정책을 취하여 주도록 요청하였으나, 소련을 봉쇄하는 데 있어서 아시아보다는 유럽을 중시하였던 미국으로서는 한반도에 많은 신경을 기울일 수가 없었다. 미국 하원은 대한경제원조안을 1950년 1월에 부결하였으며, 같은해 1월 12일에 애치슨(Dean Acheson) 국무장관은 한국과 대만이 미국의 극동방위선에 포함되지 않는다는 취지의 연설을 하여 북한에 대한 전쟁억지에 실패하는 결정적인 계기가 되었다. 1948년의 한국정부수립, 이듬해의 미군철수를 거치는 동안 미국 군부는 미국의 세계전략에 있어서 한국이 별로 중요하지 않다는 인식을 가지고 있었고, 미국 정책결정자들도 이러한 의견을 기조로 대한정책을 추진하고 있었다.[12]

---

10) 미군의 철수과정에 대하여는 Gye-Dong Kim (1993), pp. 90-108 참조.

11) 전웅, "한국외교정책의 전통과 연구현황," 이범준·김의곤 편 (1993), p. 24.

12) 1948년부터 1950년까지 미국의 대한정책에 관하여는 김계동, "미국의 대한반도 군사정책 변화: 철수·불개입정책에서 한국전 참전으로의 결정과정,"『군사』, 제20호 (1990), pp. 141-187 참조.

북한이 군사력을 증강하여 남침을 우려한 한국정부는 1949년 8월 30
일 장면 주미대사를 통하여 트루먼(Harry S. Truman) 미국 대통령에게
긴급무기원조를 요청하는 한편 안보협력의 법적·제도적 장치를 마련하
기 위하여 1950년 1월 26일 '대한민국 정부와 미합중국 정부 간의 상호
방위원조협정'을 체결하였다.[13) 한국의 미국에 대한 군사원조 요청에도
불구하고 미국의 결정은 당시 대만에 대한 지원 중단문제와 맞물려 신
속히 이루어지지 않았고, 이러한 상황에서 소련의 지원을 받은 북한이
1950년 6월 25일 전면전을 감행하였다.

북한의 남침위협에 대하여 항상 우려는 하고 있었으나, 전쟁에 대한
준비를 별로 하고 있지 못하던 한국과 미국의 지도자들은 급작스럽게
전쟁을 치러야 했다. 전쟁이 갑자기 발발하게 되어 한·미 지도자들은
평시 안보·외교정책을 수립하는 것과 같이 충분한 정책적 고려를 할 여
유가 없었다. 일반적으로 돌발적인 전쟁이 발발하였을 경우 정책결정자
는 심리적으로 위급한 상태에 놓이게 된다. 중요한 결정을 하기에 필요
한 시간이 부족한 반면, 신속한 결정을 내리지 않으면 심각한 결과가
초래될 것을 우려하게 된다. 위급한 상태이면서 적의 개전동기와 전쟁
행위의 방향을 정확히 파악하지 못한 채 정책결정자는 극소수의 대안
만을 가지고 정책결정을 하게 된다. 이에 따라 적의 공격에 대하여 군
사적인 대응 이외에 별다른 선택이 없다는 것을 강조하고, 평화 또는
전쟁의 선택권은 자신이 아니라 적의 수중에 있다고 선언하게 된다.

1950년 북한의 남침에 의한 전쟁이 발발하자 침략군을 물리칠 능력
이 없는 한국정부는 긴급하게 국제적 지원을 획득하기 위한 외교를 전
개하였다. 미국에 긴급무기지원을 요청하는 동시에 유엔 안전보장이사
회에 침략군을 물리치기 위한 긴급조치를 취해 줄 것을 요청하였다. 미
국정부는 지체없이 육해공군을 파견하기로 결정하였고 유엔도 회원국
들에게 한국을 군사적으로 지원하도록 결의함으로써, 공산진영의 무력

---

13) 외무부, 『한국외교 40년: 1948~1988』(서울: 외무부, 1990), p. 115.

적인 팽창정책에 대하여 무력으로 봉쇄하는 집단안보활동을 시행하게 되었다. 1950년 7월 7일 유엔군 사령부 설치 결의안(S/588)에 따라 트루먼 대통령은 맥아더 원수를 총사령관으로 임명하여 유엔군을 지휘하도록 하였고, 이후 16개국이 군대를 파견하여 명실상부한 집단안보체제를 구축하게 되었다.14)

　한국전이 발발하였을 때 미국이나 한국이 선택한 정책대안을 분석해 보면 전시외교는 심리적인 측면이 강하게 작용한다. 한국전이 발발하자 미국은 북한의 남침이 소련의 사주에 의한 것이고 소련 팽창정책의 일환으로 간주하였고, 한국의 이승만 대통령도 전쟁 자체에 대한 깊은 분석과 체계적인 대응을 하기보다는 미국의 전쟁관을 그대로 받아들이고 전적으로 미국의 지원을 받기 위한 정책을 추진하였다. 특히 이승만 대통령은 전쟁발발 직후인 7월 15일 한국군의 작전지휘권을 한반도에서의 전투행위(hostility)가 종식될 때까지 미군이 주축이 되어 지휘권을 행사하고 있던 유엔군 사령관에게 이양하는 조치를 취하였다. 이승만의 의도는 보다 확실한 미국의 안보지원을 확보하기 위한 목적이 있었지만, 작전권 반환문제는 한국전이 휴전된 지 45년 가까이 된 현재에도 한·미 군사현안의 하나로 남아 있다.

　전시외교는 전쟁을 수행하면서 행하는 외교이기 때문에 특수한 성격을 가지게 된다. 전시에는 평시외교와 다른 성격의 외교가 수행된다는 배경에는 전쟁이 시작되면 전략적 사고와 가치가 평시와 달라진다는 의미를 가지고 있다. 평시에는 평화를 수호하고 협상 및 대화에 의한 분쟁의 해결을 주창하다가도 전쟁이 발발하여 국가이익이 전쟁을 수행하여야 하는 방향으로 기울면 국력을 총동원하여 최후의 승리를 위한 전쟁을 수행하게 된다. 따라서 평화를 애호하는 국가도 전쟁이 일단 시작되면 평화적인 해결보다는 무력에 의한 해결을 선호하게 된다.15) 따라서 한국전이 발발하였을 때, 남한측이 북한군의 빠른 진격 때문에 일

---

14) 미국의 한국전 참전과정에 대하여는 Gye-Dong Kim (1993), pp. 141-154 참조.
15) 외교정책의 한 유형으로서 전시외교에 관하여는 김계동 (1995), pp. 60-64 참조.

방적으로 후퇴하여 패배 직전에 도달하였으면서도 한국과 미국정부는 타협이나 협상은 전혀 고려하지 않은 채 무슨 수를 쓰더라도 무력에 의하여 전세를 역전시키고 전쟁에서 승리하기 위한 전략을 추구하였다. 실제로 전쟁 초기 영국과 인도정부가 소련 및 중국정부와 접촉하면서 평화중재를 하려 하였으나 미국과 한국정부는 침략 공산국과의 타협은 있을 수 없다며 이를 거부하였다.[16]

교전국들은 적과 타협하여 전쟁을 종식시키기보다는 국제여론에 호소하여 집단안보를 통한 승리를 추구하게 된다. 전쟁수행과정에서의 명분 확보, 즉 국제여론이 전쟁 수행당사자에게 유리하도록 분위기를 조성하는 것이 향후 전쟁을 수월하게 수행할 수 있고, 자국에 유리한 결과를 획득하는 데 중요한 요소로 작용한다. 이를 위하여 미국과 더불어 한국은 전쟁개입과 수행의 외교적 명분을 쌓는 도구로 유엔을 사용하였고, 되도록 많은 국가가 한국전에 참전하도록 노력을 기울였다. 한국정부를 수립하는 데 결정적 기여를 한 미국은 전쟁발발 직후 대유엔 외교를 통하여 북한의 침략행위를 규탄하고 유엔 회원국으로 하여금 침략군을 격퇴시키기 위하여 한국에 군대파견을 하도록 결의안을 통과시켰고, 한국에 파견되는 외국군이 유엔기를 사용하도록 허용하는 조치를 취하였다. 한국의 전시외교는 주도적인 외교정책을 펼치기보다는 미국의 외교를 지지하고 지원하는 원칙을 유지하였다.

그러나 전쟁발발 후 참전국들의 전시외교는 되도록 전쟁을 확대시키지 말아야 한다는 데 인식을 같이 하게 되고, 특히 전쟁이 장기화하고 국내적으로 지지도가 떨어지게 되면 전쟁종료를 위한 협상을 모색하게 된다. 첫째 전쟁을 계속 수행하여 드는 비용이 전쟁을 중단함으로써 치러야 할 대가보다 클 경우 협상에 의한 종전을 모색하게 된다. 둘째 전쟁이 교착상태에 놓여 어느 측도 전쟁을 통하여 승리할 수 없다는 판단이 서게 되면 군사적인 방법보다는 정치적 협상에 의한 종전을 추진하

---

16) 한국전쟁 초기 영국과 인도의 평화중재에 대하여는 Gye-Dong Kim (1993), pp. 211-219 참조.

게 된다. 그러나 전쟁 당사자는 종전을 위한 협상이 시작되더라도 협상 과정에서 우위를 점하기 위하여 전투행위는 지속적으로 수행하고, 심지어는 대대적인 군사작전을 감행하기도 한다. 한국전 휴전회담시 미국은 포로교환 문제로 공산측과의 갈등이 지속되자 미국의 제의를 공산측이 받아들이도록 하기 위하여 북한 및 만주에 전력을 공급하던 수력발전소가 위치한 수풍댐과 평양 지역에 대규모 폭격을 하여 평양에 전기가 일주일 이상 들어오지 않도록 하였다.

1951년 7월 10일 휴전협상이 시작되었으나 미국은 한편 공산측과 협상을 하면서, 다른 한편 휴전을 반대하며 단독북진을 불사하겠다는 태도를 보인 이승만 대통령을 설득해야 하는 이중부담을 가지게 되었다. 이승만 대통령은 반공포로를 일방적으로 석방하는 등 휴전협상에 대하여 극렬한 반대입장을 보였으나, 교전 양측의 협상이 무르익어 가자 결국 휴전협상 반대를 포기하며 그 대신 휴전협정 성립 후 미국으로부터의 안보공약, 한국군의 증강을 위한 외교에 총력을 기울였다. 이승만 대통령을 제거하려던 계획을 세우기도 했던 미국정부는 이승만을 설득하기로 결정하고 1954년 6월 25일 로버트슨 국무부차관보를 한국에 파견하였다. 이 대통령과 미국의 로버트슨 특사는 1954년 7월 11일까지 14차례의 회담을 벌이며 12일 공동성명을 발표하였고, 같은날 이승만 대통령이 아이젠하워 대통령에게 보낸 편지에 의거 한국정부는 정전협정에 찬성하고 이의 실행을 위해 협력하겠다는 의사를 분명히 하였다.[17]

1953년 7월 27일 2년여 동안 계속된 휴전협상이 종지부를 찍고 한반도를 재분단시키는 정전을 하게 되었다. 1945년의 분단선인 38선과는 다른 분단선이 그어졌지만 분단의 성격은 동일한 것이었다. 외교적인 측면에서 전쟁을 치렀기 때문에 앞 절에서 언급한 세 가지 한국외교환경의 특수성이 더욱 강하게 부각되었다. 일본을 제외한 주변 국가들 모두가 전쟁에 직·간접적으로 연관되어 있었고, 분단의 역사에 더하여 전

---

17) 휴전협상의 전개과정과 이승만의 반응에 대하여는 Gye-Dong Kim (1993), pp. 313-380 참조.

쟁의 경험이라는 극한 대립적인 역사가 기록되었으며, 남북한의 이데올로기 충돌이 더 심화되었다. 건국 직후 겪은 한국전쟁은 향후 한국외교에 있어서 적대적·대결적인 성격을 심화시켜 융통성을 배제하였고, 한국전쟁시 국가소멸 일보직전에서 공산화로부터 구출해 준 서방일변도의 편향된 외교를 수행하지 않을 수 없게 되었다.

2. 한국외교의 지속성: 분단외교

1) 적대외교

일반적으로 분명한 주적(主敵)이 있는 국가의 외교정책의 목표는 적으로부터의 공격이나 정치적 압력을 벗어나 영토보전과 정치적 독립을 보전하는 것이다. 이러한 목표는 외교적 환경이 불안·불신·의혹과 우려를 바탕으로 형성되어 있다는 전제로부터 출발된다. 상대와의 우호적인 관계를 정립할 때까지 적의를 기저로 한 적대적인 외교정책을 추진하며, 적대적인 상태에서 타협적인 태도를 보인다면 자신의 나약함을 보여주는 것이고, 상대방이 이를 악용할 소지가 크다는 관점에서 극한 대립상태를 유지한다. 국제사회에서 자국의 사활적 이익이 상대와 충돌할 경우 상대방의 행위를 '팽창'(aggrendizement)으로 간주하고, 이를 봉쇄하는 정책에 전력을 기울인다.[18] 1940년대 후반부터 시작되어 1980년대 말까지 지속된 냉전기간 동안 세계의 거의 모든 국가들의 외교정책에는 적대외교가 내포되어 있었고, 특히 독일·한국 등 분단국 외교의 적대적인 성격이 강하였다.

적대외교정책을 추진하여 국가이익을 추구하는 방법에는 두 가지가 있다. 첫째는 무력에 의한 팽창이나 봉쇄정책 또는 이와 유사한 방법으로 상대방을 무조건 항복시키는 것이고, 둘째 방안은 모든 압력수단을 동원하여 적대국가 자체가 스스로 변하도록 유도하는 것이다. 한국의

---

18) 김계동 (1995), pp. 53-54.

대북정책은 북한으로 하여금 무력을 사용하지 않도록 하는 수비형의 억제에 기반을 둔 외교형태를 보여 왔다. 한국이 무력증강을 하거나 북한을 봉쇄하는 정책을 취한 이유는 북한을 붕괴시키기보다는 북한이 강경정책을 포기하고 온건정책을 취하여야 한다는 점을 인식시키기 위한 면이 더 컸다고 할 수 있다.

적대적 외교정책에서 가장 유용하게 사용되는 도구는 군사력이다. 군사력은 억지(deterrence)·강압(compellance)·확신(reassurance)의 세 가지 기능을 가지고 있는데, 이 세 가지 기능 모두가 적대적 외교정책을 추진하는 데 있어서 주요 역할을 하는 것이다. 적대적 외교정책을 수행하는 데 있어서 군사력의 우위가 필요하지만 경제적 우위도 무시하지 못할 역할을 수행한다. 또한 국제정치의 역사가 말해 주듯이 경제력은 군사력의 뒷받침이 된다.[19] 현재의 남북한 관계에서와 같이 경제력이 상대국가보다 우월할 경우 군사적 대결, 즉 전쟁이라는 방법을 사용하지 않고도 체제경쟁에서 승리할 수 있는 수단으로 사용되곤 한다.

적대외교가 추진될 경우 상대와의 충돌 가능성이 항시 존재하는데, 남북한의 경우와 같이 상호간의 의사교환 두절로 상대방의 의도를 잘못 파악하기 때문에 이러한 충돌이 발생하는 경우가 많다. 특히 선과 악의 흑백논리로 상대방과 자신을 평가할 때 상대방을 오해하는 경우가 많다. 다음과 같은 흑백논리가 그 예이다. 그들은 전쟁을 하려고 무장하지만, 우리는 평화를 지키려 무장한다. 그들은 세력권을 확대하기 위하여 동맹을 체결하지만, 우리는 방어를 위하여 동맹을 맺는다. 그들의 국민들은 선하고 평화를 선호하지만 그들의 정부는 그러한 국민들을 악용하고 국민들은 체제를 지지하지 않는다. 이러한 흑백논리에 기초한 상대방에 대한 잘못된 인식(misperception)이 상호간의 적대감을 조장하는 것이고 오해에 의한 긴장이 고조되는 경우가 많다. 남북한은 서로를 이해하려는 노력보다는 서로의 행위를 의심에 찬 눈길로 주시하

---

19) 김계동 (1995), p. 57.

였기 때문에 긴장이 완화되기 어려웠다.

국력이 쇠퇴하거나 주위국가들에게 쇠퇴하였다는 인상을 줄 경우, 상
대방에 대한 강경한 대립정책을 취하여 이를 국력회복의 기회로 이용
하는 경우도 있다. 이 방법은 1980년대 후반 이후 북한이 즐겨 사용한
외교전략이다. 대표적인 사례가 1993년 북한이 NPT에서 탈퇴하겠다는
성명을 발표하여 핵무기 개발 의혹을 고조시킨 전략이다. 북한의 이러
한 전략은 우여곡절이 많았지만, 어느 정도 성공을 거두어 미국과 대등
한 입장에서 협상할 수 있었고, 핵동결의 대가로 중유지원 및 경수로
건설 제공을 획득할 수 있었다. 한국도 북한의 핵개발 의혹에 대하여
강경한 대응책을 강구하였으나, 북한의 '벼랑끝 외교'와 '연착륙 정책'으
로 대표되는 미국의 북한에 대한 유화정책으로 별다른 성과를 거두기
어려웠다.

남북한 외교의 주된 흐름으로 자리잡아 온 적대외교는 총체적인 국력
을 동원하여 상대방과의 대립에서의 승리를 목표로 하지만, 무력분쟁으
로 이어지는 경우는 많지 않고 오히려 견제와 경쟁 속에서 균형이 이루
어지기도 한다. 도이치(Karl W. Deutsch) 등과 같은 국제정치학자들은 국
제정치체제에 있어서 '안정'은 그 체제가 다음과 같은 기본성격을 가질
때 가능하다고 한다. 즉 "어느 단일국가도 지배적이지 못하고, 체제 내
모든 국가의 생존이 가능하며, 대규모 전쟁이 일어나지 않는 경우"이
다.[20] 1945년 이후 동서 간의 냉전대립이 지속되었지만 세계는 양극체제
하에서 평화를 유지해 왔으며, 1953년 한국전쟁 종료 이후 남북한의 극
한적 대립이 지속되었지만 45년 가까이 전쟁을 피하고 어느 정도 안정
할 수 있었다는 점이 이와 같은 논리를 입증하고 있다.

---

20) Karl W. Deutsch and J. David Singer, "Multipolar Power Systems and
International Stability," in James N. Rosenau, ed., *International Politics and
Foreign Policy: A Reader in Research and Theory* (New York: Free Press,
1969), pp. 315-317.

2) 동맹외교

국제정치의 현실주의 이론에 따르면 국가들은 두 가지 형태의 수단으로 세력균형(balance of power)을 이룬다. 첫째 자체 세력의 강화를 도모하는 것으로써, 이를 위하여 경제력을 향상시키고 군사력을 강화하며 고차원적 전략을 개발한다. 둘째 외부적인 노력으로써 우호국 또는 우호국들과 동맹을 결성하여 힘을 결집키거나 상대방을 약화시키고 위축시킨다. 따라서 동맹은 국제정치에 있어서 전통적으로 힘의 균형체제를 유지케 하는 기본적 요소이며, 동맹의 주된 목적은 '힘의 집합'(aggregation of power)을 위한 것이다. 다시 말해서 자국의 안보를 유지케 하는 세력균형을 독자적인 능력으로 달성할 수 없을 경우 다른 국가와 동맹을 맺음으로써 적대진영과의 균형적 세력을 확보하는 것이다.[21]

한국전쟁 이후 북한의 또 다른 도발을 억제하고, 북한의 도발시 이에 효과적으로 대처하기 위하여 한국은 미국과의 군사동맹을 체결하였다. 한·미 군사동맹 체결은 한국전 휴전과정에서 한·미 간의 휴전에 대한 마찰·화해·합의의 과정에서 생겨난 부산물이다. 1951년 휴전협상이 시작되자 공산군과의 협상을 결사반대하며 단독북진이라도 불사하겠다는 태도를 보인 이승만은 휴전 이후 새로운 공산군의 침략이 있게 되면 과연 미국이 다시 도와줄 것인가에 대해 확신할 수 없었고, 이를 확인하기 위하여 미국으로부터 안보공약을 받아내야 할 필요를 느끼고 있었다. 전쟁기간 남북한은 모두가 패배 일보 직전에 처하였으나 미국과 중국이 구해 주었다. 중국·북한은 유사한 문화를 가진 동양국가들이고 이념적으로나 지리적으로 근접한 반면, 미국은 한국과 문화가 틀리고 지리적으로 멀기 때문에 남북한의 세력관계는 미국과 중국의 지원이라는 측면에서 보면 남한이 열세에 놓이는 것이 당연하였다. 이러한 열세를 만회하기 위하여 이승만 대통령은 한·미 군사관계를 더욱 결속시킬 필요가 있었다.

---

21) 외교정책의 한 유형으로서의 동맹외교에 대하여는 김계동 (1995), pp. 68-73 참조.

미국으로서는 한미상호방위조약을 체결하는 것이 미국의 안보적인 부담은 되는 것이지만 반대로 동북아 지역에 군사적 영향력을 유지시키는 방편도 될 수 있었으므로 한미상호방위조약 체결을 결정하였다. 1953년 10월 1일에 조인된 한미상호방위조약은 태평양 지역에 있어서 조약 당사국의 일방에 대한 무력공격은 '평화와 안전'을 위태롭게 하는 것이라 인정하고 이 공통위험에 대처하기 위해서 '집단적 방위'를 취한다고 규정함으로써, 한국전쟁 종료 이후 전쟁의 재발을 억제하기 위한 장치를 한국과 미국의 동맹이라는 차원에서 강구하였다는 의미를 가지고 있다. 이 조약 제2조는 한·미 양국이 안보문제에 관하여 긴밀히 협의할 것임을 명시하고, 제3조에서 일방 당사국이 침략을 당한 경우에는 공동대처하며, 제4조에서 미군의 한국 주둔을 인정하고, 제6조에서 동 조약이 1년 전 통고가 없는 한 무기한 유효함을 선언하여, 한·미 양국은 특별한 사유가 없는 한 양국간의 우호동맹관계가 계속될 것임을 분명히 하였다.[22]

한미상호방위조약을 체결할 당시 포함될 일부내용에 대하여 한·미 간에 이견이 있었는데, 그 중에서 전쟁발생시 자동개입조항에 대한 문구에 대하여 논쟁이 있었다. 동맹국들이 공동행위가 필요할 경우의 대응방법과 책임의 측면에서 살펴봤을 때 동맹의 종류는 두 가지로 구분된다. 첫째는 동맹조약 서명국들이 자동적으로 군사적 개입을 하는 동맹이다. 유럽의 NATO와 바르샤바조약기구 동맹이 이에 속하는데, 대체로 동맹조약 자체에 자동적 개입조항이 포함되어 있다. 북한이 중국 및 소련과 1961년에 체결한 동맹조약에도 자동개입 조항이 있다. 이에 반하여 오스트리아·뉴질랜드·미국이 체결한 ANZUS조약이나 한미상호방위조약·미일안보조약 등은 이 조항이 애매하게 되어 있다. 이 조약들에는 군사적인 자동개입 공약에 대한 조항 없이 서명국 일방이 위험에 처할 경우 각국의 '헌법적 절차'(constitutional process)에 의하여 조치를 취

---

22) 한미상호방위조약의 체결과정 및 내용에 관하여는 김계동, "한·미 방위조약 체결과정과 개선방안,"『사상과 정책』, Vol. 6, No. 2 (1989) 참조.

하도록 되어 있다.

한국이 '헌법적 절차'에 따라서가 아니라 자동적으로 개입하여야 한다는 조항이 포함되어야 한다고 주장한 이유는 미국의 방위공약을 더욱 확실히 하기 위한 목적에서였다. 동맹이 결성되고 난 후 동맹 내의 약소국은 자신이 제3국으로부터 공격받을 경우 과연 강대국이 약소국을 방어하기 위하여 개입할 것인가에 대한 의구심을 가지게 된다. 미국이 서유럽·한국·일본과 동맹을 결성하였지만, 미국은 충분한 자체 방어력을 보유하고 있는 반면 유럽·한국·일본은 자체 안보를 미국에 의존해야 했기 때문에 이러한 의구심을 항상 가지고 있었다. 미국은 동맹국들에게 미국이 안보공약을 지킬 것이라는 신뢰감을 조성하기 위하여 상대국에 군대를 파견하는 방법을 사용하였다.[23] 냉전이 종식되기 직전인 1980년대 중반 미국은 50여 개국과 동맹관계를 가지고 있었으며, 전 세계에 21개 사단을 파견하고 있었으며, 50만 명 이상의 해외파견 병력이 유지되었다.[24]

미국이 냉전기간 체결한 동맹조약들은 거의가 동등하지 않은 국가들 간의 동맹이다. 냉전시대와 같이 양극체제에서는 강대국 간의 동맹은 거의 불가능하고, 동등하지 않은 국가들 간의 동맹, 즉 강대국과 약소국 간의 동맹이 활발히 이루어진다.[25] 이 경우 동맹의 주축국이 다른 동맹

---

23) 물론 미국이 동맹국에 군대를 파견하는 이유는 안보공약에 대한 신뢰감을 보이기 위한 것 이외에도 여러 가지가 더 있다. 전진기지를 확보하여 적으로부터의 공격에 대하여 신속히 대응할 수 있는 전략적 이유도 있을 것이고, 군대를 파견함으로써 동맹국 정부를 보다 더 효율적으로 관리할 수 있는 이유도 있을 수 있다.

24) 미국은 나토 및 유럽 지역에 11⅔ 사단, 동아시아에 3⅔ 사단, 기타 지역 및 전략예비군 5⅔ 사단을 파견하고 있었다. 이를 유지하기 위하여 드는 비용은 전체 2,310억 달러였는데, 지역별로 분류하면 유럽 1,340억 달러, 아시아 420억 달러, 기타 650억 달러의 분포로 소요되었다. Earl C Ravenal, "Extended Deterrence and Alliance Cohesion," in Alan Ned Sabrosky, ed., *Alliances in U.S. Foreign Policy* (Boulder: Westview Press, 1988), p. 32; Robert J. Art, "America's foreign policy," in Roy C. Macridis, ed., *Foreign Policy in World Politics*, 6th ed.(Englewood Cliffs, N.J.: Prentice-Hall, 1985), p. 114.

국의 견해를 무시해도 위기가 발생하지 않는다. NATO의 경우 미국은
서유럽을 방어할 수 있지만 서유럽이 미국의 방어를 책임질 수 없다는
측면이 동등하지 않은 측면을 심화시킨다. 미국이 NATO를 설립한 이
유는 미국 자체의 안보를 증대시키기 위한 것이라기보다는 서유럽이
소련의 팽창을 적절히 봉쇄하여 소련의 위성국이 되는 것을 피할 수 있
는 능력을 향상시켜 주기 위한 것이었다. 미국이 한국이나 일본과 상호
방위 또는 안보조약을 체결하여 군사동맹을 맺은 것도 같은 목적에서
추진된 것이었다. 상호방위조약(mutual defence treaty)의 일반적 개념은
체결국 상호간의 안전을 보장하기 위한 조약이나, 한미상호방위조약은
미국이 일방적으로 한국의 안전을 보장하는 조약이므로 엄밀한 의미에
서 보장조약(guarantee treaty)이라고 할 수 있다. 상호조약 또는 보장조약
어느 경우에도 일단 동맹이 형성되면 공동으로 추진해야 할 사항은 ①
외교정책의 조화(특히 적대세력에 대항한), ② 군사계획의 조정, ③ 군비
(軍備)부담의 분배, ④ 위기시의 협력 등이다.

한·미 동맹은 미국에 편향된 것이었지만, 위의 네 가지 사항을 양국
이 공동으로 추진하여 한국전쟁 종료 이후 한반도의 안정과 평화를 유
지할 수 있었다. 특히 한국의 미국과의 군사동맹이 가장 결속된 시기는
1960년대이다. 이 기간에는 국제사회에서 제3세계 비동맹운동이 강하게
전개되는 데 대한 반작용으로 한·미 동맹이 강화되었고, 한국군의 베트
남전 파병을 계기로 미국의 한국에 대한 안보공약 및 군사원조가 확대
되었다. 베트남전쟁에의 한국군 파병은 지역적인 집단안보협력의 일환

---

25) 반면 다극체제에서는 강대국 간의 동맹, 즉 동등하거나 거의 동등한 국가들끼
리의 동맹이 추진된다. 양극체제보다 다극체제에서 동맹을 관리하기가 더 어려
운 것으로 평가되고 있다. 왜냐하면 다극체제에서는 누가 누구를 위협하는지,
누가 누구의 반대편인지, 타의 행위에 의하여 누가 이익을 보고 누가 손해를
볼 것인지가 불확실하기 때문이다. 또한 동등한 국가들 간의 동맹의 관리가 어
려운 이유는 한 동맹국이 그 동맹을 탈퇴할 경우 나머지 국가나 국가들이 안전
에 영향을 받게 된다는 강한 협상의 지렛대를 각국이 보유하고 있기 때문이다.
반면에 동등하지 않은 국가 간 동맹의 경우 약소국의 행위가 그 동맹 자체에 큰
영향을 미치지 않는다.

으로 추진된 정책이었다. 국내적인 반대세력도 만만치 않았으나, 한국
정부는 월남이 공산화될 경우 분단국인 한국에도 심각한 안보문제가
제기되고, 한국도 한국전쟁시 미국을 주축으로 한 서방진영의 도움을
받았기 때문에 공산진영에 집단안보의 차원에서 군대를 파견할 수 밖
에 없다는 명분을 내세웠다.[26] 한국정부가 월남에 군대를 파견한 주요
동기는 ①한국전 동안 한국이 받은 외부의 지원에 대한 보답, ②미국과
의 동맹 강화, ③경제적 이익 추구, ④국제적 위상 제고, ⑤월남의 한국
안보에의 연관성[27] 등의 다섯 가지로 요약되고 있다. 한국군의 월남파
병은 1964년 9월의 육군 제1의과병원단과 태권도교관단 파견으로부터
시작되었고, 전투부대는 1965년 10월에 첫 파견된 이후 1973년 3월까지
주둔하였다. 최대 규모의 파병이 이루어진 기간은 1967년부터 1972년까
지로 이 당시의 주월한국군 상시병력은 약 5만 명에 달하였다. 한국정
부의 발표에 의하면 주월한국군은 1,170개의 대규모 전투를 비롯한 주
요 작전을 전개했는데, 이 과정에서 4만 1천 명의 적을 사살하였고, 캄
란 해안으로부터 퀴논 지역까지의 7,438㎢의 영토를 평정하였다. 한국군
의 사망자는 약 4,700명이었다.[28]

한국이 월남에 군대를 파병함으로써 이득을 본 분야는 경제적 이익
획득, 미국으로부터의 군사원조 증가와 더불어 한국의 국제적 위상 제고
등이다. 경제적인 면에 있어서 한국은 1965년부터 1969년의 기간 동안 월
남에서 5억 4천 6백만 달러의 수입을 올렸는데, 이는 총 외화획득의 16%,
GNP의 2%에 달하였다. 1965년부터 1973년까지 월남으로부터의 총 수입
10억 달러는 한국경제발전의 중요한 시기에 있어서 매우 유용한 것이었
다.[29] 월남전 기간 동안 미국의 대한군사원조는 1964, 65년의 군사원조가

---

26) 김계동, "한국의 군사안보외교," 이범준·김의곤 편 (1993), p. 222.
27) Princeton N. Lyman, "Korea's Involvement in Vietnam," *ORBIS* (Summer 1968), pp. 563-565.
28) Sungjoo Han, "South Korea's Participation in the Vitenam Conflict: An Analysis of the U.S.-Korean Alliance," *ORBIS* (Winter 1978), p. 893.
29) 월남전에 파병함으로써 경제적 이득을 봤다는 점에 대해서는 학자들의 의견이

각각 1억 2,400, 1억 7,300달러이던 것이 1966, 67년에는 2억 1,000, 2억 7,200달러로 증가하다가 1971년에는 5억 5,600달러로 급격한 팽창세를 보였다. 한국이 월남전에 참전함으로써 획득한 국제적 위상제고는 대미의존외교로부터 독자적인 목소리를 내게 된 것이다. 1965년까지 한국은 국제적인 활동에 있어서 거의 배타적으로 미국에게 의존하여 왔으나, 월남전에의 파병에 의하여 독자외교를 추진할 수 있게됨은 물론 아시아에서의 국제적인 위상도 제고되었다.[30] 월남전 참전으로 한국의 대미관계가 종속적인 관계에서 어느 정도 동반자적 입장을 가질 수 있는 긍정적 효과가 있었으나, 대중립국외교의 강화 차원에서 추진된 대제3세계외교나 대비동맹외교의 측면에서는 부정적인 결과도 가져왔다. 특히 1960년대 중반부터 세계적으로 뿌리를 내리기 시작한 반전운동가들에게서 많은 비판을 받았으며, 비동맹회의에 참석도 못하는 수모를 겪어야 했고, 유엔에서도 신생국들의 비협조를 감수해야만 했다.[31]

1960년대에 결속강화되었던 한·미 군사동맹은 1970년대에 접어들어 전환기를 맞이하였다. 국가 간의 동맹이 이루어지기 위해서는 국가 간의 공동이익(common interest)이 있어야 하는데, 1950년대와 60년대에는 한국과 미국이 공동목표와 공동이익을 추구한다는 측면에서 동맹이 결속되었지만, 1970년대에는 한국과 미국의 외교정책 수행에 있어서 견해차이가 나타나기 시작하였다.[32] 견해 차이의 시발점은 1969년에 발표된

일치하나, 일부 학자들은 경제적 이익이 파병을 결정하는 동기는 아니었고, 경제이익은 파병의 결과였다고 주장한다. 구영록, "국가이익과 한국의 대외정책," 한국국제정치학회, 『국제정치논총』, 제31집 (1991), p. 19.

30) Sungjoo Han (1978), pp. 898, 905-908.

31) 홍규덕, "다원외교와 안보신드롬: 60년대 한국외교정책의 평가," 한국국제정치학회 연례학술회의 발표논문(1992년 12월), pp. 14-15.

32) 어느 동맹이든지 동맹 내부에는 각국가의 차별이익(diverging interest)이 존재하고 있다. 통상적으로 동맹 내부에는 공동이익과 차별이익이 혼재되어 있으므로, 동맹을 유지하고 관리하는 데에는 많은 노력을 필요로 하고 있다. 따라서 서로 다른 이익을 어떻게 조화시키느냐의 타협점을 찾는 것이 동맹을 유지시키는 정책의 중요한 관건이라고 할 수 있다.

닉슨 독트린이었고, 한국은 이 시기부터 자주국방을 정책목표로 설정하게 되었다. '괌 선언'이라고도 불리는 닉슨 독트린은 "아시아 방위는 제1차적으로 아시아 국가 자신의 책임하에서 이루어져야 한다"는 내용을 포함하고 있어, 한국정부로서는 주체적이고 자립적인 안보정책을 세우지 않을 수 없는 상황에 직면하게 되었던 것이다. 이러한 닉슨 독트린에 근거하여 미국정부는 1970년 10월 5일까지 1만 2,000명을 철수하고, 1971년 3월 27일에 제7사단을 철수하였다. 한국정부는 이러한 일련의 과정이 북한으로 하여금 미국의 대한방위공약의 약화로 받아들여질 것을 우려하여 억지력 강화를 위한 적극적인 대미안보외교를 전개하였다. 1971년 2월 6일 한·미 간에 한국군 현대화 5개년 계획을 위한 15억 달러의 대한특별군원(對韓特別軍援)에 합의하는 등 한국군 현대화 계획에 대한 미국의 지속적인 지원을 재확인하였다.[33]

한·미 간의 차별이익은 1970년대 후반에도 나타나 미군철수계획이 다시 수립되었다. 카터 행정부는 한국의 민주화 및 인권문제를 한·미 동맹정책과 연계시키면서 주한미군철수계획을 수립하였다. 이에 대하여 한국정부는 미군이 철수하게 되면 대북한 억지력이 약화되어 북한의 대남도발 우려가 있으므로 미군철수정책의 수정을 요구하면서, 만약 철수가 불가피할 경우에는 충분한 사전조치가 이루어져야 한다는 요구를 하였다. 한국의 요청에 대하여 미국은 긍정적인 반응을 보였다. 민주화 및 인권문제에 대하여 한국과 미국이 차별이익을 보인 반면, 북한의 강경정책에 대한 반응은 이러한 차별이익을 공동이익으로 환원시키는 역할을 하였다고 할 수 있다.[34] 1977년 미국은 한국과의 연례안보회의를 통하여 철군에 앞서 11억 달러의 해외군사판매차관(FMS) 제공, 8억 달러 상당의 군장비 무상 이양, 한·미 연합사 창설, 주한미공군 증강, 한

---

33) 강성철, 『주한미군』(서울: 일송정, 1988), pp. 202-206.
34) 한·미 간의 차별이익이 공개적으로 드러난 사건은 일명 '코리아게이트'로 불리는 대미 부정 로비사건이었는데, 이 사건의 공개는 박정희 정권 말기까지 대미 외교정책을 추진하는 데 있어서 적지 않은 부담이 되었다.

국방위산업 지원, 한·미 군사훈련 확대실시 등을 약속하였다. 미국의 철수정책은 한국이 우려하는 대로 북한의 군사력 증강을 가져왔고, 마침내 미국정부는 북한의 군사력 증강을 확인하고 철수계획을 대폭 수정하였다. 1978년 4월 카터 대통령은 그해 말까지 6,000명의 주한미군을 철수시키려던 계획을 3,400명으로 축소시키고 더 이상의 철수를 중단하기로 결정하였다.

이러한 한·미 동맹정책에 있어서 공동이익은 1980년대 보수적인 대외정책을 표방한 레이건 정부와 신냉전적 국제질서의 등장과 함께 더욱 강화되었다. 레이건 정부와 시기를 같이 하여 등장한 한국의 전두환 정권은 한국의 안보를 위해 미국은 필수적인 후원국이라는 인식하에 미국의 대한방위공약을 재확인하고 주한미군의 계속 주둔 및 한국군의 현대화계획 등에 대한 미국의 지원을 받기 위한 대미외교를 전개하였다. 한국과 미국의 이익이 일치함에 따라 양국은 안보협력체제를 강화하는 데 합의하고, 외교분야에서도 미국은 "한국의 참여 없이는 어떠한 경우에도 북한과 교류를 하지 않을 것이며 중·소와 한국이 교류하지 않는 한 미국도 북한과 일방적으로 접촉하지 않겠다"는 상호주의를 확인하였다.[35]

1980년대 후반기에 들어서는 소련의 고르바초프의 등장과 함께 시작된 세계질서의 변화, 한국 노태우 정권의 북방정책 추진 등으로 안보에 대한 개념도 큰 변화를 맞게 되었다. 특히 1987년에는 미국의 대한군사판매차관 공여가 종료됨에 따라 한·미관계는 군사안보적인 측면에서 '일방적인 수혜국의 입장'에서 벗어나 '새로운 동반자' 관계로 들어서게 되었으며, 미 연합사의 작전권 이양문제도 거론되기 시작하였다. 한·미관계가 동반자 관계에 들어섬에 따라 미국은 한국정부에 대하여 미군주둔에 필요한 방위비 분담을 요구하는 상황에까지 이르게 되었다.[36]

---

35) 김성주, "한국외교정책사," 이범준·김의곤 편 (1993), p. 59.
36) 외무부 (1990), pp. 141-142.

특히 1980년대 후반 미국이 한·미 동맹의 주적인 북한과 관계개선회담을 시작함으로써 한국인들은 미국과의 관계를 새로운 시각으로 통찰하게 되었고 새로운 관계정립을 모색하게 되었다. 한국은 북한과의 대립·경쟁 상태에서 체제유지를 위하여 미국과의 동맹을 필수불가결한 것으로 인식하고 있으나 미국의 대한정책에 대한 의구심을 가지기 시작한 것이다. 그 이유는 "미국이 자신의 전략적 필요성에 따라 한국을 언제든지 버릴 수 있다"는 인식이 한국인들에게 잠재해 있기 때문이다. 한국인들은 한국에서의 미국이익이 '본질적인 이익'이 아니라 필요에 따라 선택적으로 양과 질을 규정할 수 있는 '상황적 이익'이라 생각하고 있다.37) 한국은 국가의 생존과 번영을 위하여 미국이 절대적으로 필요한 반면 미국은 국가이익의 측면에서 대한정책을 구사하며 국가이익에 해가 될 경우 한국의 입장과 부합되지 않는 정책을 선택할 가능성에 대하여 항상 우려하고 있다. 이러한 과정에서 한·미 간의 갈등이 생길 경우 한국이 미국에 행사할 수 있는 영향력은 거의 전무한 상태이다.

동맹이 결속되지 않는 가장 큰 원인은 군사적 협조와 계획이 부족하거나 미숙하기 때문이다. 그러나 군사적인 이유 이외에 정치적인 결속 부족 또는 정치적 갈등 및 불화로 마찰을 겪는 경우도 많다. 군사동맹은 동맹국들의 달성하려는 목표가 동일하고, 상호 외교적인 협조가 제대로 이루어지고, 원인발생시 공약을 준수하겠다는 확고한 의지를 가지고 있을 때 가장 효과적이다. 그러나 독립된 주권국들로 구성된 국제체제에서, 서로 다른 국가이익을 가진 정부들이 국제관계에 대한 시각을 달리할 경우 국가행동이 반드시 일치할 수는 없다. 특히 동맹국들이 서로 다른 목표를 추구하기 시작하였을 경우 동맹은 위기를 맞을 수 있다. 1993년 봄 북한의 핵개발 의혹이 대두되었을 때 한국의 정책은 미국과의 공조를 원칙으로 하고 있었으나, 북한과의 협상방식에 있어서 한·미 간에 견해차이가 대두되었다. 미국은 한국의 의사를 별로 수용하지 않은 채 북한에

---

37) 홍규덕 (1993), p. 327.

대하여 유연한 정책을 취함으로써 한국은 외교적으로 소외되는 결과를 초래하여 양국정책이 공조하는 데 있어서 혼선을 빚기도 하였다.

한·미 간에 일부 견해차이는 나타나고 있으나, 한미동맹관계는 적어도 통일이 될 때까지, 더 나아가 통일이 되더라도 유지될 것으로 전망된다. 물론 동맹의 성격은 국제체제의 변화 및 양국의 국내사정에 따라 변화를 겪고 있으며 변화할 것으로 전망된다. 최근 들어서의 변화는 한국의 평시작전권 환수와 한국의 방위비 분담을 대표적인 예로 들 수 있다. 한국방위의 상당부분을 한국이 부담하게 됨으로써 한국과 미국의 관계는 '일방적인 수혜국'에서 '새로운 동반자'로 변화하고 있는 것이다. 동맹관계의 변화와 함께 주한미군의 역할도 동북아 세력균형의 '조정자' 또는 '균형자'로 탈바꿈하고 있다.

3. 한국외교의 변화: 통일외교

한반도의 통일은 정치·이념적으로 대립되는 서로 다른 두 체제가 하나로 통합되어야 하는 어려운 명제를 가지고 있다. 국내적으로 다양한 시각과 관점을 하나로 결집시켜야 하는 국민적 합의가 필요한 국내정치적인 변수가 있는가 하면, 국제적으로 주변 강대국의 이해관계가 얽혀 있기 때문에 통일을 성취하기까지에는 많은 난관이 놓여 있다. 국내적인 또한 남북한 간의 합의가 있더라도 주변국의 지원과 보장이 없이는 통일이 어려울 뿐만 아니라, 설혹 통일이 되더라도 통일국가는 심각한 안보위협에 놓이게 되고 주변국의 정치·경제·군사·외교적 개입을 감수해야 할지도 모르는 위기에 처할 수 있다. 따라서 한반도 통일을 위해서, 또는 통일 후 안정되고 번영하는 국가의 형성을 위해서는 통일을 위한 대주변국 외교가 추진되어야 하는 것이다.

1) 북방외교

제2차 세계대전 이후 동서냉전의 발아와 함께 분단되었고, 동족상잔의 한국전쟁을 치른 한국정부는 북한의 군사위협으로부터 자유민주주의 체제를 수호하기 위하여 반공주의 일변도의 외교정책을 추진해 왔다. 이러한 이념지향적 외교정책은 국제사회에서 대북 우위를 확보하기 위해 '소모성 외교'를 장기간 수행하게 하였다. 이에 따라 한국의 외교는 미국에 지나치게 의존적일 수밖에 없었는데, 이는 그만큼 한국의 대외관계를 협소하게 만들었고, 때로는 주요 외교현안에 대해 합리적 선택을 불가능하게 만들었다. 이와 같이 한국의 외교정책은 서방일변도의 편향적인 것이었으나, 국력의 향상, 국내정치적인 다양한 의견의 분출, 서방에 편향된 경제교류의 한계성 등은 한국정부로 하여금 대사회주의권 외교를 고려하게 하였다. 남북한 간의 극한적인 대립과 갈등의 지속으로 가까운 장래에 통일이 불가능하게 보이는 상황에서 주요 사회주의권 국가에 대한 한국의 국제적 입지확보와 남북한 관계개선을 위한 유리한 환경조성이라는 외교전략상 한국은 대사회주의권 접근정책을 취하게 된 것이다.

한국의 북방외교는 일반적인 외교정책의 유형 중에서 '협력외교'를 모델로 하여 추진된 것이다.[38] 대체적으로 협력외교는 우호국 간에 이루어진다. 1945년 냉전이 시작된 이후 군사적인 우호관계는 대체적으로 동맹 또는 준동맹관계로 발전하였고, 경제적으로 동일한 경제체제를 유지하고 있는 경우 협력적인 관계가 이루어졌다. 그러나 적대세력 간에도 협력적인 외교정책이 수행되는 경우가 적지 않다. 서로 다른 정치·경제 체제가 견해차이와 갈등을 전쟁으로 해결하기에는 너무 많은 대가를 필요로 하기 때문에 갈등과 대립을 유지하는 비용보다 화해하는 비용이 적게 들 경우 협력과 화해적인 외교를 추진하게 된다.

또한 이념과 체제를 달리하는 적성적인 국가라 할지라도 그 국가와

---

38) 물론 북방외교가 협력적이라기보다는 공세적이었다는 주장도 있다. 전웅 교수는 북방외교정책이란 "남북한 간의 평화정책과 평화적 통일을 위한 원교근공(遠交近攻)의 전략이고 간접접근 전략으로서 북한을 협상 테이블로 끌어내려는 포위·압력전략"이라고 주장하였다. 전웅(1993), p. 29.

관계를 개선하는 것이 자국의 중요한 국익에 위배되지 않을 경우, 자국의 이익을 위해서 그 국가와 선린우호관계를 개척하기도 한다. 즉 대립과 갈등보다는 '평화공존'의 길을 택하게 되는 것이다. 공존은 서로 다른 체제가 투쟁을 계속하지만, 전쟁이나 다른 체제 내의 간섭을 배제하면서 평화적인 방법으로의 경쟁을 하는 것이다. 평화를 보호하고 강화하기 위하여, 양측은 갈등을 해결하는 데 있어서 상호 양보와 타협의 방법을 사용한다. 평화공존이 이루어지기 위해서는 국가들이 다음과 같은 일곱 가지의 원칙을 준수해야 한다. ① 국제분쟁을 해결하는 수단으로 전쟁에 의존하지 말고, 협상에 의한 해결방법 모색, ② 국가 간의 평등, 상호이해와 신뢰조성, ③ 상대국의 이익 고려, ④ 타국에의 내정간섭 배제, ⑤ 각국의 국민들이 스스로 자국의 문제를 해결할 수 있는 권리 인정, ⑥ 모든 국가들의 주권과 영토적 결속 존중, ⑦ 완전평등과 상호이익을 기초로 한 경제 및 문화협력 증대 등이다.[39]

대내외적으로 새로운 시대를 맞이하여 긴장완화를 위한 평화정책의 모색은 1970년 8월 박정희 대통령의 '8·15선언'으로 구체화되었는데, 그 요지는 북한이 적화통일정책을 포기하면 남북한 간에 가로놓인 인위적 장벽을 단계적으로 제거해 나갈 수 있는 현실적인 방안을 제시할 용의가 있다는 것과, 북한이 한반도의 민주·통일·독립과 평화를 위한 유엔의 노력을 인정한다면 유엔에서의 한국문제 토의에 북한이 참석하는 것을 반대하지 않을 것이라는 내용이었다. 이 선언의 후속조치로 대한적십자사의 제의에 의하여 남북이산가족의 재결합을 위한 남북적십자회담이 1971년에 개최되었고, 이듬해 7월 4일에는 남북공동성명이 발표되어 남북조절위원회를 설치하는 등 남북한간의 긴장완화를 위한 한국 주도의 노력이 추진되었다. 1973년의 6·23선언으로 불려지는 '평화통일

---

39) Victor P. Karpov, "The Soviet Concept of Peaceful Coexistence and Its Implications for International Law," in George S. Masannat and Gilbert Abcarian, eds., *International Politics: Introductory Readings* (New York: Charles Scribner's Sons, 1970), pp. 261-267.

외교정책에 관한 특별성명'에서 한국정부는 처음으로 북한의 국제기구 참여와 남북한 유엔 동시가입을 반대하지 않겠다는 뜻을 밝혔으며, 또한 이념과 체제가 다른 나라에도 문호를 개방하겠다는 공존정책을 밝혔다. 대북한관계에 있어서 북한을 국가로 인정하지는 않았으나 하나의 정치실체로 인정하여 통일시까지 평화적 관계를 정립해 나가겠다는 의사도 밝혔다.[40]

한국이 전향적인 외교정책을 추진하게 된 것은 국제질서의 변화가 가장 큰 영향을 미쳤다. 1970년대 들어 미·중 화해가 이루어지기 시작하였고, 이어서 일·중 및 서유럽과 중국 간의 관계정상화가 구체화되면서 국제정치적으로 다극화 현상이 나타나는 등 세력이 재편되었다. 상대적으로 미국의 영향력이 감퇴하였고, 중국이 유엔에 가입하였으며, 월남의 공산화에 이은 소련 군사력의 극동진출 등 새로운 국제정치 질서가 등장하였다. 외부환경의 변화와 함께 국내 안보환경도 주한미군의 철수와 북한의 군사력 증강으로 큰 변화를 맞게 되었다. 국제적으로 현실적 안보정세가 조성되고 있는 상황에서 한국정부는 한국문제도 무력대결에 의하여 해결되어서는 안 된다는 현실적인 외교정책을 채택하게 된 것이다.

한국정부는 6·23선언 이후 남북한 간의 외교적 대립을 지양하고 선의의 경쟁을 한다는 목표 아래 친사회주의권 외교를 추구하고 있던 핀란드 및 인도네시아 등과 수교를 함으로써 소위 '할슈타인 원칙'을 벗어나는 정책을 취하게 되었다. 또한 대북한 유화정책으로 한국정부는 1974년 1월 18일 남북한 불가침협정 체결 제의, 1974년 8월 15일 평화통일 3대원칙 천명, 1979년 1월 19일 남북한 당국간 무조건 대화제의 등을 통해 한반도의 긴장완화와 남북한관계의 정상화를 위한 방안 등을 제시하였다.

이념과 체제를 달리하는 모든 국가에 대한 문호를 개방하였으나, 당시

---

40) 통일원, 『통일백서』(서울: 통일원, 1990), p. 35.

는 공산주의 국가에 대한 외교를 적극 추진할 만한 대내외적 여건이 무르익지 않아 별다른 성과를 거두기가 힘들었다. 더구나 소련 등 일부 사회주의 국가들과의 극히 제한적인 접촉마저도 소련의 아프가니스탄 군사개입 등 1970년대 말부터 시작된 신냉전과 1980년대 초의 국내정세의 변동 등으로 제약받게 되었다. 이후 1983년 6월 29일 이범석 외무장관이 국방대학원에서 행한 연설 '선진조국의 창조를 위한 외교과제'에서 '북방정책'이라는 용어가 처음으로 사용되었다. 그는 이 연설에서 한국외교가 풀어나가야 할 최고 과제는 소련 및 중국과의 관계를 정상화하는 북방정책의 실현에 있다고 말하였다.[41] 한국정치의 민주화 요구 분출, 한국외교의 편협성 지양, 한국경제 대상의 다원화 등의 필요성에 의하여 제시된 북방정책은 "한반도의 평화와 안정을 유지하고, 공산국가와의 경제협력을 통한 경제이익의 증진과, 남북한 교류·협력 관계의 발전 추구, 그리고 궁극적으로 공산국가와의 외교정상화와 남북한 통일의 실현을 위한 정책과 이러한 정책실현을 위한 방법"으로 정의되었다.[42]

한국정부가 1988년 발표한 '민족자존과 통일번영을 위한 특별선언'인 소위 7·7선언은 당시까지 추구하고 있던 북방정책에 큰 전환점을 가지고 왔다.[43] 7·7선언은 한국정부 역사상 민족문제 해결에 있어서 가장 전진적인 자세를 보인 최초의 대북유화정책으로서, 북한을 더이상 적대적 상대가 아니라 평화와 통일문제에 있어서 '동반자'로 인식하였다는 점을 공표한 것으로 평가되었다.[44] 한국정부는 이어서 후속조치로 통일

---

41) 한국의 북방정책 추진 배경 및 과정에 관하여는 김계동, "북방정책과 남북한관계 변화,"『통일문제연구』, 제3권 4호 (1991) 참조.
42) 김달중, "북방정책의 개념, 목표 및 배경," 한국국제정치학회,『국제정치논총』, 제29집 2호 (1989).
43) 이 선언의 골자는 ① 남북한 동포 간의 상호교류의 적극적 추진과 해외동포의 북한방문 허용, ② 이산가족들의 생사, 주소확인, 서신왕래 및 상호방문 적극 지원, ③ 남북한 교역을 위한 문호개방, ④ 한국의 우방과 북한과의 비군사적 물자교역 불반대, ⑤ 국제사회에서의 남북한의 소모적인 경쟁대결외교 종식 및 공동이익 위한 협력 희망, ⑥ 북한과 한국의 우방과의 관계개선 협조 및 중·소 등 사회주의 국가들과의 관계개선 의지표명 등이었다.

논의의 제한적 허용, 북한관계 자료의 제한적 공개, 북한외교관과의 적극적인 접촉허용, 북한과의 교역에 대비한 대북 경제조치 등을 발표하였다. 한 걸음 더 나아가 노태우 대통령은 8·15 경축사와 UN총회의 연설에서 불가침 또는 무력불사용 선언문제, 휴전협정을 평화협정으로 대체하는 문제, 군비축소방안, 통일실현방안, 남북한 간의 교류와 협력의 증진방안 등을 논의할 남북정상회담의 개최를 제안하는 동시에, '동북아 6개국 협의회'의 구성과 비무장지대에서의 '평화시'(平和市)의 건설과 함께 대북한 무력불사용원칙을 선언하였다.

이와 같이 대북한 관계개선을 궁극적인 목표로 하면서 제시된 한국의 7·7선언과 이에 후속되는 제의들은 오히려 북한을 궁지에 몰았으며 북한은 즉각적으로 남한정부의 모든 선언이나 제의를 수사적으로 비난하였다. 7·7선언의 닷새 후인 7월 12일 조국평화통일위원회의 이름으로 발표된 성명은 7·7선언이 "분단을 고착시키고 대외적으로 쌍방 우방국들과 각기 교차접촉관계를 실현하여 두 개 조선을 합법화하는 것을 추구"하고 있다고 비난하였다. 북방정책은 미국이 한국의 '괴뢰정부'를 유지하고 한반도에 침략적 거점을 마련하기 위하여 한국정부를 사주한 것으로서, 한반도 분단을 영구화하고 사회주의권을 '이간·분열'시키기 위한 책동이라고 비난하였다. 즉 북방정책의 '반동적 본질'은 북한을 국제적으로 고립시켜 보려는 '미제의 반공·반사회주의 전략실현의 도구'라는 것이었다.[45]

북한의 비난에도 불구하고 다행히 세계질서의 흐름이 동서 간의 화해와 협력의 방향으로 나아감에 따라 한국의 북방외교는 단시일 안에 큰 결실을 거두게 되었다. 거의 모든 동구권 국가들과의 수교, 한·소 수교, 한·중 수교, 유엔 동시가입 등은 북방외교의 직접적인 결실이라 할 수 있겠다. 한국이 추진한 북방외교는 국제정세의 흐름이 한국에게 유

---

44) 김세균, "북방정책과 통일정책," 한국국제정치학회, 『국제정치논총』, 제29집 2호 (1989).
45) 『로동신문』(1988년 7월 12일, 10월 31일).

리한 상황으로 전개된 면도 있지만, 한국의 국력 또는 경제력이 괄목할
만하게 발전되어 외교의 수단으로 '경제'라는 도구를 사용할 수 있었기
때문에 성공적으로 추진할 수 있었다. 이론적으로 외교정책의 수단으로
써의 경제는 '경제적 보상전략'과 '경제적 제재조치'로 구분되는데, 한국
은 북방외교를 추진하면서 '경제적 보상전략'을 사용하였다. 경제적 보
상은 '상대국에게 경제적 혜택을 제공함으로써 자국의 의도와 이익을
추구하는 정책'으로 풀이되고 있다.[46] 보편적으로 경제적 보상은 동맹
국이나 우호적 관계에 있는 국가들과의 공감대를 확보하려는 목적에서
사용되지만, 북방외교의 경우 과거의 적성국을 우호국으로 만들기 위한
일종의 '당근'의 개념으로 경제적 수단이 사용되었다.

북방외교를 추진한 결과 1989년 2월 헝가리와의 수교를 시작으로 하
여 모든 동유럽국가들과 수교를 하였고, 1990년 6월 한·소 간 샌프란시
스코 회담 후 9월에는 소련과 수교를 하였다. 정치분야에서의 관계는
지양하고 비정치분야에서의 교류만 확대해 오던 중국과도 1992년 8월
관계정상화를 함으로써 한국은 주변4강 모두와 외교관계를 맺게 되었
다. 중국과 수교한 직후인 1992년 12월에는 베트남과도 수교를 함으로
써 이념을 초월하여 사회주의권 국가들과도 선린관계를 유지하겠다는
의지를 내외에 천명하게 되었다. 북방정책의 또 다른 결실은 1991년 9월
17일 북한과 함께 유엔에 가입한 것이다.

한국정부가 "모스크바와 북경을 거쳐 평양으로 가자"고 언명하였듯
이 북방정책의 귀결점은 남북한 간의 긴장완화, 평화공존, 궁극적으로
통일에로의 길이다. 한국이 과거 북한의 맹방 또는 우방이었던 국가들
과의 수교를 통하여 협력관계를 증진시킴으로써 북한의 개방 및 변화를
유도하고 남북한 간 긴장을 완화시킴으로써 남북한관계를 평화적 통일
의 길로 전환시키는 것이 북방정책의 목표였다. 따라서 북방정책과 남
북한관계는 상호연관성을 가지고 있으며, 상호보완적인 역할도 하고 있

---

46) 김기정, "국제체제하에서의 외교정책의 목표와 수단," 구본학·김계동 외
   (1995), pp. 114-115.

다. 즉 북방외교에 의하여 중국·러시아를 비롯한 동구 사회주의권 국가
들과의 관계개선을 함으로써 북한에 대한 개방과 개혁을 향한 압력의
요소로 작용하였고, 북한이 남한에 대하여 화해의 태도를 보이고 남북
한이 평화공존으로 들어가게 된다는 목표 아래 북방정책을 추진하였다.

2) 교차승인

북방정책과 연계하여 한국정부가 한반도의 평화와 통일을 위하여 추
진하는 외교정책은 교차승인외교이다. 화해와 협력의 국제체제 속에서
주변4강에 의한 남북한의 교차승인은 한반도의 평화를 정착시키는 데
많은 기여를 할 것이기 때문에 한반도 문제를 해결하는 데 있어서 가장
형평에 맞는 외교적 행위로 평가할 수 있다. 특히 탈냉전시대에 접어들
면서 동북아의 안정과 평화를 위하여 주변국들도 남북한을 교차승인하
여 우선 한반도의 긴장요소를 제거해야 할 필요성에 대하여 묵시적인
합의를 하고 있다. 북한의 대미·일 수교만 이루어지면 주변4강에 의한
한반도의 교차승인은 완성된다.

미국은 한국과 동맹관계에 있고, 일본도 한국과 우호관계에 있으므로
미국과 일본이 북한과 관계개선을 하는 데 있어서 한국의 입장표명이
중요한 변수로 작용할 수 있다. 한국의 기본적인 원칙은 한반도를 주변
강국이 교차승인을 하면 한반도의 긴장상태가 완화되고, 이러한 평화상
태가 통일로 이어질 수 있다는 것이다. 그러나 한국의 딜레마는 북한이
한국과의 관계개선은 기피하면서 미국 및 일본과의 관계정상화에만 노
력을 기울이기 때문에, 북한의 대미·일 관계개선 과정에서 한국이 외교·
안보적으로 소외될 가능성이 있다는 것이다. 한국이 소외되지 않기 위
해서는 북한의 대미·일 관계개선을 견제하거나 제동을 걸어야 한다는
주장도 나오고 있으나, 이는 오히려 한반도의 평화에 역행하는 결과를
초래할 것이므로 적극적인 정책을 취해야 한다는 논리도 전개되고 있
다. 미국이나 일본이 북한과의 경제교류와 협력을 추진한다면 한국은
이들보다 앞서서 북한과의 교류와 합작투자를 추진해야 할 것이며, 북

한이 한국의 대중·소 수교시 이를 수용하지 않고 강력한 반발을 하여, 오히려 북한이 더욱 고립되어 체제불안을 자초한 점을 거울삼아 한국도 이를 답습하지 않는 정책을 추진해야 한다는 의견이다.

사실 한국이 교차승인을 적극적으로 지원하여 교차승인이 이루어지더라도, 교차승인은 한반도 분단을 국제적으로 제도화하고 영구화시킬지도 모르는 위험성을 내포하고 있다. 특히 교차승인 이후 주변강대국을 통한 대북압력정책이 부정적인 결과를 초래하면, 실익없이 북한정권을 자극함으로써 오히려 남북한관계가 경색되는 역효과를 초래할 수 있으며, 심지어 한반도문제에 대한 주변강대국의 영향력 증대만을 야기시킬 가능성이 있다. 또한 교차승인은 강대국의 한반도에 대한 영향력의 증대를 가져올 것이기 때문에 4강이 전략적으로 남북한 양국에 대하여 등거리외교를 구사하게 된다면, 한반도문제의 당사자 해결 원칙이 실종되고 한반도 문제가 4강의 이해관계에 따라 결정될 가능성도 있다. 북한이 현재 당면한 경제난 등 대내외적인 문제점을 미국 및 일본과의 수교로 해결할 수 있다면 대남관계의 개선의 필요성을 느끼지 못하게 될 것이며, 이 경우 남북한 간의 대립상태는 당분간 지속될 가능성도 크다. 따라서 주변4강에 의한 남북한의 교차승인은 한반도의 평화와 안정을 통한 통일의 길로 인도하기보다는 오히려 남북한의 분단을 장기화시켜서 통일을 어렵게 만들 수도 있다.

이와 더불어 동북아 주요 국가 간에 예상되는 긴장·갈등도 남북한 교차승인의 부정적인 여파를 확대시킬 우려가 있다. 미국 대외정책의 변화와 이에 따른 미·중관계의 악화 가능성, 미·일 경제마찰 및 동북아 지역에서의 미 군사력 감축에 따른 일·중 간의 지역강국으로 발돋움하기 위한 경쟁조짐, 북방영토 반환문제를 둘러싼 일·러 갈등관계 등이 동북아 지역정세에 불안요인으로 작용할 가능성이 크며, 이러한 불안요인이 지속될 경우 교차승인 자체가 한반도에 대한 강대국의 세력각축의 형태로 나타날 우려가 있다.

이와 같이 교차승인이 한국외교에 있어서 부정적인 결과를 초래할

것이라는 시각이 있으나, 교차승인을 피할 수 없다는 것이 한국정부의
지배적인 견해이다. 교차승인의 위험성을 피하기 위하여 교차승인을 무
력화시키기보다는 부정적인 면을 최소화하기 위해서 한국의 외교정책
이 다변화되고 자주화되어야 한다는 주장이 대두되고 있다. 기존의 대
미일변도의 외교정책에서 탈피하여 독자적이고 유연한 외교정책으로의
전환을 모색하여야 하며, 특히 남북한 교류협력 증진에 있어서 국제시
장의 확대를 원하고 있는 미국과 일본이 한국의 의사에 반하여 북한과
의 직접협상을 통하여 교역의 증대와 경제협력을 증진해 나갈 가능성
이 크기 때문에, 한국은 대북 경제교류와 협력·공동개발·합작투자·기술
이전에 있어서 미국 및 일본보다 주도적인 역할을 하도록 노력하여야
한다는 것이다. 일부 학자는 교차승인이 이루어지는 과정에서 남북한
및 주변4강과의 평화조약의 체결도 고려해 봄직하다고 주장한다. 남북
한이 체결한 기본합의서에 포함되어 있는 불가침 및 화해선언은 평화
체제를 이루기에는 부족한 감이 없지 않기 때문에 주변4강국과 유엔이
참여하는 평화조약을 체결하여 정전체제를 종식시키고 평화체제를 이
룩하는 과정이 필요하다는 것이다.[47]

3) 다자안보체제 수립 외교

냉전시대 동북아는 미국과 소련을 축으로 하는 양극체제가 유지되는
가운데, 1970년대에는 중국이 제3의 세력으로 부상하여 다극체제가 시
작되었고, 1980년대에는 경제력에 의해 일본이 새로운 강대국의 대열에
진입하게 됨에 따라 4강의 비대칭적 균형상태를 이룬 상태였다. 냉전적
이데올로기 측면에서 소련과 중국이 한편이 되고 미국과 일본이 다른
편이 되어 대립하는 동시에 전략적인 측면에서 소련과 중국이 대립하

---

47) Mel Gurtov, "The New World Order and U.S. Policy toward Korea," paper
prepared for the Korea-America Workshop, The Trilateral Relationship among
South Korea, North Korea and the United States by the Korean Association
of International Studies (June 1-2, 1992), p. 21.

였으며, 경제적으로 앞선 일본은 미국에 대하여 군사적으로 의존하였기 때문에 비대칭적 균형상태였다는 평가를 받는다.

냉전의 종식과 함께 동북아의 세력관계도 급변하였다. 가장 괄목할만한 특징은 미국과 러시아의 관계가 대립에서 우호관계로 전환되었다는 것과 러시아와 중국의 갈등관계도 해소되었다는 것이다. 이러한 우호적 분위기로의 전환에 대신하여 새로운 대립 또는 갈등관계 형성의 조짐이 나타나고 있다. 러시아와 일본 간의 영토적 갈등, 미국과 일본간의 경제마찰, 동북아시아 주도권을 둘러 싼 일본과 중국 간의 갈등이 잠재하고 있는 상황이다. 따라서 동북아 지역에는 전체적으로 이완된 평화적 우호분위기와 힘의 분산을 통해 상호견제하는 신질서가 태동하고 있는 것이다. 즉 냉전적인 지역분쟁의 요인이 점차 해소되거나 축소되고 있음에도 불구하고 경제 및 영토분쟁의 가능성은 상존하고 있다.

이러한 새로운 긴장요인을 제거하고 동북아의 안정과 평화를 위하여 1980년대 후반부터 한국, 일본 및 러시아는 동북아의 다자간 안보협력기구의 필요성을 강조해 왔다. 동북아 지역에 다자안보협력체제를 구축할 필요가 있다는 점은 인정하지만, 유럽과 달리 동북아의 다자체제 구축은 용이하지 않을 것이라는 부정적 견해도 존재한다. 동북아 지역은 유럽과는 근본적으로 다른 정치·역사적 배경을 가지고 있으며, 또한 동북아에는 공통된 위협이 존재하지 않으며, 따라서 기본적으로 쌍무동맹 또는 협력에 의하여 안보가 유지되고 있다는 점이 동북아 지역의 다자안보체제의 구축이 어렵다는 논리로 인용되어 왔다. 특히 미국과 중국이 유보적인 태도를 보였는데, 미국은 아시아 지역의 방위를 위한 전통적인 쌍무간 동맹체제 형태를 선호하고 있으며, 중국은 다자간 안보협력기구가 미국과 일본의 주도하에 중국을 견제할 목적으로 이용될 가능성에 대하여 우려하고 있다. 그러나 1993년 5월 싱가포르에서 개최된 아세안 확대외무장관회담(ASEAN PMC) 이후 미국과 중국도 아시아·태평양 경제협력체(APEC)와 같은 형태의 아·태 지역을 포괄하는 광범한 다자간안보체제의 설립을 심각하게 고려하고 있다.[48]

다자간안보체제는 역내 국가 간의 대립관계를 다자 간의 손익분담으로 해소하고, 특정국가에 대한 군사적 위협이 여러 나라에 대한 동시적인 위협으로 인식되게 함으로써 공동으로 안보상의 위협을 해소하는 체제이다. 참여국가 간의 갈등의 조짐이 있을 경우 군사적 충돌로 진전되지 않도록 사전에 긴장요인을 해소시키고, 분쟁이 존재하더라도 더 이상 확대되는 것을 방지하는 것이 다자안보협력체제의 목적이다. 다자안보체제에 참여한 국가들은 공동관심사에 대한 논의를 통해 역내 국가 간의 대화관습(habit of dialogue)을 축적하고, 공통규범을 추구하며, 국가행동양식의 예측가능성을 높인다. 따라서 다자안보협력체제에 의하여 추진되는 다자간 안보협력(security cooperation 또는 cooperative security) 접근은 지역안보 증대를 목적으로 하고 있으며, 특정한 안보위협에 군사적으로 대응하기보다는 국가간 분쟁의 발생소지 및 지역불안정 요인을 사전에 방지·제거하는 예방외교적 역할의 수행을 강조한다.[49]

동북아에서 다자안보협의체가 형성된다면 다음과 같은 효과를 기대할 수 있다.

① 동북아와 한반도에 있어서 평화안전보장에 기여할 수 있고 이의 파급효과는 안정된 국제정치체제를 유지하는 데 크게 이바지할 수 있을 것이다.
② 참여국가들의 전반적인 교류와 협력증진은 물론, 특히 경제협력을 통하여 공존공영에 기여할 수 있을 것이다.
③ 군축 및 군비절감으로 경제발전에 투자하여 국민복지 향상과 경제부흥에 이바지할 수 있을 것이다.
④ 미군의 철수·감소 또는 러시아와 중국의 영향력 약화로 야기될 수 있는 불안요인을 보완할 수 있는 다자간 제도적 장치를 마련할 수 있을 것이다.

---

48) 김학성, "서독의 분단질서관리 외교정책 연구: 한국 통일외교에 대한 시사점 모색," 민족통일연구원 연구보고서 95-07 (1995년 9월), pp. 132-133.
49) 김계동, "다자안보기구의 유형별 비교연구: 유럽 통합과정에서의 논쟁을 중심으로," 한국정치학회, 『한국정치학회보』, 28집 1호 (1994), pp. 552-553.

⑤ 일본의 군사적 대국화와 패권주의 경쟁을 견제할 수 있을 것이다.

⑥ 동북아 지역의 핵확산을 막고 북한의 핵개발을 저지할 수 있을 것이다.[50]

이와 같은 효과를 창출하는 다자체제가 동북아에 형성된다면 통일에 저해요소가 될 수 있는 한반도 주변의 안보적 위협이 해소될 것이고, 이는 한국 통일외교의 자율성의 신장으로 이어질 것이다.

한국은 1990년대 초반부터 동북아 지역 안보협력체제의 필요성에 대한 언급을 해왔다. 특히 1993년 7월 싱가포르에서 개최된 ASEAN PMC에서 한승주 외무장관은 아·태 광역 차원의 안보대화와는 별도로 동북아 지역만의 안보대화 추진의 필요성을 역설하였다. 다음해 7월 25일 방콕에서 개최된 아세안 지역안보포럼(ARF: ASEAN Regional Forum) 각료회의에서 한승주 장관은 "동북아 안보환경은 냉전의 종료에 따라 대체로 개선되었으나 한반도의 긴장 등 불안정 요소가 상존하고 있다"고 전제하고 "ARF와 병존하여 협조관계를 유지할 '동북아 다자안보협력의 틀'을 창설할 것"을 제안하였다.[51]

동북아 지역의 안보협력은 특히 분쟁방지를 위한 예방외교에 중점을 두어야 한다는 입장을 보이고 있는 한국정부는 다자안보협력의 원칙을 ① 주권존중 및 영토보존, ② 불가침과 무력사용 및 위협금지, ③ 국내문제 불간섭, ④ 분쟁의 평화적 해결, ⑤ 평화공존, ⑥ 민주주의 및 인간존엄성의 존중으로 삼고 있다.[52] 또한 동북아 역내 국가 간의 정치체제

---

50) 조명현, "한반도의 평화와 안전을 위한 다자간 안보체제: 민족상호안보공동체와 동북아 안보공동체," 한국국제정치학회, 『국제정치논총』, 제33집 2호(1993), p. 36.

51) ARF 각료회의에는 아세안 6개국인 브루나이·인도네시아·말레이시아·필리핀·싱가포르·태국과 한국·미국·일본·캐나다·호주·뉴질랜드·유럽연합의장국 등 아세안 7개 대화상대국, 중국·러시아 등 2개 협의대상국, 베트남·라오스·파푸아뉴기니 등 3개 옵서버국 등 모두 18개국 외무장관들이 참석했다. 『국정신문』(1994년 8월 8일).

52) 『국정신문』(1994년 8월 8일).

및 경제력은 서로 상이하기 때문에 점진적인 접근방식에 따른 다자안보협의체 구성을 목표로 하고 있다.

동북아 다자간 안보협력은 한반도 통일에 유리한 환경을 조성하는데 중요한 역할을 할 것이다. 통일에 유리한 구체적인 환경조성의 내용은 ① 남북한의 통일합의에 대한 국제적 지지와 보장의 획득, ② 통일과정에서 남북한 당사자들이 주도권을 행사할 수 있는 국제환경의 조성, ③ 통일과정에서 주변강대국들의 방해 내지는 무력개입을 방지할 수 있는 국제안보환경의 조성, ④ 북한의 급작스런 붕괴나 주변정세의 급변에 대비한 역내 협력 및 조정기구의 마련 등이다. 따라서 동북아다자안보체의 설립은 다음과 같은 면에서 한반도 통일에 기여할 것이다. 첫째 어떠한 특정국가가 통일과정에서 압도적인 영향력이나 압력을 행사하는 것을 방지할 수 있다. 둘째 한반도 통일과 관련된 주변강대국간의 이해관계 및 입장조정에 유리하다. 셋째 남북한과 관련된 군사블록화의 등장을 방지함으로써 이에 관련되지 않은 국가들이 한반도 통일에 대해 가지는 거부감 및 우려를 해소할 수 있다.[53]

동북아에서 다자간 안보협력체제가 구축된다면 한반도의 경우 남북한 간에 이미 체결된 기본합의서 등 양자협정이 다자협력의 틀 안에서 보장·강화될 수 있으며, 남북한 당사자 간에 해결이 어려운 문제를 다자간 대화의 틀을 통해 합의를 유도해 낼 수 있을 것이다. 무엇보다 중요한 것은 이 다자간 안보협의체에 북한이 참여하도록 유도하여 신뢰구축 등 군비통제를 실시함으로써 한반도의 통일을 위한 평화체제를 구축할 수 있다는 점이다.

서독은 통일과정에서 국제적인 문제를 해결하기 위하여 '2+4' 공식의 외교체제를 마련하였다.[54] 독일의 경우 통일을 하기 위해서는 제2차세

---

53) 이철기, "동북아 다자간 안보협력의 필요성과 가능성: 한반도 문제와 관련성을 중심으로," 한국정치학회 주최 제4회 한국정치 세계학술대회 발표논문 (1994년 7월 19~20일), p. 16.
54) 2+4 공식의 기본발상은 민족자결의 원칙에 따라 통일에 대한 결정은 양독일이 하고, 전승 4대국은 통일을 전후한 국제문제 및 안보문제를 양독일과 더불어 해

계대전 전승4국의 합의가 필요하였기 때문에 2+4회담을 수차에 걸쳐 개최하였지만, 한국은 주변국의 합의보다는 그들의 지지·지원 및 보장 이 필요하기 때문에 단순히 합의를 도출하기 위한 2+4회담의 형식보다 는 통일을 전후하여 장기적으로 한반도의 평화를 보장할 수 있는 다자 협력체를 구성하는 것이 바람직하다.

제 4 절 결론: 한국외교정책의 과제

분단이라는 외교환경의 특수성 때문에 한국의 외교정책은 분단외교 와 통일외교라는 반대되는 두 개의 틀을 근간으로 하고 있다. 체제와 이념을 달리하는 주적인 북한의 공세를 차단하고 경쟁에서 이기기 위 하여 적대외교와 동맹외교를 추진하고 있으며, 민족의 염원인 통일의 초석으로써 평화체제를 구축하고 국가적 번영의 기틀을 마련하기 위하 여 북방외교를 중심으로 한 통일외교를 추진하고 있는 것이다. 따라서 한국외교정책은 양면성이 있으며, 이러한 양면성의 균형에 의하여 한국 의 국제적 위상이 좌우되고 있다.

이러한 양면적인 외교정책을 추진하고 있는 한국에게 있어서 분단외 교는 반공이념을 기본으로 하고 분단과 전쟁 이후 지속적으로 추진되 어 왔기 때문에 국가의 목표와 이익을 바꾸지 않는 한 한국외교정책의 기본틀로써 추진될 것이다. 문제는 평화와 통일외교를 어느 정도 효율 적이고 무리없이 전개하느냐가 한국의 국가발전과 국제적 위상제고에 많은 역할을 할 것이다.

국제적인 시각에서 한반도 주변국들은 한반도의 통일을 적극적으로 원하거나 지원하지 않고 있으며, 이러한 입장은 앞으로도 변화가 없을 것이다. 블레이커(Roland Bleiker)는 "강대국들은 한국의 통일을 별로 지

결한다는 것이었다. 김학성 (1995), p. 66.

원하지 않을 것이다. 왜냐하면 통일 후의 불안정적인 잠재요소들을 제거할 수 있는 구조적 수단이 이 지역에는 결여되어 있고, 분단종식의 결과로 생기는 강대국의 전략적 특권의 상실을 보상할 수 있는 제도적 방안이 없기 때문이다"[55] 다시 말해서 주변국들은 통일과정에서의 혼란과 통일한국의 강대국화를 우려하고 있는 것이다.

1980년대 후반기부터 시작된 냉전의 해체, 즉 독일통일, 동유럽 공산주의의 몰락, 소련의 해체, 유럽 군축협상의 타결 등으로 세계적으로 화해와 협력의 분위기가 자리잡아 가고 있으나, 동북아의 군사적 긴장상태와 갈등관계는 여전히 지속되고 있다. 이러한 현재의 한반도를 위요한 국제환경하에서는 한반도의 통일이 어려울 것이며, 다음과 같은 환경이 조성될 경우 한반도의 통일이 수월하게 될 것이다. 첫째 남북한의 국력이 상승하고 긴장상태가 완화되어 대외관계를 남북한이 협력적으로 적절히 조절하여 주변국이 한반도 안보나 통일문제에 개입할 수 없어야 한다. 둘째 한반도 주변국들의 한반도를 둘러싼 갈등이 해소되어야 하고, 주변강대국들 간의 한반도에 대한 영향력을 제고시키려는 경쟁이 없어야 한다. 셋째 한반도 주변4강국의 동북아 지역에서의 갈등 및 긴장상태가 해소되고 협력적이 되어야 한다. 이 중에는 한국이 주도적으로 할 수 없고 주변국들의 입장 및 정책변화가 있어야만 실현될 수 있는 사항들이 있으나, 한국의 외교적 노력이 없이 주변국의 한반도에 대한 태도가 변하기는 어려울 것이다. 이에 따라 한국정부는 한반도의 특수상황을 조절하고 새로운 국제상황에 적응하기 위한 신사고적 외교능력을 제고시키는 것이 급선무이다.

한국이 통일외교의 일환으로 추진한 북방정책은 의도야 어떠하였든 북한을 고립시키는 결과를 초래하였으며, 원래 목표로 하였던 북한과의 관계개선까지 이루지 못하였다는 점을 부인하기는 어렵다. 북한정권을

55) Roland Bleiker, "Global Systemic Change, Spatial Mediation, and Unification Dynamics in Korea and Germany," *Asian Perspective*, Vol. 16, No. 2 (Fall-Winter 1992), p. 48.

창출하였고, 북한이 정치·경제·군사적으로 의존하고 있던 소련 및 중국이 한국과 외교관계를 가지게 되었다는 사실은 북한 당국자들에게 큰 충격으로 받아들여졌음이 확실하다. 이와같이 고립된 북한은 외부로부터의 부정적인 영향력을 막아내기 위하여 더욱더 통제되고 폐쇄된 정책을 취하게 되었고, 이에 따라 남한과의 관계에 있어서도 남측의 북방정책이 성공하는 데 비례하여 더욱 경색되고 경계의 태도를 보인 면도 있었다.

한국정부는 한국의 북방정책이 성공적으로 종료되었다는 평가를 내리지만, 북방정책은 남북한관계 개선이라는 궁극적 목표를 달성하지 못한 채 중단상태에 놓여 있다. 한국의 북방정책은 서독의 동방정책을 모델로 하여 수립된 것이지만 그 결과는 서독의 동방정책에 크게 미달하고 있다. 서독은 동방정책을 추진하여 정상회담을 실현하면서 동독과 기본조약을 체결하고, 민족화합 차원에서 교류와 협력을 통하여 분단을 극복하는 데 성공하였다. 이러한 동방정책에 의한 민족화해와 협력이 없었다면 독일의 통일은 불가능하였을 것이고, 동·서독 간의 교류를 통한 상호간의 이해와 정보교환이 없었다면 통일 이후 양체제를 통합하는 데 있어서 많은 문제점이 발생하였을 것이다.

한국의 북방정책도 최초의 목적대로 대북한관계개선을 지속적으로 추진하여야 할 것이다. 북방정책의 제1단계인 북한의 우호국들과의 관계개선이 성공하였으므로, 이제는 이를 적극적으로 활용하여 북한과의 대결상태를 해소하고 분단극복의 노력을 하여야 할 것이다. 서독이 인내와 성의를 가지고 동독의 문을 열려고 노력했던 것 같이 한국정부도 북한에 대하여 인내심을 가지고 장기적인 관점에서 관계개선을 하려고 노력해야 할 것이다. 서독이 동독보다 우세한 국력을 가졌기에 성공적인 동방정책을 추진할 수 있었던 것처럼 한국도 북한보다 우세한 국력을 확보하고 있는 환경을 십분 활용하여 반드시 적대적이지만은 아닌 주도면밀한 대북한정책을 추진할 필요가 있다.

북방정책과 연결되는 교차승인을 대비한 한국외교정책의 다변화와 자주성은 통일과정에서뿐만 아니라 통일 이후의 대외정책에 많은 영향을 미칠 것이다. 강대국들 사이에 위치한 작은 나라인 통일한국은 인접국들로 하여금 한반도를 중심으로 한 상호간의 경쟁과 갈등을 야기할 가능성이 있다. 강력한 인접국들에 의한 한반도의 역사적 취약성의 경험은 통일정부로 하여금 인접국들에 대하여 자주적 시각에 입각한 등거리외교를 선택하여 강대국 간의 경쟁에서 어부지리를 얻을 수 있는 방안을 강구토록 할 것이다. 따라서 현재 추진되고 있는 교차승인의 과정에서 한국은 통일을 대비하여 모든 주변국들과의 선린우호관계를 다지면서 그들이 한국에 대한 개입보다는 한국 스스로가 한국문제를 해결할 수 있는 환경을 조성해 주고 이를 지원하는 역할을 하도록 유도해야 할 것이다.

제 5 장 분단국의 외교정책

고 상 두

제 1 절 서 론

1990년 10월에 독일이 공식적으로 통일되었다. 독일통일 이전의 냉전
시대에 한국이나 독일민족은 분단을 거의 영구적인 현상으로 간주하였
다. 그러나 1980년대 말에 사회주의권이 몰락하고 냉전이 종식되면서
국제질서가 급격히 변화함으로써 독일은 전혀 예상치 않았던 통일을
경험하게 된 것이다. 탈냉전과 독일통일이라는 사건은 한국국민에게 한
반도의 통일이 금방이라도 실현될 것 같은 환상을 가져다주었다.

그후 거의 십 년이 되가는 오늘날의 시점에서 우리는 냉정을 되찾았
고, 한반도에서 분단을 극복하고 통일을 획득할 날이 아직은 요원하다
고 생각하고 있다. 따라서 우리는 한반도의 통일이 마치 독일의 경우처
럼 탈냉전과 함께 굴러들어 오는 것이 아니라 통일을 달성하기 위한 노
력을 계속 기울여야만 하는 것이다.

이 장에서는 분단국이었던 독일이 통일을 위해 어떠한 외교정책적
노력을 기울였는지를 살펴보고, 독일의 모범사례를 한반도 통일을 위한
교훈으로 삼고자 한다. 독일은 통일지상주의와는 정반대의 노선을 견지
하였다. 그리하여 서독과 동독의 외교정책은 분단을 인정하고 고착화시

키는 정책으로 오해되었다. 분단질서 관리정책이라 불리는 외교정책을 취한 독일이 통일지상주의적 외교정책을 취한 한국보다 먼저 통일을 이룩한 것은 대단히 궁금한 일이 아닐 수 없다. 따라서 이 장은 예상 밖으로 빠른 통일을 이룩한 독일의 노력을 그 외교정책적 기여라는 관점에서 살펴보고자 한다.

그리하여 독일의 통일정책을 면밀히 분석함으로써 한국의 통일정책을 정립하는 데 도움을 얻고자 한다. 물론 독일과 한반도는 역사, 문화, 분단상황, 국내외적 환경 등 여러 측면에서 상이하다. 따라서 독일의 통일정책을 그대로 한반도에 적용하기는 어렵다. 하지만 양 지역의 분단이 냉전의 희생물이었다는 점과 탈냉전의 물결이 분단의 원인을 제거한다는 점에서 유사점을 찾을 수 있다. 이렇게 볼 때 독일의 통일 노력은 한반도에 시사하는 바가 적지 않다는 것을 짐작할 수 있다.

제 2 절 분단국 외교정책의 개념

분단국가를 이론적으로 분석하기 위해서는 분할·분단·해체라는 세 가지의 개념을 구분해야 할 필요가 있다. 분할이란 폴란드의 사례와 같이 제2차 세계대전 이전에 있었던 고전적인 의미의 분단이다. 분단이란 냉전시대의 산물로서 동서의 두 개 군사블록이 서로 대립하는 접점에 있는 국가를 전략적 이유에서 상호양보할 수 없을 때, 이념이 다른 별개의 정부를 구성하는 경우이다. 해체란 구유고나 구소련에서와 같이 탈냉전시대에 나타난 현상으로서 국제적인 강제 없이 내부로부터의 분쟁을 통하여 분단되는 과정을 말한다.[1]

외교정책이란 국가가 국제사회에서 자국의 이익을 추구하고 획득하

---

1) 이기택, 『현대국제정치이론』(서울: 박영사, 1997), pp. 240-241.

는 행위를 말한다.2) 이와 같은 정상국가의 외교정책 개념은 분단국의 경우에 그대로 적용될 수 없다. 분단국의 외교정책에는 통일정책이 포함되는데, 통일정책이 외교정책적인 성격을 가지는지에 관해서는 두 가지 측면에서 살펴보아야 한다.

첫째, 두 개의 분단국가 간의 관계를 국제관계로 볼 수 있는가 하는 문제이다. 한국과 독일은 남북한과 양독이 유엔에 동시가입하기 이전까지는 유일한 합법정부로 자임하였다. 그러나 분단의 현실을 인정한 이후에는 법적으로는 '특수한 국내관계'를 유지하였지만 사실상 국제 사회의 일반규정에 의해 상호관계를 발전시켜 왔다.

둘째, 통일정책이란 분단국 간의 관계뿐만 아니라 분단국을 둘러싸고 있는 주변국가에 대한 정책을 포함하고 있다는 점에서 외교정책적 성격을 가지고 있다고 할 수 있다. 통일의 어려움은 궁극적으로 분단의 구조적 복합성에 기인한다. 즉 한반도 문제는 남북한의 국내정치, 남북한관계, 그리고 주변 국제환경이라는 다차원적인 복합구조로 이루어져 있다. 이러한 특성 때문에 한반도의 분단문제를 원만히 해결하기 위해서는 당사자 간의 합의뿐만이 아니라 주변국가들의 협조가 절실히 필요하다. 따라서 모든 차원에서의 상호유기적인 통일 여건을 조성하기 위해서는 통일정책이 외교정책의 핵심분야가 되어야 하는 것이다.

분단국 외교정책은 통일을 중요한 국가목표로 간주하고, 이의 실현을 위해 취하는 국제적인 노력을 의미한다. 이러한 외교정책은 독일과 한국의 경우에 각각 다른 형태로 실행되었는데, 그 차이점과 유사점을 밝히는 것은 먼저 통일을 이룩한 독일의 통일정책이 한반도 상황에 얼마나 적실성을 가지는지를 가늠하는 데 도움이 될 것이다. 이를 바탕으로 한국이 참고할 만한 독일외교정책으로부터의 시사점을 도출할 수 있다는 점에서 먼저 독일의 통일정책을 살펴보기로 한다.

---

2) 최종기, 『현대국제관계론』(서울: 박영사, 1994), p. 396.

제 3 절 독일의 외교정책과 통일

독일의 통일은 전혀 예상치 않은 상태에서 이룩되었다. 그러나 독일 국민에게 처음 굴러온 것은 통일이 아니라 통일의 기회였다. 즉 독일의 통일을 가능하게 만든 직접적인 계기는 고르바초프(Gorbachev)의 개혁 정치와 동구 사회주의의 붕괴이다. 그러나 이 계기를 통일로 연결시킬 수 있었던 것은 바로 오랫동안 통일을 대비해 온 독일외교정책의 힘이 었다.[3]

1989년 가을에 호네커(Honecker)가 실각되고 베를린 장벽이 무너졌지 만, 동서독 국민들은 곧바로 통일이 될 것이라고 생각하지 못하였다. 첫째 동독주민들의 절대적인 지지를 받았던 반체제세력은 서독식 자본주의가 아니라 개혁 사회주의를 추구하고자 하였다.[4] 둘째 독일의 주변국가들이 독일의 통일을 진정으로 원하지 않았다.

이러한 내외부적인 어려움에도 불구하고 독일이 통일을 이끌어 낼 수 있었던 것은 서독이 꾸준히 추진해 왔던 통일정책의 효과 때문이었다. 무엇보다 통일의 기본여건을 마련하는 데 주력하였던 서독의 노력이 동독주민으로 하여금 오래 전부터 서독체제를 동경하게 만들었기 때문에 베를린 장벽이 붕괴하고 얼마 지나지 않아서 동독주민들은 서독과의 통일을 급격하게 요구하기 시작하였다.

그 결과 동독의 공산당 정권이나 동독의 반체제 세력 둘다 체제개혁을 통하여 동독의 생존을 보전하고자 하였지만 동독주민들의 거센 반발로 인하여 무산되었고 분단의 지속 가능성이 봉쇄될 수 있었다. 결국 다른 동구국가와 달리 동독은 독자적인 체제변혁의 길을 걸은 것이 아니라 서독에 통합됨으로써 체제변혁을 하게 되었다.[5]

---

3) 김학성, "서독의 분단질서관리 외교정책연구," 민족통일연구원 연구보고서 95-07 (1995), p. 7.
4) 고상두, "독일연방공화국과 독일민주공화국간의 정당통합의 실태분석," 충남대 통일문제연구소 주최 통일문제 국제학술대회 발표논문집 (1997), p. 5.
5) 고상두, "독일의 정당통합과 그 시사점," 『통일경제』, 제32호 (1997년), p. 135.

1. 독일의 분단과 외교정책

제2차 세계대전의 종결과 함께 패전국이 된 독일은 국제사회에서 제한된 행동반경을 가지게 되었고, 이에 따라 서독의 외교정책도 국제 환경에 매우 의존적이 되었다. 처음부터 4개 전승국은 독일이 더이상 전쟁을 일으킬 수 없도록 독일을 분할점령하고 새로운 유럽의 평화질서를 구축하려고 하였다. 이러한 구상은 예기치 않은 냉전의 시작과 함께 독일분단으로 구체화되었고, 독일은 패전국인 동시에 분단국이라는 이중적인 제약을 안게 되었다.

1952년에 서방연합인 미·영·불은 '독일조약'(Deutschlandvertrag)을 통하여 서독에게 주권을 돌려주는 대가로 서독과 베를린에 대한 전승국의 지위를 계속 보유할 것임을 천명하였다. 이로써 독일은 외교와 안보 분야에 있어서 전승국의 간섭을 받게 되는 불완전한 주권국가가 되었다. 게다가 소련의 위협이 증대하고 냉전이 심화되면서 독일은 1955년에 '파리 협정'을 통하여 서방연합군의 점령 통치를 공식적으로 종결시키는 대신에 북대서양조약기구(NATO)에 가입하게 됨으로써 미·소 양극체제가 유럽에서 탄생시킨 블록대결의 첨병이 되었다.[6] 이로써 동서독의 분단선은 유럽의 분단선이 되었고, 독일의 통일은 동서대립의 극복을 통해서만이 가능하게 되었다.

제2차 세계대전 이후 초대 총리였던 아데나워(Adenauer)는 서독의 국가적 기틀을 다지는 데 중요한 기여를 하였고, 외교정책의 차원에서 그가 중점을 두었던 것은 국제사회에서 독일이 짊어지고 있었던 패전국과 분단국이라는 두 가지의 제약 중에서 먼저 패전국의 지위를 극복하고자 하는 노력이었다. 그리하여, 1949년 정부 수립부터 1955년까지 서독의 외교정책은 제한적이나마 주권을 확보함으로써 서구 국제사회의 일원으로 인정받는 것에 중점이 두어졌다.

---

6) 고상두, "독일과 한국의 미군 방위비 분담문제 비교," 아시아사회과학원 주최 제22회 학술시민포럼 발표논문집 (1997), p. 37.

이러한 외교목표를 가진 아데나워는 분단극복이라는 국민의 여망을 희생시키고 또한 야당인 사민당의 반대를 무릅쓰면서 서유럽체제로의 통합을 강력히 추진하였다.7) 아데나워의 외교정책은 군사안보적으로 서독의 NATO 가입이라는 결과를 가져왔다. 미국은 이미 냉전이 첨예화되면서 서독을 서방 군사블록의 일원으로 받아들일 자세가 되어 있었으나, 제2차 세계대전의 희생자였던 주변국가들은 소극적이었다. 독일은 이들 국가에 대한 외교적 노력을 집중했다. 특히 전쟁의 최대 희생국이었던 프랑스와의 화해를 적극 시도하였다.

이러한 노력은 1950년에 프랑스의 외무장관이었던 슈만(Schuman)이 서독의 석탄과 철강 생산의 투명성을 확보하여 무기생산을 효율적으로 통제하기 위하여 서유럽 국가 간의 경제공동체를 창설하자고 제안했을 때, 독일이 이를 즉각 수용함으로써 결실을 보기 시작하였다. 1952년에 독일과 프랑스의 주도하에 유럽석탄철강공동체(ECSC)가 형성되었고, 이와 함께 독일산업의 해체 작업은 중단되었으며, 서독은 장차 경제부흥을 위한 초석을 마련할 수 있었다.8)

통일문제에 있어서 방어적이고 소극적인 입장을 취했던 아데나워의 외교정책의 기저에는 두 가지의 계산이 깔려 있었다. 즉 독일문제는 냉전구도 속에서 미국과 소련에 의해 결정될 것이며, 미·소 간의 대립은 결국 미국의 승리로 판가름날 것이라는 것이다.9) 이러한 판단하에 아데나워는 적극적인 대서방정책을 취하였고, 동독을 포함한 동구국가에 대해서는 대립적인 입장을 취하였다.

그리하여 서독은 동독과 국교를 수립한 나라와는 외교관계를 갖지 않겠다는 '할슈타인 독트린'(Hallstein Doctrine)을 선언함으로써 사실상 동구

---

7) Karlheinz Niclauß, *Kontroverse Deutschlandpolitik : Die Politische Auseinandersetzung in der BRD über den Grundlagenvertrag mit der DDR* (Frankfurt a. M., 1997), pp. 38-40.

8) 장홍, 『유럽통합의 역사와 현실』(서울: 고려원, 1994), pp. 78-79.

9) Wolfram F. Hanrieder, *Germany, America, Europe: Forty Years of German Foreign Policy* (New Haven: Yale University Press, 1989), p. 8.

국가와의 관계를 단절하였고 또한 동독을 고립시키고자 노력하였다. 단지 소련에 대해서는 예외적으로 1955년에 외교관계를 수립하였다. 그 이유는 소련이 전승국이며 전쟁포로의 송환문제 등 전후처리의 문제가 있었기 때문이다.

스탈린이 사망하고 흐루시초프가 등장하게 되면서 1950년대 말부터 미·소 간에 긴장 완화의 조짐이 뚜렷이 보이게 되었다. 미 대통령으로 취임한 케네디는 종래의 대량보복(mass retaliation) 전략을 유연반응(flexible response) 전략으로 대체함으로써 소련과 제한적 협조관계를 형성하였다.[10] 이러한 긴장완화에 대하여 아데나워는 불만스러웠고, 1963년에 프랑스와 우호 및 협력 조약을 체결함으로써 미국에 대하여 또 다른 안보 파트너가 있다는 사실을 과시하였다. 1966년에 프랑스의 드골은 미국과의 불화로 NATO의 군사조직에서 탈퇴하고 말았다.[11] 이러한 서방진영 내의 불협화음은 아데나워의 외교정책이 변모하는 국제환경의 변화에 더이상 걸맞지 않다는 사실을 드러내주었다.

2. 동방정책과 분단질서 관리의 외교정책

1960년대 국제적 주변상황의 변화가 독일문제에 대한 정책적 변화를 요구하는 가운데 사민당의 브란트(Brandt)가 수상에 취임하게 되었다. 사민당의 새로운 정책적 대응논리는 독일의 분단현실을 인정하고 '분단질서'를 확립하자는 것이다. 분단질서란 원래 법적인 개념으로서 동서독은 국제법적인 형태로 존재하는 전독일국가에 동등하게 속한다는 것이다. 이 개념에 따라 브란트는 동독 불인정과 할슈타인 독트린을 주요 내용으로 하는 아데나워의 통일정책 기조를 폐기하고 새로운 통일정책을 취하였다.

사민당은 민족주의와 반공주의에 바탕을 둔 통일정책을 지양하고 분

---

10) 이기택 (1997), pp. 132-133.
11) NATO Office of Information and Press, *Handbook* (Brussels, 1995), p. 25.

단질서를 효율적으로 관리함으로써 장기적으로 통일여건을 조성하는
데 역점을 두었다. 이러한 정책노선은 기본적으로 독일 통일이 빠른 시
일 내에 이루어질 가능성이 희박하다는 전제에서 나온 것이다. 따라서
당장 실현되기 힘든 통일을 지나치게 강조하기보다는 분단 현실을 감
내하는 접근태도를 선택하였다.12)

이러한 맥락에서 서독정부는 동독정권을 비롯한 소련 및 동구 국가
를 자극하는 것이 바람직하지 않다는 판단 아래 통일 대신에 분단극복
이라는 개념을 사용하였다. 그리고 독일의 분단문제를 해결하기 위해
'접근을 통한 변화'(Wandel durch Annäherung)라는 정책을 추진하였다.13)
이러한 정책이 구체적으로 실현된 것이 브란트의 '동방정책'(Ostpolitik)
이다. 동방정책은 동서 간의 긴장완화에 대한 적극적 지지, 독일과 폴란
드 간의 현재 국경의 인정, 동독정권의 인정 등을 주요 내용으로 한다.
그리고 서독은 동방정책을 통하여 이전의 서방 일변도의 정책에서 벗
어나서 독자적으로 동독과 교류하고 더 나아가 소련을 비롯한 동구국
가와의 관계를 개선하는 외교적 자율공간을 확보하게 되었다.14)

동방정책은 동독과 동구라는 두 개의 외교대상을 겨냥하였다. 그 중
에서 동구에 대한 접근이 우선적이었다. 왜냐하면 소련 및 동구와의 관
계개선을 기반으로 하여 동서독 간의 교류 확대를 꾀하였기 때문이다.
브란트 정부는 1969년에 핵확산금지조약(NPT)에 가입함으로써 오랫동
안 소련의 신경을 건드려 온 핵무장의 가능성을 불식시켰고, 일련의 동
구국가들과 소위 '동방조약'(Ostverträge)이라고 불리는 우호조약을 체결
하였다.

이러한 노력의 결과 서독은 1972년에 동독과 역사적인 '동서독기본
조약'(Grundlagevertrag)을 체결하는 데 성공하였다. 당시 동독 공산당 서

12) 김학성 (1995), p. 9.
13) Walter F. Hahn. "West Germany's Ostpolitik: The Grand Design of Egon
    Bahr," *Orbis*, Vol. 16 (Winter 1973), p. 860.
14) 김학성 (1995), p. 10.

기장인 울브리히트(Ulbricht)가 기본조약에 대하여 부정적인 태도를 보였으나, 소련이 그를 퇴진시키고 호네커를 내세움으로써 결국 타결될 수 있었다. 이것은 바로 서독이 동방정책을 동구 국가에 대하여 우선적으로 추진한 결실이었다. 소련이 서독의 동방정책에 대하여 호의적인 태도를 보인 이유는 유럽의 안정을 세력균형에 의해서가 아닌 안보 협력을 통해 이룩하고자 하였기 때문이다. 이러한 시도는 NATO와 바르샤바조약기구 간의 대립 구도가 두 군사블록의 회원국이 모두 참여한 유럽안보협력회의라는 틀 속에서의 협력구도로 부분 전환되는 결과를 가져오게 된 것이다.

기본조약의 체결과 함께 내독관계는 비약적인 발전을 하였다. 서독은 '1민족 2국가'를 표방하며 동독을 국가로 인정하였다. 그리고 양독간에 1 : 1의 교역환율을 적용함으로써 동독이 서독과의 교역을 하고자 하는 동기를 부여하였고, 일정한도의 무이자차관(swing credit)을 제공함으로써 동독이 경화 없이도 서독의 상품을 유리한 조건으로 구매할 수 있도록 하였다.

경제적 교류는 내독관계의 발전에 원동력이 되었다. 서독의 경제원조가 증대할수록 동독은 인적 교류의 확대라는 양보를 해야 했기 때문이다. 그리하여 기본조약을 체결한 지 1년 만에 언론사의 특파원이 양독에 파견되기 시작했으며, 2년 뒤인 1974년에는 본(Bonn)과 동베를린(Ost-Berlin)에 상주대표부가 각각 설치되었다.

동방정책은 통일을 먼 미래의 목표로 삼고 그동안에 현상유지를 인정하면서 분단을 극복하는 노력을 차근히 해나간다는 논리를 저변에 깔고 있었지만, 그 미래가 언제 다가올 수 있을지는 매우 불투명하였다. 통일문제를 미해결과제로 남긴 정부의 현실적 통일정책은 국민들의 통일에 대한 관심을 급격히 퇴조시켰다. 통일이 가장 중요한 정치문제라고 생각하는 독일국민의 비율이 1965년도에만 해도 45%에 달하였는데, 동서독기본조약이 체결된 1972년에는 0.5%로 감소하였고, 이것은 1988년까지 거의 그대로 지속되었다.[15]

3. 동독의 붕괴와 서독의 통일외교

1985년 소련 공산당 서기장에 취임한 고르바초프는 국내외적으로 개혁정치를 추진하면서 탈냉전의 급기류를 불러일으켰고, 분단 독일에는 통일의 가능성이 발생하기 시작하였다. 하지만 고르바초프는 집권 초기에 서독을 제외하고 영국과 프랑스를 방문하여 외교적인 접근을 하는 등 서독을 국제적으로 고립시키려는 의도를 여실히 드러내었다. 그 이유로는 무엇보다도 서독이 동유럽에 대하여 영향력을 증대하고 있었고, 미국 레이건 정부의 전략방위구상(SDI)계획에 서독의 보수정당인 기민당의 콜(Kohl) 수상이 적극적으로 동참의사를 밝힌 데 대한 불만 때문이었다.[16]

서독과 소련과의 불편한 외교관계는 독일의 겐셔(Genscher) 외무장관의 적극적인 방문외교로 서서히 해소되기 시작하였다. 독일은 고르바초프의 개혁정치가 독일문제를 해결하는 데 유리한 조건으로 작용한다고 판단하고, 소련의 서독에 대한 인식을 변화시키기 위해 노력하였다. 그 결과 소련은 독일의 경제력, 유럽공동체(EC)에서의 주도적 위상을 중시하게 되었고, 분단문제를 이용하여 서독으로부터 소련의 개혁에 필요한 경제지원을 용이하게 받으려는 의도에서 독일에 대하여 우호적인 태도로 선회하였다.

이에 독일은 국제무대에서 소련의 외교적 입장을 적극 지지하는 기민한 반응을 보였다. 그리하여 유럽안보협력회의(CSCE)의 틀 속에서 고르바초프의 제안으로 개최된 비엔나 군축회담에 적극 동참하고, 소련에 대한 서방의 경제지원을 위해 앞장을 섰으며, 소련이 신뢰할 수 있는 협력 파트너가 되기 위한 각종 노력을 경주하였다. 이러한 노력은 1988

---

15) Gerhard Michels. "Innere Aspekte Derdeutschen Einheit aus der Sicht der Demoskopie," 충남대 통일문제연구소 주최 통일문제 국제학술대회 발표논문집 (1997), p. 20.
16) 김학성 (1995), p. 59.

년에 콜이 모스크바를 방문하고, 이듬해에 고르바초프가 본을 방문하는
외교적 결실을 가져왔다.

고르바초프가 비록 의도하지는 않았지만, 그의 개혁정치는 동독에서
민주혁명이 발발하는 계기로 작용하였다. 베를린 장벽이 무너지고 동독의
공산당 정권이 국민들에게 개혁을 약속하고, 사회세력들을 라운드 테이블
로 초대하는 등 체제유지에 급급하고 있을 때, 서독의 콜 수상은 독일정책
에 관한 '10개항 프로그램'(10-Punkte-Programm zur Deutschlandpolitik)을 제
시하면서 매우 신중하게 장기적인 통일방안을 제시하였다. 이 프로그램은
마지막 10번째 단계의 통일을 달성하기 위해 필요한 9단계의 준비과정을
밝힌 것으로서 콜 정부가 호네커 정권의 몰락과 베를린 장벽의 붕괴에도
불구하고 통일의 급진전을 예상하지 못했다는 것을 의미한다.[17]

그러나 통일을 염원하는 동독주민들의 시위가 늘어나고, 이들의 시위
구호가 "우리는 국민이다"(Wir sind das Volk)에서 "우리는 하나의 민족
이다"(Wir sind ein Volk)로 바뀌게 되면서 독일통일은 거리의 요구에 의
해 강요되기 시작하였고, 더이상의 점진적인 통일이란 생각할 수 없게
되었다.[18] 이렇게 통일 가능성이 급증한 상황을 포착한 콜 수상은 통일
을 위한 외교정책적인 조치를 신속히 진행하였다. 정말 고르바초프가
독일통일 후 얼마되지 않아 소련 정상의 지위에서 쫓겨났다는 사실을
상기한다면, 그가 무리를 해서라도 통일의 과정을 신속하게 마친 것은
정당한 것이었다.[19]

비록 동독의 붕괴와 동독주민들의 통일 요구로 인하여 통일을 저해
하는 국내적 요인은 없어졌지만, 독일통일을 막는 최대의 장애물은 전
승국의 유보권한이었다. 소련은 말할 것도 없고 영국과 프랑스도 독일

---

17) Bundeszentrale für politische Bildung, *Die Wende in der DDR* (Bonn, 1991),
   p. 65.
18) 고상두, "독일연방공화국과 독일민주공화국간의 정당통합의 실태분석"(1997),
   p. 5.
19) 헬무트 슈미트, 허선 역, 『이웃에서 동반자로』(서울: 매일경제신문사, 1994), p.
   38.

통일에 대하여 심각한 우려를 표명하였다. 프랑스의 미테랑 대통령은 1989년 12월 동베를린을 방문하여 동독이 주권과 영토를 계속적으로 유지해야 할 것임을 천명하였다.[20]

프랑스와 영국이 함께 보조를 맞춰 독일통일을 반대한 이유는 강력한 독일이 부상하여 유럽에서 지배적 지위를 형성하게 될 것을 우려한 것이었으며, 독일이 유럽공동체에 대한 관심을 줄이고 통일에만 전념할까봐서였다. 그리고 통일이 이룩되면 그동안 유럽공동체의 재정에 크게 기여해 온 독일이 막대한 통일 비용 때문에 자신의 분담금을 대폭 감축할 것으로 예상하였다.[21]

독일의 통일에 대하여 미국만이 처음부터 호의적인 태도를 보였다. 부시 행정부는 독일통일의 분위기에 그냥 따라가기만 하기보다는 새로이 구축해야 할 유럽 평화질서의 테두리에서 독일의 통일에 능동적으로 대응해 나가는 것이 보다 바람직하다고 보았다. 그리하여 독일 내에서 통일의 요구가 거세지자 미국은 독일의 통일을 지원하기 위하여 프랑스와 영국을 끌어들여 독일에 대한 통일조건을 마련하였다. 이것은 미국이 독일에게 통일을 할 수 있는 명분을 제공하기 위한 노력의 일환이었다.

이에 따라 1989년 12월에 NATO 정상회담과 유럽이사회를 통하여 독일통일의 네 가지 기본원칙이 결정되었다. 통일문제에 관한 독일민족의 자결권을 인정하며, 통일은 평화적이고 민주적인 절차에 따른 과정이어야 하며, 서독은 과거 체결했던 협정과 조약을 준수할 것이며 유럽안보협력회의의 정신과 원칙을 계속 존중한다는 것이다.

서방 전승국들이 독일통일에 대하여 원칙적인 찬성의 입장을 표명한 후 독일문제의 해결은 소련에 의해 결정되게 되었다. 이에 콜 수상은 소련군 철수비용의 명목으로 120억 마르크에 상당하는 경제지원을 약

---

20) 한종수. "통일독일과 유럽연합." 이호재 편, 『유럽통합과 국제정치』(서울: 법문사, 1996), p. 89.
21) 한종수 (1996), p. 89.

속하였다. 명분상으로도 동독주민들의 요구를 외면할 수 없었던 고르바초프는 결국 1990년 2월에 '2+4 회담'의 개최에 동의함으로써 독일통일에 대한 청신호를 처음으로 보냈다.

2+4 회담은 3월에서 9월까지 총 네 차례에 걸쳐 개최되었다. 2+4 공식의 기본발상은 통일 결정은 양독 간의 문제이며, 유보권을 가진 4개 전승국은 통일로 인하여 초래될 유럽 안보구조의 변화에 대하여 양독국가와 협의한다는 것이었다. 이 회담에서 가장 큰 걸림돌로 작용한 것은 안보문제였다. 통일독일은 NATO 잔류를 원하였고, 소련은 그에 상응하는 안보장치를 필요로 하였다. 결국 독일을 NATO에 묶어두는 것이 독일의 군사대국화를 막고 중부 유럽에서의 강력한 독자세력의 성장을 방지한다는 논리에 설득된 소련은 9월 12일 모스크바에서 '2+4 조약'에 서명하였다.

이 조약에서 합의된 내용은 다음과 같다. 통일독일의 국경은 불변하며, 통일독일은 평화를 존중하고, ABC 무기를 제조하거나 보유하지 않으며, 총 병력은 37만 이하로 감축한다. 그리고 소련은 동독 지역에서 철수하며, 전승국들은 유보권을 상실하고 통일독일은 완전한 주권을 회복한다.[22] 콜 수상의 신속한 통일외교 덕분에 독일은 1990년 10월 3일에 통일을 이룩하게 되었다.

제 4 절 한국 통일외교에 대한 교훈

앞에서 살펴본 바와 같이 독일은 분단국이면서 패전국이라는 지위 때문에 한국보다 훨씬 더 열악한 통일조건을 가지고 있었다. 그러기에 독일은 일찍부터 분단현실을 인정하고 분단질서를 확립하여 통일을 장기적인 관점에서 해결하는 접근방법을 채택하였다. 분단질서 관리의 외

---

22) 조약의 정식명칭은 다음과 같다. 'Vertrag über die abschließende Regelung in bezug auf Deutschland (2+4),' *BGBl*, Vol. II (1990), p. 1317.

교정책은 결코 적극적인 통일정책이 아니다. 그럼에도 불구하고 이러한 정책 노선은 1989년 사회주의권의 변화를 기회로 삼아 독일통일을 가능케 한 원동력으로 작용하였다. 어떻게 해서 그러한 독일의 외교정책이 주효할 수 있었는지에 관한 대답은 세 가지로 요약할 수 있다.

첫째, 독일은 분단의 극복을 위하여 다자적 접근을 하였다. 즉 독일 문제에 있어서 당사자 원칙을 주장할 수 없는 외교적 제약 때문에 어쩔 수 없는 일이기도 하였지만, 초기에는 NATO와 유럽공동체, 그리고 동방정책의 추진 이후에는 유럽안보협력회의라는 다자적 기구를 적극 활용하였다.

둘째, 서독은 꾸준히 동독과의 교류관계를 확대 유지하였다. 이를 위해서 서독은 상당한 경제적인 대가를 치러야 했다. 이러한 원칙은 주변국과의 통일외교에서도 동일하게 적용되었다. 그리하여 독일은 프랑스와 소련과 같은 전승국과의 외교협상에서 자국의 이익추구를 스스로 제한하는 자세를 견지하였다.

셋째, 독일의 분단질서 관리정책은 통일을 먼 미래의 목표로 설정하는 장기 과제였기 때문에 비교적 일관성 있게 추진되었다. 이것은 진보적인 사민당에서 보수적인 기민당으로 정권이 교체된 후에도 변하지 않는 외교전략으로 실행되었다.

1990년을 전후하여 한반도에 내외적으로 커다란 변화가 발생하였다. 무엇보다도 한국이 민주화되면서 통일역량이 증대하였고, 북한에게 규범적인 공세를 보다 적극적으로 펼 수 있게 되었다. 세계적인 탈냉전이 동북아에도 밀어 닥쳤다. 그리하여 과거 남북한을 두고 북방세력과 남방세력이 대치하던 구도가 깨어졌다. 1990년대 초에 한·소 및 한·중 간의 국교정상화라는 외교적 성과는 남북한 동시 유엔 가입과 남북한 기본합의서의 체결을 가져올 수 있었다. 이제 북한도 극심한 경제난에 따른 생존전략의 일환으로 미국과 일본과의 관계정상화를 꾀하고 있다.

이러한 현상은 과거에 빈번하게 제기되었던 남북한 교차승인이 사실상 성립된 것이나 다를 바 없다. 하지만 탈냉전현상은 한반도 주변에서만 일어나고, 한반도 내부는 여전히 냉전 중이며 북한의 위협 또한 엄존하고 있다. 물론 북한의 남침 위협은 북한의 내부적 어려움으로 인하여 급격히 감소한 것이 사실이다. 이러한 상황 변화 속에서 한반도 통일은 이제 가능성의 범주에 들어왔다. 그러나 한국의 통일정책은 독일의 통일정책과 정반대의 특성을 가지고 있다. 통일외교가 다자주의적이지 못할 뿐만 아니라, 일관성이 없으며 법적으로 괄목할 만한 발전을 이룩하였음에도 불구하고 남북 간의 관계개선을 이끌어 내지 못하였다.

1993년에 김영삼 정권은 '한국 신외교 기조'를 정립하면서 통일외교라는 새로운 개념을 사용하였다. 통일외교는 분단상황 관리외교, 통일획득 외교, 통일 이후 대비외교의 세 가지 내용을 담고 있다.[23] 탈냉전 시대를 맞이하여 현실성을 갖게 된 통일의 가능성에 대하여 정부가 새로운 외교노선을 정립하였음에도 불구하고 김영삼 정권의 통일정책은 우왕좌왕하였다.

그 이유는 북한을 동포로 간주하는 통일정책과 북한을 적으로 간주하는 안보정책이 상호체계적으로 연결되지 못하고 교대적으로 반복 실행되었기 때문이다. 북한은 남한의 교류제의에 대하여 줄곧 거부하는 자세를 보일 뿐만 아니라 번번이 전쟁 도발을 위협한다. 이러한 북한의 태도는 남한으로부터 외부정보가 유입되는 것을 막고, 북한체제가 겪고 있는 어려움을 해결하기 위한 방편으로서 남한이라는 외부의 적 앞에 전인민을 단결시키려는 데서 비롯된다.[24]

한국이 북한의 군사위협을 감소시키는 방안은 북한의 개혁과 개방을 유도하기 위한 통일외교를 적극 실행하여 북한주민으로 하여금 김정일 체제의 모순을 깨닫게 함으로써, 북한 내부의 변화와 저항을 야기하는 것이다. 그렇게 함으로써 남한을 향한 북한의 군사력이 부분적이나마

23) 김학성, "한반도 평화정착을 위한 통일외교의 정책과제." 『통일연구논총』, 4권 2호 (1995), p. 255.
24) 이기택·고상두, "북한의 변화 관리를 위한 통일 안보전략." 한국전략문제연구소 연구보고서 (1997), p. 15.

북한 내부로 돌려질 때 남한의 안보는 그만큼 증대된다.

이러한 논리에서 본다면 교류와 협력을 그 내용으로 하는 통일정책은 결코 안보정책과 배치되지 않는다는 사실을 알 수 있다. 그러므로 쌀 지원, 이산가족의 재회, 남북한 여행 및 통신의 자유와 같은 인도주의적 차원의 지원이나 교류를 활성화시키고, 대북 경제협력과 같이 북한의 실질적인 변화를 촉진할 수 있는 지렛대를 확보하는 통일정책을 장기적으로 실현하는 것은 한국의 안보를 증대시키고 결국은 통일을 앞당기게 될 것이다.

독일의 경우에 비추어 볼 때 한국의 통일외교가 안고 있는 두번째 문제점은 통일에 대한 다자주의적인 접근방법이 결여되어 있다는 것이다. 독일이 NATO와 유럽공동체와 같은 서유럽에서의 안보 및 경제의 통합력을 통일에 활용하고자 하였고, 유럽안보협력회의와 같은 범유럽적인 통합력도 활용하였다. 결국 탈냉전과 함께 유럽에서의 대립구조가 붕괴되었을 때 독일의 분단 또한 더이상 존속될 수 없었다.

이에 반해 한국의 외교관계는 미국에 의존적이며 외교적 자율공간도 좁다. 따라서 한국은 현재 안보적·경제적 갈등이 노정되고 있는 동북아에서 새로운 질서가 재편되는 과정에서 다자간 협조체제를 구축하는 노력을 할 필요가 있다. 현재로선 동북아 차원을 넘어서서 아·태 지역에서 APEC이 가시적인 통합력을 보이고 있지만, 그 이외에도 동아시아 경제권, 환일본 경제권, 동북아 경제권과 같은 구상에 정부가 적극 동참하는 자세가 필요하다. 왜냐하면 한국은 현재의 한·미 동맹구조를 대체하는 것이 아니라, 주변국의 신뢰성 있는 지지를 얻기 위해서 중층적 다자간 협력체를 형성해야 하기 때문이다. 남북한이 함께 가담한 동북아 공동체의 통합이 성공적으로 진행된다면, 남북한의 분단과 대립은 동북아 지역의 통합과정 속에서 쉽게 해소되고 말 것이다.

제5절 결 론

독일통일은 직접적으로는 고르바초프의 개혁정치로 야기된 동구의 변혁 덕분이지만, 만약 수십년 동안 서독정부가 착실히 준비해 둔 통일 여건조성이 없었더라면 그러한 기회가 바로 독일통일로 연결되지 못했을 것이다. 패전국이며 분단국이었던 독일은 통일외교를 실행하는 데 있어서 한국보다 훨씬 열악하고 의존적인 조건에 있었다. 그러한 독일이 조속한 통일을 이룩할 수 있었던 이유는 무엇보다도 분단을 인정하였고, 분단을 극복하는 방식에서 다자적 협력체를 활용하였고 여야가 일관성 있는 장기전략에 기본적으로 합의하고 있었다.

물론 초기의 서독정부는 폴란드·체코 등에서 온 실향민들 그리고 동독의 사회주의체제에 반대하여 넘어온 이주민 등의 여론 때문에 동독과 대치하는 통일정책을 취하였다. 그리하여 아데나워 정권은 독일을 정치·안보·경제적으로 서유럽에 편입시킴으로써 동서대립이라는 국제구조에 현실적으로 적응하였다. 그러나 그의 외교노선은 미·소 화해라는 데탕트 시대의 도래와 함께 더이상 현실에 적합하지 않게 되었다.

새로이 등장한 사민당 정권은 이러한 문제를 직시하고 동방정책을 추진함으로써 종래의 동독 고립화정책에서 탈피하고 소련 및 동구 국가와의 관계개선에 힘썼다. 이러한 노력은 1980년대 말에 동독이 붕괴하였을 때 독일이 동구국가들로부터 비교적 쉽게 외교적 지원을 받을 수 있도록 해주었다. 물론 사민당 정권이 동구 진출을 위해 서구 통합을 희생한 것은 아니다. 기민당 정권의 서구지향적 통일외교정책을 동구로까지 전환하여 확대한 것이다.

한반도의 통일과 관련하여 혹자는 당사자의 원칙을 강조하고 남북한끼리 분단문제를 해결해야 한다고 주장한다. 그러나 오늘날의 한반도 상황은 이미 국제화되어 있다. 북한은 자신의 생존을 위해 자발적 고립주의를 탈피하여 미국과 일본에게 접근하고 있고, 미국과 일본은 대북 선점을 통해 한반도에서의 전략적 이익을 확보하려 하고 있다. 그리고 한반도 주변 4개국 모두가 통일이라는 변화보다는 분단이라는 현상 유지를 원하고 있다.

따라서 주변 4국이 완전히 배제된 상황에서의 한반도 통일은 거의 생각하기 힘들게 되었다. 어쩌면 북한의 급변사태 때문에 남한이 오히려 주변국가들에게 개입을 요청해야 하는 경우가 생길지도 모른다. 여러 가지의 통일 시나리오를 상정한다면 한국은 주변국가들에 대한 통일외교를 게을리해서는 안 될 것이다.

그리고 한반도 분단문제의 해결과 통일 결정과정에는 미국이나 중국과 같이 남북한에 대하여 영향력이 큰 국가들만이 참여하는 것보다는 가능한 한 많은 국가가 참여하는 것이 바람직하다. 왜냐하면 이렇게 할 때 한국의 발언권에 대한 가중치가 훨씬 커질 수 있기 때문이다.

결론적으로 독일의 사례가 한국의 통일외교에 던지는 시사점은 다음과 같다. 먼저 한반도의 분단문제를 동북아질서와 연계시켜야 한다는 것이다. 동북아 지역에서 정치·경제·안보적 통합이 이루어지고 이러한 지역공동체에 남북한이 가입할 수 있다면, 통일을 위한 가장 중요한 기반을 닦은 셈이 된다. 물론 이러한 동북아체제는 기존의 한·미 간의 쌍무적 관계를 대체하는 것이 아니라 보완하는 것으로써 한국은 통일에 유리한 중층적 국제환경을 조성하게 되는 것이다.

두번째로 통일외교는 장기적이고 일관성 있는 것이어야 한다. 통일은 하루아침에 이루어질 수 없는 민족적 과제이며, 통일을 이루기 위해서는 상당한 준비노력이 있어야 한다. 따라서 통일을 단기적 목표로 삼는 비현실적인 안목을 버리고 먼 미래의 목표로 삼음으로써 정권의 변화에 관계없이 일관성 있게 통일여건을 조성할 수 있도록 하여야 한다.

제 2 부
기능별 한국외교정책

제 6 장 안보외교

이 정 훈

제 1 절 서 론

안보외교란 일반외교 및 경제외교 영역과 더불어 국익을 추구하는 주권국가의 핵심적 국가전략으로 국가의 영토보호 및 정치적 독립을 기본적 목표로 하고 있다. 한 국가의 안보는 궁극적으로 그 국가의 책임인 만큼 방위능력을 키워 적대국의 침략을 최대한 억제시키는 것이 안보외교의 최우선 목표이다. 따라서 효과적인 안보외교정책의 수립을 위해서는 현실적인 국가전략이 채택되어야 하고, 또 한편으로는 전쟁억지를 위한 최소한의 군사력이 확보되어야 한다. 각종 무기개발 및 조달, 타국과의 동맹, 독자적 방위전략, 다양한 정보체계 등은 자주국방을 위한 안보외교정책에 있어 필수 불가결한 요인들이라고 볼 수 있다. 또한 국익을 추구하고 옹호하며 국제무대에서 실무적인 협상에 임하는 외교관과 같은 전문인력 역시 한 국가의 안보외교를 성공적으로 이끄는 데 빼놓을 수 없는 주요 요인이라 하겠다.

1950년 6월 25일 북한의 무력남침으로 심화된 남북 간의 적대적 대치상태는 해방 후 50년이 넘도록 지속되어 이를 극복하는 것이야말로 한국 안보외교의 최우선 과제로 간주되어 왔다. 휴전 직후 북한의 위협에

효율적으로 대처하기 위해 한국과 미국은 상호방위조약을 체결했고, 이
는 한·미 양국관계가 국제 냉전구조 차원에서 재조명되어 새롭게 발전
해 나가게 됨을 의미했다.[1] 즉 냉전이라는 외부환경의 영향으로부터 구
조적으로 벗어날 수 없었던 한국의 특성상 우방인 미국에 의존하는 것
은 자명한 일이었고, 한·미 군사동맹은 이러한 구조상의 기본 골격으로
유지되어 왔다. 한·미 군사동맹이 한국의 국가 안보구축과 생존에 가장
핵심적인 역할을 해온 것은 부인할 수 없으나, 반면 한국의 안보외교를
미국의 대소 봉쇄정책의 일환으로 엄격하게 제약해 불균형적인 한·미
관계를 초래하게 된 것도 사실이다.

구소련의 해체와 동구 공산권의 붕괴로 인한 냉전의 종식은 국제정세
에 큰 변화를 가져왔다. 지난 10여년 동안 진행되어 온 미·소 간의 정치
적 화해로 이념적 양극구조는 분열되었고, 이는 1993년 '제2단계 전략무
기감축협정'(START Ⅱ)의 체결, '화학무기금지협약'(Chemical Weapons
Convention)의 조인, 1996년 세계 5대 핵 강대국들이 모든 형태의 핵실험
을 금지한다는 '포괄적핵실험금지조약'(Comprehensive Test Ban Treaty)의
서명 등 실질적 군축으로 이어졌다.[2]

이와 같은 평화 공존적 미·러 협력관계를 기조로 한 '신국제질서'는

---

1) 한국방위의 기초가 된 한미상호방위조약은 1953년 10월 1일에 조인되었고, 다
음 해인 1954년 11월 17일부터 발효되었다. 한·미 동맹에 관련해서는 Gerald L.
Curtis and Sung-joo Han, ed., *The U.S.-South Korean Alliance: Evolving
Patterns in Security Relations* (Lexington, MA: D. C. Heath & Co., 1983)를
참조.

2) START Ⅱ는 1993년 1월 3일 체결되었으며 2003년까지 기존의 핵탄두
(attributed warheads)를 3분의 1 수준(3,000~3,500: MIRVed ICBM 및
Heavy ICBM은 완전 제거)으로 감축하는 것을 골자로 하고 있고, 동년 1월 14
일 159개국의 참여하에 조인된 CWC는 각종 화학무기를 지상에서 추방하기로
합의하였다. START Ⅰ 및 Ⅱ, CWC, CTBT 등의 협약내용과 전반적인 배경설명
은 The International Institute for Strategic Studies, *Strategic Survey, 1994~
95* (London: Oxford University Press, 1995), pp. 41-52; Jeffrey A. Larsen
and Gregory J. Rattray, ed., *Arms Control: Towards the 21st Century*
(London: Lynne Rienner Publishers, 1996)를 참조.

한반도에도 영향을 미치고 있다. 특히 1994년 제네바 북·미 합의를 계기로 시작된 미국의 대북 포용정책은 냉전의 틀에서 벗어난 새로운 안보외교노선을 요구하고 있다.

물론 북한의 경제위기로 인한 절망적 남침 가능성이 존재하는 한, 한국 안보외교의 주축인 한·미 동맹관계의 중요성은 국제환경의 변화를 막론하고 결코 간과될 수 없을 것이다. 그러나 동시에 부인될 수 없는 사실은 한국의 안보외교를 줄곧 지배해 온 동·서 간의 이념대립이 이미 종결되었다는 점이다. 따라서 일부에서는 한국의 안보외교가 더이상 미국의 봉쇄정책에 얽매여 있어야 할 명분이 없다는 논리를 조심스럽게 내세우고 있다. 특히 한국이 서방진영의 대공산권 봉쇄정책의 전위기지로서의 전통적인 역할을 계속한다는 것은 탈냉전기 국제정세에 걸맞지 않다는 지적이다.

그렇다면 신국제질서의 등장이 한국 안보외교에 시사하는 바는 무엇인가? 과연 한국은 새로운 국제환경 속에서 보다 자주적이고 유연한 안보외교정책을 채택할 수 있는가? 평화정착과 통일이라는 한국의 국가목표를 달성하기 위한 최선의 방안은 무엇인가? 그리고 무엇보다도 한국 안보외교의 주축인 한·미 동맹관계는 지속될 것인가 아니면 국제정세의 흐름에 상응한 변화를 가져올 것인가? 이 장은 이러한 문제점들을 염두에 두고, 한국 안보외교에 관한 주요 쟁점들을 분석, 평가하고자 한다. 특히 냉전종식 이래 한반도 및 동북아의 안정을 단기적으로 가장 크게 위협하는 요소인 북한의 도발 가능성을 고려할 때, 급변하는 국제질서에도 불구하고 한국은 미국과의 긴밀한 안보관계를 유지해야 한다는 논의를 개진하고자 한다.

제 2 절 안보외교의 영역

최근까지만 해도 미국을 중심으로 한 서방진영에서는 안보정책과 외

교정책이 서로 다른 영역에 속해 있으며, 일부분만 중복된다는 의견이
지배적이었다. 외교정책은 일반적으로 국제정치·경제·문화 등과 관련된
대외관계를 다루는 영역으로, 안보정책은 군사정책 및 국방예산, 군·정
관계와 관련된 문제들을 다루는 영역으로 구분되었다. 그러나 제2차 세
계대전의 종결 이후 다양한 국제문제들이 국제정치적 차원에서 복합적
으로 다루어지면서, 두 영역의 역할 범위는 구분하기 힘든 양상을 띠게
되었다. 안보와 외교가 교차하는 현상은 1970년대의 유가파동과 1980년
대의 누적 채무로 인한 국제경제위기를 겪으며 더욱 강화되었다.3)

한국의 경우 미국과의 군사동맹 체결 및 반공체제 확립 등 대부분의
주요 외교정책 과제가 안보영역 내에 속해 있었기 때문에, 안보정책과
외교정책의 일원화는 일찍이 한국전쟁이 종결된 직후부터 시작되었다
고 볼 수 있다. 냉전의 종식 이후 국제질서의 재편과정에서 대두되고
있는 포괄적 안보(Comprehensive Security) 개념은 경제안보·환경안보·국
제범죄 등 주로 비군사적 쟁점들에 초점을 두고 있지만, 기존의 안보외
교정책 영역을 벗어나는 독립된 영역으로 취급되고 있지는 않다.4) 비군
사적 요소의 중요성 증대로 인한 외교 사안의 다원화라는 부담이 우리
에게는 물론 국제사회에 팽배해 있는 것도 사실이다. 그러나 새로이 등
장한 쟁점들은 궁극적으로는 안보와 관련된 문제들이고 이는 외교정책
을 통해 풀어나가야 한다는 인식이 일반화되어 있기 때문에 한국 안보
외교의 구조 및 영역에는 아직 이렇다 할 변화가 없는 실정이다.

---

3) Amos A. Jordan, William J. Taylor, Jr. and Lawrence J. Korb, *American National Security: Policy and Process*, 3rd ed. (Baltimore, Maryland: The Johns Hopkins University Press, 1989), pp. 3-23 참조.

4) 탈냉전기 국제안보에 관해서는 M. Jane Davis, ed., *Security Issues in the Post-Cold War* (Cheltenham, UK: Edward Elgar Publishing Co., 1996); Sean M. Lynn-Jones and Steven E. Miller, ed., *Global Dangers: Changing Dimensions of International Security* (Cambridge, MA: MIT Press, 1995); Brad Roberts, ed., *Order and Disorder after the Cold War* (Cambridge, MA: MIT Press, 1995) 참조.

제3절 한국 안보외교의 전개

제2차 세계대전의 종결 후 소련의 세력 증가를 의식한 미국의 단기적이고 즉흥적인 결정으로 분단 한국은 즉각 이념적 양극구조에 휩싸이게 되었다. 자유진영과 공산권으로 남·북한이 각각 편입된 대립구조는 곧이어 1950년 6월 25일 대규모 전쟁으로 이어졌고, 1953년 7월 27일 휴전협정 이후에도 적대적 대립상태는 지속되었다. 이런 상황에서 자주국방이 불가능했던 한국은 자연히 미국에 의존함으로써 북한으로부터의 안전보장을 추구했다. 전후 한국 방위의 기초가 된 한미상호방위조약은 1954년 11월 17일에 발효된 후 오늘날까지 한·미관계에서 안보문제뿐만 아니라 전반적 측면에 있어서 가장 중요한 요인으로 간주되어 왔다.[5]

따라서 한국 안보외교는 이념적 양극구조 속에서 수행되어 온 것으로 특징 지어질 수 있다. 환언하면 역대 한국정부에서 대부분의 안보외교정책 결정이 미국의 봉쇄전략이라는 틀에 구속될 수밖에 없는 제약성을 지니게 된 것이다. 이런 구도는 생존권 보장과 국가발전이라는 이중의 혜택을 부여했으나 동시에 많은 갈등을 초래하기도 하였다.

사실 한미방위조약 협상 이후 거듭되었던 갈등은 주한미군의 철수, 방위비 분담 등 다양한 모습으로 표출되어 양국간의 관계를 위협해 왔다. 방위조약 협상시의 갈등은 신속한 휴전을 원했던 미국과 휴전보다는 통일을 선호했던 한국의 입장차이로 극명하게 대립되었다. 그러나 한·미 동맹관계가 더욱 어려워진 것은 한국의 국가안보는 물론 동북아시아의 국제관계 전반에 대해 중대한 영향을 준 사건들이 거듭 일어난 1960년대 후반부터였다. 우선 1968년 1월 21일 북한 공비의 청와대 기습

---

5) 한미상호방위조약의 구체적인 내용과 배경은 Bruce Cummings, ed., *Child of Conflict: The Korean-American Relationship, 1943-1953* (Seattle: University of Washington Press, 1983)과 오기평, 『한국외교론: 신국제질서와 불확실성의 논리』(서울: 오름, 1994), pp. 206-208 참조.

사건이 일어났고, 이틀 뒤인 1월 23일 미 해군함정 푸에블로호가 북한에 납치되었다. 1968년 11월에는 울진·삼척지구에 무장공비 침투사건이 거듭되었고, 이듬해인 1969년 4월 14일에는 미 해군 정보수집기인 EC-121기가 동해에서 추락하였다. 이러한 일련의 사건들은 곧바로 한·미 양국간의 공동 관심사로 부상했으며, 이 사건들의 해결을 둘러싸고 한·미 간의 갈등은 한층 심화되었다.

우선 한·미 양국은 사태를 보는 시각이 달랐다. 한국은 당시 북한의 공세를 대남적화공작 차원으로 해석하려 했고, 미국은 월남전의 연장선상에서 한국 사태를 보려했다. 더 나아가 미국이 푸에블로호 문제는 중시하면서 청와대 기습사건에는 별 관심을 보이지 않았다는 점도 양국 간의 갈등을 고조시킨 요인의 하나였다. 그러나 한·미 간의 갈등을 심화시킨 가장 큰 요인은 닉슨 미 대통령이 1969년 7월, 괌에서 아시아 정책과 관련해 발표한 '괌 독트린'이었다. 미국의 전반적인 긴축정책을 시사한 이 발표문은 곧 주한미군의 감축으로 현실화되었다.[6] 당시 한국은 북한의 침략 위기에 직면하고 있었을 뿐만 아니라, 미국을 돕기 위해 월남에 5만 명의 한국군을 파병하고 있었기 때문에 이로 인한 충격은 이루 말할 수 없었다.

미국의 철군계획을 계기로 한국은 자주국방을 위한 방위산업을 본격적으로 가동시키는 동시에, 독자적인 핵무기개발을 시도하기도 하였다. 물론 한국으로서는 미국의 정책방침을 번복시키기에는 역부족이었다. 이는 한·미 동맹관계에서 한국측의 영향력은 극히 제한되어 있는 반면, 미국측의 영향력이 지배적이었기 때문이다. 선택의 여지가 없었던 한국은 결국 미국의 결정을 받아들이지 않을 수 없었고, 따라서 한·미 동맹

---

6) 미국은 닉슨 독트린에 의거해 1971년 6월 말까지 약 32만 명에 달하는 병력을 아시아에서 철수시켰고, 이는 주한미군 6만 1,000명 중 전투병력 2만 명을 포함한 숫자이다. 보다 자세한 내용은 Kwang-Il Baek, *Korea and the United States: A Study of the ROK-US Security Relations Within the Conceptual Framework of Alliances Between Great and Small Powers*(Seoul: Seoul Computer Press, 1988), pp. 77-140 참조.

관계는 외관상 불변한 상태로 유지되었다. 그렇다고 해서 두 나라 관계에 실제로 아무 변화가 없었던 것만은 아니다. 첫째 1960년대 말부터 격화된 한·미 양국간의 갈등은 한국이 미국에 대해 갖고 있던 신뢰를 크게 감소시키는 계기가 되었다. 둘째 미국에 대한 불신은 곧 한국에서 반미 감정 및 반미 운동으로 확산되었다. 셋째 한국은 보다 독자적인 정책을 수립하기 위한 기반을 마련하기 시작했고, 이는 미국의 한국에 대한 영향력 축소로 귀결되었다.

1970년대 이후 미국의 한반도정책이 단지 미국의 세계전략의 일환에 불과하다는 현실을 직시한 한국은 미국에 대한 의존도를 줄이기 위해 노력하였고, 이런 노력에 힘입어 이후 일어난 두 나라 간의 갈등시 좀 더 여유있게 대처할 수 있었다는 점은 주목할 만하다. 특히 카터 미 대통령이 인권문제를 앞세워 주한미군 철수 계획을 추진했을 때, 그리고 1978년 이후 제기된 미국의 방위비 분담 압력이 가중되었을 때 과거와 달리 침착하게 대응했다는 점은 한·미 간의 갈등이 어느 정도는 희석되었다는 것을 의미한다.

제 4 절 냉전종식과 동북아 안보환경의 변화

동북아지역이 단극적(unipolar)·양극적(bipolar)·다극적(multipolar)·양다극적(bimultipolar) 체제 등의 다양한 국제질서 중 어느 양상으로 언제, 어떤 과정을 통해 형성되어 갈 것인가? 또는 과거에는 경험하지 못했던 새로운 질서가 출현할 가능성은 있는가? 이러한 질서의 형성과정에서 각 국가는 어떠한 역할을 담당하게 될 것인가? 탈냉전시대 동북아의 안보환경은 위와 같은 미해결의 질문들을 던지고 있다. 주지해야 할 것은 초강대국의 대립구도가 청산되었음에도 불구하고, 미국은 여전히 이 지역에서 개입정책을 추구하고 있고, 러시아 역시 경제회복 후 미국과 유사한 정책을 전개할 것으로 예상된다는 점이다. 안보복합체이론(security complex theory)이 함의하는 바에서 볼 수 있는 것처럼, 아직 분명하지는 않지만 국가들 간의 관계에서 일련의 지역적 양상이 다시 표면화되고 있다.[7] 즉 탈냉전시대의 동북아에서는 계속되는 초강대국들의 자국 이익 추구와 지역 강대국들의 세력확장 노력이 병행되고 있다. 이는 이 지역의 안정을 확보하고 협력의 증대를 추구하기 위해 해결되어야 할 당면과제이다.[8]

이러한 관점에서 볼 때 냉전의 종식과 그후 벌어지고 있는 국제정세의 변화와 재편은 한국의 안보외교에 큰 의미를 부여하고 있다. 새로운 국제환경의 흐름을 분석하는 시각은 크게 긍정과 부정의 두 가지로 양분되어 있다. 긍정적인 시각은 세계질서의 다원화, 양극 대결구조의 소멸로 인한 다층복합 협동질서의 형성, 경제적 상호의존의 증대, 민주화와 시장경제논리의 확산, 화해와 협력을 바탕으로 한 세계화 추세 등을 강조하고 있다. 즉 미·소 양국간의 이념대립의 종결 후 위와 같은 국제적 추세에 힘입어 동아시아 지역에서 전반적인 긴장이 완화됐다고 보는 시각이다. 그러나 위와 같은 긍정적인 추세를 일부 인정한다 해도, 지역분쟁의 소지는 아직 많이 남아 있다는 부정적인 시각도 적지 않다. 신민족주의의 급부상, 대량살상무기(Weapons of Mass Destruction)의 확산, 독도·남사군도·센카쿠 제도 등에 대한 영유권 문제, 금융위기 및 무

---

7) Barry Buzan은 안보복합체(security complex)를 "주요 안보 인식과 관심이 밀접하게 상호연계되어 개별 구성국가들에 대한 전체적 고려 없이는 안보문제가 효과적으로 분석될 수 없는 일련의 국가군"으로 정의하고 있다. 안보복합체이론(security complex theory)에 관한 자세한 사항은 Barry Buzan, "The Post-Cold War Asia-Pacific Security Order: Conflict or Cooperation?" in Andrew Mack and John Ravenhill, ed., *Pacific Cooperation: Building Economic and Security Regimes in the Asia-Pacific Region* (Australia: Allen & Unwin, 1994), p. 131 참조.

8) 동아시아 지역 질서의 변화하는 유형과 관련해서는 Jung-Hoon Lee and Chung-in Moon, "Unravelling the Next East Asian Regional System: Historical Memory, Finite Deterrence, and Regional Cooperation," *Pacific Focus*, Vol. X, No. 3 (Inchon: Center for International Studies, Inha University, Fall 1995), pp. 125-151 참조.

역분쟁, 그리고 북한의 계속되는 핵무기개발 의혹 및 김정일체제의 정치적 불안정성은 한국을 비롯한 동아시아 국가들이 직면한 대표적인 대응과제들이다.

특히 냉전종식에도 불구하고 미국은 한반도를 분쟁의 소지가 세계에서 가장 높은 지역 중의 하나로 보고 있다.[9] 사실 한국은 세계 최강국인 미·러·중·일에 인접해 있다는 지정학적인 이유로 인해 항상 주변환경의 변화에 예민한 반응을 보여왔다. 그렇다면 이런 중대한 기로에 선 한국은 과연 어떤 시각으로 21세기 안보외교정책을 펼쳐나가야 할 것인가? 한국은 탈냉전시대의 급변하는 현실에 적응하기 위해 안보정책에 있어 수반되는 변화를 받아들여야 하는가? 아니면 기존의 한·미 동맹관계를 확고히 유지하면서 주변상황을 예의주시하여야 하는가?

이러한 문제들의 해답을 구하기 위해 한국은 안보외교정책 수립에 앞서 탈냉전시대 동아시아 문제에 관한 다음의 세 가지 기본 가설을 염두에 두어야만 한다. ① 이 지역에 대한 미국의 이해관계가 변화되지 않는다는 점, ② 공산주의 확대의 봉쇄라는 미국의 기존정책이 동아시아 지역의 평화와 안정 유지를 위한 새로운 정책으로 전환되었다는 점, 그리고 ③ 한국은 대북정책 목표에 있어 한·미 양국의 차이점을 좁히기 위한 적절한 변화를 추구해야 하지만, 그러한 변화의 노력이 어떠한 방식으로든 한·미 안보관계라는 기본 골격을 와해시켜서는 안 된다는 점이다.

제 5 절 탈냉전기의 한·미 안보관계

다른 지역들에 관한 정책과 다름없이 미국의 동아시아 안보외교정책은 오랜 기간 크게 변화하지 않고 있다. 미국외교정책에서 기본 목적은 개방정책을 고수하고 세계 전역에 민주주의 원칙을 전파시키는 데 있

---

9) 김우상,『신한국 책략: 동북아시아 국제관계』(서울: 나남, 1998) 참조.

다. 이러한 진보주의적 사명을 추구하는 과정에서 자국의 의도대로 국
제질서를 구성할 수 있다는 낙관주의를 줄곧 유지하면서 미국은 상황
에 따라 외교 혹은 무력수단을 선택적으로 사용해 왔다. 실제로 미국은
주요 국익을 보장하기 위해 세계 전역에 걸쳐 '우방국가'(friendly state)들
을 설정하고 이를 유지해 왔다. 이는 냉전기 미국의 봉쇄정책에 있어
주요한 요소 중의 하나였다. 한국의 경우도 이에 해당된다. 아시아에 있
어 공산주의를 막기 위한 보루로써, 한국은 앞에서 논의된 것과 같은
양국간의 이견에도 불구하고 미국의 주요 우방국가로 자리를 굳혀왔다.

그러나 냉전의 종식은 미국이 더이상 소련을 봉쇄하지 않아도 된다
는 것을 의미한다. 이로 인해 한반도 문제가 더이상 냉전시대의 관점에
서 논의될 필요성이 사라졌다는 시각도 있다. 그렇다면 한·미 안보동맹
이 혹시 있을지도 모를 공산세력의 침략을 저지하기 위해 체결되었다
는 점을 감안할 때 공산진영의 소멸이 곧바로 양국간 안보관계의 중요
성 상실로 해석될 수 있는가? 물론 이에 대한 답은 부정적이다. 비록 이
제는 '국제공산주의 음모론'의 차원에서 한국의 상황을 볼 수는 없지만,
북한의 침략 가능성은 여전히 상존하고 있는 실정이다. 1993년 북한이
핵확산금지조약(NPT)에서 탈퇴하겠다고 위협하며, 핵을 이용한 소위
'벼랑끝 외교'(nuclear brinkmanship)전략을 취했을 때 북한의 도발 가능성
은 명백히 입증되었다.

위에서 논의한 바와 같이 한반도에서 위협의 요소는 변화된 것이 없
다. 변화된 것이 있다면 오직 미국의 북한에 대한 인식태도이다. 즉 미
국은 북한을 더이상 소련의 첨병으로 보지 않고, 극동지역의 대표적인
불안정요소로 인식하게 되었다. 그러므로 미국의 안보정책은 당분간이
나마 북한의 정책 선택과정에서 최대한의 영향력을 행사하는 데 있다.
한국은 미국과의 새로운 관계를 정립해 나가는 데 있어서 이와 같은 점
을 숙지해야 할 것이다.

미국이 한반도에서 원하는 것은 안정 그 자체이다. 물론 미국이 한국
인의 민족적 염원인 통일을 지지하고는 있지만, 이는 미국에 있어서 단

지 부차적인 문제일 뿐이다. 미국의 대북한 연착륙전략은 1994년 10월
의 북미 제네바협정의 토대를 이루었던 안정우선정책과 일맥상통한
다.10) 현 휴전협정을 평화협정으로 개정하는 문제, 주한미군의 추가 감
축, 장기적인 북·미 수교의 가능성 등도 이러한 관점에서 설명되어야만
한다. 이와 같은 일련의 사항들이 한반도 안정구축에 도움이 된다고 판
단되면, 한국의 입장은 주요한 고려대상에서 배제될 확률이 높다. 이러
한 관점에서 한국이 직면하고 있는 문제는 위와 같은 미국의 정책이 기
존의 동맹관계를 손상시킬 수도 있다는 데 있다. 더구나 미국이 한반도
통일문제를 북·미관계의 진전과 연계시키지 않고 있기 때문에 한국인
의 반감을 사고 있다.

그러나 양국의 안보관계는 전 미 국무성 차관보였던 윈스턴 로드의
지적대로 북한문제가 "미국이 직면하고 있는 지구상에서 가장 시급한
안보현안"으로 간주되는 한 기존의 틀에서 크게 벗어나지 않을 것으로
여겨진다.11) 따라서 미국은 지역안보에 불안정을 초래할 만한 어떤 유
형의 군사적 행동도 억지하겠다는 강한 의지를 표명해 왔다. 특히 1990
년 발표된 미국의 "동아시아 전략구상 보고서"(East Asia Strategic
Initiative)를 토대로 해 1992년 발표된 "Bottom Up Review" 및 미 국방부
국제안보담당 차관보였던 "나이의 보고서"(Nye Report)는 미국에서의 동
아시아 지역의 전략적 중요성을 거듭 강조한 바 있다.12) 주지해야 할
바는 이 지역의 현세력구도가 미국의 국익에 부합하므로 이를 적극적
으로 유지하려고 하고 있다는 점이다.

10) 북미 핵협상과 관련해서는 이삼성, 『한반도 핵문제와 미국외교: 북미 핵협상
   과 한국 통일 정책의 비판적 인식』(서울: 한길사, 1995) 참조.
11) Robert A. Manning, "The United States and the Endgame in Korea:
   Assessments, Scenarios, and Implications," *Asian Survey*, Vol. XXXVII, No. 7
   (July 1997), pp. 579에서 재인용.
12) 동북아지역의 전략적 중요성을 강조하는 미국의 시각에 관해서는 Joseph S.
   Nye, Jr., "East Asian Security: The Case for Deep Engagement," *Foreign
   Affairs*, Vol. 74, No. 4 (July 1995), pp. 90-102 참조.

한국이 직면하고 있는 현상황은 과거 냉전시대의 그것과는 명백하게 구분된다. 한반도 문제는 더이상 양극구조라는 문맥에서 해석될 수는 없다. 그러나 이점이 동북아에서 미국의 안보 역학관계에 있어 한국의 중요성이 감소되었음을 의미하는 것은 아니다. 한국은 더이상 소련 봉쇄를 위한 미국의 전초기지가 아니다. 대신 한국의 역할은 이 지역에서 안정을 확보하려는 미국을 정책적으로 지원하는 차원으로 변화되었다. 표면적으로는 통일을 추구하는 한국의 정책목표와 안정을 추구하는 미국의 정책목표가 상충되는 것으로 보일 수 있으나, 장기적으로 안정구축이 통일의 전제조건이라는 점을 고려할 때, 한·미 간 단기적 정책목표에 있어서 다소 견해차가 있더라도 양국간의 안보관계는 밀접하게 유지되어야 할 것이다. 아울러 자주국방을 위한 끊임없는 노력도 지속되어야 한다. 이것은 장기적 안보외교정책의 일환으로 핵무기개발을 비롯한 모든 군사적 방안들이 단순히 배제되어서는 안 된다는 것을 의미한다.

제 6 절 탈냉전기의 남북관계

북한은 수수께끼와 같은 존재로 국제사회에서 가장 다루기 힘든 나라임이 재차 증명되어 왔다. 북한으로부터 정부의 정통성을 계속 인정받지 못하고 있는 한국으로서는 사정이 더욱 어렵다. 1991년 이후 매년 연평균 5%의 마이너스 성장을 겪고 있는 경제위기 속에서도, 북한은 그들의 경제상황을 호전시키기 위해 필수 불가결한 한국과의 관계개선을 계속 거부해 왔다.[13] 최근 제네바에서 열렸던 4자 회담이나 베이징에서

---

13) 북한의 경제상태와 관련해서는 Marcus Nolan, "The North Korean Economy," Joint U.S.-Korean Academic Studies, Economic and Regional Cooperation in Northeast Asia, Korean Economic Institute, Washington, D.C., Vol. 6 (1996), pp. 127-178 참조.

열렸던 비료지원에 관한 양국간 고위 당국자 협상만을 놓고 보더라도 남북관계 개선의 전망은 그다지 밝지 않다고 하겠다.

아울러 북한체제의 생존가능성에 관한 평가도 다양하다. 일부에서는 북한 정권이 사회 통제 기능 및 군부 장악력을 잃지 않는 한 체제유지는 당분간 가능할 것이라고 예측하고 있는 반면, 조속한 북한체제의 붕괴를 전망하는 견해도 많다. 예컨대 전 주한미군 사령관인 게리 럭 장군은 1996년의 미 의회 청문회에서 북한체제 분열을 기정사실화한바, 분열의 파장이 내부적으로 국한되느냐 아니면 외부적으로 영향을 미치느냐 하는 점이 관건이라고 밝힌 바 있다.[14]

북한문제를 다루는 데 있어 한국의 가장 큰 문제점은 명확한 정책의 부재이다. 이 때문에 북한은 남북관계의 의제를 전략적으로 주도할 수 있었고, 한국은 이에 끌려다니기에 급급하였다. 또한 미국은 일관되지 못한 한국의 대북정책을 비판했고, 때로는 이로 인해 상호간에 오해가 빚어지기도 하였다. 반면 북한은 대미·대일 관계개선을 통해 한·미관계를 악화시킨다는 일관된 정책을 견지해 왔다. 이러한 북한 전략의 실현 가능성이 현재로서는 희박하다 하더라도, 한국은 하루속히 대북정책 혼선양상을 극복해야 할 것이다. 보다 구체적으로 한국은 보수적이건 진보적이건 우선 명확한 정책을 고안하고, 우방국인 미국 및 일본과 이를 잘 조율하는 것이 필수적이다. 일관된 정책 조율은 곧 북한이 과거와는 달리 호전적인 행위가 아닌 우호적인 행위로써 보상받을 수 있는 새로운 환경을 조성할 수 있을 것이다. 즉 한국과의 타협이 없는 한 어떠한 대안도 없다는 점을 북한측에 명백히 해야 한다. 아울러 남북관계에서 의제를 주도하기 위해 한국은 북한의 무기감축, 군사정보 교환 등과 같은 군 투명성 증대를 유도해 낼 수 있다는 전제하에서만 금수조치의 해제, 광범위한 투자, 식량원조, 교역확대 등의 대북 유화책을 제시해야 한다.

---

14) R. A. Manning (1997), p. 601에서 재인용.

북한이 남북관계 개선을 기본적으로 원하지 않고 성실한 자세로 이 문제에 임하지 않는 한 긍정적인 결실을 기대하기는 어렵다. 따라서 북한이 자진해서 남북관계 개선을 추구하기 전에는 이를 북한측에 강요할 필요가 없다. 오히려 북한이 남북관계 개선에 대해 지속적인 거부반응을 보인다면 경수로 사업비용 분담을 백지화하고 국방력을 강화시키는 강경자세를 취하는 것이 한국의 중·장기적 안보를 위해서는 더욱 효과적일 수도 있을 것이다. 아울러 평화협정 체결 및 주한미군 철수 등 지금까지 북한이 제기해 온 문제들을 심층 분석해, 한국의 위치를 재검토하고 스스로의 자구책을 강구하는 등의 노력이 수반되어야 한다.

제7절 결 론

한국전쟁의 종식 이후 한국의 안보외교정책은 한·미 안보동맹에 대한 지나친 의존 탓에 다소 단순하고 제한된 면모를 보여왔다. 미국이 제공한 안정적인 안보환경 속에서 한국은 급속한 경제성장을 이룩할 수 있었다. 그러나 동시에 이러한 안정적인 환경을 통해 그릇된 안보의식을 지니게 되었고, 심지어는 안보 불감증에 도취되기도 하였다. 1970년대 박정희 정권하에 한국은 보다 자주적인 안보외교정책을 개진하기 시작했으나, 이러한 노력은 북한의 끊이지 않는 위협으로 인해 한계에 직면하지 않을 수 없었다.

서론에서 제시된 바와 같이 안보외교정책의 주목적은 국가의 안위를 보장하는 것이다. 한·미 군사동맹은 이 목적을 실현시키기 위한 최대한의 수단으로 활용되었고, 이는 현실적으로 불가피한 선택이었다. 그러나 양극체제의 붕괴 후 급변하는 국제환경에 걸맞게 한국은 한미방위조약을 포함한 전반적인 안보정책에 대해 재검토를 했어야만 했다. 그러나 이러한 시대적 요구에 부응하지 못했던 한국은 결국 1994년 북·미 핵협상 때 수모를 당하는 불행한 결과에 봉착했다. 핵협상 진행과정에 속수무책이었던 당시 한국정부는 안보외교를 위기상태로 끌고갔다는 비판의 대상이 되었다. 한국정부에 관한 기본적인 비판은 다음의 두 가지 이유에서 기인했다. 첫째 한국이 협상의 직접적인 이해 당사자임에도 불구하고, 협상에서 배제되었다는 점이다. 둘째 경수로와 관련된 일련의 프로젝트에 영향력을 행사하지도 못하면서 막대한 재정적 부담만을 지게 되었다는 점이다.

안보외교를 효과적으로 이끌어가는 데는 뚜렷한 철학과 신념 및 목표가 있어야 한다. 이것이 한국 안보외교의 독창성을 인정받을 수 있는 유일한 지름길이다. 그러나 한국의 안보외교가 자주 국방력의 바탕 없이 일방적인 미국 의존도에서 벗어나지 못한다면, 이는 장기적으로 한국의 국가 위상에 큰 타격을 입힐 것이고, 또한 북한의 대남 세뇌공작을 정당화하는 위험한 요인으로 작용할 것이다.

결론적으로 한국은 안보외교적 측면에서 국가생존의 장기전략으로서 한·미 동맹관계의 건설적 유지는 물론 APEC·ASEM·ARF·KEDO 및 다양한 다자간 기구에서 주도적 역할을 하는 등 적극적인 외교력 재건에 주력해야 할 것이다. 특히 미국을 비롯한 러시아·일본·중국 등 주변4강의 협조를 얻어 한편으로는 북한을 효율적으로 견제하면서, 다른 한편으로는 개방의 길로 유도할 수 있는 안보 환경을 조성해야 한다. 안보외교정책에서 위와 같은 다각적 접근을 실행한다면 한국은 명실상부한 안보외교의 주체로서 거듭날 수 있을 것으로 기대된다.

제 7 장 원자력외교

박 한 규

제 1 절 서 론

한국은 국내 부존자원 결핍으로 인하여 에너지원(源)의 해외의존도
가 상당히 높은 편이다. 한국의 에너지 해외의존도는 1995년 현재 약
96.8%에 달하고 있으며, 특히 한국의 주요 에너지원인 석유는 해외에
서 전량 수입하여 쓰고 있다.[1] 1970년대 두 차례의 석유위기를 겪고
난 뒤, 한국은 중동석유에 대한 의존도를 낮추기 위해 원자력을 주요
대체 에너지원으로서 적극적으로 개발하기 시작하였다. 1996년 현재
원자력은 1차 에너지 공급원 중에서 약 11%를 차지하고 있으며, 총 전
력발전량의 약 36%를 차지하고 있다. 현재 한국에서는 12기의 원자력
발전소가 운전 중에 있으며, 6기가 건설 중에 있고, 10기가 건설계획
중에 있어 2010년경에는 모두 27기가 가동될 예정이며, 총 전력생산량
의 약 42%를 차지할 것으로 예상되고 있다(<표 1> 참조). 한국은 지난
30년간 원자력개발을 통해 한국 에너지안보의 향상을 도모하여 왔으
며, 현재 원자력발전에 있어서 세계 10위의 위치를 차지하고 있다(<표
2> 참조).

---

1) 통상산업부, 『21세기 경제구상: 에너지·자원 부문의 발전방향』(1996) 참조.

그러나 원자력 그 자체가 한국의 에너지 자립화문제를 완전히 해결해 주지는 못하고 있다. 왜냐하면 한국이 보유하고 있는 원자력발전소는 미국의 기술에 기초한 경수로(light-water reactor)체제인데, 여기에 연료로 쓰이는 저농축우라늄 전량을 외국으로부터 수입하고 있기 때문이다. 그뿐만 아니라 경수로는 우라늄 이용효율이 극히 낮기 때문에 한정된 우라늄 자원을 효율적으로 이용하기 위해서는 사용후핵연료를 재처리하여 회수된 플루토늄과 우라늄을 선진형 원자로인 고속증식로(fast breeder reactor)[2] 등에서 재활용할 수 있는 핵연료주기(nuclear fuel cycle)를 국내적으로 완성할 필요가 있다.

<표 1> 한국 원자력시설 현황

대상시설	구 분	시설명	구분(시설용량)
원자력발전소	가동중 (12기)	고리 1, 2, 3, 4호기	1만216MWe
		월성 1, 2호기	
		영광 1, 2, 3, 4호기	
		울진 1, 2호기	
	건설중 (6기)	월성 3, 4호기	5,500MWe
		영광 5, 6호기	
		울진 3, 4호기	
	계획중 (2010년까지 10기)	울진 5, 6호기	5,800MWe
		신규 1, 2, 3, 4호기	
		차세대 1, 2, 3, 4호기	
핵주기시설	운전중	중수로형 핵연료가공시설	100톤
		경수로형 핵연료가공시설	200톤
		조사후 시험시설	-
	건설중	중수로형 핵연료가공시설	400톤
		경수로형 핵연료가공시설	200톤
연구용원자로	운전중 (3기)	하나로 다목적연구로	30MWt
		TRIGA MARK-III 연구로	2MWt
		교육용 연구로(AGN-201)	0.1Wt

자료: 한국원자력안전기술원(1997년 12월 말 현재)

---

2) 한국에서는 '액체금속로'로 불리고 있다.

<표 2> 세계 원자력발전 현황 및 전망

(단위: MWe)(순위는 1996년 12월 말 현재 기준)

순 위	국명	1996	2000	2005	2010	2015
1	미국	100,685	99,382	94,965	89,122	62,960
2	프랑스	59,948	64,303	62,870	62,870	62,870
3	일본	42,369	43,525	50,176	54,768	59,200
4	독일	22,282	21,063	21,063	20,723	18,916
5	러시아	19,843	19,843	23,618	22,758	18,347
6	캐나다	14,902	14,054	14,054	14,054	11,994
7	우크라이나	13,765	14,015	13,090	15,577	11,400
8	영국	12,928	11,772	10,518	9,568	7,158
9	스웨덴	10,040	10,040	10,040	10,040	6,685
10	한국	9,120	12,990	16,790	20,600	24,600
11	스페인	7,207	7,207	7,054	7,054	7,054
12	벨기에	5,712	5,712	5,712	5,712	5,712
13	대만	4,884	4,884	7,384	7,384	7,384
14	불가리아	3,538	3,538	2,722	2,722	1,906
15	스위스	3,077	3,077	3,077	2,712	2,000
16	리투아니아	2,370	2,370	2,370	2,370	1,185
17	핀란드	2,355	2,610	2,610	2,610	2,610
18	중국	2,167	2,167	6,737	11,542	17,500
19	남아공	1,842	1,842	1,842	1,842	1,842
20	인도	1,695	2,503	2,653	5,913	7,900

자료: 미국 에너지부(http://www.eia.doe.gov/cneaf/nuclear/n-pwr-fc/table2.html 에서 1998년 2월 1일에 다운로드 받음).

그러나 한국이 핵연료주기 연구개발을 하는 데 있어서는 국제정치적으로 상당한 제약요인을 안고 있다. 핵연료주기에 있어서 핵심기술인 재처리는 핵무기를 만드는 데 사용될 수 있는 플루토늄을 생산하기 때문에 이는 국제적 핵확산문제와 밀접하게 연관되어 있다. 따라서 핵연료주기 기술개발은 핵무기확산을 막기 위한 목적으로 설립된 국제원자력기구(IAEA: International Atomic Energy Agency)와 핵확산금지조약(NPT: Nuclear Non-Proliferation Treaty)의 안전조치에 의해 크게 제약받지 않을 수 없다. 그뿐만 아니라 미국은 전세계적으로 강력한 핵비확산정책을 적용하고 있어 핵확산 위험이 있는 핵연료주기 기술개발을 한국에게 허용하는 것이 그리 용이하지는 않을 것으로 보인다.

반면 한국은 경제성장에 따라 날로 증가하는 에너지수요를 충당하기 위해서는 안정적인 에너지원을 확보하는 것이 매우 중요하다. 따라서 현재 한국의 전체 에너지원에 있어서 주요한 부분을 차지하고 있는 원자력을 지속적으로 발전시키는 것은 한국의 에너지안보를 위해 대단히 중요하다. 그러나 한국은 원자력 기술개발에 있어서 다양한 국제적 제약요인을 안고 있기 때문에 이러한 국제적 제약요인을 극복하기 위한 원자력외교는 한국의 에너지안보와 관련하여 매우 중요한 의미를 가지고 있다고 볼 수 있다.

본 장에서는 한국의 원자력 기술개발에 있어서 중요한 제약요인으로 작용하고 있는 국제핵비확산체제를 분석하고, 한국의 원자력정책에 매우 큰 영향력을 행사하고 있는 미국의 핵비확산정책과 그 결정과정을 검토하고, 나아가 에너지안보의 향상을 위한 한국 원자력외교의 방향을 제시해 보고자 한다.

제 2 절 국제핵비확산체제의 탄생과 그 전개과정

원자력 기술의 군사적 목적으로의 전용을 방지하기 위한 국제핵비확산체제는 IAEA의 안전조치(safeguards)와 NPT를 중심으로 이루어져 있다. 또한 국제핵비확산체제에서 주도적 위치를 차지하고 있는 미국과 다른 국가들 사이에 체결된 양국간 원자력협력협정도 국제핵비확산체제의 주요 부분을 차지하고 있다. 본 장에서는 IAEA의 설립배경과 NPT의 성립과정을 분석하고, 한국이 국제핵비확산체제에서 어떠한 위치를 차지하고 있는지를 살펴보고자 한다.

원자력 기술은 미국에서 처음부터 군사적 목적으로 개발되었기 때문에 항상 핵무기 확산의 문제를 내포하고 있다. 1945년 8월 일본 히로시

마와 나가사키에 투하된 핵폭탄의 위력은 그 이전의 전쟁의 참화를 훨씬 뛰어넘는 가공할 만한 파괴력을 가지고 있었다.[3] 따라서 미국정부는 이러한 치명적인 핵기술이 전세계적으로 확산되는 것을 막아야 한다는 절대적인 신념을 가지게 되었다. 이러한 배경하에서 미국은 1946년에 농축우라늄 공급과 사용후핵연료의 저장을 독점하는 국제기구의 설립을 주창하는 에치슨-리렌탈(Acheson-Lilienthal)안을 제안하였다. 그러나 소련·프랑스·영국 등 주요 국가들이 우라늄과 같은 고도의 전략적 물질에 대한 독점적인 소유권을 가지는 기구를 설립하는 데 상당한 거부감을 가지고 있었기 때문에 애치슨-리렌탈은 다른 국가들로부터 지지를 얻는 데 실패하였다.[4] 미국은 그 당시 핵기술정보가 소련에게 알려지는 것이 두려워 핵무기기술에 대한 독점적 위치를 지키려는 의도를 가지고 있었다. 따라서 소련이 핵독점권을 확보하려는 미국의 계획에 찬성하지 않았던 것은 당연한 것이었다.

1949년 소련이 마침내 핵실험에 성공하였을 때, 핵무기기술에 대한 독점권을 유지하려고 했던 초기의 미국 핵비확산정책은 실패로 돌아가고 말았다. 그 이후 미국과 소련은 본격적으로 핵무기개발 경쟁을 벌이기 시작하였다. 1950년대 초에는 우라늄 농축이나 플루토늄 재처리 등과 같은 원자력기술에 대한 정보는 미국과 소련의 극소수의 사람들에게만 알려져 있어서 핵확산이나 핵무기통제 문제는 국제적인 주요 현안이 되지 못하였다.

1953년 미국 아이젠하워 대통령은 미국의 핵기술에 대한 비밀주의를 포기하는 '평화를 위한 원자력계획'(Atoms for Peace Program)을 발표하면서 세계 각국이 원자력을 평화적 목적으로 사용할 수 있도록 미국의 원자력기술을 공개할 것을 선언하였다.[5] 1955년 제네바에서 열린 '원자력

---

3) 미국의 일본에 대한 핵무기 공격 결정과정에 대한 자세한 연구는 Herbert Feis, *The Atomic Bomb and the End of World War II*(Princeton: Princeton University Press, 1966)을 참조.
4) 그후 미국은 1946년 유엔총회에서 애치슨·리렌탈안에 기초한 바루크(Baruch)안을 제출하였으나, 이것 역시 거부되었다.

의 평화적 이용'에 관한 국제회의에서 미국은 최초로 원자로에 관한 기술정보를 다른 국가들에게 공개하였다. 미국으로부터 원자력이라는 새로운 기술을 제공받은 국가들은 그 대가로 미국이 요구하는 안전조치와 다른 핵비확산조치들을 받아들였다. 그 당시 미국과 다른 국가들 사이에 맺어진 원자력협력협정들은 원자력 시설 및 물질에 대한 절대적인 통제권을 미국에게 부여하는 조항들을 담고 있었다. 또한 1957년에 미국의 주도하에 국제원자력기구(IAEA)가 탄생하게 되었는데, IAEA의 설립목적은 원자력 기술의 군사적 전용을 감시하기 위한 국제사찰을 수행하는 것이었다.

1960년대에 확정되었던 IAEA의 안전조치의 대상은 '국제거래'에 의해 이전된 원자력 기술·물질 및 시설에만 국한되었다. 1960년대 초부터 미국 및 서구 유럽의 몇몇 국가들은 국제 핵확산을 막기 위해서는 IAEA의 안전조치보다 더욱 강화된 국제핵비확산체제의 필요성을 제기하였다. 이러한 배경하에서 탄생한 것이 1968년에 체결된 핵확산금지조약(NPT)이다. NPT의 목적은 미국·소련·영국·프랑스·중국 등 기존의 핵무기국가 이외 제6의 핵무기국가의 출현을 방지하고자 하는 데 있었다. NPT는 원자력에 관한 국제안전조치체제에 있어서 새로운 기준을 마련하였다. 기존의 IAEA 안전조치와는 달리 NPT 안전조치체제는 한 국가의 모든 원자력 시설과 물질에 대해 적용되었고, 심지어 국제거래에 의해서가 아니라 독자적으로 개발된 핵시설과 물질도 안전조치대상으로 포함하고 있었다.

그러나 1967년에 NPT의 초안이 마련되었을 때, 핵무기국가와 비핵국가 사이에는 큰 의견차이가 있었다. 미국과 소련과 같은 핵무기국가들은 핵무기확산 방지는 세계평화를 유지하기 위한 절대적인 전제조건이

---

5) 미국이 '평화를 위한 원자력'을 주창한 이유는 소련과 영국의 핵실험 성공으로 핵무기 독점권을 유지하려던 정책이 실효성을 잃게 되자 세계 각국에게 원자력 기술을 제공하면서 그 대가로 세계 각국에서 원자력 활동에 대한 통제권을 확보하는 것이 미국에게 더 유리하다고 판단한 것에 기인한 것이었다. 과학기술처 편, 『한국 원자력 협력 표준협정 모델 개발』(1997년 4월), p. 5.

며, 이는 핵무기국가와 비핵국가들 모두의 국가이익에 부합된다는 주장을 하였다. 그러나 비핵국가들은 NPT의 기본성격에 있어서 불평등성을 제기하고 나섰다. 즉 비핵국가들은 NPT하에서는 핵무기국가들은 자유롭게 핵전력을 증강할 수 있게 되어 있으나, 비핵국가들은 원자력활동에 있어서 핵무기국가들에 의해 주어진 보다 강화된 규제만을 받게 된다고 반발하였다. 그 당시 NPT의 주요 표적은 핵무기를 개발할 수 있는 경제력과 기술력을 가지고 있었던 일본과 서독이었다고 알려져 있었다. 이들은 NPT는 핵강대국-미국과 소련-의 세계패권을 영구화할 것이라고 주장하였다. 핵무기국가들과 비핵국가들은 NPT에 핵무기감축을 위해 노력을 한다는 조항(제6조)과 평화적 목적의 핵폭발 이익에 대한 모든 당사국의 공유조항(제5조) 등을 포함시킴으로써 NPT 최종안에 대한 타협을 이루었다. 비핵국가들은 NPT 제3조에 의해 IAEA에 의해 주관되는 국제사찰을 받는 의무조항을 받아들였다. 그 대가로 비핵국가들은 제4조에 의거해 평화적 목적의 원자력 활동과 기술개발을 할 수 있는 권리를 보장받았다. 이로써 NPT는 1968년에 정식으로 조인되었고, 1970년에 발효하게 되었다.

NPT가 발효된 후 NPT에 가입한 비핵국가들은 자신의 모든 원자력활동에 대해 IAEA의 안전조치를 받게 되었다. 1971년에 IAEA와 비핵국가들 사이에 '모델안전조치협정'(INFCIRC/153)이 체결되었는데, 이를 'NPT안전조치협정'이라 부른다. 이 협정은 해당국의 모든 원자력 시설 및 물질에 적용되었기 때문에 이를 '전면안전조치협정'이라고도 한다. 한국은 1968년 7월 1일 NPT에 서명하고 1975년 4월에 NPT를 발효시켜 정식 당사국이 되었다. 1975년 11월에는 IAEA와 '전면안전조치협정'을 체결하였으며, 이에 따라 현재 한국은 국내 모든 원자력활동에 대해서 IAEA의 안전조치를 받고 있다.

국제핵비확산체제를 주도해 왔던 미국은 1960년대까지 IAEA 안전조치와 NPT로써 국제핵확산문제를 해결한 것으로 믿고 있었다. 그러나 1974년 인도가 핵실험에 성공함으로써 국제핵비확산체제의 신뢰도가 급격하게 무너지게 되었다.[6] 인도의 핵실험 성공은 비핵국가가 민간용 원자력기술에만 전적으로 의존해서도 핵폭탄을 만들 수 있다는 사실을 증명하는 것이었다. 따라서 인도의 핵실험은 IAEA와 NPT에 의한 기존의 안전조치체제로서는 새로운 핵무기국가의 등장을 방지하는 데 충분하지 않다는 국제적인 우려를 자아내게 하였다.

인도의 핵실험 여파 속에서 1975년 4월 미국 포드 대통령의 주도하에 '원자력공급국그룹'(Nuclear Suppliers Group)이 창설되었다.[7] 원자력공급국그룹의 설립목적은 첫째 재처리와 우라늄 농축과 같은 '민감핵기술'(sensitive nuclear technology)의 수출 방지, 둘째 원자력시설에 대한 엄격한 안전조치와 물리적 방호(防護)에 대한 새로운 기준 개발, 셋째 핵확산 관련활동에 대한 감시 등이었다. 원자력공급국그룹은 1975년 4월부터 런던에서 비공개적으로 회합하여 1976년에 원자력 수출을 규제하는 엄격한 지침(guide lines)을 확정하였다. 이 지침에 의해 통제받는 수출품목에는 특수 핵분열성 물질, 중수와 흑연 같은 감속제, 재처리 및 우라늄 농축시설 등이 포함되어 있었다. 또한 이러한 품목을 구입하는 국가는 공급국에게 수입품목들이 평화적 목적으로만 사용되고 확실한 물리적 방호를 보장하는 것을 의무화하였다. 이러한 원자력공급국그룹의 지침은 인도의 핵실험 이후 핵확산 개념이 어떻게 변화하였는가를 잘 보여주고 있다. 즉 NPT체제하에서의 핵확산의 개념은 비핵국가들이 핵무기를 획득하는 것으로 규정되어 있으나, 원자력공급국그룹의 지침에서는 핵확산의 개념이 핵무기 제조기술의 획득을 의미하는 것으로 확장되었다.

1970년대에 있어서 또 다른 국제핵확산위기는 제3세계국가들이 원자력시설을 경쟁적으로 도입하는 데서 생겨났다. 1973년 석유위기는 많은 개발도상국가들 사이에서 원자력에 대한 관심을 고조시키는 계기가 되

---

6) 인도는 캐나다에서 수입한 중수로(40 MW CIRUS)에서 추출한 플루토늄을 이용해 핵실험에 성공하였다.
7) 원자력공급국그룹은 런던클럽(London Club)이라 불리기도 한다.

었다. 또한 프랑스·서독 등과 같은 원자력 선진국들은 이러한 제3세계국가들에게 자국의 원자력 시설 및 기술을 수출하려고 경쟁하였다. 프랑스는 한국·파키스탄과 재처리시설 수출협상을 벌이고 있었고, 서독은 브라질과 원자력협력협정을 맺어 재처리시설과 다수의 원자로를 수출할 계획이었다. 그러나 원자력 기술을 도입하려는 국가들 중에서는 아직 NPT에 서명하지 않은 국가들도 있었다.[8] 더구나 이들 중에는 비밀리에 핵개발을 추진하고 있다고 믿어지는 국가들도 있었다.[9]

따라서 미국정부는 민감 핵기술의 위험한 국제거래에 제동을 걸 필요성이 있다고 판단하게 되었다. 미국은 몇몇 국가들이 민감 핵기술을 도입하려는 것은 단순히 경제적이거나 에너지안보 목적만을 위한 것이 아니라고 생각하였다. 따라서 미국은 핵확산을 방지하기 위해서는 IAEA 안전조치와 NPT 이외에 새로운 강력한 핵비확산정책을 추진할 필요가 있다고 생각하게 되었다. 미국의 이러한 정책변화는 그 이후 한국의 원자력정책 방향에 지대한 영향을 미치게 된다.

제 3 절 한·미 원자력관계와 미국의 핵비확산정책

한국 원자력정책에 있어서 가장 큰 영향력을 미치는 변수는 미국이다. 앞서 언급하였듯이 미국은 1953년 '평화를 위한 원자력계획' 발표 이후 원자력 기술을 세계 각국에게 제공하는 조건으로 미국산(美國産) 핵물질·장비·시설·기술 등이 군사적 목적으로 사용되지 못하도록 수령국의 원자력활동에 대한 엄격한 통제권을 쌍무적 원자력협력협정을 통해 확보하였다. 한국의 경우에도 마찬가지로 미국은 1956년 2월에 '한미원

---

8) 그 당시 원자로 도입을 계획하고 있었던 국가들 중에 NPT에 서명하지 않았던 국가로서는 브라질·이집트·이스라엘·스페인·남아프리카공화국·대만 등이 있었다.
9) Josph S. Nye, Jr., "Sustaining Non-proliferation in the 1980s," *Survival*, 23: 3 (May/June 1981), p. 99.

자력협력협정'을 처음으로 체결하여 한국의 원자력 프로그램에 대한 통
제권을 확보하였다.[10] 현재 '한미원자력협력협정'에서는 미국산 핵연료
의 재처리 및 형상변경에 대한 한·미 양국의 공동결정(제8조 C항)과 미
국산 핵연료의 제3국으로의 재이전에 대한 미국의 사전동의권(제10조)
이 규정되어 있다. 한국은 미국에 의해 개발된 경수로체제를 채택하고
있고, 경수로의 연료인 농축우라늄도 대부분 미국으로부터 제공받고 있
다. 따라서 미국의 사전동의 없이는 한국의 원자력연구개발은 사실상
불가능하다.

1974년 인도의 핵실험 이후 미국 핵비확산정책은 원자력 관련 물질과
기술에 대한 보다 강화된 규제와 안전조치를 적용하는 것으로 전환하였
다. 그리고 미국은 NPT 이외에 핵확산을 방지하기 위한 보다 엄격한 새
로운 국제원자력통제체제를 설립하려고 하였다. 이러한 미국의 정책변
화는 1977년 4월 7일에 카터 대통령에 의해 발표된 신원자력정책으로 절
정을 이루었다. 카터 대통령의 신원자력정책의 내용은 다음과 같다.[11]

① 상업용 재처리와 플루토늄의 민간사용 금지
② 플루토늄을 생성하는 고속증식로 개발 중단
③ 핵무기 전용 가능성이 적은 대체 핵연료주기의 연구개발
④ 농축우라늄의 생산능력을 확대, 국제적 수요 충족
⑤ 핵비확산법 제정
⑥ 우라늄 농축 및 재처리 기술의 수출금지
⑦ 핵확산을 방지하기 위한 새로운 국제통제제도 설립

미국의 신원자력정책은 그 당시 원자력발전을 적극적으로 추진하여

---

10) '한미원자력협력협정'의 공식명칭은 '원자력 민간이용에 관한 대한민국 정부와
    미합중국 정부 간의 협력협정'(Agreement between the Government of the
    Republic of Korea and the Government of United States of America
    Concerning Civil Uses of Atomic Energy)이다.
11) 『朝日新聞』(1997년 4월 8일).

왔던 많은 국가들에게 상당한 영향을 주었다. 미국은 신원자력정책에 따라 원자력협력협정을 체결한 약 30여 개국에게 재처리와 고속증식로 개발 중단을 요구하였다. 이러한 미국의 요구는 세계 각국의 원자력 프로그램에 엄청난 충격을 주었다. 왜냐하면 그 당시 원자력개발에 적극적이었던 많은 국가들은 자신의 원자력 프로그램을 플루토늄 재처리 및 재활용이라는 핵연료주기의 완성에 목표를 두고 추진하여 왔기 때문이다. 한국은 미국의 압력에 의해 프랑스로부터의 재처리시설 도입계약을 취소하여야만 하였고, 대만 역시 재처리시설의 자체개발계획을 중단한다고 선언하여야만 하였다. 미국은 또한 프랑스와 서독에게 각각 파키스탄과 브라질에 재처리시설 수출계획을 포기하도록 강요하였다.

한국은 미국의 핵비확산정책에 대항해 자체적인 원자력 프로그램을 추진할 처지가 되지 못했다. 만약 그렇게 했다면 미국은 한국에 대한 원자력 기술협력을 중단할 뿐만 아니라, 농축우라늄 공급의 전면중단이라는 극단적인 조치를 취할 수 있었다. 그럴 경우 한국의 원자력 프로그램은 완전히 무산될 수밖에 없었다. 후술하겠지만 박정희 시대의 재처리 기술개발계획은 이러한 미국의 핵비확산정책의 변화와 맞물려 좌절되었다고 볼 수 있다.

1970년대 이후 미국의 핵비확산정책은 제3세계국가들이 재처리와 같은 민감 핵기술과 플루토늄과 같은 핵분열성 물질을 획득하는 것을 금지하는 것에 초점을 두었다. 카터 대통령의 신원자력정책은 미국행정부에 따라 정도의 차이는 보여 왔지만 현재까지 미국 핵비확산정책의 기조로 자리잡고 있다.

1981년 레이건 대통령이 당선되자 미국의 핵비확산정책은 카터 행정부 때보다 상당히 완화되었다. 레이건 대통령은 당선 직후 '핵비확산 및 원자력의 평화적 이용협력에 관한 성명'을 발표하면서 핵비확산은 안전보장과 세계평화 유지에 긴요하기 때문에 미국은 향후 핵비확산 노력을 계속할 것이나 원자력의 평화적 이용에 관한 협력에서 우호국과 동맹국에 대한 미국의 신뢰를 회복할 필요가 있다는 점을 밝혔다.[12] 이러한 정책변화는 카터 대통령 때의 엄격한 핵비확산정책이 우방국들과의 관계에 있어서 불필요한 마찰을 불러일으켰다는 자각에서 비롯되었다. 레이건 대통령은 이 성명에서 "선진 원자력 프로그램을 가지고 있고 핵확산 위험이 없는" 국가가 재처리 및 고속증식로를 개발하는 것에 대해 반대하지 않는다고 밝혔다. 이러한 레이건 대통령의 성명이후 일본과 서독은 재처리를 포함하는 핵연료주기 기술개발을 하는 데 있어 미국의 압력으로부터 상당히 자유로워졌다. 일본의 경우 미국 핵비확산정책의 완화에 힘입어 1987년 일본의 재처리에 대해 30년간 일괄 승인하는 미국의 포괄동의를 포함하는 '신(新)미일원자력협력협정'을 체결하는 데 성공하였다.

1993년에 들어선 클린턴 행정부는 탈냉전시대의 새로운 핵확산 위험의 증가에 따라 다시 적극적인 핵비확산정책을 추진하기 시작했다. 클린턴 대통령은 1993년 9월 27일 해체된 핵무기와 민간 원자력 프로그램에서 생성되는 분열성 물질의 증가에 대처하기 위한 종합적인 정책을 내놓았다. 클린턴 대통령은 "미국은 플루토늄의 민간사용을 권장하지 않는다. 따라서 미국은 원자력 발전이나 핵폭발을 목적으로 플루토늄 재처리를 하지 않을 것이다. 그러나 미국은 서유럽과 일본의 민간원자력 프로그램에 있어서의 플루토늄 사용에 대한 미국의 약속을 준수한다"라고 밝혔다.13) 미국이 서유럽과 일본에 대한 약속을 준수한다고 밝힌 것은 미국의 핵비확산정책이 주요 선진 우방국들과 플루토늄 사용문제를 둘러싸고 불필요한 외교마찰을 피하려는 의도가 있었기 때문이다.

현재 미국정부는 전세계적으로 강도 높은 핵비확산정책을 펴고 있다. 특히 범세계적 잉여 플루토늄 문제 때문에 플루토늄 재처리와 플루토늄 민간사용에 대해서는 상당한 거부감을 가지고 있다. 미국의 정부관

---

12) 한국원자력연구소 편, 『핵비확산 핸드북』(1997), p. 45.
13) Office of the Press Secretary, the White House, "Nonproliferation and Export Control Policy," White House Press Release (September 27, 1993).

리와 핵전문가들은 민간 원자력 프로그램에서의 플루토늄 사용은 비경제적이며 핵확산 위험이 높기 때문에 절대 허용할 수 없다는 입장을 견지하고 있다. 따라서 한국의 경우도 현재 원자력 프로그램에 있어서의 핵연료주기 자립화를 위해 필수적인 사용후핵연료 재처리와 플루토늄 사용은 미국의 강력한 반대에 부딪칠 것으로 예상된다.

제 4 절 한국 원자력정책과 국제정치

한국은 1950년대 중반부터 자원빈국인 한국의 에너지안보를 향상시키는 데 있어서의 원자력의 중요성을 인식하기 시작하였다. 전술한 바와 같이 1956년 2월에 한국은 미국과 원자력협력협정을 처음으로 체결하였다. 이에 따라 한국은 1956년부터 원자력 관련 인력들을 미국에 연수 및 파견을 실시하였다. '한미원자력협력협정'은 한국의 연구로 도입을 계기로 1958년 3월에 제1차로 개정되었으며, 같은 해 12월에 미국 제너럴 아토믹스(General Atomics)사로부터 연구로 TRIGA MARK I(100kW)을 도입하였다. 그후 2기의 연구로 TRIGA II와 TRIGA III가 미국으로부터 구입되었다.[14]

1956년에 체결된 '한미원자력협력협정'은 한국의 발전로 도입을 계기로 1972년 11월에 체결되고 1973년 3월에 발효된 새로운 '한미원자력협력협정'에 의해 대치되었다. 한국전력은 1970년 6월 미국 웨스팅하우스(Westinghouse)와 고리 1호기(600MWe) 계약을 체결하였고, 1972년 고리 1호기 건설이 시작되었다. 1972년 협정은 1974년 5월 1차로 개정되어 같은 해 6월 발효되어 현재까지 이르고 있으며 이 협정의 시효는 2014년으로 되어 있다.

한국이 본격적으로 원자력을 개발하기 시작한 때는 1970년대 초반부

---

14) 한국과학기술처 편, 『한국 원자력 협력 표준협정 모델 개발』(1997), p. 35.

터였다. 동시에 박정희 대통령이 핵무기개발을 구상하기 시작한 것도
이 무렵부터였다. 따라서 한국의 원자력정책은 그 당시 국제정치와 밀
접하게 연관되기 시작하였다. 박 대통령이 핵무기개발계획을 처음으로
구상하기 시작한 것은 닉슨 미 대통령이 1969년에 괌(Guam) 독트린을
선언하고 1년 뒤인 1970년 7월 초 로저스 미 국무장관이 한국정부에 주
한미군 2만 명의 철수를 통고한 직후였다.[15] 예정대로 미국은 1971년 3
월 주한미군 7사단을 철수시켰다. 박정희 대통령은 이러한 미국의 일방
적인 주한미군 철수결정에 대해 심한 배신감을 느낀 것으로 알려졌다.
이때부터 박 대통령은 자주국방정책의 일환으로 극비리에 핵무기개발
을 본격적으로 추진하였다. 박 대통령의 핵개발계획은 1971년에 설립된
청와대 제2경제수석실이 총괄하고 국방과학연구소와 무기개발위원회에
서 실제적인 개발을 담당하였다.[16]

　박 대통령은 핵폭탄제조에 필요한 플루토늄 추출을 위해 핵연료재처
리사업을 추진하였다. 이에 따라 한국정부는 1972년부터 프랑스와 핵연
료 재처리시설 도입을 위한 논의를 시작하였다. 한국은 프랑스 국영 핵
연료공사(COGEMA)의 자회사인 상고방(Saint Goban)사로부터 재처리공
장에 대한 개념설계·기본설계·상세설계를 도입하기로 결정하고 2년간
의 협상 끝에 1975년 4월 한국원자력연구소와 상고방사는 4천6백만 달
러 규모의 '재처리연구시설 공급 및 기술용역 도입계약'을 체결하였다.
한편 재처리에 필요한 사용후핵연료를 얻기 위해 연구용 원자로(NRX)
를 도입하려는 협상이 캐나다와 별도로 진행되었다. 1973년 4월 캐나다

15) "실록 박정희시대(30), 자위에서 자주로," 『중앙일보』(1997년 11월 2일).
16) 박정희 대통령의 핵무기개발계획에 관해서는 『중앙일보』 연재 시리즈 "실록
　　박정희시대" 1997년 10월 26일, 29일, 11월 2일, 11월 5일자 참조. 그리고 하영
　　선, 『한반도의 핵무기와 세계질서』(서울: 나남, 1991)와 Peter Hayes, "The
　　Republic of Korea and the Nuclear Issue," *Pacific Focus* VII: 1 (Spring 1992),
　　pp. 23-25 참조. 『중앙일보』 1997년 10월 26일자에 따르면, 초기 계획된 핵폭탄
　　은 일본 나가사키(長崎)에 투하된 것과 같은 20kt 플루토늄탄으로, 그 위력은
　　"광화문 네거리 상공 580m 위치에서 터뜨릴 경우 교문리 일대까지 잿더미로
　　만들고, 최소한 2백만 명의 인명을 살상하는 정도의 규모였다"고 한다.

원자력공사(AECL) 사장이 방한, 월성 2호기 원전을 캐나다형 중수로(CANDU)로 할 경우 연구용 원자로를 제공하겠다는 제의를 하였다.[17]

연구용 원자로와 재처리시설을 확보하게 되어 박 대통령의 핵무기개발계획은 순조롭게 진행되는 듯했으나, 1975년부터 한국의 핵개발 의도를 알아차린 미국으로부터 상당한 견계를 받기 시작하였다. 전술한 바와 같이 1974년 5월 인도 핵실험 이후 미국은 제3세계국가의 핵무기개발여부에 상당한 우려를 가지고 이를 저지하려는 노력을 적극적으로 펼치기 시작하였다. 베트남 패망 직후인 1975년 6월 박 대통령은 미국 *Washington Post*지와의 회견에서 "한국이 미국의 핵우산 보호를 받지 못한다면 핵무기 개발을 포함한 모든 수단을 동원하겠다"고 말했다. 그 다음날 최형섭 과학기술처장관은 "한국은 핵무기를 개발할 수 있는 기술적 잠재력을 갖고 있다"고 발언하였다.[18] 한국측에서 흘러나온 이러한 발언들은 한국의 핵무기개발계획에 대한 미국의 심증을 굳히기에 충분하였다.

미국은 한국이 추진하고 있었던 재처리계획은 단순히 에너지안보의 차원이 아니라 군사적 목적으로 추구하고 있다고 판단하였고, 1975년 하순경부터 미국의 공식적인 압력은 시작되었다. 1975년 8월 23일 스나이더 주한미국대사는 최형섭 과기처장관을 방문하여 한국의 핵개발 포기를 공식적으로 요구하였다. 그 이후 8월 25~28일 슐레진저 미 국무장관이 방한했을 때 박 대통령을 압박, 핵무기 포기각서를 받아간 것으로 알려졌다. 이 당시 미국은 한국이 재처리시설 도입계획을 포기하지 않을 경우 주한미군의 완전철수는 물론, 한국의 두번째 원자로 건설에 대한 미국의 재정지원을 중단하는 동시에 한국에 대한 미국의 무기판매를 중지할지도 모른다는 강한 압력을 가하였다. 결국 박 대통령은 1976년 1월 미국에게 재처리시설 도입을 포기한다는 약속을 하지 않을 수 없었다.[19]

---

17) 『중앙일보』(1997년 11월 5일).
18) 『중앙일보』(1997년 11월 5일).
19) 『중앙일보』(1997년 11월 5일).

박정희 대통령 시대의 핵무기개발 의혹은 그 이후 한국의 원자력 기
술개발에 있어서 상당한 족쇄로 작용하고 있다. 그 이후 한국의 평화적
목적의 원자력 기술개발도 과거 핵무기개발 문제와 연관되어 미국으로
부터 심한 견제를 받고 있다. 한국은 현재 12기의 원자력 발전소를 운
영하고 있는데 지금까지 여기서 나오는 사용후핵연료를 원자력발전소
부근의 저장장소에 보관하여 왔다. 사용후핵연료 저장시설이 2000년대
초에 포화상태에 달하게 되어 사용후핵연료를 국내에서 재처리하든가
혹은 외국회사에 재처리 위탁하여 이를 처분해야만 되는 상황에 이르
렀다.20) 반면에 한국의 민주화의 진전과 지방자치제의 도입으로 인하여
원자력시설의 부지확보가 상당한 어려움에 봉착하고 있다. 한국정부는
핵폐기물 처리 및 사용후핵연료 저장문제를 해결하기 위해 여러 곳을
후보지로 몇 차례에 걸쳐 선정하였으나, 그때마다 지역주민의 심한 반
발과 환경단체의 반대운동에 부딪혀 후보지 선정을 백지화하여야만 하
였다.21)

원자력을 흔히 '화장실 없는 맨션'(mansion without toliet)라고 부른다.
원자력발전소에서 나오는 핵폐기물과 사용 후 핵연료의 적절한 관리와
처리 없이는 원자력은 결코 안정적인 에너지원으로서의 역할을 충실히
수행할 수 없다. 따라서 한국이 에너지 안보를 향상시키기 위해서는 원

---

20) 재처리시설의 건설·운영에는 많은 비용이 든다. 따라서 재처리시설이 경제성
  을 가지기 위해서 약 20기의 원자력발전소가 필요하다고 일반적으로 보고 있다.
  한국은 약 2005년경 20기의 원자력발전소를 건설·운영할 것으로 예상되고 있다.
21) 1990년 9월 한국원자력위원회는 충청남도 안면도를 핵폐기물 처리시설을 위한
  후보지로 발표하였으나, 지역주민의 심한 반대운동(안면도 사태) 때문에 1991
  년 6월 후보지 선정을 철회한 바 있다. 1991년 12월 정부는 44개의 지방단체들
  로부터 자발적인 후보지 신청을 받아 이에 대한 타당성 검사를 거쳐 강원도 고
  성, 양양, 경상북도 영일·울진, 전라남도의 장흥, 충청남도 태안(안면도)을 적정
  지역으로 발표하였으나, 6개 후보지역 주민의 집단시위로 인해 최종후보지 선
  정을 무기한 연기하였다. 1995년 2월 인천광역시 옹진군 덕적면 굴업도를 후보
  지로 다시 선정하였으나, 인근 덕적면 주민과 환경단체가 연계된 완강한 반대운
  동에 부딪혀 후보지 지정을 철회하였다.

자력과 관련한 여러 가지 국내적 문제점을 적절히 해결함과 동시에, 나아가 한국 원자력정책을 둘러싼 다양한 국제적 제약요인들을 효과적으로 극복할 수 있는 원자력외교를 펼쳐나가야만 할 것이다.

제5절 한국 원자력외교의 방향

평화적 목적의 원자력기술이라 하더라도 군사적 목적으로 전용될 가능성 있기 때문에 항상 국제핵확산문제와 연관된다. 한국 또한 원자력 프로그램을 추진하는 데 있어 다양한 국제적 제약요인을 안고 있다. 이러한 국제적 제약요인을 극복하고 한국의 에너지 안보를 향상시킬 수 있는 효과적인 원자력외교는 한국의 외교정책에 있어서 매우 중요한 위치를 차지하고 있다고 볼 수 있다. 따라서 한국 원자력정책에 있어서의 국제적 제약요인을 정확하게 분석하고, 이를 극복하기 위한 효과적인 원자력외교가 강구되어야 할 것이다.[22]

1. 다자적 원자력외교

우선 다자적 제약요인을 살펴보면 원자력활동에 대한 국제사찰 및 안전조치를 규정하고 있는 IAEA와 NPT, 그리고 국제 원자력 수출을 규제하고 있는 쟁거(Zangger)위원회와 원자력공급국그룹(Nuclear Suppliers Group) 등이 있다. 이러한 다자적 국제핵비확산체제의 목적은 비핵국가의 핵무기 획득을 방지하는 것이기 때문에 평화적 목적의 원자력 기술이용 및 개발 자체를 막고 있지는 않다. NPT 제4조는 비핵국가들의 원자력의 평화적 이용에 대한 권리를 인정해 주고 있다. 따라서 한국 원자력

---

22) 한국 원자력정책에 있어서 국제적 제약요인 분석과 그 대응방안에 대해서는 한국원자력연구소 편, 『핵연료주기에 대한 국내외 제약요인 분석과 대응전략에 관한 연구』(1997년 12월) 참조.

프로그램이 국제핵확산 위험이 없고 평화적 목적으로만 이용되고 있다는 점을 국제사회에 분명히 인식시킬 수만 있다면, 한국의 원자력발전계획에 대한 국제사회의 필요없는 오해와 견제를 해소할 수 있을 것이다. 따라서 국제사회에 대한 한국 원자력외교는 한국 원자력개발계획에 대한 국제적 신뢰도를 향상시키는 데 초점을 맞추어야 할 것이다.

한국은 국제핵비확산을 위한 다자적 국제회의나 협상에 적극적으로 참여하여 한국의 핵비확산 의지를 국제사회에서 강조할 필요가 있다. 탈냉전 이후 구소련의 핵무기 및 핵물질 관리문제, 이라크·북한 등과 같은 제3세계국가들의 비밀 핵무기개발 시도, 범세계적 잉여 플루토늄 문제 등 새로운 핵확산 위험이 증가하고 있다. 1990년대에 있어서 이러한 핵확산 위험이 증가함에 따라 핵비확산을 위한 다양한 국제 협상 및 회의가 활발히 전개되고 있다. 1995년 180여 개국이 참가한 NPT 연장회의에서는 NPT 시효가 무기한 연장되었으며, 핵실험을 전면 금지하는 '전면핵실험금지조약'(Comprensive Test Ban Treaty)이 1996년 9월 유엔총회에서 체결되어 현재 서명을 위해 개방되어 있다. 또한 고농축 우라늄과 플루토늄의 생산을 제한하는 Cutoff Treaty에 대한 국제협상도 활발히 진행되고 있다. 한국은 이러한 국제회의 및 협상에 적극적으로 참가하여 세계 핵비확산 노력에 공헌함으로써 한국의 핵비확산 의지를 국제사회에 분명하게 보여줄 필요가 있다. 이러한 노력을 통해 한국이 국제적 신뢰도를 확보하게 될 때, 다자적 핵비확산체는 한국의 원자력 연구개발에 있어서 더이상 제약요인으로 작용하지 않을 것이다.

다자적 원자력외교에 있어서 '아시아 원자력협력체' 구상이라는 또 다른 중요한 이슈가 있다. 최근 아시아 지역에서는 급속한 경제성장에 따라 에너지 수요가 급격하게 늘고 있다. 이러한 증가하는 에너지 수요를 충당하기 위하여 아시아 여러 국가들이 현재 원자력발전소의 증설 및 도입을 계획하고 있다. 반면에 아직 원자력 기술 및 운영 경험이 없는 동남아시아 국가들이 원자력발전소를 가지게 될 때, 이 지역에서 원자력 관련 대형 안전사고가 일어날 위험성에 대한 우려가 높아지고 있는 실정이다. 또한 이 지역에서는 북한의 핵개발 의혹과 같이 핵확산의 위험성도 높아지고 있다. 따라서 아시아 지역에서의 핵관련시설의 안전성을 확보하고 핵확산 위험을 막기 위하여 아시아 국가들이 참여하는 지역원자력협력체를 구성해야 한다는 주장이 최근 제기되고 있다.

아시아 원자력협력체의 구상은 일본측에서 주도적으로 제기하고 있다. 가장 널리 알려진 개념으로는 'ASIATOM' 혹은 'PA(CIFI)CATOM' 등이 있다.[23] 지역협력체의 구체적 활동내용은 원자력 이용의 투명성 및 안전성 확보, 핵폐기물 및 사용후핵연료의 안전한 관리, 지역 내의 플루토늄과 농축우라늄의 공동관리, 핵연료주기 공동센터 운영, 지역협력체 안전조치 등을 포함하고 있다.

현재 아시아 원자력협력체 구상은 상대적으로 영향력 감소를 우려하는 미국의 반대와 관련국가들의 비협조 등으로 아직 구체적인 결실을 보지 못하고 있다. 그러나 최근 아시아에서 원자력 활동이 급격하게 증가하고 있는 추세임을 감안할 때, 역내 원자력의 평화적 이용과 안전성 확보를 위해서도 원자력 관련 지역협력체의 구성은 필요할 것으로 보인다. 한국도 지역협력체를 통해 핵폐기물 처리와 사용후핵연료 보관문제를 해결할 수가 있고, 또한 핵연료주기 기술의 공동개발 등을 할 수 있기 때문에 지역협력체 구상에 대해 적극적으로 검토해 볼 필요가 있다. 그러나 한국은 지역협력체 구성이라는 다자적 외교노력에 있어서 다음과 같은 점들에 유의하여야 할 것이다. 첫째 지역협력체 안전조치가 한국 원자력 프로그램에 부담으로 작용하지 않도록 하여야 할 것이다. 한국은 이미 IAEA의 전면안전조치를 받고 있기 때문에 별개의 지역협력체 안전조치는 한국 원자력정책에서 또 다른 국제적 제약요인으로 작용할 우려가 있다. 따라서 안전조치는 유럽원자력공동체(EURATOM)와 같은 수준

---

23) 아시아 원자력협력체의 구성원(membership) 문제는 어떤 국가들이 포함되어야 하는 것을 둘러싸고 매우 민감한 정치문제로 떠오르고 있다. 많은 'ASIATOM' 제안들에는 한국·북한·일본·중국·미국·러시아가 주요 구성원으로 되어 있는 반면, 'PACIFICATOM' 제안들은 호주와 캐나다를 구성원으로 포함하는 등 구성원 수에 있어서 보다 포괄적인 특성을 가지고 있다.

으로 IAEA 안전조치를 면제받고, 안전조치를 지역협력체 내에서 받는
방향으로 나아가야 할 것이다. 둘째 아시아 지역 내에서 원자력 기술의
발전수준은 국가에 따라 상당한 편차를 보이고 있다. 일본의 경제력과
원자력 기술력으로 볼 때, 일본이 지역협력체에서 주도적 역할을 담당할
것은 분명하다. 재처리와 고속증식로를 포함하는 핵연료주기 기술개발
에 있어서 상당한 성공을 거둔 일본은 후발경쟁국가들의 핵연료주기 기
술개발에 소극적이고 비타협적으로 나올 수 있다. 따라서 지역협력체에
서 모든 회원국이 원자력의 평화적 이용 권리에 대해 핵선진국과 차별적
대우를 받지 않도록 노력하여야 할 것이다.

2. 대미(對美) 원자력외교

한국 원자력외교에 있어서 가장 중요한 대상은 국제핵비확산체제를
주도하고 있는 미국이다. 미국은 1977년 카터 대통령 이후 국제적으로
강력한 핵비확산정책을 취하고 있으며, 현재 클린턴 대통령도 이러한
정책기조를 유지하고 있다.

미국은 한국 원자력정책에 대해 양국 간의 특수한 관계를 바탕으로
한 정치적 압력과 1974년 개정 체결된 '한미원자력협력협정'을 통해서
영향력을 미치고 있다. 따라서 미국의 핵비확산정책의 추이와 그 결정
과정을 잘 이해하여 한국에 대한 미국의 규제 및 압력에 대비할 필요가
있다.

미국의 핵비확산정책은 행정부의 관련부처·의회·비정부단체(NGO:
Non-governmetnal Organization) 등 다양한 행위자들이 참여하는 복잡한
정책결정과정을 걸쳐 결정된다. 미국의 핵비확산 정책결정구조는 다음
과 같이 개략적으로 살펴 볼 수 있다.

우선 핵비확산정책에 관련한 정부부처로서는 국무부·국방부·에너지
부·군비통제군축국(ACDA: United States Arms Control and Disarmament
Agency)·원자력규제위원회가 있다. 이러한 부처들은 핵비확산문제를 각

자의 독특한 입장과 견해를 가지고 접근하고 있다. 국무부는 타국과의 외교적 차원에서, 국방부는 군사안보라는 차원에서, 에너지부는 에너지 안보 및 환경차원에서, 원자력규제위원회는 원자력의 안정성 확보라는 차원에서 핵비확산문제를 다루고 있다. 핵비확산 관련문제가 발생하면, 각 부서의 실무진 간에 현안에 대한 상호협의(inter-agency consultation)를 통해 이견이 조정된다. 만약 실무진 간의 협의사항을 넘어서는 문제가 발생할 때는 각 부처의 장관들이 현안문제에 대한 정치적 조정을 한다. 정치적 조정단계에서 국가안보에 관련된 문제가 생기면 국가안전보장회의가 열리고 미국 중앙정보국(CIA)과 국방정보국(DIA: Defense Intelligence Agency) 국장들도 관여하기도 한다. 이러한 몇 단계의 협의를 거친 후 대통령에 의해 핵비확산정책이 최종적으로 결정된다.

미국의회는 행정부 정책이나 활동에 대한 조사 및 감독을 위한 청문회를 개최하고, 정부예산의 승인 및 배정의 권한을 가지고 있다. 또한 의회는 국제조약 및 협정의 신규 체결 또는 개정시 이에 대한 심의 및 비준권을 가지고 있어서 국제조약이나 협정을 승인하거나 발효를 중지시킬 수 있는 권한을 보유하고 있다. 미국의회는 전통적으로 강한 핵비확산경향을 보여왔다. 글렌(John Glenn) 상원의원과 마키(Edward Markey) 하원의원 등이 의회 내에서 핵비확산활동을 주도하여 왔다. 핵비확산문제와 관련한 의회위원회로는 상원에 외무위원회, 국무위원회, 군사위원회, 에너지·천연자원위원회 등이 있고, 하원에는 국제관계위원회와 국가안보위원회가 있다.

미국, 특히 워싱턴 D.C. 소재 비정부단체(NGO)들은 미국의 정책결정과정에서 상당한 영향력을 행사하고 있다. 이들은 정부·의회·청문회 등에 출석하여 현안문제에 대한 증언을 하기도 하고, 특정현안을 언론 등에 공론화시켜 의회와 일반국민의 관심을 높임으로써 정부의 정책결정에 영향력을 행사하고 있다. 핵비확산 및 원자력 문제와 관련되는 비정부단체는 Greenpeace International, Nuclear Control Institute, Natural Resources Defense Council, Nonproliferation Policy Education Center 등이 있는데, 한국의 원자력 프로그램이 국제핵비확산문제와 환경문제에 어떤 영향을 미칠 것인가에 대해 상당한 관심을 가지고 있다.

이상과 같이 미국의 핵비확산 정책결정과정에는 각자의 독특한 이해관계와 입장을 가지고 있는 다양한 행위자들이 참가하고 있기 때문에 핵비확산정책이 어떤 소수의 집단이나 개인에 의해 결정되는 것은 아니다. 따라서 한국의 대미 원자력외교도 이러한 미국의 독특한 정책결정과정을 잘 이해하고 여기에 맞는 효과적인 외교노력을 펼쳐야 할 것이다.

대미 원자력외교를 효과적으로 수행하기 위해서는 다음과 같은 조치들이 필요할 것이다. 첫째 미국의 핵비확산정책의 추이를 앞서 파악할 수 있는 조기경보체제를 구축하여 미국의 정책변화에 대비한 우리의 외교적 대응을 충분한 시간을 가지고 준비할 수 있어야 한다. 둘째 대미 원자력외교는 정부차원뿐만 아니라 학계·산업계 등이 적극적으로 참여하는 민간외교를 강화하여야 한다. 학계·산업계 인사들이 미국정부·의회·주요 연구기관 및 언론계의 원자력 관련 주요 인사를 한국에 초청하거나 방미하여 한국 원자력정책에 대한 상호 의견교환과 협의의 기회를 확대시켜 양국 간의 이해증진을 도모할 필요가 있다. 이러한 민간외교의 강화 목적은 한국측 인사들과 미국측 인사들의 인적 교류를 확대하여 상호간의 대화채널을 항상 유지하여 한국 원자력 프로그램에 대한 미국의 필요 없는 견제와 오해를 제거하는 데 있다. 셋째 대미 원자력외교가 결정적인 순간에 효과적인 힘을 발휘할 수 있도록 국내 여건을 조성할 필요가 있다. 총체적인 대미 원자력외교를 펼치기 위해서는 정부 부처간·학계·산업계·언론계 등이 한국에 있어서 원자력 이용 및 발전방향에 대한 의견합의를 이루고 있어야 한다.

3. 원자력외교를 위한 국내기반 정비

한국이 국제사회에서 원자력외교를 능동적으로 수행하기 위해서는 범국가적 차원의 노력이 절실히 요구된다. 먼저 효과적인 원자력외교를 위한 전담기구의 설치와 원자력외교 전문인력 양성이 절실히 필요하다. 현재 원자력외교에 관련한 정부 부처로서는 과학기술처·통상산업부·외무부 등이 있는데, 이들 정부 부처는 원자력문제에 관해 자신의 업무영역에 따라 그 이해관계도 달리하고 있다. 원자력문제를 접근하는 데 있어서 과학기술처는 연구개발이라는 측면에서, 통상산업부는 산업적 차원에서, 외무부는 외국과의, 특히 미국과의 관계를 고려한 외교적 차원에서 접근하고 있어 이들 부처들이 중요한 원자력외교에서 한 목소리를 낸다는 것은 무척 어려운 일일 것이다. 따라서 한국 원자력발전에 중요한 영향을 미치는 국제문제 혹은 외교문제에 대해 정부 내 의견을 사전 조율할 수 있는 정부기구의 설립은 효과적인 원자력외교를 위해서는 반드시 필요하다.

효율적인 원자력외교를 위해서는 외교능력과 전문지식을 고루 갖춘 원자력외교 전문인력 양성이 필요하다. 원자력외교는 다른 영역의 외교와는 달리 상당한 전문지식을 요구한다. 따라서 정부는 원자력외교의 중요성을 인식하고 중장기계획을 수립하여 원자력외교 전문가를 양성하여야 할 것이다. 예를 들어 국제사회에서 한국 원자력정책을 대표할 수 있는 상근 원자력대사를 임명하고 유능한 전문인력을 선정하여 원자력 관련 국제회의나 협상 등에 장기간에 걸쳐 파견하여 외교협상력을 키우고 다른 국가의 원자력 전문가와의 친분을 넓혀 원자력외교 전문인력으로 양성할 수 있다.

원자력외교는 정부차원뿐만 아니라 학계·산업계·연구계·언론계 등의 민간분야도 모두 참여하는 외교 총력전이 되어야 한다. 정부는 이들과 협조하여 원자력 이용 및 발전방향에 대한 합의를 도출하여 원자력외교를 총체적 입장에서 접근하여야 한다. 원자력 발전방향에 대한 국내적 합의 없이는 다양한 국제적 제약요인을 극복할 수 있는 효과적인 외교를 펼치는 데는 한계가 있다. 따라서 정부와 사회 각 분야가 원자력에 관해 한 목소리를 낼 수 있는 국내기반 조성이 성공적인 원자력외교를 위한 필수조건이라 하겠다.

제 6 절 결론: 요약 및 전망

안정적인 에너지원의 확보는 지속적인 경제발전과 국민복지 향상에 있어서 필수불가결한 것이다. 지난 30년간 자원빈국인 한국의 에너지안보 향상에 원자력은 상당한 공헌을 하여왔다. 또한 향후 에너지 수급전망에 따르면 한국에 있어서 원자력이 전체 에너지 공급원에서 차지하는 비중은 급속히 증가할 것으로 보인다. 한국은 2015년까지 27기의 원자력 발전소를 운영할 계획이며, 이때 총 원자력 발전량이 약 25GWe에 이르러 세계 원자력발전에 있어서 제5위의 위치를 차지할 전망이다.

그러나 원자력 기술은 국제핵확산문제와 연관되어 있기 때문에 한국 원자력정책은 여러 가지 국제적 제약요인을 가지고 있다. 핵확산을 방지하기 위한 다자적 체제로서는 IAEA 안전조치와 NPT 등이 있는데, 한국은 NPT 당사국으로서 IAEA 전면안전조치를 받고 있다. 다자적 핵비확산체제는 원자력기술의 군사적 전용을 방지하는 것을 주된 목적으로 하고 있기 때문에 엄밀한 의미에서 제약요인으로만 볼 수 없다. 따라서 한국이 자신의 원자력 프로그램에 대한 국제사회의 신뢰도를 향상시킬 수만 있다면 다자적 제약요인은 어렵지 않게 해소될 것이다. 한국이 국제사회의 신뢰를 얻기 위해서는 현재 진행 중인 다자적 국제핵비확산 노력에 적극적으로 참여하여 한국의 핵비확산 의지를 분명히 알릴 필요가 있다. 또한 아시아 지역에서 원자력지역협력체 구성을 적극적으로 검토하여 역내 원자력시설의 안전성을 확보하고 핵확산의 위험을 감소시키는 데 공헌함으로써 국제 원자력 무대에서 한국의 위상을 제고(提高)할 수 있을 것이다.

미국은 '한미원자력협력협정'에 의해 한국 원자력 프로그램에 대한 통제권을 확보하고 있기 때문에 한국 원자력정책에 상당한 영향력을 행사하고 있다. 미국은 1970년대 중반 이후 엄격한 핵비확산정책을 적용하고 있어서 한국에 대해 재처리와 플루토늄 사용과 같은 핵연료주기 연구개발을 엄격하게 제한하고 있다. 더구나 미국은 박정희 대통령의 핵개발 의혹 때문에 한국의 핵비확산 의지에 대한 신뢰를 아직 완전히 회복하지 못하고 있다. 따라서 한국은 원자력 프로그램의 지속적 발전을 위해서는 미국의 신뢰를 회복함과 동시에 미국의 압력을 극복할 수 있는 적극적인 외교적 노력을 기울일 필요가 있다.

한국이 대미 원자력외교를 성공적으로 수행하기 위해서는 미국 핵비확산정책의 흐름과 그 결정과정을 잘 이해하여 그에 대한 적절한 대응정책을 면밀하게 수립하여야 할 것이다. 또한 대미원자력 외교는 정부차원의 노력뿐만 아니라 학계·산업계 등이 적극적으로 참여하는 민간외교도 강화하여야 한다. 민간외교를 통해 미국과 한국 양국의 주요 핵 관련 전문가들 사이에 인적 교류 및 대화의 기회를 확대하여 한국 원자력 프로그램에 대한 미국측의 이해를 증진시킬 수 있을 것이다.

원자력외교는 한국의 에너지안보를 향상시키는 데 매우 중요하다. 이러한 중요한 원자력외교를 효과적으로 수행하기 위해서는 먼저 국내정치적 합의가 이루어져야 할 것이다. 따라서 정부는 학계·산업계 등 민간부문과 함께 원자력 이용 및 발전방향에 대한 국내적 합의를 도출하고 이를 바탕으로 원자력의 중요성을 국민들이 잘 이해할 수 있도록 노력하여야 한다. 정부는 또한 일관된 원자력외교를 위해서 원자력외교를 전담하는 통합된 정부기구를 설치하는 동시에 원자력외교를 능동적으로 담당할 전문인력을 널리 양성하여야 한다. 한국 에너지 안보를 위한 성공적인 원자력외교를 달성하기 위해서는 정부·산업계·학계·언론계 등이 모두 참여하는 총체적 외교전이 되어야 할 것이다.

제8장 경제외교
—대미(對美)관계를 중심으로—

김 정 기

제1절 서 론

최근 한국경제는 IMF 관리체제에 들어서기 전까지 지난 30여년간 세계의 빈국에서 신흥공업경제지역(NIEs: Newly Industrialing Economies)의 선두주자로 부상하는 괄목할 만한 성장을 이루었다. 본 장에서는 이러한 기록적 성장의 이유에 대하여 한국의 대외경제정책을 중심으로, 특히 수출지향적 전략에 초점을 맞추어 검토하고자 한다. 1960년대 이후 한국경제는 수출지향적 전략을 채택함으로써 세계경제체제로 편입되었으며, 이는 한국에 제약(constraints)과 기회(opportunities)를 동시에 제공하였다. 한국경제는 이 제약을 슬기롭게 대처하면서 국제경제질서에 성공적으로 적응해 나갔다고 볼 수 있다. 이런 관점에서 한국의 대외경제정책에 대한 분석은 한국경제를 이해하기 위한 필수적인 분야라고 할 수 있을 것이다.

이런 중요성에도 불구하고 한국의 대외경제정책에 관한 연구업적은 국내외적으로 빈약한 실정이며, 그 이론적 연구는 물론 실험적인 노력 또한 거의 전무한 상태이다. 일반적으로 대외경제정책에 관한 연구가 미국 등 선진 산업국가들을 중심으로 전개되었다는 점을 감안할 때 이러한 평가는 무리가 아니다. 한국을 포함하여 동아시아 NIEs에 관한 연구들은 그들 국가들의 경제적 기적의 이유들을 국내적 영역(domestic domain)에서만 찾으려고 노력하였으며, 그러한 노력들 또한 지나치게 국가-사회 관계만을 강조하여 설명함으로써 경직된 우월·복종 관계로 국한되거나, 아니면 국가에 대한 설명 방법상의 문제점을 보여주고 있다. 예컨대 존슨(Chalmers Johnson)의 개발국가모델(developmental state model)이나 국가중심적 접근(statist approach)은 경제정책, 특히 산업정책이 국가의 주도하에서 결정되고 사회는 수동적인 위치에서 이를 그냥 받아들인다는 발전 초기의 한시적인 상황들만 설명할 뿐이다. 반면 신고전주의 이론이나 사회중심적 모델은 국가의 간섭 또는 권한을 최소한도로 축소하고 경제정책의 결정을 시장과 사회의 기능과 결정에 맡겨야 한다고 설명함으로써 국가의 역할을 거의 무시하고 있기 때문에 동아시아의 경우를 설명하는 데에는 역부족이다. 이들 중 어떠한 설명 방법도 한국 등 동아시아 NIEs의 경우들을 적절하게 설명하지 못하고 있다. 이는 일본을 포함한 동아시아 국가들이 국내 정치상황의 변화에 따라 국가·사회의 세력관계가 변화되었으며, 세계화와 더불어 국가 권한은 서서히 퇴조하는 대신 기업·언론 등 사회적 세력들의 영향력이 증가하였기 때문이다.

이러한 모델들의 결점은 대외경제정책을 국내정책의 연장선상이거나 또는 대외적 요인의 반영이라고 단순화함으로써 내·외부적 요인들을 공히 정책결정의 변수로 고려하지 않았기 때문이다. 한국의 대미 경제정책, 특히 통상정책은 국내정책과는 상관없이 거의 미국측 주장에 의해 결정된 사례들이기 때문에 우리는 외부적 요인들을 지나치게 중요시해 왔다. 따라서 우리는 한·미 무역마찰이 생길 때마다 으레 그 귀결은 미국의 힘에 의하여 일방적으로 결정된다고 체념하고 있는 실정이다. 그러나 실제로 한·미 통상마찰의 역사를 살펴볼 때 그렇지 않음을 알 수 있다.

본 장은 크게 두 가지 의문으로부터 출발한다. 우선 약소국의 대외경제정책은 강대국의 일방적인 힘에 의해서만 결정되는가 하는 문제이다. 또 다른 의문은 전술한 바와 같이 한국경제정책의 집행은 국가의 힘이 사회에 비해 우월했던 국가중심적 정부(statist governments) 아래 더 효율적이었는데, 대미 통상마찰과 같은 대외경제정책 문제에서도 이들 정부가 정치 민주화 이래 사회의 영향력이 더 커진 다원주의적 사회(pluralist societies)보다 더 효율적일 수 있는가 하는 문제이다.

전자의 의문에 대한 본 장의 해답은 한국의 대미 통상문제들이 미국의 일방적 이유보다는 한국의 국내적 요인과 미국측 주장의 상호작용(interaction) 속에서 결정된다는 것이다. 즉 한·미 통상마찰은 미국의 우월한 힘에 의해 항상 결정되는 것이 아니라 사안(issue-agenda)에 따라, 그리고 한·미관계에 있어 한국의 상대적 국력(relative capability) 신장에 따라 많은 영향을 주고받는다는 것이다. 또한 후자의 질문에 대한 해답은 민주정부하에서 한국의 대미 통상정책이 군사정권하에서 보다 더 효율적이었다는 것이다. 본 장은 이러한 두 가지 결론을 입증하기 위하여 6가지 한·미 통상마찰의 사례들―그 중 3가지 사례는 한국의 권위주의 정부하에서 경험한 통상마찰의 경우이며, 나머지 3가지 사례는 민주주의 정권하에서의 경우이다―을 사례분석(case study)하였다. 이 6가지 사례들은 전두환·노태우 정부 및 김영삼 정부 초기에 이루어졌던 미국과의 주요 통상마찰문제들로서 액수면에서나 관련 이익집단의 크기면에서 한국으로서는 크고 중요한 사례들이었다.

본 장은 대외경제정책이 대내외부분의 상호작용에 의해 결정된다는 상호작용모델(interaction model)을 설명하기 위해 대내외부분의 이론탐구 및 모델 정립을 위한 6가지의 가정들을 수립하면서 전술한 사례연구를 통해 그 가정들을 입증하도록 한다.

제2절 기존 논의의 검토 및 분석틀

"국내정치와 국제관계는 자주 뒤엉키게 되는데, 우리의 이론들은 이 렇게 혼란스럽게 뒤엉킨 실타래를 풀어주지 못하고 있다"는 퍼트남 (Robert Putnam)의 지적과 같이 대내외적으로 각 분야 간 상호작용의 중 요성이 증가하고 있음에도 불구하고, 정치학자들은 이러한 관계를 이론 화하는 데 별다른 기여를 하지 못하였다.[1] 또한 외교정책에 관한 많은 연구들도 국제무대에서 국가행동의 원인을 국내적 원인과 동일시하여 찾아왔다.

1. 대내적 요인의 설명방법

대내적 설명방법들 중 가장 유력한 방법인 국가·사회 관계의 설명방 법을 살펴보면 다음과 같다. 우선 이 방법은 국가와 사회 간의 2가지 변 수들 중 대외경제정책의 결정에 있어서 어느 변수가 보다 지배적인 영 향력을 행사하였는가를 밝혀내는 방법으로서, 1970년대 후반 이후 경제 문제들이 주요 정책안건으로 대두되면서 많이 사용되어왔다. 이 중 국 가에 대한 사회적 힘의 우월성을 강조해 온 사회중심적 설명(interest group approach, pluralist model)은 "정치는 특별한 결정에 영향력을 행사 하기 위해 관련되는 집단들 간에 벌이는 경쟁적 투쟁의 결과"라고 정의 하였다.[2] 이 설명방법에서 분석의 기본단위는 경쟁하는 이익집단들이며 국가는 제외되어 있다.

---

1) Robert Putnam, "Diplomacy: The Logic of Two-Level Games," *International Organization*, 42-3 (1988).

2) David Truman, *The Governmental Process: Political Interests and Public Opinion* (New York: Knopf, 1951) ; Robert Dahl, *Who Governs?* (New Haven, Conn.: Yale university Press, 1961) ; Thodore Lowi, *The End of Liberalism* (New York: Norton, 1969) ; Charles Lindblom, *Politics and Markets* (New York: Basic Books, 1977).

사회중심적 설명에 의하면 국가는 정책결정에 뚜렷한 자극을 줄 수
없으며, 그 결정은 '사안 중인 특정문제'에 관련된 각종 사회단체들에
의해 좌우되어 정해진다. 국가는 정치집단원 간의 사회계약에 따른 제
도적 대표에 불과하며, 국가는 "행정기관이나 법적 질서로서가 아니라,
특별한 역할을 담당하는 개인들의 집단"[3]이므로 자기 스스로의 안건이
나 이해관계, 선택을 가질 수 없다. 국가의 역할은 공공재의 배분이나
이해갈등의 중재, 정책결정의 집행, 그리고 헌법과 법에 따른 전반적 상
황의 집행에 있다. 이익집단들에게 국가는 "개인의 선호나 사회단체들
의 정치적 영향력을 합계하고 평균해 나누는 금전등록기"[4]에 지나지
않는다. 그러므로 국가는 정책결정에 뚜렷한 영향력이 없으며, 정책결
정은 '관련 사안'에 관계되는 각종 사회단체들에 의해 결정된다. 이 설
명방법에 의하면 국가의 대외경제정책은 정부에 영향력을 갖는 특정한
단체들의 이익을 반영한 것이라는 것이다.

사회중심적 설명방법은 많은 비판을 받았다. 특히 국가의 역할을 강
조하는 국가중심론자(statist)들이 강한 반응을 보였다. 네틀(J. P. Nettl)은
국가를 '사회의 독특한 부분'[5]이라고 정의했으며, 알몬드(G. A. Almond)
는 국민들이 '국가에 대하여 일반화된 인정과 지각'을 갖고 있는 한 국
가는 자율성(autonomy)을 가질 수 있다고 강조하였다.[6] 이외에도 카젠스
타인(P. Katzenstein), 스테판(A. Stepan), 스카치폴(T. Skocpol), 노드링거(E.
A. Nordlinger), 에번스(P. Evans)와 루스마이어(D. Rueshmeyer) 등이 이러
한 비판에 가세하였다.[7] 이들의 국가에 대한 개념화 및 논의는 동일하

---

3) Stephen D. Krasner, "Approaches to the State: Alternative Conceptions and Historical Dynamics," *Comparative politics*, 16 (1984).
4) Stephen D. Krasner (1984).
5) J. P. Nettl, "The State as a Conceptual Variable," *World Politics*, 20 (1968).
6) Gabriel A. Almond, "Interal vs. External Factors in Political Development: An Evolution of Recent Historical Research," paper presented at the Annual Meeting of the American Political Science Association (New Orleans, 1988).
7) Peter Katzenstain, ed., *Between Power and Plenty: Foreign Economic Politics of Advanced Industrial State* (Madison: Wisconsin University Press,

지 않으나 공통된 주제는 다음과 같다. 즉 국가는 단순한 사회의 종속
물이 아니라 오히려 사회와 구별되는 자주성을 갖고 있으며, 사회단체
로부터 분리된 일련의 이해관계와 선택권을 갖는다는 것이다.

주의할 것은 이들이 주장하는 국가의 자율성이란 절대적인 것이 아
니라 상대적이라는 것이다. 국가의 상대적 자율성은 자본주의 발전논리
에 그 연원을 두고 있거나 역사·문화·전통에서 도출될 수 있다.[8] 이들
의 설명에 의하면 국가는 자신의 목표·능력·정책결정에 영향을 미치는
제도적 구조를 가지고 있는 자주적 행동체로서 사회의 압력에 대항하
고, 사회로부터 독립할 수 있는 능력을 갖고 있는데, 이는 사회의 각 단
체들에게 행사할 수 있는 통제수단(예: 세금면제·신용통제·보조금·정부
구매 등)을 갖고 있기 때문이다.

그러나 이러한 국가중심론자들의 설명에도 결함이 있다. 즉 이들은
국가를 응집력 있는 단일행동체로 간주하고 있으며 국가를 관료와 동
일시하는 경향이 있다. 내부적으로 볼 때 국가조직은 대통령, 대통령·행
정부 관계, 관료들 간의 관계, 관료·이익집단 간의 관계 등에 따라 성격
을 달리하는 복합성을 띠고 있는데도 국가중심론자들의 설명은 국가·
사회의 관계를 불변하는 것으로 설정하고 있다. 실제로 국가·사회 간의
관계는 시간과 분야에 따라 변화한다. 한국의 경우를 보더라도 제3공화
국과 제5공화국 당시의 국가는 사회보다 강력한 힘을 갖고 있었으나,
민주화 이후의 관계는 거꾸로 변해가고 있다.

결론적으로 대외경제정책의 대내적 설명방법으로는 위에서 제시한

1978); Alfred Stepan, *The State and Society: Peru in Comparative Perspective* (Princeton: Princeton University Press, 1978); Theda Skocpol, *State and Social Revolutions: A Comparative Study of France, Russia and China* (Cambridge: Cambridge University Press, 1979); Eric A. Nordlinger, *On the Autonomy of the Democratic State* (Cambridge: Harvard University Press, 1981); Peter B. Evans, D. Rueshemeyer and T. Skocpol, eds., *Bringing the State Back In* (Cambridge: Cambridge University Press, 1985).

8) Alfred Stepan (1978).

사회중심적 설명방법과 국가중심적 설명방법을 합친 혼합적 설명방법을 사용해야 변화하는 국가·사회관계를 보다 효율적으로 설명할 수 있을 것이다. 또한 유의해야 할 것은 국가를 동질적이며 응집력이 강한 하나의 행동체라고 보는 것은 지나치게 단순한 생각이므로 국가에 관한 논의에서는 내부적으로 행정부 내 관련기관 간의 힘의 균형, 이해관계 등 여러 가지 변수들을 감안해야 한다. 아울러 국가·사회 간의 관계는 대내외의 정치·경제적 상황에 따라 변화하는 가변적인 관계이며, 다양한 이해당사자들의 복합적인 이해관계에 따라 영향을 받으므로 이들 간의 연합세력 형성 등 역동적인 관계변화를 유의해 살펴보아야 할 것이다.

2. 대외적 요인의 설명방법

대외분야(international domain)의 설명방법으로는 자유주의(liberalism), 중상주의, 마르크스·레닌주의, 남미식 의존주의(dependencia), 현실주의(realism), 상호의존주의(interdependence) 등 여러 가지를 생각해 볼 수 있다. 자유주의는 일반적으로 경제주의적이며, 구레비치(P. Gourevitch)의 논의처럼 '대단히 비정치적인 분석'[9]이다. 또한 자유주의에 있어서 합리적 경제주체, 경쟁시장 등에 대한 기본가정들은 비현실적[10]이라고 할 수 있다. 중상주의는 제로섬 게임에 입각하여 교역·투자 등 모든 경제관계를 지나치게 분쟁적이고 분배적인 개념으로 파악함으로써 대내분야를 무시하고 있으며, 남미식 의존주의는 한국을 포함한 동아시아 NIEs의 대외경제정책에 대한 대한 설명으로는 부적절한 방법이다. 따라서 본 장에서는 대외관계의 설명방법으로 현실주의·상호의존주의를 채

---

9) P. Gourevitch, "The Second Image Reversed: The International Sources of Domestic Politics," *International Organization*, 32-4 (1978).
10) R. Gilpin, "Three Ideologies of Political Economy," in Richard Little and Michael Smith, eds., *Perspectives on World Politics* (London: Routledge, 1991).

택하여 사용하고자 한다.

1) 현실주의와 상호의존주의

국제관계에서 고전적 현실주의(classical realism)는 우선적으로 국력의 원천과 사용에 관심을 갖고 있다. 따라서 고전적 현실주의자들의 견해에 의하면 국제정치제도의 성격은 강국이 만드는 규칙에 의해 정해진다. 역사학자 투키디데스(Thucydides)의 논의처럼 "강자는 할 수 있는 것은 무엇이든지 하며, 약자는 받아야 할 것을 당연히 받을 뿐"이어서[11] 양국관계에서 어떤 분규가 야기되더라도 강자는 항상 약자에게 승리할 수 있음을 함축하고 있다.

모겐소(H. J. Morgenthau)는 더욱 대담하게 "국제정치는 모든 정치와 마찬가지로 권력투쟁"이며, 현실주의는 "국제정치를 권력이라 정의된 이익의 개념을 통해 이해"된다고 정의하였다. 국가는 권력을 최대화하기 위해 노력하는바, 권력을 최대화하는 전략은 하나뿐으로 이 전략을 '국익'이라고 부른다.[12] 고전적 현실주의자들은 이와 같이 국력과 국익의 개념을 연결시켜 대내외정책을 설명하고 있으나, 이들의 국익개념은 모호하며,[13] 이들은 국력을 최대화하는 전략이 하나뿐이라고 강조함으로써 국력과 국익 개념의 연결방식을 혼동스럽게 한다.

월츠(K. N. Waltz)와 같은 구조적 현실주의자(structural realist)들은 국제정치체제내에서 국가는 자기의 이익과 전략을 주어진 자신의 위치에 대한 계산을 토대로 결정한다고 주장하였다.[14] 그에 의하면 "국제정치구조는 국가들 간의 공존과 상호작용을 통해 무정부적인 상태 속에서

---

11) Thucydides, *The Peloponnesian War* (New York: Modern Library, 1951), p. 331.
12) Hans J. Morgenthau, *Politics Among Nations*, 4th ed. (New York: Knopf, 1966), p. 25.
13) A. Wolfer, "National Security as an Ambitious Symbol," *Political Science Quarterly*, 67 (1952).
14) Kenneth N. Waltz, *Theory of International Politics* (Read, Mass.: Addison-Wesley Publishing Co., 1979), p. 91.

강국들을 중심으로 형성되며, 이러한 구조는 강대국의 수에 따라 크게 바뀐다"15)는 것이다.

이러한 구조적 현실주의자들은 국가의 내부적인 특성을 변하지 않는 것이라고 간주하고, 국가의 행위와 체제결과(system outcomes)의 변화를 대내적 국가특성의 변화에 의해 설명하는 것이 아니라 체제 자체의 변화에 의해 설명하고 있다. 그러나 구조적 현실주의자들은 우리들을 국내정치의 장에서 분리시킴으로써 국내정치와 국제정치체제 간의 관계를 연구하는 데 필요한 도구를 제시하고 있지 못하다.16)

이상과 같이 고전적 현실주의자와 구조적 현실주의자들은 국익은 국력에 의해 계산되어야 한다고 주장한다. 따라서 현실주의는 국가 간에 어떠한 문제가 야기되더라도 그 결과는 동일한 경향을 띨 것을 강하게 예측하고 있다. 현실주의의 설명에 따르면 국력이란 화폐와 같이 교환 가능하기 때문에 강대국은 국력의 재원을 모든 문제에 걸쳐 동일한 한 계효용으로 확보할 수 있다고 믿고 있다. 그러나 커헤인(R. Keohane)과 나이(J. S. Nye) 등과 같이 국가 간의 상호의존을 강조하는 학자들은 쟁점분야(issue area)의 결과가 현저히 다를 때에도 특이한 분야의 결과를 군사·경제적 국력의 구조와 일치시키려 하는 고전적 현실주의자의 주장은 견강부회식 설명이라고 비판하였다. 이들은 오일쇼크의 예를 들면서 1973년 이후 미국과 여타 선진국들이 유류분야의 국력과 국제정치에서 일반적으로 통용되는 국력과의 불일치를 축소하려 노력했으나, OPEC회원국들은 오일의 강점을 증가시켜 양측간의 긴장을 자기들에게 유리하게 이용했다고 설명했다.17)

---

15) Kenneth N. Waltz, "Realist Thought and Neorealist Theory," *International Affairs*, 44-1 (1990).

16) Michael Mastanduno, David A. Lake and John G. Ikenberry, "Toward a Realist Theory of State Action," *International Studies Quarterly*, 33 (1989), pp. 460-461.

17) Robert Keohane and Joseph S. Nye, *Power and Interdependence* (Boston: Little, Brown and Co., 1977), pp. 42-44.

2) 한국의 경우에 대한 설명

상기한 대내외 설명 모델들 중 어떤 모델이 한국의 경우를 가장 잘 설명할 수 있을까? 최근 한국에는 성격이 다른 두 가지 정권, 즉 박정희·전두환 대통령의 전제정권과 노태우·김영삼 대통령의 민주정권이 집권하였다. 만약 본 장의 분석대상이 전제정권에 국한되었다면 국가중심론자들의 설명이 적합할 것이나, 1987년 민주정권이 집권한 이후에는 다양한 사회의 이익집단 출현과 이들의 정책결정에 대한 영향으로 이 방법은 더이상 설명력을 잃고 있다. 오히려 사회중심적 설명방법이 후자의 경우를 보다 잘 설명할 수 있겠으나, 국가 또한 여전히 무시 못할 영향력을 행사하고 있으므로 이 설명방법은 단독으로 변화된 상황을 설명할 수 없다.

전제정권하에는 국가중심론자들의 설명이, 민주정권하에서는 사회중심적 설명이 보다 설득력이 있다고 하더라도 어느 한 설명방법에만 의존할 수는 없다. 이 두 설명방법은 대외요인을 불변한 것으로 보고 대내적 변수로만 정책결정을 설명하려 하고 있으나, 한국처럼 대외지향적인 수출전략정책을 전제·민주 양 정권이 지속적으로 채택하고 있는 경우에는 그 대외경제정책을 설명하기 어렵다.

따라서 한국의 대외경제정책을 설명하기 위하여 현실주의적 설명을 빌려 오지 않을 수 없다. 그러나 한국은 미국의 전반적인 국력에는 영향력을 미칠 수 없음에도 불구하고 대미 통상정책을 효과적으로 수행함으로써 고전적·구조적 현실주의자들의 결론과 같이 한·미 무역분쟁에서 항상 미국에 패배한 것만은 아니었다. 정확히 말하자면 전제주의 정권에 비해 민주정권하에서 한국의 대미 통상정책은 더 성공적이었다. 그 이유는 전제정권이 합법성의 결여로 미국 조야의 대한인식이 좋지 않아 통상교섭에서도 비싼 대가를 치르지 않을 수 없었던 반면, 민주정권은 불필요한 비용의 감소 및 여론의 강화, 경제력의 신장 및 양자·다자간의 다양한 협력강화로 말미암아 대미교섭에서 한국의 국력을 상대적으로 높여주는 결과를 가져왔기 때문이다.

이와 같은 상대적 국력(relative capability)의 변화는 한국의 민주정부로 하여금 한국에 보다 적절한 쟁점분야에서 한국이 미국을 능가할 수 있다는 새로운 인식(issue-area structure)을 심어주게 되었으며, 한·미관계는 현실주의자가 주장하는 미국 우월의 입장에서 새로운 전환을 맞게 되었다.

결론적으로 한국의 경우를 보다 적절히 설명하기 위해서는 대내외적 요인들을 함께 포함해야 하는데, 이러한 대내외적 요인은 대외경제정책 결정시에 직간접적으로 서로 간에 영향을 미치므로 그 설명은 상호주의 모델을 통함이 가장 이상적이라고 볼 수 있다.

3) 상호주의 모델의 수립
(1) 변수에 관한 설명

본 장에서 종속변수는 한국의 대외경제정책, 특히 한국의 대미 무역정책이며, 독립변수는 국내압력과 대외압력으로 보았다. 국내압력 (domestic pressure)은 정체의 유형(regime type)을 구분하는 함수이다. 정체는 정책결정에 관한 규범·원칙·규칙·절차 등을 포함하는 지배형태이다. 여기에서는 정체를 보다 단순화하여 전제정권과 민주정권으로 나눈다. 먼저 전제정권의 특징은 행정부에 의한 지배, 관료들의 많은 재량, 정치적 다양성의 제한, 대외 경제정책기구의 높은 독립성 등이라고 할 수 있다. 이런 형태의 정권은 특히 사회단체의 압력으로부터 독립된 역할을 하기 때문에 흔히 강한 국가(strong state)라고 통칭된다. 반면, 민주정권은 정치적 다양성, 다양한 시민사회, 대외 경제정책기구 독립성의 제한 등으로 특징지어진다. 한국의 경우 1961년부터 1986년 사이에는 전제정권, 1987년 이후에는 민주정권이 집권하였다.

국내압력은 사회단체의 희망(societal preferences)이나 대통령의 희망 (executive preferences)으로부터 생겨난다. 사회단체의 희망들은 민주정권 하에서는 특정한 정책결정을 위해 영향력을 미치려는 단체들 간의 경쟁에서 크게 도출된다. 그러나 전제정권하에서 사회단체의 희망들은 엄격히 통제되어 약화되고, 대부분 대통령의 희망으로 대체된다. 그래서 전제정권하에서 특정 통상문제는 대통령의 희망이 그것을 강하게 지지할 때 정치화(politicized)되며, 대통령이 무관심하면 정치화되지 않은 채 관료들의 수중에서만 다루어진다.

다른 하나의 독립변수는 대외압력, 즉 미국의 압력이다. 미국의 압력은 미국 국내정치의 함수이다. 오델(J. S. Odell)이 언급한 대로 미국에서는 관련분야나 단체가 강할수록 미국정부에 의해 대외적으로 가해지는 압력이 강력해진다.[18] 강력한 분야나 단체들은 보다 약한 분야나 단체들에 비해 더 강한 압력을 미국정부의 교섭전략이나 행동에 가한다. 그러나 한·미 통상문제는 이미 언급한 대로 미국의 우월한 힘에 의해 항상 결정되는 것이 아니며, 종종 이슈 분야와 한국의 상대적 국력신장에 영향을 받아 결정되어 왔다.

(2) 연구 제의 및 가정

본 장에서 연구제의는 다음과 같다.

[제의 1] 한국에서 대외경제정책의 성격과 방향은 대내외 정치체제의 영향을 받으며, 직접적으로는 대외적 압력의 정도와 국내정치적 지지 여부에 영향을 받는다.

[제의 2] 국가·사회 관계와 대내외 압력의 정도가 한국에서 대외경제 정책의 거시적(macro) 환경을 정하지만, 구체적으로 한·미관계의 정책적 마찰은 미국의 강력한 힘에 의하여 결정되는 것뿐만 아니라 상대적인 국력과 이슈 분야의 구조(issue-area structure)에 따라 정해진다.

[제의 3] 일반적으로 국가성격에 관한 이론은 국가가 강해질수록 정책관리는 더욱 효율적이며 유연성이 있다고 주장하고 있다. 그러나 한국의 경우에는 민주정권이 전제정권보다 대외경제정책 결정에 있어서 보다 효율적이고, 효과적이며, 비용이 적게 소요되었다.

한편 본 장의 연구는 다음과 같은 가정으로부터 출발한다.

첫째 전제적인 정권하에서 국가의 힘이 사회를 압도할 때 다음과 같

---

18) John S. Odell, "The Outcomes of International Trade Conflicts: The US and South Korea, 1960-1981," *International Studies Quarterly*, 29 (1985).

은 세 가지 경우를 가정할 수 있다.

[가정 1] 대외적 압력이 국내압력보다 클 경우: 대외적인 압력은 높고 국내적인 압력이 거의 없을 경우, 통상문제의 정책결과(policy outcome)는 대외압력의 크기(degree)에 의해 주로 영향을 받는다. 군사쿠데타로 정권을 잡은 제3공화국과 제5공화국의 전제정권은 정권의 정통성 문제 때문에 대미관계에서 정치 및 안보 문제에 연연하게 된다. 미국의 호의적 태도가 정치적 안정의 관건이 되는 만큼 박정희와 전두환 대통령은 통상문제가 격화되어 정치·안보 문제의 중요성이 희석되기를 원치 않았다. 따라서 통상이슈는 자연히 관료들에게 일임되지만 관료들도 전제대통령의 특별한 관심이 없는 한 관료이익과 제도적 힘(예: 장관·대통령 간의 개인관계, 관료들 간의 역학관계, 동원 능력)의 기반을 상실함으로써 통상정책의 결정은 주로 대외적 요인에 의해 결정된다.

이러한 결과는 퍼트남이 언급한 바와 같이 "국내압력으로부터 국가의 자율성이 강할수록 그 국가의 국제적인 상대적 교섭위치는 그만큼 약화된다"는 주장과 유사하다.[19] 한·미관계에서 전제정권하 한국의 상대적 국력은 정권의 비정통성과 인권탄압 등 정치문제로 인하여 더욱 약화된다. 한국의 약화된 교섭위치 때문에 정책결과는 미국측 압력의 크기에 의해 주로 영향을 받게 되는데 한·미 통상마찰에서 신발산업의 경우가 이에 해당된다.

[가정 2] 국내압력이 대외적 압력보다 클 경우: 대외압력은 낮은 대신 국내압력이 클 경우, 정책결과는 대통령의 우선적 관심사(executive preferences)에 의해 결정된다. 전제정권하에서 국내압력은 엄격히 통제되며, 예외적인 경우에 한해 상승한다.

경제적 이익이 큰 사안인 경우 대통령의 관심이 이를 강하게 지지하지 않을 수 없으며, 이렇게 된다면 그 사안은 드물게 국내정치화된다.

---

19) Robert Putnam (1988).

정치화된 사안은 상기의 경우와 반대로 관료의 높은 관심을 끌어들여 부처 간의 경쟁을 야기하며, 이러한 경쟁은 의도하는 정책결과(intended policy outcomes)를 위해 종종 더욱 비싼 대가를 지불하게 만든다. 또한 그 정책결과에 지불해야 할 대가는 해당사안이 미국의 경제적 이익에 관련되고 미국에 적합한 이슈인 경우 한국의 약화된 상대적 국력 때문에 더욱 커질 수 있다.

이와 같이 국내압력이 대외압력보다 클 경우 대통령의 관심사, 상대적 국력, 이슈의 성격 등이 정책결정에 크게 영향을 미치게 된다. 컬러 TV의 경우가 이에 해당된다.

[가정 3] 대내외 압력이 모두 높을 경우: 양측 압력이 똑같이 강해지면 통상분쟁의 결과는 대외적 압력의 정도와 정권의 생존(regime survival)이론에 영향을 받게 된다. 양측의 압력이 공히 상승하여 통상문제가 현저하게 정치화되면 정부는 수출산업에서 안전판을 마련해야 한다. 만약 정부가 그렇게 하지 못할 경우에는 정권의 생존여부에 영향을 미치게 되어 대통령의 직접개입을 자극하게 된다.

미국의 경우에는 미국시장에서 자국 제품의 NIEs에 대한 경쟁력 상실과 미국 상품에 대한 NIEs의 제한된 시장개방이란 이유 때문에 미국 내에서 통상마찰 사안이 정치문제화되어 미국의회와 행정부의 개입 가능성을 높이게 된다. 더욱이 미국업계는 NIEs 국가 중, 특히 한국을 미국시장의 주된 침투자로 불만을 표하면서 동시에 한국을 미국 제품과 서비스에 높은 장벽을 제공하는 '제2의 일본'이라고 명명했다. 전제정권하의 약화된 한국의 상대적 국력은 이와 같이 국내적으로 영향력이 강한 미국업계의 정치적 압력을 견뎌낼 수 없다. 이러한 미국의 압력하에서는 한국의 대통령과 각료 모두 정치적 딜레마에 빠지게 된다. 전제국가 대통령의 직접개입이란 "어떠한 희생을 치르더라도 의도하는 정책결과를 획득"해야 함을 의미하므로 그 결과란 때때로 미국에 커다란 양보를 감수해야 한다. 교섭에 관련된 모든 비용과 이익을 공개해야 하는 민주정권에서는 사회의 반대가 있을 경우 높은 비용을 지불할 수 없는 반면, 전제정권은 일반적으로 자신의 체면을 유지하기 위해 엄청난 비용을 지불하게 된다. 이와 같이 대내외 압력이 모두 상승할 경우에는 정책방향은 외국의 압력과 정권의 생존여부에 의해 크게 좌우된다. 일반특혜관세(GSP: Generalized Special Preferences)가 이에 해당되는 경우이다.

둘째 시민사회가 국가로부터 자주적인 민주주의체제하에서는 다음의 세 가지 경우를 생각해 볼 수 있다.

[가정 4] 대외적 압력이 국내압력보다 높을 경우: 이 경우에는 해당 사안의 정책결과가 외국의 압력과 이에 대한 국내 반응의 정도에 의해 주로 결정된다. 정책이슈가 이미 미국에서는 뜨거운 감자가 되어 있으나, 국내의 압력은 상대적으로 낮은 경우가 이에 해당된다. 한국에는 아직 직접적인 이슈가 되어 있지 않으나, 사회의 관심은 정부의 반응(예컨대 미국 위협에 대한 정부의 굴욕적인 태도)과 미국의 압력정도에 따라 변화한다. 즉 그 이슈가 부정적인 여론을 받으면 어느 때나 즉각적인 대내적 논란거리가 된다. 이럴 경우 민주정부의 최선의 전략은 그 이슈가 대중의 주의를 얻기까지 결정을 연기한 채, 사회의 희망(societal preferences)이 정부가 의도하는 정책방향과 일치할 때까지 미루는 방안이다. 관료는 이슈를 즉각 처리하지 않고 시간이 무르익기까지 기다리게 된다.

전제정권의 경우와 달리 민주정부의 정치적 정통성과 정부의 시장경제정책은 관료들의 교섭력을 강화시키며, 그 교섭력은 기술적인 전문성과 이슈의 성격에 따라 더욱 증대된다. 한국의 정치구조와 정부정책의 변화가 대미관계틀을 개선시켜 한국의 미국에 대한 상대적 국력을 상승시킨다.

이와 같이 사회가 국가로부터의 자율성이 강할수록 국가의 상대적 교섭지위는 대외적으로 강화된다. 강한 사회를 대표하는 관료들은 폐쇄적인 독재자의 대표들보다 더 유능하며, 불리한 교섭을 만나면 국내적 압력 때문에 이를 받을 수 없다고 주장한다.[20]

이와 같이 강대국의 대외적 압력이 높은 경우 약소국의 정책방향은 대외적 압력과 이에 대한 국내 반응의 정도, 상대적 국력과 이슈의 성격 등에 의해 결정된다. 지적소유권(IPR)이 이에 해당되는 경우이다.

[가정 5] 대내적 압력이 대외적 압력보다 높을 때: 이 경우의 정책결과는 실질적으로 대내적 압력의 정도에 의해 결정된다. 무역분쟁이 사회의 이익과 밀접히 관련되어 있거나, 이에 대한 사회적 관심이 고조될 경우에는 민주정부에 커다란 압력을 가하게 된다. [가정 4]와 반대로 이와 같이 이슈가 대내적으로 여론의 지대한 관심을 받을 때에는, 특히 업계와 국회가 정부의 정책결정방향에 대해 일거수 일투족을 관찰하게 된다. 이 경우 관료들은 이슈가 심각하게 정치화되기 전에 여론을 만족시킬 조기해결책을 강구하려 할 것이다.

이때 미국의 태도(예: 차별 또는 부당한 대우)에 따라서 국민적 불만을 반미여론화할 수 있다. 한국에 대한 부당한 대우에 대하여 미국 행정부가 정책적 조처를 지연시키면 반미여론은 자극되어 외교문제로 비화될 수 있다.

한국 민주정권의 정치적 정통성, 시장경제정책과 경제력의 증대 등으로 말미암아 한국의 미국에 대한 상대적 국력은 신장되었으며, 미국은 더이상 한국이 제기하는 문제를 무시할 수가 없게 된다.

이와 같이 민감한 사안인 경우에는 한·미 양국의 행정부서, 특히 외교담당 기관과 대통령실이 양국간의 총체적 관계가 악화되지 않도록 기민하게 대처하게 되고 직접적으로 개입하게 된다. 따라서 이 경우의 정책결정은 대내적 압력의 정도, 이슈의 성격, 상대적 국력에 의해 좌우된다. 한·미 간 양담배문제가 이에 해당되는 경우이다.

[가정 6] 국내외적 압력이 모두 높을 때: 이 경우에는 무역분쟁의 정책결과가 양쪽 압력의 정도에 의해 영향을 받는다. 한·미 양국간에 국내외적 압력이 모두 높았던 한국 쌀시장의 개방은 극도로 정치화된 문

20) Thomas G. Schelling, *The Strategy of Conflict* (Cambridge: Harvard University Press, 1960).

제로서 대통령의 직접개입을 불러일으켰다. 이와 같은 사안에서 정책방
향(예컨대 방어적·공격적·중립적)은 정권존립의 논리와 국민의 인기투
표에 의해 크게 영향을 받는다. 만약 사태가 민감해져 이슈가 정권의
존립이나 인기투표에 심각하게 영향을 미치면 대통령의 개입이 정책결
과에 큰 영향을 끼치게 된다. 상황에 따라 대통령은 외교적 손실에도
불구하고 위험을 감수(예: 미국의 외압에 굴하지 않는다는 대국민 공약)
하게 되나, 대통령이 그 공약을 지키지 못할 경우 정권존립 및 인기에
치명적인 손상을 입히게 된다.

미국으로서는 한국의 상대적 국력이 신장되어 양국관계의 훼손을 무
릅쓰고 쌀시장 개방을 무리하게 강행할 수 없다. 반면 미국은 미국 내
쌀 로비스트들에 의한 정치적 압력 때문에 한국에 대해 타협적 태도를
보일 수도 없다. 이와 같이 양국 정부 모두 공동해결책을 못 찾거나, 어
느 한쪽도 상대방에게 양보를 할 수 없는 경우 그 사안은 GATT와 같은
국제기구에 분쟁해결을 의뢰할 수밖에 없다.

그러므로 국내외 압력이 모두 치열할 때에는 그 정책결과가 양쪽 압
력의 정도, 이슈의 성격 및 상대적 국력에 의해 크게 영향을 받게 된다.
한·미 간에 한국 쌀시장 개방문제가 이와 유사한 경우이다.

제 3 절 대미 경제외교정책의 사례분석

1. 대미 경제외교정책의 6가지 사례

1) 신발협상

신발은 1970년대에 대미 수출품목 중 주종 품목의 하나였다. 한국과
대만산 신발의 대미 수출이 1974~1976년 사이에 100% 증가되고 미국
내 시장점유율이 33%에서 51%로 급신장한 반면, 미국의 신발업체는
600개 중 220개가 문을 닫고 실업자가 7만 명에 달하게 되어 미국정부

는 그 대책을 강구하지 않을 수 없게 되었다. 미국의 카터 대통령은 신발선적을 제한키 위해 이 두 국가와 시장질서유지협정(OMA: Orderly Market Agreement)을 체결토록 무역대표부(USTR)에 지시했다.

한국은 속수무책으로 OMA에 응했고, 그 결과 수출은 급격히 감소하여 1977년 당시 6천만 켤레 상당의 수출능력이 OMA가 끝나는 5년 이후에 3,625만 켤레로 줄어 신발업계는 치명적 타격을 입고 말았다. 당시 미국 신발업계는 한국에 대해 임금에서가 아니라 기술면에서 경쟁력을 잃었던바, 결국 OMA는 미국 신발업계의 문제를 외국경쟁자에게 전가함으로써 체결된 미국의 일방적 요구에 의한 정치적 산물의 결과이다. 왜냐하면 한국신발에 대한 OMA에도 불구하고 미국업계는 재기하지 못한 채 몰락했으며, 한국의 수출도 재기할 수 없을 정도의 영향을 받아 다른 개도국에게 경쟁력을 상실하고 말았다.

2) 컬러TV 협상

1983년 한국산 컬러TV에 대한 미국의 반덤핑 제소는 전자산업의 수출문턱에 들어선 한국의 꿈을 뒤흔들었다. 무엇보다도 우선 레이건 행정부의 일관성 없는 반덤핑 마진율이 1984년 한국 국민들에게 강한 반항을 불러일으켰는데, 그 마진율이 제1심과 최종판결 사이에서 크게 변동되었고, 그 이후 이런 현상은 국제무역위원회(ITC)에 의한 재심의 예비판정과 최종판정 사이에서도 마찬가지였다. 예컨대 마진율은 금성사의 경우에는 14.77%, 20.08%에서 7.4%로 변동되었고, 삼성의 경우에는 15.95%, 52.5%에서 0.11%까지 큰 폭으로 변동되었으며, 대우의 경우에도 13.90%, 25.09%와 14.88%로의 변화를 보였다.

이와 같은 덤핑 마진율의 변동으로 한국의 컬러TV 수출액은 1984년 2억 8,300만 달러에서 1985년 1억 7,800만 달러로 크게 감소했고, 특히 이러한 미국측 마진율의 임의적인 변동조치는 한국 국민들의 반미감정까지 자극함으로써 국회의원 등 일부 정치인들은 이를 한·미 안보관계의 시련으로 본다고 말하기까지 했다. 이러한 한국측의 감정고조에도 불구하고 미국측은 군사정권하의 한국에 대해 냉담한 반응을 보였는데, 예컨대 미국의회의 퍼세이(Percey: R-Il) 상원 외교위원장과 로스텐코스키(Rostenkowski: D-Il) 하원 세출위원장은 한국이 컬러TV 판정에 대해 부당한 압력을 넣으려 한다고 비판하였다.

3) 일반특혜관세(GSP)

한국산 컬러TV에 대한 반덤핑 소송이 제기됐던 1983년에 미국의회는 미국의 일반특혜관세 프로그램하에서 다른 개도국과 마찬가지로 한국이 향유하던 한국산 상품에 대한 무관세 혹은 관세인하의 혜택을 배제시키려고 하였다. 민주당의 유력한 중진의원인 제퍼드(Gephardt) 의원은 한국·대만·싱가포르·브라질·멕시코·이스라엘 등 GSP 최다수혜국가들이 100여 개 개발도상국을 대상으로 한 GSP 특혜의 50% 이상을 차지하므로, 이들 선발개도국들을 미국 GSP 특혜 리스트에서 졸업시키는 입법안을 발의하였다. 당시 한국의 대미 수출 중 20% 이상이 이 혜택하에 놓여 있었으므로 한국의 졸업은 수출에 치명적인 타격을 줄 것이 명약관화하여 전두환 대통령은 비상경제장관회의를 주재하고 유병현 주미대사를 긴급 소환해 그 방안을 보고케 하는 등 저지대책을 진두지휘하였다. 다른 한편 미국측의 환심을 사기 위해 금진호 상공장관을 단장으로 하고 재벌그룹의 기업회장이 주축이 된 대규모의 관민구매사절단을 미국에 급파하였는데, 이 사절단은 18일간의 미국 주요 지역 순회를 통해 24억 달러에 달하는 미국상품 구매를 마쳤다. 이러한 일련의 노력으로 한국은 3년간 더 GSP 특혜대상으로 남게 되었으나, 한국정부가 당시에 치른 비용에 비하면 그 결과는 초라한 것이었다. 왜냐하면 브라질·멕시코·이스라엘 등 다른 수혜대상국들은 미국의회에 대한 로비를 통해 졸업대상 리스트에서 빠졌고, 미국의 GSP 프로그램은 8년 반 동안 더 연장되었기 때문이다. 오렐의 설명에 의하면 남미국가들은 한국·대만 등 3년간 수혜결정을 받은 아시아 국가들보다 미국의회에 대한 교섭을 잘했다고 평가되지만, 이것은 무엇보다도 군사정권하 한국의 미국에

대한 상대적 국력이 남미국가들보다 뒤졌기 때문이다.[21]

4) 지적소유권(IPR) 협상

군사정권에 이어 민선으로 선출된 노태우 정권이 집권하자 정부의 정통성에 대한 시비, 인권문제 등 한·미 간 불협화음이 사라지고, 사회 곳곳에서의 여론 분출이 이루어져 한·미 간 현안문제에도 영향력을 미쳤다.

이러한 가운데 1985년 11월 4일, 미국 USTR은 자국의 지적소유권 보호가 부족하다고 판단하고 한국에 대한 조사를 단행하였다. 당시 문제가 되었던 세 종류의 지적소유권 문제들은 국외에서 '잘 알려진' 상표권의 한국 내 적용문제, 의약품에 대한 특허기간 연장문제, 직물 디자인 문제 등이었다. 미국은 국제적으로 잘 알려진 상표권과 직물 디자인이 한국 내에서도 그대로 보호되어야 한다고 주장하나, 한국은 법규정상 상표권의 보호는 등록을 전제로 하므로 한국정부 당국(KIPO)에 등록되지 않은 상표권(디자인 포함)은 보호될 수 없다고 주장하였다. 의약품의 특허기간 연장문제에 관해서도 미국은 선진국에서 시행하는 의료 테스트의 관례를 한국정부 당국이 그대로 준수토록 주장하였으나 한국정부는 일정 조건하에서만 이를 인정한다는 입장이었다.

전반적으로 미국정부 당국은 한국정부의 지적소유권 보호 노력이 미흡해 한국을 보호노력 수준이 가장 낮은 '우선 감시 리스트'(PWL) 대상에 포함시켜야 한다고 판단하고 Special 301조 규정으로 위협을 가해 왔으며, 미국이 특별히 지정하는 여하한 분야에 진전이 없으면 한국의 감시대상 지위를 격하시키겠다고 통보해 왔다. 이와 같은 미국측의 강압적인 정책과 영향력은 한국정부에 대해 직접적 영향력을 미치지 못한 채, 한국정부는 1996년 OECD 가입이라는 장기적인 자체계획에 따라 지적소유권 침해에 대한 감시·감독·보호 조치를 강구해 왔다. 다시 말하

---

21) John S. Odell (1985).

여 미국의 외압이 국내압력에 비해 높더라도 한국정부는 사회적 여론이 정부의 정책으로서 그것을 지원해 주지 않는 이상 군사정권하에서처럼 임의적으로 미국측 요구를 수용해 줄 수는 없었다. 즉 사회가 국가로부터 자율성이 강해지면 강해질수록 그 국가의 상대적 교섭지위는 국제적으로 더 높아지게 됨을 알 수 있었다. 이는 한국의 미국에 대한 상대적 국력이 그만큼 커졌음을 간접적으로 설명해 주는 것이며, 이러한 한국의 상대적 국력신장은 한국에게 유리한 현안적 성격(issue-area structure)에 따라 함께 영향을 받는다.

5) 담배협상

일본과 대만은 1960년대에 외국산 담배시장을 개방하여 이미 외국산 담배의 국내시장 점유율이 상당한 수준에 도달해 있었다. 예컨대 1987년 외국산 담배 점유율은 대만이 20%, 일본이 9.8%였는 데 비해, 한국은 0.2%에 불과하였다. 미국의 필립모리스(Philip Morris)사의 레이놀스(Reynolds) 회장단은 1984년 이후 방한과 더불어 한국에 담배시장 개방을 요구하였고, 이들의 적극적 로비로 미국정부는 GSP 프로그램을 활용해 한국에 대한 시장개방 압력을 가해 와, 1987년 6월의 한·미 경제협의회에서 한국은 그해 말까지 담배문제를 포괄적으로 해결하기로 동의하고 말았다.

1988년 1월 22일 미국의 담배수출협회는 Section 301조하에서 정식으로 한국의 미국산 담배시장 폐쇄 이유를 들어 한국을 제소했고, USTR은 이 청원을 접수해 2월 10일 조사 개시를 결정하였다. USTR의 결정 직후 양국 정부는 회담에 들어갔으나, 민주주의 전환의 초기단계였던 한국정부는 미국의 압력에 쉽게 굴복하여 회담 3개월 만인 5월 27일에 양담배시장 접근에 관한 한·미 정부 간 양해각서(ROU)에 합의하고 말았다. 이 합의는 외국산 담배수입업자에게 전매공사와 별도로 수입·분배·판매에 관한 권한을 포함한 무차별적인 시장접근을 허용하는 것이었다.

특히 ROU가 문제가 되는 것은 이것이 한국정부의 과세구조와 광고·선전 문제에 제약을 가한다는 점이다. 예컨대 ROU에 연초세가 특정액의 물품세(예: 1천 개피당 18,000원)로 묶이게 되어 세입의 상당부분을 연초세로 충당하던 지방정부의 세수가 급감해 지방재정의 문제를 일으키게 되었다.

또한 ROU는 청소년·여성의 끽연 증가에도 불구하고 흡연광고와 선전에 제한을 가할 수 없도록 하여 한국정부는 국민보건 및 환경과 같은 새로운 사회문제에 대비해 아무런 조치를 취할 수 없었다. 점차 민주화의 분위기가 만연됨에 따라 정부가 미국의 압력에 굴복하여 과세 등 주권사항과 국민건강을 방치하였다는 비판여론이 형성되었고, 국민들의 ROU 체결에 대한 대정부 비난이 고조되었다. 청소년·여성 등 국내 흡연인구의 증가 경향과 반대로, 미국 등 선진국의 흡연 감소경향에 따라 보건단체들의 정부에 대한 흡연 광고 및 선전을 제한하는 압력의 목소리가 커지고, 이 여론이 언론과 국회에 전달되어 국회의 다수 의원들은 정부로 하여금 국민보건증진을 위한 입법을 권고하기에 이르렀다. 그 결과 1994년 '국민보건 증진법안'이 국회에서 심의되었으며, 정부는 국회와 여론의 비판과 질책으로 미국에 대해 ROU의 개정을 요청하게 되었다.

한편 미국은 당초 이 협정의 개정에는 소극적이었으나, 1995년 9월에 실시하게 되는 한국의 '국민보건증진법'의 발효와 한국여론의 계속적인 ROU 개정 요청을 더이상 무시할 경우 한국의 반미감정을 부추기게 될 것을 우려하여 그 개정에 동의하였으며, 1995년 8월 9일 '제1차 교환각서'를 통해 문제점들을 한국측 요청에 따라 전면 수정하였다.

6) 쌀협상

UR협상의 타결에서 난제는 농업이었으며, 특히 쌀시장 개방의 문제가 가장 큰 논란거리였다. 쌀시장 개방의 열쇠를 쥐고 있는 국가는 한국과 일본이었던 만큼 GATT의 한국 및 일본에 대한 압력은 UR 타결

가능성이 높아짐에 따라 점증되었고, 특히 농업이익 보호라는 국내적 이유와 UR 타결을 정치적 목표로 내세운 미국정부의 정치적 압력은 심화되었다.

반면 쌀시장 개방문제는 농민들의 강한 반발 때문에 한국정부와 정계에서 언급조차 안 될 만큼 금기사항이었으므로 대외적 압력에도 불구하고 한국정부는 이를 공식적으로 거론하지 못했다. 한국으로서는 1991년 현재 경작국토의 57.8%가 쌀 생산지였고, 쌀 생산인구는 총 123만 농촌세대의 70%를 차지하였으며, 농촌수입의 49%와 GNP의 3.3%, 농업생산의 총액 중 35%를 쌀이 차지하고 있었던 만큼 정부는 쌀시장 개방압력에 대하여 UR의 원칙인 '관세화 및 최소 시장접근'의 예외를 주장할 수밖에 없었다.

그러나 정부 내에서 농민들의 입장에 동조적인 농수산부의 강경태도에 맞서 UR 분위기에 민감한 재경원·외무부·상공부 등이 쌀시장 개방문제에 대해 논의조차 하지 않음은 국익 차원에서 바람직하지 않다는 주장이 조용히 제기되기 시작하였다.

1992년 말 미국과 EC 사이에 EC의 농업문제에 대한 만족할만한 타협이 이루어지고, UR 타결 목표일자(1993년 12월 15일)가 가까워짐에 따라 일본이 '6년 후 관세화' 및 '최소 시장접근'이라는 조건으로 쌀시장을 개방키로 하였다는 보도가 나오자, 한국은 마침내 '일본과 유사한 조건' 수락 내지는 'GATT 탈퇴' 중 택일이라는 막다른 처지에 놓여지게 되었다.

이러한 분위기와 대조적으로 농협은 쌀시장 개방반대를 위해 '1천만 서명운동'을 전개했고, 또한 1993년 3월 22일 농민 등 각계 166개 단체들의 참석하에 범국민적 저항을 위한 대대적 모임을 개최하였으며, 같은 해 12월 3일에는 194개 단체로 구성된 국가긴급행동위원회를 조직하였다.

한편 미국은 농림성·USTR·국무성이 동원되어 한국에 대한 마지막 총공세를 가하면서, 마지막 걸림돌인 한국시장 개방의 회유책으로 한국

의 여파가 일본보다 심하므로 개방시에는 일본보다 좋은 조건을 부여
할 것이라는 제의를 해왔다.

이와 동시에 제네바에 파견된 한국정부의 UR 대표단은 UR 타결을
목전에 두고, "(한국이 원하는) UR의 예외없는 관세화 원칙의 예외"가
능성은 없다고 보고해 왔다. 이런 급박한 상황하에서 한국은 'GATT 탈
퇴'로 인한 불이익을 받지 않고, 시장개방의으로 인한 피해를 최소화하
기 위해 외교적 노력을 다한다는 입장하에서 허신행 농수산부 장관을
제네바에 파견, 한국정부의 3가지 대안을 두고 미측과 교섭케 하였다.
허 장관은 미국 농림장관과 열흘간에 걸친 막바지 절충을 벌이는 한편,
김영삼 대통령은 미국의 클린턴 대통령과의 통화를 통하여 마침내 '예
외없는 관세화 원칙의 예외'라는 입장을 포기하는 대신 개발도상국의
지위에 해당하는 '10년에 걸친 최소 시장접근 1~4%'라는 예외적 조건
을 얻어내게 되었다.

그 결과 한국은 1995년 전체 쌀 소비량의 1%에 해당하는 쌀 수입(5만
1,307톤)을 개시하여 10년 후인 2004년에 4%(20만 5,228톤)의 시장을 개
방키로 합의하였다. 이러한 교섭성과는 괄목할 만한 것이었는바, 이와
같이 한국이 일본에 비해 월등하게 좋은 교섭결과를 얻게 된 것은 쌀시
장 개방반대라는 국민적 반대여론이 민주주의하에서 교섭력에 큰 지렛
대(leverage) 역할을 제공하였고, 이에 부가하여 한국정부의 정확한 상황
판단과 이를 토대로 총력을 다한 교섭능력이 집결되어 상대적으로 국
력을 신장시켰기 때문이다.

2. 사례연구의 분석결과

위에서 논의된 6가지 사례들의 분석을 통하여 우리는 6가지 가정들
이 현실적으로 검증되었음을 알 수 있었으며, 이러한 6가지 가정들과
결과를 종합하여 한국정부가 취한 정책들의 결과를 아래와 같이 정리
할 수 있다.

첫째로 전제정권하에서 국가의 힘이 사회를 압도할 때, 세 가지 경우를 가정할 수 있다.

[가정 1] 전제정권하에서 대외적 압력이 국내압력보다 클 경우: 한국은 소극적 수용(passive accommodation)이라는 대외경제정책의 입장을 취하였다. 소극적 수용이란 신발의 경우처럼 한국이 미국의 요구를 그대로 수용하는 정책을 의미한다.

[가정 2] 전제정권하에서 국내압력이 대외적 압력보다 클 경우: 한국은 반작용적 조정노력(reactive adjustment)의 입장을 취하게 된다. 반작용적 조정노력이란 1983년의 컬러TV 경우에서와 같이 미국의 압력을 전환 내지 변화시키려는 한국정부의 반작용적 노력을 의미한다.

[가정 3] 대내외 압력이 모두 강할 경우: 한국정부는 예방적 조정노력(preventive adjustment)의 태도를 취하였다. 예방적 조정노력이란 GSP의 경우와 같이 한국의 GSP 혜택을 중지하려는 미국 조야의 압력을 예방하고, 그 혜택을 지속시키려는 외교적 노력을 말한다.

둘째로 시민사회가 국가로부터 독자적인 민주주의체제하에서, 다음의 세 가지 가정을 생각해 볼 수 있다.

[가정 4] 민주정권하에서 대외적 압력이 국내압력보다 높을 경우: 한국정부가 취할 수 있는 대외경제정책의 입장은 도전적 수용태도(provocative accommodation)였다. 도전적 수용태도란 지적소유권 문제와 같이, 1985년 이래 미국은 special 301조라는 위협적 수단을 사용해 한국정부의 엄격한 IPR 보호를 강요했으나, 한국정부는 미국의 압력보다는 OECD 가입이라는 장기적 계획 하에 자체적으로 IPR을 보호한 노력을 말한다.

[가정 5] 대내적 압력이 대외적 압력을 능가할 경우: 한국정부는 공격적 조정노력(offensive adjustment)이란 입장을 취하게 된다. 공격적 조정노력이란 양담배 시장개방의 경우와 같이, 1988년 한·미 양국간 체결된 양담배 수입개방에 관한 양해각서(MOU)는 한국의 관세구조 변경제약으로 인한 주권에 관한 사항과 과대 광고·선전으로 인한 국민보건 침해사항과 연관되어 있고, 1995년 국민보건법 시행과 더불어 이의 개정

이 불가피하게 제기되어 한국측의 선제공격으로 MOU를 개정하게 된 외교적 노력을 말한다.

[가정 6] 대내외적 압력이 공히 높을 경우: 한국정부는 방어적 공격(defensive offense)의 입장을 취하였다. 방어적 공격이란 쌀시장 개방의 경우와 같이, WTO 출범을 앞두고 미국과 GATT는 한국의 쌀시장 개방을 위해 집요하게 압력을 가해와 마침내 한국정부는 국제적 압력에 넘어갔으나, 반면 쌀시장 개방반대라는 국내적 압력을 최대한 무마하기 위해 쌀시장 개방을 최소화시키는 공격적인 외교적 노력을 경주한 경우를 말한다.

제 4 절 평가 및 결론

위에서 제시한 6가지 사례연구를 통하여 우리는 다음과 같은 결론에 도달할 수 있었다.

첫째 한국은 전두환 정부하에서 컬러TV와 GSP에 대한 미국의 호의적인 결정을 얻어내기 위해 대규모의 대미 구매사절단을 파견, 24억 달러 상당의 상품을 구매 하는 등 과도한 대가를 치렀음에도 불구하고 그 결과는 기대에 훨씬 미흡했던 반면, 이와 대조적으로 민주정부하에서는 담배·IPR·쌀 등 3가지 사례연구가 보여주듯이 거의 아무런 비용부담 없이 전자와 비교할 수 없을 만큼 좋은 결과를 도출해 내었다.

둘째 민주정권이 전제정권에 비해 대미 통상교섭 결과가 월등히 뛰어난 것은 민주주의 기치 아래 강한 사회에서 도출되는 국내정치적 지지가 미국의 압력을 완화시키는 한편, 한국정부의 대미 교섭력을 강화시키기 때문이다. 민주정부하에서 한국정부의 정치적 합법성과 시장경제정책이 한·미 양국간의 관계강화에 걸림돌이 되는 미국의 국내부담을 경감시켰으며, 정치·안보면에서 양국간의 긴밀한 공조체제와 APEC·WTO 등 다자간 문제에서 보인 확대된 양국간 협력관계가 한국의 미국에 대한 상대적 국력을 상승시킨 결과를 초래하였다.

이와 아울러 한·미 무역마찰시에 미국의 압력과 강대국으로서의 영향력이 상기한 무역이슈들에 대해 규칙적으로, 그리고 효과적(regularly and effectively)으로 나타나지 않았음을 알 수 있다. 오히려 IPR·담배·쌀과 같이 약소국인 한국에 보다 적합한 이슈들(issue-areas)인 경우에는 미국이 한국보다 우월하지 못했다. 이와 같이 상호주의 모델은 한·미 양국간에 새로운 형태의 양자관계를 설립할 수 있음을 시사하고 있다.

결론적으로 약소국과 강대국 사이의 관계는 국내·국제 정치체제의 상호작용 속에서 항상 변화해 가는 상대적 국력과 이슈의 구조 측면에서 재정립될 수가 있다.

이상의 결론을 토대로 우리는 앞에서 제기한 세 가지 연구제의들의 타당성을 증명하였는데, 첫째로 한국의 대미 경제정책의 성격과 방향은 미국의 압력 정도와 국내 정치적지지 및 반대 형태에 의해 우선적으로 제한된다는 것이다(제의 1). 둘째로 국가·사회 간 관계, 국내외 압력의 정도가 크게는(at the macro level) 한국의 대외경제정책을 결정하지만, 구체적으로(at the micro level) 한·미 무역마찰시의 실제 정책결과는 부가적인 변수, 즉 상대적 국력과 현안 중인 이슈에 대한 인식의 정도에 따라 결정된다는 것이다(제의 2). 셋째로 제3공화국과 제5공화국과 같은 전제정권하의 강한 국가는 신발·컬러TV·GSP 등의 사례가 시사하는 바와 같이 비용이 더 들고 유연성이 없으며 비효율적인 정책결정을 하는 반면, 민주정권은 IPR과 담배·쌀 등의 사례에서 보듯이 전제정권에 비해 보다 효율적이며, 비용이 덜 드는 정책적 선택을 하게 된다는 것이다(제의 3).

제 9 장 통일외교

정 규 섭

제 1 절 서 론

일제 치하에서 벗어난 이후 한민족의 염원은 통일된 민족국가를 형성하는 것이었고, 한반도에 2개의 정부가 수립된 이후 남북한 모두는 통일을 주요 과제로 설정하여 왔다. 그러나 분단 50년이 지난 현재 남북한은 통일을 향하여 나아가기는커녕 상호불신과 갈등을 벽을 허물지 못하고 있다. 이는 민족의 비극이다.

분단 50주년인 1998년이라는 시점은 우리 민족에게 중차대한 시기이다. 탈냉전 이후 전세계 국가들은 화해·협력을 모색하면서도 국가이익·민족이익을 우선시하는 특징을 보이고 있다. 이와 같이 새롭게 형성되는 세계질서 속에서 남북한이 화해·협력하여 궁극적으로 통일을 달성한다면 한민족 전체의 생존과 번영의 기틀이 마련될 수 있다. 그러나 남북한이 계속 대립·반목하여 민족의 저력을 낭비한다면 민족번영의 기회는 사라지고 말 것이다. 따라서 통일은 민족정서상 그 자체가 목표이기도 하지만, 민족사의 단절을 방지하고 나아가 민족의 번영을 도모하기 위한 조건이라는 데 그 핵심의의가 있는 것이다.

이 장에서는 국가수립 이후 한국정부가 통일을 성취하기 위해 전개해 온 통일정책과 외교를 분석하고, 앞으로의 과제를 제시하고자 한다.

분단 이후 1970년대 초까지 남북한은 공식적인 대화와 접촉이 전무한 적대적인 대결관계에 있었다. 그러나 1970년 8월 15일 박정희 대통령이 제25주년 광복절 경축사를 통하여 북한을 대화와 협상의 대상으로 인정한 이후 남북한관계는 새로운 국면에 접어들게 되었다. 남북한은 1972년 '7·4남북공동성명'으로 대표되는 1970년대의 남북대화와 1984년 9월 북한 적십자회의 수해물자 제공 이후 경제회담·적십자회담·국회회담·체육회담 등 다양한 접촉과 대화를 가졌다. 그럼에도 불구하고 이 시기에도 남북관계 개선을 위한 실질적인 성과가 산출되었던 것은 아니며, 남북한은 여전히 상호불신과 갈등의 대결적 공존관계를 지속하였다.

1988년 2월 25일 제6공화국 출범과 함께 한국은 북한을 '민족번영을 위하여 협력하는 동반자'로 규정하고, 북한과의 화해·협력을 모색하기 시작하였다. 이에 따라 남북한은 1992년에 들어 분단 이래 최초로 남북 당국 간 합의서인 '남북 사이의 화해와 불가침 및 교류·협력에 관한 합의서' 및 분야별 부속합의서를 채택·발효시킴으로써 남북 화해·협력시대를 열어 나갈 수 있는 제도적 장치를 마련하였다. 그러나 1998년 현재 이러한 남북 합의사항은 사장되어 있다.

이 장에서는 한국의 정책전환에 따라 시기를 구분하여 한국정부가 수립한 통일정책 기조와 대북·대외 차원에서 전개한 통일외교와 함께 실질적인 남북한관계의 전개를 살펴본 후, 통일을 달성하기 위한 앞으로의 과제를 제시하고자 한다.

제 2 절 통일외교의 역사적 전개

1. 1948년 정부수립에서 1969년까지

1) 제1공화국

1948년 8월 15일 대한민국 정부수립과 함께 한국은 북한정권을 38도선

이북의 대한민국 영토를 불법적으로 강점하고 있는 소련군 통제하의 괴뢰정부로 인식하여 반국가 불법단체로 규정하였다. 따라서 한국정부는 한반도의 유일 합법정부로서 지위를 확고히 하는 것을 통일외교의 근간으로 삼았고, 국토통일을 위해 유엔 감시에 따른 북한지역만의 총선거와 북한에 대한 무력행사 불사론(不辭論)을 지속 천명하였다.[1]

한국정부 대표단은 1948년 12월 6일 제3차 유엔총회 정치위원회에서 통일에 관한 입장을 피력하는 한편, 국방력 강화와 통일을 위해 유엔 및 동맹국가들의 한국정부에 대한 정식승인을 역설하였다. 그 결과 1948년 12월 12일 제3차 유엔총회 결의를 통하여 대한민국이 한반도의 유일 합법정부임을 인정받았으며, 1949년 1월 1일 미국의 한국 승인에 이어 1950년 6월 25일까지 22개국이 공식승인함으로써 국제적으로 대한민국의 정통성 확보를 위한 외교적 성과를 거두었다.

이와 함께 이승만 대통령은 1949년 2월 18일 통일문제에 관한 정부 입장을 밝히는 성명서에서 북한정권과의 협상은 공산정권에 대한 묵시적 승인을 뜻하는 것이므로 어떤 협상도 있을 수 없다고 강조하였다.[2] 한국정부는 이러한 입장을 유엔한국위원단(UNCOK)에게도 전달하는 한편, 1949년 9월 제4차 유엔총회 정치위원회에서 한국통일은 소련으로 하여금 북한에서 자유선거를 실시하도록 유엔결의의 의무를 강요할 수 있는 유엔에 의해서만 달성될 수 있다는 점을 강조하였다.[3] 뿐만 아니라 이 대통령은 계속 북진통일을 천명하였다.[4]

---

1) 외무부, 『외무행정의 10년』(서울: 외무부, 1959), p. 93: 통일원, 『통일백서 1990』(서울: 통일원, 1990), p. 21.
2) 외무부 (1959), p. 94.
3) 이와 함께 유엔 제4차 총회 정치위원회에서 한국은 민족숙원의 실현을 위해 ① 유엔한국위원단의 계속적 주재와 동위원단의 증강, ② 유엔의 모든 가맹국가들은 한국의 안전에 책임을 진다는 것을 공식적으로 선언할 것, ③ 대한민국의 유엔가입을 승인할 것 등을 요청하였다. 외무부 (1959), p. 95.
4) 1949년 11월 11일 이 대통령은 "한국은 앞으로 장기간 남북분열을 용인하지는 않을 것이다. 우리가 전쟁으로서 이 사태를 해결해야 할 때는 필요한 모든 전투는 우리가 행할 것이다"라고 언급하여 북진통일론을 제창하였다. 공보처, 『대통

1950년 6월 25일 북한의 전면적인 무력침공에 직면하여 한국은 같은 날 유엔한국위원단에 휴전조치를 취할 것과 미국에 무기원조를 요청하는 동시에 유엔 긴급회의를 통해 유엔 안전보장이사회가 북한군에 대한 즉각 정전명령과 38도선 이북 철수를 명령하도록 요구하였다. 이후 유엔군의 참전과 중공군의 개입으로 전선이 교착된 상황에서 1951년 2월 5일 이 대통령은 38도선은 없어졌다고 언명하고 북한진격을 주장하였다. 그러나 4월 11일 트루먼 미 대통령은 유엔군의 중국 본토까지의 작전 확대를 발표한 맥아더 유엔군 총사령관을 해임함으로써 한국전쟁을 한반도 내에 국한하고 외교교섭을 통해 전쟁을 종결하려는 입장을 보였다. 이러한 상황에서 38선 휴전설이 등장하자 이 대통령은 5월 26일 휴전협상이 개시된다면 실지회복을 위한 단독행동의 의지를 표명하였고, 국회는 6월 5일 정전설 반대에 관한 결의문을 채택하였다. 결국 6월 23일 말리크 유엔 소련대표의 휴전회담 개최 제의에 대해 이 대통령은 거부입장을 밝혔으나,5) 유엔측은 이를 수락함으로써 7월 10일 휴전회담이 개시되어 1953년 7월 27일 휴전협정이 체결되었다.6) 정전에 즈음하여 이 대통령은 북의 강토와 동포를 다시 찾고 구해내는 기본 목표는 불변이며 성취될 것이라는 성명을 발표하였다.7)

한편 휴전협정 제60조에 의거하여 1954년 4월부터 6월까지 개최된 한반도문제의 평화적 해결을 위한 제네바회담에서 한국대표단은 유엔 감시하의 남북한 인구비례에 따른 자유총선거 실시방안을 제의하기도 하였으나,8) 집권당인 자유당은 협상에 의한 통일달성이라는 '화평통일론'

령이승만박사담화집』(서울: 공보처, 1953), p. 24.

5) 말리크의 제의에 대한 이 대통령의 입장은 공보처, pp. 385-386 참조.

6) 이 과정에서 휴전반대와 불만표시로 이 대통령은 1953년 6월 18일 반공포로 석방과 한국군의 유엔 관할 이탈의지를 표명한 바 있다.

7) 이 성명의 전문은 공보처, pp. 308-310 참조.

8) 1954년 4월 27일 제네바회담에서 변영태 외무장관은 14개 항의 통일방안을 제시하였다. 제네바회담에 대한 자세한 내용은 외무부 (1959), pp. 104-105; 외무부 외교연구원, 『한국외교의 20년』(서울: 외교연구원, 1967), pp. 72-81 참조.

과 유엔 감시하의 남북총선거 실시를 배격하고,[9] 유엔 감시하 북한만의
자유총선거를 통한 통일을 실현한다는 정책을 견지하였다.

이와 같이 제1공화국의 통일외교는 유엔을 통한 한반도 문제해결에
초점이 두어졌으며, 그 밑바탕에는 한국정부의 국제법적·도덕적 우월성
과 북한 당국에 대한 불인정이 깔려 있었다. 또한 북진통일은 실현가능
성보다는 정치적 상징성의 의미가 더 큰 것이었다고 평가할 수 있다.

2) 과도정부와 제2공화국

1960년 4·19혁명으로 제1공화국이 붕괴된 이후 한국 내에는 많은 정
당 및 사회단체들이 결성되면서 대북정책을 포함하여 다양한 통일논의
가 대두되었다. 이러한 상황에서 허정 과도정부는 1960년 5월 3일 "과거
보다도 일층 더 견실하고도 확고하게 반공산주의 정책을 전진시킬 것
이다"라고 천명하고, 통일문제에 관해서는 유엔결의에 정해진 원칙에
따라 평화적 방법에 의한 통일을 실현한다는 기본방침을 제시하였다.[10]
이와 함께 방한한 아이젠하워 미 대통령은 6월 20일 공동성명을 통해
"미국은 한국통일을 위해서 계속 노력할 것"을 천명하였다.

1960년 7·29선거를 통하여 출범한 제2공화국의 민주당 정부는 선거
직전인 7월 26일 통일방안을 발표하고 통일정책 기조를 제시하였으며,
이는 유엔 감시하 남북한 총선거와 북한이 1956년부터 제의한 남북교류
에 대해 통일 이전에는 이를 거부하는 것으로 요약된다.[11] 제2공화국

---

9) 화평통일론은 미소공동위원회의 전철을 밟자는 것으로 이룩할 수 없는 탁상공
   론에 불과하고, 대한민국은 이미 유엔 감시하에 총선거를 실시하였으므로 또다
   시 남북총선거는 불필요하다는 논리이다. 우남전기 편찬위원회, 『우남노선』(서
   울: 명세당, 1958), p. 169.
10) 통일원 (1990), p. 27.
11) 민주당의 통일방안은 다음과 같다. ① 유엔 감시하에 남북한을 통한 완전한 자
    유선거로써 평화통일을 도모할 것을 원칙으로 한다. ② 선거감시위원단의 구성
    원은 유엔결의로써 선임하되, 각자 진정한 자유선거를 실시하는 회원국가로 할
    것이다. ③ 선거 이전에 남북연합위원회 등을 구성하는 안은 대한민국이 한반도
    의 유일합법정부라고 한 유엔결의와 배치되므로 이를 반대한다. ④ 통일 전 남

출범 다음날인 8월 24일 정일형 외무장관은 유엔 감시하의 남북한 자유 총선거에 의한 통한정책을 재확인하고, 한국의 유엔가입 촉구, 대미 유대강화, 대일 외교정상화 등 7개항의 외교목표를 제시하였다. 제2공화국은 경제안정이라는 당면과제를 해결하기 위해 미국으로부터 원조획득에 주력하였다. 통일문제에 관해서 1960년 11월 10일 한·미 외무장관은 공동성명을 통해 유엔결의에 의거한 한국의 통일달성과 한국이 유엔 가맹국으로서의 자격과 권리가 있음을 공표하였다.[12]

한편 민주당 정부는 사회민주화와 경제건설을 국가목표로 제시하였으며, 특히 정치적인 규제법률을 무조건 배제하는 것을 정통성의 기반으로 삼고자 하였기 때문에 그동안 사회 내에 잠재되었던 세력들이 활발하게 정치세력화하기 시작하였다. 이에 따라 통일논의도 일반화되어 반공체제하에서 조직화될 수 없었던 혁신세력이 대두하면서 남북학생회담 개최, 남북협상론, 중립화통일론 등이 등장하게 되었다.[13] 이러한 통일논의의 활성화로 민족통일에 대한 국민적 관심이 증대되었으나, 반면에 기존의 반공체제가 약화되고, 민주당의 내부분열 및 경찰력 약화 등으로 사회질서를 장악하지 못하고 있던 상황 속에서 사회·정치적 불안정이 한층 고조되었다. 이는 5·16 군사쿠데타 발발의 한 요인으로 작용하였다.

3) 군사정부와 제3공화국(1969년까지)

5·16 이후 군사정부는 '혁명공약'을 통해 반공을 국시의 제1로 한 반공태세 재정비 강화와 국토통일을 위한 실력배양을 통일정책 기조로 설정

북교류문제는 공산 파괴공작이 진정하게 정지되리라는 보장이 없으므로 이를 거부한다. ⑤ 통일된 한국은 민주주의와 민권 자유를 보유하는 국가가 되어야 하며, 적색독재나 백색독재국가가 되어서는 안 된다. 통일원 (1990), p. 27.

12) 외무부 외교연구원 (1967), pp. 123, 126-127.

13) 제2공화국 시기 각종 통일논의에 관해서는 이정식,『해방 30년사: 제3권 제2공화국』(서울: 성문각, 1976), pp. 383-423; 한승주,『제2공화국과 한국의 민주주의』(서울: 종로서적, 1983), pp. 174-175, 190-196; 양영식,『통일정책론: 이승만정부로부터 김영삼 정부까지』(서울: 박영사, 1997), pp. 39-44 참조.

하는 한편, 유엔헌장 존중 및 국제협정 이행과 미국 등 우방과의 유대 강화를 표명하였다. 이러한 '반공, 선건설 후통일'에 입각하여 군사정부는 통일을 위한 국제적 기반의 정비강화라는 통일외교를 전개하였다.

군사정부는 1961년 6월 24일 김홍일 외무장관의 성명을 통해 "평화적 방법에 의한 통일 추구 및 유엔 감시하의 남북한 총선거"를 통일방안으로 발표하였으며, 이러한 입장은 1961년 11월 14일 한·미 공동성명, 11월 20일 유엔총회에 제출한 정부각서, 박정희 의장의 연두교서 등을 통해 되풀이되었다.[14]

군사정부를 계승하여 1963년 12월 출범한 제3공화국은 조국근대화를 핵심 국가목표로 설정하고 경제성장을 최우선적으로 추진하기 시작하였다. 박정희 대통령은 1964년 1월 10일 연두교서를 통해 통일정책 기조를 밝혔다. 이 교서에서 박 대통령은 휴전선상에서의 빈번한 침범사건에 따른 불안을 표명하고, 실력배양에 의한 대공방위의 기반 마련을 강조하는 한편, 유엔을 통한 자유민주주의 원칙 및 실지회복을 통한 통일을 제시하였다.[15]

1964년 12월 개최된 제7차 한일회담을 계기로 한·일 국교정상화 교섭이 급진전되는 상황에서 한일회담 반대시위와 민간차원의 통일논의가 다시 활성화되자, 정부는 '선건설 후통일'이라는 정책방향을 재차 강조하였다.[16] 박 대통령은 1966년 1월 18일 연두교서를 통하여 조국통일이 지상명제이나, 조국근대화가 남북통일을 위한 대전제이며 중간목표라고 제시하여 '선건설' 정책의 추진을 명백히 하였다.[17] 이러한 입장에 내재

---

14) 외무부 외교연구원 (1967), pp. 156-157.
15) 대통령비서실, 『박정희대통령 연설문집 2: 제5대편』(서울: 대통령비서실, 1973), pp. 31-32.
16) 각종 통일논의에 대해 박정희는 1966년 6월 25일 6·25 16주년 담화문을 통해 "특히 혁신을 가장한 용공사상, 민족애로 분장한 회색통일론, 또는 분별없는 남북교류론 등은 국민을 현혹하고, 통일을 위한 우리의 노력에 혼란만을 가져올 뿐, 아무런 도움이 되지 못한다"라는 입장을 표명하였다. 대통령비서실 (1973), p. 712.
17) 대통령비서실 (1973), p. 592. 박 대통령은 1967년 연두교서에서도 "이 단계에

한 논리는 경제건설과 민주역량 강화를 통해서 남북대결의 주도권을 장악할 수 있다는 것이고, 박 대통령은 통일을 위한 적극적 접근시기를 1970년대 후반으로 설정하였다.[18]

이와 함께 통일정책에 대한 국제적 지지를 확보하기 위한 제3공화국의 통일외교는 1964년 12월 한·독 정상회담, 1965년 5월과 1966년 11월 한·미 정상회담, 1966년 2월 박 대통령의 동남아 순방, 1967년 3월 한·독 정상회담뿐만 아니라, '대한민국의 유일 합법성 고수 및 2개의 한국관 불용인' 원칙에 따른 대중립국 외교와 대유엔외교 등을 통해 전개되었다.

한편 북한은 1960년대에 들어 군사력 강화정책을 적극 추진하였으며, 강화된 군사력을 바탕으로 1968년 1월 청와대 기습사건, 동년 10월 울진·삼척 무장공비침투사건, 1969년 4월 EC-121기 격추사건 등과 같은 대남 강경노선을 추구함에 따라 남북한은 첨예한 대결상태에 있었다.[19] 이에 따라 한국정부는 안보우선체제를 강화하면서 군수산업 육성과 군비확장에 박차를 가하는 한편, 1969년 3월 1일 통일문제에 대한 장기적이고 체계적인 방안수립을 위하여 국토통일원을 발족하였다.

2. 1970년 8·15선언에서 1987년까지

1) 8.15선언과 제3, 4공화국

1970년 8월 15일 박 대통령은 제25주년 광복절 경축사를 통하여 '평화통일의 기반조성을 위한 접근방법에 관한 구상'을 밝힘으로써 대북정책의 획기적인 변화를 시사하였다.[20] 이 선언은 1960년대의 '선건설 후통

있어서 통일의 길은 경제건설이며 민주역량의 배양"이라고 규정하였다. 대통령 비서실 (1973), p. 926.

18) 대통령비서실 (1973), p. 712.

19) 정규섭,『북한외교의 어제와 오늘』(서울: 일신사, 1997), p. 101.

20) 이 구상의 핵심내용은 ① 긴장상태 완화 없이는 평화적 방법에 의한 통일에의 접근이 불가능할 것이므로, 이를 보장하는 북한의 명확한 태도 표시와 실천이

일' 방침에 따른 경제건설과 그 결과로 신장된 남한의 국력에 대한 자신
감을 반영한 것으로서, 그 핵심 의의는 북한을 묵시적으로나마 사실상
의 정권으로 인정함으로써 대화와 협상을 통하여 '남북공존'을 모색하려
한 것으로 평가된다. 이에 따라 한국정부는 대북한관계에 있어서 종래
의 수동적인 자세에서 탈피하여 보다 능동적인 자세를 취하게 되었으며,
이러한 정책전환은 평화공존과 선의의 체제경쟁을 통하여 점진적으로
통일을 달성한다는 '선평화 후통일'정책의 시발점이 되었다. 또한 박 대
통령은 1972년 연두기자회견을 통해 "한반도의 장래는 열강과 국제조류
에 있는 것이 아니라 우리의 주체의식과 자주적 결정에 의해 정해져야
한다"는 점을 강조함으로써 통일문제를 민족내부문제화하려는 입장을
표명하였다. 이러한 한국의 정책변화는 국내요인 뿐만 아니라, 1969년 7
월 닉슨 독트린 발표와 미·중, 일·중 화해에 따른 동북아 국제질서의 급
격한 변화도 상당한 영향을 주었다고 분석된다.[21] 1970년대 한국은 통일
정책에 대한 국제적 지지 확보 및 한국 주도의 통일달성을 위한 국제적
여건 확보를 목표로 한 '통일기반 조성외교'를 전개하였다.

한국정부의 대북정책 변화에 따라 1971년 8월 12일 대한적십자사는
북한적십자회에 대하여 이산가족찾기운동을 위한 남북적십자회담을 제

선행되고, ② 이에 따라 북한이 모든 전쟁도발행위를 즉각 중지하고, 무력적화
통일 및 폭력혁명에 의한 한국 전복기도 포기를 선언하여 이를 행동으로 실증
하는 등 선행조건이 충족될 경우, 한국은 ① 인도적 견지와 통일기반 조성에 기
여할 수 있으며 남북 간에 가로놓인 인위적 장벽을 단계적으로 제거할 수 있는
획기적이고 현실적인 방안을 제시할 용의가 있고, ② 유엔에서의 한국문제 토의
에 북한의 참석을 반대하지 않으며, ③ 북한에 대해 어느 체제가 국민을 더 잘
살게 할 수 있으며, 더 잘 살 수 있는 여건을 가진 사회인가를 입증하는 개발·
건설·창조의 경쟁에 나설 것을 촉구한 것이었다. 이 선언의 전문은 대통령비서
실, 『박정희대통령 연설문집 3』(서울: 대통령비서실, 1973), pp. 807-811 참조.
21) Young Whan Kihl, "Korean Response to Major Power Rapproachment," in
Young C. Kim, ed., *Major Powers and Korea* (Silver Spring, Maryland:
Research Institute on Korean Affairs, 1973), pp. 139-164; Chae-Jin Lee,
"South Korea: The Politics of Domestic-Foreign Linkage," *Asian Survey*, Vol.
XIII (January 1973), pp. 94-101 참조.

의하였고, 8월 14일 북한이 이를 수락함으로써 1972년 8월 30일 평양에서 남북적십자 본회담이 개최되었다. 이와 함께 한국은 1971년 11월 20일부터 이후락 중앙정보부장과 김영주 조선로동당 조직부장 간의 고위층회담을 비밀리에 제의하여 판문점에서 11회에 걸친 비밀접촉을 가졌고, 1972년 5월 이후락과 박성철의 상호방문 결과 1972년 7월 4일 '자주·평화통일·민족대단결'이라는 조국통일 3대원칙을 기본내용으로 하는 분단 이후 최초의 공식문서인 '남북공동성명'이 발표되었다.[22] 이를 계기로 1972년 8월 30일 남북조절위원회가 설치되어 남북관계 개선과 통일문제가 논의되고,[23] 남북적십자회담이 진행되는 등 남북한관계는 새로운 단계로 진입하였으나, 통일문제에 대한 쌍방의 접근방법 차이로 인해 실질적인 진전을 이룩하지는 못하였다.

이러한 상황에서 박 대통령은 1972년 10월유신을 통해 제4공화국을 출범시키고, 1973년 6월 23일 7개항의 '평화통일 외교정책에 관한 특별성명'을 통하여 북한을 국가는 아니지만 정치실체로 인정하고 남북한의 평화적인 관계 정립을 천명하였다. 또한 이 선언에서 처음으로 북한의 국제기구 참여와 남북한의 유엔 동시가입을 반대하지 않을 것이며, 이념과 체제가 다른 국가들에 대해서도 문호를 개방하겠다는 공존정책을 공식화하였다.[24] 이에 대한 북한의 거부에도 불구하고[25] 한국은 '6·23선언'의 문호개방정책에 따라 북한과 외교관계에 있는 중립국들에 대해

---

22) 이 성명은 통일 3원칙 이외에 상호 중상·비방 및 무력도발 중지, 남북 사이의 다방면적인 제반교류 실시, 남북적십자회담 협조, 직통전화 가설, 남북조절위원회 구성·운영 등을 주요 내용으로 하였다.

23) 남북조절위원회에서 한국은 교류·협력을 통한 신뢰분위기 축적을 제안한 데 반하여 북한은 무력증강·군비경쟁 중지, 10만 이하로의 병력감축, 외군철수 등 군사문제 우선해결과 남북정당·사회단체회의 소집 등을 주장하였다. 외무부, 『한국외교 30년: 1948-1978』(서울: 외무부, 1979), p. 86.

24) 이 선언의 전문은 대통령비서실, 『박정희대통령 연설문집 5』(서울: 대통령비서실, 1976), pp. 109-111 참조.

25) 북한은 같은 날 한국의 '6·23선언'에 대응하여 단일국호에 의한 남북연방제 실시를 주요 내용으로 하는 '조국통일 5대강령'을 발표하여 공존정책을 거부하고 '하나의 조선' 논리를 강조하였다.

적극적인 외교활동을 전개하였다.

그러나 북한은 1973년 8월 8일 김대중 납치사건 이후 8월 28일 남북조절위원회 공동위원장 김영주의 성명을 통하여 대화상대 교체, '6·23선언' 취소와 한국의 반공법·보안법 철폐 등을 요구함으로써 남북대화는 점차 소강상태로 들어가게 되었다.[26]

남북대화가 소강상태에 처한 상황에서 박 대통령은 1974년 1월 18일 연두기자회견을 통하여 한반도의 평화정착이 평화통일에의 필수적인 과정이라는 인식하에 남북불가침협정 체결을 제의하였으며,[27] 동년 8월 15일 제29주년 광복절 경축사에서 평화통일 기본원칙을 천명하였다.[28]

한편 1975년 4월 베트남의 공산화라는 사태 이후 제30차 유엔총회에 즈음하여 한국은 미국과 긴밀한 사전협의 결과, 키신저 미 국무장관은 9월 22일 유엔총회 연설을 통해 남북한 및 미국·중국을 중심으로 한반도 휴전당사자 간의 협의를 제의하였으며, 이는 1976년 9월 남북한 예비회담의 우선개최로 수정 제의되었다. 이러한 구상은 남북한 불가침협정으로 한반도 평화정착을 제도화한 다음 주변국에 의한 국제적 보장을 받는다는 것이었다. 이와 함께 한국은 1976년 8월 개최된 제5차 비동맹국 정상회담에 대비하여 외교노력을 경주하였으며, 이에 따라 이 회의

---

26) 적십자회담은 실무자회의로 격하되어 1977년 12월까지 총 25차례 진행되었으나 성과없이 끝났고, 남북조절위원회 회담은 부위원장회의로 진행되었으나 1975년 5월 북한이 무기연기를 통보함에 따라 무산되었으며, 직통전화는 1976년 8월 18일 '판문점 도끼 살인사건' 직후인 8월 30일 단절되었다. 또한 북한은 1974년 3월 대미 평화협정체결을 제의하였다.
27) 남북불가침협정 제의는 ①상호 무력침범을 하지 않겠다는 것을 만천하에 약속한다. ②상호 내정간섭을 하지 않는다. ③현행 휴전협정의 효력이 존속되어야 한다는 것을 핵심내용으로 한 것이었다. 대통령비서실 (1976), p. 215.
28) 평화통일기본원칙의 주요 내용은 ① 한반도에 평화를 정착시켜야 한다. 이를 위하여 남북은 상호불가침협정을 체결하여야 한다. ② 남북 간에 상호 문호를 개방하고 신뢰를 회복해야 한다. 이를 위하여 남북대화를 성실히 진행시켜야 하며 다각적인 교류와 협력이 이루어져야 한다. ③ 이 바탕 위에서 공정한 선거관리와 감시하에 토착인구비례에 의한 남북한 자유총선거를 실시하여 통일을 이룩한다는 것이었다. 대통령비서실 (1976), p. 305.

에서 북한의 지지 확보 실패, 제31차 유엔총회에서 공산측 결의안의 자진철회 등 성과를 거두었다.[29]

남북대화가 전면 중단된 상태에서 박 대통령은 1979년 1월 19일 연두 기자회견을 통해 남북대화를 재개하기 위하여 시기·장소·수준에 구애됨이 없이 남북당국간의 무조건적인 직접대화를 촉구하였다.[30] 이에 대해 북한은 1월 23일 조국통일민주주의전선 중앙위원회 명의로 '전민족대회' 소집을 제의하여 쌍방은 3차례의 접촉을 가졌으나 아무런 결실도 없었다.[31]

한편 한·미 양국은 1979년 7월 1일 한·미 정상회담 공동성명을 통하여 남북대화 촉진과 한반도 긴장완화 방안을 마련하기 위한 남북한 및 미국의 '고위당국 대표회의' 개최를 제의하였으나, 북한은 7월 10일 외교부 대변인 성명을 통하여 주한미군 철수 및 휴전협정 대체문제 등은 미·북 간의 문제임을 강조하면서 3당국회의를 거부하고 대미 직접협상을 주장하였다.[32]

1979년 10월 26일 유신체제 붕괴 이후 1980년 2월 6일부터 8월 20일까지 남북총리회담을 위한 실무대표 접촉이 10차례 진행되었으나 결렬되었다.[33]

2) 제5공화국

제5공화국 출범과 함께 1981년 1월 12일 전두환 대통령은 국정연설을 통하여 남북한당국 최고책임자의 상호방문과 직접회담을 제의한 데 이

---

29) 외무부, 『한국외교 40년: 1948-1988』 (서울: 외무부, 1990), pp. 97-99.
30) 대통령비서실, 『박정희대통령 연설문집, 제16집』 (서울: 대통령비서실, 1979), p. 55; 外務部 (1979), pp. 98-99.
31) Chong-Sik Lee, "South Korea 1979: Comfrontation, Assassination, and Transition," *Asian Survey*, Vol. XX (January 1980), p. 75.
32) 통일원, 『남북한 통일·대화 제의비교, 제1권』(서울: 통일원, 1987), pp. 256-259.
33) 통일원 (1990), pp. 111-112.

어 동년 6월 5일 남북한 당국 최고책임자 간의 직접회담을 제의하였으며, 1982년 1월 22일 국정연설에서 ①통일헌법 마련을 위한 민족통일협의회의 구성, ②남북한 기본관계에 관한 잠정협정 체결, ③남북당국 최고책임자회담 예비회담 개최 등을 포함한 '민족화합민주통일방안'을 제시하였다.[34] 또한 동년 2월 1일 손재식 국토통일원 장관은 대북성명을 통하여 사회개방, 상호 교류·협력, 긴장완화 분야의 '20개 시범실천사업'을 제의하였다.[35] 그러나 북한은 이를 거부하였으며, 남북관계는 1983년 10월의 랭군 폭파사건을 계기로 급속도로 경색되었다.

이러한 상황에서 북한은 1984년 1월 10일 중앙인민위원회·최고인민회의 연합회의를 개최하여 미국·한국과의 3자회담 개최, 대미 평화협정 체결, 남북한 간 불가침선언 채택을 제의하였고,[36] 동년 3월 30일에는 올림픽대회 단일팀 구성을 위한 체육대표단 회담을 제의하였다. 이에 따라 동년 4월 9일부터 5월 25일까지 3차례의 남북체육회담이 개최되었으나, 구체적인 결실을 맺지는 못하였다.

1984년 8월 20일 전 대통령은 기자회견을 통하여 '남북한 물자교역 및 경제협력'을 제의하면서 북한주민을 위한 기술·물자의 무상제공을 발표하였다. 그러나 북한은 이 제의를 거부하고 오히려 9월 8일 북한적십자회를 통하여 한국의 수재민들에게 구호물자를 제공하겠다고 발표하였다. 이러한 북한의 제의를 한국정부가 수락하여 쌍방 적십자사 간

---

34) 남북한 기본관계에 관한 잠정협정의 내용으로는 ① 호혜평등에 입각한 상호관계 유지, ② 분쟁의 평화적 해결, ③ 현존 정치질서와 사회제도 상호인정 및 내부문제 불간섭, ④ 휴전체제 유지하에서 군비경쟁 지양과 군사적 대치상태 해소조치 협의, ⑤ 상호 교류·협력을 통한 사회개방 추진, ⑥ 기체결 국제조약과 협정 존중 및 민족이익 문제 상호협의, ⑦ 상주연락대표부 교환설치 등이다. 대통령비서실, 『전두환대통령 연설문집, 제2집』 (서울: 대통령비서실, 1988), pp. 367-368.
35) 통일원, 『통일백서 1992』 (서울: 통일원, 1992), pp. 46-48.
36) 조선중앙통신사, 『조선중앙년감 1985』 (평양: 조선중앙통신사, 1985), pp. 121-123; 국토통일원, 『북한최고인민회의자료집, 제Ⅳ집』 (서울: 국토통일원, 1988), pp. 584-588 참조.

에 수재물자 인도·인수가 이루어졌으며, 이를 계기로 다방면에 걸친 남북 대화·접촉이 재개되었다.

1984년 11월 15일 분단 이후 최초로 남북 간에 경제분야회담이 개최되어 1985년 11월까지 5차례 진행되었고, 남북적십자 본회담은 중단 12년 만인 1985년 5월 재개되어 12월까지 3차례 개최되었다. 특히 1985년 9월 20일에는 151명으로 구성된 '남북이산가족 고향방문 및 예술공연단'의 교환방문이라는 분단 이후 최초의 대규모 인적 교류가 성사되었다. 이와 함께 1985년 7월과 9월에는 남북국회회담 개최를 위한 예비접촉이 2차례 이루어졌으며, 동년 10월에는 국제올림픽위원회 주재하에 남북체육회담이 한 차례 개최되기도 하였다.[37] 그러나 1986년도 팀스피리트 훈련을 이유로 1986년 1월 20일 북한이 모든 남북대화를 거부함으로써 남북대화는 재차 전면 중단되었으며, 1987년 11월 대한항공기 격추사건으로 남북관계는 급냉각되었다.

한편 제5공화국 정부는 1982년 전 대통령의 아프리카 순방 등을 통해 비동맹국가들에 대한 접근을 가속화하는 동시에, 1985년 10월 남북한 유엔 동시가입을 촉구하는 등 통일기반 조성에도 활발한 외교활동을 전개하였다.

3. 1988년 7.7선언 이후

1) 7·7선언과 제6공화국

1988년 2월 25일 제6공화국 출범과 함께 한국은 중국·소련 및 동유럽 국가와의 관계개선이라는 '북방외교'와 북한을 민족번영을 위해 협력하는 동반자로 규정하는 새로운 차원의 통일외교를 전개하기 시작하였다.

한국의 새로운 통일정책 기조는 노태우 대통령의 취임사, 1988년 7월 7일 '민족자존과 통일번영을 위한 특별선언'(7.7선언), 1988년 10월 18일 '한

---

37) 통일원 (1990), pp. 113-123.

반도에 화해와 통일을 여는 길'이라는 제하의 유엔총회 연설, 1989년 9월 11일 '한민족공동체 통일방안' 천명 등을 통하여 지속적으로 표명되었다.

노태우 대통령은 취임사에서 "대륙국가에도 국제협력의 진로를 넓혀 북방외교를 전개할 것"을 천명하였다. 이후 노 대통령은 '7·7선언'을 통하여 그동안 북한을 경쟁·대결 상대로 인식해 온 시각에서 탈피하여 남북 화해·협력시대의 개막 및 공동번영을 이룩하는 민족공동체로서의 관계발전을 촉구하면서, ① 남북 상호교류와 자유왕래, ② 이산가족의 서신왕래와 상호방문, ③ 남북교역·문호개방, ④ 남북한 민족경제의 균형 발전 및 우방국의 대북한교역 불반대, ⑤ 국제사회에서의 남북한 협조, ⑥ 북방외교 추진 및 북한과 우방과의 관계개선 협조 등 6개항의 정책추진을 천명하였다.[38]

한국은 '7·7선언'의 후속조치로서 남북적십자 실무회담 개최 제의, 남북 교육당국회담 제의, 전향적인 대북 외교시책 시행, 북한 및 공산권 자료 개방, 대북 비난방송 중지, 대북 경제개방조치 추진 등을 발표하는 한편,[39] 노 대통령은 1988년 8월 15일 제43주년 광복절 경축사를 통하여 남북정상회담 개최를 제의하였고, 1988년 10월 18일 유엔총회 연설을 통하여 '7·7선언'의 의의를 재강조하면서 남북정상회담 개최를 통한 남북 불가침 공동선언을 제의하였다.[40] 이러한 대북정책전환에 따라 한국은 1988년 12월 28일 남북당국 간의 고위급회담 개최를 제의하면서 체육회담[41] 적십자회담[42] 국회회담[43] 등 다각적인 대화를 지속하는 한편, 1989

---

38) 대통령비서실, 『노태우대통령 연설문집, 제1권』 (서울: 대통령비서실, 1990), pp. 176-179.
39) 통일원 (1992), pp. 62-70.
40) 대통령비서실 (1990), pp. 187-192, 289-299.
41) 남북체육회담은 1990년 북경 아시아경기대회 남북단일팀 구성·참가를 위해 1989년 3월부터 1990년 2월까지 15차례 개최되었고, 국제경기대회 단일팀 구성 및 참가와 남북체육교류문제 협의를 위해 1990년 11월부터 1991년 2월까지 8차례 개최되었다. 이 결과 1991년 4월 제41회 세계탁구선수권대회와 1991년 6월 제6회 세계청소년축구선수권대회에 남북한이 단일팀을 구성하여 참가하였다.
42) 남북적십자회담은 본회담 재개와 제2차 고향방문단 및 예술단 교환문제를 협

년 9월 11일 노 대통령은 제147회 정기국회 특별연설을 통하여 '한민족 공동체 통일방안'을 천명하였다.[44)

이와 함께 한국정부는 1989년 6월 12일 '남북교류협력에 관한 기본지침'을 제정하고, 1990년 8월 남북 교류·협력을 법적으로 보장한 '남북교류협력에 관한 법률'과 시행령 및 '남북협력기금법'을 공포하였다. 이에 따라 남북간 인적 교류는 물론 물자교역 등 제반 교류가 활성화되기 시작하였다.

북방외교의 성과는 1988년 서울올림픽에 사회주의국가들이 대거 참가함으로써 가시화되었다. 이후 사회주의국가들과의 관계개선을 통해 북한의 태도변화 및 통일을 유도하려는 한국의 북방외교는 1989년 2월 헝가리, 11월 폴란드, 12월 유고슬라비아와의 외교관계 수립 및 소련과 영사관계 수립 등에 이어 1990년 10월 소련과의 수교, 1992년 8월 중국과의 수교를 통해 완결되었다.[45)

한편 남북한은 분단 이후 최초로 고위급대화를 시작하였다. 남북한은 1989년 2월 8일부터 1990년 7월 26일까지 8차례의 예비회담과 2차례의 실무대표 접촉을 통하여 쌍방 총리를 수석대표로 하는 남북고위급회담

의하기 위하여 1989년 9월부터 1990년 11월까지 8차례의 실무대표 접촉 및 한 차례의 수석대표 접촉을 가졌고, 1992년 6월부터 8월까지 이산가족 노부모 방문단 및 예술단 교환을 위한 실무대표접촉이 8차례 개최되었다.

43) 남북국회회담 개최를 위하여 남북한은 1988년 8월 19일부터 1990년 1월 24일까지 10차례 준비접촉과 한 차례의 수석대표 단독접촉을 가졌으나 결실이 없었다.

44) '한민족공동체 통일방안'의 기본내용은 자주·평화·민주라는 통일원칙하에 ① 남북대화의 추진으로 신뢰회복 도모 및 남북정상회담을 통한 민족공동체헌장 채택, ② 남북의 공존공영과 민족사회의 동질화, 민족생활권의 형성을 추구하는 과도적 체제인 남북연합 구성, ③ 통일헌법에 따른 총선거 실시, 통일국회와 정부를 구성하여 통일국가를 수립하는 것 등이다. 이와 함께 '한민족공동체 통일방안'에서는 남북연합의 기구와 통일국가의 미래상으로 자유·인권·행복이 보장되는 민주국가를 제시하고 있다. 대통령비서실, 『노태우대통령 연설문집, 제2권』, (서울: 대통령비서실, 1990) pp. 255-263; 통일원 (1992), pp. 77-89.

45) 북방외교에 대한 자세한 내용은 한종기, "한국 북방정책의 목표 및 전략에 관한 연구: 국내정치와의 연계성을 중심으로," 연세대학교 대학원 정치학과 박사학위논문 (1995); 외무부 (1990), pp. 197-227 참조.

을 개최하여 '남북 간의 정치·군사적 대결상태 해소와 다각적인 교류·
협력 실시문제'를 협의할 것에 합의하였다. 이에 따라 1990년 9월부터
12월 사이에 제1~3차 고위급회담이 개최되었으나 실질적 성과는 없었
다. 고위급회담이 약 10개월 동안 중단된 상황에서 1991년 9월 제46차
유엔총회에서는 남북한의 유엔가입이 실현되어 남북한은 명실상부한
국제사회의 일원으로 새롭게 등장하게 되었다.

1991년 10월에 재개된 제4차 고위급회담에서 북한은 기존 입장에서
선회함으로써 남북한은 단일문건으로 된 '기본합의서'의 명칭 및 내용
구성에 합의한 후, 12월 11~13일 간 개최된 제5차 고위급회담에서 이를
채택하였다. 이와 함께 남북한은 제5차 고위급회담 종료 후 대표접촉을
통해 12월 31일 핵무기 시험·제조·접수·사용 금지 등 6개항으로 구성된
'한반도의 비핵화에 관한 공동선언'을 채택하였다.

1992년 2월 19일 제6차 고위급회담에서 '기본합의서,' '비핵화 공동선
언,' '남북고위급회담 분과위원회 구성·운영에 관한 합의서'가 발효됨으
로써 남북한은 분단 반세기 만에 처음으로 반목과 불신에서 벗어나 화
해·공존 관계를 제도화해 나갈 수 있는 기본틀을 마련하게 되었다. 제7
차 고위급회담(1992. 5. 6~7)에서는 '기본합의서' 규정에 따라 5월 18일까
지 남북연락사무소 및 군사공동위, 경제교류·협력공동위, 사회문화교류·
협력공동위 등을 구성하고 화해분야 이행기구로서 '남북화해공동위'를
구성·운영하기로 합의하였다. 또한 부속합의서 작성시한, 8·15 이산가
족 노부모 방문단 및 예술단의 교환방문, 차기 회의일정 등에 합의하였
다. 그러나 남북한은 제7차 고위급회담 이후 부속합의서 작성을 위하여
41차례에 걸친 각급 회의와 11차례의 핵통제공동위 회의를 진행하였으
나, 성과가 없었을 뿐만 아니라 북한의 거부로 이산가족 노부모 방문단
및 예술단 교환방문이 무산되었다.

그후 제8차 고위급회담(1992. 9. 15~18)을 통하여 화해, 불가침, 교류·
협력의 이행·준수를 위한 3개 부속합의서 및 화해공동위 구성·운영 합
의서가 채택·발효되고, 4개 공동위 운영개시일 등이 합의됨으로써 '기

본합의서'의 이행·실천이 개시될 수 있는 근거가 마련되었다.[46] 그러나 북한은 1992년 10월 27일 정부·정당·단체 연합회의를 통하여 팀스피리트 훈련을 재개할 경우 공동위 및 고위급회담 등 당국 간의 회담을 중지하되, 정당·단체 및 민간급 접촉·대화는 지속하겠다는 입장을 천명하였고, 12월 19일에는 고위급회담 북한대표단 명의로 성명을 발표하여 팀스피리트 훈련 재개 결정을 이유로 제9차 고위급회담을 공식 거부하였다. 공동위 회의 및 제9차 고위급회담이 무산된 상황에서도 핵통제공동위 위원 및 위원장 접촉은 지속되었으나, 한국이 1993년 1월 26일 팀스피리트 훈련의 실시를 공식 발표하자, 북한은 1993년 1월 29일 고위급회담 북한대표단의 성명을 통하여 대화재개 의사가 없다는 점을 공식 발표하였다. 이에 따라 남북당국 간의 회담은 전면 중단되고 남북관계는 동결되었다.

2) 김영삼 정부

1993년 2월 25일 김영삼 대통령은 취임사를 통해 금세기 내 통일조국의 달성을 목표로 설정하고, "어떤 이념이나 어떤 사상도 민족보다 더 큰 행복을 가져다 주지 못한다"라는 민족우선론과 함께 남북정상회담 개최를 촉구하였다. 김영삼 정부는 민족복리 우선, 북한을 공존공영과 개방으로 유도하는 참여화정책, 국민적 합의와 참여라는 정책기조하에 새로운 통일정책을 추진하면서 전향적인 대북정책의 일환으로 3월 11일 미전향 장기수 이인모의 무조건 송환을 발표하였다.

이러한 상황에서 북한은 1993년 3월 12일 팀스피리트 훈련 재개와 국제원자력기구(IAEA)의 2월 25일자 대북한 특별사찰 결의를 이유로 핵확산금지조약(NPT)의 탈퇴를 선언하였다. 이로써 교착상태에 빠진 남북관계는 더욱 경색되고, 북한 핵문제가 국제사회의 주요 관심사로 등장하

---

46) 남북한은 제8차 고위급회담까지 12개의 문건을 채택·발효하는 한편, 고위급회담 이외에 3개 분과위, 핵통제공동위, 4개 부문별 공동위, 남북연락사무소, 2개 실무협의회 등 총 12개 협의기구를 구성하는 성과를 산출하였다

게 되었다.

김영삼 정부는 출범 이후 처음 5월 20일 북한 핵문제를 해결하기 위해 남북고위급회담 대표접촉을 제의하였고, 이에 대해 북한은 5월 25일 강성산 총리 명의의 대남편지를 통해 최고당국자가 임명하는 특사를 교환할 것을 제의하였다. 이에 따라 남북당국 간에는 특사교환 실무접촉이 1993년 10월 3차례, 1994년 3월 5차례 개최되었을 뿐이다. 이와 같이 남북당국 간 화해·협력 기조가 사실상 와해되는 양상을 보이게 된 것은 핵문제가 증폭되자 1993년 6월과 7월 개최된 미·북한 고위급회담에서 드러나듯이 북한이 남한을 배제하고 대미 직접협상에 주력한 결과이다. 따라서 한국의 통일외교는 북한이 아닌 미국과의 관계를 어떻게 조율하는가에 초점이 두어질 수밖에 없게 되었다.

남북관계가 경색되고 북한 핵문제와 관련하여 국제원자력기구 이사회의 대북제재안 채택, 유엔 안전보장이사회의 대북한 국제적 제재조치 발동 논의 본격화 등의 상황에서 1994년 6월 카터 전 미 대통령의 방북 시 김일성은 남북정상회담 개최 제의를 통보함으로써 '주(主)대미회담, 종(從)남북대화전술'의 전환 가능성을 시사하였다. 북한의 이러한 제의에 대해 한국정부는 6월 20일 남북정상회담 개최를 위한 예비접촉을 제의하였으며, 북한은 6월 22일 이를 수락하여 6월 28일 예비접촉이 이루어져 남북정상회담을 7월 25일부터 27일까지 평양에서 개최하기로 합의하였다. 그러나 7월 8일 김일성의 사망으로 남북정상회담 개최는 무산되고 남북당국 간의 회담 역시 동결되었다.

한편 김영삼 대통령은 출범 이후 간헐적으로 표명한 통일방안을 체계화하여 1994년 8월 15일 제49주년 광복절 경축사를 통해 '한민족공동체 건설을 위한 3단계 통일방안'(민족공동체 통일방안)을 제시하였다. 이는 6공화국에서 제시된 통일방안의 연장선상에 있는 것으로 통일철학으로서의 자유민주주의와 통일접근시각으로서의 민족공동체건설을 강조한 특징이 있다.[47]

1994년 10월 21일 제3단계 미·북한 고위급회담에서 '기본합의문'이 채택되어 북한 핵문제가 일단락되자, 한국은 1994년 11월 8일 남북경협 활성화 조치를 발표하고, 1995년 6~10월 15만 톤의 쌀 지원 및 지속적인 인도적 차원의 대북지원, 대북 경수로건설 참여 등에도 불구하고 북한을 남북대화의 장으로 끌어들이지는 못하고 있다.

한편 북한이 1996년 3월과 4월에 걸쳐 비무장지대 유지 포기선언 등과 함께 군사적 긴장상태를 고조시키자, 남한은 1996년 4월 16일 한·미 정상회담을 통해 한반도 평화를 논의하기 위한 남북한과 미국·중국의 '4자회담' 개최를 제의하였다. 한·미의 4자회담 개최 제의에도 불구하고 북한은 남북당국 간 대화와 4자회담에 호응하지 않고 대남적대정책을 전개하였다. 특히 1996년 9월 북한이 잠수함을 동원하여 무장공비를 강릉지역에 침투시킴으로써 남북관계는 더욱 경색되었으나, 12월 29일 북한의 사과방송으로 일단락되었다. 1997년에 들어서 북한이 4자회담에 긍정적인 반응을 보임에 따라 3월 4자회담 공동설명회와 미·북한 준고위급회담 개최, 8~11월 3차례의 4자회담 예비회담에 이어 12월 9일 제1차 본회담이 제네바에서 개최되었다.[48]

이와 같이 남북당국 간 대화가 동결되고, 4자회담이라는 한반도문제의 국제화에도 불구하고 북한이 경제난에 따라 민간차원의 남북 경제교류·협력에는 긍정적인 반응을 보임으로써 남북간 경제교류·협력은 지속적으로 증가하고 있다.[49]

---

47) 이외의 주요 내용은 다음과 같다. ① 통일원칙은 자주·평화·민주이다. ② '화해와 협력의 단계 → 남북연합 단계 → 1민족 1국가의 통일조국' 달성이라는 단계적 통일접근방법이다. ③ 통일국가의 미래상은 자유, 복지, 인간의 존엄성이 보장되는 선진민주국가이다. 이는 통일이 분단된 남북한의 물리적 결합을 달성하는 차원을 넘어 민족구성원 모두의 삶의 질을 향상한다는 목표를 달성하는 것을 의미한다. ④ 통일의 주체는 민족구성원 전체이다. 통일원, 『통일백서 1994』 (서울: 통일원, 1994), pp. 60-67; 양영식 (1997), pp. 363-379.
48) 통일원, 『통일백서 1997』 (서울: 통일원, 1997), pp. 81-102 참조.
49) 남북교류협력에 관한 자세한 내용은 통일원 (1997), pp. 144-181 참조.

제 3 절 통일외교의 과제

1. 통일외교 추진방향

한반도 통일은 일차적으로 당사자인 남북한과 주민의 의사에 따라 이루어져야 하는 문제이나, 외세에 의한 분단과정과 한반도 주변정세에 비추어볼 때 통일문제를 주변국가들의 입장과 독립적으로 추진할 수만은 없다. 더욱이 4자회담과 같이 '한반도문제의 국제화'가 가속화되는 상황에서 한국은 동북아정세의 변화 및 주변국의 대한반도정책 등 국제적 통일환경의 변화에 부응하는 통일외교를 전개하여야 할 것이다. 그러나 한국은 이와 병행하여 '기본합의서' 이행을 통한 '한반도문제의 민족내부화'를 반드시 이끌어내어 자주통일의 기틀을 만들어야 한다.

첫째, 한국은 통일외교의 기본구도를 일차적으로 경제발전과 안보태세 강화에 주력함으로써 중·장기적으로 통일을 실현하는 것으로 설정하는 것이 바람직할 것이다. 즉 한국은 주변국과 경제마찰을 해소하고, 경제협력을 강화함으로써 경제발전을 이루는 한편, 미·일뿐만 아니라 중·러와의 안보협력강화를 통해 국가안보를 확보하는 동시에 국제적 통일기반을 조성해 나가야 한다.

이와 함께 한국은 동북아 4국 모두와 외교관계를 수립하고 있는 외교환경을 기반으로 주변국 간의 현안문제를 조정할 수 있는 외교역량을 발휘하는 동시에 대미관계의 기본틀을 견지하면서 대일·대중·대러 관계발전을 전개해 나가는 것이 바람직할 것이다. 이로써 한국은 한반도 통일문제가 주변국의 경쟁대상이 되는 것을 억제하면서 한민족 주도의 통일달성을 위한 주변국의 협력을 유도할 수 있다.

둘째, 주변4국을 활용한 통일외교를 적극 전개할 필요가 있다. 한국은 미·일과의 대북 공조체제를 앞으로도 계속 강화하는 동시에, 미·일의 대북한 관계개선을 활용하여 북한체제의 변화 및 한반도 긴장완화를 유도하고, 한국의 입지를 강화할 수 있는 방안을 모색하는 것이 바람직하다.

한·미는 1994년 10월 채택된 '미·북한 기본합의문'에 명시된 바와 같이 미·북한 관계개선이 북한의 핵동결 및 특별사찰 수용, 남북관계 진전 등과 조화·병행하여 진전되어야 한다는 원칙을 계속 견지하는 입장에서 공조체제를 강화여야 할 것이다. 특히 미·북의 관계진전이 북한체제의 변화와 한반도 긴장완화를 촉진하기 위해서는 남북한 간 긴장완화와 대화 재개가 반드시 수반되어야 한다는 점을 미국에게 강조하여야 한다. 그러나 미·북 관계진전이 불가피한 상황에서 미·북 관계와 남북관계를 경직적으로 연계시킬 경우, 한·미 간의 불필요한 마찰을 야기할 뿐만 아니라 한국의 대북 협상력 약화를 초래할 가능성이 있기 때문에 '조화·병행원칙'을 신축적으로 적용할 필요가 있다.

따라서 한국은 한·미 공조체제를 바탕으로 미국의 대북정책이 한국과의 긴밀한 협조하에 입안·추진되도록 하되, 미·북한 관계진전이 궁극적으로 남북관계개선과 한반도통일에 유리하게 작용할 것이라는 인식을 바탕으로 대북정책 추진에서 미국의 자율성을 어느 정도 인정할 필요가 있다. 그러나 한반도 정치·군사 문제에 대해서는 남북당사자원칙의 엄격한 적용을 강조하여야 할 것이다.

일본과의 관계에서도 일본의 대북한 관계개선을 활용하여 북한을 남북대화에 호응하도록 유도할 수 있는 방안을 모색하도록 한다. 예를 들어 일본의 대북한 경제지원계획에 한국기업도 참여함으로써 북한의 대남의존도를 높이는 방안도 실현가능한 것이다.

이와 함께 한국은 미·일의 대북한 수교과정에서 미·일이 북한사회의 민주화를 촉구하도록 하고, 수교 이후에도 이 문제가 경제지원·협력 확대의 조건으로 강조될 수 있도록 하는 것이 바람직하다.

한편 한·중 국교정상화를 이룬 상황에서 한국으로서는 급증하는 한·중 경제·정치 관계를 북한의 개혁·개방과 연계시킬 수 있는 방안을 적극 고려해야 할 것이다.[50] 또한 한국은 러시아와의 경제협력이 활성화되는 상황에서 북한의 참여를 적극 유도할 필요가 있다.[51]

셋째, 당면한 현안인 한반도 평화문제를 논의할 4자회담과 관련하여 이는 한국의 안보와 직결되는 사안이므로 한국은 긴밀한 한·미 공조체제를 유지함으로써 북한에게 미·북한 회담이 아닌 4자회담의 틀에서만 한반도 평화문제가 논의될 수 있다는 점을 인식하도록 하는 한편, 이를 위해 일·중과도 긴밀한 협조관계를 유지해야 할 것이다. 한반도 평화문제에 관한 한 한국이 결코 배제되어서는 안 될 것이며, 한국은 4자회담을 활용하여 한반도 평화를 제도화하기 위한 국제적 평화보장체제를 구축하는 것이 바람직할 것이다.

넷째, 동북아지역에서 다자간 안보·경제협력기구를 창설한다는 구상이 구체화될 경우, 한국은 이에 적극 참여 내지는 주도하고, 북한의 참여를 유도함으로써 다자간 협력의 틀 속에서 남북한의 통합을 모색하며, 나아가 통일한국의 경제·군사력에 대한 주변국가들의 우려를 불식시켜 통일여건을 확립하여야 할 것이다. 특히 한반도 군비통제를 동북아의 전반적인 군비통제문제와 연계하고, 역내의 경제정책 조정과정에서 남북한 경제통합에 필요한 제반조치를 모색·강구하는 것이 바람직할 것이다.

2. 대북정책 추진방향

북한은 현재 김정일 유일체제를 강화하고 있을 뿐만 아니라, 정권의 교체 가능성도 어려울 것으로 전망되므로 북한체제의 근본적 변화가

---

50) 이 가운데에는 ① 중국의 다국간 경제협력체 구상에 북한의 적극적인 참여를 유도하는 방안, ② 중국 내 한·중 경제합작에 북한의 참여를 유도하는 방안, ③ 북한의 '자유무역지대'에 한·중이 공동으로 참여하는 방안 등을 강구할 수 있다.
51) 이를 위해 ① 한·러 양국의 경제협력사업에 대한 북한의 참여, ② 기존의 러·북 간 경제협력사업에 대한 한국의 참여, ③ 시베리아 개발 등에의 남북한·미·일 등 다자간 공동참여, ④ 북한 자유무역지대에의 한·러 공동참여 등의 방안을 모색·추진할 수 있다.

쉽사리 이루어지기는 어려울 것이며, 김정일 정권은 내부결속의 필요와 흡수통일 우려에 따라 대남적대정책을 고수한 채 대미 직접협상에 주력하고 있는 상황이므로 대남정책의 변화도 기대하기는 어렵다.

이러한 상황에서 한국은 전쟁재발 방지, 민족동질성 회복 등을 고려하여 점진적·단계적 합의통일을 대북·통일 정책의 기조로 표방하면서, 실질적으로는 북한의 정책변화 및 체제변화를 유도하는 새로운 대북정책 기조를 수립할 필요가 있다.

북한의 변화를 유도하기 위한 새로운 대북정책 기조는 북한정권과 주민을 모두 고려하여 ① 한국의 일방적 조치 확대, ② 접촉확대를 통한 변화 유도, ③ 북한주민 포용, ④ 강경과 유화의 병행 등으로 설정할 수 있다.

첫째, 한국이 일방적으로 취할 수 있는 조치를 확대함으로써 북한 정권과 주민의 인식변화를 유도하는 방안이다. 예를 들어 한국정부가 먼저 북한 방송과 출판물을 과감히 개방하는 조치를 취하면, 북한정권은 한국사회의 청중과 독자를 의식하여 어떤 변화를 모색해야만 할 것이다. 다른 예로 북한은 체제우월성을 선전하기 위한 수단으로 이인모의 송환을 활용하고 있지만, 북한주민들은 강제수용소에 수용된 인사가 남한으로 보내질 수 있는가라고 자문할 수 있는 '의도하지 않은 결과'를 초래할 가능성이 있다. 미전향 장기수의 무조건 송환문제는 한국사회의 우월성을 북한주민에 알리는 계기가 될 수도 있을 것이다.

둘째, 남북당국 간의 대화와 병행하여 민간차원의 대북접촉의 확대뿐만 아니라, 북한과 국제사회와의 접촉기회 확대를 조장함으로써 북한의 변화를 유도하는 방안이다. 북한은 남북당국 간의 대화를 거부하면서도 민간차원의 남북 교류·협력에는 적극적인 입장을 보이는 한편, 경제난 해소를 위해 국제사회와의 접촉도 증대하고 있으므로 이를 적극 활용하여 북한의 변화를 유도하는 것이다. 예를 들어 북한의 국제기구 가입 지원과 다자간 협력방식을 통해 북한을 국제사회의 책임 있는 일원으로 참여시킴으로써 북한의 개방을 촉진할 수 있을 것이다.

셋째, 한국은 그간 북한정권과의 대화에만 치중하고 북한주민에 대한 정책을 고려하지 못한 것이 사실이다. 북한 체제변화의 주체는 집권세력, 또는 주민이며 나아가 한반도 통일은 정치통합뿐만 아니라 민족동질성 회복이라는 사회통합을 통해 완성될 수 있는 것이므로 한국은 북한주민이 체제변화를 요구할 수 있고, 남한과의 통일을 선호할 수 있도록 유도하는 방안을 강구하여야 한다.

넷째, 강경과 유화의 병행정책은 북한에 대해 시정을 요구할 사안은 제기하고, 한국이 제공할 수 있는 것은 제공하는 것을 동시에 추진하는 것을 의미한다. 예를 들어 북한사회의 민주화 촉구, 민주화의 기준 제시, 납북자 및 한국전쟁 포로의 송환, 대남적화전략 포기 등에 대해서는 강경한 입장에서 계속 요구하는 한편, 민간차원의 남북경협, 경수로 지원 참여, 인도적 차원의 '대북지원 등 한국이 제공가능한 것은 제공하는 것이다. 즉 시정요구사안을 관철하는 수단으로 제공가능사안을 적극 활용하는 것이다. 이러한 정책은 북한의 위기를 활용하여 북한의 변화를 유도하거나 압력을 가하면서 북한이 자멸적 도발을 일으키기보다는 합리적 선택을 할 것이라는 점을 전제한 적극적인 대북정책의 추진을 의미한다.

제 4 절 결 론

한국사회 내부에는 반북한의식의 내재화와 함께 통일논의가 수렴되지 못하고 있어 효율적인 대북·통일 정책 추진을 어렵게 하고 있으며, 다원사회의 특성상 이 문제가 쉽사리 해결되기를 기대할 수는 없다. 또한 한국의 경제적 불평등, 사회부조리 등 경제적·사회적 취약점은 북한이 통일전선전술을 구사할 수 있는 여건을 제공하고 있는 측면이 있다.

역대 한국정부는 국민적 합의절차를 외면한 채 대북·통일 정책을 상당부분 국내정치와 정권적 차원에서 활용함으로써 정부의 정책에 대한

국민적 신뢰감을 저하시키는 결과를 초래하였다. 역대 정부는 국민적 합의절차를 무시하고 정부가 정책의 수립과 집행 등 통일정책을 독점함으로써 정책추진의 원동력을 상실했을 뿐만 아니라, 통일정책 수립과 집행에 관련된 부처의 이기주의에 따른 정책혼선도 있었다. 이와 함께 통일의 당위성에 대해 국민 대다수는 통일을 열망하고 있으나, 젊은 세대일수록 관심이 적어 통일문제에 대한 세대 간의 인식차이도 나타나고 있다.

이러한 한국 내부의 문제들은 궁극적으로 통일정책 추진에 있어서 운신의 폭을 제한하는 요소로 작용할 것이며, 앞으로 이 문제들을 어떻게 해결하느냐가 한국의 효율적인 통일정책 추진의 관건이 될 것이다.

따라서 한국은 일관성있는 통일정책의 추진과 함께 통일정책과 국내정치와의 연계를 단절하고, 주요 정책결정과정에서 적어도 국회차원의 논의와 동의를 획득함으로써 국민적 불안감·불신감을 해소하는 동시에 양극화된 통일논의를 수렴하고, 세대 간의 통일인식 차이를 극복해 나가야 할 것이다. 궁극적으로 평화적 방법에 의한 민족통일을 달성하기 위해서는 지속적인 경제성장을 통한 국력신장, 정치적 안정과 민주발전, 정의사회 구현 등 통일국가의 미래상을 우리 내부에서부터 구현하는 등 국내적 통일기반을 완비하는 것이 최우선과제이다.

제 10 장 환경외교

손 기 웅

제 1 절 서 론

환경문제는 현재 각국이 당면하고 있는 가장 시급히 해결하여야 할 문제 중의 하나이다. 환경오염과 파괴, 그리고 그것과 결부된 사회적 혼란은 인류 역사상 전례없이 심각한 상태이다. 그것은 바로 인간 자신에 의해 초래되었다. 인류의 생존조건과 그 수준을 개선하기 위하여 탐구·개발·발전되어 온 과학기술과 그것을 기반으로 한 문명이 이제 인류의 생존 자체를 위협하고 있다는 사실은 인류의 발전사 가운데 아마도 가장 큰 아이러니라 할 것이다. 만물의 영장임을 자처하며 자연을 침해하여 개조해 온 인류가 지구상에 건설한 것이 인류의 낙원이 아니라 스스로의 묘혈(墓穴)이 될 수 있는 것이다.

환경문제는 오늘날 지구적인 문제이다. 대기분야에서 오존층 파괴·지구 온난화·산성비, 육상생태계에서 생물다양성 감소·열대림 파괴·토양유실·사막화현상, 그외 해양오염과 유해폐기물 등에 의해 비롯된 위험으로부터 어느 국가·국민도 벗어나 있지 않다. 제한적 지구환경용량에 대한 구체적 위기의식이 부각되고 다양한 환경오염 및 파괴에 관한 과학적 연구의 결과 오늘날 환경문제는 냉전종식 이후 새로운 국제질

서형성을 위한 주요 의제로 등장하고 있다.[1] 지구환경문제에 대하여 각
국은 상이한 입장을 표출하고 있으며, 선진국은 공동책임을, 개도국은
지구환경 오염에 대한 역사적 책임성을 근거로 선진국의 주도적 역할
수행을 강조하여 남북 간에 입장이 대립되고 있어 환경문제는 국제무
대에서 양자·다자 외교의 주요 대상이 되고 있다.

이러한 관점에서 좁게는 한반도 넓게는 동북아, 나아가서는 지구적
자연환경을 인간다운 삶을 영위할 수 있게 보존함은 물론, 질적으로 개
선하기 위한 노력의 일환인 우리의 환경외교를 살펴보고자 한다. 환경
외교와 환경협력은 어떠한 의미를 가지는가, 현재 한국의 환경외교는
대상별·범위별로 어떻게 진행되고 있으며 각국의 입장은 어떠한가, 향
후 환경외교는 어떻게 추진되어야 할 것인가 등을 구체적으로 논의해
보고자 한다.

제 2 절 환경외교와 환경협력

1. 환경외교

환경외교는 지구환경보호를 위한 국제적 노력에 동참한다는 기본적
의의 외에 국내외적 차원에서 필요성이 대두된다. 국내적 차원에서 환
경외교는 국제환경동향을 파악하여 관계부처, 유관업계, 국민에 전달하
여 그것이 국내에 미치는 영향을 평가하고 대책을 수립하도록 하는 조
기경보역할을 수행한다. 국제적 차원에서는 국내관계부처, 유관업계, 국
민의 의견을 수렴하여 국제협상무대에서 우리의 입장을 대변하며, 양자·
지역·지구적 차원의 환경법 규범 및 체제수립과정에 정부의 참여전략을
수립·대변하는 역할을 한다.

---

1) 환경문제의 다차원성에 관하여는 손기웅, "북한 환경개선 지원방안: 농업분야
   및 에너지효율성 개선 관련," 민족통일연구원 보고서 (1997), pp. 7-9 참조.

국가 환경외교정책의 형성에는 다양한 요인들이 직간접적으로 영향을 미친다. 지구환경문제가 국내 및 국제 정치·경제뿐만 아니라 과학기술과도 밀접하게 관련되어 있으며, 공식 정부대표단 외에 사회운동단체·국제기구 등 다양한 행위자들이 환경외교를 펼치거나 국가환경외교에 영향을 미치고 있기 때문이다. 입법부는 공직자 및 전문가를 초청, 청문회를 개최하여 환경의 심각성을 공표하거나 국제환경회의에 대표단을 참관자 자격으로 파견한다. 산업은 환경협상의 결과에 따라 경제적으로 민감하게 영향을 받는 분야로서 산업대표들은 국제환경협상의 주요 참여자이며 행위자이다. 환경관련 비정부조직(NGOs)과 시민단체들은 국가환경정책의 수립을 요구할 뿐만 아니라 국제환경협상에 직접 참여하고 제정된 국제환경법 규범의 준수 여부를 감시하는 역할을 담당한다. 과학전문가들은 문제영역에 대한 불확실성을 좁힐 수 있는 이론적 근거를 제시하여 해결의 공감대를 형성하게 하며, 과학적 발견을 통해 환경협상을 촉진시킨다. 대중매체는 여론을 형성하고 각국 환경정책의 수립·변화에 영향을 미친다. 한편 국제기구는 환경협상의 초기 동력을 제공할 뿐만 아니라 장기간 지속될 수 있는 협상의 계속성을 유지시켜준다.[2]

환경외교는 대상범위적 측면에서 양자·지역·지구적 차원으로 나눌 수 있다. 양자 및 지역 차원에서는 각국 및 지역 그룹의 환경정책 추진 동향을 파악하고 환경협력틀을 형성하며 협력사업을 수립·이행·조정한다. 구체적으로 양자차원의 환경협력협정 체결국을 선정하고 이들과의 협력방향을 설정할 뿐만 아니라 협력사업을 조정한다. 또한 주요 교역대상국과 환경정책에 관한 정보를 교환하고 협력가능성을 모색한다. 지역차원에서는 역내 국가들 간의 환경분야 협력방향을 설정하고 협력사업을 조정하며, 여타 지역의 환경협력체 구성동향 및 추진방향을 파악한다.

---

2) Gunnar Sjöstedt, ed., *International Environmental Negotiation* (Newbury Park, 1993) 참조.

지구적 차원에서는 지구환경보호를 위한 국제적 논의 및 국제규범 형성과정에 자국의 입장을 반영하는 역할을 담당한다. 국제환경법 규범 채택을 위한 논의 및 후속진행과정에 참여하여 환경협약별·의제별로 자국에 미치는 영향을 분석하고 그 대책을 수립하거나, 범세계적 환경 협력체제 수립에 대한 자국의 참여방안을 검토하고, 지속가능한 개발 실현을 위한 정책개발에 참여한다.

2. 환경협력

국가환경정책의 목적은 생태적으로 건전하고 지속가능한 경제적·사회적 개발을 촉진하는 데 있다. 이를 위해 악화된 생태계를 복원하고 현재의 생태계를 보전·유지함과 동시에 모든 수준의 정책계획에서 경제적 요구와 환경적 요구를 통합하여야 한다. 이때 환경관리에서의 양자·다자적인 공동협력은 이와 같은 국내적 노력을 보완함과 동시에 그것의 실천가능성을 높여준다.

환경협력은 협력국 환경의 질을 향상시킨다. 정부·지방자치단체·민간기업이 환경관리기술을 신속히 습득할 수 있게 하며, 협력국의 정보와 연구성과를 공유하고 동일한 측정기준과 방법을 채택함으로써 비용을 절감하게 한다. 환경자원 및 생태계가 복수국가에 의해 공유되고 있는 경우에는 지역적 환경관리능력을 향상시킨다. 또한 공동의 규제틀을 적용하고 정보와 전문성을 공유함으로써 '무임승차'(free rider) 문제를 제거하고 환경에 대한 공동의 가치와 의미를 가지게 한다.

환경협력은 이와 같은 환경적 측면의 이점 이외에 또한 다음과 같은 파급효과를 가질 수 있다. 첫째 외교적 이점이다. 환경협력체에서의 대화를 통해 상호관심사에 관해 협의하고, 공동이해를 뚜렷하게 부각시킬 수 있는 기회를 가짐으로써 협력국 간의 협상력이 향상될 수 있다. 둘째 안보적 이점이다. 환경협력을 통해 협력국 간에 환경분야뿐만 아니라 상호간에 전반적인 이해의 분위기가 조성되고, '대화의 일상화'(habit of dialogue)가 촉진되어 신뢰감 구축이 이루어진다. 반대로 환경문제가 무시된다면 월경성 환경오염과 자원악화는 적대감을 증가시키는 요인이 될 수도 있다. 셋째 경제적 이점이다. 지식·정보가 공유되고 기술습득이 용이해질 뿐만 아니라 환경관련 자료수집, 정보 관리·저장·보급에서는 물론 과학기술적·관리행정적 차원에서 '규모의 경제'(economics of scale) 효과를 누릴 수 있다. 또한 공동 환경관리를 위한 포럼·센터의 창설을 통해 '응집의 경제'(economics of agglomeration) 효과로 지식 파급, 수송비용 절감, 투입비용 절감 등을 누릴 수 있다. 나아가 공동환경규제의 적용을 통해 투자 및 무역거래비용을 절감할 수 있고, 각국간 환경기준치의 저하 경쟁을 방지할 수 있으며, 인력 및 자원풀(resource pooling)제를 운영할 수 있다.[3]

환경협력은 직·간접의 형태로 다양한 분야에서 모색되어질 수 있다. 그러나 협력에는 현실적으로 정치·재정 등 다양한 상황적 요인으로 인해 제한이 있을 수 있다. 따라서 협력은 실현성이 있고 좀더 큰 효과를 얻을 수 있는 분야에서 선별되어야 한다. 협력분야 선정에서 중점적으로 고려되어야 할 사항은 다음과 같다.

첫째, 환경적 효과이다. 협력사업은 무엇보다 단·중·장기적으로 중요한 환경적 효과를 수반할 수 있어야 한다. 환경적 효과에 대한 평가에는 생태적 관점에서뿐만 아니라 사회적 가치판단도 포함하여 포괄적으로 이루어지는 것이 바람직하다.

둘째, 지속가능한 경제개발에의 기여이다. 환경적 요구와 경제적 요구가 맞물려 있는 현실에서 협력사업이 이 양자를 동시에 수용할수록 더욱 바람직하다. 환경지식의 파급효과, 환경기술의 확산효과를 통해 생산성 증가와 경제성장이 수반되어야 한다.

---

3) Lyuba Zarsky, Peter Hayes and Keith Openshaw, "Regional Environmental Cooperation in Northeast Asia," report to Regional Bureau for Asia and the Pacific United Nations Development Programme (Berkeley, CA: Nautilus Institute for Security and Sustainable Development, 1994), pp. 5-7 참조.

셋째, 효율성이다. 협력사업에 투하된 비용, 시간, 정치적 의지에 비례하여 환경개선과 지속가능한 개발의 순효과가 클수록 협력은 의미를 가진다. 협력사업 선정시에는 '비용-목표'(cost-goal) 및 '비용-효과'(cost-benefit) 분석으로 사업의 적실성을 평가한다. 한편 협력사업이 자발적인 시민의 참여를 유도할 수 있다면 정부의 역할에만 의존하는 사업보다 비용이 절감될 것이며, 목표의 달성도도 제고될 것이다. 협력사업의 효율성은 양자·다자적 차원에서 이루어진 환경합의가 강제될 수 있을수록 제고될 것이다. 또한 기존의 국가적·지역적·지구적 사업과 중복되지 않을수록, 현재 각국이 각자 관련분야에서 추진하고 있는 제반 노력을 최대한 결집하고 통합시킬 수 있을수록 효과성은 증가할 것이다.

넷째, 실행가능성이다. 아무리 협력사업이 효과적이라 할지라도 재정적으로 사업이 지나치게 부담이 된다면 실행가능성은 줄어들게 된다. 협력사업이 국가의 정치적 영역을 침범할 경우, 문화적 상이성을 존중하지 않을 경우, 각국의 제도 및 조직에 의해 뒷받침되지 못할 경우에도 실행가능성은 줄어든다.

다섯째, 포괄성이다. 협력이 상호이해를 공유하는 분야에서 추진될수록, 협력의 결과 발생하는 혜택이 상호간에 조화롭게 배분될수록 사업의 이행가능성은 커진다. 각국의 관심사항이라 판단된 분야 중에서 협력을 통해 가능하고도 상호이익이 될 수 있는 분야에서 협력사업을 선정하여야 할 것이다.

여섯째, 증가성이다. 협력사업이 단계적으로 협력을 지속화할 수 있는 동력을 창출할 수 있어야 한다. 협력의 초기사업은 기존의 능력과 이해를 바탕으로 추진되면서 지식·기술의 습득과 신뢰구축을 촉진하여야 한다. 사업의 진행과정에서 필요 요소들이 지속적으로 첨가·수정되고, 관심이 부가되어 쌍방간의 이해가 커질수록 협력은 더욱 큰 의미를 가진다.

일곱째, 재정조달가능성이다. 협력사업이 원활히 추진되기 위해서는 사업의 초기는 물론 장기적으로도 재원을 확보할 수 있어야 한다. 이를 위해 사업이 기존의 국가·지역·지구적 재정지원기관의 요강에 부합할수록, 사업을 통한 효과가 매우 커서 협력국이 기꺼이 재정부담을 할 수 있을수록, 사업이 중·장기적으로 재정자립을 이룰 수 있을수록 사업의 실현 가능성은 높아진다.[4]

환경협력이 성공적인 결과를 도출하기 위해서는 사전작업이 치밀하게 준비되어야 한다. 이때 이른바 'Soft-Law Techniques'를 활용하는 것이 바람직하다. 즉 정부대표단 간의 공식적인 협상에 앞서 기술전문가와 관련학자들이 빈번히 회합하여 다루고자 하는 문제점이 왜 중요한가를 토론하여 협상이 왜 이루어져야만 하는가에 대한 이론적 근거를 도출하게 한다. 또한 문제점과 그 해결에 있어서 무엇이 국가들 간에 공통점인가를 논의하게 한다. 이러한 가운데 전문가들 간에는 상호공감대가 형성되고 신뢰감이 싹터 문제에 대한 동의의 기반을 넓힐 수 있다. 그리고 그것을 바탕으로 공식적인 합의문의 바탕이 될 수 있는 비의무적인 규범·기술협약·국제기준에 대한 합의를 이끌게 한다. 이러한 과정은 공식회담에서 다루어질 협상의 의제를 사전에 줄여주는 역할도 한다.

한편 이러한 전문가들 간의 협의와 더불어 NGOs 간의 논의도 활발히 진행되는 것이 바람직하며, 관련 국제기구의 지원도 큰 역할을 담당할 수 있다. 협력의 추진과정에서 공식적인 협상단보다는 기술전문가·관련학자들에 의한 실무적 접촉을 국제기구의 지원 아래 선행하여 이들 간의 전문적인 토론을 통해 문제에 대한 공감대를 형성하고 사업의 추진단계를 결정하게 하는 것이다. 이때 공식대표단 간의 협상에 앞서 전문가들로 조사단을 구성하여 환경실태에 관한 공동조사를 실시하는 것도 의미있는 작업이다.

---

4) L. Zarsky, P. Hayes and K. Openshaw (1994) pp. 9-10 참조.

제 3 절 국제환경 논의 및 국제환경법 규범 동향

1. 국제환경 논의

지구환경문제에 대한 인식이 환기된 계기는 1962년 카슨(Rachel Carson)이 "The Silent Spring"에서 환경오염의 심각성을 경고하고 1960년 대 중반에 살충제 DDT에 의한 토양오염이 문제로 제기된 때였다. 이후 1972년 로마클럽이 "The Limits to Growth"라는 보고서를 발간하여 자원 고갈과 환경파괴에 따른 지구의 위기를 경고하고, 동년 6월 스톡홀름에 서 '유엔인간환경회의'(UNCHE: United Nations Conference on the Human Environment)가 개최되면서 환경문제가 국제사회가 풀어야 할 중요한 과 제의 하나로 대두되었다. UNCHE에서는 '인간환경선언'(Declaration on the Human Environment, 이른바 스톡홀름선언)이 채택되었으며, 유엔환경 계획(UNEP)의 창설이 결의되었다.[5]

지구환경문제의 논의는 1980년대 이후 괄목할 만한 성장을 보였다. 1983년 '국제열대목재협정', 오존층보호를 위한 1985년 '비엔나협약'과 그 후속조치인 1987년 '몬트리올의정서' 등이 제정되었고, 1989년에는 유해폐기물 처리에 관한 '바젤협약'이 체결되었다. 1983년 유엔총회는 '세계환경개발위원회'(WCED: World Committee on Environment and Develop-ment)의 구성을 결의하였고, WCED는 1987년 "Our Common Future" (일명 브룬트란트 보고서)라는 보고서를 발간하여 '지속가능한 개발' (SD: Sustainable Development)[6]에 대한 전세계의 인식을 환기시켰으며,

---

5) 동 회의에서 남북은 자원고갈, 생태계 파괴, 자연의 수용능력 한계 등 기존 발 전체제의 한계에는 인식을 같이 하였으나, 선진국은 개도국의 폭발적인 인구증 가를, 개도국은 기존 세계질서의 문제점을 그 원인으로 주장하여 이견을 노출하 였다.

6) SD를 WCED는 "development that meets the needs of the present without compromising the ability of future generations to meet their own needs"로, 그 리고 UNEP는 "progress towards national and international equity, as well as

1988년 유엔총회는 SD개념을 유엔 및 각국 정부의 기본이념으로 삼을 것을 결의하였다.

스톡홀름 UNCHE 개최 20주년을 기념하고 '환경적으로 건전하고 지속가능한 개발'(environmentally sound and sustainable development)의 이념을 공식화함과 아울러 이를 실천하기 위하여 1992년 브라질 리우에서 '유엔환경개발회의'(UNCED: United Nations Conference on Environment and Development)가 개최되었다. 동 회의는 향후 지구환경질서의 기본원칙이 될 '리우선언'[7]과 그 실천계획인 '아젠다(Agenda) 21'을 채택하였으며, '기후변화협약'과 '생물다양성협약'을 체결하고 '산림원칙성명'을 발표하는 등 지구환경문제에 대한 범세계적인 대응방향을 설정하고 지구환경문제를 국제사회의 최대현안으로 부각시켰다. 그러나 핵심 쟁점사항인 아젠다 21의 실천을 위한 재원마련 및 기술지원문제에 대하여 선진국과 개도국 간에는 이견이 표출되었다. UNCED는 국제관계를 동·서 대립상황에서 남북 간의 관계로 전환시키고, 각국의 국익우선 노력이 강화되면서 유사입장을 취하는 국가별로 그룹화시키는 계기로 작용하였다.

UNCED는 각국의 아젠다 21 추진상황을 평가·촉진하기 위하여 유엔경제사회이사회(ECOSOC) 산하에 '지속개발위원회'(CSD: Commission on Sustainable Development)를 설치하기로 합의하여 1997년까지 5차에 걸쳐 CSD회의를 개최하였다.[8] 1997년 6월에는 리우회의 5주년을 기념하고 아젠다 21의 추진상황 및 향후 5년간의 전략 등을 논의하기 위하여 뉴욕에

---

the maintenance, rational use and enhancement of the natural resource base and that underpins ecological resilience and economic growth"로 해석하고 있다. 외무부 국제경제국, 『환경외교편람』(서울: 외무부, 1996), p. 25.

7) 리우 UNCED는 리우 선언을 통해 인간이 자연과의 조화 속에 건강하고 생산적인 삶을 누리기 위하여 SD를 추구하여야 함을 기본원칙으로 제시하였다. SD 원칙의 주요 내용은 정책통합(policy integration), 지속가능한 자원의 이용(sustainable resource use), 형평성(equity), 투명성과 대중의 참여(transparency and public participation), 생물다양성 보호 등이다.

8) 한국은 1993~95년간 CSD이사국을 역임하였다.

서 유엔환경특별총회가 개최되었다.[9)

한편 1995년 1월 새로운 무역기구인 WTO체제가 출범하면서 산하에 환경과 무역과의 관계를 검토하기 위한 '무역환경위원회'(CTE: Committee on Trade and Environment)가 설치되었다. 1996년 12월 싱가포르에서 열린 제1차 WTO 각료회담은 CTE를 상설기구화하고, 향후 환경과 무역의 연계논의를 더욱 활성화할 것을 결의하였다.

SD를 위한 아젠다 21을 효과적으로 이행하기 위해서는 새로운 재원의 조달과 환경적으로 건전한 기술(ESTs: Environmentally Sound Technologies)의 개발 및 실용화가 필수적이다. 이를 위해 자체 재원조달능력과 기술개발능력이 부족한 개도국은 지구환경보호를 위한 '공통적이나 차등적인 책임'(common but differentiated responsibility)에 의거하여 선진국에게 신규 추가재원 및 기술지원을 요구하고 있다. 향후 국제환경협력의 진척 여부는 이를 둘러싼 남북 간 이견의 조정 여부에 달려 있다고 해도 과언이 아니다.

2. 국제환경법 규범

산업화과정에서 야기된 유독물질의 확산, 지구온난화, 오존층파괴, 열대림을 비롯한 각종 생태계의 파괴 등 환경문제의 발생영역이 범세계적으로 확대됨에 따라 지구환경문제에 효과적으로 대처하기 위한 국제적인 규제장치의 필요성이 제기되었다. 이에 따라 다자적 차원에서 지구환경을 보호하고 지구환경에 영향을 미치는 인간활동을 규제하기 위한 국제환경법 규범이 1972년 UNCHE 이후 선언·권고·결정·협정 등의

---

9) 유엔 본부에서 개최된 동 회의에서 '아젠다 21 향후 이행계획서'가 채택되어 지구환경보전을 위한 국제사회의 정치적 의지가 결집되는 계기가 되었다. 동 이행계획서는 아젠다 21의 향후 구체적 추진전략과 방향을 제시하는 문서로서 공약사항, 리우 회의 이후 진전사항에 대한 평가, 추가조치가 필요한 분야, 아젠다 21 이행을 위한 국제기구 간 조정, 1998-2001년간 CSD의 작업계획 등으로 구성되었다. 환경부, 『1997년 환경백서』(서울: 환경부, 1997), p. 361.

형태로 구체화되기 시작하여 현재 수백 개에 달하는 양자·다자간 국제
환경법 규범이 탄생되었다. 국제환경법 규범은 첫째 완성된 법체계가
아니라 초기 발전단계의 법체계로서 생태계변화에 따른 과학적 정보에
대응하여 형성되고 있고, 둘째 모든 국가에 지구환경보호라는 공통적인
책임을 부여하고 있으나 의무분담에 있어서는 차별성을 부여하고 있으
며, 셋째 기존 국제법 규범에 비하여 법적 구속력이 결여되어 있다는
등의 특성을 지닌다.

국제환경법 규범은 다음과 같은 원칙에 입각하고 있다. 첫째, 자원관할
권 개념의 변화로서 기존의 자연자원에 대한 영구주권론(permanent
sovereignty) 개념이 퇴색하는 대신 자국 자원에 대한 주권적 권리 행사시
에 타국의 이해관계를 고려하여야 한다는 원칙이다. 즉 국가 간의 공유자
원(shared resources)에 대한 적정이용(equitable utilization) 개념이 부각되어
하천·해양·이동성 야생동물 등 공유자원에 대한 남용을 방지하고 자원
이용시 관계국들의 권리와 이해를 고려하여야 한다.

둘째, 제한적 영토주권론과 국가책임의 원칙이다. 모든 국가는 자국
의 관할권이나 통제하에서의 활동이 다른 국가의 환경이나 자국 관할
권 밖에 있는 지역의 환경에 영향을 미치지 않아야 한다는 제한적 영토
주권론 개념이 대두하고 있으며, 이에 의거하여 타국의 환경피해에 대
하여 국가가 보상을 책임져야 한다는 원칙이 구체화되고 있다.

한편 국제환경법 규범은 지구환경의 보호와 개선을 위하여 국가 간의
협력이 필수적이라는 기본인식하에 각국에 다음과 같은 국제환경협력의
의무를 부여한다. 첫째 정보교환이다. 국제환경협약 등에 규정된 일반적
정보교환, 국가 간의 환경분쟁예방을 위한 정보교환, 과학적 연구 및 체계
적 관측 결과에 대한 정보교환 등을 들 수 있다. 둘째 사전통보 및 협의의
무이다. 어떠한 활동을 계획하고 있는 국가가 잠재적 피해가능국가에게
모든 정보를 사전에 제공하여 피해예방조치를 취할 수 있도록 한다. 이
때 잠재적 피해가능국의 요청이 있을 경우 상대국이 협의하여야 할 의무
를 진다. 셋째 긴급상황하의 지원의무이다. 국경을 초월하는 긴급 오염사

고의 영향을 최소화하기 위하여 상호지원할 의무를 진다. 넷째 모든 국가
는 자국 관할권 내의 활동이 환경에 미치는 부정적 영향을 최소화하는
환경오염저감원칙의 의무를 진다. 환경오염저감원칙은 적절한 주의와 피
해방지 의무, 예방원칙(precautionary principle), 오염자 부담원칙(polluters
pays principle) 등으로 세분될 수 있다. 다섯째 각국은 공통적이나 차등적인
책임을 진다. 선진국들이 지금까지 지구환경에 끼친 부정적 영향, 그리고
환경문제 개선을 위한 재원 및 기술의 소유를 고려하여 SD를 추구하기
위한 국제적 노력에 주도적 역할을 수행하여야 한다.[10]

현재 각국은 이상과 같이 부각되고 있는 원칙과 개념을 총괄하는 국
제환경법대전의 작성을 유엔을 중심으로 노력하고 있다. 이미 '국제자
연 및 자연자원 보존연맹'(IUCN: International Union for Conservation of
Nature and Natural Resources)은 1995년 3월 'International Covenant on
Environment and Development' 초안을 제시한 바 있으며, UNEP의 제18
차 집행이사회(1995년 5월)는 새로운 국제환경법의 개발을 주요 사업의
하나로 결정하였다. 대기·해양·육상생태계·유해물질 등 제반 분야별로
형성되고 있는 국제법 규범의 이행강제성이 강화되고 있으며, 국가주권
하에 속하지 않는 영역(해양·우주)을 규율하는 국제법 규범의 중요성이
부각되어 국가 및 개인의 행위를 구속하게 될 것으로 보여 이를 둘러싸
고 자국의 이해를 반영하기 위한 각국의 환경외교가 치열하게 전개되
고 있다.

제 4 절 한국의 환경외교

한국은 국제환경보전 논의에 적극 참여하기 위해 기후변화협약, 생물
다양성협약, 몬트리올의정서, 바젤협약 등 주요 국제환경협약에 가입하

---

10) 외무부 국제경제국 (1996), pp. 19-22; 이영준, 『국제환경법론』(서울: 법문사,
    1995), pp. 57-93 참조.

고 관련 후속이행 논의에 적극 참여하고 있으며, 국제산림보전, 유해화
학물질의 국가 간 이동통제 등 새로운 분야에서의 협약채택 협상에도
논의 초기부터 참여하고 있다. 또한 CSD·UNEP 등 환경관련 주요 국제
기구 논의에도 지속적으로 참여해 왔다.

1. 국제기구와의 환경협력

UNEP는 환경관련 유엔활동방향의 설정·조정에 관한 정책지침을 제
공하고, 환경관련 정보의 수집·평가 및 교환의 촉진을 목적으로 1972년
12월 유엔총회의 결의로 케냐의 나이로비에 설치되었다. 한국은 1986년
12월 UNEP 집행이사국으로 피선되어 1987~1989년간 및 1993~1997년
간 이사국으로 수임하였다. UNEP 지역해양보전사업에 참여하여 북서
태평양 보전실천계획(NOWPAP: Northwest Pacific Action Plan)의 제1차
회의를 서울에서 개최하였고, UNEP 주관의 주요 국제환경협약인 비엔
나협약·바젤협약 등의 제정회의에 참여하였다.

환경부는 1982년부터 UNEP가 세계보건기구(WHO) 등 관련 국제기구
들과 공동으로 지역환경감시의 일환으로 추진하고 있는 지구환경감시
사업(GEMS: Global Environmental Monitoring System)에 참여하고 있다. 또
한 환경관련 국제동향의 신속한 입수·분석과 협력증진을 위해 1989년
UNEP와 '환경전문가 파견에 관한 협정'을 체결하여 UNEP 본부에 인력
을 파견하고 있다. 그외 아시아 지역 토양오염 평가사업 및 환경정책수
단으로서의 경제적 인센티브 적용사례연구 등을 UNEP와 함께 수행하
고 있으며, 국립환경연구원은 1980년부터 UNEP에서 환경관련 정보의
국제적 교류를 위해 운영하고 있는 국제정보조회체제(INFOTERRA)[11])에

11) 1972년 스톡홀름 UNCHE에서 환경정보교환을 위한 국제조직의 필요성이 대
   두된 후 UNEP에 의해 1975년 INFOTERRA가 설립되었다. 정보(information)
   와 지구(terra) 두 단어의 합성어인 INFOTERRA는 세계 각국으로부터 환경분
   야의 계획·대책·연구·기술개발 등에 관련되는 정확하고 신속한 정보교류의 요
   망에 부응하고자 만들어졌다. INFOTERRA가 제공할 수 있는 환경정보자료는

국가대표기관(NFP: National Focal Point)으로 활동하고 있다.

WHO는 각국의 보건·환경 관련업무의 조정·지도, 회원국정부의 보건·환경 부문 발전을 위한 원조제공 및 질병퇴치 등을 목적으로 1947년 유엔 전문기구로 설립되었다. 우리나라는 1949년 8월 회원국으로 가입하였고, 제16차(1965년 9월) 및 제32차(1981년 9월) 서태평양 지역회의를 개최한 바 있다.

환경부문과 관련된 WHO와의 협력사업은 선진국 환경연수 및 시찰을 위한 기술훈련사업과 환경정책수행 자문을 위한 전문가 초청 등이 있다. 우리나라는 일방적인 수혜국에서 탈피하여 매년 개도국 환경전문가 및 공무원을 대상으로 환경연수 프로그램을 운영하고 있으며, 1997년에는 '폐수처리 정책 및 기술'을 과제로 중국 국가환경보호국 공무원을 대상으로 WHO 연수를 실시하였다.

개도국에 대한 경제적·사회적 개발을 촉진하기 위한 기술원조 제공 등을 목적으로 하는 유엔개발계획(UNDP)은 1972년부터 제1차 사이클 사업을 시작한 이래 제5차 사이클 사업(1992~1996)까지 환경관련 부문이 포함된 사업을 수행해 오고 있다. UNDP의 국가별 협력사업인 환경과 경제통합계정 연구사업을 국내 환경기술개발원(현 환경정책평가연구원)이 수행하였으며, 지역협력사업인 동북아지역 대기오염 저감, 최소

대기(atmosphere), 지리(lithosphere), 지구생태계(terrestrial ecosystems), 담수(freshwater), 해양 및 연안(oceans and coastal areas), 환경과 개발(environment and development), 거주(human settlements), 농업(agriculture), 산업(industry), 운송(transportation), 에너지(energy), 화학·생화학(chemistry & biochemical processes), 오염과 폐기물(pollution and wastes), 보건(human health), 재해(disasters), 감시와 환경자료(monitoring & environmental data), 환경법규와 제도(environmental law and institutions), 환경의식(environmental awareness), 주제별 원칙(subject disciplines), 조직적 특성(organizational attributes), 지리학적 특성(geographic attributes) 등 21개 분야이다. 현재 국가별 NFP, 지역정보센터(Regional Service Center), 특별권역정보원(Special Sectoral Sources) 등이 구성되어 운영되고 있다. 환경부, 『1996년 환경백서』(서울: 환경부, 1996), pp. 447-448.

비용에 의한 온실가스 저감전략에 한국이 참여하고 있다. 특히 최근에
는 UNDP가 주도하고 있는 두만강지역개발계획(TRADP)에 적극 참여하
고 있다.

1992년 UNCED에서 채택된 아젠다 21은 SD를 구현하기 위한 각국의
프로그램과 정책을 담은 실천계획을 작성하도록 규정하였다. 한국의 환
경부를 비롯한 관련부처는 소관분야별로 시행 중이거나 계획중인 정책
을 검토하고 환경과 개발이 조화를 이루는 SD 국가실천계획을 만들었
다. 동계획은 아젠다 21의 이행을 통하여 SD를 구현하고자 하는 우리의
정책방향과 의지를 국제사회에 알리고 아울러 국내적으로는 각 지방자
치단체가 '지방아젠다 21'을 작성하는 데 기본틀이 되고 있다.

1961년 9월 세계경제의 지속적인 성장과 복지증진을 목표로 설립된
경제협력개발기구(OECD: Organization for Economic Cooperation and
Development)는 회원국들의 환경 보전·개선을 위한 정책을 검토하고 국
가 간에 조화된 국제적 환경규범 수립을 위하여 1970년에 환경정책위원
회(EPOC)를 설립하여 1972년 스톡홀름 UNCHE를 주도하는 등 환경문
제 해결을 위한 최대의 토론장으로 활용하고 있다. 1993년 7월부터
EPOC에 옵서버로 참석해온 한국은 1996년 10월 OECD에 정식 가입함
으로써 EPOC 및 OECD 내 환경관련 논의에 정회원국으로 참여하게 되
었다.

OECD 환경논의의 기본방향을 제시하고 있는 총 65개의 OECD 환경
규정12)중 한국은 12개 규정을 조건부로, 나머지는 조건없이 수락하였
다.13) EPOC에의 가입은 선진화된 OECD국가와의 정보교류 확대와 정

---

12) 환경규정은 170개의 OECD 규정 중 가장 많은 부분을 차지하고 있으며, 결정
규정(Decision) 13개, 권고규정(Recommendation) 46개, 선언(Declaration) 4개
및 성명(Communique) 2개로 구성되어 있다. 결정규정은 강력력이 있는 규범으
로서 회원국들을 구속하고, 권고규정은 모든 회원국에게 적용되지만 권고적 성
격을 갖는 지침이며, 선언 및 성명은 회원국 환경지도자들의 정치적 약속으로서
향후 OECD 환경논의의 기본방향을 제시한다.

13) 조건부로 수락한 규정은 현재 우리나라에 도입되어 있지 않거나 국제적으로

책논의 및 연구참여를 통하여 OECD가 가지는 분석능력, 환경과학분야
에서의 축적된 경험과 정보를 직접 접할 수 있는 기회를 제공함으로써
우리의 환경정책목표인 SD를 바탕으로 한 환경정책의 선진화와 환경복
지국가 건설에 도움을 줄 것으로 기대된다. 또한 OECD는 국제환경협
상에서 선진국의 논리를 제공하는 역할을 하고 있어 우리가 국제환경
협약의 사전논의에 참여함으로써 국제환경법 규범 형성시기에 국익을
반영할 수 있는 기회가 되고 있다. 한편 한국은 OECD 가입 후에도 기
후변화협약 등 국제환경협약에 있어서는 개도국 지위를 유지하고 있다.

  1972년 UNCHE 이후 GATT 체제에서도 무역과 환경에 관한 연계의
필요성이 인정되어 작업반이 구성되어 논의가 시작되었고, 1992년
UNCED에서는 무역과 환경에 대한 기본입장[14]이 정립되면서 논의가
활발하게 진행되었다. 1994년 마라케시 각료회의는 '무역과 환경에 관한
결정문'을 채택하고 WTO 산하에 CTE를 설치하기로 결정하여 1995년 1
월 CTE가 설치되면서 환경과 무역에 관한 10개 의제가 채택되었다.[15]

통용되는 규범과의 조화가 필요한 제도나 규범들로서 유해화학물질의 우수실험
실 운영기준(GLP)의 도입, 대량유통화학물질의 체계적 조사실시, 유해폐기물
의 국경 간 이동시 적용되는 분류체제의 도입, 화학물질의 수출입시 적용되는
데이터의 구비조건, 신규 화학물질의 신고시 제출된 데이터에 대한 소유권 보호
등이다. 한편 수락한 규정은 우리나라에서 현재 추진되고 있거나 검토되고 있는
정책방향·제도로서 OECD 가입과 함께 우리의 환경보전 중·장기계획과 연계하
여 보다 적극적으로 추진·검토할 사항으로서 오염자 부담원칙 적용확대, 환경
정책 수행시 경제적 유인책 사용확대, 환경지표 개발, 환경영향평가 강화, 환경
적합적 에너지정책 및 소음공해저감 정책마련, 수질 및 연안해역 관리개선 등이
다. 환경부, (1997), pp. 344-347 참조.
14) 그 내용은 ① 환경보호를 목적으로 하는 무역규제조치가 자의적 또는 부당한 차
   별적 조치나 위장된 수단을 포함해서는 안 되고, ② 국가간 또는 지구적 차원의
   환경문제 해결을 위한 조치는 가능한 한 국제적 합의에 기초해야 하며, ③ 환경
   과 개발분야의 국제활동시 개도국의 입장을 충분히 고려해야 한다는 것이다.
15) 10개 의제는 ① 다자무역체제 규범과 환경목적 무역조치(국제환경협약에 의한
   무역조치 포함) 간의 관계, ② 무역에 중요한 영향을 미치는 환경조치 및 정책
   과 다자무역체제와의 관계, ③ 환경목적의 부과금·조세 및 상품요건(표준 및 기
   술규정·포장·레이블링·재활용 포함)과 다자무역체제 규범 간의 관계, ④ 환경목

무역·환경문제는 기본적으로 무역자유화와 환경보전 간에 조화와 양립을 도모하려는 데 있다. 즉 무역자유화정책이 환경보전노력에 긍정적인 영향을 미치도록 하는 동시에 환경보전을 이유로 한 정책·조치가 무역자유에 불필요한 무역장벽으로 작용하지 않도록 하기 위한 방안을 개발하여 무역과 환경의 잠재적인 상충 가능성을 사전에 회피하려는 데 기본목적을 둔다. 현재까지의 WTO 또는 OECD 등 관련 국제기구에서의 논의를 감안할 때 단기적으로 현 국제무역체제의 골격을 유지시키면서 환경에 대한 적절한 고려를 해나갈 것으로 예상되나, 선진국측의 입장강도에 따라서는 환경에 대한 고려가 현 무역규범의 개정이라는 형태로 진행될 가능성도 배제할 수 없다.

2. 동북아 환경협력

우리나라와 중국·일본·러시아·몽골 등이 위치한 동북아국가들은 지리적·역사적으로 밀접한 관계를 맺고 있을 뿐만 아니라, 최근에는 경제적인 상호의존도 크게 증가하고 있다. 그러나 지역국가들의 산업화, 그것에 따른 급속한 인구증가와 도시화는 각국의 환경상태를 악화시켰고 산성비문제, 반폐쇄 해역인 동·황해의 오염 등 국경이동 환경오염문제를 발생시켰다.

한국은 장거리 대기오염 및 해양오염 등 동북아 역내국가와 공동으로 처한 환경오염문제를 해결하기 위해 1992년부터 꾸준히 양자 및 다자적 차원에서 환경협력을 추진해오고 있다. 특히 다자간 환경협력의 경우 1996년도에 그간 참가국의 유보적 반응으로 본격 논의되지 못한

적의 무역조치 및 무역에 중요한 영향을 미치는 환경조치·요건의 투명성과 관련된 다자무역체제 규범, ⑤ 다자무역체제와 국제환경협약 간의 분쟁해결장치 관계, ⑥ 환경조치 특히 최빈개도국을 비롯한 개도국에 대한 시장접근 효과와 무역제한·왜곡의 제거에 따른 환경이익, ⑦ 국내판금품의 수출문제, ⑧ 무역관련 지적재산권협정과 환경과의 관계, ⑨ 서비스교역협정과 환경과의 관계, ⑩ NGO 참여문제 등이다. 외무부 국제경제국 (1996), p. 37; 환경부 (1997), pp. 363-364.

동북아 환경협력을 위한 상설 협력 메커니즘 구축 논의를 구체적으로 진행시킴으로써 동북아 환경협력체 실현을 가속화할 수 있는 계기를 마련하였다.

1) 다자간 환경협력

동북아국가들은 지역환경협력을 꾸준히 모색하여 왔다. 현재 환경협력에 관한 역내 논의는 국제기구·정부·민간 등의 차원에서 진행되고 있다. 국제기구를 매개로 한 동북아 환경협력에서 대표적인 것이 아시아 태평양 경제사회위원회(ESCAP)가 주관하는 정부 간 외교교섭 회의인 '동북아 환경협력을 위한 고위급회의'(MSOECN: Meeting of Senior Officials on Environmental Cooperation in Northeast Asia)이다. 1992년 7월 방콕에서 개최되었던 한국·ESCAP 협력기금(KECF) 연례회의에서 한국이 기여한 16만 달러의 기금 중 일부를 활용한 환경회의를 개최하기로 합의함으로써 1993년 2월 서울에서 제1차 MSOECN−한국·중국·일본·러시아·몽골 참가−이 개최되었다. 동 회의에서 에너지와 대기오염, 생태계 관리(특히 산림파괴와 사막화), 능력배양(capacity building) 등의 분야에서 지역환경협력을 중점적으로 추진하기로 참가국은 합의하였다.

1994년 11월 24~26일에는 남북한·중국·일본·러시아·몽골 6개국이 참가한 가운데 북경에서 제1차 전문가 회의가 개최되었고, 연이어 28~29일에 개최된 제2차 MSOECN에서는 구체적인 협력계획이 논의되어 5개 시범사업이 선정되는 등 실질적인 협력의 틀이 마련되었다. 특히 북한이 크게 관심을 보인 '동북아 종자연구 및 산림·초지 분야 정보체계화사업'을 시범사업의 하나인 생태계 관리분야에 포함시킴으로써 북한의 동참을 유도하여 다자적 차원에서의 남북한 협력을 위한 바탕을 마련하였다.16)

---

16) 북한이 제의한 종자연구사업에 대해 일본과 러시아가 회의적인 반응을 보였으나, 우리와 중국의 적극적인 지지와 설득으로 동사업이 채택되었다. 그외 생태계 관리분야에서는 '동북아 생물다양성 관리프로그램'이 선정되었다. 에너지 및 대

지역적 환경협력을 효과적으로 촉진하기 위해서는 역내 국가 간에 지역환경협력 이니셔티브를 조정·확산할 수 있는 제도적 기구가 설치되어야 한다. 1996년 9월 몽골 울란바토르에서 개최된 제3차 MSOECN에서는 한국의 주도적 역할로 사무국 및 재정기구 설치를 위한 협력방향을 포함한 '동북아 환경협력계획을 위한 체계'(FNAEC: Framework for Northeast Asian Subregional Programme of Environmental Cooperation)가 채택되었다. FNAEC는 '동북아시아 지역환경협력계획'(NEAREP: Northeast Asia Regional Environmental Programme)이 공식 출범할 때까지 동북아환경협력기구로서의 역할을 수행하게 될 것이다. 그외 제3차 MSOECN에서는 3개 시범사업 — 노후화된 석탄사용 화력발전소의 아황산가스 감소, 청정석탄기술, 환경오염정보의 수집·표준화·분석 — 이 승인되었으며, 생물다양성 관련사업의 추진방안이 결정되었다.[17] 1997년 8월 모스크바에서 개최된 제4차 회의에서는 신탁기금 및 사무국의 설치문제 등 FNAEC의 구체화를 위한 제도화 작업을 논의하였다.[18]

우리의 노력으로 FNAEC를 설립하였으나 장기적으로 법적 구속력을 지닌 NEAREP로의 이행을 목표로 협력기반을 조성해야 할 것이다. 단기적으로는 합의된 우선협력분야의 구체적 사업을 추진함과 아울러 우리의 재정부담 및 북한과의 정치적 관계를 고려하여 UNDP 등 국제기구의 참여를 통한 재원조달을 유도해야 할 것이다.

UNDP의 후원하에 남북한·중국·러시아·몽골 5개국이 TRADP와 관련

기오염 분야에서는 우리가 제의한 '석탄발전소의 SO$_2$ 감소를 위한 운영 및 관리 훈련 사업'과 중국이 제의한 '청정 석탄연소기술 시범사업'이 선정되었다. Lyuba Zarsky, "Regional Cooperation for Sustainable Development Northeast Asia and APEC," prepared for the Northeast Asia/Southeast Asia Consultation on Environment and Development, Bangkok, Chulalongkorn University (20-22 October 1995), p. 25: 환경처 해외협력과, "제2차 ESCAP 동북아 환경협력을 위한 고위급회의 참가보고서," 중국 북경 (1994. 11. 24-29) 참조.

17) 외무부, "제3차 동북아 환경협력 고위급회의 참가보고서," 몽골 울란바토르 (1996. 9. 17-20) 참조.

18) 외무부, 『외교백서 1997』(서울: 외무부, 1997), pp. 261-262.

하여 두만강 경제개발지역(TREDA) 및 동북 아시아의 환경적으로 건전
하고 지속가능한 개발을 위한 '환경원칙에 관한 양해각서'(MOU:
Memorandum of Understanding on Environmental Principles)가 역내 환경협
력의 틀이 되고 있다. 1991년 7월 몽골 울란바토르에서 개최된 제5차 사
이클 관련회의에서 동북아협력사업의 최우선사업으로 TRADP의 추진
이 결정되었고, 1995년 뉴욕 계획관리위원회에서 MOU가 서명되었다.

TREDA는 북한의 청진, 중국의 연길, 러시아의 블라디보스토크를 연
결하는 삼각지역으로 개발사업은 대외투자를 유도하기 위해 수송, 식·
용수, 전기, 폐기물처리 등의 산업기반구조를 두만강 하구에 건설할 계
획을 포함하고 있다. 그러나 동계획의 추진에 문제가 되는 것은 두만강
을 둘러싸고 있는 세계적으로 생물다양성 가치가 있는 습지이다. 따라
서 개발요구와 환경요구가 MOU에 의해 조화되어야 한다. 한편 MOU의
적용범위는 TREDA에만 국한되는 것이 아니라 동북 아시아 전체에 해
당되어 서명국들 간의 환경협력을 위한 준거틀이 될 것이다.

MOU에 근거하여 1997년 5월 14-16일간 블라디보스토크에서 열린 제1
차 환경 워크숍에는 TRADP 5개국, UNDP, UNEP, 기타 국제환경단체 및
전문가들이 참가하여 TREDA의 환경사업에 대한 지구환경기금(GEF:
Global Environment Facility)[19]의 사용문제, 동지역의 환경보호를 위한
GEF의 전략사업계획(SAP: Strategic Action Plan)[20]을 논의하였다. 10월 6~

---

19) GEF는 개도국의 지구환경관련 비수익성 투자사업 및 기술지원사업에 무상 또
는 양허성 자금을 제공하기 위해 1990년 10월 UNDP·UNEP·세계은행(WB)에
의해 설립되었다. 우리나라는 1994년 5월에 가입하여 1995~1997년간 560만 달
러의 기금출연을 약정하였다. GEF의 지원분야는 생물다양성 보존, 지구온난화
방지, 오존층 보호, 국제수역 보호 및 사막화 방지 등이다. 우리나라도 지구환경
금융의 자금수혜를 위해 1994년 7월부터 한·중 공동으로 황해 생태계에 대한
종합적인 감시 및 평가기술 개발 등을 내용으로 하는 "황해 광역생태계 조사사
업"을 추진 중에 있다. GEF는 현재 생물다양성·기후변화 협약의 임시재정기구
로 기능하고 있으나 앞으로 각종 환경협약의 통합기금 역할을 수행할 것으로
예상되며, 지구환경보전사업과 관련한 핵심 재정기구로 등장할 전망이다. 환경
부, (1996), p. 482.

7일간 개최되었던 제2차 워크숍에서는 TRADP 5개국, UNDP 등이 참가하여 SAP초안을 검토하고 향후 지역별(Area-based), 분야별(Sector-based) 세부계획이 포함된 SAP최종안을 작성할 것에 합의하였다. 또한 SAP 추진을 위해 GEF에 총 473만 달러의 자금을 신청하고 TRADP 사무국 내 환경작업반을 활용하기로 하였다.[21]

역내 지역환경협력을 제도적으로 뒷받침하려는 또 하나의 움직임이 '동북아 환경협력회의'(NEACEC: Northeast Asian Conference on Environmental Cooperation)이다. 동 회의는 1988년부터 1990년까지 세 차례에 걸쳐서 개최되었던 한·일 간 환경과학·기술심포지엄이 확대된 것이다. 1992년 10월 일본 니가타에서 한국·중국·일본·러시아·몽골 5개국이 참가한 가운데 개최된 제1차 회의에서 참여국들은 환경분야 공동협력을 추진하기 위하여 회의를 정례화하고, 지역환경보호 및 개선을 위한 제도적 장치 마련에 노력하기로 하였다. 각국의 환경관리·전문가·환경관련 NGOs 등이 역내 환경상태 및 지역현안에 대한 의견을 교환하고 동북아환경협력을 위한 포괄적 협력체제를 형성하는 데 중요한 계기를 마련하였던 동 회의는 서울에서 제2차 회의(1993년 9월), 일본의 효고현에서 제3차 회의(1994년 9월)가 개최되어 지역환경문제에 대한 공동 대처방안이 논의되었다.[22] 제4차 회의(1995년 9월, 부산)에서는 아젠다 21의 실천을 위한 지방정부와 NGOs의 역할, 산성비 및 해양오염을 포함

---

20) United Nations Development Programme, UNOPS/GEF-SAP Fact Finding Mission, "Preliminary Trans-Boundary Analysis of Environment Key Issues in the Tumen River Area, Its Related Coastal Regions and Its North-East Asian Hinterlands," Beijing (June 1997); Global Environment Facility/United Nations Development Programme, "Draft Project Brief for the Preparation of a Strategic Action Programme(SAP) for the Tumen River Area, Its Related Coastal Regions and Its North-East Asian Environs," Beijing (August 1997) 참조.

21) 통일원 인도지원국, "두만강개발계획 환경워크숍 결과보고"(1997. 5); 통일원 인도지원국, "두만강개발계획 환경워크숍 결과보고"(1997. 10) 참조.

22) Ministry of Environment, The Republic of Korea, "The Proceedings of the Fourth Northeast Asian Conference on Environmental Cooperation," Pusan (19-21 September 1995) 참조.

하는 월경성 오염물질에 대한 협력방안, 기후변화협약에 관한 각국의
입장과 조치, 유해 화학물질 관리에 대한 경험과 조치, 도시환경 개선방
안 등을 논의하였다. 제5차 회의는 1996년 9월 북경에서, 제6차 회의는
일본 니가타에서 1997년 개최되었다.

정부패널 차원에서의 역내 환경협력의 대표적인 예는 UNEP가 후원하
는 지역해양계획인 NOWPAP이다. NOWPAP의 실천을 위해 4차례에 걸
쳐 개최되었던 준비회의 중 남북한·중국·일본·러시아 5개국이 참가하였
던 제3차 회의에서 정부 간 회의(Intergovernmental Meeting)를 결성하기로
합의하였다.23) 1994년 9월 한국에서 개최되었던 제1차 NOWPAP 정부 간
회의에서 NOWPAP이 정식으로 출범함과 동시에 그 이행을 위한 3개의
결의안이 채택되고 5개 우선사업분야— ① 데이터베이스 및 정보관리체
제 구축, ② 국별 환경입법·목표·전략·정책조사, ③ 지역감시 및 공조 프
로그램 개발, ④ 해양오염 대응을 위한 지역협력 개발, ⑤ 지역활동센터
및 네트워크 구축—가 선정되었다. NOWPAP 정부 간 회의가 갖는 의의
는 북한이 참가하는 동북아 최초의 국가 간 환경협력체란 점과 동북아에
서의 아젠다 21(제17장 해양분야)의 이행을 위한 역내국가 간 협력의 틀
을 마련하였다는 점이다. NOWPAP은 현재 북서태평양지역의 자원과 연
안 및 해양환경의 보호·관리를 위한 지역협정의 마련을 위해 노력하고
있으며, 동해와 황해를 주요 대상으로 하고 있다.24) 한편 북한은 1992년
NOWPAP 북경회의에서 해양오염의 감시와 측정을 위한 기술 및 재정지
원을 요청하였다.25)

---

23) 1991년 10월 러시아 제1차 준비회의에서는 한국·중국·일본·러시아 4개국이 참
    가하였으나, 1992년 10월 중국 제2차 준비회의와 1993년 11월 태국 제3차 준비
    회의에는 북한도 참가하였다. 그러나 1994년 9월 한국에서 연이어 개최되었던
    제4차 준비회의와 제1차 정부 간 회의에 북한은 불참하였다.
24) NOWPAP의 지정학적 대상지역이 명확한 것은 아니다. 1991년 블라디보스토
    크에서 1차준비회의가 개최되었을 때 다수는 동계획의 적용대상이 동해와 황해
    의 연안지역 및 해양환경이라고 보았으며, 추후 다른 지역으로의 확장을 고려하
    지 않았다.
25) General Bureau of Environment Protection and Land Administration, DPRK,

1996년 11월 도쿄에서 개최된 제2차 정부 간 회의에서는 5개 우선사
업분야에 대한 세부사업계획과 1997~1998년간 약 40만 달러의 사업예
산을 확정함으로써 1997년부터 세부사업이 착수될 수 있게 되었다.[26]
따라서 그간 구상·계획단계에 머물렀던 NOWPAP사업은 구체적 실천단
계로 접어들게 되었다.

우리나라는 황해와 동해의 환경오염의 가장 큰 이해관계를 가진 국
가로서 지역 환경문제 해결차원에서 NOWPAP 사업을 적극적으로 추진
하고 있다. 향후 조기 실현가능한 사업부터 착수하여 점진적으로 사업
확대를 도모하고 입장을 같이하는 국가와의 특정사업 우선실시 가능성
을 검토해야 할 것이다.

1989년 역내 경제협력을 도모하기 위해 설립된 '아시아·태평양 경제협
력체'(APEC: Asia Pacific Economic Cooperation)도 1994년 밴쿠버에서 열린
APEC 환경장관회의를 계기로 역내의 SD를 위한 환경분야의 추진방안을
강구해 오고 있다. APEC의 10개 실무그룹 중 산업과학기술(IST), 해양자원
보전(MRC), 인력자원(HRD), 고위급회의(SOM)에서 환경논의를 진행하고
있으며, 1997년 6월 APEC 환경장관회의에서는 지속가능한 도시 및 도시
지역관리, 청정기술 및 청정생산, 해양환경의 지속가능성, FEEGP(Food,
Energy, Economic Growth and Population)을 주요 의제로 각국의 모범사례
수집 및 경험교환, 환경분야 협력을 추진하기로 합의하였다.

민간차원에서의 역내 환경협력 가운데 대표적인 것이 '동북아시아 및
태평양 환경포럼'(NAPEF: Northeast Asia and Pacific Environment Forum)
이다. 한국환경과학연구협의회가 주최한 환경협력논의로서 1992년 9월
서울에서 제1차 동북아환경협력 심포지엄이 한국·중국·일본·러시아·몽
골이 참가한 가운데 개최되었으며, 1993년과 1994년에는 그 후속회의가

"National Report of the DPRK on the Marine Environment," prepared for the
Second Meeting of Experts and National Focal Points on the Development of
the Northwest Pacific Action Plan, Beijing(26-30 October 1992), 참조.

26) 외무부, "북서태평양 보전실천계획: 제2차 정부간 회의 결과보고서," 일본 동
경, (1996. 11. 18-20) 참조.

러시아의 이르쿠츠크와 미국의 알래스카에서 각각 개최되었다. 서울회의에서는 동북아 비정부분야 간 협력강화를 위한 '동북아 환경협력 비공식 네트워크' 구성에 합의하였다. 제2차 회의부터 미국이 참여하게 됨으로써 제3차 회의에서 회의명칭을 NAPEF로 변경하여 현재 활동하고 있다. 1995년 9월에는 일본 쿠시로시에서 제4차 회의가 개최되었고 여기에는 북한도 참가하였다.

1997년 6월 5일 세계환경의 날을 맞아 서울에서는 인간환경선언 25주년과 리우선언 5주년을 기념하여 지역적·지구적 환경협력에 관한 정부·NGOs간의 행사와 함께 '환경윤리에 관한 서울선언'이 공표되었다. 동선언은 첫째 물질만능주의의 극복과 정신문화의 창달, 둘째 환경정의의 추구, 셋째 과학기술의 환경친화성 증진, 넷째 책임 분담과 협력 극대화 등의 원칙을 밝히고, 정부·시민·종교단체·환경단체·산업과 기업·국제기구·학계 및 연구기관별로 구체적인 실천강령을 제시하였다.[27]

NGOs 간의 정보·의견교환은 역내국가 간의 공동관심사항을 도출하는 데 필수적이다. 이들은 협력사업을 추진하는 데 중앙정부보다 더욱 탄력성을 가질 수 있으며, 다른 한편으로 각 정부가 환경책임을 실천하도록 압력을 행사하는 데 중요한 역할을 담당할 수 있다.

그외 한국은 UNCED 결과의 이행과 관련하여 지역협력방안의 토론을 목적으로 1991년부터 일본이 주도하여 개최하고 있는 ECO-ASIA, 지구변동과 관련한 경제·과학적 연구를 위한 지역협의체로서 1992년부터 개최되고 있는 '지구변동연구를 위한 아시아·태평양 네크워크'(Asia-Pacific Network for Global Change Research) 등에 참가하고 있다. 또한 리우회의 1주년을 맞아 아시아·태평양 지역의 환경문제를 의회차원에서 논의하기 위해 1993년 6월 7일 서울에서 '아시아·태평양 환경의원회의'(EAPPCED)를 창설하여 정부차원에서 이루어지고 있는 환경협력활동을 지원하고 있다.

---

27) 환경부 (1997), 서문 참조.

또한 IUCN, 유엔교육과학문화기구(UNESCO)의 '인간과 생물권 계획'(Man and the Biosphere Program)의 일환으로 남북한·중국·일본·몽골이 참여하는 '동북아 생물권보존지역 네트워크'(East Asian Biosphere Reserve Network), '정부간 해양지위원회'의 '서태평양 부속위원회' (Intergovernmental Oceanographic Commission's Sub-Commission for the West Pacific) 등의 인적·재정적·기술적 자원을 활용하는 환경협력사업을 모색하고 있다.

2) 양자간 환경협력

동북아국가 간 지역환경협력을 위한 움직임과 병행하여 한국은 역내 국가들과 양자적 환경협력을 촉진하기 위해 일본, 중국 그리고 러시아와 환경협력협정을 체결하였다. 일본과는 1993년 6월 '한·일 환경협력협정'28)을 체결하였고, 1994년 1월 동경 제1차 한·일 환경공동위원회에서는 중수도(中水道) 시스템 개발에 관한 연구 등 17개 협력사업을 공동으로 추진할 것을, 제2차 공동위(1995년 2월 서울)에서는 철새보호협력체제 구축 등 8개 신규협력과제에 합의하였다.

제3차 공동위(1996년 3월 동경)에서는 최근 빈발하고 있는 한반도 주변 수역에서의 유류오염사고에 신속하고 효과적으로 대응하기 위해 유류오염사고 관련통계의 정기적인 교환 및 방제훈련 협력 메커니즘 구축을 위해 노력하기로 합의하였다. 한편 일본의 환경관리정책 및 기술연수를 위하여 1992년 이후 매년 20여 명의 환경관계자들을 일본에 파견, 환경연수를 실시해 오고 있다.

중국과는 1993년 10월 '한·중 환경협력협정'29)을 체결하였다. 1994년 6월 제1차 한·중 환경협력공동위원회를 개최하여 산성비 유발물질 처리

28) 협정의 제4조는 협력분야를 ① 대기·수질 및 토양 오염 등의 오염저감 및 규제, ② 생태계와 생물학적 다양성의 보존, ③ 기후체계에 대한 위험한 인위적 개입 방지, ④ 상호협의하는 환경보호 및 개선의 기타 영역으로 규정하고 있다.
29) 협정의 제3조는 협력분야를 ① 이동 및 고정원으로부터의 대기오염 규제, ② 수질오염 규제, ③ 연안 및 해양오염 규제, ④ 유독물질 관리, ⑤ 유해 고형폐기물의 국가 간 이동 및 처리규제로 규정하고 있다.

기술연구 등 18개 공동연구과제를 추진키로 합의하였으며, 제2차 공동
위(1995년 5월 북경)에서는 황해 공동연구를 신규과제로 채택하였다. 제
3차 공동위(1996년 12월 서울)에서는 양국간 공동협력사업의 추진현황
을 점검하고 황해 공동조사사업의 구체적 시행방안에 합의하였다. 1997
년부터 시작된 황해 오염현황 파악을 위한 공동조사작업은 중·장기적
으로 양국 간 해양오염을 감소시켜 나갈 수 있는 전기를 마련한 것으로
평가된다.

한·러 간 환경협력은 러시아의 핵폐기물 동해 투기로 인한 해양의
방사능 오염실태 조사 및 러시아의 핵폐기물 해양투기 방지를 위한 대
러 기자재 지원협력이 주가 되고 있다. 한·일·러 3국은 IAEA 참관하에
1994년 3~4월 및 1995년 8~9월 두 차례에 걸쳐 동해에서 핵투기로 인
한 방사능오염도 조사를 실시하였으며, 공식결과를 3국 공동보고서 형
식으로 발표하였다.

한편 한·러는 1994년 6월 '한·러 환경협력협정'[30]과 '철새보호협정'을
체결하여 양국간 환경분야 협력기반을 마련하였다. 1995년 1월 모스크
바 제1차 한·러 공동위원회에서 양국은 핵폐기물 처리시설에 대한 기자
재 지원, 생태계 유지관리, 지리정보체계(SIG: Geographical Information
System)를 이용한 환경관리방안 등 11개 공동협력사업 추진에 합의하고
철새보호를 위한 철새 이동경로 조사사업도 추진키로 결정하였다.[31]
1997년 2월에는 국립환경연구원과 러시아 환경연구소간에 '환경협력을
위한 약정'이 체결되어 오염저감기술, 자연생태계 보전, 환경기준 설정,
측정방법론, 환경오염영향 분석, GIS 및 원격탐사응용 등에 관한 상호
협력이 합의되었다.

동북아지역 국가들은 유럽 등 다른 지역의 국가와는 달리 역내국가
간 사회체제, 경제발전 정도, 기술수준 및 환경에 대한 정책우선순위 등

---

30) 협정의 제3조는 협력분야를 '한중환경협력협정'과 동일하게 규정하고 있다.
31) 환경부 (1996), pp. 485-487; 환경처, 『1994년 환경백서』(서울: 환경처, 1994),
    pp. 390-393 참조.

에서 많은 차이가 있다. 이에 따라 지역환경 현안에 대한 이해관계가 국가별로 상이하므로 환경문제 해결을 위한 공통의 구체적 행동규범을 설정하고 협력사업을 추진하기에는 구조적인 어려움이 있다. 또한 역내 국가들마다 대내적으로 국민들이 환경에 부여하는 가치도 상이하며 환경오염의 원인국가와 피해국가 간의 이해관계 또한 상충되어 나타나고 있다. 향후 동북아지역 환경협력이 이러한 문제점을 정치·경제·사회체제의 이질성에도 불구하고 순조로이 진행되기 위해서는 북한의 참여와 국제사회의 끊임없는 관심, 재정적·행정적 지원, 그리고 지역 전체에 유익한 실질적인 협력사업의 발굴·시행 등 종합적이고 체계적인 검토와 접근이 요구되고 있다.[32]

한국은 이상의 동북아 역내국가 외에 미국·프랑스·호주·네덜란드 등 환경선진국과 환경협력에 관한 양해각서를 체결하여 환경·기술·정보교류, 전문가교류 등을 통한 선진환경기술 및 환경관리기법 도입에 노력하고 있다.

3. 분야별 환경협력

1) 대기

온난화에 대한 세계적인 대책은 1987년 미국의 국가기후계획, 1988년 '기후변화에 관한 정부 간 협의체'(IPCC)의 출발, 1989년 UNEP 각료이사회에서 온난화 관련 협약교섭, 1990년 세계기후회의 각료선언, 1992년 기후변화협약 채택으로 이어졌다. 1994년 3월 발효된 기후변화협약은 각국의 온실가스 배출·흡수 현황에 대한 국가보고서 작성, 온실가스 배출감축을 위한 국내정책 수립 및 시행, 선진국의 경우 이산화탄소 배출량을

---

32) 손기웅, "남북한 환경분야 교류·협력 방안 연구: 다자적·양자적 접근" 민족통일연구원 보고서 (1996) 참조. 한편 북한은 중국과 1978년 '두만강 오염방지협정' 그리고 1992년 '환경협정'을, 소련과 1986년 '기상, 수문 및 자연환경분야협정'을 체결하였다.

2000년까지 1990년 수준으로 감축할 것 등을 주요 내용으로 하였다.

기후변화협약상 한국은 개도국으로 분류되어 국가보고서 작성 이외에 구체적인 배출규제의무는 없다. 그러나 향후 부속의정서 채택을 통한 우리의 의무부담은 불가피할 것으로 보인다. 선진국은 '선발개도국의 책임부담론'을 계속 제기하고 있다. 또한 기후변화협약이 선진국 명부에 모든 OECD국가를 포함시켰기 때문에 우리의 OECD 가입 이후 선진국으로서의 의무부담을 제기하였으나 정부는 수락을 거부하였다. 정부는 대내적으로 에너지 절약 기술개발을 강력히 추진하고, 대외적으로는 각종 정부 간 협상회의에 적극 참가하여 우리와 입장이 비슷한 국가들과의 협력관계를 강화해야 할 것이다. 한편 한국은 1998년 2월 온실가스 배출감축에 관한 제1차 국가보고서를 기후변화협약 사무국에 제출하였다.

UNEP는 1977년부터 세계기상기구(WMO) 등과 협조하여 오존층의 변화동향 및 파급효과를 측정하여 왔다. 1985년 3월에는 '오존층 보호를 위한 비엔나협약'(Vienna Convention for the Protection of the Ozone Layer)을 채택하여 국제적 차원에서 오존층 보호를 위한 기본골격을 마련하였고, 이어서 1987년 9월에는 오존층 파괴물질의 생산 및 소비삭감을 주요 내용으로 하는 '오존층 파괴물질에 관한 몬트리올의정서'(Montreal Protocol on Substances that Deplete the Ozone Layer)를 채택하였다. 몬트리올의정서는 CFCs 생산 및 소비량을 1989년부터 1986년 수준으로 동결한 후 1998년까지 50% 삭감을 규정하였으나, 오존층 파괴가 가속화되고 새로운 오존층 파괴물질이 추가로 발견됨에 따라 개정되었다.

한국은 1994년 10월 제6차 당사국총회에서 개도국 특례조항 적용국가로 분류되어 CFCs 감축의무를 유예받고 있는 상태이다.[33] 한국은 '오존

---

33) 수혜개도국으로서 CFCs 감축의 10년 유예와 '다자기금'(Multilateral Fund) 납부의무를 면제받았으며, 다자기금 수혜자격은 활용을 자제토록 권고받았다. 한국은 개도국 수혜자격 확보가 결정되자 다른 개도국을 위해 다자기금 수혜 자격을 활용하지 않겠다는 입장을 표명하였다. 다자기금은 몬트리올의정서에 의해 설치된 재정기구로서 의정서 규정 및 당사국총회 지침에 따라 기금을 집행

층 보호를 위한 특정물질의 제조규제 등에 관한 법률'을 제정하였고, 한국과학기술연구원(KIST) 주관하에 대체물질 개발을 추진하여 현재 HCFC를 개발하여 상용화하고 있고, 2차 대체물질인 HFCs도 2000년경에 상용화할 수 있을 것으로 예상된다.

산성비는 종래 선진국문제로 인식되어 왔지만 근년 개도국의 급속한 공업화로 대기오염물질의 배출량이 증가하면서 지역의 대기오염문제와 더불어 광역적으로 큰 문제가 되고 있다. 아젠다 21은 선진국은 물론 개도국까지도 산성비문제의 해결에 나설 것을 강조하고 있다. 동북아 역내의 월경성 대기오염문제 가운데 가장 심각한 것이 산성비이다. 불충분한 감시망과 생태적 연구의 미비로 인하여 역내 산성비의 범위·원인·영향은 명확하게 밝혀지지 않고 있다. 남북한과 일본의 학자들은 중국 북부지방에서 유발되는 산성비에 의해 피해를 입고 있다고 주장한다.[34] 한편 우리나라도 상당량의 산성물질을 배출하고 있다. 이에 따라 한국을 포함한 동북아지역 관련국가 간의 정보교환·기술협력 등의 필요성이 증대되고 있다.

한국은 일본 환경청이 '동아시아 산성축적감시 네트워크'(Acid Deposition Monitoring Network in East Asia) 형성을 위해 1993과 1995년 세 차례에 걸쳐 개최한 전문가회의에 참가하였으며, 이를 바탕으로 1998년 2월 한국·중국·일본 등 아시아 10개국은 동 네트워크를 4월부터 발족하기로 합의하였다. 참여국은 산성비측정체제를 통일하고, 측정된 데이터를 니가타시 소재 네트워크 본부에서 분석할 예정이다.

하며 수혜개도국이 집행대상이다. 한편 GEF는 의정서와는 별도의 재정기구로서 오존층 보호를 지원대상 분야의 하나로 지정하여 스스로의 기준에 따라 지원한다.

34) WB와 아시아개발은행(ADB)에 의해 지원된 국제과학공동연구인 RAINS-ASIA의 자료에 따르면 중국이 역내에서 총량과 월경성 측면에서 절대적인 원인제공국으로 나타났다. 1990년 중국은 역내의 총 920만 t 유황방출량 가운데 750만 t을 차지하였다. G. Carmichael and R. Arndt, "Long Range Transport and Deposition of Sulfur in Asia," in RAINS-ASIA, *An Assessment Model for Acid Rain in Asia* (1995. 3), Table 5.3.

2) 생물다양성

인류는 다양한 생물종으로부터 식량·약품·산업생산물 등 인간의 생계·건강·번영을 위한 많은 자원을 추출하고 있다. 생물자원을 이용하는 생물산업의 규모는 점차적으로 증가하여 세계적으로 1992년의 100억 달러 수준에서 2005년에는 3,050억 달러로 증가할 것으로 예상되고 있다. 우리나라 생물산업의 규모는 1993년의 1,683억 원에서 2005년에는 14조 원에 이를 것으로 예상되고 있다.[35] 그러나 생물종을 이용하는 행위의 증가로 인해 유전자원·생물개체군 또는 일부 개체 등의 생물적 구성요소가 훼손되고 있으며 크게는 지구의 생물다양성이 감소되고 있다.

이에 따라 세계적으로 생물다양성 보전을 통하여 건강한 인류사회를 형성하기 위한 협약들이 1970년대부터 합의되었고, 1992년 UNCED에서는 '생물다양성협약'(Convention on Biological Diversity)[36]이 체결되었다. 세계 각국은 생물다양성을 보존하자는 목적에는 합의하고 있으나, 반면 그것의 추진방법에는 선진국과 개도국 간에, 각국의 사회·역사·경제적 배경의 차이에 따라, 그리고 생물자원 부국과 빈국 간에 의견의 일치를 보지 못하고 있다. 자국에 존재하는 생물종을 자원화할 수 있는 터주권(Farmers' Rights)과 생물종의 개발에 따른 지적소유권을 이용하여 자국의 이익을 보호하려는 움직임이 세계적으로 확대되고 있다. 또한 생명공학제품(유전자 변형생성체, LMOs: All Living Genetically Modified Organisms)의 국가 간 이동시 발생할 수 있는 인간의 건강 및 생태계에 대한 위험방지에 대한 규제대책이 문제가 되고 있다.[37]

---

35) 환경부 (1997), pp. 351-352.
36) 동 협약 제2조는 '생물다양성'을 육상·해상 및 수중 생태계와 이들 생태계가 이루는 복합생태계 등 모든 분야의 생물체 간의 변이성, '지속가능한 이용'을 장기적으로 생물다양성의 감소를 유발하지 않는 방식과 속도로 생물다양성의 구성요소를 이용함으로써 현세대와 미래 세대의 필요를 충족시키기 위한 잠재력을 유지하는 것, '유전자원'을 실질적 또는 잠재적 가치를 가진 유전물질로 각각 정의하고 있다.
37) 이와 관련하여 1996년 7월 덴마크에서 생명공학안전성의정서 작성회의가 개최되어 LMOs의 교역규제와 WTO 자유무역원칙과의 조화문제, LMOs의 국가

UNEP가 관장하는 '멸종위기에 처한 야생 동·식물의 국제거래에 관한 협약'(CITES: Convention on International Trade in Endangered Species of Wild Fauna and Flora)은 1973년 3월에 채택되었다. 동 협약은 1,000여 종의 협약대상 야생 동·식물을 3개 부속서38)에 나누어 등재하고 거래에 대한 부속서별 수출입증명서 발급요건을 규정하였다. 동 협약은 최근 환경보호문제에 대한 전세계적인 인식증대와 함께 중요성이 부각되고 있으며, 협약의 이행능력 제고를 위해 협약 비가입국 및 협약 비준수가입국에 대한 각종 제재조치를 강화하고 있다.

한국은 1993년 CITES에 가입하고 관련 국내법을 개정39)함으로써 멸종위기에 처한 야생 동·식물 보호를 위한 국제적 조류에 적극 동참하고 있다. 이를 통해 CITES 비가입국에 대한 선진국의 무역제재 압력을 피하면서 우리나라가 원산지인 멸종위기종의 불법 국외반출을 억제할 수 있게 되었다. 1996~1997년간의 주요 회의 가운데 우리의 관심사항은 곰종에 관한 권고안 채택이었다. CITES의 당사국으로서 특히 곰쓸개 등 멸종위기동물과 관련된 약재의 밀매행위를 지속적으로 단속해 나가는 한편, 우리의 특정약재 사용에 관한 일부 환경보호기구들의 왜곡·과장된 시각을 시정하기 위한 노력도 병행해야 할 것이다.

그외 한국은 세계적으로 중요한 습지의 상실과 침식을 억제하여 물새가 서식하는 습지대를 국제적으로 보호하기 위해 1971년 2월 이란의 람사(Ramsar)에서 채택된 '물새 서식처로서 국제적으로 중요한 습지에 관한 협약'(Convention on Wetlands of International Importance especially as

---

간 이동절차로서의 사전통보합의(AIA: Advance Informed Agreement)제도, 의정서 체계 등이 검토되었다.
38) 부속서 I은 코뿔소·호랑이 등 현재 멸종위기에 처해 있어 특별히 엄격한 규제를 요하는 야생 동·식물 및 그 파생품, 부속서 II는 사향노루·곰 등 현재 멸종위기에 처해 있지는 않으나 엄격한 규제를 요하는 야생 동·식물 및 그 파생품, 부속서 III은 개별당사국이 자국 관할 내의 야생 동·식물 중 일정한 요건과 절차를 적용받아야 하는 규제대상으로 요청한 종으로 각각 규정하고 있다.
39) CITES 가입과 관련하여 '자연환경보전법'(1994. 8.), '조수 및 수렵에 관한 법률'(1994. 3), '약사법'(1994. 1)을 각각 개정하였다.

Waterfowl Habitat, 일명 '습지보호협약' 혹은 'Ramsar협약')[40]에 1997년 3월 가입하여 이를 통해 생물다양성협약, CITES 등 이미 가입한 협약과의 상호보완성을 제고할 수 있게 되었으며, 철새 및 서식지 보호를 위한 아·태 지역 다자간 협약체결 논의에 주도적으로 참가할 수 있게 되었다. 현재 협약에 따라 대암산 용늪, 낙동강 및 한강 하구를 람사습지목록에 등록하기 위해 관련 자료를 작성 중이다.

3) 산림

리우 UNCED에서 산림원칙성명[41] 및 아젠다 21[42]이 채택된 후 지속가능한 산림의 관리는 전세계계적인 논의의 대상이 되고 있다. 현재 지속가능한 산림경영을 위한 '국제산림협약' 제정문제가 CSD 산하의 산림패널(IPF: Intergovernment Panel on Forests) 회의에서 검토 중이다. 산림협약 제정 필요성에 관하여 개도국은 협약제정에 앞서 재정·기술 이전의 선결을 요구하는 등 신중한 태도를 유지하고 있다. 반면 선진국 중 EU그룹은 협약필요성에 긍정적이나 미국·일본 등이 개도국에 대한 재정지원과 기술이전 등의 부담가능성을 우려하여 협약제정에 소극적 입

---

40) 동 협약은 협약가입시 람사 습지목록에 포함될 적어도 1개 이상의 국내습지를 지정하고, 습지목록 포함 여부와 관계없이 국내습지에 자연보호구를 설치할 것을 규정하고 있다.
41) 산림원칙성명은 ① 산림을 현세대뿐만 아니라 미래세대의 사회적·경제적·생태적·문화적·정신적 소요도 충족할 수 있도록 지속가능한 관리, ② 지속가능한 산지개발로 인한 부가적 비용(incremental costs)의 균형부담과 개도국에 대한 재정 및 기술 지원을 위하여 긴밀한 국제협력을 증진, ③ 국제협약에 반하는 임산물의 교역을 금지하고 산림의 환경가치를 내부화하여 목재시장가격에 반영토록 권장, ④ 국내정책측면에서 산림의 개발·이용에 대한 절대적 주권은 인정하되 산림면적과 생산력을 최소한 유지시키도록 규정하여 국가정책 중 산림정책을 우선토록 규정하는 것 등을 주요 내용으로 하고 있다.
42) 아젠다 21 가운데 산림관련 조항은 제9장(대기보호), 제10장(육상자원의 통합적 계획·관리), 제11장(산림황폐화방지), 제12장(사막화 및 한발방지), 제13장(지속가능한 산지개발), 제14장(지속가능한 농업), 제15장(생물다양성보전), 제16장(생명공학의 환경안전관리) 등이다.

장을 견지하고 있다.

열대목재의 세계 제2위 수입국인 우리의 주요 관심사인 임산물 교역규제문제와 관련하여 지속가능한 산림경영방법으로 생산된 목재만을 교역대상으로 하려는 목재증명제도(Timber Certification and Labelling)의 구체적 실행방안에 관한 논의는 진전을 보지 못하고 있다. 특히 개도국은 동 제도가 비관세장벽화될 가능성을 우려하여 부정적 입장을 취하고 있다. 향후 지속가능한 산림경영을 위한 법적 체계 마련은 IPF 추가 개최 또는 국제 포럼 형식의 새로운 회의를 통해 추진될 것으로 전망된다.

한국은 지속가능한 방법이 아니게 생산된 임산물에 대한 무역규제조치의 필요성에 원칙적으로 동의하나, 이에 대한 과학적 기준과 공정하고 객관적인 평가절차가 선행되어야 한다는 입장을 견지하고 있다. 환경보전을 위한 세계적 노력에 동참해 나가는 동시에 목재의 안정적 수급, 산림개발 필요성 등 우리의 관심사항이 적극 반영되도록 논의에 적극 참여해야 할 것이다. 또한 국제적 논의동향을 감안한 국내산림의 지속가능 관리기준과 지표를 개발하고 국내법·제도를 정비·보완해 나가야 할 것이다.

4) 해양

1960년대까지 선진국들은 해양투기를 산업발전과 도시화과정에서 야기되는 막대한 양의 폐기물을 해결해 줄 수 있는 방안으로 인식하여 산업폐기물·하수오니·준설폐기물·핵폐기물 등을 북해·지중해·극동해 등의 해양에 투기하였다. 해양에 유입된 오염물질은 해류에 의해 광범위하게 이동·확산되어 많은 문제를 발생시켰으며, 이의 방지를 위해 연안국가 간의 공동협력이 필요하게 되었다. 이러한 노력의 일환으로 1972년 UNCHE의 권고에 따라 '폐기물 및 기타 물질의 투기에 의한 해양오염 방지에 관한 협약'(Convention on the Prevention of Maritime Pollution by Dumping of Wastes and Other Matter, 일명 런던협약)이 채택되었고,

한국은 1993년 12월에 가입서를 기탁하였다.

1990년부터 런던협약은 규제를 강화하는 방향으로 개정이 논의되어 1996년 10~11월 런던회의에서 내해에 대한 협약의 규정적용, 협약이행 메커니즘 강화, 분쟁해결 및 책임과 배상절차 등이 확립되었다. 따라서 우리의 경우 협약의 개정의정서를 수용하기 위해서는 폐기물 배출처리기준의 강화, 해양투기 관련 환경영향평가제도의 실시, 해양투기를 국내법적으로 규제하고 있는 해양오염방지법상의 해양투기 허용품목을 개정의정서의 투기허용품목과 일치하는 방향으로 개정하는 등 관련 국내제도를 정비하는 작업이 필요하나 강화된 규정을 엄격히 적용하는 데는 기술적·재정적 어려움이 따를 것으로 예상된다.

한편 러시아의 동해 핵폐기물 투기문제[43] 및 중국의 산업폐기물 투기에 의한 황해오염 등을 고려할 때 강화된 개정의정서의 긍정적 측면을 배제할 수는 없으나, 주권면제 및 내수에 대한 개정의정서의 강력한 적용의 한계, 분쟁해결절차의 실효성 등으로 인해 개정의정서 채택 후에도 런던협약에 근거한 우리 주변해역 오염문제의 해결에는 한계가 있을 것으로 여겨진다. 따라서 개정의정서 채택 후 개정내용의 국내 적용에 필요한 조치 및 시간, 러시아·중국 등의 동의정서 비준동향 등을 고려하여 우리의 동 의정서 비준시기를 결정하는 신축적 대응이 필요하다.

최근 해양오염의 80% 이상을 차지하는 육상활동에 의한 오염을 지구적 차원에서 처리하기 위하여 UNEP가 주관하여 '육상활동에 의한 해양오염을 방지하기 위한 지구적 실천계획'과 동계획의 이행을 위한 각국의 정치적 의지를 표명한 '워싱턴선언'이 1995년 10월 채택되었다. 동 실천계획은 각국이 하수처리율 제고, 폐기물 수거·처리체계확립, 잔류성 유기오염물질(POPs) 생산·사용 제한 혹은 금지 등

---

43) 소련·러시아의 동해 핵폐기물 투기의 현황, 관련 법제도 등에 관해서는 손기웅, "소련·러시아의 동해 방사성폐기물 투기현황과 남북한 공동대응방안 연구," 『통일연구논총』, 제4권 1호(1995), pp. 223-257 참조.

을 권고하고 있다. 최근 우리 연근해에도 대형 유류오염사고 및 하수처리 미비로 인한 해수의 부영양화 등으로 적조가 발생하는 등 오염이 확산되고 있으므로 실천계획의 내용을 참고하여 육상오염원에 대한 통합적 관리를 위한 국가실천계획을 작성하고 유관부처 및 연구기관 간 업무분담 등 긴밀한 협력체제를 구축해야 할 것이다. 또한 POPs 관련 국제규범제정을 위한 논의가 계속될 예정이므로 관련 국제회의에 적극 참가하여 규제논의 동향을 파악, 대응책을 마련하여야 할 것이다.

5) 폐기물

세계적으로 산업의 고도화에 따라 유해폐기물의 발생량이 증가하고, 이의 부정적 처리 및 국가 간 불법이동으로 인해 환경과 보건상 심각한 위해가 초래되자 규제의 필요성이 대두되었다. UNEP는 1987년 집행이사회에서 '유해폐기물의 환경적으로 건전한 관리를 위한 카이로 지침과 원칙'을 채택하였고, 1989년 '유해폐기물의 국가 간 이동 및 그 처리의 통제에 관한 바젤협약'(Basel Convention on the Control of Transboundary Movements of Hazardous Wastes and Their Disposal)을 채택하였다. 바젤협약은 유해폐기물의 발생 및 교역을 최소화하고, 유해폐기물의 국가 간 이동이 불가피한 경우에는 적정교역과 처리방안을 강구하여 유해폐기물의 국가 간 이동이 환경과 인체에 해가 되지 않도록 국가 간 협력체제의 구축을 취지로 하고 있다.

우리나라는 폐기물의 수출보다 수입량이 많은 실정이므로 동 협약가입은 유해폐기물 수입규제 강화에도 도움이 되며, 동시에 동 협약을 통해 유해폐기물 처리에 관한 선진기술 도입 등 기술교류를 추진할 수 있다. 따라서 한국은 1994년 2월 동 협약에 가입하였고, 유해폐기물 관리와 관련된 관계법령을 제정하였다. 우리나라는 고철·폐지 등의 폐기물을 수입·재생하여 산업용 원자재로 이용하고 있으며, 주요 수출입 폐기물은 철강슬래그·폐타이어·폐고무·폐플라스틱 등이다. 바젤협약의 적용·비적용 폐기물 리스트 작성이 논의된 제10차(1996.4) 및 11차(1996.9) 기술실무회의에서 우리의 주요 관심품목인 철강슬래그·폐타이어·폐고 무 등이 협약 비적용 폐기물로 분류되어 국내 산업에 미치는 영향이 감 소되었다.

현재 유해폐기물의 국가 간 이동 및 처리에 따른 피해가 발생할 경우 그 책임소재와 보상형식·관할법원 및 적용법규 등에 관한 규정을 담은 책임·배상 의정서 작성을 위한 전문가회의가 진행 중이다. 동 의정서가 채택될 경우 폐기물 교역비용의 증가를 우려하여 의정서 적용범위를 낮추려는 국가들(대다수 선진국, 일부 개도국)과 적용범위를 확대하여 구속력을 제고하고자 하는 국가들(환경적으로 진보적인 입장을 취하는 북구국가, 대다수 개도국) 간의 입장대립으로 합의도출이 쉽지 않을 전 망이다.

제 5 절 결 론

환경외교 및 환경협력의 의미, 그리고 대상 및 분야별로 한국 환경 외교의 현황과 전망을 살펴보았다. 리우 UNCED에서 선언된 아젠다 21은 지구적 차원의 성공적인 협력을 위하여 지역차원의 협력을 강 조하고 있다. 따라서 지역특성상 환경보호와 관련된 선진기술과 재원 이 풍부한 일본과 같은 선진국, 선진국으로 진입하고 있는 한국, 개 도국인 북한·중국·몽골 등이 사회체제의 성격을 달리하며 공존하고 있어 세계적으로 국가적 다양성을 지닌 동북아지역에서 환경협력이 성공하느냐 못하느냐 하는 것은 아젠다 21이 지향하는 범지구적 협 력체제의 구축이 성공할 수 있느냐의 여부에 대한 시금석이 될 수 있다.

국제환경 논의에 국가이익을 반영하고 국제적 환경협력을 추진하 려는 정부 및 NGOs의 환경외교가 좀더 실천성을 가지기 위해서는 무엇보다 국가·국민 간에 환경분야의 중요성에 대한 인식이 확산되어야 한다. 인간다운 삶의 실현을 위해서는 무엇보다 그것의 바탕이 되는 환경의 개선이 전제되어야 함을 모두가 깊숙이 인식하여야 한다. 그리고 이를 바탕으로 먼저 구조적으로 내재한 자국의 환경문제 해결에 힘을 기울이는 한편, 대외적으로는 양자·지역적, 나아가 지구적 차원에서의 환경협력을 지속적으로 추진하여야 한다. 더불어 그것을 추진·실행할 전문인력을 사회과학 및 자연과학 간 학제적 관점에서, 이론적·실무적 차원에서, 체계적으로 장기적 안목하에 육성하여야 한다.

이러한 노력의 당위성과 필요성이 각국의 정치·경제·사회·학계에 성숙되고, 국가 간에도 이러한 방향으로 힘이 모아져 갈 수 있도록 모든 국가·국민들이 지혜와 힘을 모아가야 한다. 경제적 번영을 위한 노력이 환경의 질적 개선을 위한 노력과 독립적으로가 아니라 동시적·총체적으로 경주되어야 한다.

제11장 국제기구 및 지역협력 외교

백 진 현

제1절 서 론

냉전종식으로 이념이 몰락하고 초강대국 중심의 질서가 퇴조함에 따라 그 어느 때보다 국제기구와 지역협력의 중요성이 강조되고 있다. 가령 가장 대표적인 국제기구라고 할 수 있는 유엔의 경우, 창설 이후 40여년간 동·서 냉전체제의 그늘을 벗어날 수 없었고, 유엔의 제반활동과 운영은 고도로 이념화·정치화되었다. 물론 동·서 양대 진영의 이해가 충돌하거나 대립하지 않는 영역이나, 양대 진영의 이해가 예외적으로 일치하는 영역에서 유엔이 독자적인 역할을 수행할 수 있었던 것도 사실이나[1] 전반적으로 냉전시대의 유엔은 헌장의 이념과는 거리가 먼 기구였다. 그러나 냉전의 종식으로 유엔은 과거의 이념적 성향을 탈피하고 보다 실용적이고 국제분쟁 해결에 적실성을 갖춘 기구로 변모하고 있으며, 실제 걸프전을 비롯한 다양한 분쟁에서 의미있는 역할을 수행하였다.

또 냉전종식으로 이념을 바탕으로 한 지역의 인위적 분단이 해소되자 지역국가 간의 협력도 활발히 이루어지고 있다. 이러한 지역협력의

---

1) 가장 대표적인 예로 유엔 평화유지활동(UN peacekeeping operation)을 들 수 있다.

확산은 냉전종식으로 지역차원의 갈등은 분출하고 있으나 이를 해결해
줄 수 있는 메커니즘은 미비되어 있는 현실을 감안할 때 그 중요성이
더욱 커진다. 즉 냉전체제라는 전세계적인 초강도 대결구조는 지역 차
원의 갈등을 상당부분 억제하는 역할을 하였으나 냉전종식과 함께 이
러한 억제기능이 사라진 것이다. 또 과거 냉전체제하에서 미국이나 소
련은 전세계에 걸쳐 각종 분쟁에 개입하였으나, 냉전종식 이후 이들은
직접적인 이익이 걸린 경우가 아니면 더이상 개입하려고 하지 않는다.
따라서 지역문제는 지역국가 간에 해결해야 하는 경우가 증대하고 있
으며 이러한 측면에서 지역협력의 중요성이 부각되는 것이다.

　이러한 움직임에 따라 냉전시대 소홀히 되었던 국제기구와 지역협력
외교전략에 대한 관심도 새롭게 높아지고 있다. 이 장은 국제기구와 지
역협력의 비중이 상대적으로 높아지고 있는 현실에서 한국의 국제기구
외교와 지역협력외교의 방향과 전략을 모색해 보기 위한 것이다. 한국
이 참여하고 있는 국제기구의 수가 상당하고 이들 국제기구의 기능과
역할이 각각 상이하다는 점을 감안하면 우리의 국제기구외교를 일률적
으로 말하기는 어려울 것이다. 지역협력의 경우도 마찬가지다. 현재 경
제와 안보를 비롯하여 다방면에 걸쳐, 또 아시아·태평양을 망라하는 광
역지역에서부터 동북아 소지역에 이르기까지 활발하게 시행되고 있어
한국의 지역협력외교를 한마디로 논하기는 어렵다. 이러한 점을 고려하
여 이 장에서는 가장 대표적인 국제기구인 유엔과, 아·태 지역의 안보
협력을 중심으로 우리의 외교전략을 살펴보고자 한다. 이 장의 전반부
에서는 한국의 유엔외교의 방향과 전략에 대해 검토하고, 후반부에서는
지역안보협력외교의 방향과 전략을 모색해 보기로 한다.[2]

---

2) 국제기구외교와 지역협력외교는 일단 다자외교의 형태를 띤다는 점에서 공통
　점을 가진다. 그러나 여기서 말하는 다자외교란 단순히 참여자의 수가 3자 이상
　이라는 의미는 아니다. 러기가 지적하였듯이 다자주의의 가장 본질적인 특징은
　규범성에 있다. 즉 다자주의란 일반화된 행위준칙 또는 규범에 기반해서 3개국
　이상의 관계를 조율하는 제도적 형태를 말한다. John Gerard Ruggie,
　"Multilateralism: The Anatomy of an Institution," John Gerrard Ruggie, ed.,

제 2 절 유엔외교

1. 유엔외교의 경과

한국의 유엔가입은 1991년에야 이루어졌지만 그 이전에도 한국은 유엔을 우리의 국가이익 증진에 매우 중요한 수단으로 파악하고 적극적인 유엔외교를 수행해 왔다. 물론 한국의 유엔외교는 국제관계에서 유엔이 수행하는 역할과 유엔 자체의 성격변화에 따라 조정될 수밖에 없었으나 대체로 한국외교에 있어 유엔의 비중은 상당히 높았다. 그러나 과거 한국의 유엔외교는 유엔의 의제를 중심으로 한 외교라기보다는 남북한 문제 위주의 외교였다. 냉전기간 중 한국의 유엔외교는 주로 남북한 대결구도 속에서 우리의 입장에 대한 국제사회의 지지확보와 유엔가입 실현이라는 두 가지 문제를 중심으로 추진되었다. 이는 유엔외교도 결국 한국외교정책 수행의 한 형태인 만큼 한국정부의 외교정책의 기본목표에 영향받지 않을 수 없으며, 과거 한국의 외교정책의 주목표가 남북한 대결에서 우위확보였던 만큼 당연하다고 하겠다. 이러한 냉전시대의 유엔외교는 1973년 소위 '평화통일 외교정책 선언'(6·23선언)을 분수령으로 크게 두 부분으로 나눌 수 있다.3) 즉 6·23선언 이전의 유엔외교는 한국의 대외적 정통성 확보, 남북한 대결에서의 우위 확보,

---

Multilateralism Matters (N. Y.: Columbia University Press, 1993), pp. 3-48 참조. 가령 세계무역기구(WTO)를 중심으로 하는 다자무역체제의 경우 참여국의 수가 다자라는 사실보다 최혜국대우, 내국민대우, 수량제한의 금지 등 참여국의 행위를 규율하는 무역규범이 이러한 체제의 핵심이다. 따라서 국제기구나 지역협력은 주어진 주제영역에서 참가자의 행위를 규제하는 규범의 정립과 이행을 목표로 하며, 한국의 국제기구외교나 지역협력외교는 이러한 규범정립 및 이행 과정에서 우리의 이익을 최대한 반영하기 위한 것이라고 할 수 있다. 이러한 점에서 다자주의는 힘이나 상호주의를 기반으로 하는 양자주의에 비해 힘이 상대적으로 취약한 중위권 국가에게는 유리한 영역이다.
3) 한국의 유엔외교 경과에 대한 자세한 논의는 백진현, "유엔과 한국," 윤영관·황병무 외, 『국제기구와 한국외교』 (서울: 민음사, 1996), pp. 121-144 참고.

북한봉쇄라는 목표를 적극적으로 추구해 가는 공세적 외교였던 데 반해, 6·23선언 이후에는 유엔가입 노력의 사실상 중단, 남북대결의 자제 등 소극적 외교로 전환하였다. 이러한 방향전환은 1970년대 후반 이후 유엔 자체의 침체와도 무관하지 않으나, 결정적인 이유는 유엔에서의 남북대결이 아무런 실익도 없는 소모전에 불과하다는 것을 뒤늦게 인식하였기 때문이다.

냉전구조가 와해되기 시작한 1980년대 후반부터 한국의 유엔외교는 다시 적극적으로 방향전환하였다. 특히 1980년대 후반부터 급속히 진행되어 온 전후 냉전체제의 와해는 유엔 내의 냉전구조에도 심대한 영향을 미쳤고, 그 결과 40여년간 닫혀 있던 유엔의 문이 마침내 우리 앞에 열리게 되었다. 유엔가입 실현 이후 한국정부는 북한을 의식한 유엔외교를 지양하고 유엔 의제에 보다 충실한 활동을 통하여 국가위상을 제고하는 방향으로 노력해 왔다. 특히 냉전종식 이후 국제질서 창출과정에서 유엔의 중요성이 제고되고 있는 현실을 직시하여 유엔외교를 강화해 왔다. 냉전종식 이후 한국의 유엔외교의 기조는, 첫째 유엔에 대한 기여확대를 통한 한국의 국제사회에서의 역할 제고, 둘째 유엔에서 논의되는 주요 문제에 있어 우리 국익의 최대의 확보, 마지막으로 한반도의 안보와 통일을 위한 유엔에서의 외교노력이라고 할 수 있다. 이를 위해서 유엔 평화유지활동에의 적극적인 참여와 저개발국 경제사회발전 및 인도적 구호활동 등에 대한 재정적 기여를 확대하고 있다. 또 유엔에서의 국익확보를 위해서는 유엔의 의사결정과정에 참여하는 것이 중요하다고 보고 유엔의 주요 기관과 산하기구의 이사국과 주요 회의 의장단 진출을 적극 추진해왔으며, 1995년에는 유엔의 핵심기관인 안보리의 이사국으로 선출된 바 있다.

2. 유엔외교의 방향과 전략

지난 50여년간 한국의 유엔외교는 대체로 유엔의 세력판도 변화를 파악하고 이에 따라 유엔외교의 방향을 적절히 조정해 나가는 등 유연하게 대응해 왔다고 판단된다. 그러나 초기 유엔외교는 지나치게 명분에 집착해 과도한 비용을 치른 측면이 있었으며, 특히 1970년대의 남북한 대결외교 등 간헐적으로 정책의 경직성으로 인한 실효성 없는 유엔외교가 수행되기도 하였다. 또 과거 한국의 유엔외교는 국제기구로서의 유엔의 역할이나 역할수행방식 등에 대한 체계적이고 비판적인 검토를 바탕으로 수행되어 왔다기보다는 한·미관계의 종속변수로서 진행되어 온 측면도 적지않다. 그 결과 유엔외교를 통해 우리가 추구하고자 하는 목표나 이익이 명확히 정의되지 못하고 독자적인 유엔외교 영역이 제대로 확보되지 못한 면이 있다고 하겠다. 물론 이러한 문제는 유엔외교에만 국한된 것은 아니고, 또 과거 초강대국 위주의 양극체제하에서 불가피한 현상이었던 것도 사실이다. 그러나 냉전체제가 와해되어 초강대국 중심의 질서가 퇴조하는 가운데 새로운 양태의 범세계적인 문제들이 대두되고 있는 오늘날, 우리의 유엔외교는 분명히 재검토되고 재정의될 필요가 있다. 이와 관련 향후 한국의 유엔외교의 방향과 전략으로 다음 다섯 가지 점을 제시하고자 한다.

1) 국익중심의 실리외교

양자외교든 국제기구외교든 외교의 핵심은 국가이익의 증진에 있는 만큼 유엔외교를 추진해 나감에 있어서도 항상 냉철하게 국익을 염두에 두어야 한다. 특히 환경·인권·군축·대량살상무기 억제 등 범세계적인 문제를 다루는 유엔외교의 경우, 자칫하면 외교의 방향이 다소 이상적·이념적으로 흐를 경향이 있는 만큼 이를 경계하고 국익을 소홀히 해서는 안 될 것이다. 또 특정국가나 국가군의 입장에 무조건 동조하거나 따르기보다는 가능한 한 우리 국익의 범위 내에서 사안의 내용을 잘 따져 우리의 목소리를 내도록 노력할 필요가 있다. 이와 관련 국가이익의 개념을 지나치게 단기적으로만 따져서는 안 되며 보다 장기적, 넓은 시각에서 이해하는 등 균형된 시각을 가져야 할 필요가 있다.[4] 국가이익이 충돌할 경우 관련이익의 경중을 적절히 평가하여 균형있는 판단을 내려야 한다. 당장의 이익에 급급해서 자신만의 안보나 경제이익을 추구해서는 궁극적으로 국익에 도움이 되지 않는다. 우리의 이익과 당장 직접적인 관계가 없거나 심지어 다소 불이익이 된다 하더라도 장기적인 안목을 가지고 인류보편적 가치의 신장이 궁극적으로 우리 국익에 도움이 된다는 점을 유념할 필요가 있다.[5]

2) 현실주의 외교

최근 국제정치학에서는 국제평화와 안전유지에서의 제도(institution)의 역할에 대한 논의가 한창이다.[6] 현실주의자들은 국제기구를 포함한

---

4) 국가이익이란 시간과 장소에 따라 변화하기 때문에 선험적으로 정의하기 어렵다고 본다. 흔히 일반적으로 국가이익이란 국가의 존립, 국가의 번영과 발전, 국민의 보호와 국위의 선양 등을 포함한다. 국가이익의 개념 및 내용에 관해서는 구영록, 『한국의 국가이익』(서울: 법문사, 1995), p. 19 이하 참조. 또 Hans Morgenthau, "Another Great Debate: The National Interest of the United States," *American Political Science Review* (December 1952), p. 73.

5) 한국은 유엔 안보리 이사국으로 활동하면서 이러한 문제들을 직접 경험하였다. 1996~97년 안보리는 이라크·리비아·앙골라 등 6개국에 대해서 제재조치를 취하였고 이러한 제재조치는 안보리에서 4개월마다 재검토되었다. 특히 리비아에 대한 제재조치 연장여부는 우리의 입장을 매우 난처하게 하였다. 리비아에 대한 제재조치는 1988년 12월 발생한 미국 팬암 항공기의 폭파범으로 지목된 2명의 리비아인의 미국 또는 영국으로의 인도를 리비아 정부가 거부함으로써 취해졌다(안보리 결의 제 748호, 1992년 3월 31일). 그러나 제재조치의 명분 자체도 약할 뿐 아니라 제재내용이 민간항공기의 리비아 운항을 제한함으로써 리비아에 진출한 한국기업들에게 상당한 부담을 주었다. 한국정부는 안보리 이사국으로서 리비아 제재연장여부를 검토함에 있어 한편으로는 제재연장을 강력히 요구하는 미·영 등 우방국의 입장과 민간항공기의 안전운항이라는 국제적 규범의 보호와 다른 한편 리비아에 대한 우리의 경제이익을 모두 고려해야 하는 어려운 입장에 처했다.

6) 가령 David Baldwin, ed., *Neorealism and Neoliberalism: The Contemporary Debate*(Princeton N. J.: Princeton University Press, 1993); John Mearsheimer, "The False Promise of International Institutions," *Interarntional Security*, Vol. 19, No. 3 (1994/95), pp. 5-49 참조; Robert O. Keohane and Lisa L. Martin, "The Promise of Institutionalist Theory," *International Security*, Vol. 20, No. 1

제도 또는 레짐이란 현실세계의 권력배분을 반영할 뿐 국제관계에서
의 독립변수는 아니라는 입장이다. 따라서 국제기구는 비정치적 분야
에서 제한된 역할을 할 뿐이며 국제평화유지에 별다른 기여를 하지
못한다고 주장한다. 반면 자유주의이론에 따르면 국제기구는 국가의
우선순위(priority)나 선호(preference)를 수정하고 국가행위에 영향을 미
치며 국가 간 무력충돌을 억제하는 역할을 한다고 한다. 국제기구의
역할에 대한 어느 이론을 수용하든지 중요한 것은 유엔에 대한 비현
실적인 기대는 버리고, 유엔의 한계에 대한 분명한 인식을 바탕으로
한 외교를 추진해 나가야 한다는 점이다.[7] 유엔 중심의 세계질서가 필
요하다는 식의 막연한 사고에서 벗어나서 냉철한 계산하에 유엔을 활
용할 것은 활용해야 하겠지만 가능하지 않은 역할에 대한 근거없는
기대는 금물이다. 과거 우리가 유엔의 수혜국이었으므로 이제는 보다 적
극적으로 기여해야 한다는 식의 다분히 감상적인 접근보다는 유엔외
교의 기대이익을 냉철하게 파악하여 이를 바탕으로 외교를 수행해야
할 것이다. 다만 이 경우 유엔의 역할에 대한 전반적인 긍정론이나 부
정론 등 일률적인 접근보다는 각 분야별로 세분화된 평가가 필요하다.
즉 국제평화와 안전유지·경제사회분야·인권신장·환경보호·개발·빈곤퇴
치 등 각 분야별로 유엔의 역할과 한계를 파악하고 이에 따른 정책방
향을 정립해야 할 것이다. 또 유엔의 분쟁개입기준이나 방식·의사결정·
적정예산규모·행정 및 운영을 포함한 개편문제 등 주요 쟁점에 관한
우리의 입장은 유엔의 역할과 작동원리에 대한 우리의 근본적인 시각

(1995), pp. 39-51.

7) 냉전종식으로 유엔 특히 안보리의 역할이 활성화되고 강화되었다고 하지만 국
제평화와 안전유지기관으로서의 안보리의 역할에 대한 평가는 여전히 엇갈린
다. 가령 보스니아 문제가 1995년 NATO의 책임으로 이관된 이후 안보리는 현
재 아프리카 관련문제만을 주로 다루고 있으며, 체첸사태, 동티모르 문제, 중국
의 대만해협 무력시위 등 국제안보에 중대한 위협이 될 수 있는 사태에 대해서
는 상임이사국들의 민감한 이해 또는 정치적 편의에 따라 안보리에서 언급조차
되지 않아 안보리의 유용성에 의문이 제기되고 있다.

과 연계되어 정립되어야 할 것이다.

3) 일관성 있는 외교

유엔의 제반 문제에 대한 우리의 입장을 밝혀 나감에 있어서 어느 정도의 일관성을 유지하는 것이 중요하다. 특히 주요 국제분쟁에 관한 우리의 입장을 제시할 때 원칙에 근거한 접근이 필요하다. 이를 위해서는 무엇보다도 한국외교의 기본철학과 가치를 분명히 정립할 필요가 있다. 이러한 철학과 가치가 분명히 서 있지 않을 때 매사에 상황에 따라 반사적으로 대응하게 되며 일관된 입장을 제시하기 어렵게 된다. 사실 세계적 강대국(global power)이 아닌 한국으로서는 국익의 범위가 상대적으로 제한적일 수밖에 없으며, 따라서 유엔의 많은 안건 중 우리의 사활적 이익(vital interests)이 걸린 안건은 별로 없는 것이 현실이다. 대부분의 분쟁지역이 우리에게는 이해관계가 전무하거나 직접적인 이해관계가 없으며, 다소 이해관계가 있다고 하더라도 해당분쟁에 미국 등 우리의 주요 우방국의 중대한 이해관계가 걸려 있는 경우 그들의 이해에 반하는 입장을 우리가 굳이 취해야 하는가 하는 고민에 봉착하게 된다. 또 해당사안에 대해 우리가 취하는 입장은 분쟁당사국에게는 초미의 관심사가 됨으로써 사안에 따라서는 우리 외교에 부담으로 작용할 수도 있다. 이와 같이 제약된 국익의 범위는 일관성 있는 유엔외교 수행을 어렵게 하는 내재적인 한계로 작용한다. 그러나 사소한 양자적 실익에 지나치게 얽매여 스스로의 행동반경을 제약하기보다는 중요한 원칙의 범위 내에서 유연하게 대응해 나가는 것이 장기적으로 국익에 부합한다는 것을 인식하고 이를 유엔외교의 기본방향으로 삼아야 할 것이다.

4) 전략적 외교

1991년 유엔가입 이후 한국은 적극적인 활동으로 향후 보다 성숙한 유엔외교를 위한 기반은 마련하였다고 평가된다. 특히 비교적 짧은 기간 동안 안보리를 비롯한 유엔 주요 기관의 이사국 진출 또는 의장단 참여 등,

양적으로 괄목할 만한 성장을 하였다. 그러나 앞으로는 맡은 바 소임을 성공적으로 수행해 낼 수 있도록 내실을 다지는 데 더 많은 노력을 기울여야 할 것이다. 각종 위원회나 이사국에 자리를 차지하고도 그 임무수행에 소홀하거나 충분한 기여를 못할 경우 오히려 국가 이미지에 손상을 줄 수 있으므로 이사회나 위원회에 진출할 때에는 충분한 준비를 통하여 주어진 임무를 제대로 수행해 나가야 할 것이다. 더 나아가서 유엔내에서 한국의 색깔을 나타낼 수 있는 특징적인 의제를 개발하고 이 의제의 논의에 주도적 역할을 하는 전략적 외교를 해야 한다. 지금까지 유엔외교를 추진함에 있어서 우리가 독자적으로 발의하고 주도적으로 처리해 나간 안건은 거의 없었다. 이는 앞서 지적했듯이 그동안 우리의 국익개념이 지나치게 단기적이고 직접적인 이해관계만을 상정한 제한적인 것이었던 데 큰 이유가 있다. 또 국제적 역할수행의 경험이 일천한 탓도 적지 않다고 본다. 그러나 이보다는 그동안 유엔외교를 수행함에 있어서 전략적인 접근이 미흡하였던 점을 지적하지 않을 수 없다. 유엔 회원국들 가운데는 군축·인권·개발·국제법·마약·테러리즘 등 자국의 독특한 전문분야를 개발, 이 분야에서만큼은 유엔내 논의를 주도하는 등 국력 이상의 기여를 하는 경우를 적지 않게 볼 수 있다. 우리도 이러한 전략적 접근방법을 채택할 필요가 있다. 중위권 국가로서 우리가 모든 것을 다할 수는 없는 만큼 앞으로 유엔의 주요 의제 중 비교적 한국과 직접적 이해관계가 있고 또 적극적으로 기여할 수 있는 분야를 선택하여 여기에 집중적으로 투자하는 식의 접근이 필요하다.

전략적 외교를 위해서는 무엇보다도 유엔 내에서 우리의 적절한 위상을 정립하는 것이 중요하다. 이러한 위상을 바탕으로 한국은 필요시 가치와 이익을 공유하는 국가와 연대를 구성, 효과적인 유엔외교를 수행해 나가야 할 것이다. 중견국가로서 선진국과 개도국, 서방권과 비동맹권 간의 균형자 내지 교량역할을 한다는 막연한 외교보다는 우리의 국익이 어디에 있는지를 정확히 파악하고 실용적인 외교를 펼쳐나가야 할 것이다.[8] 또 국제위상이 제고되는 만큼 의무와 책임도 증대되는 것

은 필연적인 이치인 만큼 책임증대에 대해 전향적인 자세를 가질 필요
가 있다. 특히 최근 유엔활동의 핵심으로 부상하고 있는 평화유지활동,
대개도국 개발지원 등 유엔활동에 대한 인적·재정적 지원에 더욱 적극
적인 태도를 요한다. 이와 함께 우리의 경제규모가 커지고 국가위상이
제고됨에 따라 유엔의 정규예산, 평화유지활동예산, 사업예산 등에 있
어 우리의 분담률 증대요구도 높아지게 되는데, 이에 대해 거시적·장기
적인 시각을 가지고 전향적 자세를 가져야 할 것이다.

5) 한반도 문제에 대한 유연한 대처

마지막으로 유엔에서의 한반도 문제 제기 내지 토론에 대한 우리의
입장도 정리해 둘 필요가 있다. 1970년대 유엔에서의 남북한 간 소모적
대결의 경험은 우리에게 두 가지 점을 시사해 주고 있다. 첫째 유엔의
세력판도 변화에 따라 유엔의 성격도 바뀌므로 남북한문제를 유엔에서
제기하기에 앞서 유엔의 전체적인 흐름을 잘 읽을 필요가 있다는 점이
다. 둘째는 유엔은 근본적으로 다자외교의 장으로, 남북한 문제와 같이
복잡하게 얽혀 있는 양자문제를 효과적으로 다루는 데는 한계가 있다
는 점이다. 또 다수국이 참여하는 다자외교 포럼의 성격상, 서로의 입장
이 대립될 때 쉽게 대결구도로 악화, 문제의 해결은커녕 결국 기존관계
에까지 악영향을 미칠 가능성이 크다. 향후 유엔에서 한반도문제를 제
기할 때는 이러한 점을 유념해야 할 것이다. 최근 한국은 유엔 내 세력
판도상 북한에 대해 절대적인 우위를 차지하고 있기 때문에 한반도 문
제를 제기하는 데 지나치게 소극적일 필요는 없을 것이다. 다만 한반

---

8) 한국은 1980년대 이후 비동맹외교에 주력해 왔고 안보리 이사국으로 활동하였
던 1996-97년 안보리 내 비동맹협의체(NAM caucus)에 참여하였다. 그럼에도
불구하고 지금까지 비동맹과 적극적인 공동보조를 취한 적은 없으며, 정치적으
로 민감한 사안이 발생할 경우 오히려 서방권의 우방국들과 주로 보조를 같이
해왔다. 선발개도국으로서의 경제적 상황, 한·미 안보유대의 중요성 등, 우리가
처한 미묘한 정치·안보·경제적 현실을 고려할 때 유엔 내에서 한국의 지위와
위상 정립은 매우 어려운 과제임이 분명하다.

도 문제를 다루는 데 있어서 유엔은 실효성면에서 근본적인 한계가 있
는 만큼, 이를 감안한 유연한 전략을 모색해야 할 것이다.

제 3 절 지역협력외교

1. 배경

냉전체제는 거의 전세계가 상이한 이념을 바탕으로 동·서 두 개의 진
영으로 나누어져 대립하는 특성을 띠었고, 그 결과 유럽·아시아 등 주요
지역도 이념을 바탕으로 한 두 진영으로 대치되었다. 유럽의 경우 안보
면에서는 북대서양조약기구(NATO)를 근간으로 하는 서방세력과 바르
샤바조약기구(WTO)를 근간으로 하는 사회주의 세력이 대결하고 있었
으며, 경제면에서는 서방국 중심의 유럽공동체(EC)와 사회주의권 국가
중심의 코메콘(COMECON 또는 CMEA)이 대립하고 있었다. 아시아의
경우 유럽에서처럼 조직화된 기구를 중심으로 한 대칭적인 대결구도는
형성되지 않았으나 주로 양자관계의 네트워크를 통해 지역은 이념적으
로 분열되어 있었다.

냉전종식으로 이념을 바탕으로 한 지역의 인위적 분단이 해소되자
지역국가 간의 협력 움직임이 확산되고 있으며, 지역통합 논의도 본격
화되고 있다. 이러한 지역협력의 확산은 냉전종식으로 지역차원의 갈등
은 분출하고 있으나 이를 해결해 줄 수 있는 메커니즘은 미비한 형편이
다. 즉 냉전체제라는 전 세계적인 초강도 대결구조는 지역차원의 갈등
을 상당부분 억제하는 역할을 하였으나 냉전의 억제기능이 사라짐에
따라 양자간 또는 지역차원의 갈등이 분출하고 있는 것이다. 또 과거
냉전체제하에서 초강대국은 각종 분쟁에 개입하였으나, 냉전종식 이후
이들은 직접적인 이익이 걸린 경우가 아니면 개입의 필요를 인식하지
못하고 있다. 따라서 지역문제는 지역 국가 간에 해결해야 할 필요성이

증대되고 있는 것이다. 특히 냉전체제의 와해로 과거 지역국가 간의 협력을 저해하였던 정치적 걸림돌이 제거되고, 인접국가 간 경제의 상호의존이 심화됨에 따라 상호의존을 적절히 관리할 수 있는 지역적 틀의 필요성이 더욱 부각되었다.

이러한 배경에서 경제 및 안보 면에서의 지역협력은 냉전종식 이후 가장 주목을 끄는 추세로 대두하고 있으며, 아·태 지역도 예외가 아니다. 아·태 지역의 경우 경제면에서는 1970~80년대 역내경제의 고도성장에 따른 지속적인 경제활력을 유지하고 심화되는 상호의존관계를 효율적으로 관리하기 위해 1989년 아·태 경제협력체(APEC)가 출범하였다. 특히 1993년 경제지도자회의 출범 이후 APEC은 아·태 지역의 무역 및 투자 자유화와 경제협력에서 주도적 역할을 하고 있다. 안보면에서는 역내 국가 간의 신뢰를 구축하고 분쟁을 미연에 예방하기 위해 1993년 아시아 지역 최초의 다자간 안보대화체인 아세안지역포럼(ARF)이 출범하였다. 이와 함께 소지역 차원에서 경제협력이나 안보협력의 필요성이 공식·비공식적으로 제기되고 있으며, 정부 차원의 지역협력과 함께 다양한 민간차원의 지역협력도 활발히 추진 중에 있다. 이러한 점에서 볼 때 지역협력은 냉전종식 이후 아·태 지역의 '성장산업'이라고 할 수 있다.

지역국가 간의 안보협력이나 경제협력은 역내 국가 간 신뢰를 구축하고 번영을 도모할 수 있는 것으로 바람직한 추세로 평가할 수 있으며, 한국의 이익에도 부합된다. 아시아의 현재 안보상황은 구질서가 무너지고 새 질서를 모색하는 가운데 미래에 대한 막연한 불안감과 불확실성이 확산되고 있다. 따라서 역내 국가 간의 대화와 협력을 통해 불안감과 불확실성을 해소하는 노력이 필요하며 다자간 안보대화는 이러한 점에서 유용한 수단이라고 할 수 있다. 경제면에서도 역내국가 간의 상호의존을 적절히 관리하고 협력을 증진할 수 있는 협력체는 유용하다. 이러한 점에서 한국은 지역경제협력 및 안보협력 논의에 적극적으로 참여해 왔고 현재 APEC과 ARF를 비롯한 많은 지역협력 메커니즘에서 중요한 역할을 하고 있다. 이하에서는 지역안보협력에 대한 한국의 시각과 전략을 중심으로 살펴보겠다.

2. 지역안보협력외교의 방향과 전략

한국은 아·태 지역에서 다자간 안보대화 구상을 가장 먼저 제기한 국가 중 하나이다. 가령 1988년 노태우 대통령은 유엔총회 연설을 통해 동북아 평화협의체의 구성을 제안한 바 있다. 이 협의체는 남북한을 포함한 미·소·중·일의 6자로 구성되며, 동북아의 평화와 번영의 초석을 놓는 일을 논의하게 될 것이라고 하였다. 냉전시기 아·태 지역에서 다자간 안보대화 구상을 처음으로 제기한 국가는 소련의 고르바초프였으며 미국은 이를 반대하였다는 사실을 생각하면 상당히 놀라운 일이라고 하겠다.9) 당시 이 제안은 본격적으로 추진되지는 않았지만, 한국정부는 그 이후 비교적 일관되게 다자간 안보협력에 대해 긍정적인 입장을 견지하였으며, 아·태 지역 및 동북아의 각종 정부·비정부 간 대화체에 적극적으로 참여해 왔다. 뿐만 아니라 한국은 1994년 방콕에서 개최된 아세안지역포럼의 고위관리회의에서 동북아안보대화(NEASED: Northeast Asia Security Dialogue)를 공식적으로 제안한 바 있다.10) 향후 한국의 지역안보협력 외교의 방향과 전략과 관련하여 다음 세 가지 점을 지적할 수 있다.

1) 소지역 차원의 안보협력 병행추진

우선, 한국은 아세안지역포럼과 같은 광역 안보협의체에 적극적으로 참여하고 있지만 이러한 광역대화체와 병행하여 소지역 단위의 대화체의 추진도 소홀히 해서는 안 된다. 아·태 지역은 몇 개의 뚜렷한 특성을 지닌 소지역으로 구성되어 있으며 이러한 소지역의 안보상황은 각

---

9) 동북아 다자간 안보협력 구상의 역사 등에 관해서는 홍규덕, "동북아지역에서의 다자간 안보협력: 이론과 실제," 『지역연구논총』, 제6집 (1994), pp. 7-34 참조.
10) 한국의 제안에 대한 자세한 내용은, "ROK's Paper on Northeast Asis Security Cooperation," *IFANS Review*, Vol. 2, No. 6 (1994), pp. 33-36 참조.

각 다르므로 광역대화체와 별도의 소지역 단위의 대화체가 필요하다. 특히 동북아는 4강의 이해가 한반도를 중심으로 첨예하게 교차하는 지역이므로 동북아 안보대화체의 필요성이 더욱 절실하다.[11] 뿐만 아니라 아·태지역과 같은 광역 단위의 안보협력체를 본격적으로 가동하기 위해서 장기간이 소요되게 마련이다. 따라서 보다 직접적인 이해관계를 공유하는 국가들이 모여서 명확한 의제를 가지고 논의하는 것이 보다 효과적일 수 있다. 이러한 점에서 한국이 아·태 지역의 광역 대화체와 병행하여 동북아 안보대화체 구축에 큰 비중을 두고 있는 것은 올바른 방향설정이라고 생각된다.

2) 지역안보협력의 효용과 한계

다자간 안보협력에 대한 일반적인 이론에 의하면 다자간 안보협력이란 국제체제의 아나키적 특성에서 초래하는 불안정을 감소하는 데는 유용하나 힘의 대결과 같은 전형적인 안보문제를 다루는 데는 한계가 있을 수밖에 없다고 한다.[12] 뿐만 아니라 다자간 안보협력이란 고도의 정치·군사적 대결구도 속에서는 성립하기도 어렵다는 것이 일반적인 시각이다. 또 다자간 안보협력은 국내 갈등이나 분쟁을 다루는 데 적절하지 않다고 본다.[13] 이러한 관점에서 본다면 현재 아·태 지역에서 대두하고 있는 다자간 안보체제는 이 지역에서 점증하는 불확실성과 이에 따른 오인이나 오판의 잠재성을 다룰 때 가장 효용이 있다고 볼 수 있다. 즉 다자간 안보협력체는 지역국가 간 대화와 의사소통을 원활히

---

11) 이에 관해서는 Sung-Joo Han, *Korea in a Changing World* (1995), p. 137 참조.
12) Patrick Morgan, "Multilateralism and Security: Prospects for Europe," John Gerard Ruggie, ed. (1993), p. 340.
13) 냉전종식 이후 많은 분쟁은 국내적 갈등에서 유발되는 경우가 많으며, 또 이러한 갈등이 주변국으로 확산되는 경향을 보이고 있다. 그러나 다자간 안보협력에 참여하는 국가들은 대부분 주권 존중이나 국내문제 불간섭 등의 원칙을 전제로 참가하기 때문에 다자간 안보협력이 국내적 갈등이나 분쟁상황에 개입할 수 있는 여지는 매우 제한되어 있다. 뿐만 아니라 다자간 협력체는 고도로 복잡한 국내문제에 개입할 수 있는 자원과 정보도 갖추고 있지 못한 경우가 대부분이다.

하고 투명성을 제고할 뿐 아니라 궁극적으로 분쟁을 평화적으로 해결할 수 있는 메커니즘을 제공함으로써 지역국가 사이의 신뢰를 구축하는 것을 목표로 할 때, 제 역할을 할 수 있는 것이다. 의사소통과 투명성은 국가 간의 의혹을 제거하지는 못한다 하더라도 상당부분 감소시킬 것이며, 그 결과 상대방의 의도를 보다 정확하게 이해하게 함으로써 오판이나 의도하지 않은 분쟁의 격화를 막을 수 있다. 또 다자간 안보체제는 지역 내의 국가 간 관계에 적용될 공동의 규범과 준칙을 합의해 냄으로써 궁극적으로 권력정치보다는 규범이 중시되는 지역질서를 창출하는 데 기여할 것으로 기대된다. 다른 한편 다자간 안보협력은 치열한 정치적·군사적 경쟁관계로 인해 제로섬식 힘의 투쟁이 전개되는 상황을 다루기에는 적절치 못하다.

이러한 점을 감안할 때 아·태 지역의 다자간 안보협력은 원칙적으로 기존의 양자간 동맹관계를 대체하는 것이 아니라 보완하는 방식으로 추진되어야 한다. 즉 우리가 추진하고 참여하는 다자간 안보협력의 목적과 효용에 대해 분명한 이해를 가지는 것이 중요하다. 한국안보의 근간은 여전히 한·미 군사동맹이며, 다자간 안보대화체의 필요성과 의미는 탈냉전시대의 아·태 지역의 점증하는 전략적 불확실성에서 찾아야 한다. 이러한 불확실성은 기존의 양자간 동맹관계를 통해서는 해소될 수 없는 성격의 것이다. 따라서 다자간 안보협력과 양자간 동맹은 상호 보완적인 것이 되어야 하며, 양자택일적인 것으로 보아서는 안 된다.[14] 요약하자면 한국은 기본적으로 다자간 안보협력의 효용을 한반도의 안보문제를 해소하기 위한 차원보다는 지역 안보환경의 개선이라는 차원에서 추진해야 한다.

3) 지역안보협력과 한반도 문제

셋째는 두번째 사항과 긴밀하게 연계된 것으로, 다자간 안보협력과

---

14) Ralph A. Cossa, *The Major Powers in Northeast Asian Security*, McNair Paper, No. 51 (1996), p. 45.

관련하여 한국이 당면하는 가장 어려운 문제는 이러한 협력체에서 한반도 문제를 직접 다루는 것이 바람직한가의 문제이다. 지금까지 한국정부는 이 문제에 대하여 다소 모호한 입장을 취해 왔으나, 대체로 한반도 문제를 동북아 다자간 안보협력의 주요 의제로 삼는 데 매우 조심스러운 입장인 것 같다. 동북아 안보대화를 공식적으로 제기한 1994년의 제안문건에도 이 대화가 다루게 될 의제로 한반도 문제를 언급하지 않고 있다. 이러한 조심스러운 태도는 사실 충분히 이해할 만하다. 우선 다자간 안보협력체에서 한반도 문제를 직접 다루게 될 경우 한반도 문제에 관한 한국정부의 기존입장인 남북한 당사자 원칙에 저촉되는 문제가 발생할 수 있다. 즉 한반도 문제를 다자간 안보협력의 의제로 올릴 경우 우리 스스로가 한반도 문제를 국제화하게 될 가능성이 있는 셈이다. 앞서도 지적했지만 한국정부는 1996년 4자회담을 제안하여 한반도 문제해결에 있어 주변국의 역할을 공식적으로 인정하였지만 여전히 한반도 문제의 핵심은 남북한 관계에 있으며 따라서 남북한간 직접적인 대화보다 한반도 문제를 다루기에 더 효과적인 수단은 없다는 입장을 견지하고 있다.[15] 더구나 한반도 문제와 같이 복잡한 분쟁은 컨센서스를 통해 운영되는 다자체제를 통해 해결되기 어려우며 오히려 다자체제를 마비시킬 우려가 있다. 바로 이런 이유에서 한국정부는 특히 다자간 안보협력의 초기단계에서는 한반도 문제를 다자협력체의 의제로 삼는 데 부정적인 입장을 취하고 있는 것으로 보인다.

한반도 평화에 있어서 다자간 안보협력의 역할은 정확한 평가를 필요로 한다. 다자간 안보협력이 남북한 간 정치적·군사적 대결에서 파생되는 긴장과 갈등을 해소할 가능성은 적으며, 이는 결국 남북한 양측 간의 직접대화에 의해서 가장 효과적으로 다루어질 수 있다. 또 다자간 안보협력체가 북한의 내부 위기로부터 파생되는 도전에 대처하는 데 큰 역할

---

15) 한국정부는 이러한 입장을 '4-2'라는 표현으로 설명해 왔다. 즉 4자회담은 남북한·미·중 4개국이 참가하지만, 미·중은 보조적인 역할에 그치고 남북한이 주당사자가 된다는 것이다.

을 할 것으로 기대하기도 어렵다. 다른 한편 다자간 안보협력은 남북한이 대화하고 협상하는 데 유리한 국제환경을 조성할 수 있다. 또 다자간 안보 포럼은 남북한 간의 대화를 위한 장을 제공할 수 있을 뿐 아니라 이를 용이하게 하는 역할을 할 수 있다. 뿐만 아니라 다자간 포럼은 남북한이 협상에 의해 평화에 합의하였을 때 이를 지지하고 보장하는 역할을 할 수도 있을 것이다. 요약하자면 다자간 안보협력이 한반도의 평화정착에 기여할 수 있는 역할에 대한 적절한 기대를 가지는 것이 무엇보다도 중요하다. 아무런 근거 없는 과도한 기대도 도움이 되지 않지만 지나치게 경직되고 회의적인 시각으로부터 탈피할 필요도 있다. 동북아와 아·태 지역에 대두하는 다자간 안보 메커니즘들은 장기적으로 지역안정과 평화에 기여할 것이며, 이를 통해 점차 불확실성이 더해가는 한반도에서 평화와 안정을 관리하는 데 긍정적인 역할을 할 것이다.

마지막으로 다자간 안보협력은 한반도 통일에도 일정한 역할을 할 수 있을 것이며 또 이러한 방향으로 추진되어야 한다. 한반도 통일은 물론 남북한 양측이 해결할 문제이며 남북한은 한반도의 평화적인 통일을 위해 노력해야 할 것이다. 그러나 좋든 싫든 한반도의 통일을 달성하기 위해서는 주변국, 특히 주변4강의 협조와 최소한의 묵인은 필수적이라는 것이 또 하나의 현실이다. 한반도의 통일에 영향을 미치는 또 하나의 중요한 요인은 주변4강 간의 관계라고 볼 수 있다. 과거 냉전시대처럼 동북아가 대립하는 두 개의 진영으로 갈라진다면, 한반도의 통일 전망은 흐려질 것이다. 특히 이와 관련, 미·중관계가 한반도 통일의 관건이라는 지적이 적지 않으며, 한반도의 평화적 통일이 이루어지기 위해서는 미·중관계가 보다 긴밀하게 정립되는 것이 중요하다.[16] 그러나 미·중관계뿐 아니라 주변4강 간의 원만한 관계는 한반도 통일에 중요한 조건이 된다. 바로 이러한 측면에서 동북아 안보협력

---

16) Douglas Paal, "The Regional Political Context of Korean Unification," a paper presented at the International Conference on International Economic Implications of Korean Unification (June 1996).

은 한반도 통일에 건설적인 역할을 할 수 있을 것으로 기대된다. 즉 동북아 다자간 안보협력을 통한 지역국가 간 신뢰구축은 한반도 통일 문제에 관한 주변국들의 의도를 왜곡없이 전달하고 공동시각을 정립 하는 데 도움을 줄 수 있을 것이다. 동북아의 평화와 안정이 물론 한 반도의 통일로 자동적으로 이어지는 것은 아니지만 한반도 통일의 필요조건이라고 볼 수는 있다. 이러한 점에서 우리는 다자간 안보협 력을 통해 지역 내 불확실성을 제거하여 역내 안정을 제고하고, 궁 극적으로는 한반도의 통일과정에도 기여할 수 있도록 추진해 나가야 할 것이다.

제 4 절 결 론

과거 특히 냉전시대 한국의 유엔외교는 거의 북한과의 대결외교에 국한되어 있었으며, 유엔을 무대로 실질적인 국가이익을 극대화하기 위 한 능동적 외교노력은 미흡하였다. 이것은 사실 우리 자신의 노력부족 이라기보다는 냉전시대 초강대국 중심의 대결구조하에서 우리에게 별 다른 선택의 여지가 없었다는 것이 더욱 정확한 표현일 것이다. 이제 냉전이 종식됨에 따라 초강대국 중심의 질서가 퇴조하고 그 어느 때보 다 중위권 국가에게 외교적 선택의 기회와 폭이 넓어지고 있다. 또 사 회주의의 몰락과 이념의 퇴조로 더이상 소모적인 남북한 대결외교를 해야 할 필요가 없어진 만큼 유엔외교의 자율성과 역할 반경을 넓히기 위해 꾸준히 노력해야 할 것이다. 이와 같이 상대적으로 유리한 환경은 우리의 유엔외교를 한 단계 도약시킬 수 있는 기회를 제공하고 있다. 그러나 다른 한편 냉전종식에 따른 국제환경의 엄청난 변화는 우리의 유엔외교에 적지 않은 도전을 제기하고 있는 것도 사실이다. 과거 냉전 시대에 단선적으로 정의되던 국가이익이나 외교정책 방향은 이제 더이 상 적용되지 않는다. 냉전시대 외교의 핵심이 명확성과 결속력이었다면 탈냉전시대의 외교에서 가장 요구되는 자질은 분명한 목표의식과 복잡성을 관리할 수 있는 능력이라고 할 수 있다. 유엔외교를 수행함에 있어서 유엔의 역할에 대한 현실적인 평가를 바탕으로 유엔에서 추구하고자 하는 우리의 목표와 이익이 무엇인지를 정확히 정의해야 한다. 한국의 유엔외교가 앞으로 한 차원 성숙하기 위해서는 유엔에 대한 비현실적인 기대나 감상적 이상주의, 역량을 초과하는 과도한 역할설정을 탈피하고 분명한 목표의식을 가지고 전략적이고도 효과적인 외교노력을 펼쳐나가야 할 것이다.

냉전종식 이후 소위 성장산업이라고 하는 지역협력에 대한 우리외교의 자세도 마찬가지다. 한국은 비스마르크 식의 권력정치만으로는 당면한 지역안정과 평화의 문제를 제대로 해결할 수 없을 뿐만 아니라 중진국인 우리의 입지 또한 약화될 수밖에 없음을 인식하고, 지역 차원에서 오해와 오판을 줄이고 신뢰와 협력을 증진할 수 있는 경제·안보면의 국제기구와 대화포럼 등을 구축하는 데 힘을 기울여야 한다. 그러나 지역협력이 제공할 수 있는 이익과 한계에 대해 냉정히 평가하고, 지역협력에 과도한 기대를 걸거나 비중을 두는 것은 경계해야 할 것이다. 특히 각종 지역협력기구들이 전반적인 분위기를 개선하고 국가 간 바람직한 행위규범을 확립하는 데 유용하나 근본적인 힘의 문제를 해결할 수 없음을 명심해야 한다. 즉 지역협력의 허와 실을 정확히 파악할 필요가 있다. 가령, 아세안지역포럼이나 동북아 안보대화가 설혹 성공적으로 발전한다고 해도 상당 기간 동북아나 아·태 지역의 세력균형이나 미국의 안정자 역할이 제공하는 정도의 안전보장을 대체해 주지는 못 할 것이다. 또 이러한 대화체는 경우에 따라 실속없는 '말 잔치장'(talk shop)으로 전락할 가능성도 있음을 유의해야 한다. 우리는 중장기기적으로 다자주의나 지역협력의 심화를 위해서 적극적으로 참여하고 꾸준히 노력해야 할 것이나, 지역협력을 통해 우리가 달성하고자 하는 목표와 이익을 정확히 설정할 때에만 이러한 노력이 의미있는 결과를 가져온다는 점을 유념해야 할 것이다.

제 12 장 APEC 및 ASEM 외교

이 연 호

제 1 절 서 론

1980년대 말과 1990년대 중반에 출범된 아시아·태평양 경제협력포럼 (APEC: Asia-Pacific Economic Cooperation Forum)과 아시아·유럽 정상회 의(ASEM: Asia-Europe Meeting)는 아시아를 유럽과 북미 지역에 연결하 는 다자적 경제협력협의체이다. 아시아의 관점에서 보면 이 두 협의체 는 1980년대 중반과 1990년대 초반부터 각각 유럽과 북미 지역에서 본 격적으로 형성되기 시작한 배타적 무역블록에 대응하기 위한 전략적 선택이다.[1) 유럽과 미국의 관점에서 보면 전세계에서 가장 역동적 경

---

1) 유럽연합은 1986년 유럽단일의정서(Single European Act)를 발효하여 역내 무 역자유화를 꾸준히 추진한 결과 1993년 1월에 단일시장의 수립을 완성하였다. 같은 해 11월에는 마스트리히트 조약(Masstricht Treaty)이 발효되어 유럽의회 (European Parliament)에 전권을 부여함으로써 경제통화연합(Economic and Monetary Union)과 단일통화제도 수립을 위한 작업에 본격적으로 착수하였다. 한편 1989년부터 미국과 자유무역협정을 맺고 있던 캐나다가 미국과 멕시코가 1990년에 자유무역협정을 체결키로 하자 이에 참여하기로 결정함에 따라 1992 년 12월에 북미자유무역지대(NAFTA: North American Free Trade Area)협 약이 조인되어 1993년에 발효되었다.

제성장을 구가하고 있는 동아시아 지역과 체계적인 연결고리를 마련하려는 시도이다. 이 두 협의체는 다자간 경제협력을 증진시키는 장치라는 점에서 각광을 받고 있으나 보다 장기적이고 구체적인 협력성과를 도출하기 위해서는 극복해야 할 문제와 비판을 안고 있다. 1997년에 동아시아 지역을 강습한 금융위기를 전후하여 보여주었듯이 APEC과 ASEM은 당면한 어려움을 극복할 구체적인 대안을 제시하지 못하는 무력함을 노출하였다. 문제를 극복하기 위해서는 현존하는 지역 간 경제협력체제의 긍정적인 측면과 부정적인 측면에 대한 균형잡힌 평가가 필요하다.

본 장은 APEC과 ASEM에 대한 이해를 위하여 다음의 몇 가지 사항에 초점을 맞추었다. 첫째 APEC과 ASEM의 탄생을 가능케 한 국제정치경제적 동인들을 이해하는 것이다. 둘째 두 협력체의 제도적 요인들을 분석함으로써 1995년 출범하여 전세계 교역체제의 표준을 제시하고 있는 세계무역기구 즉 WTO와의 관계를 분석하는 것이다. 셋째는 아시아의 정체성에 관한 논의를 전개함으로써 지역협력에 대한 서양과 동양의 인식이 동일하지 않다는 것을 지적하는 것이다. 넷째는 동아시아 국가들만으로 구성된 배타적 무역블록의 형성가능성을 타진하는 것이다. 자본과 시장이라는 두 요소를 미국과 유럽에 의존하고 있는 관계로 아시아 국가들은 APEC과 ASEM이 표방하는 개방적 지역주의의 원칙을 수용하고 있지만 유럽과 미국에서 배타적 무역블록이 발전되고 있음을 고려하면 새로운 대안을 모색할 필요가 있다. 마지막으로 APEC과 ASEM이 보다 실질적인 번영을 구가하기 위해서 극복해야 할 제 문제들을 비판적 시각에서 분석하고자 한다.

제 2 절 APEC과 ASEM의 기원 및 발전

1989년 호주의 캔버라에서 제1차 APEC 장관급회담이 개최되었다. 호주·캐나다·뉴질랜드·일본·한국·미국과 ASEAN 6개국이 창립회원국으로 참가했다. 그후 중국·대만·홍콩이 1991년에, 멕시코·파푸아뉴기니아가 1993년에 그리고 칠레가 1994년에 각각 회원국으로 가입했다. 1992년 싱가포르에 사무국이 설치되었고, 클린턴 미 대통령의 초청으로 시애틀에서 제1차 정상회담이 개최되었다.

짧은 연혁에 비해 APEC이 빠른 성장을 한 데는 1960년대부터 아시아·태평양 지역에서 지속적으로 발전해 온 경제협력관련기구들의 기여한 바가 매우 컸다. 1960년대 말에 시작된 태평양경제협의회(PBEC: Pacific Basin Economic Council)와 태평양무역개발회의(PAFTAD: Pacific Trade and Development Conference) 그리고 1980년대에 전개된 태평양경제협력위원회(PECC: Pacific Economic Cooperation Council)가 APEC의 운영에 필요한 기초지식과 경험을 제공하였다. 특히 학계·정부·기업의 전문가들이 모여 협력의 제 문제를 논의하는 PECC는 협력체를 운영함에 필요한 지식과 방향을 제시하는 데 핵심적인 역할을 수행했다.[2)]

APEC은 1989년 1차 장관회의가 시작된 후 5년 만인 1994년에 보고르(Borgor)선언을 통해 역내투자 및 무역자유화 일정을 확정하였고 다음해인 1995년엔 구체적 행동계획(Osaka Action Plan)을 논의하는 단계에 이르렀다. 사무국, 자문기구, 직급별 회의, 각종 위원회 등을 구비하여 기구의 원활한 운영을 도모하고 있다. 그러나 아직 APEC이 공식적 국제기구나 체제(regime)로 불릴 수 있을 만큼 제도화된 단계에 이르렀다고 볼 수는 없다.[3)] 철저하게 제도적 접근을 한 EU나 NAFTA와는 달리

2) 태평양 지역에서의 개방적 지역주의(open regionalism)라는 개념을 파급하는 데 PECC가 기여한 바에 관해서는 Earl F. Cheit, "A Declaration on Open Regionalism in the Pacific," *California Management Review*, 35-1 (1992)을 참조.
3) Richard Higgott, "Asia Pacific Economic Cooperation: Theoretical Opportunities, Practical Constraints," *The Pacific Review*, 6-2 (1993), pp. 103-117: Richard Higgot, "APEC—A Sceptical View," in Andrew Mack and John Ravenhill, eds., *Pacific Cooperation: Building Regimes in the Asia-Pacific Region* (Boulder: Westview, 1995).

APEC은 보다 유연한 연성제도적 접근을 취해왔다. 이러한 접근법은 오히려 다양한 정치·경제적 상황에 처해 있는 미주 및 아시아의 국가들이 융통성있게 협력을 논의할 수 있는 여건을 제공하였다. 모든 참가국이 협약을 기안하고 비준하며 실천을 강요당하는 유럽식 접근을 취하였다면 APEC의 발전은 많은 제약을 받았을 가능성이 있다.

APEC의 탄생을 가능케 한 두 가지 기본 아이디어는 '시장중심의 통합'(market-led integration)과 '개방적 지역주의'(open regionalism)이다.4) 이는 NAFTA나 EU가 취하고 있는 제도적·배타적인 통합과는 구별된다. 한국과 호주 간의 정상회담에서 APEC을 공동제의하기로 한 것이 1989년 제1차 회의의 직접적 동기가 되었다는 사실이 말해주듯, 애당초 APEC은 소외지역 국가들의 우려에서 비롯되었다. 북미와 유럽을 자본 공급처이며 시장으로 삼고 있는 아시아 국가들은 개방적 지역주의를 제시함으로써 배타적 지역화에 대응하고자 했다.

애당초 아시아·태평양 지역에서의 경제협력에 대해 미국은 다소 소극적인 태도를 보였다. 1967년 일본이 PAFTAD의 설립을 제시하였을 때도 미국의 지원은 매우 소극적이었다. 그당시 미국은 GATT의 케네디라운드를 주도하여 관세인하를 유도하는 데 보다 관심이 있었다. 1980년대에 호주와 일본이 제안한 PECC에 참여는 하였으나 정부차원에서의 지지는 매우 미약했다. 수동적 태도를 보이던 미국이 APEC에 적극적으로 참가하기로 방향을 선회한 데는 다음과 같은 요인들이 작용했다. 첫째 미국은 아시아 태평양 지역의 경제협력에서 미국이 제외되는 것을 원치 않았다. 둘째 일본을 비롯한 동북 아시아 국가들과 무역관계에서 막대한 적자를 기록하고 있는 미국은 자유화를 기반으로 하는 APEC을 주도함으로써 아시아 국가들의 시장을 개방하고자 했다. 셋째 UR 협상

---

4) Eminent Persons Group, "Achieving the APEC Vision: Free and Open Trade in the Asia Pacific," EPG Report (1994); C. Fred Bergsten, "APEC and World Trade: A Force for Worldwide Liberalization," *Foreign Affairs* (May/June 1994).

타결을 앞두고 농업문제 등을 두고 유럽 특히 프랑스와의 협상에서 난항을 겪고 있던 차에 그 대안으로서 APEC을 이용하고자 했다. 1993년 시애틀에서 열린 1차 정상회담에서 클린턴은 UR타결이 실패할 경우 APEC을 대안으로 투자무역의 자유화를 진행하겠다는 의사를 표명했다. 다자간 무역체제 약화가능성에 대한 우려를 갖고 있던 양 지역이 점증하는 보호주의 및 지역주의에 효율적으로 대응하려는 시도로서 APEC을 활용하려 했던 것이다.

ASEAN회원국들 역시 초기에는 APEC 참가가 회원국들 간의 단결력을 와해시키고 1990년대 초반부터 진행시킨 아세안자유무역지대(AFTA: ASEAN Free Trade Area)의 발전도 저해시킬 것이라는 우려를 갖고 있었다. 1990년에 발표된 쿠칭(Kuching)합의[5]를 통해 ASEAN의 정체성과 단결이 반드시 유지되어야 한다는 원칙을 확인한 바 있다. 그러나 회원국들 사이에서 APEC이 동아시아 국가들 간의 강력한 유대를 형성하는 데 도움이 될 것이라는 견해가 우세해지면서 AFTA와 APEC을 호환성있게 운영하는 방향으로 입장을 정리하였다. 그리고 무엇보다도 ASEAN국가들은 북미지역에 대한 높은 시장의존으로 인해 APEC에 참여할 수밖에 없다는 한계를 갖고 있었다.

한편 APEC의 투자 및 무역자유화의 추진을 위한 구체적 행동계획이 한창 무르익을 무렵인 1996년 3월 태국의 수도 방콕에서 제1차 ASEM회의가 개최되었다. 참가국은 총 25국으로 아시아 지역의 10개국(부르나이·중국·인도네시아·일본·한국·말레이시아·필리핀·싱가포르·태

---

5) 소위 '쿠칭합의'(Kuching Consensus)는 다음과 같은 내용을 갖고 있다.
　① ASEAN의 정체성과 단결의 유지
　② 경제발전단계의 다양성의 고려 및 형평성과 상호이익의 존중
　③ 개방적 그리고 다자적 경제통상체제 지향
　④ 강제적 지침에 대한 거부
　⑤ 점진적이고 실질적인 접근
　Hadi Soesastro, "ASEAN and APEC: Do Concentric Circles Work?," *The Pacific Review*, 8-3 (1995), pp. 483-484.

국·베트남)과 15개 유럽 국가(오스트리아·벨기에·덴마크·핀란드·프랑스·독일·그리스·아일랜드·이태리·룩셈부르크·네덜란드·포르투갈·스페인·스웨덴·영국)로 구성되었으며 아울러 유럽위원회(European Commission)의 회장이 참가하였다.

당초 ASEM은 참가국들의 영수들이 자국이익에 관련된 의제들을 아무런 형식없이 자유로이 토론하기 위한 모임으로 기획되었다. 이러한 맥락에서 첫번째 회의의 주제도 '성장을 위한 아시아·유럽의 새로운 동반자 관계를 향하여'(Towards a New Asia-Europe Partnership for Greater Growth)로 정해졌다. 제1차 회의의 주요목적은 지도자들 상호간에 친분을 도모하는 것이었다. 참가국들 간의 원활한 협조를 위한 기반을 마련하고 참가지역인들 간의 진정한 이해를 촉진하는 것이었다.

ASEM의 탄생은 EU-ASEAN관계의 제도적 발전에 기인한 바가 크다. 제2차 세계대전이 종료되기 전까지 유럽과 ASEAN국가들 간의 관계는 식민-피식민지라는 구도 위에서 형성되었다. ASEAN국가들이 독립을 성취함에 따라 식민지배관계는 종료되었으나 다른 한편으로 양자는 기존 관계의 청산으로 인해 그동안 공유하였던 이익을 상실하게 될지 모른다는 우려를 갖고 있었다. 1973년 영국이 EC(European Community)에 가입할 것이라고 전망한 싱가포르와 말레이시아는 1972년부터 EC 회원국들과의 관계확대에 주력하기 시작했다. 이 두 국가가 영국의 시장에서 누렸던 영연방국가로서의 특혜를(예컨대 GSP 혜택) EC에서도 누릴 수 있도록 하기 위해서였다. 그후 다양한 형태의 비공식적 대화가 양 기구 간에 활발히 전개되었다.[6] 1978년에 열린 제1차 ASEAN-EU 장관회의에서 공식적인 정치적 대화가 시작되었으며 다음해엔 경제문제를 주제로 한 협의가 추가되었다. 이러한 정치·경제적 접촉은 1980년에 체결된 'EC-ASEAN 기본협약'(EC-ASEAN Framework Agreement)을 통해 제도적으로 정착되었다.

---

6) Christopher M. Dent, "The ASEM: Managing the New Framework of the EU's Economic Relations with East Asia," *Pacific Affairs*, 70-4 (1998).

동남아시아 국가의 지속적인 경제발전은 식민지·피식민지의 관계에 입각해 발전해온 공여자·수혜자의 관계를 점차로 변화시켰다. 경제적 대화로 발전시키려는 시도는 1991년에 열린 제9차 ASEAN-EU 장관회의 (AEMM: ASEAN-EU Minestrial Meeting)에서 본격적으로 시도되었으나 동티모르 사태를 둘러싼 포르투갈·인도네시아의 갈등으로 무산되었다. 그후 열린 AEMM 회의에서 경제적 이슈에 관한 토의가 보다 활발하게 이루어졌으며 1994년 칼스루에(Karlsruhe)에서 열린 제11차 회의에서는 매우 괄목할 정도의 진전이 이루어지게 되었다.[7]

한편 EU가 보다 효과적으로 동남아시아 국가들과의 교류를 확대하기 위해서는 기존의 경제적 관계를 넘어서는 보다 혁신적인 진전이 있어야 한다는 주장이 EU 내부에서 제기되기 시작했다. 유럽위원회는 1996년 7월 발표한 백서를 통해 유럽·아시아관계가 취할 수 있는 두 가지 방향을 제시하였다. 첫째 1980년 EC-ASEAN 기본협약을 의정서화하여 제도화하는 것, 둘째 기존의 협약의 역동적 실천 및 새로운 분야에서의 공동보조를 위한 행동 계획 및 목표를 재정의하기 위한 '적극적 동반자 관계'(An Active Partnership) 공동선언문을 채택하는 것이 그것이다.[8]

EU는 무엇보다도 경제적 요인으로 인해 대아시아 관계를 강화하지 않을 수 없었다. 1980년대 초반 이래 동아시아 국가들은 EU의 가장 역동적인 통상 파트너로 발전했다. 1992년 현재 동아시아가 EU의 수입, 수출의 11.2%, 8.4%를 각각 차지했다. 1995년에 그 비율은 26.8%, 21.3%로 두 배 이상 증가하였다.[9] 전체적으로 볼 때 일본·중국 등과의 통상에서 발생한 손실로 인하여 EU는 대아시아 교역관계에서 적자를 기록하고 있었다. 그러나 개별적 관계로 볼 때, ASEAN국가, 한국 그리고 홍콩에 대하여 무역흑자를 기록해 왔다. 아울러 동아시아가 값싼 노동력과 기술을 겸비한 풍요한 생산기지로 발전함에 따라 유럽은 대아시아

---

7) C. M. Dent (1998).
8) C. M. Dent (1998).
9) C. M. Dent (1998).

관계에 새로운 관심을 갖게 되었다. EU의 대동아시아 직접투자는 1980
년대에서 1990년대 초반에 이르는 동안 일본이나 미국에 비해 점차로
감소해 왔다.[10] 아시아·태평양 지역 내 투자가 활발하게 이루어짐에 따
라 유럽의 투자가 위축되는 경향이 있었다. 점차로 감소하는 EU의 대
아시아 직접투자에 대한 우려가 ASEM 차원에서 경제관계토론의 필요
성을 강조하는 요인으로 작용하였다.

처음 ASEM회의가 열린 1996년 이전까지만 해도 어떤 제도적 장치를
통해 당사자들 간의 협력을 구축할 것인지에 관해 구체적인 합의가 이
루어지지 않았다. EU의 기본입장은 유럽위원회가 1994년 발행한 '신아
시아 전략정책 보고서'(New Asia Strategy)에 나타나 있다. 이 보고서는
교류목적은 정립하고 있으나 실행방법에 있어서 구체적인 제도적 대안
은 결여하고 있었다. 이 보고서가 지적하고 있는 목적이란 아시아·유럽
간의 통상과 투자를 증대하기 위해 개방적인 시장과 비차별적 사업환
경을 확보하기 위한 모든 수단을 추구해야 한다는 것이었다.

ASEM의 제도적 설계는 유럽 국가가 아니라 싱가포르의 고촉통 수상
에 의해 이루어졌다. 1994년 가을 파리를 방문 중이던 고촉통 수상은 장
차 있을 아시아·유럽 장관회담에는 유럽·ASEAN국가들 이외에 중국·한
국·일본 등이 포함되어야 한다고 주장했다. 그는 또 국가 정상급 회담
의 필요성을 주장하면서 태평양 지역에서 미국과의 관계를 균형잡아
줄 존재로서의 유럽의 필요성을 역설하였다. 이러한 고촉통 수상의 제
안은 전혀 새로운 것이라기보다는 기존에 이미 폭넓게 형성되어 있던
교류의 필요성을 종합정리하여 대변한 것이었다.[11] 또한 이는 국제외교
에서 발휘되고 있는 싱가포르의 영향력을 ASEAN 차원을 넘어 전세계
적 차원에서 인정받게 하고자 하는 외교적 의도를 반영하고 있었다.

---

10) C. M. Dent (1998).
11) David Camroux and Christian Lechervy, "Cloase Encounter of a Third
    Kind?: The Inaugural Asia-Europe Meeting of March 1996," *The Pacific
    Review*, 9-3 (1996), p. 443.

이에 대한 유럽의 일차적 반응은 부정적이고 회의적인 것이었다. 그러나 1995년 다보스(Davos)에서 열린 세계경제포럼(World Economic Forum)에서 고촉통 수상의 제안은 재현되었고 유럽의 재계·정치지도자들로부터 적극적 지원을 받는데 성공하게 되었다. 곧 EU는 정상회담의 원칙에 동의했으며 ASEAN 지도자들도 적극적인 참여를 약속하는 한편 제1차 정상회담에서 ASEAN이 중심적인 역할을 할 것을 확약했다.

ASEM 정상회담을 성취함에 있어 ASEAN국가들은 매우 중요한 역할을 했다. 일본의 정치지도자들과 관료들은 적대적이지는 않았으나 다소 회의적인 입장을 보였다. 통상관계나 안보차원의 대미관계에서 마찰이 빚어질 것을 걱정한 일본은 태평양지역 국가들의 눈에 배타적으로 비칠지도 모를 대화기구에 참가하는 것 자체를 부담스러워했다. 일본은 이미 G7의 참여를 통해 주요 서방국가들과 접촉을 유지하여 왔기 때문에 ASEM이라는 새로운 회의기구의 필요성을 별로 느끼지 못하고 있었다. 중국은 회의에 참여함으로 인해 정치·경제적 안건을 다루는 과정에서 자신들의 약점이 노출될 것을 염려했다.[12] 한국도 대유럽 관계를 제고할 필요성을 느끼고는 있었으나 어떤 손익을 갖게 될 것인가에 대한 우려를 갖고 있었다. 이와 같이 다소 소극적인 태도를 보이고 있는 동북아 3국이 ASEM회의에 참여하도록 하는 과정에서 ASEAN국가들의 역할은 매우 중요했다.

제1차 ASEM회의에서 도출된 결과들은 기대했던 것보다 구체적인 내용을 갖고 있었다. 제도적 장치들은 EU-ASEAN회의를 통해 점검해 놓았던 것들을 모방하여 만들어졌다. 정치적·문화적 이슈들도 중요한 것이었으나 가장 중요한 비중을 차지한 것은 역시 경제적 이슈였다. 예컨대 무역 및 투자에 관한 고위급회담(SOMTI: Senior Officials Meeting on Trade and Investment)에서는 아시아 유럽 간의 무역과 투자를 더욱 촉진하는 방안과 1996년 12월 싱가포르에서 열릴 WTO 장관급회의에서 다

---

12) D. Camroux and C. Lechervy (1996), p. 443.

루어질 논제들이 미리 토의되었다. 개방적 지역주의(open-regionalism)에 입각하여 ASEM을 통해 유럽·아시아 간의 다자적 교류를 활성화하고 경제적 교류를 확산하는 방안에 초점이 맞추어졌다.

그러면 왜 ASEM은 1996년이라는 특정한 시점에 시작하게 된 것일까? 유럽은 APEC의 진행이 예상했던 것보다 빠르게 진행되고 이 포럼에서 미국의 영향력이 지나치게 확대될 것이라는 데 대한 우려를 갖고 있었다. 미국이 포럼의 의제를 결정하는 데 좌지우지할 것이라는 우려는 말레이시아나 중국 역시 느끼는 것이었다.[13] 그러던 차에 1995년 10월 일본의 오사카에서 열린 정상회의에 미국의 클린턴 대통령이 참가하지 않는 가운데 일본 및 여타 참가국가들이 무역자유화 과정에서 유연성을 발휘할 수 있는 여지를 보였다. 이를 계기로 유럽과 아시아 국가들은 미국을 배제한 양자간의 회합을 추진하게 되었다. 유럽과 아시아 국가들은 미국이 교역상대국들에 대해 지나치게 강경한 태도를 보이고 일방적인 해결방안을 제시할 뿐 아니라 자유무역에 대한 이론과 태도가 일치하지 않는 데 대한 불만을 갖고 있었다. 따라서 양자들에게 있어 ASEM은 이러한 불만을 미국에게 전달하는 수단으로 인식되었다.

ASEM은 1995년에 수립된 WTO체제의 원칙 위에 미국·유럽 그리고 아시아를 묶는 연결고리라는 점에서 시기적으로 중요성을 갖는다. 유럽과 아시아에게 있어 ASEM은 미국과 갖고 있는 관계의 균형을 유지할 수 있도록 하여 준다는 점에서 중요성을 갖고 있다. 탈냉전시대에서 미국에 종속적이었던 과거의 관계를 청산하고 보다 동등한 차원의 관계를 모색하려는 양자에게 도움을 줄 수 있는 제도적 장치인 것이다. 냉전체제의 붕괴 이후 전개된 국제통상관계에 있어서 미국은 '약탈적 자유주의'(predatory liberalism)를 구사하는 경향이 있었다.[14] 그러나 WTO

---

13) Helen Nesadurai, "APEC: A Tool for US Regional Domination?," *Pacific Review*, 9-1 (1996), pp. 31-57.

14) Richard Higgott, "Beyond Embedded Liberalism: Governing the Internationa Trade Regime in an Era of Economic Nationalism," in Philip Gimmett ed., *Nationalism and Internationalism in Public Policy* (Aldershot: Edward Elgar,

타결로 인하여 미국은 적어도 다자적 국제무역관계에서 보통국가가 되어가고 있고, 우수하고 풍부한 노동력에 기초한 아시아 국가들의 비교우위는 자유무역체제하에서 더욱 그 빛을 발할 수 있게 되었다. 시걸(Gerald Segal)이 지적하였듯이, ASEM은 미국으로 하여금 정직하게 다자주의에 응하도록 압력을 행사하는 데 중요한 역할을 할 수 있다. 미국이 공격적으로 일방적 통상정책을 집행하려고 할 때 이를 집단적으로 봉쇄하는 것이다.[15]

우루과이 라운드의 타결이 교착상태에 빠졌을 때 미국은 APEC을 유럽에 대한 압력수단으로 활용하였다. 이러한 미국의 전략을 유럽과 아시아가 ASEM이라는 무대에서 역으로 사용한 것이었다.[16] 특히 아시아는 미국이 일방적으로 경제적 민족주의에 입각하여 정책을 강요할 경우 EU라는 공동 대응수단을 갖고 있는 유럽 국가들과는 달리 일률적으로 대응할 수 있는 구체적인 수단을 결여하고 있었다. 이러한 점에서 아시아 국가들은 ASEM을 협상력 제고를 위한 수단으로 인식했다.

제 3 절 APEC과 ASEM의 제도적 성격

APEC과 ASEM은 공통적으로 WTO의 제 원칙들을 제도적 골격으로 하고 있음을 표방하고 있다. WTO는 주로 다음과 같은 네 가지 원칙을 표명하고 있다.[17]

1996).

15) Gerald Segal, "Thinking Strategically about ASEM: The Subsidiarity Question," *The Pacific Review*, 10-1 (1997).

16) Richard Higgott, "ASEM and APEC: The Opportunity and Limits of Institutionalization in an Era of Globalization," paper presented in the Conference of The Asia-Europe Meeting(ASEM), A New Dynamism for a Renewed Linkage, hosted by KIEP and FES (4 December 1996).

17) WTO Homepage, http://www.wto.org.

① 비차별의 원칙(trade without discrimination): 최혜국 대우조
항에 따르면 비회원국들이 생산한 상품이 회원국이 생산한 상품에 대하
여 어떠한 형태로든 차별당해서는 안 된다. 일단 자국의 시장에 수입된
이상 국내에서 생산된 상품에 비해 부당한 취급을 받아서는 안 된다.

② 시장개방의 원칙(predictable and growing access to
markets): 관세를 제외한 어떤 형태의 보호무역수단이 금지된다. 예
컨대 수입 쿼터 등은 WTO체제하에서 금지된다.

③ 공정경쟁의 원칙(promoting fair competition): 정부는 두 가
지 형태의 불공정경쟁 즉 덤핑과 보조금에 대하여 보상관세를 부과할
수 있다.

④ 발전과 경제개혁의 장려(encouraging development and
economic reform): WTO체제는 개발도상국들이 선진국들과의 무역
을 확대할 수 있도록 혜택을 베푸는 조항을 갖고 있다. 개발도상국들은
WTO체제에 적응할 수 있는 기간을 갖을 수 있다. 최빈국들에게는 더
많은 융통성이 부여되며 이들 국가들이 생산한 상품들의 시장접근이 용
이하도록 하는 혜택이 주어진다.

APEC은 제도화 초기부터 상품과 서비스의 자유로운 교류를 주장하
는 GATT·WTO의 개방적 다자주의원칙에 입각할 것임을 천명하였다.
1994년에는 저명인사그룹(Eminent Persons' Group)이 제안한 '자유무역주
의,' '다자주의' 그리고 '개방적 지역주의'의 원칙을 수용함으로써 WTO
와 호환적인 경제기구로 발전할 것임을 재확인하였다. 한편 ASEM 회원
국들도 개방적 다자주의와 개방적 지역주의의 원칙을 천명함으로써
ASEM이 WTO의 원칙에 입각하고 있음을 분명히 하였다.[18) 개방적 지
역주의는 "한 지역 내의 무역자유화에서 파급되는 이익들이 최혜국 원
칙에 입각하여 그 지역에 속하지 않은 여타 국가들에게도 주어지게 하
자"는 것이다. 이러한 입장은 WTO의 '비차별원칙' 그리고 '시장개방의
원칙'에 일치한다는 것이 APEC과 ASEM의 주장이다.

---

18) APEC, "Chairman's Statement of the Asia-Europe Meeting Bangkok" (2
    March 1996).

APEC이 이처럼 폐쇄적이고 차별적인 무역블록(Trading Bloc)을 형성하기보다는 개방적 지역주의라는 개념을 도입하게 된 데에는 여러가지 현실적인 이유가 존재한다. 폐쇄적 무역블록을 형성하기 위해서는 다음과 같은 조건들이 선행되어야 한다.[19]

① 무역블록을 형성하기 위해서는 모든 참가경제들이 초기부터 각종 무역장벽들을 제거하기 위한 협상을 치밀하게 진행하여야 하며 이러한 협상의 결과는 모든 참가자들의 동의하에 입법화하여 그 일정을 비준해야 한다.

② APEC 차원에서 결의된 사항들은 기존하는 차별적 지역통상협약들과 일일이 타협되고 조정되어야 한다.

③ 모든 참여경제들은 원산지 규정에 대한 작업을 진행하는 과정에서 기존의 지역통상협약들의 규정과 일치시키는 작업을 진행해야 한다. 예컨대 NAFTA에서 합의된 복잡한 원산지 규정들 특히 동아시아로부터의 경쟁을 제한하려고 고안된 조항들이 재조정되어야 한다.

이러한 조건들을 만족시키기 위해서는 참여경제들 간의 부단한 협상이 요구되며 여러 가지 행정적이고 관료적인 단계들이 개입되는 만큼 시간이 많이 소요된다. 설령 이러한 조건들은 어떤 희생이라도 감수하거나 만족시킬 용의가 충분히 있다 하더라도 폐쇄적 무역블록을 창설하는 것이 회원국들의 이익증진에 기여한다면 긍정적으로 고려될 수 있을 것이다. 그러나 몇몇 경험적 연구들은 차별적이고 폐쇄적인 지역협력체제를 설립하는 것이 비차별적이고 개방적인 협력체제를 설립하는 것보다 회원국들에게 돌아가는 이익이 덜할 가능성이 높다고 주장하고 있다.[20] 게다가 대다수의 회원국들은 APEC이 이처럼 형식적으로

---

19) Andrew Elek, "Trade Policy Options for the Asia-Pacific Region in the 1990s: The Potential of Open Regionalism," *American Economic Review*, 82-2 (1992), pp. 74-78.

20) Philippa Dee, Patrick Jomini and Robert McDougall, "Alternatives to Regionalism: Uruguay and APEC," in Bijit Bora and Christopher Findlay,

제도화되는 것에 대하여 부정적인 입장을 보이고 있다. APEC에서 나타나는 협력모델은 ASEAN과 비형식성이라는 점에서 유사한 점이 있다. ASEAN은 조정장치인 중앙집행기구(Coordinating Secretariat)를 가지고는 있으나 EU와 같이 회원국들을 대상으로 전권을 행사할 수 있는 중앙집권화된 권위체와 통제장치를 보유하지 않고 있다. EU 차원에서 체결되는 조약이나 통과되는 규칙·지침·결정 등은 국내법에 우선하는 효력을 갖고 있다. 이에 비해 APEC에서 도출되는 합의나 선언은 법적 구속력을 전혀 갖고 있지 않다.[21] 정책의 조율은 자율에 맡겨지며 합의에 의해 타결되는 것을 원칙으로 하고 있다.

1994년 11월의 보고르선언 발표 이후 APEC 역내 참여경제들은 자유화일정에 본격적으로 착수하였다. 하지만 자유화라는 목표에 대해서 회원국들이 모두 동의하였음에도 불구하고 자유화를 달성하는 방법론에 있어 서양과 아시아는 아직 완전한 합의를 보지 못한 채 다소 모호하게 남아 있다.

자유화에 대한 아시아적 접근법의 핵심은 보고르선언에도 나타나 있듯이 발전단계에 따른 차별적·단계적 자유화를 인정하자는 것이다. 선진경제국들은 2010년까지 자유화를 완전달성하고 발전도상국들은 2020년까지 달성하면 된다.[22] 그러나 구체적인 속도와 방법은 각자의 사정에 따라 융통성있게 조정할 수 있다는 선에서 조정되었다. APEC에 참여하는 아시아 국가들은 이러한 접근법에 만족해 하고 있다. 미국·호주 같은 비아시아 참가국들은 이러한 결정을 완전히 환영하는 것은 아니지만 그렇다고 완강하게 반대할 수도 없었다. 선진경제국들의 관심은 2010년까지 완전자유화를 달성한 이후 발전도상국들이 2020년까지 무임

eds., *Regional Integration and the Asia Pacific* (Oxford: Oxford University Press, 1996).

21) 최진우, "APEC에서의 한국의 위상과 대응책," 안병준 외, 『국제정치경제와 한반도』(서울: 박영사 1997), p. 308.

22) APEC, "APEC Economic Leaders' Declaration of Commom Resolve" (15 November 1994).

승차하는 것에 어떻게 대응할 것인가 하는 점이었다. 선진경제국들은 APEC을 보다 제도적으로 강화시키는 데 관심을 갖고 있는 반면 아시아의 개발도상국들은 이를 제도라기보다는 과정으로 본다는 점에서 양자 간에는 아직도 시각의 차가 여전히 남아 있다.23) 적어도 현재까지는 아시아의 입장이 반영되고 있다.

한편 ASEM이 어느 정도까지 제도화될 것인가에 대해 아직 단정적으로 말하기는 어렵다. APEC에서 나타난 바와 같이 아시아와 유럽 간의 입장 차이가 ASEM에서도 되풀이될 것이라는 점은 추측할 수 있다. 대부분의 아시아 지역의 국가들은 ASEM이나 APEC이 제도적인 기구가 되기보다는 원칙이나 절차를 논의하는' 협의체로 발전할 것을 원하고 있다. 유럽의 경우처럼 법적이고 제도적인 접근을 할 경우 개별국가의 경제적 주권이 약화될 것을 염려하고 있다. 아시아 국가들은 유럽 국가에 비해 여전히 국가주의적(statist) 성향을 보이고 있다. 따라서 아시아 국가들을 포함하는 지역경제블록의 성격은 법적·제도적(de jure)이기보다는 구조적·실질적(de facto)인 협력에 기초한 것으로 발전할 가능성이 높다.

이러한 입장의 차이로 인해 ASEM 방콕 회의에 임한 유럽과 아시아는 매우 대조적인 접근법을 구사했다. EU국가들은 그간의 통합경험을 바탕으로 대아시아 통상정책을 제시함에 있어서 조율된 의견을 산출하는 데 매우 익숙했다. 이에 반해 다양한 역사적 배경과 다양한 수준의 경제발전 정도를 보이고 있는 아시아는 첫번째 ASEM회의에서도 나타났듯이 단합된 행동을 보이지 못한 채 유럽이 제시하는 것을 절충안적으로 받아들이는 경우가 빈번했다. 유럽 국가들은 사전에 충분한 토론을 바탕으로 도출된 합의사항을 제시하며 일사분란하게 움직였다. 반면에 아시아 국가들은 개별국가의 이익을 보호하고 증진시키려는 의욕이 앞서 매우 분산된 태도로 임했다. 이와 같은 차이는 통상협상에서 특히

---

23) APEC의 제도화 문제에 관한 논의에 관해서는 R. Higgott, "ASEM and APEC"(1996).

두드러지게 나타났다. 유럽 국가들은 무역·투자·WTO 협상 등의 의제
를 다룸에 있어 통합적으로 조율된 의제를 제시할 수 있었다. 성공의
비결은 무엇보다도 유럽위원회(European Commission)의 역할에 있었
다.24) 유럽위원회 회장(President of European Commission)이 대표의 일원
으로 참여하여 발언권을 확보하고 유럽 국가 전체의 이익표출을 총괄
지휘조정할 수 있었다. 이와 더불어 위원회 부회장인 브리탄(Leon
Brittan) 경과 마린(Manuel Marin)이 각각 동북아와 동남아지역을 담당하
는 체제를 유지하면서 협상에 효과적으로 대응하였다.

반면에 아시아는 유럽 국가들처럼 일사분란하게 대응하는 데 실패했
다. 중국의 경우 회의의제에서 인권문제나 노동조건에 관한 것들이 포
함되는 것을 방지하는 데 많은 노력을 기울였다. G7과 OECD의 주요
참가자인 일본은 회담이 경제적 이슈에 집중되는 한, 특별한 관심을 기
울일 필요가 없다는 태도를 보였다. 싱가포르는 지적 교류를 위한 아시
아·유럽 교류재단(Asia-Europe Foundation)의 설립을 주장하였고 말레이
시아는 범아시아 철도(Trans-Asian Railway Project)의 건설을 제안하였으
며, 태국은 아시아·유럽 민간기업포럼(Asia Europe Business Forum)의 조
직을 주장함과 동시에 아시아·유럽 환경센터(Asia Europe Environment
Center)를 유치하기 위한 로비를 전개하였다. 아시아 국가들이 단일한
목소리를 낼 수 있도록 의견을 조율한다는 것은 사실상 불가능했다.25)

런던에서 열린 제2차 정상회담에서 금융위기의 여파에 시달리고 있는
아시아 국가들은 국제금융체계의 불공정성을 성토함에 있어 한목소리를
내는 데 모처럼 성공했다. 하지만 이에 비해 유럽 국가들은 보다 실질적
인 성과를 거두었다. 유럽경제통화연합(EMU: European Economic
Monetary Union) 등장을 아시아 국가들에게 설명하고 이에 대한 심정적
지지를 얻어냈다. 이는 소위 유럽의 요새화(Fortress Europe)를 경계하는
아시아의 우려를 사전에 무마하는 성과를 거두었다.

---

24) D. Camroux and C. Lechervy (1996), p. 446.
25) D. Camroux and C. Lechercy (1996), p. 446.

ASEM에서 아시아 참가자들이 해결해야 할 가장 중요한 문제는 아시아 국가들이 처한 경제적 상황이 유럽 국가들의 그것과 다르다는 것을 어떻게 설득할 것인가 하는 문제이다. 즉 아시아적 정체성(identity)과 자본주의 특성을 유럽 파트너들에게 인식시킴으로써 협상에서 유리한 결과를 얻어내는 것이다.

제 4 절 아시아적 정체성(Asian identity)

유럽은 아시아보다 제도적 통합의 수준이 앞서 있다. 유럽 국가들은 개별국가들의 역사적 특수성에도 불구하고 지역적 인접성을 통한 교류를 꾸준히 진행하여 왔고, 마침내 유럽적 정체성을 형성하는 데 성공하여 유럽 통합작업을 진행시키고 있다. 통합된 단일시장을 갖고 있고 단일통화 중앙은행 그리고 공통의 외교정책과 안보정책을 수립하는 단계에 이르러 있다. 이에 반해 아시아의 제도적 통합은 그보다 훨씬 뒤떨어져 있다. 무엇보다도 아시아라고 불리는 지역 내에도 수없이 다양한 문화적 역사적 다양성이 존재하고 있으며 통합의 주요 요인이라고 할 수 있는 지리적 인접성을 결여하고 있다. 심지어 동아시아 지역 내에서도 동북아시아와 동남아시아는 상호간에 문화적·역사적 동질성을 공유하지 않고 있다. 종교적 측면에서 동남아시아는 불교와 회교적 전통이 혼재되어 있는 반면 동북아시아는 불교와 유교적 전통이 혼합 되어 있을뿐 아니라 또한 경제적 발전의 단계도 매우 다양하다.

그럼에도 불구하고 왜 일부 아시아 국가들은 아시아적 정체성을 아시아·유럽 간의 협상의 한 도구로 이용하려는 것일까? 이것은 문화적이면서 동시에 경제적인 문제이다. 즉 아시아인들이 보유하고 있는 그들만의 가치가 동북아시아의 경험에 비추어 볼 때 경제적 발전요인으로 활용될 수 있다고 보기 때문이었다. 아시아적 가치(Asian values)라는 것은 대체로 다음과 같이 요약될 수 있다.[26]

① 사회조직의 중심은 개인이 아니라 가족이며, 가족이라는 개념이 정치체제 내에서의 책임과 권위의 구성 모델을 제시한다.

② 공동체와 집단의 이익이 개인의 그것에 우선한다. 따라서 개인의 권리와 자유가 공동체에 대한 의무에 종속된다.

③ 정치적 결정은 대립보다는 합의에 의해서 이루어진다.

④ 사회적 통합과 조화가 우선권을 가지며 도덕적 원칙과 강한 정부에 의해서 달성된다.

⑤ 경제적 성장이 사회통합과 강한 정부의 부산물이다.

동아시아 경제의 성장동인은 기술적 발전에 의한 경제적 효율의 증대에 의한 것이 아니라 자원의 효율적 동원 및 이의 정부에 의한 권위적 배분에 있다.[27] 동아시아 발전국가들은 전세계적으로 구축된 자본주의적 경제구조에 효율적으로 대응하기 위해서 그리고 수요자 중심의 생산체제를 효과적으로 관리하기 위해서 국가의 시장간섭을 빈번하게 실행하였다.[28] 정부의 산업에의 지원과 간섭을 중상주의적 경제성장전략의 핵심으로 간주하고 있는 동아시아 개발도상국들은 시장간섭을 정당화하기 위해서 유교적 유기체국가론(confucian organic statism)이라는 문화적 전략을 차용해 왔다.[29] 서양의 국가들은 동아시아의 시장을 개방하기 위해 자유무역의 논리를 제시하면서 이와 같이 보호무역의 논리를 내포하고 있는 중상주의적 발전전략을 강력하게 비판해 왔다.

동아시아 국가들이 부분적으로 추진해 온 경제의 개방화, 그리고 자유화는 자유적·다원적 서구자본주의를 능동적으로 이식하기 위한 시도

26) Richard Robison, "The Politics of Asian Values," *The Pacific Review*, 9-3 (1996), pp. 310-311.

27) Paul Krugman, "The Myth of Asia's Miracle," *Foreign Affairs*, 73-6 (1994), pp. 62-79.

28) Gary Gereffi, "Capitalism, Development and Global Commodity Chains," in Leslie Sklair, ed., *Capitalism and Development* (London: Routledge, 1994).

29) Gary Rodan, "The Internationalization of Ideological Conflict: Asia's New Significance," *The Pacific Review*, 9-3 (1996); Michael Freeman, "Human Rights, Democracy and Asian Values," *The Pacific Review*, 9-3 (1996).

라고 볼 수 없다. 그 이면에 보다 중요하게 자리잡고 있는 것은 민족적·
중상적 동인이다. 비록 표면적으로 개방적 경제구조를 운영한다 하더라
도 개인보다는 집단의 이익을 중시하고 국가 시장관계가 평등하기보다
는 위계적으로 설정되는 동아시아 자본주의의 원칙에는 변함이 없다.
동아시아에서 경제적 자유화의 목적은, 첫째로 경제적 성장에 시동을
걸기 위해 필요한 종자자금(seed capital)을 확보하기 위해서 그리고 비종
속적 산업화에 필요한 기술을 해외직접투자를 유치함으로써 습득하기
위한 것이며, 둘째로 수출주도적 산업전략을 수행하기 위해 필요한 산
업을 육성하기 위한 것이다.[30]

정치적·경제적 자유가 오히려 경제적 기반의 붕괴를 가져올 수 있다
는 현실적인 두려움 때문에 동아시아의 국가들은 경제적 발전의 성취
에도 불구하고 전면적 자유화의 실행을 거부하여 왔다. 동아시아는 서
양이 걸었던 경로를 그대로 따를 것을 거부하고 있다.[31] 동아시아의 자
본주의는 개인주의적이기보다는 공동체적인 성격을 쉽게 포기하지 못
하고 있다.

국제협상에 있어서 아시아적 가치에 대한 강조가 단순히 경제적·물
질적 논리에만 기초해 있는 것은 아니다. 유럽 통합을 가능케 한 요인
으로 경제적 이익이 지적될 수 있지만 이와 더불어 유럽적 정체성의 발
전 또한 간과될 수 없는 중요한 요인이었다.[32] 아시아 지역에서 형성되
고 있는 지역주의의 움직임 역시도 아시아적 정체성의 형성이라는 관

---

30) Yeon-ho Lee, "Development, Capitalism and the State in Southeast and
   Northeast Asia," *Korea Observer*, 29 (Summer 1998).
31) Richard Whitely, *Business Systems in East Asia: Firms, Markets and
   Societies* (London: Sage, 1992); Charles Hampden-Turner and Fons
   Trompenaars, *The Seven Cultures of Capitalism* (London: Piatkus, 1994);
   Will Hutton, *The State We're In* (London: Vintage, 1996).
32) Ben Rosamond, "European Regional Identity and International Political
   Economy of European Integration," paper presented at the Fifth Conference of
   the International Society for the Study of European Ideas (19-24 August,
   1996).

점에서 조명될 필요가 있다. 지역통합에 대한 현실주의적 자유주의적 이론들은 경제적 이익분석에 기반을 두고 있다. 그러나 경제적 요인 못지 않게 정치적이고 아이디어적인 요인들이 중요한 역할을 하고 있다. 정치적·아이디어적 요인들은 경제적이익을 정의케 하는 보이지 않는 구조를 형성하여 준다. 즉 정체성은 이익보다 선행한다. 행위자들은 사회적 상황을 의식하지 않은 채 이익을 정의하는 것이 불가능하다. 각자가 처한 상황을 정의하는 과정을 통해서 각자의 이익을 정의한다.33) 국제적 제도에 내재하여 있는 공유된 이해와 기대 그리고 사회적 지식을 통해 참가 국가들은 정체성과 이익을 정의하게 된다.34) 지역 내에서의 상호교류를 통해 정체성이 형성되고 또 변형되며 나아가 집단적 행동을 유발할 수 있도록 한다는 것이다.

물론 유럽적 정체성에 상당하는 정도의 아시아적 정체성이 존재하고 있다고는 볼 수 없다. 그 정도의 단계에 이르려면 아직도 더 많은 단계를 거쳐야 할 것으로 보인다. 그럼에도 불구하고 아시아적 정체성을 논의할 여지가 충분하다고 보는 이유는 서양의 특히 미국의 약탈적 자유주의에35) 대한 반발로 아시아 국가들이 집단적인 행동을 보이는 경향이 있으며 대항을 위한 사상적 도구로서 아시아의 정체성이 이용되고 있기 때문이다.

아시아적 정체성의 확립이 현실화될 수 있는 가능성을 제시하는 한 예로서 우리는 동아시아 경제협의체(EAEC: East Asian Economic Caucus)를 고찰할 필요가 있다. EAEC는 경제와 문화가 복합적으로 작용하여 배태된 개념이다. 즉 동아시아 국가들은 경제적 발전방법에 대한 공통적인 견해를 갖고 있고 문화적으로 동질성을 갖고 있다는 가설에 기초하고 있다. 1990년 12월 말레이시아의 마하티르 수상에 의해서 제안된

---

33) A. Wendt, "Anarchy is What States Make of It," *International Organization*, 46-2 (1992), p. 398.

34) A. Wendt, "Collective Identity Formation and the International State," *American Political Science Review*, 88-2 (1994), p. 389.

35) R. Higgott, "ASEM and APEC" (1996).

이 기구는 비아시아 국가들을 배제한 순수한 동아시아 국가들만으로
구성된 정치경제적 공동체를 지향한다.

본래는 동아시아 경제집단(EAEG: East Asian Economic Group)으로 주
창되었으나 지나치게 폐쇄적이고 반서구적인 인상을 줄 수 있다는 비
판에 따라 EAEC로 후에 개칭되었다. APEC과 마찬가지로 EAEC 역시
지구화되어가는 경제적 변화에 대한 한 대응양식이지만 EAEC는 미국
과 유럽의 정치적 힘에 맞서고자 하는 아시아인들의 시도라는 점에서
APEC과 구분된다. EAEC가 제안되었던 시점은 GATT협상에서 UR이 타
결되었던 시점이며 그 타결과정에서 말레이시아의 나아가 ASEAN의 이
익이 충분히 반영되지 못한 것에 대한 우려가 제안의 배경으로 작용했
다. 유럽 통합이 본격화되고 NAFTA의 체결을 통한 북미와 중미 간의
자유경제협력이 공고화되어감에도 불구하고 ASEAN국가들은 이에 상
응할 만한 경제적 공동대응수단을 갖고 있지 못하였다는 인식이 회원
국들 간에 팽배해 있었다.[36] 이에 착안한 마하티르 수상은 EU와
NAFTA에 대응할 수 있도록 아시아인들이 보다 강한 목소리를 가질 것
을 역설하였다.

EAEC는 또 국제경제에 있어서의 남·북관계라는 측면과도 깊은 관계
를 갖고 있다. 미국의 헤게모니에 의해 주도되는 북이 남을 경제적으로
종속시키기 위해 가하는 제국주의적 압력을 봉쇄하기 위해서 남·남 간
의 협력이 더욱 증진되어야 한다는 것이 EAEC를 주창한 마하티르 수
상의 논리였다.

EAEC가 현실화되지 못한 것은 몇 가지 현실적인 문제가 존재하기
때문이었다. 무엇보다도 중요한 이유는 일본이 EAEC의 활성화에 필요
한 리더십 행사를 거부하고 있기 때문이다. 일본의 시각에서 EAEC는
APEC에 대립하는 기구이며 바로 이러한 이유로 인하여 일본의 선택이

---

36) Richard Higgott and Richard Stubbs, "Competing Conceptions of Economic
   Regionalism: APEC vs. EAEC in the Asia Pacific," *Review of International
   Political Economy*, 2-3 (1995), p. 522.

제약당하고 있다. 미국은 일본에 의하여 주도되는 반미적인 경제공동체의 형성을 반대해 왔다. 그 외에도, 첫째 말레이시아를 제외한 여타 동아시아 국가들은 자국경제의 일본 종속화가 고착될 것을 우려하여 적극적 참여를 꺼리고 있으며, 둘째 세계경제에 의존하고 있는 아시아 국가들이 EAEC와 같이 배타적인 기구를 조직함으로써 자신들의 경제적 행동범위를 아시아 지역에 국한시키는 것을 원하지 않고 있다. 마지막으로, 일본과 동북아의 선진개발도상국들은 시장의존도가 높은 유럽과 미국으로 하여금 보다 배타적인 경제블록을 구성토록 하는 동기를 제공하게 될까 우려하고 있다. 게다가 중국·소련·북한과 군사적으로 대립했거나 현재 대립하고 있는 상황에서 미국이 이들 국가들의 안보에 행사하는 영향력이 아직도 상당하기 때문에 미국에 배타적인 행동을 하는 데 제약을 받을 수밖에 없다.[37]

　이러한 현실적인 제약에도 불구하고 EAEC라는 구상은 여전히 살아있다고 보아야 할 것이다. 비록 공식적으로는 존재하지 않고 있지만 인식론적인 관점에서는 서서히 진화되고 있다. 일본은 겉으로는 아시아의 맹주가 되겠다는 야심을 표현하고 있지는 않지만, 아시아의 경제가 일본경제와 긴밀하게 상호작용하도록 체계화하는 작업을 지속적으로 해왔다.[38] 그 예로, 첫째 일본 통산성은 동남 아시아 국가들이 수출지향적 산업화전략을 선택하도록 안내하는 역할을 해왔다. 1980년대 중반 이래 일본이 동남아 국가들에게 전수한 경제정책적 대안은, 비록 국가마다 차이는 있으나, 미국식 자유주의적 전략이 아니라 다소 중상주의적이며 정부주도적인 전략들이다. 둘째 일본은 미국을 제치고 동남아 상품의 최대 흡수시장이며 동시에 동남아 국가들에 대한 최대 수출국으로 발전해 가고 있다. 1986년에서 1992년 기간 동안 미국을 상대로 한 일본의 수출은 38.9%에서 28.5%로 감소한 반면 일본의 아시아에 대한 수출은 22.7%에서 33%로 증가했다. 일본과 동아시아 국가들 간의 활발한 교역

---

37) R. Higgott and R. Stubbs (1995), p. 526.
38) R. Higgott and R. Stubbs (1995), pp. 527-528.

으로 인해 서서히 엔블록(Yen Bloc)이 형성되어 가고 있다. 셋째 일본은 동아시아 지역의 최대투자국으로 발전했다. 1985년에 체결된 플라자(Plaza)협정 이후 일본통화는 점차로 달러에 대하여 평가절상되었고 이를 극복하는 방안으로써 일본은 생산기지를 인건비가 저렴한 동남아 국가들로 이전시켰다. 플라자협정 이전까지 일본의 ASEAN에 대한 직접투자는 9억 달러에 불과하던 것이 1988~92년 사이엔 모두 190억 달러로 급팽창하였다. 넷째로 점증하는 미·일 간의 무역긴장은 일본으로 하여금 동아시아 지역에 배타적인 경제블록의 성립이 부정적인 것만은 아니라는 사고를 갖도록 했다. 미국이 NAFTA의 성립을 주도함으로써 일본은 최소한 이에 대응하는 경제기구가 필요한다는 주장을 상황에 따라서는 전개할 수 있는 논리적 기반을 마련하였다.

APEC에서 저명인사그룹이 장기 비전으로 제시했던 아시아·태평양 경제공동체(Asia Pacific Economic Community)안이 아시아 국가들에 의해 거부되었던 이면에는 EAEC적 논리가 작용했다. 아시아 국가들에게 공동체 즉 커뮤니티(community)라는 단어는 개별국가들의 주권이 극도로 제약된 유럽 공동체를 연상케 했다. 전기하였듯이 아시아 국가들이 원하는 것은 개별국가들의 주권을 위임받는 대표들이 함께 모여 경제적 현안을 토의하는 협의체였다. 또 APEC 회원국 간의 협력을 도모하고 자유화를 진행시키는 과정에서도 급진적이기보다는 점진적인 접근을 택하도록 방향전환이 이루어진 데에도 EAEC적 논리가 작용했다. ASEM의 결성을 통해 EAEC는 사실상 그 실체를 인정받은 셈이 되었다.[39] 유럽 국가들을 제외한 아시아의 참가국들은 사실상 EAEC의 잠재적 참가국들이기 때문이다.

동아시아와 서양 간의 경제적 갈등이 심화되면 심화될수록 EAEC 또는 이와 유사한 아시아인들만의 경제협력체가 현실화될 가능성이 높아갈 것으로 예상된다. 1997년 말 동아시아에 통화위기가 발생하자 이는

---

39) N. Sopiee, "The Start of a World without the the US," *Yomiuri Shimbun* (14 April 1996); D. Camroux and C. Lechervy (1996), p. 448.

동아시아적 발전양식과 발전 그 자체를 봉쇄하려는 서양자본가들의 음모라는 마하티르 수상의 논리가 다시 주목을 끌었다. 금융위기의 여파는 비교적 친미적인 태도를 견지하고 있던 일본과 한국에까지도 미쳤다. 이들 국가에서는 서양의 금융자본에 의해 경제적 주권이 침탈당하는 것을 목격하면서 반미적·반서구적 감정이 팽배해 갔다. 발전된 서구 국가들이 이식하려는 시장중심적 자본주의는 그동안 동아시아에서 발전해 온 중상주의적 자본주의와 마찰을 빚을 수밖에 없었다. 서구자본에 의해 운영되고 있는 IMF는 긴축·안정·경쟁을 경제운영의 원칙으로 제시함으로써 성장위주의 인플레 성장을 용인해 온 동아시아적 경제를 부인했다. 동아시아적 상황을 개선할 수 있는 대안으로서 아시아 통화기금의 설립이 제시되기도 하였으나 일본 및 여타 국가들의 소극성과 미국의 강력한 반대로 무산되고 말았다. 아시아적 정체성이 보다 경제적으로 강력한 서구의 힘에 의해 붕괴될 것인지 아니면 더욱 발전할 것인지 결론을 내리는 것은 현재로선 불가능하다. 그러나 어떤 경우라 하더라도 대항 이데올로기로서의 아시아적 정체성은 쉽게 희석되지는 않을 전망이다.

아시아의 지정학적 조건과 역사적·문화적 다양성을 고려할 때 아시아 국가들이 주축이 된 무역블록을 형성하는 것은 그리 용이한 일이 아니다. 외부적으로도 아시아 국가들이 자신들만의 블록을 형성할 경우 유럽과 북미국가들은 아시아 상품들에 대해 보복을 하거나 장벽을 쌓을 가능성도 있다. 아시아 지역경제의 꾸준한 성장에도 불구하고 아시아의 지속적 성장은 여전히 25% 이상의 수출과 수입을 북미시장으로부터 얻고 있다. 결국 배타적 블록의 형성은 아시아 국가들로 하여금 매우 큰 대가를 치르게 할 수도 있다. APEC에 참가하고 있는 아시아 국가들이 무역 및 투자의 자유화 그리고 개방적 지역주의의 원칙에 동의하는 이유도 여기에 있다.

그러나 북미와 유럽 지역에서 차별적이고 내부지향적 무역블록이 발전하여 다자간 교역체제의 기초가 붕괴할 경우 아시아 국가들도 어떤 형태로든 아시아 블록을 고려해야 할 가능성을 전적으로 배제할 수는 없을 것이다. 지역블록화를 통해 역외국가를 배척하려는 움직임은 보호주의로 회귀하려는 발전국들에 의하여 이미 주도된 바 있다. EU와 NAFTA의 결성이 그 예라 할 수 있다. 현재 아시아에 형성될 가능성이 가장 구체화된 경제블럭은 ASEAN국가들이 1992년 4회 정상회담에서 2008년까지 창설하기로 결의한 아시아 자유무역지대(AFTA: Asia Free Trade Area)이다. AFTA는 참가국가들의 경제규모가 미미하고 동북아의 경제대국들을 포함하지 않고 있어 EU나 NAFTA에 대응할 수 있을 만큼 큰 영향력을 발휘할 수 있을지는 미지수이기는 하다. 그러나 ASEM이나 APEC에 참여하는 ASEAN국가들이 장기적으로 공동보조를 취할 수 있는 수단을 제공한다는 측면에서 그 중요성이 있다.

제 5 절 APEC과 ASEM의 제 문제들

1. WTO와의 호환성문제

상기하였듯이 제도적인 차원에서 APEC과 ASEM은 WTO의 제 원칙에 입각하여 있다. 그러나 APEC과 ASEM의 세부적인 제도들을 면밀하게 검토하여 보면 이들 지역 간 경제협력체들이 WTO와 반드시 조화하기보다는 예상 외로 갈등적인 관계에 서게 될 가능성이 있음에 주목할 필요가 있다.

가장 중요하게 언급되어야 할 문제는 APEC과 ASEM이 공통적으로 표방하고 있는 개방적 지역주의(open regionalism)에 관한 것이다. 앞서 언급하였듯이 개방적지역주의란 무역자유화에서 파생되는 경제적 이익을 역외국가와도 무차별적으로 공유한다는 것이다. 이러한 사고는 저명인사그룹(EPG)이 1994년 8월 제출한 보고서에 명확하게 표명되어 있다. 이 보고서는 개방적 자유주의에 관해 설명하면서 APEC은 지역내부지향적(inward-looking)이거나 자유무역 추구의 동기를 저해할 수 있는 어떤 형태의 배타적 무역블록이나 관세동맹이 되는 것을 거부해야 한다고 조언하고 있다. 아울러 회원국들은 무역자유화의 혜택을 '조건적'으로 또는 '무조건적'으로 비회원국들에게 연장할 수 있다고 처방해 주고 있다. 이러한 EPG의 권고는 정상회담에서 확인되고 받아들여져 하나의 원칙으로 자리잡았다.[40]

그러나 이와 같이 표면적인 제도적 차원의 언급에도 불구하고 실질적인 차원에서 APEC이 지향하고 있는 아시아·태평양 지역의 경제협력의 모델은 경제통합과정에 있어서 최초 단계이며, 아울러 관세동맹(customs union)의 바로 전 단계라 할 수 있는 자유무역지대(free trade area)[41]라는 비판이 대두되어 왔다.[42] 1994년에 발표된 보고르선언문에서 APEC 회원국들은 2010/2020년까지 무역과 투자의 자유화를 달성할 것을 결의했다. 이 선언문에서 자유무역지대라는 어휘를 직접적으로 사용하지는 않았으나 "지역 내에서의 무역과 투자의 자유화를 달성할 것"(to achieve free trade and investment in the region)이라고 결의함으로써 자유무역지대의 탄생을 암시하고 있다. 다시 말해 2010/2020년까지 역

---

40) 특히 1995년 오사카 정상회담의 결과로 발표된 '경제정상들의 공동결의문' 제4항에 내부지향적 무역블록에 대한 반대 그리고 개방적 지역협력에 대한 지지가 언급되어 있다.

41) Bela Balassa, "Economic Integration," in John Eatwell, Murray Milgate and Peter Newman, eds, The New Palgrave: A Dictionary of Economics, Vol. 2 (London: Macmillan, 1987), pp. 43-47.

42) Bhagwati는 EU, NAFTA 그리고 MERCOSUR가 배타적 무역협정(PTA: Preferential Trade Agreement)의 성격을 강하게 띠고 있어 개방적 다자주의를 주장하는 WTO의 발전을 저해할 것이라고 비판하고 있지만 APEC에 대해서는 비차별·다자주의를 표방하고 있다는 점에서 긍정적인 평가를 하고 있다. 그러나 Dieter는 APEC도 결국은 자유무역지대를 지향하고 있어서 결국 배타적 무역블록으로 발전할 가능성이 있다고 비판하고 있다. Jagdish Bhagwati, "Fast Track to Nowhere," Economist (18 October 1997); Heribert Dieter, "APEC and the WTO: Collision or cooperation?," The Pacific Review, 10-1 (1997)를 참조.

내 자유무역을 저해하는 모든 관세·비관세 장벽이 제거되면 결국 일종의 자유무역지대가 탄생하게 되는 것이다. 자유무역지대는 역내의 모든 회원국가가 공동의 통일된 관세제도를 운영하는 관세동맹과 구별된다. 자유무역지대는 회원국이 여전히 나름대로의 관세제도를 운영하는 대신 역내의 회원국들에게서 수입된 제품들에게만 무관세 또는 저관세의 혜택을 부여하는 것이다. 이때 필요한 것이 바로 원산지 증명체제인데 1995년 합의된 무역·투자 자유화 및 활성화를 위한 오사카 행동지침의 특정과제별 조치의 하나로서 이미 각 국가별로 연구 및 작성에 착수하였다.

과연 이러한 자유무역지역의 설립이 WTO의 정신에 위배되는 것인가 또 전세계적 다자간 무역협상체제의 발전에 도움이 될 것인가 하는 문제에 관해서는 부정적인 견해와 긍정적인 견해가 공존하고 있다. 지역화(regionalization)와 세계화(globalizaion)가 서로 상충적인 것이 아니며 지역화가 세계화의 한 현상이며 또 그 전 단계라는 해석도 가능하다.[43] 또 지역블록 내에서의 활발한 교섭과 타협의 경험이 궁극적으로는 전세계적 협력체제 구축에 도움이 된다는 면도 간과할 수 없다.[44] 1947년 타결된 GATT의 제24조는 자유무역지대의 설립과 관세동맹의 형성이 제1조항에 명시된 무조건적 최혜국조항의 예외로 인정될 수 있음을 인정하고 있다. 즉 둘 또는 셋 이상의 국가들이 체결한 배타적 무역협약을 비회원국들에게 적용하지 않는 것이 허락될 수도 있다는 것이다.[45] 그러나 여기에는 조건이 있다. 자유무역지대나 관세동맹의 창설은 WTO의 별도의 허락이 없을 경우 10년 이내에 마무리되어야 한다. 예외

---

43) Richard Higgott, "Ideas and Identity in the International Political Economy of Regionalism: The Asia Pacific and Europe Compared," paper presented at the ISA-JAIR Joint Convention, Globalism, Regionalism and Nationalism, Makuhari, Japan (20-22 September 1996).

44) C. Fred Bergsten, "American Politics, Global Trade," *Economist* (27 September 1997).

45) H. Dieter (1997), p. 27.

조항을 둔 이유 중의 하나는 개발도상국들에게 발전의 기회를 제공하기 위함이었다. 즉 개발도상국들이 자유무역지대나 관세동맹을 창설함으로써 선진국가들로부터의 경쟁으로부터 자신들의 시장을 보호하면서 규모의 경제로부터 파생되는 이익을 활용하여 발전을 도모하도록 지원하자는 것이다.

그러나 APEC의 상황은 이와 같은 WTO의 본래 사고와는 다소 차이가 있다. APEC이 자유무역의 완성까지 16~26년의 기간을 설정하고 있어 우선 차이를 보인다. 또 APEC 구성원들이 저발전국에서 고도로 발전된 선진국에 이르기까지 매우 다양하며 미국과 일본이라는 세계 최대의 경제국들을 포함하고 있다는 점에서 엄밀한 의미에서 예외인정의 요건을 결여하고 있다. ASEM의 경우는 APEC처럼 제도적으로 발전시킨 것이 사실상 없으므로 WTO와의 호환성문제를 토의할 만큼 충분한 자료를 축적하지 못하고 있다. 그러나 회원국들의 정상들이 제1차 방콕회의에서 WTO에 의해 지지되는 다자적 체제를 강화시키는 데 기여할 수 있도록 ASEM을 발전시킬 것이라고 결의한 만큼 APEC과 유사한 패턴의 발전을 모색할 것으로 보인다.[46]

지역 간 경제협력체의 등장에 대해 비판적 입장을 견지하고 있는 디터(Heribert Dieter)는 만일 APEC이 자유무역지역지대를 형성하고 그와 유사한 경제협력기구들(예컨대 ASEM·TAFTA)이 계속하여 등장한다면 다자간 협상기구인 WTO의 역할에 매우 지대한 영향을 줄 수도 있다고 주장하고 있다. 1994년 말까지 통합계획을 마무리지은 69개 통합기구들 중 단지 6개만이 GATT협약 제24조항을 충실히 준수할 것임을 밝혔을 뿐이라는 것이다.[47] GATT협약에 충실하지 않은 채 지역화의 시도가 계속 진전될 경우 특정 지역경제협력체에 가입하지 못하는 저개발국가들이 WTO 차원에서 자신의 이익을 대변하지 못한 채 소외될 가능성이 증가할 것이라는 주장이다. 다양한 지역협약들을 어떻게 WTO의 규칙

---

46) H. Dieter (1997), p. 27.
47) H. Dieter (1997), p. 28.

들과 일치시키고 또 다양하게 나타나는 지역통합계획들을 어떻게 통제할 것인가 하는 문제가 심각하게 노출될 수 있다고 한다. 궁극적으로 지역통합을 주도하고 있는 거대 경제세력들 즉 미국·EU 등은 통합계획들을 취소하고 WTO의 다자적 체제로 복귀하여야 한다고 주장하고 있다.

2. 제도화 수준 조절의 문제

APEC과 ASEM은 WTO에 의해 지지되는 세계 삼각경제축의 두 변을 연결하는데 성공했다는 점에서 큰 의미를 갖는다. 그러나 발전을 지속하기 위해서는 어느 정도까지의 제도화를 달성하고 유지할 것인가 하는 문제를 해결해야 한다. 전기한 바와 같이, 아시아 국가들은 APEC이나 ASEM이 개별국가들의 주권을 제약할 정도로 제도화되는 것을 거부하고 있다. 그러나 과정을 감독하고 통제하고 또 협약의 불이행을 처벌할 수 있는 제도를 수립하지 않고서는 가시적인 결과를 산출하는 데 많은 어려움을 겪을 가능성이 높다. 대안으로서 ASEM과 APEC은 연성제도화(soft institutionalization)를 선택하고 있다.[48] 공식적이고 법적인 지위가 부여되지 않은 다양한 차원의 접촉을 빈번하게 가짐으로써 타협과 조정을 시도하고 있다. 예를 들면 장관급회담, 고위 공무원으로 구성된 분야별 위원회 그리고 민간사업자들 간의 포럼 등을 통해 융통성있게 그때그때 당면한 의제를 토론하고 조정하는 것이다. 결론은 합의에 의하여 도출되며 회원국의 선의에 의해 추진된다. APEC에서 이러한 모델이 성공적으로 작동할 수 있었던 것은 APEC 성립 이전에 오랫동안 존재하였던 협의기구들(예를 들면 PECC·

---

48) Hadi Soesastro and Simon Nuttal, "The Institutional Dimension," The Rationale and Common Agenda for Asia-Europe Cooperation: Task Force Reports, The Council for Asia-Europe Cooperation Conference (4-5 November 1997).

PBEC·PAFTAD)이 다각적으로 APEC의 운영을 보조하고 있기 때문이다. 똑같이 연성제도화를 지양하고 있다고는 하지만 APEC에 비해 제도적 성취가 훨씬 열악한 ASEM은 짧은 시간 내에 제도적으로 유연한 운영의 틀을 만들어야 한다. 경직적이고 고도로 체계적인 제도를 수립하지 않고 합의에 의해 자유화를 달성할 수 있는 모델을 제시해야 한다는 점에서 공통 과제를 안고 있다.

3. 민간분야 참여수준 조절의 문제

제도화와 더불어 논의되어야 할 것이 민간분야의 참여수준 문제이다. 일부(CAEC)에서 ASEM은 APEC과는 달리 트랙(Track) 2 또는 3 간의 교류를 확실하게 보장하고 인정해야 한다고 주장한다. APEC 경우는 트랙(Track) 1.5에 불과하다고 보기 때문이다.[49] 비정부간협의체에는 민간·정부·학계 인사가 복합적으로 포함되어 있어 순수한 민간인들만의 협의체(people's track)는 사실상 존재하지 않는다. 특히 아시아의 국가들은 민간인들이 정부당국자들과 구체적인 협의 없이 비즈니스 포럼 같은 것을 운영하는 것에 거부감을 갖고 있다. APEC에서는 민간분야의 참여 확대방안으로서 APEC 경제인 자문위원회(ABAC)와 APEC 경제인 포럼(ABF)의 활성화가 거론되었다. 1995년 제3차회의에서 정상들은 한시적인 성격의 태평양경제인 포럼(PBF, 1994-95)을 대체할 ABAC의 설립을 결의하고 96년에 이를 출범시켰다. 각 회원국이 3인 이내의 기업인을 ABAC 위원으로 임명하여 이들로 하여금 ABAC 사무국의 구조 및 기능을 결정하도록 하였다. ABAC의 주임무는 오사카 행동지침의 실행 및 실물산업분야에서의 협력에 관하여 민간기업의 시각에서 자문하는 것이다. 이와 더불어 필리핀은 회원국의 기업인들이 대규모로 참여하는 ABF를 1997년이 제4차 정상회의와 병행하여 개최할 것을 제안하였다. 회원국들은 APEC 중앙기금과는 별도로 조달되는 ABAC의 자문적인 역

---

49) H. Soesastro and S. Nuttal (1997).

할에는 지지를 보냈으나 민간분야의 영향력이 확대될 수 있는 ABF의 개최는 찬성하지 않았다. 특히 아시아 회원국들의 관료들은 APEC이 국가 간 토의를 벗어나 민간차원으로 급격히 확대되어 자신들의 통제를 벗어나는 것을 원치 않았다.

한편 런던에서 열린 제2차 ASEM 정상회담에서 유럽은 제도화 문제에 매우 교묘하게 대처했다. 유럽은 비제도화에 대한 새로운 정의를 제시했다. ASEM이 비형식성을 강조하고 비제도화를 추구하기 때문에 정부 간 협력차원을 넘어 민간분야의 협력으로 확대되어야 한다는 규범을 제시했다.[50] 동아시아 국가들은 비제도화의 문제를 국가주권의 방어라는 입장에서 접근한 반면, 유럽은 이를 비정부화를 의미하는 것이라는 주장을 제시함으로써 아시아 국가들이 민간분야에 대한 통제를 공고화하려는 시도를 제어하고 시장의 개방을 유도하려는 논리적 기반으로 활용하는 데 성공했다. ASEM이 보다 활발하게 광범위한 진전을 보이기 위해서는 여러 가지 트랙이 자유롭게 운영되어야 한다는 진보적 주장이 궁극적으로 관철될 것인지 한국에서 열릴 차기회담에서 다시 관찰되어야 할 것이다.

4. 협력분야 다변화 및 실효성의 문제

시작 초기에 ASEM은 정치·안보·경제·사회적 이슈를 포괄하는 협의 기구로 발전하는 것을 목표로 기획되었다. 이 점에서 경제적 논의에만 집중되어 있는 APEC이나 NAFTA와는 확연히 구분되었다. 그러나 이를 달성하기 위한 시간적인 여유나 경험이 매우 일천하다는 문제점을 갖고 있었다. 더욱이 APEC과는 달리 회의의 주기가 2년인 관계로 신속하게 변화에 대응하는 능력도 그리 높지 않다. 경제적 논의는 WTO의 원칙과 APEC에서의 경험을 잘 응용한다면 예상보다 쉽게 진전을 보일 것

---

50) 제2차 아시아·유럽 정상회담 의장성명서 참조.

으로 예상된다. 앞에서도 검토한 바와 같이 자유무역의 원칙 그리고 개방적 지역주의의 원칙에 양 지역이 동의하고 있기 때문이다. 그러나 정치·안보·사회적 이슈들을 토의함에 있어서 초기에 예상했던 것보다 많은 문제들이 야기될 가능성을 배제할 수 없다. 우선 안보적 차원에서 유럽의 어느 국가도 미국의 영향력에 필적할 수 있는 국가가 없어 실질적인 협력방안을 모색하는 것이 쉽지 않다. 게다가 지리적 원거리성을 극복할 수 있는 군사력을 갖고 있는 나라가 없어 위기발생시 실질적인 개입이 사실상 불가능하다. 따라서 대량살상무기 생산통제, 지뢰사용금지, 그리고 PKO 협력방안 등과 같이 부차적인 협력방안이 논의되는 선에서 마무리될 가능성을 배제할 수 없다.

정치적 차원의 논의도 여러 가지 마찰요인을 갖고 있다. 정치대화의 핵심주제라 할 수 있는 민주주의·인권문제·노동문제 등이 논의대상이 될 경우 많은 아시아 국가들이 논의 자체를 거부할 가능성이 매우 높다. 정치발전 압력에 대한 아시아의 우려는 2차 런던 정상회담 이후 현실로 나타날 조짐을 보였다. 동아시아의 경제적 위기를 보도한 유럽의 언론들은 동아시아가 경제적으로 재도약하기 위해서는 정치적·사회적으로 서구의 제도를 도입하기 위한 노력을 기울여야만 한다고 충고했다. 서유럽이 동유럽 국가들에게 하듯이 정치적 개혁을 위한 지원(즉 비정부조직의 활성화, 서구적 법적 제도의 정비 그리고 강력한 언론의 구축 등)을 동아시아 국가들에게도 제공해야 한다고 주장했다.51)

문화사회적인 측면에서도 각기 다른 역사적·문화적 전통을 오랫동안 보유해 온 관계로 핵심적인 이슈들을 다룸에 있어서 양측의 마찰을 어떻게 피하고 인적 교류를 확대할 수 있는가에 대한 논의가 있어야 한다. ASEM을 기존의 여타 경제적 협력기구들과 차별화시키기 위해서는 이러한 장애물들이 극복되어야 한다. ASEM이 아니고는 다룰 수 없는 주제들을 개발하고 납득할 만한 성과를 가까운 시일 내에 보이지 못한

---

51) Gerald Segal, "Time to Look West," *Financial Times* (3 April 1998).

다면 매우 불안한 미래를 맞을 수밖에 없다.

제 6 절 아시아의 선택

ASEM과 APEC에 효율적으로 대응하기 위해서 아시아 국가들은 유럽과 미국에 존재하는 배타적인 무역블록에 어떻게 대응할 것인지를 연구할 필요가 있다. 경제적으로 가장 큰 비중을 차지하고 있는 유럽과 미국은 각각 EU와 NAFTA라는 내부지향적인 무역블록을 운영함과 동시에 개방적 지역주의를 기반으로 하는 ASEM과 APEC에 참여하고 있다. 아시아는 유럽과 미국의 이러한 이중전략을 받아들일 수밖에 없다. 아시아의 입장에서 볼 때 수출시장이 지역 내에 보다는 지역 외에 존재하기 때문이다. 아시아 국가들끼리 배타적 무역블록을 형성했을 때 들인 수고에 비하여 소득이 적을 것이라 예상되기 때문이다. ASEAN국가들이 진행하고 있는 AFTA의 수립이 그리 큰 주목을 받지 못하는 이유도 여기에 있다. 적어도 가시적인 효과를 얻으려면 일본을 비롯한 동북아 국가들이 이에 참여해야 하지만 앞서 언급한 대로 많은 현실적 문제로 인하여 실현가능성이 그리 높지 않다.

그러나 1997년 말부터 동아시아를 엄습한 금융위기를 예로 볼 때 이 지역의 국가들은 어떠한 형태로든 유럽과 미국과는 다른 자신들의 입장을 정리하고 공동으로 설명할 수 있는 협의체 구성을 시도해 볼 필요가 있다. 대부분의 동아시아 국가들은 시장과 자본에 있어 미국과 유럽에 대한 의존도가 매우 높다는 공통점을 갖고 있다. 따라서 1997~98년에 발생한 금융위기에서도 볼 수 있듯이 적어도 금융분야에 있어서 자본을 장악하고 있는 미국과 유럽이 압력을 가할 경우 이에 집단적으로 대응할 수 있는 방안이 없다. 한국·태국·인도네시아뿐만 아니라 일본을 다룸에 있어서도 미국은 각 국가의 경제적 발전 정도와 정치적 상황이 다르다는 점을 이용, 개별적으로 대응하여 자국의 자본이익을 성공적으

로 극대화하는 데 성공하였다. APEC의 참여를 통해 자유화와 개방화를
진전시킨 동아시아 국가들은 1997년과 1998년에 발생한 금융위기의 희
생자가 된 반면 배타적 무역협정을 통해 동아시아 경제의 시장접근을
위축시킨[52] NAFTA 회원국들은 호황을 누릴 수 있었다. 이처럼 역설적
상황은 동아시아 국가들로 하여금 미국의 자유주의를 상호호혜적인 것
이라기보다는 약탈적인 것으로 인식하게 할 가능성이 있다.

  아시아를 구하려는 구체적인 시도가 APEC과 ASEM 차원에서 논의되
는 것은 거의 불가능하다. 아시아의 통화위기가 시작되고 난 이후 열린
제6차 APEC 정상회담(1997. 11. 25, 밴쿠버)에서도 아시아의 통화위기를
개선할 수 있는 구체적인 조치가 전혀 제시되지 않았다. 통화위기의 원
인에 관한 견해도 전혀 합의되지 않았다. 정상들이 확인한 것은 이 문
제를 해결하기 위해서는 기존의 국제금융관리체제 즉 IBRD와 IMF에
의존할 수밖에 없다는 원칙뿐이었다. ASEM의 경우도 이 점에서 별로
다르지 않았다. 표면적으로 동아시아 국가들이 겪고 있는 시련에 대한
동정을 표하기는 했으나 결국 기존의 금융체제에 의존하여 문제를 해
결해야 한다는 점에서 APEC과 다른 처방을 제시하지 않았다. 금융위기
를 겪은 동아시아 국가들에 투자구매 촉진단을 파견한다는 결정을 내
리기는 했지만 아시아 국가들이 기대했던, 보다 직접적인 해결방안은
끝내 제시되지 않았다. 동아시아 국가들이 기대를 걸었던 ASEM 신탁기
금은 IMF를 대체하는 기구가 아니라 동아시아 국가들이 서구의 금융체
제에 보다 신속하게 적응할 수 있도록 훈련비용을 제공하는 세계은행
관리기금에 불과했다. 결국 통화위기는 아시아국가들의 문제이며 동아
시아 자본주의의 내재적 문제라는 서방국가들의 공통된 인식을 바꿀

---

52) 배타적 무역협정을 체결할 경우 발생하는 부정적인 효과 중의 하나가 무역전
    환(trade diversion)이다. 즉 가장 낮은 가격으로 물건을 제공할 수 있는 국가의
    물건을 사기보다는 협정국의 물건을 구입하는 현상이 빈번하게 발생한다. 멕시
    코의 NAFTA 참여로 인하여 동아시아 국가의 대미 수출은 무역전환의 영향을
    받게 되었다. Jagdish Bhagwati (1997)에서 무역전환의 악영향이 상세하게 다루
    어져 있다.

수는 없었다.

일본을 비롯한 아시아 국가들이 금융위기의 여파로 경제성장을 멈추거나 성장의 잠재력이 낮아지면 APEC과 ASEM을 운영하려는 미국과 유럽의 관심도 급격히 낮아질 가능성을 배제할 수 없다. 아시아의 금융위기와 함께 특히 APEC은 가장 심각한 시련을 맞이하였다. 2020년까지 자유화를 달성하자는 보고르선언의 취지가 중대한 위협에 직면하였다.53) 사실 미국이 APEC에 대해 얼마나 진지한 열정을 갖고 있는가에 대해서는 많은 비판적 논의가 있었다. NAFTA협약을 타결하는 과정에서 상하원을 통해 표출된 지역경제통합에 대한 반발을 유념할 필요가 있다. 멕시코나 캐나다에 비해 보다 강력한 잠재적 경쟁대상들이 존재하는 아시아 국가들과의 경제협력에 대한 반대는 더욱 강하게 존재한다.54) 1995년부터 유럽과 미국은 대서양 자유무역지대(TAFTA: Trans-atlantic Free Trade Area)의 설립을 위한 토의를 시작했다. TAFTA의 설립이 구체화되면 미국과 유럽이 공동보조를 취할 수 있는 여건이 더욱 강화될 것이다. 미국과 유럽은 동아시아 국가들이 그동안 발전을 위해 이념적 수단으로 이용하였던 아시아적 가치관 전략을 포기할 것을 요구하는 압력을 강화할 것이다. 경제적 개혁은 시장의 법칙에 의해서 달성되는 것이며 이를 위해서는 정치·사회적 체제를 서구화하는 방법밖에는 없다는 원칙을 강요하려 할 것이다.

따라서 아시아의 문제를 토의하고 공동으로 대처할 수 있는 정치·경제적 협의체의 구성에 대한 논의가 조심스럽게 타진될 필요가 있다. 그동안 동북아지역의 국가들은 경제적 발전수준이 동남아국가들과는 다르며 경제적·안보적 측면에서 미국에 의존하는 바가 크고, 일본이 주도권을 잡는 것에 대해 반감을 갖고 있는 국가들이 많기 때문에 아시아인들만의 협의기구를 구성하는 데 매우 미온적인 태도로 임해 왔다. 그러나 유럽이 유럽위원회의 의장을 ASEM에 공식적으로 참여시키고 있는

---

53) "Which Way Ahead?," *Far Eastern Economic Review* (27 November 1997).
54) H. Dieter (1997), p. 27.

만큼 유럽의 조직적인 접근에 대응하기 위해서라도 이 방안은 면밀하게 검토될 필요가 있다. 비록 유럽이 ASEM은 25개 회원국들의 모임이라는 점을 강조한다 하더라도 현실적으로 EU라는 블록과 조직화되지 않은 동아시아로 구성된 협력체라는 사실을 부인할 수 없을 것이다. 특히 동북아 지역의 비ASEAN국가들은 이 점을 심각하게 고려할 필요가 있다.

한국이나 중국·일본은 ASEM 이나 APEC에 임하기 전에 상호의견을 조율할 수 있는 협의체를 구상해 볼 필요가 있다. 동남아국가들은 ASEAN을 통해 의견을 조율하고 단결을 유지하고 있다. ASEM을 진행하면서도 ASEAN과 EU의 모임인 ASEM은 그대로 지속되고 있다. 결국 한국을 비롯한 동북아국가들만 이러한 사전협의체를 갖지 못하고 있는 셈이다. 동북아의 정치·경제적 상황은 동남아국가들의 그것과 차이를 보이고 있기 때문에 동남아국가들과 행동통일을 이룰 수 없다면 동북아국가들은 그들만의 협의체를 구성하여 협조를 도모해야 할 것이다.

따라서 우리는 ASEM과 APEC을 진행함과 동시에 새로운 대안을 모색하는 작업을 포기해서는 안 될 것이다. 그 대안이 EAEC가 될지 아니면 그보다 협소한 동북아 경제권이 될 것인지에 관해서는 여기에서 논의할 수 없다. 그러나 이러한 동아시아적 대응이 일본에 대한 경제적 의존을 심화시킬 것이라는 우려 때문에 무조건 배제할 필요는 없다. 배타적 경제공동체를 형성하자는 논리가 아니라 정치·경제적 이슈들을 광범위하게 논의하고 공동보조를 협의할 수 있는 협의체라는 차원에서 시도되는 것이 바람직할 것이다. APEC이나 ASEM과 호환적이며 동북아시아의 현실을 보다 잘 반영하는 대안을 모색하는 것, 이것이 2000년대 한국외교의 과제가 될 것이다.

제 13 장 비정부기구(NGO) 외교
—현황과 해외개발활동—

이 인 호

제 1 절 서 론

세계화가 급속도로 진행되면서 국가 간의 장벽이 무너지고 정부의 역할이 축소되면서 상대적으로 비정부기구(NGO: Non-Governmental Organizations)의 몫이 증대되고 있다. 이러한 현상은 세계화를 중심적으로 이끌어가는 행위자가 공적 영역의 국민국가(nation-state)의 틀로는 불충분하기 때문이다. 이는 국가나 국제기구들이 정책수행에 있어 행정상 절차의 복잡성 및 외교의례상의 제약과 같은 한계점을 갖는 반면 지역과 국가를 초월한 국제비정부기구(INGO)는 국가 간의 기구들에 비해 효율적이고 중립적·독립적·집중적으로 사태에 대처하는 능력을 가지고 있어 이들 비공식적 민간조직 행위자들의 역할과 비중이 급증하고 있다.[1]

국가의 힘만으로 해결할 수 없는 인권·환경·군축·여성·해저개발·국

---

1) Ann Marie Clark, "Non-Governmental Organizations and Their Influence on International Society," *Journal of International Affairs*, Vol. 48, No. 2 (Winter 1995), pp. 512-513 참조.

제친선·구호사업·아동보호 등과 관련한 다양한 사회적 쟁점이나 전지구적 과제들에 대한 시민사회의 요구가 증대되고 있으며, 이에 따라 NGO의 활동폭이 확장되고 있다. 특히 이들 쟁점과 과제들은 국가수준의 정책대상이기보다는 전지구적 과제로 대두되고 있다.

또한 국력의 상대적 쇠퇴와 초국가적 비정부단체의 등장에 있어 강력한 원동력 중의 하나는 컴퓨터와 통신의 혁명적인 발전으로 지리적·역사적 공동체로부터 세계 각지에 흩어져 있는 동질성을 가진 사람·단체들 간의 연합이 증가하도록 만들었다.[2]

NGO는 연간예산이 수억 달러에 이르는 Amnesty International, Green-peace, CARE 등에서부터 남부 아시아의 관개용수조합에 이르기까지지 다양한 형태로 등장하고 있다.

NGO들은 과거 제3세계 국가들이 그랬던 것처럼 국제기구에서 대우를 받지 못했으나 이제는 자국 정부를 통해서 영향력을 강화하고 있다. 가장 대표적인 것이 1992년 리우 환경회의, 1993년 세계인권회의, 1994년 코펜하겐의 사회개발회의, 1995년의 북경 세계여성회의 및 서울에서 유엔 난민고등판무관실(UNHCR)과 공동으로 개최된 난민문제 워크숍, 1995년 코펜하겐에서 개최된 사회개발을 위한 세계정상회의(World Summit for Social Development) 등에서도 NGO들은 활발한 활동을 전개하였다.[3]

본 장에서는 21세기의 세계적 전환에서 맞이하는 세계화 추세 속에서 역할이 중시되는 NGO에 대한 정의와 유형을 살펴보고, 선진국 특히 OECD 회원국가들의 NGO의 해외개발활동에 대한 개괄적 고찰을 한 후, 한국의 NGO 현황과 해외활동들에 대한 실태를 파악하고자 한다.

---

2) Jessica T. Mathews, "Power Shift," *Foreign Affairs*, Vol. 76, No. 1 (January/February 1997), p. 53.
3) 외무부, 『외교백서』(서울: 외무부, 1997), pp. 247-264.

제 2 절 NGO의 정의 및 유형

1. NGO의 정의

NGO의 뿌리는 중세사회의 다양한 결사에서 발견할 수 있지만 그 싹은 서구사회가 근대화되고 국가영역과 시민영역이 분리되면서 성장하였다. 국가권력이 미치지 못하는 영역에서 발생하는 문제를 시민사회 스스로 해결하기 위해 자발적인 조직을 갖추게 된 것이다. 환경·인권·마약·핵·난민·빈곤문제·사회개발·여성 등이 대표적이다. 그 결과 '공공이익을 추구하기 위한 자주적 시민의 자발적 조직'이라는 보편적 정의를 획득하게 되었다.

NGO의 사전적 의미는 비정부기구이다. 즉 NGO란 정부기관이나 정부관련단체가 아닌 순수한 민간조직을 모두 일컫는 개념으로, 어떤 특정한 목적이나 임무를 수행하는 데 뜻을 같이하는 사람들끼리 만든 자발적이고 자율적인 비영리단체이다. NGO라는 용어가 널리 쓰이고 있지만 시민사회(civic society), 풀뿌리 조직(grassroots organizations), 사적이고 자발적인 조직(private voluntary organizations), 초국가적 사회운동 기구(transnational social movement organizations), 민중들의 사회변혁기구(grassroots social change organizations), 비국가행위자(non-state actors) 등으로도 불리고 있다.4)

UN은 NGO를 '정부 간 협정에 의해서 설립되지 않는 국제조직'이라고 폭넓게 정의하고 있으며,5) NGO가 유엔에서 활동하기 위해서는 경제사회이사회(ECOSOC)의 협의자격(consultative status)을 획득해야 한다

---

4) Leon Gordenker and Thomas G. Weiss, "Pluralising Global Governance: Analytical Approaches and Dimensions," *Third World Quarterly*, Vol. 16, No. 1(1995), p. 358 참조.

5) Hyuk-Rae Kim, "Civil Society and Non-governmental Organizations in South Korea: Toward Global Governance," 연세대학교 동서문제연구원 주최 '한국 NGO의 현황 및 발전전략' 세미나 발표 논문 (1997. 6. 4), p. 8.

고 규정하고 있다.[6] 따라서 경제사회이사회는 비정부기구나 단체와 관계확립을 위한 규정을 제정하여 국제비정부기구(INGO)가 국제기구에 자문할 수 있는 제도적 지위를 부여하고 있다.

경제사회이사회 소속 NGO는 협의자격 기준에 따라 Category I(포괄적 협의지위), Category II(특정분야 협의지위) 및 Roster(명의 등재)의 3가지로 분류된다. Category I의 지위는 NGO 활동이 경제사회이사회 전분야에 걸쳐 있을 때 해당되며, Category II의 지위는 NGO의 활동이 특정분야에 국한되어 있을 때에 해당된다. 포괄적 협의지위를 갖는 NGO는 경제사회이사회 및 산하위원회 회의에 의제를 제안할 수 있으며, 특정분야 협의지위를 갖는 NGO는 회의에 대표파견, 발언권 신청, 자료배포를 할 수 있다. Roster에 속한 NGO는 필요시 UN 사무총장의 승인하에만 참여할 수 있다.[7]

경제사회이사회의 협의자격을 획득한 단체는 1996년도 기준 현재 1,068개가 있으며,[8] 한국의 경우 1996년에 '한국이웃사랑회'(Good Neighbors Inc.)와 1997년에 '밝은사회국제클럽'(GCS: Global Cooperation Society) 등 2개의 NGO가 등록되어 있다.[9]

---

6) 현재 NGO의 지위 및 협의절차 등에 관한 내용은 1968년 유엔 경제사회이사회 결의안 1296 [ESOSOC Resolution 1296(XLIV)] 등에 의해서 확립되었으며, 헌장 71조에는 "경제사회이사회(ECOSOC)는 그 권한 내에 있는 사항에 관계 있는 비정부기구(NGO)와 협의를 위한 적당한 협정(suitable arrangements for consultation)을 체결할 수 있다"고 규정되어 있다.

7) 공보처, 『민주공동체 시민운동의 새로운 지평: 세계화 시대 한국시민운동의 발전방향』(서울: 공보처, 1997), p. 95; L. Gordenker and T. G. Weiss (1995), p. 362.

8) 1996년 현재 경제사회이사회의 협의자격을 획득한 1,068개 NGO 중 Category I에 속한 NGO는 69개, Category II에 속한 NGO는 436개, Roster에 등재된 NGO의 수는 563개에 이르고 있다. http://www.un.org /MoreInfo/ngolink/partners. htm#confereces.

9) '한국이웃사랑회'는 1991년 3월 장애아동지원, 도시영세지역 어린이 지원, 아동학대예방 등을 목적으로 설립된 순수민간기구로 르완다 난민구호활동, 케냐와 방글라데시, 소말리아 등지에서 교육 또는 지역개발사업에 참여하는 등 해외활동도 벌여왔으며 세계적으로 3만 5천여 명의 회원을 두고 있다. '밝은사회국제 클럽'은

NGO는 기본전제로 비영리적·비당파성·공공선을 추구하는 집단이다. 따라서 NGO는 정부·정당·기업·관제단체·어용단체 및 일시적 시위군중 등과는 구분되며, 정부기구 외에 모든 기구가 다 NGO에 포함되는 것도 아니다. NGO는 조직의 지속성을 유지할 목적으로 내부 규칙을 가진 공식적 조직(formal organizations)이며, 따라서 임시기구(ad hoc entities)는 아니라는 특성을 가지고 있다.

또한 NGO는 정부기구와는 다른 사적 기구(private organization)이기 때문에 사회에 대해서 직접적으로 지도하거나 사회로부터 지원을 강제적으로 요구할 수는 없다. 주권국가들로 이루어진 국제정부기구(IGO: Inter-Governmental Organizations)나 기업이 중심이 되어 이윤 추구를 목적으로 하는 다국적 기업조직(MNF: Multi-National Firm) 등은 NGO에 소속되지 않는다.[10] 특히 국제NGO의 관심은 초국가적인 목적을 달성하는 것이고 그러기 위해서 UN체제와도 활발히 접촉한다.[11]

그리고 정부와는 차원이 다른 사적 시민기관이라는 정의에는 정확히 부합되지 않지만 영리를 추구하지 않고 초국가적인 차원에서 사회문제에 활동적인 단체도 있다. 이런 단체들은 사회주의 국가나 권위주의 국가에서 흔히 볼 수 있는 '정부에 의해 조직된 비정부조직'(GONGO: Government-Organized NGO), 공적 재원조달에 의존하고 있는 '유사 비정부조직'(QUANO: Quasi-NGO), 기금 증여자가 조직한 '기부금 비정부조직'(DONGO: Donor-Organized NGO), 그리고 기업에 의해 조직된 '기업유관 비정부조직'(BINGO: BusinessInitiated NGO) 등이 있다. 이들은 형태상 구조와 활동영역은 NGO와 비슷하지만 엄밀한 의미에서는 NGO와 구별해야 한다는 의견이 일반적이다.[12]

조영식(경희대 이사장)의 제안으로 1980년에 설립되어, 전세계 35개국 및 자치영토에 국가 및 지역본부가 있고 국내에는 한국본부와 산하 500여 개 단위클럽이 있다. 『동아일보』(1996. 8. 31), p. 4; 『한국일보』(1997. 6. 3), p. 15.

10) 김영래, "한국 비정부단체(NGO)의 세계화 전략 연구," 한국국제정치학회, 『국제정치논총』, 제37집 1호(1997), p. 241.

11) L. Gordenker and T. G. Weiss (1995), p. 360 참조.

2. NGO의 유형별 분류

NGO의 유형은 조직으로서의 몇 가지 차원을 중심으로 분류될 수 있다.[13]

1) 지역별 분류

NGO는 지역적 특성에 따라 선진국형·개발도상국형·신흥공업국형으로 나눌 수 있다. 선진국은 산업화와 도시화가 이미 오래 전부터 진행되어 왔고 경제적으로 안정되어 있어, 선진국 NGO는 자국 내의 개발사업이나 민주화를 위한 사회운동적 성격을 띠는 경우보다는 해외의 후진국이나 재난지역을 돕는 역할을 담당하여 왔다. 영국의 옥스팜(Oxfarm: Oxford Committee for Famine Relief)이나 프랑스의 엠마우스(Emmaus)이 그 본보기이다.

개발도상국의 NGO는 활동영역이 기본적으로 선진국의 그것과는 같지만 자국의 저개발상태를 극복하기 위한 활동을 주로 한다. 선진국과 개도국은 NGO를 통해 상호관계를 증진하는 경우도 있다. 즉, 선진국들은 직접 개도국 NGO를 지원하기도 하지만 주로 자국의 NGO를 통해 개도국의 NGO를 지원한다.

한국과 같은 신흥공업국의 NGO는 선진국형과 개도국형의 중간적 특성을 가진 것으로 자국의 개발사업이나 환경·교육·사회 사업 등의 영역에서 활동하는 한편 미미하지만 개도국을 지원하는 활동도 하고 있다.

2) 활동대상 범위에 따른 분류

NGO는 활동대상지역을 중심으로 지방적(local)·지역적(regional)·국가

---

12) 김영래 (1997), p. 241: 공보처 (1997), p. 15: L. Gordenker and T. G. Weiss (1995), pp. 360-361.
13) 공보처 (1997), pp. 15-20 참조.

적(national)·국제적(international)으로 활동수준에 따라 분류될 수 있다. 첫째로 지방적 NGO는 공동체에 기초한 조직으로 마을의 풀뿌리조직의 형태이다. 이런 조직들은 전국적 혹은 전지구적 규모의 NGO로부터 지원을 받기도 한다. 둘째 지역적 NGO는 도시규모의 조직으로 그 도시의 빈민을 지원하거나 지역의 현안에 대해 개입하여 권익옹호 등의 활동을 전개하기도 한다. 셋째는 전국적 규모의 NGO(national NGO)로 많은 경우 지역지부를 가지고 있으며, 적십자나 YMCA 등이 그 예이다. 마지막으로 국제적 규모의 NGO(international NGO)인데 지역의 NGO를 지원하거나 프로젝트 사업에 재정적 지원을 하며, 또한 스스로 활동계획을 실천한다. 이러한 국제NGO는 영국의 Oxfarm이나 미국의 대외원조물자 발송협회(CARE: Cooperative American Relief Everywhere) 등이 그 예이다.

3) 역할에 따른 분류

NGO의 역할에 따른 분류로는 크게 활동적(operational) NGO, 교육적(educational) NGO, 옹호적(advocacy) NGO로 나눌 수 있다.[14] 대부분의 NGO 역할은 부분적이라도 활동적 범주에 속하며, 따라서 대체적으로 활동적 유형의 NGO가 많다. 이들의 기능은 주로 긴급구호나 인도적 원조 및 개발사업과 같이 확연히 드러나는 활동뿐만 아니라 생산성 제고나 지역사회개발 등의 장기적인 개발을 위한 기술적인 조언들을 하는 기능을 한다. 이들은 수혜대상자들에 대하여 직접적인 활동을 전개하는 관계로 재정적 지원을 받기가 쉽다.

활동적 NGO의 대상이 수혜자나 긴급상황에 처한 피해자라면, 교육 및 옹호적 NGO는 자신들의 후원자, 대중 및 정책결정자들을 대상으로 한다. 교육적 NGO는 주로 시민들에 대한 캠페인이나 교육을 통하여 대중여론을 조성하여 정부나 국제기구의 정책결정에 영향을 미치는 역할을 한다. 그리고 옹호적 NGO는 유엔 등 국제기구가 주창하는 사업이나

---

14) L. Gordenker and T. G. Weiss (1995), pp. 376-380.

목표를 시민들에게 홍보하거나 장려하는 역할 등을 한다.

코튼(David Korten)은 NGO의 활동역할에 따라 3세대로 나누고 있다. 구호활동이나 개발활동에 종사하는 NGO를 1세대, 개발교육에 치중하는 NGO를 2세대, 정책활동 및 권익옹호활동을 하는 NGO를 3세대로 보고 있다.[15] 선진국의 NGO들은 이러한 세대의 단계들을 거치면서 발전해 왔다.

4) NGO의 생애주기에 따른 구분

NGO는 생애주기를 발생단계, 제도적 발전단계, 강화와 경험이전의 단계 등 3단계로 나누어 분류할 수 있다. 발생단계는 자원활동·사회운동·연구기관·종교단체에 종사하던 사람들이 만나 NGO를 만드는 과정이다. 이 단계에서는 창립인사의 경험이 NGO의 이념과 활동방향에 중요한 영향을 미친다. 제도적 발전단계는 활동 프로그램의 수가 증가하고, 많은 경험을 축적하여 더욱 효과적인 활동을 전개할 수 있는 학습능력을 키워나가는 단계이다. 강화와 경험이전의 단계는 활동의 결과 축적된 경험을 다른 영역으로 확대하거나 다른 단체에 전달하는 단계이다. 그러나 수많은 NGO들이 모두 이러한 단계를 거치는 것이 아니며, 일부는 발생단계에서 실패하는 경우도 있고 일부는 크게 성장하는 경우도 있다.

제 3 절 주요 선진국의 개발NGO 연혁과 활동

미국 등 주요 선진국에서는 19세기 초부터 빈민구제나 긴급구호를 위한 복지기관들이 출현하기 시작하였고, 이들 기관들은 이미 1900년대 초부터 해외개발활동을 시작하여 왔으며, 제1·2차 세계대전을 계기로

---

15) David Korton, "Third Generation NGO Strategies: A Key to Peoplecentered Development," *World Development*, Vol. 15, Supplement (1987), pp. 148-159.

많은 NGO들이 탄생하여 정부조직의 활동이 미치지 못하는 부분에서 활발한 활동을 전개해 왔다. 선진국의 개발NGO를 통해서 지원된 원조금 총액은 1995년의 경우 정부의 보조금을 제외하고 약 60억 달러로 전체 공적개발원조(ODA)의 10% 정도를 차지한 것으로 나타났다.[16)]

1. 미국

미국에서는 1900년대 초부터 카네기·세이지·록펠러 재단과 같은 자선단체들이 설립되어 정부의 역할을 보완해 왔다. 제1·2차 세계대전 직후 구호에 대한 요구가 폭증하던 시기에 탄생한 PVO(Private Voluntary Organization)들이 1960년대 중반까지는 긴급구호·난민지원 등에 주력하였으나 오늘날에는 개발사업에 보다 주력하게 되었다.

이들 NGO들은 정부의 지원, 다국적기구 지원, 자체조달 등의 방법으로 조직의 운영과 활동에 필요한 재정을 조달하고 있다. 미국정부의 ODA 규모는 세계에서 일본 다음으로 2위이며, NGO에 의한 개발원조는 세계총액의 42%(약 25억 달러)로 세계 1위를 차지하고 있다. 미국정부의 NGO 대한 지원은 세제상 특혜를 부여하거나 지원금을 지원하는 방식으로 이루어진다. NGO에 대한 세제혜택은 NGO에 대한 세금면제 방식으로 이루어지며, 지원금 지원은 미국국제개발청(USAID: United States Agency for International Development)에 등록된 NGO를 대상[17)]으로 매칭 그랜트(matching grants) 방식으로 이루어진다.

다국적 기구를 통해 지원받는 방법은 국제기구들의 특성에 맞는 NGO들이 이들 기구들과 함께 일을 하거나 하청받는 형식으로 이루어지는 경우가 많으며, 직접지원을 받는 경우도 있다. 그리고 자체조달 방

---

16) 이 부분은 다음 자료를 참고로 작성된 것임. 공보처 (1997), pp. 47-104; 한국국제협력단, 『지구촌의 한국인들: 민간단체의 해외원조활동』(서울: 한국국제협력단, 1997), pp. 301-304; 김혜경, "개발NGO의 현황과 발전방안," 경실련 연구보고서 97-10 (1997), pp. 107-112.
17) 1977년부터 최근까지 USAID에 등록된 PVO 및 NGO는 800여 개임.

법은 개인·기업체·재단으로부터 후원금 모금, 회원의 회비, 각종 기금 마련행사 개최 등으로 조달하는 것이다.

최근 미국의 NGO 수는 급속도로 증가하고 있으며, NGO와 정부 간 협조도 증대하고 있는 추세이다. 이처럼 NGO의 활동이 활발하게 이루어지면서 미국의 NGO의 영향력은 행정·입법상의 정책의 수정도 가능할 정도로 상당한 수준에 올라 있는 것으로 평가된다.

대표적인 NGO로는 CARE, Catholic Relief Services, World Vision, Save the Children Fund, Childreach, United Israel Appeal 등의 1,000여 개가 있다.

2. 캐나다

캐나다의 NGO는 19세기 말 선교활동과 제1·2차 세계대전을 따라 일어난 구호활동에서 기원하며, 대부분 미국과 영국 등의 지부[18]로서 발족되었다. 1960년대부터는 캐나다 정부의 지원 등으로 NGO 활동이 급성장하기 시작하였다. 캐나다 NGO는 캐나다 국제개발청(Canada International Development Agency)의 지원으로 약 300여 개가 개발활동에 참여하고 있다. 캐나다 정부의 ODA의 10~15%가 NGO 지원에 투입되고 있다.

주요 NGO로는 CARE, Oxfarm, Save the Children Fund, Foster Parents Plan, World Vision 등이 있다.

3. 영국

영국에서는 1919년 외국원조를 위한 자선단체인 Save the Children Fund, 1942년 설립된 Oxford위원회(나중에 Oxfarm으로 발전) 등의 NGO들이 구호 및 개발활동을 위하여 설립되었다. 현재 약 400여 개 이상이 해외에서 활동하고 있으며 영국정부도 이들을 적극적으로 지원하고 있다.

---

18) CARE Canada와 Oxfarm 등을 포함하여 캐나다 NGO의 25%는 유럽과 미국 조직들의 지부이다.

대표적인 NGO로는 Save the Children Fund, Oxfarm, Action Aid, Christian Aid, World Vision U.K., Plan International 등이 있다.

4. 독일

독일에서는 전통적인 봉사 및 자선활동을 근거로 약 2,000여 개의 NGO가 개발활동에 참여하고 있다. 독일은 1962년부터 정부의 NGO에 대한 재정분담방식을 시행해 오고 있으며, 1992년 기준으로 볼 때 NGO 실적 10억 달러 중 약 20%가 정부로부터 지원을 받았다. 독일 NGO의 유형으로는 교회연합 NGO, 정당이 설립한 재단, 일반 NGO, 지역 NGO 등으로 분류될 수 있다.

대표적인 일반 NGO로는 Terre des Hommes, Brot fur Die Welt, Deutsches Komitte fur UNICEF, Aktionsgruppe Kinder in Not 등 300여 개가 있다.

5. 프랑스

프랑스에서는 NGO가 ASI(Association of International Solidarity)라는 용어로 사용되며, 주요 ASI들이 9개의 연합체로 조직되어 정부 ODA의 15～20%를 지원받고 있다. 이들의 주요 활동지역은 구식민지역인 아프리카·남미지역 등이다. 대표적인 NGO로는 국경 없는 의사회(Medecins Sans Frontieres), 국제기아활동(Action Internationale Contre la Faim), 긴급구호개발(Comite Catholique contre la Faim et pour le Development) 등 600여 개가 있다.

6. 일본

일본의 경우 개발NGO는 서구 선진국보다 훨씬 늦은 1960년대 후반에 독특한 방식으로 출발했다. 많은 단체들이 준국영단체이거나 정부나 기업이 설립한 단체들이었다. 1970년대 초에 일본의 해외경제활동에 대한 비판이 고조되자 주요 기업들이 무역상대국과의 원만한 관계를 유지하기 위하여 국제적 지원을 시작하여 도요타 재단을 비롯하여, 사사카와 재단 등이 민간단체활동을 전개하기 시작했다. 1980년대 후반부터 순수 시민조직이 설립되고 NGO의 인구도 증가하기 시작했으나, 사회 내 비영리적 공익활동의 개념 자체가 정착되어 있지 않기 때문에 대부분의 조직이 소규모이다.

일본정부는 외무성을 통하여 NGO의 사업에 보조금을 지급하고 세제혜택도 부여하고 있다. 주요 NGO로는 아시아의사연락협의회, 가족계획국제협력재단, UN지원교류재단, 일본청년회의소 등 350여 개가 있다.

제 4 절 한국의 NGO 현황과 해외개발활동

1. 현황

한국의 NGO는 최근 수적으로 괄목할 만한 증가추세에 있다. 1987년 '6·10 민주화 항쟁' 이후 사회적 문제가 비정치적 영역에서의 문제 제기가 본격화되기 시작하여 다양한 시민사회운동이 활발하게 전개되어 왔다. 한국에서 NGO단체들의 수적 증가는 세계적인 추세와도 같이한다.

<표 1>에서 보듯이 한국에서의 국제비정부기구(INGO)의 수가 급속히 증가하고 있는 경향을 보이고 있는데, 이러한 추세는 세계 다른 지역국가에서도 마찬가지이다. 한국의 NGO의 수는 1960년에 102개로 시작하여 1977년 371개, 1994년에는 1,034개로 증가하고 있다.[19]

---

19) Hyuk-Rae Kim (1997), p. 13.

<표 1> 세계 주요 국가의 INGO의 증가추이

국 가	1960년	1966년	1977년	1994년
미 국	612	847	1,106	2,273
프랑스	886	1,168	1,457	3,038
영 국	742	1,039	1,380	2,846
일 본	412	636	878	1,863
한 국	102	209	371	1,034

자료: *The Yearbook of International Organization* (1994/1995), pp. 1682~1689.

'시민의 신문사'가 1997년에 발행한 『한국민간단체 총람』에 의하면 한국의 민간단체의 수가 3,899개로 나와 있다.[20] 여기에 올라 있는 모든 단체들이 순수한 의미에서 NGO라고 할 수는 없으며, 따라서 이 중에서 NGO의 정의와 일치하는 단체는 730개 정도 되는 것으로 나타났다.[21]

한국의 NGO단체의 설립연도를 살펴보면 <표 2>에서 보는 바와 같이 1987년 이후에 급속히 증가함을 알 수 있다. 비정부단체 중 74.2%가 1987년 이후에 설립된 것으로 나타났다. 이들의 기능적인 분포를 보면 활동적 NGO는 전체의 40.4%를 차지하고, 교육적 NGO와 옹호적 NGO는 각각 29.9%와 29.7%로 균등한 분포를 이루고 있다.

<표 2> 한국 비정부단체의 설립연도별 백분율 분포

설 립 연 도	시민단체	비정부단체(NGO)
1960년 이전	7.7	4.8
1961~1970	10.3	2.8
1971~1979	11.0	5.9
1980~1986	15.0	10.7
1987~1992	32.1	34.9
1993~1996	23.7	39.3
미 상		1.6

자료: Hyuk-Rae Kim (1997), p. 16.

---

20) 김영래 (1997), p. 251.
21) Hyuk-Rae Kim (1997), p. 730.

2. 한국 NGO의 해외활동 현황

한국국제협력단(KOICA)의 조사에 의하면 한국의 NGO 중 해외원조 경험이 있는 NGO는 약 50여 개로 추산되며, 현재 국제협력사업을 실시하려는 NGO의 숫자는 점차 증가되는 추세이다.

한국의 NGO들은 그동안 선진국 NGO들의 지부로 활동하면서 국내 사회개발에 기여해 오다가 최근에 들어와 해외개발에 관여하는 NGO들이 생겨나기 시작했다. 이들 중에는 한국선명회·한국국제기아대책기구·대한가족계획협회 등 해외에 본부를 둔 국내지부와 한국이웃사랑회·장미회·국제개발협회 등 국내 NGO들이 있다. 이들은 현재 개별적으로 개도국을 지원하고 있으며, 한국의 국가적 위상제고와 피지원국과 우호적 관계형성에 기여하고 있다.

<표 3>에서 보는 바와 같이 한국 NGO의 활동은 개발교육보다는 개발활동에 보다 적극적이다. 한국선명회를 제외한 대부분의 NGO들은 현지에 실무자를 파견하여 직접 개발사업을 전개하고 있다. 이러한 방법은 한국선명회가 세계본부를 통해 World Vision 지역사무소를 지원하는 간접방식에 비해 해외개발사업에 경험이 부족한 한국 NGO들에는 위험부담과 많은 어려움이 뒤따르게 된다. 이러한 방식은 선명회처럼 개도국에 파트너가 될 만한 NGO가 없는 이유이기도 하지만 직접개발활동의 경험을 향후 NGO 활동계획의 바탕으로 삼겠다는 적극적인 의지의 표출이기도 하다.

그러나 우리나라 NGO의 해외지원활동은 선진국에 비해서 미미한 상태이고,[22] 한국정부의 NGO에 대한 ODA규모도 적은 편이며 국민적 관심도 상대적으로 적은 편이다. 국내 NGO들은 자체자금 및 후원금 등

---

22) 1995년의 경우 선진국의 개발NGO를 통해 지원된 해외원조금 총액은 정부지원을 제외하고 약 60억 달러로 전체 원조의 10% 정도를 차지한 것으로 나타났다. 개별적으로 대표적인 국가별로 보면 미국이 1위로 25억 달러, 독일 12억 달러, 일본 2억 2천 달러에 비해 한국은 1,660만 달러에 그쳤다. 한국국제협력단(1997), pp. 298-299.

에 의존하여 원조활동을 하고 있으며, 한국정부의 NGO에 대한 ODA도 1995년 한국국제협력단을 통하여 처음으로 실시되었다.[23] 한국국제협력단의 조사에 의하면 1996년의 경우 한국 NGO의 해외 지원액수는 <표 3>에서 보는 바와 같이 한국선명회 등 24개의 NGO를 통해 1,733만 달러에 이르고 있다.

한국정부는 개도국에 대한 정부의 ODA 사업효과 제고측면에서 국내 NGO의 해외원조사업도 정부원조와 보완 또는 연계 추진되어야 할 필요성을 인식하고, 1994년 12월 한국국제협력단에 민간협력과를 신설하여 NGO사업을 지원해 오고 있다. 이에 따라 1995년에 처음으로 한국선명회 등 18개 단체에 5억 원을 지원했으며, 1996년에 22개 단체에 6억 원을, 1997년에는 20개 단체에 7억 원을 지원하는 등 매년 NGO 지원액을 증대해 오고 있다.[24] 그러나 1998년도의 경우 IMF 경제난으로 ODA 지원액이 줄어들어 NGO에 대한 보조금도 줄어들 전망이다.

한국국제협력단은 앞으로 국내 NGO의 개도국지원사업을 보다 활성화하기 위해 민간원조단체의 지원예산을 OECD 회원국의 정부지원 평균수준(ODA의 약 2%)까지 상향조정할 계획으로 있다.[25] 또한 민간원조단체들이 추진하는 개도국 내 개발사업 발굴에 대한 지원과 자문 그리고 민간원조단체와의 공동사업 추진에 이르기까지 다양한 협력방안을 추진해 나갈 계획이다.

---

23) 한국국제협력단(KOICA)은 정부 ODA(공적 개발원조)사업의 일환으로 무상 협력사업을 전담하기 위해 1991년 4월 창설되었으며, 그간 정부차원의 협력사업을 수행해 오던 중 기존 NGO들이 추진하는 해외원조사업도 ODA 사업효과 제고측면에서 정부원조와 보완 또는 연계 추진되어야 할 필요성이 인식되어 1995년부터 협력단 내에 민간협력과를 신설하고 매년 우수한 NGO 사업을 선정 이에 대한 사업비 일부를 지원하여 왔다.
24) 한국국제협력단 (1997), pp. 4, 294-295, 305-318 참조.
25) 한국은 1995년 경우 한국정부의 ODA 중 NGO에 대한 지원비율이 0.5% 정도이다.

<표 3> 국내 주요 NGO의 해외 원조실적(1996년도)

(단위: $1,000; 적용환율 US$1 = 804.78원)

NGO명	국가	사업명	원조액
한국선명회	베트남 등 24개국	결연·지역개발·긴급구호	2,890.34
대한적십자사	중국 등 9개국	국제분담금·국제원조	5,285.13
한국복지재단	베트남 등 3개국	의료·의류지원	55.10
유니세프 한국위원회	베트남 등 3개국	교육·보건·급식	3,716.67
국제기아대책기구	브라질 등 19개국	구호	1,731.68
한국이웃사랑회	방글라데시 등 4개국	교육·난민구호	951.34
국제개발협회	방글라데시 등 2개국	지역개발	414.72
한중문화협회	중국	학술지원·교류	177.30
장미회	네팔	지역개발	217.00
어린이육영회	중국	교육지원	98.15
대한의사협회	우즈벡 등 3개국	의료봉사	145.38
대한악안면성형재건 외과학회	베트남	의료봉사	62.47
경제정의연구소	베트남	지역개발	378.82
경희국제의료협력회	네팔	의료지원	89.82
한국 사랑의 집짓기 연합회	필리핀	집짓기	23.00
한·베 청소년 문화교류 후원회	베트남	직업훈련 지원	114.66
정해복지	베트남	기술확교설립운영	493.81
신림가나안장학회	필리핀	농군학교지원	43.00
제4의 물결	르완다	재건사업	178.33
세계선린회	중국 등 3개국	살기좋은 마을 운동사업	112.06
태평양아시아협회	필리핀	자원봉사자파견	11.56
한양대 사회봉사단	중국	여름학교지원	13.37
연세대 보건정책 및 관리연구소	몽골 등 5개국	의료교육	62.90
계			17,330.53

자료: 한국국제협력단(1997), pp. 320-321.

제 5 절 결 론

탈냉전·세계화시대에는 국가 간의 장벽이 무너지고 정보통신의 발달로 인해 세계는 이제 하나의 지구촌이 형성되었다. 정부의 역할은 축소되고 상대적으로 NGO의 몫이 증대되고 있다. 선진국 시민들은 개발도상국 지원에 앞장서 정치·외교·무역 등에서 야기될 수 있는 국가 간 갈등을 해소 또는 완화하는 데 크게 기여하고 있다.

한국 NGO의 해외활동은 주로 해외개발활동에 치중해 오고 있지만, 해외개발활동의 역사는 선진국에 비해 일천하며, 또한 활동도 미미한 편이다. 한국의 NGO들은 1990년에 들어와서야 비로소 소규모의 해외원조를 하기 시작했고, 그때까지는 오히려 원조를 받는 입장에 있었다. 한국 NGO의 개도국 지원금은 선진국에 비해 월등히 떨어질 뿐만 아니라 한국정부의 NGO의 개발활동에 대한 보조도 선진국에 비해 상당히 떨어지고 있다.

선진국의 정부와 민간기구들은 개도국 지원사업을 두 가지 관점에서 선택의 여지가 없는 의무로 생각하고 있다. 하나는 지구상의 빈곤퇴치는 인도적 차원의 책무라는 것이고, 또 하나는 자기들의 이익보호라는 것이다. 세계는 국가 간의 국경이 무너지면서 국내문제와 국제문제의 구별이 모호해질 만큼 선진국·개도국을 막론하고 상호의존적이 되었기 때문이다. 오늘의 개도국지원은 미래를 위한 투자이며 머지않아 막대한 구매력으로 되돌아오게 된다. 한국의 현 경제위기에 대해 "한국이라는 나라의 이미지를 국제사회에 제대로 심지 못한 것이 근본적인 원인"이라고 프랑스의 지식인 기 소르망은 지적한 적이 있다.[26] 개도국 원조는 자비가 아니라 투자라는 인식을 할 필요가 있다.

그동안 국제사회에서 NGO는 개발정책의 보조자로서 그 역할이 대수롭지 않게 간주되어 왔으나, 세계 도처에서 벌어지고 있는 인류재난

---

26) 『조선일보』(1998. 1. 4).

의 심각성을 고려해 볼 때 국제사회는 NGO만 가질 수 있는 뚜렷한 현장감, 인류애적 사명감, 효율성 등을 절실히 필요로 하고 있다.

정부나 국제기구의 공식적인 원조는 민간 풀뿌리조직까지의 지원이 어렵고, 국가 간의 이익이 첨예하게 대립되어 경직되기 쉽고 기간도 오래 소요된다. 따라서 민간차원에서 신속한 의사결정을 하고 간편한 조직과 용이한 접근방식을 통해 효과적 구호나 원조가 가능한 NGO의 역할이 매우 바람직하고 중요하다. NGO는 자발적인 차원에서 장기적인 안목으로 활동하고 있으므로 행정적인 견제나 가시적인 외형보다는 인본주의적 차원에서 개발사업을 하며 민간차원에서 1 대 1로 접근하기 때문에 정부의 힘이 미치지 못하는 어려운 환경에 처한 계층에의 구호·의료·교육 등을 효과적으로 추진할 수 있다.

그러나 NGO는 비록 개인적인 이익은 아니지만 특별이익을 추구하는 단체이기 때문에 시야도 그만큼 제한적일 수밖에 없다. 따라서 NGO는 특정이익에 얽매인 편협한 사고와 정책방향의 추구에서 탈피하여 보다 광범위하게 유익한 영향을 줄 수 있어야 하고, 무엇보다 정부는 책임 있는 민주적 통치를 통해 국민들의 욕구를 충족시키는 동시에 국경을 초월한 새로운 도전들에 대응할 수 있도록 국제기구는 물론 NGO 및 기업 등 민간부문과 긴밀한 관계를 형성해야 할 것이다.

제 3 부
지역별 한국외교정책

제 14 장 한·미관계의 전략적 재조명

이 정 민

제 1 절 한국외교와 전략구상

한국외교의 반세기를 재조명함에 있어서 빼놓을 수 없는 부분은 대미외교이다. 돌이켜보면 미국은 한국외교에 중요한 고비 때마다 상당한 영향을 미쳐왔으며, 대미외교는 한국외교의 핵심적인 기둥으로 자리잡았다. 이러한 관점에서 보았을 때 냉전 당시 한국외교의 절대명제는 '한·미 동맹의 성공적 관리'였다고 해도 과언이 아닐 만큼 대미외교는 중대한 비중을 차지해 왔다. 냉전종식과 함께 미국의 상대적인 영향력이 감소될 것이라는 일부의 추측과는 달리 미국은 소련의 붕괴와 더불어 세계의 초강대국으로 부상하게 되었으며, 동아시아와 한반도에 정치·군사·경제 등 거의 모든 분야에서 중대한 영향을 미치고 있는 실정이다. 그러나 21세기를 맞이하면서 특히 향후 한반도 상황이 상당부분 변할 수도 있다고 가정했을 경우, 한국외교는 그 어느 때보다 '전략적인' 외교정책을 펼쳐야 하며 대미외교도 예외가 될 수 없다. 따라서 한국외교의 최우선과제는 통일과정에서 그리고 통일 이후에 강대국들 틈바구니 속에서의 한국의 전략적 선택의 폭을 최대한으로 확대하는 것이다. IMF 시대에 한국외교의 전략화를 언급하는 것 자체가 부분적인 모순으로

인식될 수 있으나, 21세기의 본격적인 정보화 시대, 동북아 질서의 불안
요소 증대, 미국 패권에 대한 부분적인 도전, 그리고 본격적인 통일시대
등 한국외교는 그 어느 때보다 포괄적 전략을 준비해야 한다.

오늘의 대미외교의 기본적인 틀은 50년 전에 형성되었으며 당시 세
워진 많은 제도와 관례들은 한국의 시각에서 보았을 때 선택의 여지가
없었던 부분도 상당 부분 존재했을 것이다. 그러나 반세기가 지난 오늘
한국외교가 당면하고 있는 중요한 역사적 임무는 대미관계를 포함한
전반적인 외교영역에서 개선할 필요가 있다고 판단되는 부분을 개선하
는 것이다. 비록 한국이 'IMF시대'라는 한국전쟁 이후 최대의 위기를 맞
고 있긴 하지만, 21세기 초입의 새로운 동북아 세력균형에 보다 적극적
으로 그리고 효과적으로 대처하기 위해서는 대미관계를 포함한 포괄적
인 국가안보 및 외교전략을 구상할 필요가 있다 하겠다. 다가오는 '통일
정국' 속에서 한·미 간의 긴밀한 협조가 필수적이라는 점에 있어서는
이의가 없으나 통일 이후의 한·미관계, 특히 외교안보관계를 설계함에
있어서 진정한 의미에서의 '전략적 동반자관계'(strategic partnership)의 전
제조건들과 기본적인 틀을 제시할 필요가 있다. 앞으로의 대미외교는
그 어느 때보다 '경쟁 속의 협력관계'라는 테두리 안에서 형성될 가능성
이 높다. 정보화시대에서의 경제전은 전통적인 경쟁자라는 개념이 통하
지 않는 새로운 궤도에서의 경쟁을 의미할 수 있으므로 안보의 개념도
바뀔 수밖에 없다. 지난 반세기 동안 한국 안보전략은 간단히 말해 북
한으로부터의 위협을 어떻게 대처하느냐에 국한되었다 해도 과언이 아
니다. 그러나 통일 이후의 전략환경을 전망해 보았을 때 통일한국은 4
강들을 새로운 각도에서 관찰하고 접근해야 한다. 특히 필요하다면 통
일한반도의 전략적 기동성(strategic maneuverability)이 확대될 수도 있다
는 가능성을 강조해야 할 것이다.

한국의 시각에서 보았을 때 통일 이후의 전략적 환경에 가장 대표적
인 변화는 무엇일까? 지난 50년 동안 분단이라는 특수한 상황 때문에
북한은 대륙세력들과의 밀접한 관계를 유지해 왔던 반면 남한은 해양

세력들과의 밀접한 관계를 유지해 왔다. 중국과 러시아 그리고 미국과 일본은 각각 북한과 남한을 중심으로 대한반도 전략과 정책을 설정했고 냉전종식 단계까지 큰 변화를 보이지 않았다. 그러나 1970년대 초의 일차적인 미·중 접촉, 1979년 미·중 수교, 1990년 한·중 수교, 1991년의 소연방 해체, 그리고 1992년의 한·러 수교 등의 일련의 변화들은 냉전 당시 유효했던 한반도의 전략적 틀을 근본적으로 바꾸어 놓았다. 그 결과 중국으로서는 냉전 당시 미국과 일본의 아시아 대륙 진출을 사실상 차단시켰던 북한의 '완충지대역할'이 상대적으로 감소되었다고 판단, 개방외교의 일환으로 남한과의 관계모색을 시도했다고 볼 수 있다. 한편 남한은 반세기 동안 대륙세력(continental powers)들과의 교류가 전혀 전무했던 시대와는 달리 21세기에 진입하면서 북방국가들과의 관계를 다각적으로 모색할 필요가 있다. 특히 냉전종식 이후 이들 대륙국가들이 안고 있는 여러 국내외 문제 속에서 한국의 아시아 대륙전략을 고려해야 할 필요가 있는 만큼 강대국들의 국내정치 추이에 대한 정확한 이해, 위기시 발생할 수 있는 양국간의 문제, 그리고 한반도 통일과정까지 포함한 이들 국가들의 한반도 전략목표 등을 정확하게 인식해야 한다. 북방정책으로 인해 주변국들과의 관계가 개선되었다면 4강들과의 전략적 경쟁은 통일과정에 진입하면서 본격적으로 전개될 것인 만큼 4강외교는 이제 겨우 시작에 불과하다고 할 수 있다. 따라서 한국의 입장에서는 이러한 새로운 관계를 한반도의 통일과정에 도움이 될 수 있는 한도 내에서 활용하되 동시에 지나친 영향력을 행사할 수 없도록 한국의 전략적 기동성을 늘 고려해야 하는 양면적인 부담을 안고 있다. 정부수립 후 한국은 아시아 대륙국가들과의 정상적인 접촉이 없었으며 냉전체제 속에서는 더욱더 관계가 악화되었다. 그러나 냉전종식 이후 한국은 주변국가들과의 교류와 협력을 새로운 각도에서 모색하게 되었고, 냉전당시 전략적 공감대가 형성된 바탕에서 유지되어 왔던 미국과 일본과의 관계도 재점검하게 이르렀다. 통일 이후 주한미군의 주둔 여부와 한·미관계를 지탱시킬 수 있는 새로운 전략적 근거(strategic raison

d'etre), 중국의 대국화와 중국의 장기적인 한반도 전략의 전개 보다 독
자적인 일본외교의 가속화, 그리고 러시아의 부활가능성 등 종전의 대4
강 외교노선은 통일 이후에 빠른 속도로 변할 가능성이 높다.

다가오는 '통일정국'과 새로운 동북아 질서는 한국외교에게 무엇을
요구하고 있는가. 가장 중요한 요소는 '전략적 국가안보'일 것이다. '전
략적 국가안보'를 쉽게 정의하는 데에 있어서 어려움이 있는 것은 사실
이지만 다음과 같이 개념화할 수 있다.[1]

첫째, 강대국 틈바구니 속에서 한국외교의 진로를 모색해야만 하는
지정학적 필요성은 여전히 남아 있으나 분단된 한반도가 아닌 통일된
한반도를 상대로 하는 주변국가들의 새로운 한반도 전략을 전제로 한국
의 중장기적인 '통합국가전략'(combined national strategy)을 구상해야 한
다. 전통적으로 독립과제로 분류되어 왔던 외교·군사·안보·경제·통일
등의 문제들은 점차 이러한 방식으로 구분하기가 거의 불가능해질 것임
은 물론, 북한 핵문제가 충분히 입증하였듯이 앞으로의 주요 외교안보
현안은 수직적 및 수평적인 조정작업이 동시에 이루어져야 한다.

둘째, 본격적인 통일외교시대에 진입하면서 한국외교의 중요한 과제
는 제도화된 위기관리능력을 향상하는 것이며, 전반적인 통일과정과 그
이후의 복합적인 상황을 고려해서 기존의 위기관리체제를 총제적으로
개선할 필요가 있다. 김대중 정부가 취임한 이후 외교안보정책의 기획
및 조정을 보다 능률적으로 추진한다는 방침하에 국가안전보장회의 사
무국을 신설하기로 한 것은 늦은 감이 있음에도 불구하고 퍽 다행스러
운 진전이다.

셋째, 고위정치(high politics)와 하위정치(low politics)의 혼합시대에 대
비한 고도의 정보수집 및 분석능력을 강화해야 하며, 이에 따른 기구개

---

1) Peter J. Katzenstein, "Introduction: Alternative Perspectives on National
Security," in Peter J. Katzenstein, ed., *The Culture of National Security:
Norms and Identities in World Politics* (New York: Columbia University Press,
1996), pp. 7-16 참조.

편도 필요할 경우 과감하게 추진해야 한다. 특히 경제정보, 주변국들의 국내정세와 향후 한반도정책에 미치는 영향(예를 들면 관련국들의 국내 정치 동향 등), 북한의 권력구조 변화추이와 군부의 리더십, 국제금융시장의 주요지표 등 다양한 분야에서의 정보를 획득할 필요가 있다. 이미 국가안전기획부의 구조개혁 작업이 진행 중에 있으며 김대중 정부의 출범과 함께 외무부도 외교통상부로 조직개편되었다. 그러나 여기서 주목해야 할 중요한 문제는 고급정보를 다루는 유관부서들이 제각기 경제정보에만 눈을 돌릴 필요는 없다는 것이다.[2] 경제정보는 민간기업, 정부산하 연구기관, 대학교 등 매우 다양한 통로를 거쳐서 수시로 입수되는 만큼 정부의 주요 정보기관들이 비효율적인 중복업무를 수행할 필요는 없다. 오히려 통일정국과 진정한 의미에서의 다극체제시대가 눈앞에 다가오고 있는 현시점에서 한국의 외교안보에 필요한 것은 주변국들에 대한 정확한 이해와 전망 능력이다. 예를 들어 북한 내부의 심각한 변화가 발생했을 때 혹은 발생할 확률이 매우 높다고 판단되었을 때, 한국 정보기관들은 중국의 대북한 전략과 정책을 다각적으로 검토함은 물론 다양한 시나리오 속에서 중국의 역할을 매우 구체적으로 점검해야 한다. 고도의 전문성이 요망되고 있는 현시점에서 정부는 필요할 경우 민간전문가들을 적극적으로 활용해야 할 필요성에 대해선 이의가 없지만, 보다 효율적인 방법을 강구해야 한다. 일례로 미국의 대통령 대외정보 자문회의(PFIAB: Presidential Foreign Intelligence Advisory Board)는 중앙정보부(CIA: Central Intelligence Agency)나 국가보안부(NSA: National Security Agency) 혹은 기타 정보기관에서 작성한 각종 정보보고를 사안별로 재검토하는 자문기구로서 대통령을 비롯한 고위 정책결정자들이 실질적으로 활용할 수 있는 정책안을 제시하고 있다. 한국정부

---

2) 순수 경제중심의 정보획득과 분석은 정보화 시대에 부족하다는 지적이 있는가 하면 정부기관이 민간기술과 경제정보를 획득하는 데에는 그 나름대로의 어려움도 있다는 것이다. Walter B. Wriston, "Bits, Bytes, and Diplomacy," *Foreign Affairs*, Vol. 76, No. 5 (September/October 1997), pp. 176-177.

의 경우 외교통상부·국방부·통일부 등의 외교안보 관련부서에 산하 자문위원회가 있으나 현재 PFIAB와 유사한 역할을 수행하는 자문기구는 없다. 그러나 중대한 사안이 발생했을 때 혹은 발생할 수 있는 가능성이 높다고 판단되었을 때, PFIAB와 같은 자문기구가 있으면 매우 긍정적이고 현실적인 자문을 할 수 있을 것이다.

넷째, 한국외교는 과거 어느 때보다 전략적 깊이(strategic depth)가 있는 국가안보 청사진을 마련해야 한다. 물론 정부수립 이후 한국외교를 뒷받침해 준 그 나름대로의 전략이 없었던 것은 아니다. 분단과 한국전쟁이라는 양대 도전을 극복할 수 있었던 전략으로, 이승만 대통령은 한·미 동맹의 형성을 적극적으로 추진했다. 한편 1969년의 닉슨 독트린의 발표, 1971년의 제7사단 철수, 1972년의 미·중 정상회담 등 한국안보와 직결된 일련의 사건들이 일어나면서 박정희 대통령은 자주국방을 비롯, 제3세계 및 사회주의권 국가들과의 관계개선을 시도했다. 또한 1980년대 말 냉전체제의 급속한 붕괴과 함께 노태우 정부는 북방정책을 적극적으로 추진, 구소련·중국·베트남 그리고 동구권 국가들과의 수교를 달성함으로써 소위 '전방위외교'를 실천하게 이르렀다.3)

그러나 보다 근본적인 차원에서 보았을 때 한국의 외교안보전략은 지난 반세기동안 '소프트웨어'(software) 차원에서 부진했던 것이 사실이다. 그렇다면 누가 한국 외교안보전략의 소프트웨어를 제공했는가? 한국외교에서 대미외교가 차지하는 비중이 월등히 높고 외교·군사·경제·정치 등 거의 모든 분야에서 상당한 영향력을 행사해 오고 있다고 가정했을 때, 소프트웨어의 제공자는 아마도 미국이었을 것이다. 물론 한·미 동맹관계를 유지하고 또한 유지하는 것이 한국의 국익에 부합된다고 판단할 경우, 미국의 상대적인 영향력을 배제할 수 없다. 그러나 한반도가 통일되고 통일한국의 입장에서 외교안보전략을 모색할 때 분명한 사실은 '한국적인' 색채가 짙은 외교안보전략을 실천해야 한다는 점이

---

3) 외무부, 『외교백서』(서울: 외무부, 1992), pp. 44-45 참조.

다. 미국을 포함한 주변국들은 이미 통일한국의 전략적 위상에 상당한 관심과 함께 한편으로는 우려를 보이고 있다. 주변국들의 입장에서 보았을 때 강력하고 독립적인 통일한국은 새롭게 태동할 동북아 세력균형에 중대한 변수로 등장할 수밖에 없을 것이다. 지난 100년 동안 한반도는 독립된 행위자로서의 역할을 수행하지 못했으며 1948년 이후 주변국들은 분단된 한반도라는 특수한 상황에 익숙해져 왔다. 물론 한국의 주도하에 통일이 될 것이라고 가정했을 경우, 통일후 한국외교의 모습은 현재와 큰 차이가 나지 않을 수도 있다. 다만 중요한 점은 통일한국이 한·미 동맹관계가 통일 이후에도 바람직하다고 판단했을 경우, 미국과 통일 이후의 새로운 동맹관계를 모색해야 한다. 뿐만 아니라 주변국들과의 관계 역시 필요할 경우 재정립되어야 한다. 통일한국의 군사력 또한 주변국들이 함께 예의주시할 상황이다. 그러나 통일한국의 군사전략과 필요한 수준의 전력을 재구성하는 과정에서의 우선과제로서 한국군의 작전통제권은 반드시 회복되어야 마땅하다. 지난 50년 동안 한·미 동맹으로 말미암아 한반도에서 전쟁이 억제되고 평화가 유지되어 왔다는 점에 대해서는 이론의 여지가 없다. 또한 통일정국에 임하면서 한·미 공조를 지속적으로 유지해야 된다는 점에 대해서도 국민적 합의가 사실상 존재하고 있다. 그럼에도 불구하고 반세기 동안 주권국가의 가장 기본적인 권한인 군 통수권을 한국의 대통령이 행사하지 못했다는 점은 어떤 의미에서 진정한 자주외교와 자주국방이 이루어지지 못했다고 볼 수 있다.

결론적으로 향후 한·미관계는 그 어느 때보다 한국의 전략적 선택에 좌우될 가능성이 높다 하겠다. 물론 현재의 IMF시대를 극복하기 위하여 한국은 미국의 정치적·재정적 도움을 요청했고 미국은 이를 수락했다. 따라서 한국의 입지가 상대적으로 약화되었을 때, 특히 경제적인 여건이 한국전쟁 이후 가장 어려울 때, 자주적 외교안보를 강조하는 것이 무리일 수도 있다. 그러나 분명한 사실은 다가오는 통일정국과 통일한국의 시대에서 한국외교의 진로를 모색한다면 무엇보다도 한국외교의 정체성을 보다 확실하게 정립하는 작업이 우선적으로 추진되어야 한다. 미국이 세계의 유일 초강대국으로서의 위상을 앞으로 10~15년 동안 유지한다고 전망할 때, 한·미 동맹도 존속시키는 것이 한국의 궁극적인 국익에 도움이 되리라고 본다. 더욱이 부상하는 중국과 일본의 보다 독자적인 행보를 견제할 수 있는 수단으로서 미국의 역내 역할이 매우 중요하다고 평가할 수 있다. 이러한 시각에서 보았을 때 한국은 향후 한·미관계를 보다 효과적으로 활용할 수 있는 제반의 구상을 준비해야 한다. 그러나 자명한 사실 중 하나는 통일과정에서나 통일 이후에서도 대미 의존도를 단계적으로 줄여나가야 할 것이며, 한·미 양국간의 이해관계가 상호보완적인 차원으로 발전하기 위해서라도 21세기에 진입하는 한국의 대미외교는 동등한 전략적 기반을 조성해야 한다. 이러한 관점에서 보았을 때 한국과 미국은 21세기 환경에 보다 적극적으로 대처하고 양국간의 새로운 전략적 협력관계를 공동으로 모색하기 위해서 제반의 쌍무적 외교안보 현안을 지금부터 재검토해야 한다.

제 2 절 한국의 주요 외교안보 과제

한·미관계의 반세기를 돌이켜보았을 때, 많은 기복도 있었으나 전반적으로는 매우 성공적으로 유지되어 왔다고 자평할 수 있다. 사실 NATO와 미·일관계, 그리고 한·미 동맹은 전후 미국의 주도하에 형성되었던 대표적인 동맹이다. 더욱이 앞서 지적한 바와 같이 비록 한·미관계에 적지 않은 변화와 갈등이 있었던 것도 사실이지만, 지난 50년 동안 존속했다는 그 자체가 의미있는 진전이라고 볼 수 있다. 그러나 향후의 한·미관계는 통일정국이라는 중대한 획을 넘으면서 상당부분 재조명될 가능성이 높다. 한국의 주도하에 통일이 될 경우, 한국은 한·미 간의 새로운 정치적 틀(political framework)을 제시할 필요가 있으며 새로운 궤도에서의 양국간 정치·군사·경제관계를 모색해야 할 것이다. 뿐만 아니라 한·미 양국은 통일 이후 동맹관계의 방향을 협의하는 과정에서 주한미군의 주둔 여부, 군사협력의 수준과 방위비 분담의 규모, 한국의 군 통수권 완전 회복, 통일 이후 한반도 안전보장 장치와 주변국들의 정책 등 매우 다양한 각도에서 새로운 정책 지침을 마련해야 한다.

20세기를 마감하는 현시점에서 한국과 미국이 당면하고 있는 가장 중요한 현안은 북한의 향후 변화에 슬기롭게 대처하는 것이다.[4] 지난 1993년 봄에 본격적으로 대두되었던 북한 핵문제는 여러 측면에서 의미가 있으나 한국외교에 중요한 교훈을 남겼으며, 특히 한·미 동맹관리의 새로운 면모를 보여주기도 했다. 주지하는 바와 같이 한국의 시각에서 보았을 때 북한 핵문제가 던져준 중요한 문제는 미국의 주도적인 외교적 역할이었다. 1994년 9월 제네바에서 결정된 미·북 간의 핵 합의는 북한의 핵문제를 일단 안정시켰다는 면에서 성공적인 외교협상으로 평가할 수 있다. 그러나 북한 핵문제와 제네바 합의가 한국외교에게 던져주는 근본적인 교훈 가운데 주목할 점으로, 한반도 안보와 직결된 사항들은 최소한 다음과 같은 5개 차원 즉 ① 남북한의 국내정치 차원, ② 남북 당사자 차원, ③ 한·미 및 북·중 동맹관리의 차원, ④ 주변4강의 한반도 전략의 차원, ⑤ 군사문제의 차원에서 분석되어야 한다. 따라서 북한 핵문제뿐만 아니라 앞으로 발생할 수 있는 일련의 가상 위기상황들을 염두에 두었을 때, 한국외교는 위기관리능력을 현재보다 훨씬 높은 수준으로 끌어올려야만 한다.

한국외교는 남북관계라는 기본적인 역학구조 외에 주변국들로부터

---

4) 한국과 미국은 북한의 복합적인 변화 가능성에 대하여 광범위한 정부 차원에서의 대화를 추진하고 있는 것으로 전해지고 있는 가운데, 통일 이후의 외교안보 현안들도 관련기관에서 연구되고 있는 것으로 알려지고 있다. 그러나 북한의 안정적 변화를 미국이 주도하고 있는 '연대정책'(engagement policy)으로 유도할 수 있는지에 대한 의문이 많은 것도 현실이다. 북한의 핵문제가 본격적으로 대두되고 북한의 붕괴 혹은 급변사태 가능성이 높아지면서 미국의 주된 관심사는 북한 붕괴예방으로 전환했고 연대정책을 적극적으로 펼치게 되었던 것이다. 이러한 과정에서 한국과의 부분적인 마찰이 발생했던 것 또한 알려진 사실이다.

다양한 정치·경제·군사·기술 등의 분야에서의 압력을 받고 있으며 더욱 강화될 가능성이 높다. 따라서 중장기적으로 초래할 다각적인 한반도 정세의 변화는 ① 국내정치(특히 통일논의 활성화와 통일과정에서 부각할 새로운 통일주체집단의 형성), ② 대외관계(통일한국에 대한 주변국들의 시각변화와 중장기적인 대응책), ③ 동맹관리(통일외교와 주변 4강과의 새로운 역학구조에서 형성될 수 있는 한·미 및 미·일 관계), 그리고 ④ 위기관리(북한·러시아·중국의 내부 권력구조의 변화와 이에 따른 총체적인 영향)로 분류할 수 있다. 이러한 맥락에서 보았을 때 가장 시급한 과제는 전략정보의 질적 향상과 예방외교 및 위기외교 능력의 보강이라고 할 수 있으며, 주변국들의 세밀한 이해와 이들 국가들의 대한반도 전략을 예측할 수 있는 분석능력을 키워야 한다.

일례로 러시아는 이미 한국과의 군사교류 및 협력을 희망하고 있으며 통일이후의 군사교류 확대를 기대하고 있다. 러시아는 소련연방 해체 이후 아·태 지역에서 적극적인 무기수출을 추진해 왔으며, Mig-29/31기, Su-27 폭격기, Il-76 조기경보기, Tu-22M 중거리 폭격기 등의 무기들을 중국에 판매해 왔고 한국과의 지속적인 군사협력과 무기수출을 기대하고 있는 실정이다. 러시아는 이 밖에도 중국에 미사일 개발기술을 이전하고 있는 것으로 전해지고 있으며, 말레이시아에 30대의 Mig-29기를 판매하기 위한 다각적인 외교적 노력도 아끼지 않고 있다.[5] 동시에 러시아는 아세안(ASEAN) 국가들에게 잠수함·헬기·고속정·장갑차 등을 판매하기 위한 전략을 세우고 있다. 러시아는 인도네시아에 Mig-21기를 판매하기 위해 접촉하고 있고, 인도와의 전통적인 군사관계를 감안, 인도에 Mig-29기 부속품 공장을 설립할 계획을 준비하고 있는 것으로 보도되고 있다. 물론 이러한 러시아의 무기수출 전략은 현재의 아시아의 경제적 위기상황으로 인하여 당분간 차질을 빚을 수밖에 없겠지만, 중장기적으로는 주요 서방 무기수출 국가들과 실질적으로 경쟁할 수 있

---

5) Barbara Opall, "Chinese Covet High-Technology Arsenal," *Defense News* (May 19-25, 1997), p. A30.

는 상대는 러시아밖에 없다.

러시아가 동북아지역에서 협력을 위주로 한 안정적인 세력으로 자리 잡게 된다면 이는 역내 질서에 상당히 긍정적인 영향을 미칠 수 있을 것이다. 그러나 소련연방의 해체 이후 러시아가 심각한 정치·경제 문제에 빠져 있음을 감안할 때 러시아와 독립국가연합 내의 갈등은 장기화될 것이며, 러시아의 대한반도 정책에도 영향을 미칠 수 있을 것이다. 또한 고르바초프 이후 러시아가 취한 새로운 대한정책이 제도화될 수 있는 전제조건은 러시아의 국내문제에 달려 있는 만큼, 양국간의 군사협력과 교류를 신중하게 검토할 필요가 있다. 특히 러시아의 군사협력을 고려함에 있어 대외적인 여파와 영향을 충분히 고려할 필요가 있다. 예를 들면 미국의 유력지인 *New York Times*지는 한·소 및 한·중 수교 이후 일본의 군사대국화를 억지하기 위한 수단으로서 한국과 중국 간의 동맹이 형성될 수도 있다고 내다본 바 있다. 결국 일본의 군사력 강화를 중국 혹은 러시아와의 전략적 동맹(strategic alliance)으로 억지·봉쇄할 수 있다고 생각할 수도 있지만, 거기에 따른 정치외교적 부담과 한·미 간 미칠 수 있는 여파도 계산할 필요가 있을 것이다.

중국 역시 한국외교에 중요한 변수이다. 이미 1970년대 후반 이후 강력하게 추진한 경제정책으로, 중국은 아시아의 새로운 경제대국으로 부상하고 있고 1989년 천안문사태 이후의 정치적 파장도 상당부분 수습되었다. 따라서 중국의 주요 관심사는 냉전 이후 변화된 안보환경에 적극적으로 적응함과 동시에 꾸준한 경제성장을 유지하는 것이다. 한·중관계와 관련하여 중국의 대한정책은 한·중 수교로 인하여 외형적으로 많은 변화를 보여왔고, 경제교류 면에서도 중국은 한국의 중요한 시장으로 탈바꿈했다. 그러나 더 중요한 문제는 중국의 중장기적인 대한정책의 방향이라고 할 수 있다. 중국의 시각에서 보았을 때, 한·중관계는 어디까지나 중국의 전략부흥(strategic revival)의 일환으로 이해할 필요가 있다.[6] 다시 말해서 한·중관계나 중국의 대한반도 전략은 중국의 대미 그리고 대일 전략의 일환으로 형성될 것이다. 중국은 미국이 탈냉전 이후 역내에서의 입지를 강화하는 한편, 미·일 동맹을 활성화하고 통일 이후에도 한반도에 미군 주둔 지속의 필요성을 고려하고 있다는 점 등을 염두에 둘 때, 그리고 소련을 견제하기 위한 공통목표가 더이상 존재하고있지 않은 상황 속에서 미국을 새로운 도전세력으로 간주할 수 밖에 없을 것이다. 유일 최강국으로 남은 미국이 세계경제의 개방화, 민주주의확산, 인권문제 제기, 그리고 환경보호 운동 등을 가속화할 때, 종전의미·중관계는 포괄적인 전략적 공감대가 없어지고, 그 대신 정책 이슈중심으로 움직이게 될 것이다. 따라서 중국은 미·중관계가 현수준보다언제든지 악화될 수 있다고 판단, 일본을 포함한 아시아 인접국가들과의 협력을 활성화할 수 있는 중국외교의 '아시아화' 전략을 적극 펼칠것으로 전망된다. 중국은 냉전의 '게임'을 무척 능숙하게 활용했으나 이미 1980년대 말 이후 미·중·소를 축으로 한 '전략적 삼각형'(strategic triangle)의 상대적인 가치가 희석되기 시작하면서 중국의 대미관계는 변화의 조짐을 보이기 시작했다. 따라서 중국으로서는 중국의 전략적 가치를 향상하기 위한 방안을 적극적으로 모색할 수밖에 없었으며, 이의일환으로 러시아와 새로운 전력적 동반자관계를 형성하기에 이르렀다. 한편 전통적으로 매우 불편한 관계를 유지했던 인도와도 단계적인 관계정상화를 추진했고, 베트남과의 적대관계도 불식되기 시작했다. 물론중국이 근본적으로 한국을 새로운 외교공세 목표로 간주했던 이유 중의 하나는 앞서 언급한 보다 광범위한 중국의 대외전략에서 비롯되었다. 중국의 지도층은 냉전종식 이후 국제체제 변화에 따른 반동을 최대한으로 억지한다는 취지하에 절대적인 국가주권과 철저한 내정 불간섭원칙을 재다짐했고 새로운 역내 외교를 추진하기 시작했던 것이다. 그러나 중국의 가장 큰 딜레마는 20세기 말 국제사회의 전반적인 추세인상호의존(interdependent)의 확산과는 사뭇 거리가 먼 국내정치체제를 고

---

6) Yu Meihua, "Characteristics and Trends of U.S., Japanese, and Russian Korea Policies in the New Period," *Beijing Xiandai Guoji Guanxi* (January 20, 1997) in FBIS-CHI-97-060, pp. 2-4.

수하고 있다는 점이다.[7] 따라서 중국은 이념무장과 당과 군의 공권력으로 현정치체제를 통제할 수는 있겠지만, 탈냉전 이후 가속화되고 있는 민주화·시장화·세계화의 물결을 강권통치로 억지하는 데에는 한계가 있다.

중국의 장래를 분석하는 데에 있어서 주로 2개의 기본적인 학설이 소개되고 있다. 첫째, 이른바 중국의 대국화를 점치는 분석은 중국이 아시아의 '4마리의 용'(한국·홍콩·싱가포르·대만)과 마찬가지로 획기적인 경제발전을 토대로, 아시아의 새로운 패권을 시도할 가능성이 높다고 내다보고 있다. 중국이 현수준과 비슷한 경제성장을 앞으로 10년간 유지할 경우 군사 현대화 부문에서도 상당한 성과를 나타낼 수도 있다. 일부에서 주장해 온 대로, 중국이 현재 보유하고 있는 핵무기 및 재래식 무기와 전력 현대화를 꾸준히 시도한다면 일본과 비교할 수 없을 만큼의 힘을 보유하게 될 것이라는 전망은 이미 1990년대 초부터 나온 바 있다.[8] 이와 관련 중국 인민해방군의 역할이 향후 중국의 권력구조 속에서 어떻게 전개될 것인지를 정확하게 전망할 수는 없으나, 최소한 정권수호와 대외입지 강화 측면에서는 핵심적인 영향력을 발휘할 것이다.

둘째, 중국의 대국화 가능성을 배제하지 않으면서도 중국이 직면하고 있는 복합적인 문제를 보았을 때, 내부적 갈등의 누적으로 현재의 단일국가형태로 유지될 가능성이 낮다는 것이다. 중국은 궁극적으로 근본적인 정치적 변화를 겪을 수밖에 없을 것으로 분석되고 있다. 시장경제의 점진적인 확산, 지방의 정치세력화, 시민사회의 단계적 발전과 민주화 요구 증대, 그리고 정치·경제 체제의 상호모순 심화 등 여러 측면에서 내부적인 도전에 직면할 가능성이 높고, 결국 진정한 의미에서의 군사

---

7) Robert Sutter, "Trends in U.S.-Chinese Relations: The View From Beijing" (July 3, 1996), pp. 4-5.

8) *International Herald Tribune* (October 30, 1992); *The Asian Wall Street Journal* (January 29, 1994). 중국의 군사 현대화문제와 전력증강의 규모와 속도에 대한 논쟁은 1980년대 후반부터 제기되기 시작했으며 1990년대 초부터는 중국의 군사대국화 조짐에 대한 각종 분석이 나타나기 시작했다.

대국화는 사실상 어려울 것이라는 분석이다. 중국이 아시아에서 새로운 패권세력(hegemony power)으로 등장하기 위해서는 경제력과 군사력도 필수적인 요소이지만 20세기의 팍스아메리카나(Pax Americana)와 19세기의 팍스브리태니커(Pax Britannica)와 같은 팍스시니카(Pax Sinica)를 형성하는 데에는 문화적 및 여타의 한계가 있다는 것이다. 이러한 관점에서 보았을 때 중국이 경제성장을 거듭한다 하더라도 정치적 모순은 심화될 수밖에 없으며, 내부적 갈등의 증폭으로 체제변화가 불가피하다는 것이다.

따라서 한국외교는 이러한 중국의 권력구조 변화와 중국의 지도층과 핵심 통치세력들의 복합적인 역학관계를 충분히 고려한 보다 성숙한 차원에서의 대중정책이 요망되며, 본격적인 통일정국에 임할수록 예측가능하고 명확한 정세분석에 의한 대중정책이 필요할 것이다.

제 3 절 미국의 동북아 전략

미국의 동아시아 전략은 이미 부시 행정부부터 단계적으로 재검토되어 왔으며 클린턴 행정부는 보다 구체적인 정책 조율작업에 착수했다. 냉전종식 이후 미국의 국가안보전략은 다음과 같은 3개의 요소에 초점을 두기 시작했다. 첫째 소련의 붕괴로 미국과 범지구적으로 경쟁할 수 있는 세력은 사실상 없어졌으나 지역차원에서의 '도전세력'(theater peer)은 충분히 나타날 수 있다고 판단, 이러한 지역세력을 억제 혹은 압도하기 위해 복합적인 억지력을 보유해야 한다는 것이다. 둘째 지역에서 발생할 수 있는 위기에 적극적으로 대처할 수 있는 능력을 보유해야 하며 필요할 경우 재래식 및 비재래식 전투와 군사작전을 수행할 수 있도록 준비를 해야 한다. 셋째 보스니아 내란과 르완다 사태와 유사한 해체국가(disintegrating state) 사태에 보다 적극적으로 대처해야 하며, 특히 국제범죄와 같은 초국가적(transnational)인 문제들도 체계적으로 관리해

야 한다는 것이다.[9)

냉전 당시 유럽은 미·소 대립의 핵심적인 지역이었으나 동아시아·중
동·남미에서도 부분적인 경쟁을 해왔다. 그러나 유럽에서의 러시아의
군사적 위협은 더이상 존재하지 않고 기타 지역에서도 러시아가 미국
에게 도전할 수 있는 지역이 없다. 반면 아시아에서는 중국의 군사적·
경제적 부상이 하나의 새로운 잠재적 도전으로 싹트고 있고, 미국도 아
시아에서의 가상 경쟁국으로 중국을 주목하고 있다. 탈냉전 이후 미국
은 역내에서의 입지를 계속 확보하기 위해 일본과의 안보관계를 강화
하는 한편, 중국의 대국화 가능성을 가장 중요한 장기적인 도전으로 간
주하는 것으로 파악된다. 그러나 보다 광범위한 차원에서 본다면 미국
의 대아시아 전략을 다음과 같이 분석할 수 있다. 첫째 미국에게 직접
적인 공격을 가할 수 있거나 아니면 지역질서를 근본적으로 파괴할 수
있는 대량 살상무기의 비확산과 예방이 미국의 국가안보에 가장 중요
한 목표라고 할 수 있다. 둘째 아시아에서 헤게모니 국가의 부상을 예
방하는 것이다. 미국은 이미 아시아와 밀접한 관계를 유지하고 있으며
아시아에서 미국의 패권에 도전할 수 있는 세력이 나타날 경우 미국으
로서는 매우 심각한 위협으로 간주할 수밖에 없다. 더욱이 날로 가속화
되고 있는 군사기술개발은 아시아 국가들에게 새로운 힘의 투사능력
(power projection capability)을 부여할 것이며 그럴 경우 미국의 전통적인
군사적 입지도 타격받을 수 있다고 본다. 셋째 미국의 우방들에게 안보
우산을 지속적으로 제공함으로써 아시아에서의 안정과 평화를 유지하
는 것이다. 동아시아에서 미국의 주요우방은 한국과 일본이며 미국과의
동맹관계와 군사적 지원으로 한국과 일본은 핵무기를 사용하지 않고
있다.[10) 그러나 미군이 일본과 한국에서 철수하고 미국의 안보공약도

---

9) Institute for National Strategic Studies, *Strategic Assessment 1997*
(Washington, D.C.: National Defense University, 1997), pp. 14-15.
10) Ashley Tellis, et al., "Sources of Conflict in Asia," in Zalmay Khalilzad and
Ian O. Lesser, *Sources of Conflict in the 21st Century: Regional Futures and
U.S. Strategy* (Santa Monica, CA: RAND, 1998), pp. 46-47.

회석되거나 철폐되면 일본과 한국은 핵무장 대안을 심각하게 고려하지 않을 수 없을 것이며, 그럴 경우 세계의 대량살상무기 확산방지 정책은 결정적인 타격을 입을 것으로 보여진다. 또한 미국의 대량살상무기 확산정책이 역내에서 실패할 경우 새로운 군비경쟁이 촉발될 가능성도 그만큼 높아진다. 따라서 미국은 이러한 사태를 차제에 예방하기 위해서, ① 대량살상무기와 운반수단 기술확산의 철저한 통제와 최소화 혹은 군사적으로 파괴할 수 있는 제반의 능력을 보유해야 하며, ② 한반도와 대만 해협과 유사한 지역에서 발생할 수 있는 대규모 전쟁을 최대한으로 억지하고, ③ 아시아에서 전반적인 정치안정과 민주주의의 확산을 적극적으로 지원할 필요가 있다는 것이다.

미국은 현재의 아시아 경제위기에도 불구하고 아시아가 21세기의 새로운 정치적·경제적·군사적 '힘의 센터'로 부상할 가능성이 높다고 평가하고 있다. 그러나 최소한 2015~20년까지 미국의 역할은 이 지역에서 현수준과 큰 차이를 보이지 않을 것이라는 전망과 함께 아시아가 본격적인 영향력을 발휘할 때까지는 역내의 많은 모순들이 해결되어야만 한다는 단서를 둔다. 따라서 미국은 아시아의 전략적 환경을 전망함에 있어서 미국의 역내 역할 고수를 최우선목표로 설정하고 있다. 이와 함께 아시아의 거의 모든 국가들은 정치·사회·경제 등의 다양한 변화를 겪고 있으며 이러한 변화는 앞으로 더 가속화될 수 있다고 내다보고 있다. 따라서 아시아의 미래를 전망할 때 가장 중요한 변수는 이러한 일련의 내적 변형들이 얼마만큼 문제 없이 진행되느냐에 달려 있다는 것이다. 아시아가 세계의 중심지역으로 부상할 수 있는 또 다른 변수는 무기체계·정보통신·신소재 등 첨단과학기술 개발능력에 좌우된다고 전망하고 있다. 끝으로 아시아 국가들 간의 역사적 갈등들이 기본적으로 해소되지 않을 경우 아시아 대국들 간의 진정한 협력은 상당기간동안 힘들 것이라고 지적한다.[11]

---

11) Ashley Tellis, et al. (1988), p. 48.

올브라이트(Madeleine Albright) 국무장관은 미국의 아시아 철수설을 여러 차례 강력하게 부인한 바 있으며, 1997년 4월 15일 해군사관학교 연설에서 미국의 대아시아 정책기조에 대해 미국은 냉전종식 이후 아시아에서 계속 주둔해 왔으며 태평양 세력(pacific power)으로서의 위상을 지킬 것이라고 역설했다. 아시아에서 미국의 역할이 안전유지의 필수요건이라고 강조하면서, 역내에서 미국의 역할이 견고한 이유는 확실한 미국의 국가이익에 기초하고 있기 때문이라고 설명했다.12) 올브라이트는 미국의 중장기적인 아시아 정책기조를 설명하면서, 구체적으로 미·일, 한·미, 미·중 관계의 중요성을 강조하는 동시에 미국의 아시아 전략을 다음과 같은 맥락에서 분석했다. 우선적으로 미국이 유지하고 있는 핵심적인 동맹(core alliances)들을 유지하고 역내에 전진배치된 미군을 계속 주둔시키는 것이 미국의 핵심적인 전략목표라고 했다. 이와 함께 아시아에서 가장 중요한 쌍무적 관계들은 미·일, 한·일, 미·중 관계이며, 미·일관계는 미국의 아·태 연대정책(engagement policy)에 중추적인 기둥인 동시에 아시아 안보에 결정적인 요소로 보았고, 한·미관계 역시 중심적인 관계이며 미국은 한국과 여러 면에서 협력하고 있으나 한반도에서 안정을 유지하는 것이 최우선과제임을 강조했다. 한·미 동맹은 지역안정을 위해 결정적인 기여를 하고 있으며 북한도 아주 조심스럽게 외부와의 접촉을 시도하고 있다고 평가했다. 이와 관련 미국은 북한에 관한 한 억지전략을 계속 유지할 것이지만 동시에 북한이 개방과 개혁의 의지를 보이면 미국과의 협력에 따른 긍정적인 결실도 있을 수 있다고 설명했다. 끝으로 한반도의 미래는 한국인들 스스로 결정할 문제이지만 미국의 역할은 한국이 평화를 유지할 수 있도록 적극적으로 지원해 주는 것이라며 한·미관계를 매우 긍정적으로 전망했다.

미·일 그리고 한·일관계 외에 다른 중요한 관계는 바로 미·중관계이

---

12) Madeleine K. Albright, "1997 Forrestal Lecture: American Principle and Purpose in East Asia," Speech delivered at the U.S. Naval Academy (April 15, 1997), p. 2.

며 21세기 아시아를 설계하는 데에 있어서 중국의 역할은 결정적일 것이라고 올브라이트는 내다보았다. 중국이 경제적, 군사적 대국으로 발전하고 있는 것은 중요한 역사적인 사건이라고 규정하면서 동시에 일부에서는 중국의 부상을 새로운 위협으로 간주하고 있다고 지적했다. 이들은 미국이 중국을 봉쇄해야 한다고 주장하고 있으나 봉쇄정책은 아시아 우방들과의 관계를 악화시킬 뿐만 아니라 오히려 중국의 배타적 민족주의와 군국주의를 자극시킬 가능성이 높기 때문에 실현성이 없는 정책이라고 강조했다.[13] 한편 미국무부의 아·태 담당 차관보인 로스(Stanley Roth)는 미국이 쌍무적인 관계를 계속 유지하고 강화하면서도 다자외교와 다자협력의 필요성도 강조했다. 그러나 로스는 미국이 아·태 지역에서의 다자논의를 지지하고는 있으나 일본에서 제기되고 있는 4강회의(미국·일본·중국·러시아) 안에 대해서는 소극적이고 부정적인 견해를 피력했다. 예를 들면 중국은 미·일·중 3국 회의안에 대해서도 소극적이며 준정부회의에서도 열의를 보인 바 없다고 강조했다. 그러나 미국은 지역안보 및 경제협력을 강화할 수 있는 다자협력을 포괄적으로 지지하고 있다고 했으며 아·태 경제협력회의(APEC)와 아세안 지역 포럼(ASEAN Regional Forum) 그리고 기타 관련 다자 포럼을 적극적으로 활용할 방침이라고 미국의 견해를 밝혔다. 물론 아시아의 특수한 지정학적 상황을 고려했을 때 지역동맹체제 혹은 집단안보체제가 형성될 가능성은 현재 그리 높지 않으며, 유럽과 유사한 수준으로 발전하기 전까지는 상당한 시간이 경과될 것으로 내다보았다. 아세안 지역 포럼이 아시아 전체의 안보문제를 다루고 있으나 동북아의 현안들과는 다소 거리가 있기 때문에 동북아 국가들의 협의체도 바람직하다고 설명했다. 그러나 이러한 협의체가 형성된다 하더라도 이는 아세안지역포럼의 기능을 보충한다는 차원에서 활용되어야 할 것이라고 지적했다.[14]

---

13) Madeleine K. Albright (1997), p. 6.
14) Press Briefing by Assistant Secretary of State for East Asian and Pacific Affairs, Stanley Roth, U.S. Embassy, Tokyo (November 12, 1997), p. 7.

제 4 절 미국과 한반도

　지난 반세기 동안 미국의 대한반도정책기조는 상당부분 연속성을 보여왔으며, 그 결과 한·미관계는 최소한 '전략'이라는 차원에서 보았을 때 미국의 세계전략과 한국의 국부전략(local strategy)은 일치되어 왔다. 결과적으로 우리는 미국의 동북아 및 한반도 전략을 구분할 필요가 없었다. 그만큼 냉전 당시 미국의 동북아 전략구상과 목표는 일치했으며, 결과론적으로 대한정책에도 큰 변화를 찾아볼 수 없었다. 물론 1977년 카터 행정부가 들어선 이후 선거공약대로 주한미군의 단계적 철수안을 발표했으며, 이는 1971년 제7사단의 철수 이후 가장 획기적인 미국의 대한정책이었다. 그럼에도 불구하고 카터는 결국 본인의 주한미군 철수안을 철회할 수밖에 없었다. 미 행정부와 의회는 카터의 철군의지를 제도적으로 반대했을 뿐만 아니라 궁극적으로는 주한미군 주둔이 미국과 일본의 국익에 보탬이 된다는 초당적인 견해를 재확인하게 되었다. 1970년대와 1980년대의 한·미관계는 인권 및 민주주의 문제로 상당한 어려움을 겪었으며 특히 1979~80년 정권 교체과정에서 양국간의 날카로운 신경전이 벌어졌으나, 안보면에서는 큰 차이가 없었다. 이러한 양국간의 '안보합의'(security consensus)는 한·미 동맹을 지탱하는 데에 도움이 되었음은 물론 뚜렷한 정책목표와 수단이 존재했다.

　단적으로 말해 냉전 당시의 최우선 정책목표는 전쟁억지였으며, 양국간의 여러 현안 중 군사안보 과제가 최우선적으로 다루어져 왔다. 한반도에서 정치·군사적 균형이 유지될 수 있었던 원인으로서 ① 남한과 북한 내의 강력한 정권유지, ② 남북한을 동시에 지원하고 있었던 강력한 동맹체제, ③ 성공적인 억지력의 보유를 지적할 수 있다. 그러나 소련의 붕괴, 중국의 경제개혁 가속화, 김일성 사후와 한국 내의 민주주의 토착화, 북한의 대량살상무기 개발, 북한의 붕괴 가능성과 미국의 연대정책 등 냉전 당시에는 균형이 가능했던 요소들 자체가 변하고 말았다. 1993년 봄에 본격적으로 대두되었던 북한 핵문제는 앞서 지적한 바와 같이 탈냉전적 성격을 갖춘 최초의 안보위협이었으며, 미국은 1994년의 제네바 핵합의와 함께 새로운 한반도정책을 서서히 모색하게 이르렀다.

　미국의 정책기조가 바뀌기 시작한 이유는 한반도 통일의 가능성이 그 어느 때보다 높다는 판단에 기초하고 있는 것으로 풀이된다.[15] 물론 미국은 한반도의 평화적 그리고 민주주의적 통일을 일관되게 지지해 왔다. 그러나 미국을 포함한 주변국들은 통일된 한반도의 위상과 중장기적인 외교안보정책 방향에 대해 각기 다른 차원에서 우려하고 있다. 미국의 관점에서 보았을 때 독일통일 과정과 마찬가지로 한반도 통일을 궁극적으로 막을 수 있는 방법은 없다. 그러나 통일한반도의 전반적인 군사적 투명성과 비공격적(non-offensive) 전력이 보장되어야만 주변국들이 안심할 것이라는 견해가 지배적이다. 북한이 만일 핵무기 개발에 성공했다고 가정하고 또한 한국의 주도하에 통일이 이루어진다고 가정했을 때 미국의 정책은 대량살상무기 확산방지의 일환으로 북한이 보유하고 있는 제반의 대량살상무기를 한국이 활용, 혹은 보유할 수 없다는 점을 분명히 하고 있다. 통일한반도의 중장기적인 안보전략을 현시점에서 예상한다는 그 자체가 무리가 아닐 수 없으나, 다만 일본의 경우에는 통일한반도가 본격적으로 해군력과 공군력을 강화할 경우 이를 새로운 군사적 도전으로 간주할 수 있다. 한편, 통일한반도에 적정규모의 미군이 계속 주둔할 경우 중국은 북한이 없는 한반도에서 미군이 더이상 배치될 전략적 근거가 없다고 주장할 가능성이 높다.

　그렇다면 21세기에 진입하면서 한·미관계와 한국의 대미외교는 어떻게 설정해야 할 것인가? 특히 통일이라는 새로운 전략적 환경에 입각해

---

15) 최근에 발간된 여러 안보관련 보고서 중 한반도 문제와 동북아 정세를 보다 정확하게 분석한 보고서는 미 국방대학원 산하 전략연구소가 발간하는 연례 안보보고서이다. Institute for National Strategic Studies, *Strategic Assessment 1997* (Washington, D.C.: National Defense University, 1997), pp. 97-106 참조.

서 한·미 동맹이 유지되어야 한다고 판단되는 이 시점에서, 양국은 미래지향적인 전략기조(strategic principles)를 마련해야 한다. 이미 미국과 일본은 1996년 4월 이와 같은 작업을 마무리한 바 있으며 한국과 미국도 중장기적인 안목에서 동맹관계를 유지하는 것이 바람직하다고 생각한다면 새로운 기조와 지침을 준비해야 한다. 통일 이후의 동북아 세력균형이 어떠한 형태로 변할 것이지는 예측하기 어렵지만, 진정한 의미에서의 '전방위외교'의 시대를 맞이하면서 북한이 아닌 주변국들을 상대로 전략을 선택해야 한다. 통일한국의 재래식 전력, 중장기 군 현대화 방향, 상황변화에 따른 핵 무기 개발 가능성, 주변국들과의 새로운 동맹관계 모색 등 매우 다양한 각도에서 미국과 주변국들은 통일한국의 가상 외교안보전략에 대해 깊은 관심을 표명하고 있다.

전술한 바와 같이 한국은 지난 반세기 동안 미국과 일본을 중심으로 해양세력들과의 전략적 연대를 형성해 왔으나 앞으로는 중국과 러시아와 같은 대륙국가들과의 전략적 제휴도 새롭게 시작해야 한다. 역사적으로 보았을 때에는 대륙에서의 진동은 곧바로 한반도 전체를 강타했고, 동시에 해양국가들의 대륙진출 시도로 완충지대가 아닌 분쟁지대(conflict zone)로서 막대한 피해를 보기도 했다. 영국의 '위대한 고립주의'(splendid isolation)와는 달리 한반도는 일본과 중국 사이에서 대륙세력과 해양세력의 지속적인 충돌을 피할 수도 예방할 수도 그리고 궁극적으로는 방어할 수도 없었다. 바로 이러한 관점에서 전후 미국의 전략적 가치를 높게 평가할 수 있다. 우선 미국은 일본을 현상유지세력(status quo power)으로 변화시켰다. 미국은 자국의 이해와 냉전이라는 특수한 전략적 환경 속에서 일본의 부활을 대소 봉쇄정책의 연장선상에서 보았으나, 그 결과 소련과 중국은 지난 반세기 동안 아·태 지역에서의 '전략적 진출'을 사실상 할 수 없게 되었다. 뿐만 아니라 1980년대 이후 중국의 경제발전과 더불어 중국의 대국화 가능성이 점쳐지고 있는 가운데 중국의 현상타파세력(anti-status quo power) 가능성을 예방할 수 있는 유일한 세력은 사실상 미국밖에 없었다.

제 5 절 결 론

한국외교는 전방위적인 성격을 띤 통일정국의 문턱에 놓여 있는 만큼 한·미관계를 비롯하여 새 정부의 외교과제도 이러한 관점에서 관찰할 필요가 있다. 통일정국의 진입은 매우 다양한 측면에서 의미를 부여하고 있으나, 무엇보다도 주변국들과의 새로운 관계 설정이 주안점이 될 것이다. 한국은 지난 반세기 동안 미국과 일본을 중심으로 한 외교안보정책을 고수해 왔으나 앞으로는 4강들을 동시에 그리고 다차원적으로 접근할 수밖에 없게 되었다. 뿐만 아니라 한국외교의 주요 과제로서 체계적인 위기관리를 지적하지 않을 수 없으며, 특히 전방관리(북한을 포함한 북방세력)와 후방관리(미국과 일본)를 동시에 능동적으로 할 수 있는 전략과 정책 수립을 우선적으로 고려해야 할 것이다. 이의 일환으로 한국은 앞으로 통일과정에 대비한 외교를 펼쳐나감에 있어 다음과 같은 문제를 인식할 필요가 있다.

첫째, 한반도통일은 독일통일 과정과 동일선상에서 취급할 수는 없으나, 최소한 ① 북한 내부의 정치변동과 권력구조의 재편, ② 통일과정에서 취해야 할 주변국들과의 지속적인 외교적 협의, ③ 통일 이후 한반도 평화유지 방안 모색, 그리고 ④ 통일한국의 국제법적 위상 등 거의 모든 측면에서 주변국들과의 정치적, 혹은 군사적 협의를 할 필요가 있다 하겠다. 이러한 맥락에서 보았을 때 미국은 통일과정의 거의 모든 단계에서 중요한 영향을 미칠 것으로 예상되는 만큼 미국의 의도와 전략을 보다 정확하게 분석할 필요가 있을 것이다.

둘째, 대미외교는 그 어느때보다 전략적인 사고를 중심으로 접근해야 한다. 미국을 포함한 주변국들은 한국전쟁 이후 분단된 한반도에 익숙해진 만큼 통일된 한반도의 전략적 위상과 제반 역할에 대한 의문점이 고조되고 있으며 미국도 예외는 아니다. 앞서 언급한 바와 같이 한·미간의 새로운 외교안보과제는 바로 통일정국과 통일 이후의 전략적 환경에 적합한 양국관계를 설계하는 것이다. 한국의 외교안보전략은 1950

년대 이후 북한이라는 특수한 변수 때문에 전쟁억지라는 기본적인 전략적 목적달성에 주력할 수밖에 없었다. 그러나 구소련의 붕괴, 한·중 수교를 계기로 활발하게 발전하고 있는 한·중관계와 중국의 대한정책, 북한의 붕괴 가능성, 러시아의 균형된 대한반도정책 등 거의 모든 면에서 냉전 당시 유효했던 전략적 이정표(strategic guideposts)의 중요성이 상당부분 희석되었다. 따라서 중장기적인 안목에서의 한·미 동맹이 필요하다고 판단될 경우 대미외교의 핵심부분은 새로운 전략적 이정표들을 설정하는 것이다.

셋째, 한국은 앞으로 주변국들을 상대로 본격적인 '4강외교'를 전개하면서 '대륙외교'라는 새로운 측면을 강조할 수밖에 없다. 이미 1980년대 말과 1990년대 초의 북방외교로 중국과 러시아와의 탈냉전적 관계를 수립하는 데에는 성공했지만, 통일정국이라는 특수한 환경이 빠른 속도로 현실화되면 과거와는 사뭇 다른 주변국들의 대한반도전략을 목격할 수 있을 것이다. 통일한반도가 그 어떠한 주변국가에게도 새로운 위협요소로 등장해서는 안 되지만 통일한국의 위상을 확보하고 유지할 수 있는 선에서의 군사력은 필수적인 요건이라 할 수 있다. 통일 이후의 대미외교는 필연적으로 보다 지역적인 관계로 변할 수밖에 없을 것이며 그럴 경우 미국의 대한반도전략은 강대국들 간의 상호관계에 많은 영향을 받을 수밖에 없다. 따라서 종전의 한·미관계와는 달리 통일정국에 진입한 이후의 한·미관계는 보다 포괄적이고 다양한 각도에서 전개될 것이다. 그러나 이와 같이 한·미 동맹관계가 확대, 혹은 지역화될 경우 이슈의 집약도가 감소될 것이라는 우려도 제기될 수 있으며 바로 이러한 변화에 대비하기 위해 한·미 간의 새로운 전략적 이정표를 설정하는 데에 주력해야 할 것이다.

제 15 장 한·일관계의 구조와 특성

김 재 호

제 1 절 서 론

한국과 일본은 1965년 6월 국교정상화를 위한 기본조약 및 관련협정이 체결됨으로써 현대국가로서의 외교관계가 시작되었다. 그러나 양국은 역사적으로나 지리적으로 볼 때 매우 깊고도 복잡한 관계를 가지고 있다. 특히 우리나라보다 먼저 서양의 문물을 받아들여 근대화를 이룩하기 시작한 일본은 부국강병을 서둘러 구미열강과 세력을 겨루면서, 군사력을 배경으로 한반도를 비롯한 아시아 지역에 있어서의 주도권을 확대해 나가기 시작했다. 그 결과 일본은 1910년 당시의 대한제국을 강압적인 방법으로 합병함으로써 우리나라는 국권을 상실하게 되었고, 1945년 8월 15일 일본이 연합국에 무조건 항복하여 패전하기까지 36년간 일본의 식민지 통치를 받아야만 했다.

이렇듯 불행했던 한·일관계의 역사는 오늘날까지도 양국 국민들 사이에 감정적 앙금으로 남아 한국인은 아직도 일본을 '가깝고도 먼 나라'로 인식하고 있는 것이 사실이다. 해방 후 우리나라는 1948년 8월 15일 대한민국 정부를 수립함으로써 독립한 이래 세계 여러 나라들과 외교관계를 수립하여 국제무대에 나서게 되었으나, 일본과의 관계정상화는 간단히 이루어질 수 없었다. 초대 대통령 이승만에게는 일본과의 국교정상화보다 일본으로부터 공식적인 사과를 받아내는 것이 더욱 중요하였으며, 국내적으로는 반일(反日)을 국정의 기본으로 하여 한국의 지식인들이나 정부관리가 일본측과 대화하는 것조차 금지하였다.[1]

그러나 한국전쟁의 발발과 새로운 국제정세의 변화는 한국과 일본의 관계정상화를 요구하게 되었고, 양국은 14년간에 걸친 긴 협상 끝에 국교정상화를 수립하였으나 아직도 한·일관계에는 해결해야만 할 과제들이 산적해 있다. 본 장에서는 한국의 대일본 외교정책의 전개과정을 시대적으로 개관하고 한국의 한·일관계 연구에서 깊이 논의되고 있지 않는 일본의 국내정치구조의 측면을 살펴본다. 이러한 분석을 통하여 대일본 외교의 현안과 특징을 검토함으로써 미래지향적 한·일관계의 발전을 모색해 보고자 한다.

제 2 절 대일외교의 전개

1. 국교정상화 이전의 한·일 교섭

해방 후 한국과 일본의 접촉은 한국전쟁이 진행 중이던 1951년 9월의 일본과 연합국 간에 체결된 샌프란시스코 강화조약을 계기로 전개되기 시작하였다. 패전 후의 일본을 점령통치하고 있던 연합군 최고사령부(GHQ)는 같은해 10월 일본정부에 재일 한국인의 국적문제에 관하여 GHQ를 포함한 한국과 일본의 대표자 간에 회담을 개시할 것을 요청하는 각서를 교부하였다. 이에 따라 10월 20일 한·일 예비회담이 시작되어 재일 한국인의 국적 및 영주권문제에 대하여 원칙적인 의견의 일치를 보게 되었다.

그러나 1952년 1월 18일 이승만 대통령의 일방적인 해양주권선언 후

---

1) 이정식, 『한국과 일본』(서울: 교보문고, 1986), p. 66.

인 2월 15일부터 시작된 제1차 한일회담에서, 일본측이 패전 전 일본인
의 한국 내 소유재산에 대해 청구권을 제기하였고, 한국측이 이를 거부
함으로써 회담개시 2달 만에 사실상 결렬되고 말았다. 그러나 같은 해 4
월 28일 대일강화조약과 미일안보조약이 발효됨으로써 일본은 완전 독
립하게 되었고, 아시아 지역에 있어서 한국과 일본의 관계개선을 필요
로 했던 미국의 주선으로 재차 한·일 간의 접촉이 이루어지게 되었다.
1953년 1월 클라크 유엔군 사령관의 초청으로 일본을 방문한 이승만 대
통령은 요시다 시게루(吉田 茂) 일본 수상과 회담하고, 중단상태에 있는
한일회담의 재개에 합의하였다. 이에 따라 4월부터 재개된 제2차 한일
회담 역시 재산청구권 및 어업문제 등의 대립으로 진전을 보지 못하고
7월부터 자연휴회상태에 들어갔다. 그러나 같은 해 10월부터 시작된 제
3차 한일회담에서 일본측 수석대표였던 구보타 간이치로(久保田貫一郞)
의 "일본의 36년간에 걸친 한국통치는 한국 근대화에 유익한 점도 많이
있었다.… 대일강화조약이 성립되기도 전에 한국이 독립한 것은 국제법
위반이다"라는 발언[2]으로 다시 결렬되게 되었다.

이로부터 4년 가까이 중단되었던 한일회담은 1955년 11월 일본의 자
유민주당(自由民主黨) 창당과 1957년 2월 기시 노부스케(岸信介) 정권의
출범으로 새로운 전기를 맞이하게 되었다. 기시 정권은 한일회담 재개
에 적극적인 자세를 보이면서 같은해 6월 기시 수상은 김유택 주일한국
대표부 대사와 만나 양국간 어업문제의 대립으로 발생한 억류자의 상
호석방을 실현시키기 위해 조속한 시일 안에 한일회담을 재개할 것에
합의하였다. 이에 따라 1958년 4월 제4차 한일회담이 개시되었고, 5월에
는 야쓰기 가즈오(矢次一夫)가 기시 수상의 개인 특사자격으로 방한하
여 이승만 대통령에게 일본측의 입장을 전달하는 등 적극적으로 회담
진전을 위해 노력을 경주하였다. 그러나 이듬해부터 실시된 일본정부의
재일동포 북송문제로 회담은 다시 결렬되게 되었고, 1960년의 4·19혁명

2) 원용석, 『한일회담14년』(서울: 삼화출판사, 1965), p. 38.

으로 인하여 이승만 정권이 붕괴됨으로써 한일회담은 정지상태로 들어
가게 되었다.

이렇듯 이승만 정권하의 한일회담은 양측의 감정대립으로 아무런 결
과를 가져오지 못하였으나 그 배경에는 이승만 대통령의 반일성향과
더불어 나름대로의 이유가 있었다고 볼 수 있다. 당시 일본은 한국전쟁
을 계기로 경제가 부흥일로에 있었으므로 한국이 서둘러 회담을 타결
하는 것보다 일본이 충분히 배상할 수 있는 경제력을 가진 후에 회담을
타결하는 것이 더 이득이라는 생각이 있었기 때문이다. 따라서 한국측
은 먼저 재산청구권과 평화선 문제를 해결한 다음 국교정상화는 별도
로 검토하겠다는 생각이었다.[3]

1960년 8월 성립된 제2공화국 정부는 새로이 한일회담의 재개를 모색
하게 되었고, 같은 해 7월 기시 정권의 뒤를 이어 성립된 이케다 하야토
(池田勇人) 정권도 집권 직후인 9월 일본 각료로서는 최초로 고사카 젠
타로(小坂善太郎) 외상을 한국에 보내 한국정부와 한일회담의 재개를
합의하기에 이르렀다. 이에 따라 1960년 10월 양국의 새로운 정권하에
서 개최된 제5차 한일회담은 이듬해 발발한 5·16 군사쿠데타로 결실을
보지 못하고 중단되고 말았다.

제1·2공화국 정권하에서 진행된 한일회담에서 쟁점이 되었던 문제는
기본조약, 재일 한국인의 국적문제를 비롯한 법적 지위, 재산청구권, 문
화재 반환, 선박반환, 어업문제 등이었다.[4] 이러한 문제들은 간단히 타
결될 성격은 아니지만 그 이전에 양국 정부의 감정적 충돌과 정국의 불
안정 등으로 아무런 합의를 보지 못한 채 끝나고 말았다.

2. 국교정상화와 대일외교

1961년 5월 군사쿠데타로 정권을 장악한 박정희 정권은 한·일 국교정

---

3) 김동조,『회상30년 한·일 회담』(서울: 중앙일보사, 1986), p. 211.
4) 대한민국정부,『한·일 회담백서』(서울: 대한민국정부, 1965) 참조.

상화에 적극적인 자세를 보이게 되었다. 이에 따라 10월부터 제6차 한일회담이 시작되었고, 11월에는 박정희 국가재건최고회의 의장이 방미 일정 도중 일본에 들러 이케다 수상을 비롯한 정계지도자들과 만나 신정권의 대일입장과 한·일 국교정상화에 대한 강한 의지를 표명하였다. 이러한 한국측의 적극적인 자세로 한일회담은 활기를 띠게 되었고, 가장 중요한 현안은 청구권의 규모로 좁혀지게 되었다. 결국 이 문제는 1962년 11월 김종필 중앙정보부장과 오히라 마사요시(大平正芳) 외상 사이의 이른바 '김·오히라 메모'에서 '무상 3억 달러, 유상 2억 달러, 민간차관 1억 달러 + α'로 타결되게 되었다.[5]

이 배경에는 박정희 정권이 고도경제성장을 목표로 경제개발 5개년계획을 추진하면서 이에 필요한 자금과 기술을 일본으로부터 도입하려는 의도가 강하게 작용하고 있었다. 일본측도 일본에 우호적인 박정희 정권과 국교정상화를 타결하는 것이 일본에 유리하다는 정치적 판단하에 한일회담 진전에 적극적인 자세를 보이게 되었다. 따라서 박정희 의장도 일본 정계지도자와 만난 자리에서 청구권문제에 대하여 배상적 성격보다는 경제협력과 병행하여 절충하려는 자세를 보임으로써 양측의 의견접근을 시도하게 되었다. 일본의 오히라 외상도 후일 청구권 자금에 대하여 '한국의 독립에 대한 축하금'의 성격이라고 말한 바 있어,[6] 이 문제에 대한 양측의 입장을 엿볼 수 있다. 이와 같은 경제협력적 자세에서의 국교정상화 협상은 양측의 대표단 구성의 변화에서도 잘 나타나 있다. 이전까지의 대표단은 외교관 또는 법조인을 중심으로 구성되었으나, 제6차 한일회담의 대표단은 경제 및 재계인사를 수석대표로 내세워, 한국측에서는 한국은행 총재를 역임한 배의환이, 일본측에서는 간사이(關西) 재계의 중심인물인 스기 미치스케(杉 道助) 오사카(大阪) 상공회의소 회

---

5) 김동조 (1986), p. 225.
6) 高崎宗司, "私たちは, どのように戰後を越えてきたか: 日本人の「第二の罪」を檢證する,"『世界: 日朝關係』, 臨時增刊 (東京: 岩波書店, 1992. 4), pp. 33-34.

두(會頭)가 임명되었다는 사실도 이를 반영하고 있다[7].

이렇게 하여 추진된 한·일 국교정상화 교섭은 1964년 봄 '김·오히라 메모'의 내용이 공개됨으로써 '한·일 굴욕외교 반대'라는 한국 내의 여론에 부딪혀 일시 중단되기도 하였으나, 같은해 12월 최종 마무리를 위한 제7차 한일회담을 거쳐 14년에 걸친 협상은 1965년 6월22일 도쿄에서 이동원 외무장관과 시이나 에쓰사부로(椎名悅三郎) 외상에 의해 한·일 기본조약과 관련협정이 조인됨으로서 타결을 보게 되었다.[8]

그러나 한·일 국교정상화의 성격을 규정해 보면 한국측으로서는 정권의 필요에 의해, 일본측으로서는 경제적 필요에 의해 국교정상화가 이루어졌다는 점을 지적할 수 있다. 또한 조약의 내용에서 본다면 오늘날까지도 갈등을 빚고 있는 과거사의 정리문제가 제대로 해결되지 못한 채, 재산청구권이 가장 핵심적인 사안이 되어 일본은 주고 한국은 받는 '주는 자'와 '받는 자' 간의 불평등한 관계의 인상을 불식시키지 못했다.[9]

3. 국교정상화 이후의 대일외교: 1965~79

국교정상화 이후 박정희 정권 전반기의 한·일 외교는 정부 및 민간 차원에서 경제교류를 위한 기본적 구조가 확립된 시기로서 인적·물적 교류가 본격적으로 이루어지게 되었다. 또한 국제정치적으로는 냉전구조가 정착되어 미국을 중심으로 한국과 일본은 한미안보조약과 미일안보조약을 기반으로 하여 삼각안보체제를 유지하게 되었다. 또한 미국의 월남전 개입과 미국의 요청에 의해 한국도 월남전에 참전함으로써, 한·

---

7) 木村昌人, "日本の對韓民間經濟外交: 國交正常化をめぐる關西財界の動き," 日本國際政治學會編, 『國際政治: 朝鮮半島の國際政治』, 第92號 (1989) 참조.

8) 한·일 국교정상화에 관련된 조약 및 협정 내용은 고려대학교 아세아문제연구소 편, 『韓日關係 資料集』, 제1집 (1976) 참조.

9) 현인택, "한·일관계," 정일영 편, 『韓國外交 半世紀의 再照明』(서울: 나남, 1993), pp. 241-242.

미·일 간에는 한국의 안전보장이 일본의 안전보장에 중요하며 한·일 간의 우호관계의 유지가 이 지역의 안정에 필요하다는 공통적 인식이 존재하고 있었다. 한·일 양국은 1968년 정기각료회담 공동성명에서 "한국의 안전과 번영은 일본에 중대한 영향이 있다"고 밝힌 바 있으며, 1969년의 닉슨 대통령과 사토 에이사쿠(佐藤榮作) 수상의 미·일 공동성명에서도 "한국(The Republic of Korea)의 안전은 일본의 안전에 긴요(essential)하다"고 밝힘으로써 한국안보의 중요성에 대한 자세를 보이게 되었다. 그러나 1970년대에 들어서면서 세계적인 데탕트 무드의 영향으로 1975년 8월의 포드 대통령과 미키 다케오(三木武夫) 수상의 공동성명에서는 이 부분이 '한국' 대신 '한반도'(Korean Peninsula)와 '긴요' 대신 '필요'(necessary)라는 표현으로 나타나게 되었다.

한편 한·일관계는 국교정상화 조약의 체결에 따라 일본으로부터 청구권자금과 공공 및 상업차관이 한국에 제공되기 시작하였다. 청구권자금은 1975년까지 제공되었으며 1972년부터는 이와는 별도로 일본의 정부개발원조(ODA: Official Development Aid)가 제공되었다. 또한 양국 정부 간에는 1966년 한·일 경제각료회의가 개최되었고 이듬해부터는 이를 확대하여 매년 한·일 정기각료회담이 개최되어 정기적 대화의 채널이 열리게 되었다. 이와 아울러 1966년부터는 민간차원의 한·일 경제간담회가 매년 개최되었으며, 이는 1969년에 한·일 민간합동경제위원회로 확대·개편되었다. 한편 비정부간 차원의 협력을 강화하기 위하여 1969년 2월에는 양국의 정계인사를 포함한 지도적 민간인들로 구성된 한·일 협력위원회가 창설되어 정부 및 민간차원에서의 경제협력을 중심으로 한 양국관계는 더욱 긴밀하게 되었다.

그러나 1972년 10월유신 이후의 한·일관계는 박정희 대통령의 권위주의적 정권유지를 위해 야기된 정치적 사건들로 인하여 갈등이 심화되기 시작하였다. 1973년 8월에 발생한 김대중 납치사건은 한국의 공권력에 의해 발생한 불법행위로서, 일본의 주권침해가 양국간의 외교적 문제로 제기되었다. 1974년 5월 한국 내에 있던 두 명의 일본인이 긴급조치 위반혐의로 구속기소된 사건에 대하여도 일본정부는 일본인의 석방을 위해 외교적 압력을 가하였고, 이러한 과정에서 일본 언론사가 한국관련기사에서 반정부적 보도를 했다는 이유로 서울지국이 폐쇄되는 등, 한·일관계의 갈등은 증폭되었다. 한편 1974년 8월 15일 재일동포 문세광에 의한 박정희 대통령 저격사건으로 대통령 부인이 사망하는 사태가 발생하자, 한국정부는 일본정부에 대해 사건의 배후로 추측되는 조총련에 대한 수사와 관련자의 처벌을 요구하여 양국의 외교관계는 극도로 악화되었다.

이러한 문제를 둘러싼 한·일관계의 갈등은 일본정부의 한·일 정기각료회담을 둘러싼 외교적 압력으로 나타나게 되었다. 일본정부는 첫째로 각료회담의 개최를 연기하거나(7, 8, 9회), 둘째 회담기간을 2~3일에서 하루로 단축하거나(7, 8회), 셋째 참석각료의 수를 줄이고(7, 8회), 특히 경제협력문제 협의의 주무각료인 대장상(大藏相)을 참석시키지 않거나(8회), 넷째 양국간의 경제협력문제를 각료회담의 의제에서 제외시키거나(7, 8회), 다섯째 경제협력문제는 정부차원보다는 민간주도로 하는 것이 바람직하다는 내용을 공동성명에 넣거나(7, 8, 9, 10회), 여섯째 1972년 이래 제공해 왔던 정부개발원조를 삭감시키거나(7회) 하는 등의 방법으로 한국정부에 대하여 외교적 압력을 가하였다. 그러나 이러한 양국간의 갈등은 1975년 베트남의 공산화로 한반도 내의 긴장이 높아짐으로써 다소 완화되기는 하였으나 양국 정부의 공식적 관계는 1979년 10월 박정희 정권이 붕괴되기까지 회복되지 않고 계속되었다.[10]

4. 1980년 이후의 대일외교

1980년 전두환 대통령의 집권 이후 한·일 양국 정부 간에는 대립적인 관계에서 협조관계로 회복되기 시작하였다. 특히 1981년 8월 한·일 외

---

10) 김호섭, "한국의 대일본외교정책," 이범준·김의곤 편, 『한국외교정책론: 이론과 실제』(서울: 법문사, 1993), p. 357.

상회담에서 노신영 외무장관이 60억 달러의 공공차관을 소노다 스나오 (園田直) 외상에게 요청함으로써 시작된 협상은 1년 6개월 간에 걸쳐 진 행되었으나, 일본의 역사교과서 문제와 김대중의 사면·석방 요청 등의 문제로 양국간에 갈등을 거듭하면서 진전을 보지 못하고 있던 중, 1982 년 11월 스즈키 젠코(鈴木善幸) 수상이 퇴진하고 나카소네 야스히로(中 曾根康弘) 수상이 집권한 것을 계기로 급진전되었다. 나카소네 수상은 1983년 1월 일본 수상으로서는 처음으로 한국을 공식방문하여 교착상태 에 있던 공공차관 협상을 40억 달러 규모에서 타결시켰다. 또한 1984년 9월에는 전두환 대통령이 한국 대통령으로는 처음으로 일본을 공식방 문함으로써 양국 수뇌의 상호방문은 이후 정권에도 계속되게 되었다. 이러한 배경에는 1981년 미국 레이건 대통령의 집권으로 상징되는 신보 수주의 조류가 한·일관계에도 영향을 미쳤다고 보아야 할 것이다.

그러나 한·일 양국 정부 간에 공공차관에 대한 협상이 난항을 계속 하고 있던 1982년 7월에 제기된 일본의 역사교과서 문제는 한·일 간에 '일본의 과거 역사에 대한 청산'이라는 새로운 문제를 제기시켰다. 나아 가서 이 문제는 한국 대통령의 일본 방문시, 천황과 수상의 과거 식민 지 지배에 대한 사과 표명에서 용어선택의 문제11)가 민감한 외교사안으 로 주목받게 되었다. 1992년에는 태평양전쟁 기간 중 일본이 한국 여성 을 종군위안부로 강제동원한 행위에 대한 사과와 보상문제가 대두되어, 1993년 1월 미야자와 기이치(宮澤喜一) 수상의 사죄담화가 발표되었다. 이에 대해 일본 국내에서는 양국 수뇌가 접촉할 때마다 반복되는 한국 측의 과거사에 관한 사과요구에 대해 반발의 목소리가 나오기도 하였 다. 이러한 현상들은 한·일 간 물적 교류의 확대만으로는 해결될 수 없 는 복잡한 문제들이며, 이는 장기간에 걸쳐 양국간의 폭넓은 교류를 통 해 점진적으로 해결할 수밖에 없는 것이다. 이를 위해 1993년 12월 양국 의 정치·경제·언론·학계 등의 민간인을 중심으로 한 토의모임인 한·일

---

11) 이 문제에 대하여는, 약궁계문, 오문영 역, 『일본정치의 아시아관: 망언과 사죄의 저류』(서울: 동아일보사, 1996), pp. 225-230 참조.

포럼이 출범되어 활동 중이다.[12]

제3절 일본정국의 변화와 대한(對韓) 자세

1. 국교정상화 이전의 일본정국

패전 후 일본의 정치상황은 전후개혁의 소용돌이 속에서 1948년 10월 요시다의 재집권을 계기로 차츰 가닥을 잡아가기 시작하였다. 전후 결성된 정당·정파의 이합집산이 거듭되는 과정에서 '요시다 원맨(one man) 체제'는 새로이 형성되기 시작한 국제정세의 변화를 충분히 활용하면서 GHQ와 긴밀한 관계유지를 통하여, 일본의 강화·독립을 최우선의 국정 목표로 삼아 정국을 운영해 나갔다. 그 결과 요시다를 중심으로 한 새로운 관료출신 정치가 그룹이 형성되어, 점령기에 있어서 당과 내각의 요직을 독점하면서 보수당 내의 중심세력으로 자리를 굳히게 되었다. 그러나 1952년 4월 대일강화조약의 발효는 지금까지 이들 정치세력의 힘의 배경이 되어왔던 GHQ의 소멸과 전후 정치활동에서 배제되었던 '공직추방자'들의 정계복귀라는 새로운 정국의 변화를 가져오게 되어, 양세력 간의 대립과 갈등은 그 도를 더해 가게 되었다. 특히 요시다와 하토야마 이치로(鳩山一郞)를 중심으로 한 신구세력 간의 대립은 전후 또 한번의 보수정당의 이합집산을 가져와 결국 요시다의 하야와 하토야마의 집권으로 이어졌다. 이 과정에서 양세력 간의 정치적 이념 및 노선상의 차이가 나타나게 되어, 요시다 그룹은 안보외교면에서의 대미 의존과 국내정책면에서의 경제부흥을 우선으로 삼았던 반면 하토야마 그룹은 헌법개정 및 재군비를 주장하면서 민족주의적 색채를 내세우게 되었다.[13]

---

12) 若宮啓文, 오문영 역 (1996), pp. 266-281.
13) 富森叡兒, 『戰後保守黨史』(東京: 日本評論社, 1977), pp. 62-66.

　이러한 상황에서 추진되었던 제3차까지의 한일회담은 앞서 설명한
한국측의 입장과는 별도로 일본측으로서도 회담을 적극적으로 추진하
기 어려운 국내정치적 여건에 처해 있었다고 볼 수 있다.

　한편 1957년 2월 집권한 기시는 비록 요시다-하토야마의 대립과정에
서는 하토야마 진영에 속해 있었으나, 친(親)하토야마 성향이기보다는
반(反)요시다 성향이었다고 볼 수 있다. 그는 전전의 상공(현 통산)관료
로서 미·일 개전(開戰) 당시 도조 히데키(東條英機) 내각의 상공대신을
역임하여, 전후 A급 전범(戰犯)으로 투옥된 바 있는 경력을 가지고 있었
다. 그러나 전후 기시의 정치노선은 친미·반공으로 일관하였으며 이승
만도 요시다에 대하여는 호감을 갖지 못했으나 기시에 대하여는 신뢰
감을 가지고 있었다.[14] 이렇듯 양국의 정치지도자 간의 신뢰감 등 개인
적인 요인과 함께 정당 내 파벌대립과 같은 국내정치적 요인도 한일회
담의 추진과정에도 큰 영향을 미치고 있었다.

2. 자민당 파벌의 대한(對韓) 자세

　1955년 11월 일본의 정당구조는 자유당과 일본민주당의 2개 보수정당
이 자민당으로 통합되어, 야당인 사회당과 함께 2대정당 체제를 형성하
게 되었다. 따라서 창당 직후의 자민당 내에는 요시다계의 자유당 세력
과 하토야마계의 일본민주당 세력이 공존하게 되었으며, 각 세력은 수
개의 파벌로 구성되어 있었다. 자유당계의 파벌로는 이케다 하야토(池
田勇人)파, 사토 에이사쿠(佐藤榮作)파, 이시이 미츠지로(石井光次郎)파,
오노 밤보쿠(大野伴睦)파 등이 있었으며, 일본민주당계의 파벌로는 고노
이치로(河野一郎)파, 이시바시 단잔(石橋湛山)파, 기시 노부스케(岸信介)
파, 미키 다케오(三木武夫)파 등 8개 파벌이 존재하고 있었다.[15]

---

14) 岸信介·矢次一夫·伊藤隆, 『岸信介の回想』(東京: 文藝春秋, 1981), p.
　 222.
15) 內田健三, 『派閥』(東京: 講談社, 1983), p. 29.

당시의 파벌은 오늘날과 같이 강한 결속력을 갖고 있지는 않았으나, 각 파벌 간에 구성이나 이념 및 정치노선에 있어서 나름대로의 특색을 지니고 있었다. 주요 파벌 중 이케다파와 사토파는 전후 요시다에 의해 정계에 진출하게 된 관료출신을 중심으로 구성되어 있었으며, 특히 이케다파는 대장성 관료출신의 정치가가 주축을 이루고 있었다. 또한 이들 두 파벌은 이념적으로는 리버럴하고 정치노선에서는 경제우선의 '요시다 독트린'을 따르고 있었다. 반면 하토야마 측근이었던 고노파는 당인(黨人) 정치가를 중심으로 구성되어 있었으며, 자유당계의 파벌에 비해 민족주의적인 성격을 갖고 있었다. 같은 일본민주당계의 파벌인 기시파는 앞서 설명한 바와 같이 반요시다적 색채가 강했으나, 기시 자신이 관료출신인 점도 있어 파벌의 성향은 양면적인 성격을 가지고 있었다. 미키는 전후 협동조합운동을 주도한 경험을 가지고 있어 이념적으로는 보수당 내의 가장 왼쪽에 위치한 파벌로 볼 수 있으나, 기시와 같이 반요시다적 성향으로 인하여 일본민주당계에 속해 있었다. 이렇게 볼 때 1950년대 후반 자민당 파벌의 이념적 분포는 리버럴한 성격이 강한 파벌(혹은 비둘기파)―민족주의적 성격이 강한 파벌(혹은 매파)로 분류할 수 있다. 따라서 각 파벌의 이념적 위치는 리버럴한 성격이 강한 파벌순으로 볼 때, 미키파-이케다파-사토파-기시파 및 고노파로 나눌 수 있을 것이다.

이러한 관점에서 한·일관계를 둘러싼 각 파벌 간의 입장차이는 그렇게 명확하게 나타나 있다고 단언하기는 어려우나, 한·일 국교정상화의 추진에 있어서 비둘기파인 미키파와 이케다파는 신중한 태도를 보인 반면, 매파인 기시파는 적극적이었다고 볼 수 있다. 사토파는 같은 관료출신이면서 요시다 직계인 이케다파와는 달리 한·일 국교정상화에 적극적이었는데, 이 배경에는 기시가 사토의 친형이라는 점도 작용하였다고 볼 수 있다. 한편 이케다파와 기시파의 입장을 다른 측면에서 본다면, 국가의 재정문제를 중시하는 대장성 출신의 이케다(파)와 업계의 이익을 중시하는 상공성 출신의 기시(파)의 차이라는 관점에서도 이해되

어질 수 있다. 기시는 한·일 국교정상화 추진에서 과거 자신이 국내적
으로 비판했던 요시다식의 경제우선주의를 내세워 적극적인 자세를 보
인 점이 특색이라 할 수 있다. 박정희 정권 또한 한·일 국교정상화를
경제협력에 중점을 두어 추진하는 과정에서 기시를 중심으로 한 세력
과 친밀한 관계를 유지하면서 한·일관계를 전개해 왔던 것이다.

　이러한 자민당 내 정치세력 간의 입장차이는 각 파벌의 후계자에게
이어져, 기시파의 후계자인 후쿠다 다케오(福田赳夫) 전 수상, 사토파의
후계자인 다나카 가쿠에이(田中角榮) 전 수상, 다케시다 노보루(竹下登)
전 수상, 고노파의 후계자인 나카소네 전 수상 등이 한·일관계에 적극적
인 자세를 보였다. 그러나 민족주의적 성격이 상대적으로 강한 이들 정
치세력은 최근의 과거사 청산문제에서도 다른 정치세력들과 다소간의
견해차를 가지고 있어, 스스로 친한파(親韓派)를 자처하는 정치가가 문
제의 발언을 함으로써 양국간에 물의를 빚게 하고 있다는 점은, 국교정
상화 이래 한국의 대일외교의 한계적 요인이라고도 볼 수 있을 것이다.

제 4 절 대일외교의 특징

　한국의 대일본외교의 특징은 첫째로 인물중심의 막후외교였다고 볼
수 있다. 1980년대까지의 대일외교는 직업외교관보다는 대통령 측근인
사가 중심이 되어 전개되었다고 볼 수 있다. 국교정상화 이전 이승만
정권하에서 대일교섭의 일선에 나섰던 인물로 유태하를 들 수 있다. 그
는 이승만 대통령 부부의 특별한 신임을 갖고 장기간 주일대표부에 근
무하면서 일본 정계지도자와의 막후접촉을 담당하였다.[16] 이러한 한국
의 대일외교에 대해 일본의 기시 정권도 앞서 설명한 바와 같이 기시
수상의 개인적 측근인 야쓰기를 내세워 비공식 채널을 통한 한국접근

---

16) 이도형, 『흑막: 한일교섭비화』(서울: 조선일보사, 1987), pp. 61-63.

을 시도하였다.[17] 그는 박정희 정권하에서도 한·일 양국의 정치지도자
들과 긴밀한 관계를 유지하면서 한·일관계의 무대 뒤에서 중심적 역할
을 담당하였다. 또한 전두환 정권수립 이후 한·일관계의 막후에는 나카
소네 수상의 개인적 참모인 세지마 류조(瀨島龍三)가 같은 역할을 담당
하였다. 이러한 관계는 국교정상화 이후의 주일대사 인사에도 영향을
미쳐, 박정희·전두환 정권의 주일대사에는 직업외교관보다 대통령의 측
근인사가 임명되는 경우가 많았다.

이와 같이 최고정책결정자 중심의 외교관계는 위기상황의 타개에는
효율적일 수 있으나, 외교정책의 일관성이라는 측면에서는 문제가 될
수도 있다. 또한 주재국 대사의 임명은 상대국의 외교정책 결정과정을
감안하여 이루어져야 할 것이다. 일본의 외교정책은 수상이 주도하기보
다는 외무성의 관료가 중심이 되어 입안되고 있다. 이런 점에서 볼 때
한·일 외교에서는 양국 수뇌 간의 비공식 채널을 통한 외교보다는 조직
중심의 공식외교에 더 큰 비중을 두어야 할 것이다.

둘째로, 경제 중심의 외교를 들 수 있다. 이는 국교정상화 자체가 경
제협력을 우선목표로 하여 이루어진 데에도 원인이 있으나, 국교정상화
가 이루어진 지 30년이 지난 오늘날에도 경제 이외의 분야에서의 교류
는 경제분야의 교류와 비교해 볼 때 크게 뒤지고 있는 실정이다. 한편
경제분야의 교류에서는 양국간의 무역불균형 문제가 현안으로 제기되
어 있다. 이 문제는 한국상품에 대한 일본의 시장개방만을 요구해서는
결코 해결될 수 없으며, 양국의 국내 경제구조의 전환을 필요로 하고
있다. 한국의 경우 수출산업은 대량의 원자재 및 중간재의 수입을 필요
로 하고 있으며 이 부분의 대일의존도가 매우 높은 산업구조를 가지고
있다. 따라서 한국의 수출증가는 필연적으로 일본으로부터의 수입을 증
가시켜 무역역조를 심화시키고 있다. 이의 해결을 위해서는 경제 및 산
업구조의 개선과 함께 기술이전에 더욱 적극적인 노력을 기울일 필요

---

17) 山本剛士, "日韓關係と矢次一夫," 日本國際政治學會 編, 『國際政治:
  日本外交の非正式チャンネル』, 第75號 (1983) 참조.

가 있다.

셋째로, 국민감정이 지나치게 큰 비중을 차지하고 있다. 이는 과거 한국이 일본으로부터 식민지 지배를 경험한 데서 기인하고 있으나, 한·일관계의 모든 문제를 감정적인 시각에서 보려는 태도는 배제되어야 할 것이다. 해방 후 한국에서는 강도 높은 반일교육이 실시된 결과 오늘날의 일본을 전전의 연장선에서 이해하려는 왜곡된 시각이 존재하고 있는 것도 사실이다. 또한 과거 권위주의적 정권은 국민의 국내정치적 불만과 갈등의 초점을 다른 곳으로 돌리기 위해 때때로 일본에 대한 국민감정을 이용한 경우도 있었다. 이러한 불필요한 감정대립을 해소하기 위해서는 양국간 모든 분야에 걸친 폭넓은 분야의 교류가 지속적으로 필요하다. 이와 함께 전후 일본에 대한 이해와 연구도 병행되어 이루어져야 할 것이다.

제 5 절 결 론

해방 50년과 한·일 국교정상화 30년을 지나 한국외교 50년을 맞이하는 시점에서 지금까지의 한·일관계의 역사는 갈등과 협력의 연속으로 규정지을 수 있다. 더욱이 냉전체제의 붕괴 이후 국제질서는 이데올로기적 대립이 사라짐으로써 민족주의적 사고에 기인한 대립과 갈등이 상대적으로 부각되게 되었다. 이와 때를 같이 하여 한국에서는 한·일간의 과거사에 대한 청산의 목소리가 높아졌고, 일본에서도 혐한론(嫌韓論)이 대두하였다. 이러한 현상의 배경에는 한국의 일본에 대한 인식과 대일외교 전개의 한계가 존재하고 있는 것이다.

이러한 현상은 한·일관계의 중심적 역할을 담당했던 세대가 가지고 있던 상대국에 대한 인식차이라는 각도에서 생각해 볼 필요가 있다. 1970년대까지 한국에는 해방 전 교육을 받은 이른바 '일본어 세대'가 사회의 중심적 위치에 있던 시기이다. 이 세대들은 과거의 체험에서 얻은 일본에 대한 나름대로의 지식과 감정을 소유하고 있었다고 볼 수 있다. 따라서 일본에 대한 애증(愛憎)이 교차하면서 어느 수준에서 균형을 이룰 수 있었다고 생각할 수 있다. 그러나 현재 한국사회의 중추적 역할을 담당하고 있는 이른바 '한글세대'는 해방 이후의 학교교육을 통하여 강한 반일교육을 받았고, 일본에 대한 지식과 정보를 거의 접해 보지 못한 채 성장하였다. 이러한 점이 최근 양국에 있어서의 감정적 갈등의 한 원인이 되고 있다고 보여진다.

이상과 같은 점을 고려해 볼 때, 앞으로의 한국의 대일관계는 정부나 정치인 또는 경제계에만 치우치지 않고 민간을 중심으로 사회·문화의 각 분야에서 더욱 폭넓게 이루어져야 할 것이다. 특히 한국은 독선과 편견을 가진 일부 일본인의 발언과 행동에 대해 과민한 감정적 반응을 보이기보다는 일본 내의 수많은 지성과 양식을 갖춘 시민들의 존재를 인식하고, 이들에 대한 지지와 교류의 확대를 통하여 한·일관계를 주도해 나가야 할 필요가 있다. 따라서 한국의 미래지향적 대일외교는 이러한 민간·시민 차원에서의 교류 지원과 확대에 초점이 맞추어져야 할 것이다.

제 16 장 한·중관계의 특성과 한계

금 희 연

제 1 절 서 론

한·중 양국은 1992년의 한·중 수교를 통해 비정부적인 관계를 청산한 이래 정치·경제·문화 등 제 분야에서 밀접한 협력관계를 유지해 오고 있다. 한국이 과거 냉전의 잔재인 사회주의국가와의 적대관계의 청산은 동아시아에서 이데올로기의 대립·경쟁이라는 측면보다는 협력·협조·교류라는 긍정적 요소의 중요성을 증대시켜 주고 있다.

1970년대 초부터 부분적으로 조심스럽게 시작해서 1983년의 예기치 않은 공식접촉, 그리고 1992년의 한·중 수교는 국제정세와 동북아 및 한반도를 중심으로 하는 강대국 간의 정책과 전략의 변화라는 맥락에서 이해될 수 있다. 1970년대의 화해, 중·소 대립, 남북한 간의 체제경쟁, 1980년대와 1990년대에 걸쳐 일어난 국제정치체제의 변화, 즉 독일의 통일, 동구의 붕괴, 구소련의 해체에 따른 냉전구조의 종식 등은 한국과 중국 양국의 외교정책에서의 전략과 책략을 변화시켰다. 군사적·정치적 요소보다 경제적 이익의 추구가 국가의 정책적 우선순위에 등장하게 되고 한국은 한국대로 거대한 경제적 시장과 대북한 견제책으로서의 중국이 필요했고, 중국은 4개 현대화의 달성에 있어서 필수불가결한 주변안보환경의 안정과 대한반도 발언권 강화, 그리고 경제발전의 모델로서의 한국이 필요했던 것이다.

한국은 '하나의 중국'을 인정하여 대만과 단교함으로써 중국의 입장과 통일정책을 지지한 데 비해, 중국은 '두 개의 한국'을 관철시킴으로써 북한과 남한을 동시에 정치적 실체로 인정하는 '이중전략'을 통해 남북한 등거리외교를 추진할 수 있게 되었다. 중국은 수교 직후부터 북한과는 정치적·군사적 관계유지, 한국과는 경제적 교류확대를 통한 협력관계유지라는 '정경분리'정책을 수행해 왔으나 1994년 이후, 특히 북한의 핵문제가 불거져 나온 이후부터 이러한 정책의 지속에 한계가 노정되기 시작했다. 즉 급속히 증가되고 있는 양국간의 교역과 투자로 인해 경제적 상호의존성뿐만 아니라 APEC이나 ASEM 등에서 한국의 위상이 제고되었고, 특히 중요한 한반도문제에 있어서 한국은 중국의 보다 명확한 입장표명을 요구하게 됨으로써 중국의 대한국정책은 '정경분리'에서 '정경일치'정책으로 전환하지 않을 수 없게 되었다. 그러나 중국의 대한반도정책의 핵심은 여전히 '남북한 등거리외교'의 형태를 띠고 있다. 즉 남북한으로부터 어느 일방을 지지함으로써 다른 측으로부터 거부감이나 불만의 원인이 되는 것을 피하는 신중한 이중전략을 구사하고 있는 것이다.

본 장에서는 1970년대 말부터 시작된 한·중관계의 발전과정에 나타난 양국의 전략적 선택과 특성을 분석하고 한·중 수교 이후 양국관계의 진전과 한계를 분석하고자 한다. 또한 이러한 양국관계의 발전을 가능하게 한 중국과 한국의 정책변화의 원인을 국제정세의 상황변화에 따른 인식변화로 보면서 양국을 둘러싼 국제정치체제의 특성과 변화과정이 양국의 대외관계를 어떻게 변화시켰는가를 살펴보고자 한다.

제 2 절 국제정세의 변화와 한·중 접촉의 시작

1970년대 초부터 부분적으로 조심스럽게 시작된 한국과 중국의 접촉은 우선 국제정세와 동북아 및 한반도를 중심으로 하는 강대국 간의 정책과 전략의 변화라는 맥락에서 이해될 수 있다.

우선 모택동(毛澤東)시대의 외교정책을 살펴보면 문화혁명 기간에는 국제사회를 반혁명세력과 혁명세력의 대결구조로 보고, 중국 스스로를 혁명세력의 중심에 위치시키며 적극적으로 현상 국제질서의 변혁을 주장했다. 반혁명세력이라는 것은 전후에 일관되게 적대시해 온 '미 제국주의'가 주범이며, '각국의 반동세력'이 이를 추종하는 것으로 보았다. 더욱이 1960년대에 들어와 미국과의 평화공존노선을 모색하게 되자 자연 소련을 '수정주의'라 비난하게 되었다. 중국은 미 제국주의와 소련 수정주의에는 결연히 반대하여 대결하는 입장을 견지해 왔다. 그러나 미·소에 대항하는 국제적 혁명세력을 살펴보면 그 주체세력은 '국경을 초월하는' 프롤레타리아가 아니라 차라리 제국주의·패권주의·식민지주의에 반대하는 피억압 민족·국가였다. 그 점에서는 더욱 과격한 세계혁명을 주장한 1960년대에 있어서조차 중국외교는 국민국가체계 그 자신을 부정하는 것은 아니었던 것이다.[1]

문혁기의 급진주의는 외교에 있어서 크게 반영되었고 1966년부터 1년 여 동안 정식 또는 비공식으로 국교를 유지한 40여개 국가 가운데 30여개 국가와의 분규 또는 대립을 야기시켰다. 이와 같은 중국의 세력을 상징하는 것이 "중국은 세계혁명의 중심이며…세계혁명의 병기창과 같은 것이다"라는 모택동의 말로 대변된다.[2] 더욱이 모택동은 1968년 이러한 '세계혁명중심론'을 스스로 비판하기도 했으나 이러한 국제정치에 있어서 세계의 중심이라는 인식은 포기되지 않았다.

이러한 중국의 세계관은 동북아에 대한 전략기조에 그대로 투영되고

---

1) 岡部達味, 『中國外交の基本政策』(東京: 東京大學出版會, 1976).
2) 岡部達味 (1976) p. 210.

있다. 1972년의 중·미 간의 '상해공동성명'에서 천명한 '반패권'(反覇權)
원칙은 중국이 동북아와 기타 국가에 적용될 뿐만 아니라 이는 소련을
견제하는 지렛대로서 활용하려는 의도였다. 더욱이 소련과 중국의 완충
지대인 북한은 중국으로서는 결코 포기할 수 없는 '세력권'의 일부로 간
주되었다. 1960년대부터 표면화된 중·소 분쟁은 양국을 적대적 대립관
계로 만들었고 그 결과 중·소 양국은 경쟁적인 '북한 껴안기'전략을 추
진하게 되었다. 흥미있는 것은 북한에 대한 중국의 이익은 절대적이라
기보다는 상대적인 것이라는 점이다.[3] 중국은 1949년 이래 북한이 보유
한 협상력이나 능력을 의식하여 북한을 외교적 및 군사적으로 지원했
던 것이 아니라 중국 자체의 필요와 인식에 따라 북한을 지원, 이용했
던 것으로서 강대국이 자국의 이익이나 이해에 따라 약소국을 지원하
는 일반적인 패턴으로 볼 수 있다. 결국 북한의 친소화(親蘇化) 저지와
한반도 내에서의 서방세력의 억제를 위한 전략의 일환으로서의 군사적·
정치적·경제적 지원이 행해졌다고도 할 수 있다.

중국의 이러한 대한반도 시각은 1970년대 초 궤도의 수정을 보게 되
었다. 1971년의 유엔가입, 1972년의 닉슨의 방중에 따른 화해와 중·일
국교정상화 등에 따라 새로운 전환을 맞이하게 되었으며 중국의 정책
결정자들은 소련의 패권주의를 반대하는 동시에 미국이나 일본이 더이
상의 적대적인 상대가 아니라는 생각을 갖게 되었다. 한반도에서의 세
력권 확대라는 의미에서 볼 때 한국과의 적대적인 관계의 재조정은 중
국의 이익에 그다지 반하는 것은 아니라는 인식을 갖게 되기는 하였으
나 친북한 외교정책의 수정을 가져올 전기는 마련되지 않고 있었다.

한국정부 또한 북한과의 체제경쟁과 외교경쟁에서 승리하는 길은 사
회주의 국가 내에서 적성국가와 '비적성(非敵性)국가'들을 분리하여 관
계를 증진하는 것이라는 인식을 갖게 되었다. 1971년 1월 박정희 대통령
은 '비적성' 사회주의 국가들과의 관계개선을 희망하고 있다고 발표했

---

3) 송영우, "중국의 한반도에 대한 기본태도," 송영우 외, 『한중관계론』(서울: 지
영사, 1994년), p. 16.

으며 이는 "소련과 중공과의 외교정상화문제를 유연하고 신중하게 추진한다는 것이 정부의 정책"이라는 김용식 외무부장관의 선언으로 확인되었다.⁴⁾ 그러나 한국정부의 공식적인 태도는 "만약 이러한 비적성 사회주의 국가들이 한국의 주권을 인정하고 적대행위를 삼갈 경우"(if they recognize our sovereignty and refrain from hostile actions)라는 단서가 붙은 것이었으며 한국의 보다 적극적인 외교정책이 추진되기까지는 이렇다할 반응이 없었다.

1973년 6월 23일 박정희 대통령은 '평화통일외교정책'이라 불리는 '6·23선언'에서 "한국정부는 세계의 모든 국가들에게 호혜와 평등의 원칙하에 문호를 개방할 것이며 동시에 이데올로기와 사회제도가 상이한 국가들 또한 문호를 개방할 것을 촉구한다"는 내용의 새로운 외교정책을 발표했다. 이러한 한국의 구애는 점차 중국의 확고한 친북한정책을 변화시키고 있었다. 중국은 제3국이나 국제회의에서 중국관료와 한국관료와의 접촉을 금지시켰던 과거의 태도를 완화시킴으로서 더이상 한국과의 교류가 중·미, 중·일 관계의 발전에 장애요인이 아니라는 인식을 갖게 되었다.

'6·23선언' 이래 한국과 중국 간의 비정치적인 교류가 서서히 확대되기 시작했다. 1974년 9월부터 중국은 한국과 우편 및 통신에 대한 교류를 허용했으며, 1975년 3월에는 민간인들이 중국대륙을 방문하고 돌아오기도 했다. 1975년 7월 양국간에는 전신교류가 허용되었고, 1976년 6월에는 서해안 근처에서 조업 중 조난당한 한국의 선원들을 무사히 귀환시키기도 하였다.

경제적인 측면에서도 양국간의 비공식적 교류는 증가되기 시작했다. 1970년대 말부터 한국의 수출주도형 산업정책은 거대한 중국시장을 겨냥하고 있었으나 직접교역이 불가능하자 이를 타개하기 위해 홍콩·일본·싱가포르 등 제3국을 통한 간접무역방식을 채택했다. 한·중 교역은

4) 김용식, 『희망과 도전』(서울: 동아일보사, 1987년), pp. 219-220.

1979년 한국이 중국산 무연탄 구입을 계기로 간접교역이 개시된 이래 양국간의 교역은 점진적으로 증대되었다.

이러한 비공식적 접촉을 확대하려는 한국의 의도는 중국의 '一個朝鮮'정책으로 인해 좌절되었으며, 일본『讀賣新聞』과의 인터뷰에서 등소평(鄧小平)이 "한국과의 관계개선은 중국에 있어서 유익하지 않을 뿐 아니라 미국이 북한을 승인하는 것도 비현실적"5)이라고 밝힌 것도 이러한 중국의 친북한정책에서 궤도수정이 시기상조임을 뒷받침하고 있다. 중국으로서는 북한과의 유대강화는 아직도 중요한 대한반도 정책기조였다.6) 중국의 대북한 경사외교의 배경에는 우선 중국의 대서방 화해에 대한 북한의 불만을 해소함으로써 중·소 분쟁에서 북한의 친소경향을 저지해야 한다는 점이었다.

1978년 12월 중국공산당 제11기 3中全會에서 추진을 선언한 등소평의 '대내개혁 대외개혁' 정책에 투영된 실용주의의 패러다임은 외교정책에도 반영되었다. 이데올로기보다는 건설을, 정치보다는 경제를, 계급투쟁보다는 국익을 우선하는 개혁정책은 경제발전과 4개 근대화에 '大氣候'(국제정세)와 '小氣候'(국내정세)의 안정이 필수적인 것이었다. 이러한 실질적 관점의 변화에도 중국과의 접촉은 제한적인 경제교류 이외에는 이루어지지 않고 있었다. 실제로 1979년 10월 상해에서 개최된 세계청소년 축구선수대회 아시아 지역 예선전이 개최될 예정이었으나 한국선수단의 입국에 부담을 느낀 중국정부는 대회를 무산시키기도 하였다.

중국의 태도변화는 1980년대에 들어와 감지되기 시작했다. 1980년 1월 '4개현대화의 성공적인 추진을 국내문제와 국제문제를 해결하는 데 있어서 가장 중요한 조건'이라는 등소평의 연설은 주변정세의 안정과 경제발전이 국가의 최대목표로 설정되었음을 의미한다. 특히 한반도에 있어서 분쟁발발억제에는 현상유지가 필수적이며 한국의 급속한 경제

---

5) *Beijing Review* (June 18, 1976), p. 4.

6) 박두복, "중국의 대한반도정책과 한중관계," 한국국제정치학회, 『국제정치논총』, 제29집 제2호 (1989), pp. 73-75.

성장모델에 상당한 관심을 갖는 중국의 지도자들이 많았다. 새로운 경제 파트너로서 한국과의 교역은 기존의 대한국인식을 변화시키게 만들었다. 이러한 서방과의 적극적인 중국의 개방외교는 한국과의 제3국을 통한 교역을 1980년 말에는 1,900만 달러에 이르게 했다. 1980년 1월 중국외교부장 황화(黃華)는 '關門不上鎖'(한국에 대한 문은 잠겨 있으나 빗장은 걸지 않았다)라는 말로 한국과의 교류확대의사가 있음을 사실상 부인하지 않았다.

1949년부터 지속되어 온 한·중 양국간의 상호불접촉, 상호적대관계는 예기치 않은 사건으로 기존의 정책을 급선회하게 만들었다. 1983년 5월 105명의 승객과 승무원을 태운 심양발 상해행 중국민항기가 탁장인(卓章仁) 등 6명의 무장납치범에 의해 춘천공항에 강제피납되어 불시착한 사건의 해결을 위해 중국정부는 기존의 소극적이고 제한적인 접촉에서 직접적인 교섭으로 전환하지 않을 수 없었으며, 이에는 한·중 직접교섭을 위한 미국과 일본의 지원과 알선이 있었다.[7] 중국정부는 초기 간접교섭 방법을 통해 항공기와 승무원의 송환을 협상하려 했으나 사건발생 3일 만에 중국민항총국 심도(沈圖) 및 33명의 관리와 승무원이 직접 서울을 방문하여 당시 공노명 외무부차관보와 직접협상을 벌였다. 9개항에 걸친 외교각서가 서명되었으며 처음으로 '중화인민공화국'과 '대한민국'이라는 양국의 정식국호가 사용되었다. 양국은 납치범은 한국 국내법에 의해 재판할 것과 향후 유사한 사건이 발생될 때 긴밀히 협조할 것을 합의했다.[8] 그 결과 중국으로서는 북한을 법률적인(de jure) 정체로 인정하는 동시에 남한의 실체도 현실적인(de facto) 정체로 인정하게 된 것이었다. 사건 직후 중국의 오학겸(吳學謙) 외교부장은 북한을 방문하여 중국이 결코 '兩個朝鮮'정책을 추구하는 것은 아님을 강조했음에도 알 수 있다.[9]

---

7) Chaejin Lee, *China and Korea: Dynamic Relations* (Stanford: Hover Institute Press, 1996), p. 106.

8) 황명수, "한중경제교류와 전망," 김윤환 외, 『전환기의 중국경제』(서울: 집문당, 1992), p. 285.

9) 『人民日報』(1983. 5. 26).

북한의 항의를 무마하기 위해 "단지 국제회의에 참석하기 위함"을 강조
했음에도 중국은 1983년 8월 무석에서 개최되는 유엔개발계획과 세계식
량기구가 공동주관한 국제회의에 참석하려는 한국관리에게 입국비자를
발급했으며 같은 해 10월 상해에서의 국제통신연합 세미나와 대련에서
의 국제해사(海事)기구회의에 참석하려는 한국의 관리들에게 입국을 허
가했다.

중국의 대한감정의 변화는 소련의 KAL기 격추사건과 미얀마에서 발
생한 북한 테러리스트의 한국정부요인 암살미수사건에서 보여준 중국
의 태도에서도 감지될 수 있었다. 1983년 9월 KAL기가 격추되자 중국은
유엔에서 소련의 비인도적 행위를 규탄하는 미국과 일본의 편을 들면
서 희생자들에게 적절한 보상이 이루어져야 한다고 주장했다.[10] 또한
미얀마의 수도 양곤에서의 테러리즘에 대해서『인민일보』는 북한의 소
행이라는 미얀마 정부의 발표를 게재하면서 중국정부는 "어떠한 폭력
행위도 반대한다"는 견해를 피력했다.[11]

이러한 중국의 호의적인 태도로의 변화는 한국의 문화·체육계 대표
의 입국허가로 이어졌다. 1984년 2월 25일 운남성 곤명시에서 개최된 데
이비스컵 테니스 대회에 참석하는 한국선수단 및 임원과 4월에 있었던
축구연맹총회에 참석하려는 한국관리들에게 입국을 허용했으며 한국도
같은 달 중국 청소년농구팀과 수영선수들에게 입국을 허가했다. 북한은
즉각 한·중 교류는 중국과 북한 간의 우의를 훼손할 수 있다고 항의했
으나 중국은 체육교류는 정치적 관계에로 반드시 발전되는 것은 아니
라는 말로 일축했다. 한국의 중국에 대한 '구애'의 정도는 대만에 대한
태도변화에서 나타났다. 1984년 4월 서울에서 열린 아시아청소년농구선
수권대회에 중국과 대만이 참가하게 되자 한국정부는 당혹스러웠으나
단호한 결정을 내렸다. 대만선수단이 "대만은 중화민국 국기를 사용하
지 않을 것과 국가를 연주할 수 없다"는 중국의 참가요구조건을 한국정

---

10) Chaejin Lee (1996), p. 108.
11) Chaejin Lee (1996), p. 108.

부가 수락한 데 대해 항의하며 대회불참을 선언한 것은 한국이 언젠가는 '중국문제'를 해결하기 위해 미국과 일본이 행한 대만과의 단교를 할 것임을 예견할 수 있는 것이었다. 스포츠관계자들에 의한 양국방문은 한·중관계의 물꼬를 트게 한 것이었다. 아시아·태평양 지역 경제사회위원회, 수입관리세미나, 무역박람회 참관 등 양국간의 교류이외에도 1985년 상해의 아시아여자농구선수권대회와 아시아역도선수권대회에 한국 대표들이 대거 참가했다. 중국인들의 한국방문도 이어졌다. 1985년의 국제위성통신기구, 세계은행 및 국제통화기금총회와 아시아청소년체조선수권대회에 중국의 관리들과 체육인들이 참석했으며 1985년 9월에는 장백발 북경시장과 허진련 국제올림픽위원회 위원이 한국을 방문하여 전두환 대통령이 주최한 만찬에서 서울에서 개최될 1986년의 아시안게임과 1988년의 올림픽에 참가할 것을 확약했다.

민항기사건의 해결을 위한 양국간의 교섭은 과거의 민간 위주의 간접교류를 긴급사태발생시 예외적인 경우이긴 하나 제한된 분야에서 정부 간의 직접접촉으로 변화시켰다. 한·중 간의 정부 간 교섭이 필요하게 된 것은 1985년 3월 선상반란으로 인해 표류하고 있던 중국해군어뢰정이 한국정부에 의해 나포된 사건이었다. 중국해군함정이 어뢰정 추적시 한국 영해를 침범한 것에 대해 중국정부의 공식사과가 있어야 어뢰정을 송환하겠다는 한국정부의 요구를 중국정부가 받아들인 것이다. 1983년의 '하이잭 외교'(hijack diplomacy)와 1985년의 '어뢰 외교'(torpedo diplomacy)는 "한국정부가 중국의 국익을 고려하며 공정하게 행동하고 있으며 한국에 대한 이미지도 문제해결의 결단력과 훌륭한 외교적 능력을 지닌 나라"라는 인식을 심어주었으며,[12] 연이어 1986년 10월의 중국의 미그 19기의 망명사건이 또다시 발생하자 양국 정부는 한국의 홍콩 영사관과 중국의 신화사 홍콩분사 간에 위기관리를 위한 비공식 상설교섭채널을 개설하는 데 합의하게 되었다.

---

12) Chaejin Lee (1996), p. 110.

인도적인 문제의 해결에 있어서도 중국의 태도는 과거의 경직된 것과는 거리가 먼 자신감에 찬 것이었다. 1979년 5월 중국정부는 중국에 거주하는 한국교포의 고국방문을 허용했으며, 1980년까지 모두 7세대 19명의 영구귀국이 이루어졌고 1984년 3월 나카소네 일본수상의 북경방문시 조자양(趙紫陽) 총리가 중국 및 한국에서 거주하는 친척들의 양국방문과 중국교포들의 가족상봉을 확대하겠다고 확약한 후부터 중국교포들의 고국방문이 급속히 증가했다. 특히 1988년 10월에는 한국의 교통부가 중국을 해외여행제한국에서 제외시킨 후 한국인의 중국방문은 급속히 증가하게 되었다.

1983년 이후의 문화학술교류의 허용, 간접무역에서 직접무역으로의 변환, 민간위주의 간접교류에서 제한적인 비정부간 교섭으로 발전한 중국의 태도변화(about-face)는 한국정부로 하여금 수교를 위한 민간차원에서의 교류와 정부차원의 교섭을 본격화하도록 만들었으며 한국정부는 획기적인 정책을 수립함으로써 이러한 중국의 태도변화에 대응했다.

1980년대 후반에 들어오면서 양국관계는 정치·경제·문화 등 각 분야에서 급속히 발전했다. 우선 정치적인 측면에 있어서 중국은 북한을 여전히 한반도의 유일한 합법정부라는 원칙에서 흔들리지 않고 있었으며 북한의 고려연방제 통일방안, 3자회담 개최, 주한미군 철수 등 한반도문제에 관한 북한의 입장을 지지하고는 있었으나 한반도의 평화와 안정 문제에 대해서는 유연성을 보이기 시작했다. 한·중 교류가 진전되고 접촉이 확대됨에 따라 중국은 1986년 1월 이미 한국의 남극조약 가입에 대해 당초의 반대입장에서 철회, 타국이 반대하지 않을 경우 중국도 반대하지 않겠다는 태도를 보였다. 또한 1987년 6월 등소평은 북한이 남침하는 경우 이를 지지하지 않겠다는 발언을 하였으며, 같은 해 11월 KAL기 폭파사건에 대해서도 북한의 주장에 동조하지 않는 등의 태도를 보였다. 1988년에는 7·7선언을 환영한다는 태도를 밝힘으로써 남북한문제에 대해서 기본적으로는 북한의 입장을 지지하면서도 남북한 대화를 통한 당사자 해결원칙을 강조하면서 한반도 긴장완화와 평화안정을 지

지한다는 보다 중립적인 태도를 보였다. 중국은 한·중 간의 경제무역·
인적교류 사실을 공개적으로 시인하고 비정치적 분야에서의 관계를 계
속 발전시킬 것을 공개적으로 밝혔다.

경제적인 측면에서의 교류도 서서히 증가하고 있었다. 개혁개방의 목
표는 정치적 이데올로기보다는 경제건설에 중점을 둔 사회주의 현대화
의 달성이었던 중국으로서는 자본주의 국가들의 기술과 자본을 도입하
고 경제협력을 추구하는 것이 급선무였다. 이러한 대외정책의 기조는 그
대로 한국과의 관계에도 적용되었다. 이미 한국의 놀라운 경제성장에 관
심을 보였던 중국은 한국과의 경제협력을 중시하고 있었다. 한국경제의
원동력이었던 '수출주도형 산업화'(EOI: export-oriented industrialization)와
개발전략은 중국의 현대화에 적용할 수 있는 하나의 모델로서 주시해 오
고 있었다. 특히 한국의 개방경제체제와 고도성장정책 및 그 수단으로서
의 한국의 경제정책의 성공에 큰 관심을 보였으며 포항제철과 같은 큰
공장과 과학기술계획, 경영과 조직 등에 있어서도 한국의 성공을 연구하
기 위해서 관계부처와 연구소에 전담조사반을 구성해 놓고 있었다.[13] 특
히 중국의 언론계와 학계에서는 한국이 내수시장의 미발달과 자금부족
을 수출을 통해 해결하고 고도성장을 이룩한 것에 대해 관심을 보였으며
『經濟參考紙』에서는 "南朝鮮發展外向型經濟的四部曲"이라는 기사에서
한국의 발전상을 소개하면서 외자도입·기술도입·인력개발·수출증대 등
의 정책의 성공사례뿐만 아니라 포항종합제철소와 같은 대규모공장에
대해서도 관심을 보였다.[14] 한국의 경제발전이나 고도성장 그 자체보다
는 오히려 경제발전을 가능케 했던 전략이나 정책에 관심을 보인 중국으
로서는 대외개방정책의 추진에 있어서 중간기술 보유, 지리적 근접성,
그리고 제조업 및 경공업 제품을 생산할 수 있는 자본과 기술이전 등 상
호보완성이 높은 한국과의 경제교류의 필요성을 서서히 느끼기 시작한
것이었다.

13) 안병준, 『중공정치외교론』(서울: 박영사, 1986), p. 417.
14) 이남구, "중국과 한국의 경제교류 및 관계," 송영우 외, (1994), p. 192.

이로써 한국과 중국은 비군사적·비정치적인 문제는 비정부간 관계라는 채널을 통해, 경제적인 분야에서는 적극적이고 직접적인 채널을 통해 유지발전시키는 특이한 관계를 유지하면서 양국관계의 진전이 급속히 확대될 것을 기대할 수밖에 없었다.

제 3 절 새로운 국제질서의 형성과 한국과 중국의 정책변화

1. 북방외교와 한국의 대중접근

획기적인 정책제안은 한국측에서 비롯되었다. 1988년 7월 7일 노태우 대통령은 '민족자존과 통일번영을 위한 특별선언'(7·7선언)에서 새로운 북방정책을 발표했다. 즉 북한을 적이 아니라 민족공동체의 동반자로 규정하고 북한의 지원세력인 중국·구소련과 동구권 등 사회주의 국가와의 관계개선을 통해 한반도의 긴장완화와 통일기반을 조성하려는 이른바 "모스크바와 북경을 거쳐 평양으로 가는" 북방외교의 시작이었다.[15]

노태우 정부의 북방외교는 동구·러시아와의 수교, 한·중 수교와 이에 이은 베트남과의 수교를 통해 새로운 국제질서의 변화에 발빠른 대응에서 추진되고 있었다. 그러나 중국의 반응은 냉담했다. 1988년 7월 이붕(李鵬) 총리는 중국은 아직 한국과 정식외교관계를 수립할 의사가 없으나 양국간의 무역관계는 계속해서 발전하고 있음을 강조했다. 이러한 중국의 공식반응은 이른바 '정경분리'(政經分離)원칙에 의해서 북한과는 공식적인 관계를, 남한과는 비공식적·비정부간 경제관계를 유지·발전시킨다는 것이었다. 중국의 고위관리들은 북한과의 관계가 가장 중요하며 가장 밀접한 관계이므로 남한과의 외교관계는 생각하고 있지도 않다고 강조했으며 이붕 총리 또한 "중·소 간의 전통적 우호관계는 현재 발전

---

15) 외무부, "북방외교와 한중수교," 민주평화통일자문회의 운영위원회에서의 이상옥 외무부장관의 보고 (1992. 10. 15).

하고 있으며 한반도에서의 평화와 안정유지를 위해 중국은 북한이 제의한 독립적이고 평화로운 통일방안을 지지한다"는 말로 대북한 지지를 공식화했다.[16]

1989년에 들어와 한·중관계는 중앙정부차원의 교섭단계에 접어들게 되었다. 즉 이전까지의 '성급차원'(省級次元)의 교섭은 중앙차원으로 격상되어 3월과 5월 양국대표단은 정부차원의 사무소를 설치하기 위한 교섭을 진행하기 시작했으며 천안문사태로 인해 다소 주춤하기는 하였으나 양국간의 인적·물적 교류와 협력은 꾸준히 그리고 활발히 진행되었다.

1989년 말부터 변화하기 시작한 국제정세는 한국의 북방외교를 보다 더 적극적으로 추진할 수 있는 여건을 조성해 준 것이라 할 수 있다. 1989년 12월 미국과 소련의 정상 간의 '몰타회담'으로 공식화된 냉전체제의 종식은 동구의 민주화, 독일의 통일, 구소련의 해체, 걸프전 등을 거치면서 이른바 '신(新)국제질서'를 태동시키고 있었다. 즉 국제정치에서의 힘의 배치가 과거의 미·소를 중심으로 한 양극체제에서 미국이 초강대국으로 부상하고 그 주변국들이 미국의 독주를 견제하는 이른바 '단극다중심체제'(單極多中心體制, unipolycentrism)가 시작되었으며, 국제정치의 우선순위도 이데올로기와 안보, 군사위주의 '고위정치'(high politics)에서 경제·환경·인구·식량 등 비군사·비정치적 요소 등 실리적이고 현실적인 영역이 강조되는 '저위정치'(low politics)로 이전되기 시작하였다.

이러한 국제 정치·경제 상황의 변화와 국제정치구조의 재편으로 인해 1990년대의 한국외교도 새로운 신국제질서의 특성에 적응할 수 있는 방향으로 바뀌지 않을 수 없었다. 우선 한국외교의 거시적 환경을 구성하는 신국제질서는 ① 이념적·군사적 양극체제의 종식, ② 권력중심의 다원화와 다극체제의 활성화, ③ 공동안보와 종합안보개념의 확대, ④

---

16) Chaejin Lee (1996), p. 115.

경제우선주의 등을 특징으로 하는 특성을 보이면서 변화하고 있었으며 이러한 새로운 국제정치질서는 과거 조화·협력·화해·협조 등과 같은 측면보다는 국가의 생존을 위한 경쟁·갈등·분쟁 등의 개념이 강조되는 시대로 진입함을 의미하는 것이었다.

1990년에 들어와 한국정부는 동구권에서 사회주의권 국가와의 수교 달성으로 북방외교가 어느 정도 성공을 거두었다고 판단하고 대중국 관계개선에 적극성을 보이기 시작했으며 대소·대중 수교를 외교의 주요시책으로 설정하였다. 중국의 '남북한 정경분리'라는 이중적 원칙을 한반도에 적용함으로써 한·중관계에 별다른 진척이 보이지 않고 있는 동안 적극적인 대한 공세는 오히려 러시아로부터 취해졌다. 서울올림픽 기간 동안 구소련과 한국과의 관계는 '더욱 직접적, 더욱 공개적, 그리고 더욱 정치적'(more direct, more open, and even more political in nature)으로 발전하고 있었다.17) 러시아는 우선 한국의 자본과 기술을 유치하여 극동지역과 시베리아 지역을 개발할 생각을 하고 있었으며 한국과의 교류를 통해 아시아·태평양 지역에서의 영향력을 강화하고 한반도 문제에 있어서도 미국이나 일본에 주도권을 빼앗기지 않으려는 생각이었고 이러한 정책은 한국의 북방정책의 추진과도 맞아떨어졌다.

1988년 12월 소련의 상공회의소와 한국의 무역진흥공사는 양국의 수도에 무역사무소를 개설하기로 합의하면서 양국간의 경제관계도 중국에 못지 않은 수준으로 발전하기 시작했다. 1990년 3월에는 당시 김영삼 민자당 대표가 모스크바를 방문하여 고르바초프 대통령과 양국이 조속한 시일 내에 외교관계를 수립한다는 것에 원칙적인 합의를 한 것으로 전해졌다. 1990년 6월 4일 샌프란시스코의 한·러 정상회담에서 고르바초프와 노태우 대통령은 1990년 9월 30일을 기해 수교할 것을 합의했다.

한반도문제에 있어서 러시아에게 주도권을 빼앗긴 것처럼 보였던 중국이 여전히 한국과의 수교에 미온적인 것은 우선 동구권의 붕괴와 러

---

17) Ruo Yu, "Eastern Powers Thaw Lines to S. Korea," *Beijing Review* (January 9-15, 1989), pp. 15-16.

시아의 해체를 목격한 중국으로서는 사회주의의 붕괴와 자유화의 파장이 중국에까지 파급될 경우 중국의 체제위기로 발전할 것을 우려했을 뿐 아니라, 중국으로서는 동아시아에서 우호적인 관계를 유지하고 있는 북한을 자극해서 소원한 관계를 만들 필요가 없었으며, 북한이 고립될 경우 북한의 모험주의에 의해 발생될 수도 있는 분쟁을 우려했기 때문이었다. 러시아가 북한으로부터 '배신자,' '위선자'라는 비난을 받는 동안 중국은 북한으로 하여금 가장 믿을 수 있고 사회주의를 구할 수 있는 동반자라는 인식을 심어주는 데 주력했다. 중국은 김일성을 심양으로, 수상 연형묵을 심천으로, 부수상 이종옥과 김영남 외교부장을 북경으로 초청했고, 강택민 총서기, 송평, 이철영 등을 북한에 보내 전통적인 우호관계를 확인했다. 북한건국 42주년을 기념해 『인민일보』는 사설에서 "피로써 맺어진 중·조 양국관계는 어떠한 도전에도 불구하고 '강한 생명력'(强大的生命力)과 '전투적우의'(戰鬪的友誼)는 더욱 더 강화될 것"임을 강조했으며 김일성이 주장한 고려연방제 통일방안을 지지한다고 밝혔다. 중국은 한국과 외교관계를 수립한 러시아에 대한 북한의 반감과 비난이 상당한 것임을 알고 있었고, 중국이 만약 한국과 수교를 결심할 경우 북한으로부터의 비난의 강도가 더 클 것임을 알고 있었다. 따라서 한·소 수교시 "한·소 수교가 곧바로 '교차승인'으로 발전되는 것을 의미하는 것은 아니다"라는 북한의 김영남 외교부장의 말에 지지하는 태도를 보일 수밖에 없었다. 북한으로서는 만약 이러한 교차승인을 강력히 반대하지 않을 경우 한국과 중국 간의 수교도 막을 수 없을 것이라는 계산이었고, 중국으로서도 북한의 자존심을 손상시켜 가면서까지 자신들이 원하고 있던 남북한 '교차승인'을 서두를 필요는 없었으며, 1991년 5월 평양을 방문한 이붕 총리는 김일성과 만난 자리에서 "어떠한 국제상황의 변화에도 불구하고 중국은 '一個民族, 一個國家, 兩個體制, 兩個政府'원칙에 기초하고 있는 김일성의 고려연방제를 전폭적으로 지지할 것"임을 재차 강조했다.[18]

유엔 동시가입에 관한 문제에 있어서도 중국은 이는 북한이 반대하

는 것이므로 반대하며 남한이 단독으로 유엔가입을 신청할 경우 안보
리에서 거부권을 행사할 것을 분명히 밝혔으며 남한 내 유엔군 사령부
의 해체를 주장하였고 유엔군 공동묘지의 이전도 주장하는 등 북한의
입장에 동조하는 태도를 보여왔다. 그러나 중국으로서는 국제사회에서
한국의 지위가 점차 상승하고 있어 앞으로 북한의 지지국확보가 어려
워 질 것을 예견하고 있었다. 한국이 이미 동구권의 대부분의 국가들과
러시아와의 국교가 수립된 것을 목격한 중국으로서는 더이상 '북한 껴
안기'만을 고집할 수 없었다. 1990년 3월 북한을 방문한 이붕 총리는 김
일성에게 "한반도에서 이미 긴장완화라는 긍정적인 변화"가 일어나고
있으며 북한의 외교적 고립을 막기 위한 최선책은 남북한 유엔 동시가
입임을 설득하였다. 중국은 '남북한 동시가입'의 불가피성을 다음과 같
이 북한에 주지시켰다. 첫째 대다수의 회원국들이 한국의 단독가입에
대해 지지를 표명하고 있어 중국으로서도 거부권행사의 명분이 약해질
수밖에 없으며, 둘째로 만약 남한의 단독가입이 이루어질 경우 북한의
외교적 타격은 커질 수밖에 없으며, 셋째 동시가입이 이루어질 경우 북
한은 오히려 국제사회에서 지위나 국가로서의 위치에 관한 명시적인
승인을 통해 합법적인 정치적 실체로서 인정받게 될 것이라는 점 등이
었다. 이러한 중국의 권고를 받아들여 북한이 마침내 남북한 유엔 동시
가입으로 선회하게 되자 오히려 중국으로서는 북한의 눈치를 보지 않
고 어느 정도 자유로운 입장에서 남한과의 관계를 발전시킬 수 있게 되
었다.

2. 중국의 인식변화와 대한정책의 변화

한 국가의 외교정책결정의 투입요소로서 '가치'(value) 와 '인식'(per-
ception)이 중시되며 중국의 외교정책도 적과 아군을 결정하는 근거로서

18) 『人民日報』(1991. 5. 6).

의 가치분석을 통해 이해될 수 있으며 국제정치의 상황이나 변화에 대한 인식의 분석을 통해 중국의 대외정책의 원칙을 알 수 있다. 이러한 가치와 인식은 동태적인 것으로 인식되고 있으나 서서히 변화한다고 볼 수 있으며 중국의 가치와 인식, 특히 사회주의 이데올로기에 관련된 가치와 인식은 변화의 와중에 있다.

사회적 정향이라는 측면에서 볼 때 가치와 인식은 중국의 경험이나 역사적·추상적인 가치체계에서 기인하고 있다. 우선 서구제국으로부터의 침탈, 외부로부터의 침략으로 인해 중국의 '중화민족우월주의'(Sino-centrism)가 상실되었고 이로 인해 생겨난 '민족적 수치감'(national humiliation)은 중국인의 가치체계와 행위에 영향을 미쳐왔으며 중국의 대외정책이나 안보전략의 결정과정에서도 결코 경시될 수 없는 요소였음을 알 수 있다. 이러한 심리적 요인인 '중심국가 콤플렉스'는 여전히 중국외교정책의 기조에서 나타나고 있다.[19]

그 다음으로는 중국인의 다양한 인간관계에서 나타나는 문화적 특성인 '給面子'(face-saving)에 대한 중시이다. 이는 단지 개인 간의 관계에서뿐만 아니라 대외관계에서도 폭넓게 나타난다. 자신의 언행이 타인으로부터 비난을 받게 될 경우에도 직설적인 대응을 하기보다는 상대방의 체면을 위해 완곡한 표현을 사용하는 것이다. 지나친 한국과의 관계증진에 대해 북한이 불만을 표시하고 양국관계가 소원하게 될 가능성이 있자 중국은 수해피해복구를 위한 곡물지원, 중국 고위지도자의 북한 방문, 중국군함의 북한항 기항 등과 같은 정치적 제스처를 통해 북한의 체면을 세워주고 있는 것이 좋은 예라 할 수 있을 것이다.

---

19) 파이(Luccian Pye)는 "가장 보편화된 중국인들의 감정은…감히 부정될 수 없고 확고부동한 역사적 위대함과 일체감을 느끼고 있다는 것이며…단지 중국인이라는 사실 하나만으로도 역사적인 위대함의 일부가 된다는 것을 의미한다"라고 하면서 중국들은 오랜 역사 속에서 자신들의 정치적·사회적·문화적 우월성을 굳게 믿고 있음을 지적하고 있다. Lucian W. Pye, *The Spirit of Chinese Politics: A Psychological Study of Authority Crisis in Political Development* (Cambridge, Ma.: MIT Press, 1968), p. 50.

셋째로는 중국인의 이중성을 들 수 있다. 전통적으로 중국은 명확한 입장이나 구체적이고 즉각적인 대응은 결코 다수의 이해당사자들의 이익을 충족시킬 수 없다는 것을 알고 있기 때문에 자신의 입장표명이 또 다른 분규나 갈등을 일으킬 우려가 있을 경우에는 전통적인 '一分爲二戰略'을 구사함으로써 이를 피한다. 즉 한 가지 사실이나 현상을 단순한 흑백논리에 근거한 이분법으로 해석하기보다는 상호모순되는 두 가지 대안을 통해 해결하려는 것이다. 한반도에 대한 중국의 시각을 예로 들면 북한과의 전통적 혈맹관계는 변함이 없다고 하면서도 한국이 제안한 4자회담을 지지하는 강택민의 친서를 전달한 것이나 '반패권원칙'을 일관되게 강조하면서도 미국이나 러시아 및 일본과의 관계악화를 우려하는 것은 바로 이러한 맥락에서 이해할 수 있을 것이다.

중국외교정책은 시기별로 원칙 및 전략면에서 변화해 왔다. 건국 초기에는 "한 쪽으로 기울지 않으면 안 된다"는 '대소 일변도정책'을 추진했다. 정치·군사면에서뿐만 아니라 경제면에서도 소련식 발전모델을 채택했던 중국은 중·소 분쟁의 격화와 문화혁명기의 급진주의가 중국외교에 크게 반영되어 모택동은 중국이 "세계혁명의 중심이며…세계혁명의 병기창"[20]임을 자처하고 중국이 국제정치에 있어서 세계의 중심이라는 인식을 갖게 되었다. 1970년대의 중국외교는 1971년의 유엔가입, 1972년 닉슨의 방중과 중·일 국교정상화 등으로 새로운 전환기를 맞게 되고 양체제 간의 대립이라는 인식은 과거에 비해 상당히 감소되었다. 그러나 이러한 인식의 변화가 대외관계에 있어서의 발상의 전환이기보다는 적과 아군에 대한 위협의 정도를 재평가하는 전략의 변화에서 기인하는 것이며 기존의 적대적인 인식을 완화한 것으로 이해할 수 있다.

1980년대에 들어와 중국외교정책상의 기조변화는 중국지도부의 국제정치상황에 대한 세계인식의 변화가 계기가 되었다고 할 수 있다. 가장 두드러진 인식변화는 '반패권주의'의 재천명[21]과 '독립자주외교'의 추

---

20) 中國社會科學出版社, 『當代中國外交』(北京: 中國社會科學出版社, 1989), p. 209.

진[22]을 들 수 있다. 이는 1978년 말부터 추진한 '제2의 혁명'이라 불리는
중국의 개혁개방정책의 성공적인 추진을 위해서는 평화적인 안보환경
이 필수불가결함을 인식한 중국지도부는 '사회주의 현대화건설'이라는
국내정치적 과제와 '평화적인 국제환경의 확립'이라는 대외정책 목표가
상호결합된 것이었다.

1990년대에 들어와 중국의 외교는 상당한 인식변화를 경험하게 되고
이러한 변화는 어느 강대국에 의존하기보다는 중국의 필요와 능력을
인식하면서 자주적이고 독자적인 외교정책을 추진하게 되었다. 드라이
어(Dreyer)의 말대로 이제 중국은 국제정세와 환경의 변화에 대해 외교
정책결정자들이 비교적 완만한 변화를 통해 대응하려는 외교적 기술과
탄력성을 보이게 되었다.[23] 1980년대 말까지 중국은 국제정세의 전개를
결정하는 것은 미국·소련·중국이 주축이 되는 이른바 '大三角關係'였으
나 천안문사건을 경험한 중국은 1990년대에 들어와 이러한 3개 강대국
중심의 국제정치질서가 소련의 붕괴로 재편되어가고 있음을 부인할 수
없게 된 것이었다. 즉 국제정치체제의 구조는 동·서 간의 갈등구조가
종식되고 소련의 해체로 미국이 초강대국으로 등장하게 된 체제하에서
중국은 자신의 위치와 지위, 그리고 추구해야 할 정책의 우선 순위에
대해 재고하지 않을 수 없게 되었다. 이러한 국제정세의 변화와 국제정

---

21) 1982년의 12차 당대회에서 총서기에 취임한 호요방은 정치보고에서 중국의 외
   교의 기본노선이 '독립자주의 대외정책의 견지'이며 중국이 각국과의 관계발전
   의 지침으로서 일관성있게 주장해온 대원칙은 '주권과 영토보전의 상호존중, 상
   호불가침, 상호내정불간섭, 평등호혜, 평화공존이라는 평화공존 5원칙'과 어떠한
   패권국가와도 동맹을 체결하지 않을 것이며 어떠한 국가의 패권추구행위도 단
   호히 저지할 것이라는 '반패권주의'임을 밝혔다.

22) 등소평은 독립자주는 곧 외세의 간섭과 강요에서 탈피하는 것으로 인식하고
   "어떠한 외세도 중국으로 하여금 속국이 될 것을 강요할 수 없으며 중국의 국
   가이익에 반하는 어떠한 쓴 과일을 먹을 것을 기대해서도 안 된다"는 것을 강
   조했다. "Adhere to Independent Foreign Policy," *Beijing Review*, No. 25
   (November 15, 1982), p. 21.

23) June Teufel Dreyer, *China's Political System: Modernization and Tradition*,
   2nd ed. (Boston: Allyn and Bacon, 1996), p. 329.

치구조의 변화는 중국으로 하여금 자신이 '세계의 중심'이라는 중심론을 포기하게 만들었고, 중국은 단지 "단지 낙후된 국가로서 근대화를 고민하는"국가라는 현실론이 자기인식과 결합되어 새로운 현실외교노선인 전방위외교를 탄생시키게 된 것이다. 전방위외교의 핵심은 중국은 '발전도상의 사회주의국가'이며 중국의 국가목표는 경제건설로 설정한 것이다. 즉 "경제의 활성화가 무엇보다도 중요한 것이고 이를 통해 총체적인 국력을 향상시켜야 하며, 경제력 없이는 국제적인 지위를 확보할 수 없다"라는 강택민의 공작보고에서도 나타나고 있다.[24] 이러한 현실주의적 상황인식의 변화는 과거의 '세력정치'(power politics), 즉 군비증강, 영토의 확장이나 이데올로기의 고수 등과 같은 요소뿐만 아니라 경제발전, 국민의 삶의 질, 산업구조의 재편 등과 같은 경제요소 등도 대외관계의 추진이나 국익의 증진에 필수불가결하다는 '포괄적 안보'(comprehensive)의 개념에서 출발하고 있다.

1990년대에 들어오면서 변화하기 시작한 중국의 상황인식은 다음과 같은 특성을 보임을 알 수 있다. 첫째는 경제적인 약점을 정치적으로 보완하는 전략을 구사하고 있다. 경제적으로 낙후된 중국은 4개 근대화의 성공에는 서방의 기술과 자본이 필수적이라는 약점을 지니고 있다. 즉 미발달된 사회간접자본, 낮은 제도화 및 법제화수준, 관료의 부패와 지역적 격차, 산업구조의 불합리 등과 같은 경제상의 약점을 중국의 정치적 강점으로 보완하는 전략을 구사하고 있다. 즉 중국 특유의 외교적 수완과 교섭능력, 협상술뿐만 아니라 유엔 안전보장이사국의 하나라는 위치, 그리고 특유의 충격요법인 '치고 빠지기 정책'(thrust-andwithdraw policy)[25]을 통해 자신의 주체성을 확보하고 서방의 경제지원을 통해 경

---

24) 周榮, "中美蘇關係和中國外交,"『廣角鏡』(1991年 第4期), p. 14.

25) 중국은 가끔 주변국가들에게 덕의 중요성을 일깨워주기 위한 수단으로서 무력을 사용했다. 한국전쟁(1950년), 중인전쟁(1962), 중월전쟁(1979) 및 최근의 대만분리독립 움직임을 사전에 차단하기 위해 대만 인근 해역에서 군사행동을 감행한 것도 바로 이러한 맥락에서 이해할 수 있다. 즉 중국은 초기에 강도가 높은 행동으로 기선을 제압하고 그리고 나서 협상을 제안하며 철수하는 전략을

제발전을 이루겠다는 것이다. 이처럼 중국의 외교는 결코 약자가 아니며 국제정세, 이해의 갈등, 심리적 요소 등을 교묘히 이용하여 열세를 극복하고 고자세의 외교를 전개하고 있는 것이다.[26]

둘째는 역으로 정치의 약점을 경제로 보완하는 전략을 구사한다. 개혁·개방노선의 전개는 놀라운 경제성장과 삶의 질 제고라는 경제적 성과 이외에도 민주화와 정치개혁에 대한 민중의 요구와 민중의 정치발전에 대한 욕구를 증폭시키게 되었다. 뿐만 아니라 17년간의 개혁·개방정책 추진은 부작용으로서 지역격차, 개인 간의 소득격차, 계층 간의 갈등과 같은 사회적 갈등과 지도부 내부에서의 개혁·개방정책의 방법과 속도, 그리고 노선에 대한 분열과 같은 정치적 갈등을 초래하게 되었다. 이러한 '예기치 않은 결과'(unexpected consequences)들은 중국공산당의 일당독재의 정치체제를 위협하게 되었고 '和平演變'을 가장 무서운 적으로 간주하게 되었다. 천안문사건을 폭력으로 저지한 것이 정치와 외교의 아킬레스건이 되고 있는 중국은 혼란의 재발위험에 직면하고 있고, 이러한 위험을 극소화하기 위해 경제개혁과 개방을 정치와 분리시켜 추진하고 간접적으로 정치환경의 개선을 시도하고 있다. 이러한 정경분리원칙은 인접국가와의 관계에서도 나타난다. 예를 들면, 중국은 한국과 북한과의 관계에서 "북한과의 정치적 결속을 유지하면서 경제적인 합작은 한국과"라는 대등관계유지를 지속시켜 나감으로써 자신의 입지를 강화하고 있다.[27] 대만과의 관계에서도 조국통일이라는 정치적 원칙을 고수하고 있으면서도 한편으로는 민간단체 사이의 교류나 접촉을 시도하고 대만의 직접투자나 기술도입을 유치하고 있다.

셋째는 중국이 국제문제의 해결과 협력을 위해 과거와는 달리 '쌍무적'(bilateral)인 수준에서보다 오히려 '다자적'(multilateral)인 차원에서 대응

구사한다.

26) 尹慶耀, "六四以後的中共外交: 持續, 變化和展望," 『問題與硏究』(1991. 4), p. 90.

27) 張公子, "南北韓 關係改善을 위한 中國의 役割," 『中蘇硏究』, 19권 4호 (1995/ 96 겨울), p. 149.

하는 전략으로 변환했다. 미국의 독주를 견제하고 미·일 안보체제에 대
응하기 위해서 중국은 개별국가와의 제휴를 통해 대응하는 것이 아니
라 유엔을 이용하거나 러시아·유럽·제3세계 국가들과 같은 다자간 연
합을 통해 대응하는 경향이 짙어지고 있다.

중국은 주변강국인 미국·일본·러시아 등과의 우호적 관계유지와 4개
현대화의 성공을 대외정책의 기본목표로 설정하여 '독립자주,' '평화공
존,' '주변국과의 선린관계 증대,' '전방위외교'라는 대외정책기조를 추진
해 왔다.[28] 이러한 정책기조는 한반도정책에서 그대로 반영되고 있고
현시기까지의 대한반도정책의 목표는 한반도에서 평화와 안정의 유지,
한국과의 경제협력 증대, 대한반도 영향력 증대 등으로 요약될 수 있다.
이 중에서도 중국은 한반도에서 평화와 안정의 유지와 경제발전을 위
한 대한경협 증대를 중시하고 있다. 이를 위해 중국은 한반도에서 전쟁
을 억제하고 남북한 간의 상호신뢰구축을 촉구하며, 주변강대국의 한반
도에 대한 군사적, 또는 정치적 영향력을 견제 또는 최소화하려 하고
있다. 즉 중국은 일관되게 강조해 온 '반패권원칙'을 한반도에도 적용시
킴으로써 주변강국의 패권정치나 강권정치를 배제하고 한반도뿐만 아
니라 동북아지역에서도 평화와 안정을 유지하려는 것으로 볼 수 있다.

둘째, 중국은 한반도에서의 영향력 확대를 위해 역내 강대국과의 기
존관계를 악화시키지 않는 범위 내에서 북한과의 정치·군사적 유대관
계를 지속, 발전시켜 나가는 한편, 한국과의 경제관계도 정치적인 문제
들로 인해 장애받지 않기를 원하고 있다. 이는 전통적인 중국의 '一分爲
二' 전략의 일환으로서, 남북한 동시에 관련된 국제적 또는 지역적 쟁점
이 발생하게 될 경우 중국은 북한의 입장을 지지하거나 혹은 한국의 입
장을 지지함으로써 남북한 어느 편으로부터도 불만을 사지 않고 한반
도에서 발언권을 강화하려 하고 있다. 이는 중국식 사회주의의 지속이
공산당의 권위에 직결되고 있고, 북한에서의 사회주의체제의 지속과 유

---

28) "江澤民在中共十四大的報告," 『人民日報』(1992. 10. 21).

지가 곧 중국의 사회주의의 장래에 유리하다는 것을 인식하고 있다. 결국 중국의 대한반도정책의 기조는 '不統不亂', 즉 한반도에서 새로운 통일한국이 출현하거나 통일과정에서 군사적 충돌이 야기되는 것 그 어느 것도 원하지 않는 이른바 남북한 평화상태유지와 북한사회주의체제 존립을 전제로 한 현상유지정책인 것이다.

중국의 외교정책은 지속과 변화라는 점으로 특징지어진다. 국제적인 힘의 구조와 이동이 어떻게 변화하는가에 따라 중국의 대외전략이 변화해 왔고, 뿐만 아니라 중국이 설정한 국가목표를 달성하기 위해 이러한 전략들이 지속적으로 추진되어 왔다. 중국이 국가목표들[29]을 달성하는 과정에 있어서 외교정책은 실용주의적으로 변화해 왔으나 중국의 국제적인 반응이나 대응은 마르크스-레닌주의의 개념과 실용주의에 대한 중국적 관점이라는 두 가지 개념으로 정당화되어 왔다. 그러나 전자보다는 후자가 중국의 외교정책을 결정짓는 주요 요소로 되고 있다는 것은 부인할 수 없다.

제 4 절 한·중관계의 발전과 상호의존의 심화

1988년의 서울올림픽과 1990년의 북경아시안게임은 양국관계를 한 단계 발전시키는 계기가 되었다. 중국은 올림픽 직전 한국국적의 항공기가 중국영공 통과를 허가했으며, 1989년에는 중국의 『인민일보』에 한국기업과 상품의 광고게재를 허가했다. 이어 인천과 부산에서 상해·천진·대련 간의 정기해운직항로가 개통되었고 이듬해는 인천과 위해를 잇는 정기여객선과 천진까지의 전세항공기가 취항함으로써 양국간의 인적

---

29) Dreyer는 국제적인 요인과 국내적인 요인에 따라 전략들이 변화해 왔으나 중국이 지속적으로 강조하고 있는 외교정책의 목표들로 (1) 영토의 완정, (2) 실지의 회복, (3) 전중국을 대표하는 유일한 합법정부라는 데 대한 인정, (4) 중국의 국제적 위상의 제고 등을 들고 있다. June Teufel Dreyer (1996), p. 308.

및 물적 교류와 문화적 접촉에 있어서 대부분의 장애가 제거되었다. 이
듬해 1월 4일 중국국제상회(CCOIC: China Chamber of International
Commerce)와 한국무역진흥공사 사이에 양국 수도에 무역대표부 개설되
어 초대 주북경대표로 노재원, 주한대표로는 서대유(徐大有)가 임명되어
영사업무 이외에도 양국간의 공식적인 대화와 접촉채널이 마련되었다.
중국정부는 이러한 대표사무소가 준외교관신분을 갖는 상주인원이 파
견되지만 여전히 '비정부간기구'(nongovernmental organization)이며 외교기
구가 아님을 강조하였으나 한국은 이를 수교를 위한 중요한 첫걸음으로
간주했다.30) 1991년 11월 중국의 전기침(錢其琛) 외교부장은 이람청(李嵐
靑) 대외경제무역부장 겸 부부장과 함께 APEC 각료회의에 참가차 내한
하여 한국정부 고위관리들과 접촉, 수교에 관한 의견을 교환했고, 노태
우 대통령은 전기침에게 한국은 북한을 흡수통일할 의사가 없음을 북한
에 전달해 줄 것과 한·중 수교의 조속한 달성을 요구했다. 그러나 전기
침은 한·중 수교를 위한 여건이 아직 성숙되지 않았다는 공식적인 답변
을 했으나 이미 수교를 위한 양국간의 물밑접촉은 시작되고 있었다.

등소평의 아들 등질방(鄧質方)과 노태우 대통령의 친인척들이 서울과
중국을 방문했고, 1991년 2월 1일 주식회사 선경이 북경에 본사명의의
사무소를 정식으로 개설하게 되어 경제인들을 통한 한·중 수교를 위한
접촉도 급속히 전개되었다. 1991년 12월 남북한 간에 기본합의서가 채
택되자 중국으로서도 공개적으로 수교문제를 거론할 수 있게 되었다.
남북한의 유엔가입, 동유럽의 사회주의국가 및 소련과의 수교, 한반도
내에서 남북한 간의 평화와 안정유지에 관한 노력의 가시화 등 일련의
변화로 인해 중국도 더이상 남한의 법률적 실체를 인정하지 않을 수 없
었다. 이는 중국의 세계전략에 대한 인식변화와 무관하지 않다. 즉 중국
은 과거 전세계뿐만 아니라 지역안보에도 공동의 책임과 이익을 보유
하고 있다고 여겨 왔으나, 냉전구조의 종식이라는 국제적 상황변화와

30) Chaejin Lee (1996), p. 122.

체제유지와 '경제발전우선'이라는 국내적 상황변화로 인해 전략적 범위를 아시아·태평양 지역으로 축소하는 이른바 '아태지역중심외교'로 변환하지 않을 수 없었다.

뿐만 아니라 이미 러시아의 한국진출로 한반도문제에 영향력을 행사하기 시작함으로써 경제관계뿐만 아니라 정치적인 관계가 증진되고 있는 데도 불안감을 느끼고 있었으며, 당시 '달러 외교', '탄성(彈性)외교'로 국제사회에서의 외교적 고립을 탈피하려는 대만의 적극적인 외교공세를 저지할 필요를 느끼고 있었다. 특히 한·중 수교의 조건으로 '一個中國', 즉 하나의 중국원칙의 고수는 자연히 한국·대만 간의 단교를 가져다주어 대만의 국제적 위상을 격하시킬 수 있는 것이었다.

북한의 반발을 우려한 중국은 고위인사들을 북한에 보내 김일성에게 한·중 수교의 필요성을 설명하고 북한의 이해를 구했다. 수교 직전 중국은 정치국원 정관근(丁關根)과 중앙군사위원 양백빙(楊白氷)에 이어 전기침 외교부장을 북한에 보내 김일성에게 한국과의 수교가 북한·미국, 북한·일본 간의 관계개선과 한반도 평화 및 안정에도 도움이 될 뿐 아니라 북한의 체제안정 및 유지에도 도움이 될 것임을 피력했다.

1992년 8월 24일 북경의 조어대(釣魚臺) 국빈관에서 전기침 외교부장과 한국의 이상옥 외무부장관 간에 수교협정이 체결되어 양국간의 수교가 달성되었다. 양국은 공동성명에서 "대한민국은 중화인민공화국이 중국을 대표하는 유일한 합법정부임을 인정하고 '하나의 중국'과 '대만은 중국의 일부'라는 중국측 입장을 존중"한다고 밝혔으며 한국 및 대한반도 통일에 관해 중국측은 "중국정부는 한반도가 조기에 평화적으로 통일되는 것이 한민족의 염원임을 존중하고 한반도가 한민족에 의해 평화적으로 통일되는 것을 지지한다"고 밝혔다. 한·중 수교에서 중국은 '2개의 한국'정책을 관철시켰고 한국은 '하나의 중국' 정책을 인정한 것이었다.

그러나 1992년의 한·중 수교는 한국의 일방적인 구애의 결과는 아니었다. 비록 냉전 후의 국제질서에서 능동적인 행위자로서의 역할을 담당하려는 한국의 북방정책이 양국간의 수교를 앞당길 수 있었음에는 틀림이 없으나 중국은 중국대로 한국이 필요한 상황이었다. 한국의 경제발전의 배경에는 강력한 국가의 역할과 정치적 자유와 민주화를 담보로 한 한국의 개발독재형 발전모델은 막 등소평이 주도한 '대내개혁 대외개방'정책의 주요한 지침인 '조심스러운 정치개혁, 급속한 경제개혁'논리에도 부합되는 것이었다. 뿐만 아니라 수출수도형 산업정책이 싱가포르·인도네시아·말레이시아·대만의 추격으로 국제시장에서의 비교우위를 상실하기 시작한 한국으로서도 거대한 상품과 자본시장으로서의 중국이 필요한 것이었다.[31] 정치적인 측면에서도 중국은 개혁개방의 성공적인 추진에는 지역 내 안정적인 안보환경이 필수적이었으며 분쟁지역에서의 불안정적 소요는 이러한 중국의 외교정책목표에 배치되는 것이었다. 중국으로서는 북한과는 정치적·군사적 우호관계를 유지하면서 한국과는 경제적 이익을 극대화하려는 이른바 정경분리의 전형적인 외교전략이 적용될 수 있을 것이라 생각했으며, 한국도 북한의 전통적 혈맹관계를 유지하고 있는 중국이 한반도 통일문제나 중국식 개혁과 개방을 통해 점진적인 체제변혁을 유도할 것이라 생각하는 것은 당연한 것이었다.[32]

그러나 수교로부터 더 많은 것을 얻은 것은 중국이었다. 'realpolitik'의 논리로서 접근한 중국으로서는 한·중 수교가 '一石四鳥'의 전략이었다. 한·중 수교 직전 중국의 외교부장 전기침은 중공중앙외교소조에 보고한 비밀보고서에서 "한·중 수교야말로 한국과 대만의 단교를 통해 대만의 외교적 고립을 심화시키고, 한국과의 경제협력을 강화하며, 평양의 지나친 요구를 감소시킬 수 있고, 미국의 압력에 대응할 수 있는 一石四鳥의

---

31) Harry Harding, *China and Northeast Asia: The Political Dimension* (Lanham: University Press of America, 1988), p. 36.
32) Chung-in Moon, "Between Betrayal and Pragmatism: South Korea's Foreign Policy on Cross-Straits Relations," Unpublished Conference Paper presented at a Conference on 'Cross-Straits Relations and Their Policy Implications for the Asia-Pacific Region' held in Taipei (March 27-29, 1995), p. 8.

전략"임을 강조했다.[33]

북한의 반발이 우려되었으나 중국으로서는 더이상 피동적인 자세로 일관할 수 없었다. 공산당 내부의 친북한 성향의 원로들과 인민해방군의 한·중 조기수교에 대한 반대는 결국 최고 정책결정자인 등소평의 결심으로 꺾일 수밖에 없었다. 등소평의 한국에 대한 관심과 중국외교부 및 대외경제무역부의 견해는 결국 양국간의 수교를 앞당겼다고 할 수 있다.

1992년 8월 24일의 한·중 수교는 냉전시기 동안 중국의 일관된 대한반도정책이 수정되는 분수령이 되는 역사적 사건으로 기록될 수 있다. 물론 수교 전에도 비공식적인 접촉과 교류가 없었던 것은 아니나 한국과의 관계는 비정치적 분야와 민간차원의 교류에만 국한시킨 데 반해 북한과는 정치·군사 부문에서의 교류를 통해 전통적인 혈맹관계를 유지·확대시키는 양면전략을 구사해 왔던 것이다. 그러나 수교 초기 중국은 기존의 대한반도정책을 수정하여 북한과는 형식적인 북·중 동맹관계, 한국과는 실리에 입각한 경제관계라는 독특한 외교전략을 구사해왔다.

그러나 이러한 정경분리와 남북한 대등관계 유지를 위한 중국의 실리외교는 전개과정에서 어려움에 직면하게 되고 한국의 관계격상 요구와 한반도문제에 관한 중국의 미온적 태도에 대한 반발 등으로 중국의 대한반도정책은 정경분리에서 정경일치로 전환하게 된다.

수교 이후 양국관계는 중국의 의도와는 달리 경제적인 면에 국한시키는 데는 한계가 드러나기 시작했다. 우선 한국이 대중관계가 경제적인 분야에서만 발전하는 데 상당한 불만을 표시하고 나섰을 뿐 아니라 중요 사안이 있을 때마다 한국은 중국정부의 명확한 정치적 입장표명을 요구하고 나섰기 때문이다. 둘째는 한국의 위상이 수교 초기와는 비

---

33) Samuel S. Kim, "The Future of China and Sino-ROK Relations," a paper presented for presentation at the international Conference on 'The Future of China and Northeast Asia,' sponsored by the Institute for Fareastern Studies, Kyungnam University, Seoul, Korea (May 22–23, 1997), p. 13.

교할 수 없을 정도로 격상되었기 때문에 한국과의 비경제적 분야인 정
치·군사적 협력 없이는 평화적 주변환경 유지라는 중국의 목적을 달성
할 수 없게 된 것을 들 수 있다. 실제로 한국이 유엔가입 이후 안전보장
이사회 비상임이사국이 되었다는 사실이나 APEC 및 ASEM에서의 한국
의 지위는 중국과 대등한 정치적 위상을 갖게 되어 한반도문제의 해결
뿐만 아니라 국제적 문제의 해결에도 한국의 정치적 협력이나 교류가
없이는 불가능하다는 것을 인식하게 되었다는 점이다. 셋째로는 1997년
말 현재 한·중 양국간의 교역액은 250억 달러에 육박해 한국은 중국의
세번째 교역국이 되었고, 중국도 미국과 일본에 이어 한국의 세번째 교
역국이 되는 놀라운 성장을 경험하고 있는 상황에서 이러한 한국을 단
순히 경제적인 파트너로만 생각하는 것은 중국으로 보아도 그리 이익
이 될 수만은 없다는 것을 인식했기 때문으로 보인다. 넷째로는 한반도
통일문제에 대해서도 중국은 남북한 당사자 대화원칙을 일관적으로 주
장하고 있으며 통일한국은 당연히 중국에 우호적이거나 중립적인 국가
가 되어야 하기 때문에 한반도 내에서의 공격적인 행동이나 남북한 어
느 편의 불만이나 거부감의 대상이 되는 것은 바람직하지 않은 것으로
인식하고 있기 때문인 것이다.

　수교 이후 양국간의 교류는 더욱 활발히 전개되었고 초기의 북한의
반발도 더이상 거세지지 않고 있었다. 투자에 있어서도 중국의 대한투
자는 금액이나 건수에 있어서 미미한 편이었으나 한국의 대중투자는
해마다 증가했다. 1988년의 경우 대부분의 대중투자는 제3국에 주재하
고 있는 국내기업의 해외지점을 통한 간접투자방식으로 행해졌으나 서
울올림픽 이후부터는 직접투자가 급속히 이루어졌다.[34] 1996년 말 현재
한국의 대중투자 누적액은 실제투자액 기준으로 26억 달러에 달해 한국
의 전체 대외투자 총액의 20%를 차지하였다. 또한 1996년 말 현재 중국
에 진출하고 있는 한국업체는 모두 1,350개 업체로서 중국은 미국 다음

---

34) Jae Ho Chung, "South Korea-China Economic Relations: The Current
　　Situations," *Asian Survey*, Vol. 28, No. 10 (1988), pp. 1031-1048.

으로 한국의 제2의 투자대상국이며 한국은 중국의 제7의 투자대상국으로 발전했다. 양국간의 민간교류도 양국간의 정기항공노선이 개통되고 주요 항구 간의 항로가 개통된 직후부터 급증하기 시작했다. 특히 서울과 북경·상해·천진·심양·청도·해남도 간의 항공노선에 이어 인천과 부산으로부터 위해·청도·천진·연대 간의 정기여객선이 개통된 후부터는 방문객수가 급증하였다. 1997년 한 해 동안 중국을 방문한 한국인 수는 모두 58만 8,000명이었으며 한국을 방문한 중국인 수도 9만 5,000명으로 양국을 방문한 민간인 수는 모두 68만 명을 넘어섰다.

양국간의 정치·경제·사회·문화 등 제반 분야에서의 교류를 증대하는 데 걸림돌이 되는 부분들을 제거하고 협력을 가속화하기 위해 양국이 조인한 협정과 조약은 과학기술협정·무역협정·경제협력공동위원회설립협정·이중과세방지협정 등 모두 23개에 달했으며 이는 양국간의 교류와 협력이 상호보완적 성격을 띠기 시작했음을 의미한다. 중국의 경제발전에 대한 한국의 지원도 증가하기 시작했다. 1994년 이붕 총리의 방한시 중국 정부는 한국정부에 대해 공식개발원조(ODA: Official Development Assistance)의 지원을 요구했고 한국정부는 중국의 주요 개발계획에 필요한 자금을 지원하기 위해 경제개발협력자금(EDCF: Economic Development Cooperation Fund)을 30년간 10년의 거치기간에 연리 2.5%의 우대금리로 대여하기로 결정했으며 수교 당시 한국이 약속한 무상원조도 1993년부터 지원되어 1997년 말까지 총 1,500만 달러가 지원되었으며 매년 지원액이 증가되고 있는 추세이다.

제5절 결론: 한·중관계의 한계

한·중 수교는 한반도에 '두 개의 한국'이 존재하고 있음을 천명한 것이라 할 수 있으며 이는 한국 또한 중국의 '하나의 중국' 원칙을 인정한 것으로 양국은 동북아시아에서의 과거의 합법성 문제로부터 자유롭게

된 것이라 할 수 있다. 1950년대에서 1970년대에 이르는 기간 동안 이데
올로기의 대립과 갈등으로 적대적일 수밖에 없었던 양국이 새로운 협
력과 교류의 관계로 전환한 데는 양국의 국내적 상황과 대외환경의 변
화에 대한 인식과 정책의 변화에서 기인하고 있다.

　한국의 경우, '7·7선언'은 한국의 경제력을 바탕으로 급상승하고 있던
한국의 힘과 자신감은 급기야 한반도에서 안정과 평화를 유지하는 정
치적·군사적 목적과 새로운 경제적 파트너를 개척하려는 경제적 목적
이 결합된 정책으로서 제안된 것이었다. 즉 북방정책의 기본은 북한의
지원세력인 중국과 구소련 등 사회주의 국가와의 관계개선을 통해 "모
스크바와 북경을 거쳐 평양으로 가려는" 현실적이고도 유연성을 지닌
정책전환이었다. 1990년대에 들어와 급변하기 시작한 국제정세는 한국
의 대공산권 북방외교를 더욱 적극적으로 추진할 수 있게 만들었다. 냉
전체제의 종식은 동유럽 공산국가의 체제변화, 동서독일의 통일, 구소
련의 해체 등과 같은 상황변화를 통해 '신국제질서'로 변화하고 있었으
며, 그 특징으로는 미·소 중심의 양극체제에서 미국과 주요 국가들이
혼재하고 있는 '단극다중심체제', 국제정치의 우선순위가 '고위정치'에서
'저위정치'로 이전 등과 같은 것이었다. 한국의 대외정책도 자연히 신국
제질서의 특성에 적응할 수 있는 방향으로 바뀌지 않을 수 없었으며,
과거의 조화·협력·화해·협조 등과 같은 측면보다 국가의 생존을 위한
경쟁·갈등·분쟁 등의 개념을 강조하게 된 것이었다.

　중국이 '하나의 한국'에서 '두 개의 한국'으로 한반도정책의 기본을
수정한 것도 1980년과 1990년대의 국제정세와 국내정세의 변화와 무관
한 것이 아니었으며 이러한 정책변화를 반영하는 것으로서, 첫째 중국
을 새로운 정치 및 경제체제로 변화시키려는 개혁적 지도자들의 '협력
적' 세계관에 대한 필요성과 사회주의 근대화를 위해서는 '우호적이고
안정적인 주변상황'의 유지가 필수불가결하다는 데 대해 별다른 정치적
갈등이나 노선투쟁 없이 지배세력 간의 합의가 이루어질 수 있었다. 둘
째로는 경제적 발전을 통한 중국공산당의 정당성과 권위를 유지하는

것이야말로 천안문사건 이후 증대되고 있는 민주화 및 정치개혁에 대한 민중들의 요구를 약화시킬 수 있다고 믿었기 때문이다. 셋째 한국의 자본과 기술의 도입은 단순한 경제적 교류나 협력차원을 떠나 분쟁가능성이 상존해 온 한반도에서 안정유지라는 현상유지정책을 위해서 남북한을 동시에 정치적 실체로 인정함으로써 한반도에서의 평화와 안정의 유지, 한국과의 경제협력증대, 북한과의 상징적인 전통적 우방관계의 유지 등을 통해 대한반도문제에서의 발언권확대를 기도했던 것이다. 넷째 중국으로서는 한반도에서 어느 형태로든 통일한국이 급작스럽게 탄생하는 것은 자신의 안보에 새로운 위협이 될 것이라 인식하고 있으며, 한반도에서의 전쟁발발시 미국의 개입을 저지해야 하는 중국으로서는 미국과의 충돌이 부담스러울 수밖에 없게 되고, 북한에 의해 통일이 될 경우에도 동북아에서 새로운 공산국가의 존재는 당연히 주변국가들의 견제를 야기시킬 것이라 생각하고 있다.

한·중 수교 5년이 넘은 현재에도 중국은 한국과 정치·경제·사회·문화 등 모든 영역에 있어서 협력과 교류의 폭을 넓히고 있으나 민감한 안보 및 전략 분야에 있어서는 여전히 독자적인 전략을 구사하고 있다. 중국이 원하는 것은 과연 무엇일까? 현상유지인가 아니면 통일인가? 우리의 기대와는 달리 중국은 남북한 어느 쪽과의 충돌이나 불만을 야기시키지 않으면서도 남한과는 실리, 북한과는 명분과 체면을 잃지 않겠다는 태도를 견지하고 있으며, 이는 곧 전통적인 '一分爲二'의 대외전략 원칙에 기초한다. 즉 한 가지 사실이나 상황을 단순히 단면적인 태도나 관점으로 보지 않고 반드시 반대의 입장을 고려한다는 신중한 이중전법인 것이다.

중국은 과연 한반도의 통일을 어느 정도 원하고 있는가? 국내외학자들이나 중국의 학자들이 이구동성으로 하는 말은 '不統不亂', 즉 중국은 통일도 원하지 않을 뿐 아니라 한반도에서의 혼란이나 불안정도 원하지 않는다는 것이다. 랜드연구소의 마이클 스웨인도 중국은 핵으로 무장된 한반도나 북한의 급작스러운 붕괴를 원하지 않고 있으며 가능한 한 중국의 개혁·개방에 호의적인 주변정세를 유지하고자 노력하고 있다고 주장한다. 그에 의하면 한반도의 긴장은 자연 일본의 재무장 정서를 부추길 수 있으므로 가능한 한 이를 억제하는 것이 바람직하다는 것이다. 통일한국은 중국의 전략상 가장 중요한 지역에 강력한 힘을 지닌 새로운 국가가 탄생한다는 것을 의미하며 중국으로서는 여간 신경쓰이는 일이 아닐 수 없을 것이다. 남북한의 대치가 지역 내에서의 군사력의 균형과 현상유지에 어느 정도 일조하고 있는 현재의 상황이 변화하게 되면 중국은 새로운 가상의 적을 대비해 엄청난 군사력을 한·중 국경에 배치해야 할 것은 자명하다.

중국의 이중적인 남북한 등거리외교도 효율성을 잃고 있다. 남한측이 중국의 보다 명확한 지지와 협력을 요구하고 있을 뿐만 아니라 북한측도 김일성 사망 후 중국이 과거와는 사뭇 같지 않다고 느끼고 있어 과거와 같은 '사회주의 단결'이나 '혈맹관계'에 대해 의구심을 느끼고 있다. 강택민 체제의 등장 이후에도 여전히 중국은 북한과의 전통적 우호관계의 불변성을 강조하고 있으며, 한국과는 협력과 교류를 중시하며 관계의 발전이 양국에 필요한 것임을 강조하고 있으나 중국은 과거처럼 한국과의 관계를 언제까지 경제·문화와 제한된 정치적 교류에만 묶어 둘 수는 없을 것으로 보인다. 중국으로서는 남북한 간의 화해와 긴장완화는 주변환경의 안정적 요소이므로 환영하고 있으며, 설사 남북간 관계에 중대한 전기가 마련되지 않는 경우에도 중국으로서는 서울과 평양에게 어느 정도 영향력이나 발언권은 유지할 수 있다는 점에서 현상유지가 그리 나쁜 것만은 아니다.

그러나 한반도의 통일이 중국의 의도와는 관계없이 진행될 수도 있다는 것이 중국의 또 다른 한계이다. 상당수의 중국학자들도 이 경우 가장 현실적인 통일의 방법으로 남북한 어느 일방의 무력에 의한 통일보다는 남한에 의한 흡수통일이나 대만과의 통일에 제시하고 있는 합의에 의한 '一國兩制'가 바람직한 것으로 보고 있다. 북한에 의한 통일은 새로운 사회주의 세력이 동아시아에 등장함으로 인해 미·일을 중심

으로 한 서방의 공세가 가중될 수 있을 것이기 때문이며 남한에 의한
무력통일도 미·일과 중국 간의 알력이나 충돌을 불가피하게 야기시킬
수밖에 없기 때문인 것으로 보인다. 그러나 중국의 고민은 우리가 생각
하는 것보다 크지 않다. 중국이 원하고 있는 한국은 통일 전이든 통일
후이든 한반도는 '不可近不可遠'의 대상일 수밖에 없으며 중국으로서
가장 시급한 것은 진정한 강대국으로서의 면모를 갖출 수 있는 개혁·개
방정책의 전개과정에 한반도가 새로운 위협요소로서 나타나지 않기만
을 바라고 있는 것이다.

제17장 한·러관계의 구조적 재조명

양 승 함

제1절 서론: 단절과 굴곡의 관계를 넘어서

한국과 러시아의 관계는 1884년 '우호친선조약' 이래 역사적으로 극적인 전환을 거듭하여 왔다. 1896년 아관파천(俄館播遷) 때 고종이 일본의 위협을 피해 러시아 공사관에 피신하였는가 하면, 러일전쟁에서 패배한 러시아는 1905년 조선과 외교관계를 단절하여야 했다. 40여년의 외교적 공백기 후 1945년부터 소련은 한반도 분단에 한 역할을 하였으며, 1950~53년의 한국전쟁 때는 북한을 지원하는 등 북한과 동맹관계를 맺어왔다. 1990년 9월 30일 한국과 소련은 오랜 적대적 관계를 청산하고 세계적 주목을 받으며 공식적인 외교관계를 재수립하였다. 낙관적이고 열정적이던 한·소관계는 1991년 갑작스런 소련의 붕괴로 곧 침체상태에 이르렀고, 소련을 계승한 민주적 러시아의 탄생에도 불구하고 한·러관계는 기대에 미치지 못하는 소강상태를 벗어나지 못하고 있다.

한국과 러시아의 관계가 외교정상화를 전후한 몇 년간의 급속한 팽창에서 침체의 단계에 들어서게 된 것은 주로 러시아의 정치적 경제적 혼란 때문이라고도 할 수 있지만 무엇보다도 한국이 주로 정치전략적 관점에서 대러시아정책을 수행하여 왔기 때문이다. 즉 과거 정치적·이데올로기적으로 적대관계에 있으면서 군사대국이었던 소련을 중요시하여 전개한 한국의 북방정책이 소련붕괴와 더불어 쇠퇴하기 시작한 주요 이유는 러시아의 정치전략적 가치가 그만큼 상실되었기 때문이라는 사실을 부인할 수 없다. 공산주의 이데올로기를 포기하고 민주화와 시장경제화를 추구하고 있는 현재의 러시아가 오히려 구소련보다 한국의 국가이익 수행을 위하여 가치가 없다고 간주하는 것은 중대한 논리적 모순이다. 이러한 모순된 정책을 수행하게 된 데에는 러시아 또는 구소련의 한반도정책을 잘못 인식하여 온 데에 그 주된 원인이 있다고 하겠다.

따라서 새로운 시각에서 한국과 러시아의 관계를 재조명하여 양국관계의 구조와 전개과정을 올바로 이해할 필요가 있다. 한·러관계에 대한 새로운 시각이란 러시아의 대한반도정책은 정치전략적 요인보다는 정치경제적 요인에 의하여 결정되어 왔으며, 한반도에서 전략적 이익이 주로 작용할 때는 현상유지 내지 소극적인 정책을 수행하여왔고, 경제적 이익이 관련되어 있을 때는 현상타파 내지 적극적인 정책을 추진하여 왔다는 것이다.[1] 한·러관계를 이러한 정치경제적 시각에서 분석하게 되면 앞에서 지적한 한·러관계의 극단적 전환에 대한 설명과 이해가 보다 일관성있게 되며, 불투명한 현재의 한·러관계에 대해 보다 선명한 해답을 제공해 준다.

지금까지 한·러관계에 대한 지배적인 사고틀은 러시아는 제정러시아 때부터 한반도의 지정학적 가치, 즉 대륙과 해양을 잇는 교량적 위치와 부동항을 염두에 두고 한반도에서의 세력팽창을 도모하여 왔다는 것이다.[2] 그와 같은 정치전략적 사고틀은 고르바초프가 한국과 관계 개선할

---

1) 이와 같은 주장에 대해서는 양승함, "러시아의 한반도정책에 관한 정치경제적 시각," 한국국제정치학회, 『국제정치논총』, 제32집 2호 (1992), pp. 239-269.

2) 제정러시아와 마찬가지로 소련은 한반도의 지정학적 가치를 중요시하였다는 주장에 대해서는 Robert M. Slusser, "Soviet Far Eastern Policy, 1945-50: Stalin's Goals in Korea," in Yonosuke Nagal and Akira Iriya, ed., *The Origins of the Cold War in Asia* (New York: Columbia University Press, 1977), pp. 127-136; Donald S. Zagoria, "The Superpowers and Korea," in Ilpyong J. Kim, ed., *The Strategic Triangle: China, the United States, and the Soviet Union* (New York: Paragon House, 1987), pp. 171-180.

때에도 소련이 남북한의 적대관계를 이용하여 한반도에서 정치적·전략적 영향력을 확장시키려는 의도가 있지 않을까 하여 급속한 한·소관계 증진을 우려하였다. 또한 한국과 러시아의 기본조약 체결 때에도 한국과 중국의 외교관계 수립과 더불어 구한말 열강의 한반도 각축시대가 재현되지 않을까 하는 염려도 있어 왔다. 한국은 북방정책을 통한 정치적·전략적 이익 획득을 위하여 러시아에 30억 달러의 차관을 약속하는 등 많은 경제적 이익을 소홀히 하였다. 탈냉전시대를 맞이하고 있는 상황에서 한·러관계의 현안문제를 해결하고 미래지향적인 관계를 설정하기 위해서는 지정학적·전략적 사고틀을 전환할 필요가 있다고 하겠다.

본래 이러한 정치전략적 사고틀은 제정러시아의 지리적 팽창을 저지하려던 영국과 영국을 계승하여 대소련 봉쇄정책을 추구한 미국, 그리고 러시아와 역사적 영토적 갈등관계에 있는 일본의 대러시아정책과 연구 등에 영향을 받은 것으로서 한반도에서의 러시아 팽창주의를 과장한 것이며 그 근본동기를 잘못 인식한 것이라고 할 수 있다. 제정러시아는 한반도에서의 세력팽창보다는 적대세력의 지배권 장악 저지를 목표로 하였고,[3] 소련외교정책에 있어서 한반도의 전략적 가치는 부차적인 것이며 소련은 한반도에서 현상유지세력이라는 주장이[4] 더 설득력이 있다고 하겠다. 이러한 주장들은 한반도가 러시아 외교정책에서 차지하는 전략적 비중을 보다 현실적으로 평가하고 있다. 그러나 경제적 이익 때문에 제정러시아가 한반도 문제를 둘러싸고 일본과 전쟁을 하고, 고르바초프가 지리적으로 인접한 전략적 동맹국인 북한과의 관계가 소원해지는 것을 무릅쓰고 한국과 관계 개선한 사실들에 대해서는 역시 적절한 설명을 하지 못하고 있다.

---

3) Seung Kwon Synn, *The Russo-Japanese Rivalry over Korea, 1876-1904* (Seoul: Yuk Phub Sa, 1981).

4) 대표적인 예로 Ralph N. Clough, "The Soviet Union and the Two Koreans," in Danold S. Zagoria, ed., *Soviet Policy in East Asia* (New Haven: Yale University Press, 1982), pp. 175-199.

한·러관계에 관한 정치경제적 시각은 지금까지 한반도의 운명이 주변 4대강국의 세력균형 정치에 의해 결정되어 왔다는 '지정학적 운명론'을 타파할 수 있는 사고틀을 제공한다. 러시아가 한반도에 관한 정책결정에 전략적 요인보다 정치경제적 요인을, 그리고 북한과의 정치적 관계보다는 한국과의 경제적 관계에 더 우선을 두게 되었다는 사실은 한국이 능동적으로 대러시아관계를 추진해 나아갈 수 있는 여건이 형성되었고 주변의 다른 강대국과의 관계에서도 주체적인 역할을 할 수 있게 되었음을 의미한다. 국제환경과는 달리 한반도에는 여전히 냉전적 요소가 지배적인 이유는 남북한 분단의 국제적 요인보다는 국내적 요인이 더 중요하게 작용하고 있기 때문이며 한반도 통일환경의 조성은 정치경제적 시각에서 출발함으로써 더욱 가능하다고 하겠다.

제 2 절 한·러관계 역사의 재인식

1. 제정러시아의 한반도정책 재평가

제정러시아의 한반도 개입에 대한 침략성과 그 능력이 과장되어 왔다는 주장은 최근 들어 러시아 공문서에 기반을 둔 연구들에 의해서 이미 개진된 바 있다.[5] 제정러시아는 중요한 국가이익 차원에서보다는 러시아에 적대적인 세력이 한국을 절대적으로 지배하는 것을 방지하기 위하여 한국의 독립과 영토보존을 위한 현상유지정책을 추구하였다는 것이다. 제정러시아는 국내의 혼란으로 중국·일본·서구열강과의 관계를 자극하지 않는 한도 내에서 상황을 주도하기보다는 이용하는 차원에서

---

5) 내용차이는 있으나 이러한 연구들에 대해서는 Boris D. Pak, *Rossiia i Koreia* (Moscow: izdatel'stva Nauka, 1979); George Alexander Lensen, *Balance of Intrigue: International Rivalry in Korea & Manchuria, 1884-1899*, Vol. I and II (Tallahassee: University Presses of Florida, 1982).

소극적인 정책을 전개하였다고 한다. 이것은 러시아인들이 이타적이기 때문이 아니라 군사적·경제적으로 취약한 극동에서 새로이 취득한 영토와 이익을 공고히 하는 데 주요 관심이 있었기 때문이라는 것이다.

그러나 이러한 연구들도 전략적 사고틀 내에서 러시아의 대한반도정책을 주변열강들과의 관계 속에서만 파악하고 있어서[6] 러시아의 경제적 이익 추구 노력과 이에 따른 일본과의 전쟁원인을 과소평가하고 있다. 제정러시아가 한반도에 팽창을 위한 대전략을 갖지 않았다는 근거는 먼저 러시아의 극동팽창이 일부 모험가들의 경제적 동기에 의하여 우연적으로 주도되었다는 데 있다. 16세기 후반 들어 본격화된 동방팽창은 탐험, 영토적 필요성, 제국의 위신 등에 의하기도 했지만 무엇보다도 '부드러운 금(金)'이라고 불리는 모피를 시베리아에서 획득하기 위한 경제적 이유에 의한 것이었다.[7]

제정러시아는 1860년 '베이징 조약'을 계기로 한국과 17km 국경을 접하게 되었으나 다른 열강들과 같이 한국 개방을 위한 강제행동을 하지 않고 일본·미국·영국·독일 등이 한국과 일방적인 조약을 맺고 난 뒤 가장 늦게 1884년 외교통상조약을 체결하였다. 실제로 러시아의 한국개입은 중국과 일본의 영향력을 제3세력으로 견제하려 했던 조선정부의 요청에 의한 것이었다. 1884년 독일인 외교자문이었던 묄렌도르프(von Möllendorff)는 조선이 러시아의 보호국이 되고 부동항을 조차(租借)해 줄 것을 권고하였다.[8] 러시아는 당시 중국 및 일본과의 갈등을 꺼려하

---

6) 앞의 각주에서 인용된 Boris D. Pak의 연구는 전략적 사고틀이 아닌 레닌주의적 제국주의론을 바탕으로 한·러관계를 설명하고 있다.

7) 17세기에 러시아 국가세입의 10%가 모피사업에 의한 것이었다. Raymond H. Fisher, *The Russian Fur Trade, 1550-1700* (Berkeley: University of California, 1943), pp. 118-122. 1623년에 두 마리의 흑여우털은 넓은 토지, 가옥, 말 10마리, 소 20마리, 양 40마리, 닭 수십 마리의 가치가 있었다. R. H. Fisher (1943), p. 29.

8) 조선정부의 친러정책과 묄렌도르프의 역할에 대한 연구는, Yur-Bok Lee, *West Goes East: Paul Georg von Möllendorff and Great Power Imperialism in Late Yi Korea* (Honolulu: University of Hawaii Press, 1988), pp. 64-111.

고 있었기 때문에 조선정부의 제의는 이익보다는 부담이 더 크다고 판
단하여 거절하는 대신 러시아 대표 파견을 약속하였다.

1896년 아관파천으로 러시아는 한국정치에 직접적으로 개입할 수 있
는 호기를 맞이하였는데, 일본과의 충돌을 피하기 위하여 한국내정 개
입에는 많은 자제를 하였다. 이때에 일본인 대신에 러시아 고문과 무관
이 임명되고 많은 경제적 이권이 러시아로 넘겨졌다. 러시아는 압록강
과 두만강변의 목재 채벌권과 함경도의 광산권을 획득하였고 다른 열
강들도 각종 이권을 차지하였다. 그러나 러시아인들은 고종(高宗)에게
제약을 가하거나, 한국정치에 직접 개입하기를 원하는 고종의 제의를
받아들이지 않았다. 이와 같은 러시아의 자제는 러시아 공사 베베르
(Karl Veber)의 동정적 개성에도 기인하기도 하지만 주로 한국 내정에
개입함으로써 파생될 일본과의 충돌을 피하기 위한 러시아 정부의 조
심스러운 정책 때문이었다.

한편 러시아는 시베리아와 극동지역의 정착과 경제발전 그리고 중국·
미국과 무역을 촉진하기 위해 1891년 시베리아 철도건설을 결정하면서
극동에 대한 개입을 활발히 전개하였다. 시베리아 철도는 전략적 목표
보다는 경제적 목표를 위한 것이었지만 이것이 완성된 후 극동에서의
세력균형은 러시아에 유리하게 돌아갈 것은 분명하였다.[9] 1897년 동만
주 철도건설권과 항구 뤼순(旅順: Port Arthur)과 다롄(大連)을 조차한 러
시아에게는 한반도를 일본에 양보할 준비가 되어 있었으며, 이것은
1898년 러시아가 조선정부에 문의한 후 무관과 재정고문을 철수한 것에
서도 나타난다.

---

9) 러시아의 재무장관 비테(Witte)는 시베리아 철도는 어떠한 상황에서든 영토팽
   창수단이 아님을 강조하였다. Sergei Witte, *The Memoirs of Count Witte*,
   Abraham Yarmolinski, trans. and ed. (Garden City, N.Y.: Doubleday, 1921),
   pp. 86-87. 그러나 시베리아 철도는 결국 중앙으로부터 군대와 물자공급을 용이
   하게 함으로써 극동지역에서의 세력균형에 직접적인 위협을 주게 되었다. B.A.
   Romanov, *Rossiia v Manchzhurii* (Leningrad: Leningradskii Vostochnii Institut,
   1928), pp. 9-10.

그러나 동만주철도에 위협을 준다는 구실로 1900년 의화단사건(義和團事件) 진압을 위해 열강들과 함께 군대를 파견한 러시아 제국주의는 점차 침략적 경향을 띠게 되었다. 한반도에 대해서도 베조브라조프 (Bezobrazov)가 주도하는 모험주의 집단의 영향을 받은 니콜라스 2세는 압록강의 목재자원에 특별한 관심을 갖게 되었다. 1902년 쨔르는 비밀리에 2백만 루블을 베조브라조프 일당이 한반도의 목재채벌권과 광산권을 수행하는 데 쓰도록 러·중은행에 예치하였다. 일본인들은 "러시아아인들이 압록강 양쪽에서 채벌을 하는 것에 대해서 매우 우려하였으며,"[10] 러시아의 용암포(龍岩浦) 조차 요구를 개항으로 그치도록 하였다. 1903년에 있었던 러·일 간의 압록강 주변의 갈등이 바로 러일전쟁의 촉발제가 되었다. 시베리아 철도가 완성되어 가고 있는 시점에서 러시아는 압록강 양변을 중립화하자는 일본의 제의를 거절하고 대신 한반도의 39도선 이북을 중립화하자고 제의하였다. 어떻든 한반도문제는 1904년 2월 일본이 선제공격함으로써 전쟁으로 해결되게 되었던 것이다.

한·러관계의 역사에 관한 이상의 논의가 시사해 주는 점을 요약하면 다음과 같다. 첫째 제정러시아의 대한반도정책이 계획적으로 일방적인 침략적 팽창주의에 입각하고 있다는 주장은 영국과 일본이 자신들의 극동지역에 대한 침략성을 정당화하기 위하여 다분히 과장한 것이라고 볼 수 있다. 둘째 제정러시아의 대한반도정책은 수동적이고 방어적인 성격을 지녔으나 경제적 이익과 관련하여서는 팽창주의로 전환하는 경향을 나타내었다. 셋째 제정러시아의 한반도 개입은 한국의 정책결정자들에 의해 선도된 것이었으며 부동항문제는 러시아 해군 내에서 이론적인 계획으로 논의된 것으로 대한반도정책 결정에 별로 중요한 우선순위에 있지 않았다. 넷째 한반도를 만주 진출을 위한 전략적 기지로

---

10) "Diplomatic correspondence Nos. 604 and 612, from Horace N. Allen (US minister in Seoul) to Secretary of State," in Scott S. Burnett, ed., *Korean-American Relations: Documents Pertaining to the Far Eastern Diplomacy of the United States*, Vol. III (Honolulu: University of Hawaii Press, 1989), pp. 103-104.

사용하였던 일본과는 달리 러시아는 한반도의 중요성을 부차적인 것으로 간주하였으며 러일전쟁은 만주를 주목적으로 이루어진 것이었다.

2. 한반도 분단과 한국전쟁에서의 소련의 역할

전략적 사고틀에 기반을 둔 연구들은 소련은 궁극적으로 한반도 지배를 목표로 하고 있으며, 이와 같은 침략적 팽창주의는 소련의 북한점령과 한국전쟁에서의 역할을 대표적인 예로 지적한다. 그러나 최근 탈냉전의 국제협조 분위기와 함께 많은 자료들이 공개됨으로써 소련의 무제한적 팽창주의론에 대한 수정이 불가피해지고 있다.

스탈린의 대한반도정책은 제정러시아의 한반도정책과 괄목할 만한 연속성을 나타내었다. 1946년 3월 미소공동위원회의 개회식에서 소련측 대표는 "소련은 한국이 소련에 우호적인 진정한 민주독립국가가 됨으로써 장래에 소련에 대한 공격기지가 되지 않도록 하는 데에 지대한 관심을 가지고 있다"고 하였다.[11] 소련의 이러한 입장을 확대해석하여 소련이 한반도에 막중한 전략적 가치를 부여했다는 것은 역사적 사실들과는 별로 부합되지 않는다. 소련이 한반도에 전략적 가치를 가지고 있다는 것은 어느 국가든 인접국가가 적대적인 세력이 되기를 원하지 않는다는 일반적인 지정학적 논리에서 출발하여야 한다. 제정러시아와 마찬가지로 소련이 한반도의 지정학적 중요성을 상대적으로 낮게 간주하여 국제갈등의 중심부가 될 때에는 한반도를 포기할 수도 있는 입장이었다는 사실이 한국분단과 전쟁에 대한 소련의 태도에서 나타난다.

한국정부는 1990년 3월 한반도 분단의 책임이 전적으로 소련에 있다는 오랜 입장을 수정하여 미국과 소련 양측 모두에 있음을 공식화하였다. 이것은 사회주의 국가들과의 관계를 개선하려는 북방정책의 일환이

---

11) 소련측 대표 단장 슈티코프(T. F. Shtikov) 장군의 연설 U. S. Department of State, *Foreign Relations of the United States, 1946*, Vol. 8 (Washington, D.C.: US Government Printing Office, 1971), p. 653.

기도 하였지만 역시 한반도 분단에 대한 '균형된 이해'의 필요성에 의한 것이기도 하였다. 소련뿐만이 아니라 미국도 한반도 분단에 책임이 있다는 주장은 이미 30년전 한 선구적 연구에 의해 개진된 바 있다.[12] 일본군 접수가 목적이기는 하였지만 38도선으로 한국분단을 제의한 것은 미국이었으며 연합국 전시회의 때 통일된 한국정부 수립을 위한 분명한 협의를 갖지 못하였다는 것이다. 물론 소련은 한국 또는 적어도 북한만이라도 지배하기 위하여 한국에 통일된 민주정부 수립을 위한 협조를 하지 않았기 때문에 가장 책임이 크다고 지적하였다.

소련의 한국분단 개입은 의도적인 치밀한 계획에 의한 것이었다기보다는 주어진 상황을 이용한 임기응변적 대응에 의한 것이었으며, 이러한 기회는 제2차 세계대전 종전을 전후한 동아시아 권력공백상태에서 비롯된 것이었다. 태평양전쟁의 속결을 원했던 미국의 종용으로 대일본전쟁을 선포한 소련은 미국과 마찬가지로 한국을 별로 중요시하지 않았으며 일본의 갑작스런 항복을 기대하지 못하였다.[13] 소련군은 1945년 8월 8일 전쟁선포 3일 만에 한반도에 진입하였고, 당시 가장 가까이 있었던 미군이 600마일 떨어진 오키나와에 있었으므로 한반도 전체를 정복할 수 있었다. 소련군의 진군으로 한반도에서의 일본군 접수를 단독으로 수행할 수 없음을 인정한 미국은 한국의 수도를 포함하여 가능한 한 북쪽까지 미군이 진출할 수 있도록 38도선을 경계로 미·소가 각각 일본군을 접수하도록 결정하였다. 이러한 미국의 결정은 9월 2일 맥아더 장군의 일반명령 제1호로 공표되었으며, 소련은 이를 묵인하고 38도선 이북으로 자진 철수하였다. 스탈린은 한반도에서 미국과의 갈등을 피하는 한편 소련의 일본영토 점령지역에 대한 미국의 승인을 얻어내

---

12) Soon Sung Cho, *Korea in World Politics, 1940-1950: An Evaluation of American Responsibility* (Berkeley: University of California Press, 1967), especially pp. 56-58.

13) 비교적 객관적으로 다루면서 소련의 초기 북한점령정책은 제대로 준비가 되지 않았다는 주장에 대해서는 Eric van Ree, *Socialism in One Zone: Stalin's Policy in Korea, 1945-1947* (New York: St. Martin's, 1989).

는 데 중점을 두었던 것이다. 일반명령 제1호는 점령군이 일반 행정업
무도 관장하게 함으로써 단순한 군사적 조치의 영역을 벗어나 정치적
통치기능도 허락하였다.[14] 이것은 소련군의 북한점령통치를 정당화하고
북한을 사실상 소련의 재량에 맡긴 결과가 되었다.

소련은 북한지역에서 자신에게 우호적인 사회주의 정권을 수립하였
음에도 불구하고 갈등상황하에서는 한반도에서 미국의 지배적인 역할
을 인정할 태세가 되어 있었다는 사실을 한국전쟁 동안의 행동에서 보
여 주었다. 한국전쟁의 원인에 대하여서는 많은 논쟁이 있어 왔으나[15]
소련의 역할은 소극적이고 수동적이었다는 주장이 일반적으로 받아들
여지고 있다. 이와 같은 견해는 주로 흐루시초프의 비망록 중 한국전쟁
에 관한 부분에 근거하고 있는데, 흐루시초프는 스탈린이 김일성의 남
침계획에 대하여 미국개입의 우려 때문에 조심스러운 반응을 보였으나
속전속결의 가능성과 공산혁명의 명분 때문에 반대할 수 없어 마오쩌
둥(毛澤東)과 상의한 후 승인을 하였다고 서술하고 있다.[16] 흐루시초프
는 한국전쟁은 김일성의 주도하에 이루어졌고 스탈린은 북한군 내의
소련 고문단을 철수하는 등 소련의 역할을 감추어 미국과의 직접 충돌
가능성을 배제하려 했다고 주장하였다. 물론 흐루시초프는 소련이 북한
의 '계급전쟁'을 위해 군사적 원조를 하였음을 시인하였으나 한반도 전
체를 무력점령하기에는 불충분한 것이었다고 한다.

소련이 한반도의 공산화 통일 내지는 전략적 가치를 별로 중요시하
지 않았다는 결정적인 정보들이 최근에 공개되었다. 흐루시초프는 최근

---

14) Gregory Henderson, "Korea," in Gregory Henderson, et al., eds., *Divided Nations in a Divided World* (New York: David McKay, 1974), pp. 50-51.
15) 한국전쟁 원인의 논쟁에 관한 대표적 연구로는 William Stueck, "The Soviet Union and the Origins of the Korean War," *World Politics*, 28, No. 4 (July 1976), pp. 622-635: 김철범·제임스 매트레이 편, 『한국과 냉전: 분단과 파괴와 군축』(서울: 평민사, 1991), 특히 pp. 15-26.
16) *Khrushchev Remembers*, Strobe Talbott, trans. and ed. (Boston: Little, Brown, 1970), pp. 367-373.

발간된 또 하나의 비망록에서 김일성이 유엔군의 북진으로 절망적인 위기에 처하여 간절한 지원요청을 하였을 때 스탈린은 "그래서 어쨌다는 거냐? 김일성이 패배하더라도 우리는 군대를 파견하지 않을 것이다. 미국인들이 극동에서 인접국이 되도록 내버려 두어라"라고 말하는 것을 들었다고 한다.17) 흐루시초프에 의하면 스탈린은 북한을 잃어버릴 상황에 처하게 되었으나 중공의 참전이 이 문제를 해결하였다는 것이다. 스탈린이 미국과의 대전을 피하기 위하여 한국전쟁에 대한 적극 지원을 삼갔다는 사실은 최근 스탈린 비밀문서를 연구한 러시아 군사학자와 마오쩌둥 비밀전문에 의해서도 증명되었다. 중공의 참전으로 한국전쟁 상황이 호전되자 스탈린은 "미국을 패배시키면 핵전쟁의 위험이 있으므로 전전상태로 전쟁을 마무리짓는 것"을 촉구하는 전문을 마오쩌둥에게 보냈다고 한다.18) 이에 앞서 스탈린은 중공군을 위해 공군지원을 약속하였으나 번복하였고 중공군이 1950년 10월 19일 압록강을 넘은 지 3개월 후에야 실행하였다고 한다.19)

한국전쟁에 관하여 새로이 밝혀지는 사실들은 대개 흐루시초프 비망록의 주요 내용을 구체적으로 확인해 주고 있다고 볼 수 있다. 흐루시초프가 부정확했거나 언급하지 않은 부분은 적은 수의 군사고문단 지원과 미군과 직접 충돌하지 않는 범위 내에서의 공군의 참여에 관한 것이다. 소련공군은 북한군 점령지역 상공 이외에는 비행하지 않았으며 소련해군은 일본해에서 결코 미해군 작전에 개입하지 않았다.20) 한국전

---

17) *Khrushchev Remembers: The Glasnost Tapes*, Jerrold L. Schecter with Vyacheslav V. Luchkov, trans. and ed.(Boston: Little, Brown, 1990), pp. 146-147.
18) 옐친 러시아 대통령 군사보좌관 볼코고노프 대장의 특별인터뷰, 『세계일보』 (1992년 6월 26일).
19) 모택동이 중공군을 출동시키면서 스탈린에게 군사지원을 요청한 비밀문서에서 이같이 나타났다. *The New York Times*(26 February 1992), 러시아 국방부 산하 군사(軍史)연구소 선임연구원 이고르 파포프와의 인터뷰, 『동아일보』(1992년 6월 25일).
20) 소련전투기는 미군이 만주비행장을 공격했을 때인 1950년 9월에만 미군정찰기를

쟁이 38도선에서 교착상태에 빠지고 안정화된 이후에서야 스탈린은 2
만 5천 명의 방어작전 군대를 파견하였다. 1992년 7월에 러시아 군부가
한국측에 전달한 스탈린 비밀전문은 1950년 5월 초의 소련고문단의 전
쟁개시문서, 6월 18일 북한군에 대한 정찰명령서, 10월의 중공군 참전결
정 사실과 소련의 역할은 무기군수지원에 국한한다는 내용의 것 등으
로서 지금까지의 논의를 실증적으로 검증해 주고 있다.21)

소련의 한국전쟁 개입은 영향력 확장을 위한 전략적 요인보다는 북
한의 공산화 통일노력을 지원한다는 정치적 이데올로기적 요인에 의해
결정되어진 것으로 보인다. 왜냐하면 스탈린의 최대목표는 한국전쟁을
국내전으로 위장함으로써 미국과 부차적 이익의 지역에서 정면대결을
피하는 것이었기 때문이다. 소련의 소극적 지원이 한국전쟁 후 북한·소
련의 관계가 소원해지는 계기가 되었음은 말할 나위가 없다.

제 3 절 고르바초프의 신사고 외교와 한·소관계

한국전쟁이 한반도 분단을 고착화한 이후 한국과 소련은 40여년간 적
대적 관계를 벗어나지 못하였다. 한국은 1973년 6·23 선언과 1988년 7·7
선언 등의 북방정책을 통해 소련을 비롯한 공산권 국가들과의 관계개선
을 위해 노력한 반면, 소련은 대한국관계에 관한 한 소련 자체의 구체적
인 원칙이나 명료한 개념을 천명하지 않고 북한의 정책노선과 제안들을
관례적으로 지지하는 데 그쳤다. 그렇다고 해서 한국과 소련 간의 비공
식접촉이 없었던 것은 아니다. 1973년 이후 소련은 국제회의에 참석하는

공격했고, 10월 8일 블라디보스토크에서 18km 떨어진 소련비행장이 미공군의 실수
로 공격을 받았을 때는 강경 항의 이외에는 아무것도 하지 않았다. Gerald Segal,
"The Soviet Union and Korea," in Gerald Segal ed., *The Soviet Union in East
Asia: Predicaments of Power* (London: Heinemann, 1983), p. 72.

21) 『동아일보』(1992년 7월 27일). 동 신문 사설과 해설은 "소련팽창주의의 치밀
한 개입 입증"이라는 근본적인 해석상의 오류를 범하고 있다.

한국인 사업가·운동선수·예술가·학자·관료들의 방문을 점증적으로 허락하기 시작하였다. 한·소관계의 증진은 1983년 대한항공 007기의 격추 사건으로 일시적으로 냉각되었다가 재개되기 시작하였다. 이때까지의 소련의 대한국 접근은 긴장관계에 있던 중국과 북한의 대중국 밀착을 견제하기 위하여 '한국카드'를 사용한 것으로 볼 수 있다. 또한 소련은 미군의 한반도 주둔이 소련에 직접적인 안보위협을 주기보다는 한반도의 전쟁반발을 억제하는 기능을 한다고 인정하였던 것 같다.[22]

고르바초프의 페레스트로이카는 소련의 정치전략적 대한반도관계를 정치경제적인 관계로 전환시키는 결정적 계기가 되었다. 북한의 보이콧 운동에도 불구한 소련의 1988년 서울올림픽 참여는 한국과 소련 간의 관계에 괄목할 만한 진전을 가져왔다. 소련은 서울올림픽 기간 동안 임시 영사관을 운영하였고 양국은 급격히 증가한 경제 및 인적 교류를 위해 1989년 4월에 무역사무소를 각각 설치하고 12월에 영사관계를 수립하였다. 소련은 한동안 정경분리의 입장에서 정치적 관계수립을 지연시켰으나, 한국정부의 경제적 대가 지불용의 등으로 양국은 1990년 6월 샌프란시스코에서의 '역사적' 정상회담을 거쳐 9월 30일에 전격적으로 외교관계를 수립하게 되었다. 이와 같은 한·소관계의 정상화는 한국의 적극적인 북방정책추진, 국제체제의 탈냉전화 등의 여러 요인에 의한 것이나 무엇보다 근본적인 요인은 고르바초프의 개혁정치에 있다고 하겠다.

1. 고르바초프의 세계전략과 한국

고르바초프는 외교정책과 국내정치 간의 '유기적 관계'를 강조하면서 경제적 침체로부터 소련체제를 재생시키기 위한 국내적 개혁을 성공적으로 이끌기 위하여는 소련외교정책의 변화가 불가피하다고 역설하였다.[23] 고르바초프는 과거 소련의 국내외정책에 대하여 비판적 평가를

---

22) Byung-Joon Ahn, "The Soviet Union and the Korean Peninsula," *Asian Affairs: An American Review*, 11, No. 4 (Winter 1985), pp. 16-17.

하고 국가 간의 관계를 재편성하는 데에 외교정책의 목적을 두었다. 고르바초프의 신사고 외교정책은 핵무기의 파괴력에 대한 이성적인 전략적 분석보다는 소련이 정치경제적으로 국제관계를 더이상 통제할 수 없다는 인식에 근거를 둔 것이었다. 즉 소련은 경제분야를 필두로 모든 분야에서 국내적 발전을 위한 추진력을 상실함으로써 정치적·전략적 사고에 근거한 외교정책을 재고하지 않으면 안 되게 되었던 것이다. 특히 소련의 군비부담은 소련의 기준에서 보더라도 곤란할 정도로 소련 경제를 왜곡하였다.[24] 또한 소련 지도자들은 군사력 증강이 외교정책 목적 달성을 위해 반드시 긍정적인 것만은 아니며 오히려 안보에 새로운 위협을 초래하고 새로운 군비의 필요성을 가중시킨다는 것을 깨달았다.

이에 따라 고르바초프는 군사력과 안보관계에 관한 새로운 변증법적 논리를 적용하여 "안보는 더이상 군사적 수단—무기 또는 억제력 사용—에 의해 보장될 수 없으며 군사적 우월성을 달성하려는 시도는 어리석은 짓"이라고 하였다.[25] 왜냐하면 핵전쟁은 인류역사의 종말을 의미하기 때문에 정치·경제·이데올로기를 포함한 어떠한 다른 목적을 달성할 수 있는 수단이 아니라는 것이다. 고르바초프의 신사고는 과거 흐루시초프와 브레즈네프가 주창한 평화공존 개념을 초월하여 이데올로기적 계급투쟁보다는 보편적 가치의 우선, 세계의 상호의존성 증가, 무력사용의 부도덕성, 핵시대의 상호안보의 필요성을 인정하는 것을 기본골간으로 하였다. 국가안보는 군사력 축적에 있기보다는 무기통제, 지역

---

23) M. S. Gorbachev, *Perestroika i novoe myshlenie dlia nashei strany i dlia vsego mira* (Moscow: Politizdat, 1987), especially p. 134.

24) 글라스노스트 정신에 입각하여 소련 경제학자들은 소련과 미국 C.I.A.는 소련의 GNP를 과대평가하였고(미국 GNP의 반이 아니라 28% 미만이라고 함), 소련 군사비용을 과소평가하였다고 밝혔다. 그들은 소련 군사비용이 소련 GNP에서 차지하는 비율이 CIA가 평가한 15~17%가 아니라 20~25%를 차지한다고 하였다. *The New York Times* (24 April 1990).

25) M. S. Gorbachev (1987), pp. 143-144.

갈등의 해소, 타국가 자극요소 제거 등에 있다고 하였다.

1980년대 초부터 소련의 정책결정자들은 제3세계정책을 재평가하고 대안을 제시하기 시작하였다. 제3세계 전문가인 브루텐츠(Brutents)는 후진국에서 진정한 사회주의 건설 가능성은 희박하므로 모든 범주의 개발도상국들과 관계를 다변화할 것을 강조하였다.[26] 페레스트로이카의 이론가 야코블레프(Yakovlev)는 과격한 제3세계 국가들과의 밀착된 관계를 피하고 서구 '제국주의로부터 민족적 주권확립을 추구하는 자본주의 성향의 개발도상국가와 관계를 증진시켜야 한다고 주장하였다.[27] 1980년대 후반부터 페레스트로이카가 과격성을 띠기 시작하면서 사회주의 체제와 제3세계의 경제적 재난은 경제적 상호의존성에 기반을 둔 세계체제를 형성함으로써 극복할 수 있다는 경제중심적인 주장들이 제기되었다. 경제와 기술발전이 제3세계에서의 주요 동반자를 선택하는 데 모든 고려사항 중에서 최우선이 되어야 한다는 것이다.[28]

이상과 같은 소련의 세계전략의 변화에 비추어 볼 때 한·소관계의 정상화는 전술적이거나 고립된 경우로써 이루어졌다기보다는 소련외교정책의 장기적이고 일반적인 변화에 의해서 파생된 것이었다. 소련의 학자들은 '일본보다 4배나 빠른' 한국의 산업 및 사회발전에 주목하였으며,[29] 한국과의 외교관계 수립은 한국 내 민주주의와 민족적 통일독립을 요구하는 '진보적 과정'을 증진시키고 미·소·중·일의 이익이 교차되는 한반도의 긴장을 완화시키고 경제협조의 가능성을 강화시키기 위하

---

26) K. Brutents, "Osovobodivshiesia strani v nachale 80-kh godo v," *Kommunist*, No. 3 (February 1984), pp. 102-113. 브루텐츠는 당시 소련공산당 국제부 수석 부부장으로 나중에 대한국 관계개선의 옹호자가 되었다.

27) A. Yakovlev, "Mezimperialisticheskie Protivorechia-sovremenniiv kontekst," *Kommunist*, No. 17 (November 1986), pp. 3-14.

28) 소련 외무부회의에서의 셰바르드나제(Eduard Shevardnadze)의 보고. *International Affairs* (Moscow: October 1988), especially pp. 14-15, 61-62.

29) 소련사회학자 안드레예프(I. Andreyev)는 제3세계 발전에 관한 기사에서 한국의 예를 이렇게 들었다. *Pravda* (7 June 1990).

여 필요하다고 정당화하였다.[30] 이것은 소련이 북한과의 정치전략적 관계보다는 한국과의 정치경제적 관계에 더 우선을 두기 시작하였음을 의미하며 북한과의 관계를 고려하여 일정한 단계까지 정경분리원칙을 유지하였던 것이다. 지정학적 시각에 입각한 연구들은 소련이 북한의 군사력 증강 지원과 남한에 대한 경제적 융통성을 동시에 추구하는 이중정책을 구사하고 있으며 소련의 대한반도정책 변화보다는 지속성을 강조하였으나,[31] 이와 같은 주장은 소련의 전반적인 정책의 변화를 과소평가하였고 정경분리정책은 한국과의 관계개선에 대한 북한측의 반발을 무마시키려는 과도기적 조치였음을 간과한 것이다.

고르바초프의 지역갈등에 대한 정치적 해결원칙은 한반도의 긴장완화를 통한 안정화에 있었다. 따라서 주한미군은 예기하지 않은 분쟁도발에 대한 억지력으로서 한반도의 안정화에 기여하는 요소로 간주되었기 때문에 한·소관계 개선에 걸림돌이 되지 않았을 것이다. 소련은 전략적 차원에서 한반도에서의 일방적인 미국의 입지약화를 목표로 했던 것이 아니라 오히려 미국과 불필요한 갈등요소를 제거하기 위하여 협조를 목표로 하였다. 고르바초프는 1990년 6월의 미·소 정상회담에서 양국은 "여러 강조점에서의 차이에도 불구하고 한반도와 캄보디아 문제에 관한 정상화의 준비가 되어 있음을 표현하였다."[32] 소련은 한반도 문제를 정착시키기 위하여 유엔의 역할과 다국간의 협조를 증대하는

---

30) *Izvestiia* (1 September 1989). 한국전문가 샤브쉬나의 이같은 주장에 대해서 외무장관 로가초프(Igor Rogachev)는 소련정부의 공식입장이 아니라고 분명히 밝혔으나 당시 많은 소련의 정책결정자 입장을 반영하는 것으로 간주된다. 로가초프의 반응에 대해서는 *Izvestiia* (6 September 1989) 참조.
31) Hiroshi Kimura, "Soviet Focus on the Pacific," *Problems of Communism*, 36, No. 3 (May-June 1987), pp. 13-14; Donald S. Zagoria, "Soviet Policy in East Asia: A New Thinking?" *Foreign Affairs*, 68, No. 1, America and the World (1988/89), pp. 128-129.
32) 워싱턴 정상회담에 관한 고르바초프의 언급에 대해서는 *Pravda* (13 June 1990) 참조. 1985년부터 미국과 소련은 지역문제에 대한 양국회담을 정기적으로 개최하였다.

정책을 추구하였다. 소련은 결국 한국의 유엔가입 추진을 지지하게 되었으며, 1991년 8월 8일 남북한이 동시에 유엔에 가입하는 데 중요한 역할을 하였다.

2. 고르바초프의 동북아정책과 한반도

소련의 동북아정책은 한·러관계를 전망하는 데 보다 더 구체적인 조감도를 제공한다. 제정러시아 때와 마찬가지로 소련은 경제발전을 강조할 때마다 시베리아 자연자원의 적극적인 개발을 추진해 왔으며, 시베리아는 소련의 유럽 지역 발전을 위한 원자재 공급원에 지나지 않았다. 그러나 고르바초프는 소련의 아시아 지역과 태평양을 하나의 통합된 지역으로 간주하는 종합적인 개발계획을 제시한 최초의 지도자가 되었다. 고르바초프는 1986년 7월 28일 블라디보스토크 연설을 통해서 소련의 경제적 개혁, 시베리아와 소련극동지역의 개발, 그리고 태평양지역에서의 국제적 환경 사이의 연계성을 강조하였다.[33] 고르바초프는 1988년 9월 16일 크라스노야르스크에서 또 하나 대아시아정책의 초석이 되는 연설을 하였다.[34] 이 두 연설은 소련경제 특히 시베리아 개발문제에 대해서 많은 부분을 지적하고, 급속도로 성장하는 아시아·태평양 지역의 경제와 연결하며 지역적 긴장과 군사행동을 감소시키기 위한 제의를 포함하였다.

소련의 동북아시아정책에서 신사고를 가장 극명하게 나타내 주는 예는 한국정책에 대한 변화이다. 한·소관계의 정상화는 소련을 아시아에서 평화세력으로서 확인시켜 주었고, 아시아·태평양 지역 국가들—특히 일본—과의 관계증진을 촉진시켰다. 소련인들은 한국의 놀라운 경제적

---

33) 연설전문에 대해서는, Pravda (29 July 1986): *FBIS-SOV* (29 July 1986), pp. R 1-20.
34) 크라스노야르스크 연설전문에 대해서는 *Pravda* (18 September 1988): *FBIS-SOV* (19 September 1988), pp. 43-60.

성과를 지적하기 시작하였으며[35] 과거의 무명국가로부터 능력있는 경제적 동반자로 등장한 한국과 경제협력 증대의 필요성을 강조하였다. 고르바초프가 크라스노야르스크 연설에서 처음으로 한국과 경제적 관계를 설정할 가능성이 있다고 한 것은 1987년에 수립한 15개년 시베리아 개발계획에 필요한 2천억 루블의 대량투자가 외국과의 경제협력에 의해서만 가능하였기 때문이다. 더욱이 소련은 한국과 소련의 경제구조가 상당히 상호보완적이라는 점에서 한국과의 경제협력에 관심을 두게 되었다.

소련이 오랜 동맹국가인 북한과의 관계가 소원해지는 것을 무릅쓰고 한국과 관계개선을 하였다고 해서 이것이 곧 북한을 포기하는 것을 의미하지는 않았다. 소련은 북한이 새로운 지역안보와 경제협력구조에 참여하여 우호적 관계를 계속 유지하기를 희망하였을 것이다. 그러나 고르바초프가 제안한 유럽안보협력회의(CSCE)와 유사한 태평양회의는 북한의 기존노선과는 달리 한반도에 현실적인 두 개의 국가가 존재하는 것을 인정하면서 한국문제를 정치적으로 해결할 것을 암시하였다. 소련은 북한의 북한·중국·미국 간의 3자회담보다는 한국의 6개국회의─남북한·미국·중국·소련·일본─와 남북한 교차승인을 선호하였다.[36] 국제회의와 더불어 소련은 한국문제 해결을 위해 남북한대화를 강조하였다. 소련은 동북 아시아의 안정과 긴장완화를 위협하는 어떠한 종류의 '모험주의'에도 반대하였으며, 한반도에서의 냉전종식을 위해 중국과의 행동일치에도 노력하였다.[37]

---

35) 1988년 6월 제19차 소련공산당 임시당대회에서 한 공장장은 "과거에 전혀 듣지 못하던 남한의 과학연구소들과 관련된 일이다. 상상만 해보아라. 한국이 선진공업국가들의 10위권에 진입하였다"라고 발언하였다. *Pravda* (1 July 1988).
36) 소련학자들은 남북한을 포함하여 한반도에 이익이 관련된 모든 국가들 간의 국제회의를 제의하였다. Vasili Mikheyev, "The Korean Problem in Future," *International Affairs* (Moscow: September 1989), p. 146; Mikhail G. Nossov, "The USSR and the Security of the Asia-Pacific Region: From Vladivostok to Krasnoyarsk," *Asian Survey*, 29, No. 3 (March 1989), pp. 257.
37) 중·소 외무장관들은 1990년 9월 회담에서 예정된 남북대화가 긍정적인 결과를

결국 소련과 북한관계의 기본성격도 변화하게 되었다. 이데올로기와 전략적으로 맺어진 관계는 점진적으로 정치경제적 고려에 기반을 둔 관계로 전환되었으며, 궁극적으로는 후견 및 의존관계를 청산하게 된 것이다. 아시아에서의 소련군 감축에 따라 북한에 대한 군사적 지원도 감소되기 시작하였으며, 경제적 관계는 상업주의에 의하게 되었다. 경제적 동반자, 군사적 주공급원으로서의 소련의 역할은 점차 변화하였으며 이것은 북한 지도층을 불안정하게 만드는 요인이 되었다. 소련이 김일성지도체제 유지를 위해 '사회주의 형제국가'로서의 지원을 더이상 하지 않게 되었을 것임은 자명하였다.

제 4 절 러시아의 외교정책과 한·러관계

1991년 12월 소련의 와해와 더불어 새로운 국가로 탄생한 러시아연방은 아직 구소련과 같이 일관되고 장기적인 외교정책노선을 설정하지 못하고 있다. 새로운 국가로서의 정체성 문제와 더불어 정치·경제 및 인종갈등의 문제는 러시아의 외교정책노선에 중대한 영향을 미치게 될 것이다. 러시아는 초기의 서구일변도 외교정책에서 러시아의 전통적 국가이익을 강조하는 지정학적 실용주의 외교정책노선으로 전환하고 있다. 러시아는 1993년 이후 서구 중심의 외교결과를 재평가하고 보다 독자적이고 다변화된 외교정책을 추구하면서 구소련 지역에서의 영향력 회복과 아·태 지역에서 새로운 관계증진을 도모하고 있다.

이와 때를 같이 하여 러시아는 대한반도정책을 수정하고 그동안의 한국일변도 외교정책에서 남북한에 대한 '보다 균형적인 관계'를 형성하려는 외교정책을 추진하고 있다. 초기에 러시아는 고르바초프의 대한반도정책을 일반적으로 지속하였으나 북한 핵문제의 대두와 더불어 한

맺기를 희망한다고 하였다. *Izvestiia* (3 September 1990).

반도에서의 영향력 저하 및 미국의 상대적 부상, 한·러관계에 대한 기대 이하의 실망 그리고 북한정권의 생존 지속 등의 이유 때문에 북한과의 관계개선을 1994년부터 추진하고 있다. 그러나 이와 같은 정책변화는 북한에서의 제한된 영향력을 회복함으로써 한반도 문제에서 소외된 국제적 지위를 제고시키려는 노력이지 '등거리' 외교전략을 추구하려는 노력으로 볼 수는 없다.

1. 러시아 외교정책의 기본노선

독립 초기에 외교정책의 일반노선을 확정하지 못한 상태에서 옐친은 우선 러시아의 외교정책 목적을 두 가지로 공식화하였다. 첫째는 러시아를 '문명사회로 편입'시키는 것이며, 둘째는 러시아의 "체제전환을 위한 최대한의 지원을 확보"하는 것이라고 하였다.38) 이러한 목표는 러시아 연방을 서구 선진국가들과 통합시키고 서구의 원조를 획득함으로써 러시아인들의 생활수준을 향상시키고 러시아의 국제적 지위를 세계의 정통성 있는 민주국가들 속에 위치시키려는 의도를 가지고 있다.

러시아의 국제적 지위와 서구로부터의 재정적 지원획득 중심의 옐친 외교정책은 러시아의회로부터 비판을 받기 시작하였다. 전최고회의의장 하스불라토프(Ruslan Hasbulatov)는 '가까운 외국' 즉 독립국가연합의 회원국들과 관련하여 훨씬 더 동태적이고 조정된 정책을 수행할 것을 요구하고, 러시아 외교정책의 우선순위를 지리적으로 결정하여 독립국가연합 회원국들을 최우선으로, 다음에 이들과 인접하는 국가 등의 순으로 할 것을 주장하였다.39) 이와 같은 러시아의 외교정책 기본노선에 관

---

38) 옐친의 러시아 텔레비전 연설, 13 February 1992, 10:00 am., cited from Suzanne Crow, "Russian Federation Faces Foreign Policy Dilemmas," *RFE/RL Research Report* (6 March 1992), p. 15.

39) R. Khasbulatov, "O vneshnei politike i diplomati Rossii," *Rossiiskaiia gazeta* (6 March 1992).

한 논쟁은 러시아연방의 정책담당고문을 역임한 스탄케비치(Sergei Stankevich)에 의해 '대서양주의'와 '유라시아주의'의 대립으로 구분되어졌다.[40] 스탄케비치를 비롯한 유라시아주의자들은 유럽과 아시아를 연결하는 러시아의 특수한 지정학적 역할을 강조하며 독립국가연합의 강화와 무슬림 세계와 중국 등과의 밀접한 관계가 장기적인 전략적 이익과 일치한다고 주장하였다.

서구로부터의 경제적 지원이 기대에 미치지 못하고 북대서양조약기구(NATO)의 동구포함 계획 등으로 인해 강대국으로서의 러시아의 국제적 지위가 약화 내지 고립되기 시작하자 옐친은 전통적인 국가이익을 강조하는 유라시아주의 성향의 외교정책으로 전환하기 시작하였다. 1992년 12월 러시아 외무부가 의회에 제출한 외교정책 개념에 관한 최종보고서와 다음 해 11월 신군사 독트린은 수동적인 친서구 외교정책에서 벗어나 러시아의 민족적·국가적 정체성을 강조하는 외교정책노선을 강조하였다.[41] 러시아의 외교정책은 온건보수적이면서도 민족주의적 성격을 강하게 나타내면서 구소련시대의 영향권에 대한 지위를 회복하려는 의지를 표출하기 시작하였던 것이다.

특히 1993년 12월 의회총선거에서 러시아 제국주의의 부활을 주창하는 극우민족주의와 보수좌파세력의 정당들이 득세하여 국내 정치세력구도의 변화와 함께 러시아의 외교정책노선 변화를 구조적으로 가속화하였다. 즉 그동안 서구문명권으로의 편입을 주창하던 급진개혁세력은 약화되었으며 국수주의적 극우민족주의세력이 목청을 유지하는 가운데 서구와의 합의를 통해 구소련 지역에서의 영향력을 확보하려는 온건보

---

40) *Nezavisimaia gazeta* (28 March 1992). 이 기사를 발췌한 영문번역과 이에 대한 논평에 대해서는 Sergei Stankevich, "Russia in Search of Itself," *The National Interests*, No. 28 (Summer 1992), pp. 47-55 참조.

41) 외무부의 보고서는 50쪽 길이나 공개된 것은 요약된 3쪽에 불과하다. 요약된 보고서 내용에 대해서는 "Russia's Foreign Policy concept," *International Affairs* (Moscow: January 1993), pp. 14-16 참조. 러시아의 신군사 독트린에 대해서는 *Izvestia* (18 January 1994) 참조.

수 민족주의세력이 주류를 이루게 되었다.[42] 1994년 초에는 러시아의
사회여론도 서구추종적 외교자세보다는 러시아의 국가이익을 강조하는
입장으로 기울기 시작하였다.

러시아는 이 시기를 기점으로 하여 그동안 상대적으로 소홀히 해왔
던 구소련지역 및 동구국가들과 아시아·태평양 지역의 국가들에게 관
심을 기울이기 시작하였다. 물론 미국 및 서구와의 협력관계를 유지하
는 가운데 전통적인 국가이익, 즉 지정학적·전략적 이해관계에 보다 초
점을 맞추는 유라시아주의적 외교정책노선을 채택하게 된 것이라고 할
수 있다. 러시아는 러시아연방 밖에 거주하는 약 2천 5백만 명의 러시
아인들의 권리를 보호하고 서구 및 동남부로부터의 새로운 도전에 대
응하기 위하여 소위 근외지역에서의 러시아의 지위확보에 우선을 두기
시작하였다.[43] 러시아는 구소련지역에서의 러시아의 고유한 역할을 강
조하는 러시아판 '먼로 독트린'하에 독립국가연합의 기능과 이 지역의
재통합운동을 보다 적극적으로 전개하기 시작하였다.

1995년 12월의 의회총선거와 다음 해 6월의 대통령 선거과정에서 보
수좌파 및 민족주의세력들은 옐친의 무력화된 외교정책을 신랄하게 비
판하였다. 물론 선거의 주요쟁점은 국내경제 및 사회문제에 관한 것이
었지만 외교정책에 대한 함의가 자못 적지 않았다. 제2대 국가의회 총
선거에서 러시아 공산당은 민주 및 중도개혁당들을 월등한 격차로 누
르고 제1당으로 등장하였다.[44] 또한 러시아 공산당 대통령 후보 주가노

---

42) A. Arvatov, "Rossiia: nachional'naia bezopasnosti v 90-e gody," *Mirovaia
   ekonomika i mezhdunarodnye otnosheniia* (1994. 7), p. 11.
43) 러시아인들이 구소련 지역의 14개 공화국을 일컫는 말로서 '근외'라는 용어를
   1992년부터 사용하기 시작하였다. 러시아의 근외정책에 대한 상세한 논의는,
   Wynne Russell, "Russian Relations with the Near Abroad," in Peter
   Shearman, ed., *Russian Foreign Policy since 1990* (Boulder: Westview, 1995),
   pp. 53-70.
44) 러시아 공산당 대표 주가노프는 1995년 국가의회 선거를 반공주의와 중도주의
   의 패배, 현정부에 대한 불신임, 국가통합과 사회정의의 옹호라고 해석하였다.
   Nezavisimaia gazeta (21 December 1995).

프는 대통령 선거 직전까지 여론조사에서 옐친을 많은 차이로 누르고
있었으며 제1차 선거투표에서는 2위를 하였는데, 제2차 투표에서는 민
족주의세력의 대통령후보 레베드와 연합함으로써 옐친은 가까스로 대
통령에 당선될 수 있었다.

  결국 옐친은 그동안 친서방주의의 대변자였던 코지레프 외무장관을
해임하고 구소련시대의 외교전문가인 프리마코프를 외무장관으로 등용
하였다. 프리마코프는 러시아의 외교정책 우선순위를 첫째, 러시아의
영토적 통합성을 강화하기 위한 외적 조건의 형성, 둘째, 지역갈등의 해
결, 셋째, 긴장의 근원과 대량파괴무기 확산을 경계하기 위한 정부 간의
효과적인 관계발전이라고 하였다.[45] 이러한 프리마코프의 외교정책 우
선순위는 러시아가 국제사회에서 독자성을 강조하고 국제문제 해결에
서 러시아의 역할 강화에 역점을 두어 미국과 대등한 국제적 위상을 회
복하려는 의도를 나타내고 있다.

  물론 이와 같은 외교정책의 성향변화가 반서구주의 또는 쇄국주의
노선을 추구하고 있음을 의미하지는 않는다. 러시아의 외교정책 노선변
화가 극우민족주의자나 좌파보수주의자와 같은 소위 '애국주의'세력에
의해 영향을 받아서 이루어진 것은 사실이나 서구를 적대세력으로 간
주하거나 동아시아 주변국가들을 안보적 위협국가라고 간주하는 근본
적 태도변화라고는 볼 수 없다. 오히려 러시아는 현재 국제적으로 특별
한 적대국가를 갖고 있지 않으며, 국내 위기 극복을 위하여 유리한 국
제환경을 조성하는 차원에서 서구 및 아시아 주변국가들과 다원화된
협력관계를 증진시키려고 노력하고 있다고 볼 수 있다. 러시아의 외교
정책 노선변화는 국내상황에 대한 부정적·감정적 반응과 더불어 서구
의 경제적 지원에 대한 회의와 NATO 확대에 의한 안보적 고립화 우려
때문에 반사적으로 노출된 것이라고 할 수 있다.[46]

---

45) 프리마코프 외무장관의 1996년 1월 12일 기자회견. Ministry of Foreign
    Affairs of Russian Federation, *Diplmatic Bulletin*, No. 2 (February 1996), p. c3.
46) 프리마코프는 NATO의 동구확장이 러시아와 서구관계의 커다란 장애가 되고

2. 한국과 러시아의 정치외교관계

돌이켜 보면 한국과 소련은 이해관계의 상충으로 인해 많은 상호교감의 차이 및 파행적 외교관계를 이루어왔다. 1990년 6월 4일의 한·소 정상회담은 해후적 성격이 강조되었으며 고르바초프는 '상업적 관계'를 위한 정상회담이라고 하였다.[47] 1990년 9월 30일 외교관계 수립 후 가진 한·소 모스크바 정상회담에서 12월 14일 양국은 공동선언을 채택하였으나 정치적으로 민감한 내용은 피하였다. 모스크바공동선언은 국제질서 재편과정에서 호혜평등에 의한 협력정신을 강조하고 무력사용배제, 타국희생하의 자국안보확대 반대, 한반도 통일을 위한 긴장완화와 신뢰구축 촉진, 한반도문제의 평화적 민주적 해결을 위한 남북대화의 지속 등을 명문화하였다.[48] 소련정부는 한반도의 비핵지대화와 소련의 태평양 안보협력기구에 한국참여를 주장하였고 한국정부는 한국전쟁과 1983년 KAL기 격추사건 등 '불행했던 역사'에 대한 소련측 사과의 뜻을 포함시키려 하였으나 모두 실현되지 않았다.[49] 한국은 미국과 일본과의 우호관계에 계속 중점을 두기를 원하였으며 소련은 한·소관계의 증진으로 인한 북한과의 정치적 관계악화를 최소화하려고 하였던 것이다.

1991년 4월 19일 제주도에서의 한·소 정상회담은 한국과 소련의 협력을 전면적으로 발전시키는 계기가 되었으나, 이것 역시 파행적 외교행태를 드러내기도 하였다. 소련측은 한국의 유엔 단독가입에 대한 유보적 태도를 바꾸었으며 남북대화와 북한의 핵사찰 수용문제에 대해서 기존의 입장을 재확인하였고, 한국측은 약속한 30억 달러의 대소 경협자금을 확인하였다. 양측은 한·소 기업의 합작투자촉진과 시베리아 및

있다고 하였다. *Izvestiia* (6 March 1996).
47) *The New York Times* (5 and 6 June 1980). 소련정부는 간략한 보도를 통해 "한국과의 수교는 양국관계의 발전과 한반도 정치적 상황의 전반적인 개선에 따라 이루어질 것"이라고 하였다. *Izvestiia* (6 June 1990).
48) 모스크바선언 全文에 대해서는 *Pravda* and *Izvestiia* (15 December 1990) 참조.
49) 『동아일보』(1990년 12월 17일).

소련의 극독지역개발, 그리고 1990년대 중반까지 무역을 100억 달러 규모로 확장할 것 등을 합의하였다. 한편 고르바초프는 모스크바선언에 포함된 이상들을 발전시키고 성문화하여 양국관계를 역동적으로 향상시킬 수 있는 법적 기반을 마련하기 위하여 선린 및 협력조약 체결을 제의하였다.[50] 회담의제에도 없었던 즉흥적인 제의에 한국측은 놀랐으며 이 제의를 보다 결속력을 강조하는 우호협력조약으로 혼동하여 군사안보적 내용은 제외한다는 선에서 조심스러운 수용방침을 정하였다.

소련의 종말과 더불어 신생독립국으로서 출범한 러시아연방은 한반도정책에 관한한 고르바초프에 의해 수립된 기본정책들을 계승발전시켰다고 볼 수 있다. 1992년 11월에 있었던 옐친의 한국방문과 한·러 기본조약 체결은 동북아지역에서 동반자로서의 한국의 비중을 높여 주었으며, 이것은 러시아가 전략적 관계보다는 정치경제적 관계를 중요시한 결과이기도 하다. 옐친이 당초 9월 한국 방문예정을 북방영토문제로 일본방문을 취소하면서 함께 취소하여 물의를 빚었으나 11월에 한국 단독방문을 실현시킴으로써 한국의 국제적 지위 향상과 한국과의 관계발전을 위한 러시아의 의지를 상징적으로 나타내 주었다. 옐친은 양국간의 불신요인이 되어온 과거사에 대한 잘못을 시인하고 해결의 뜻을 보였고, 한국은 중단된 러시아 경협차관을 재개하는 등 경제협력 의지로 호응하였다. 이와 같은 한·러관계는 고르바초프 정권하에서의 제한적인 정치외교적 관계를 벗어나 성숙한 양국관계로 진입할 것을 예시하는 것이었다. 옐친은 양국 대통령의 공동기자회견에서 러시아가 북한보다 한국과 먼저 조약을 체결하였음을 상기시키고 1961년의 북한과 소련 간의 조약은 재검토되어야 하고 북한이 침략당할 때 소련이 자동개입하도록 한 제1조는 폐기되거나 수정되어야 한다고 천명하였다. 또한 러시아는 북한에 대한 핵물자 및 영구설비 공급을 중단하였으므로 북한의 핵개발은 동결된 상태에 있고, 핵개발을 중단하도록 정치적 압력을 가

---

50) *Pravda* (22 April 1991).

할 것이라고 하였다.[51] 한·러 정상회담 공동성명에서 러시아는 "한반도 비핵화 공동선언"에 따른 남북한 상호 핵사찰을 지지한다는 점을 재확인하였다.

러시아는 이미 소련의 붕괴 직후 북한과의 동맹관계를 수정할 의사를 비추었으며,[52] 이의 협상을 위해 1992년 1월 18일부터 21일까지 로가초프 전외무차관이자 주중국대사를 옐친의 특사자격으로 북한에 파견하였다. 로가초프는 1961년 체결된 조·소 우호협력 및 원조조약은 현실에 맞지 않으며, 특히 제1조의 군사조항은 사실상 실현 불가능한 점을 들어 개정의 불가피성을 설득하고 국제적 현안이 되고 있는 북한의 핵사찰문제를 성실히 준수하도록 촉구한 것으로 알려졌다.[53] 러시아 외무장관 코지레프는 3월 18일 한국을 방문하여 가진 제1차 한·러 외무장관회의에서 이와 같은 러시아 입장을 확인하였으며, 북한에 대한 공격적 무기판매 및 원자력 시설 건설을 위한 재정적·기술적 지원을 중단하였음을 밝혔다.[54] 또한 북한과 소련 간의 정치적·군사적 관계가 한국안보에 위협을 주지 않을 것이며 북한의 핵무기 개발에 협조하지 않을 것임을 강조하였다. 러시아는 남북한의 핵문제 분쟁에 있어서 처음으로 공식적으로 한국측의 입장을 지지하였으며, 코지레프가 한국방문을 끝내면서 "한·러관계는 정상화 시기는 지났고 새로운 시대─성숙한 협조시대로 접어들었다"[55] 고 할 정도로 한·러관계는 급진전을 보이기 시작하였다.

한반도에서의 긴장완화와 통일문제와 관련하여서는 한국과 러시아는 정치외교적으로 상당히 공통된 이해관계를 가지고 있다고 하겠다. 러시

---

51) 『중앙일보』(1992년 11월 21일).
52) 익명의 러시아 외교관은 러시아는 북한·이라크·쿠바 등과의 관계를 수정할 것임을 시사하였다. *Interfax* (28 December 1991) cited from S. Crow (6 March 1992), p. 18.
53) 『한국일보』(1992년 1월 19일).
54) *Izvestiia* (19 March 1992).
55) *Izvestiia* (20 March 1992).

아는 남북한 모두와 외교관계를 맺고 있는 국가로서 한반도 안정화와
통일을 위한 적극적 역할을 할 것이라고 표명하였다.[56] 러시아는 한반
도 비핵화 지지정책하에서 북한이 1992년 1월 국제원자력기구의 안전협
정에 조인하도록 종용하였고, 남북한 간의 상호 핵사찰을 지지하였다.
1993년 3월 북한의 돌연한 핵확산금지조약(NPT)의 탈퇴 이후에는 한국
의 국제적 제재노력에 협조하였으며, 5월 유엔 안보리의 대북한 결의안
에 찬성하였다. 또한 러시아는 한국전쟁 관련 기밀문서들을 한국정부에
전달하여 북한과 중국이 주장하는 북침설의 허구성을 입증하는 데 기
여하기도 하였다. 반면 러시아와 북한은 서로 외교관의 활동을 제한하
는 등 양국외교 및 경제관계는 극도로 악화되어 있으며, 북한은 러시아
의 공산당 재건대회 등을 보도하면서 러시아 공산세력의 재기에 기대
감을 표시하기도 하였다.[57]

한·러 외교관계가 모든 면에서 순조로운 것만은 아니다. 고르바초프
시대에 있었던 한·러 간의 파행적 외교 선례와 유사한 행태가 반복되기
도 하였다. 옐친은 1992년 9월로 예정된 한국방문을 일본방문 취소와 함
께 사전협의 없이 취소하였던 것이다. 물론 11월 한국만을 별도로 방문
함으로써 보상을 하였으나, 아무런 쟁점이 없었던 한국방문을 일방적으
로 취소한 것은 전혀 바람직한 외교행태가 아니며 러시아가 일본에 압
력을 가하기 위하여 '한국카드'를 사용하였다는 인상을 지우기 어렵게
하고 있다. 또한 옐친이 한국방문 때 전달한 1983년 9월에 격추된 대한
항공 007기의 블랙박스가 껍데기뿐이었다는 것은 당초의 진상규명과
사죄표명 의도를 저하시켰고 러시아측의 신뢰도 문제를 제기하기도 하
였다.

한국과 러시아는 각각 기대에 미치지 못하는 양국관계의 발전에 대
해 불만을 갖게 되었으며, 1994년부터는 다소 소원해지는 경향을 보이

---

56) 러시아 외무부차관 쿠나제(G. Kunadze)의 인터뷰. *Izvestiia* (14 August 1992).
57) 『內外通信』, 8262호 (1993. 2.17), 1) 便 記 4: 8264호 (1993. 2. 18), 1) 便
   記 3.

기 시작하였다. 러시아의 정치적·경제적 혼란, 한국의 대러시아 차관에
대한 상환 지연, 그리고 이에 대한 한국의 대러 차관 추가제공 중단으
로 한·러관계는 일시적 침체에 빠지게 되었다. 이에 덧붙여 러시아는
옛 제정러시아의 공관부지 반환을 요구하고, 한국은 KAL 007기의 격추
사건에 대한 배상을 요구하는 외교적 공방을 벌이기도 하였다. 특히 러
시아는 1993년 북한이 핵확산금지조약을 탈퇴하겠다고 위협하였을 때
북한에 3개의 원자로를 공급하겠다는 약속을 중단하는 등 북한 핵문제
에 관해서 미국과 한국의 입장에 동조하였으나 국제협상과정에서 철저
히 소외되었다.58) 1994년 6월 김영삼 대통령은 북한 핵문제 위기가 절정
에 달했을 때 러시아를 방문하여 "건설적이고 상호보완적인 동반자관
계"를 선언하였고, 러시아는 한반도 비핵화를 위한 국제적 노력을 적극
지지한다고 표명하였다. 그러나 이후 한반도문제는 북한과 미국 중심의
협상에 의해 진행되어 갔으며 한국은 러시아를 배제하고 대미중심의
외교활동을 전개하였다.

  이러한 상황은 러시아로 하여금 북한과의 관계를 재고하는 계기가
되었다. 러시아는 과도하게 북한을 소외시킴으로써 한반도에서의 영향
력을 상실하게 되었다고 판단하였다. 특히 북한 핵문제가 미국 일변도
로 주도되고 있는 상황하에서 러시아는 북한과의 전통적 관계를 강조
하였다. 1994년 3월 러시아 외무차관 파노프는 북한과의 우호협력 및 상
호원조조약이 유효하며, 특히 동 조약 중 전쟁 발발시 러시아의 군사적
지원에 관한 제1조의 유효성을 강조하였다. 1994년 7월 김일성 사후 9월
에는 평양을 방문하여 핵문제의 평화적 해결을 위한 북한의 노력을 지
지한다고 하였다. 파노프는 러시아는 하나의 아시아 국가이며 한반도에
중대한 국가이익을 지니고 있고 단순히 미국의 역할에 대한 보조적 역
할만으로는 만족할 수 없다고 하였다.59) 1996년 5월 러시아 국가의회의

58) *Far Eastern Economic Review* (December 29, 1994-January 5, 1995), pp.
   14-15.
59) 1994년 6월 필자와의 러시아 외무성 사무실에서의 면담에서 이같이 주장하였다.

장 셀레즈뇨프를 대표로 하는 러시아 의회대표단은 북한의 최고인민회
의와의 회담을 통해 신조약체결·경제협력·의원교류 등에 관한 의정서
에 조인하기도 하였다.

그러나 러시아의 대북한 정치외교관계의 회복노력은 한·러관계의 본
질적 전환을 의미하지는 않는다. 러시아는 부채상환문제와 관련 한국에
런던클럽 국가들보다 상대적으로 유리한 상환방식에 합의하였고, KAL
007기 피격사건에 대한 자료를 제공하였으며, 한국전쟁 관련문서를 한
국정부에 전달하였다. 1995년 5월 그라쵸프 당시 국방장관은 서울을 방
문하여 북한과의 안보관계에 관해서 한국측의 입장을 지지한다고 확인
하였다. 더욱이 1995년 8월 7일 러시아 정부는 1996년 9월 10일을 기해
만료되는 '조·소우호협력 및 상호원조조약'을 더이상 연장하지 않겠다
는 정책을 분명히 공포하였다. 현재 러시아는 이미 만료된 조약을 '우호
관계의 기본원칙에 관한 조약'으로 대체하려고 북한과 협상 중에 있으
나 순조롭지 않다.

3. 한국과 러시아의 경제관계

1992년 옐친의 한국 방문으로 구체화된 한·러관계는 앞에서 논의된
정치적 관계보다는 경제적 관계에 초점이 맞추어져 있다. 한·러 기본조
약 15개 조항 중 적어도 7개 조항이 경제협력과 관련된 것이며, 러시아
연방은 하바로프스크 가스전 개발 등 23개의 한·러 합작계획을 제시하
였다. 한국과 러시아는 양국의 경제담당 부총리를 위원장으로 하는 한·
러 경제과학공동위원회를 발족시켜 교역·합작투자·자원공동개발·과학
기술협력 등의 분야에서 경제협력을 활발히 추진하는 데 합의하였다.
이외에도 러시아의 나호드카 한·러 협력공단에 1백여 개의 한국기업을
입주시키고 서울과 블라디보스토크에 1993년까지 경제·과학·문화·기술·
정보 센터를 설립하기로 하였다.[60] 한국정부는 러시아로부터 경협차관
이자 연체금을 현금과 현물로 지급받기를 11월 13일 합의하였고, 러시

아 정부가 구소련의 대한 채무승계를 보증하는 법률문서를 16일 한국측
에 제출함으로써 1991년 12월 27일 이후 중단되었던 소비재차관 잔여분
을 재개하기로 하였다.

1991년 1월 한·소 양국 정부가 30억 달러의 대소 경제협력 차관을 합
의한 이래 한국정부가 제공한 차관액 14억 7천만 달러에 대한 이자지불
및 원금상환문제가 소련의 붕괴로 불분명해지자 한·러관계의 최대현안
으로 등장하였다. 주요 차주인 구소련대외경제은행은 형식상 러시아 소
속으로 넘어왔으나 외환사정의 악화로 지급불능상태에 있으며 각공화
국 간의 분열로 차관제공주체 및 지급보증문제가 해결되지 않았다. 몇
차례의 협상을 거친 끝에 옐친의 방한 직전에 양국정부는 10억 달러의
은행차관의 이자 중 러시아 분담금(61.34%, 우크라이나는 16.37% 등)인
3,680만 달러는 현물인 알루미늄괴로 1993년 상반기 중에 상환하기로 합
의하고 소비재차관 이자 1,260만 달러는 현금으로 지급하였다. 이로써
문제는 일단락되어 소비재차관 중 1991년도 잔여분인 3억 3천만 달러의
집행을 재개하고 나머지 12억 달러는 알루미늄 인도가 끝나는 대로 협
상을 재개하기로 하였다. 그러나 1993년 4월 구소련 채무국가들의 모임
인 파리클럽이 러시아의 채무를 5∼10년간 동결하기로 합의하자 러시
아는 이를 한국 등 파리클럽 비회원국에게도 적용하기로 하였다. 이로
써 외채상환문제는 양국간의 현안으로 다시 대두되었으며 1997년 7월에
개최된 제1차 한·러 경제공동위원회에서 1994년 이후의 연체금리에 대
한 협상을 시작하기로 합의하였다.

러시아 경제는 단기적으로 침체를 면하기 어려우나 장기적으로 그
전망은 밝다고 하겠다. 러시아의 국내총생산(GDP)은 1990년 이후 지속
적으로 하락하여 1995년에는 1990년의 약 60% 수준에 지나지 않았다.[61]
시장경제제도가 확립되기 이전에 통제경제가 전반적으로 무너짐으로써

---

60) 『동아일보』(1992년 11월 17일).

61) Goskomstat, *Sotsial'no-ekonomicheskoe polozhenie Rossii*, No. 12 (Moskba: 1995).

경제활동의 대량축소가 불가피하였다. 이 기간 동안 재정적자는 GNP의 10%를 상회하였으며 외채는 1993년 말 현재 약 830억 달러에 이르렀다.62) 그러나 장기적으로 볼 때 러시아는 세계최대의 목재, 연료 및 광물매장량, 숙련되고 상대적으로 값싼 노동력을 지니고 있어 충분한 잠재력을 갖추고 있다.63) 또한 1990년대 후반에 들어서면서 러시아의 거시경제지표는 안정세를 나타내고 있으며, 2000년대 초반에는 본격적인 성장단계에 들어설 것으로 예측되고 있다. 러시아의 대외교역이 활성화되어 1995년과 96년 연속 200억 달러의 무역수지 흑자를 기록했고, 1996년 중 월평균 인플레이션은 1~2% 정도로 안정화되었으며, 1997년에는 국내총생산량이 플러스의 경제성장세로 진입한 것으로 보도되었다.

대러시아 경제협력 차관문제를 제외한다면 한국과 러시아의 경제협력관계는 가장 이상적인 동반자 관계 중의 하나이다. 한국과 러시아의 교역규모는 전년에 비교하여 1980년대 후반 이후 50% 내지 100%씩 매년 급증하였으며, 1990년부터 96년 사이에는 37% 내지 83%의 증가율을 보이고 있다. 1990년대의 한·러 간 교역은 연평균 27% 증가하였는데, 이것은 같은 기간 동안의 한국 전체 교역량 증가율 13%보다 두 배가 넘는 성장세를 보인 것이다.64) 1986년 1억 3천만 달러에 불과하였던 교역량이 1996년에는 37억 8천만 달러로 10년 동안 약 29배의 급격한 증가추세를 보였다. 더욱이 한국과 러시아의 무역구조는 양국간의 상호보완적 경제구조를 잘 나타내 주고 있다. 한국은 소련으로부터 전자전기제품·기계류·철강·섬유류·화학제품·신발류 등 소비재품목과 완제품을 수출한 반면, 소련은 한국으로 철강금속·농수산물·화학제품 등 자연자원과

---

62) IMF 차관 24억 7천만 달러가 제외된 액수임. World Bank, *World Debt Tables 1994-1995*, Vol. 2 (December 1994), p. 394.

63) 러시아는 구소련의 인구 51%, 영토 76%, GNP 61%, 석유 90%, 천연가스 75%, 석탄 55%를 가지고 있다. *Narodnoe khoziaistvo SSSR v 1990 godu* (Moscow: Finansy i statistika, 1991).

64) 정여천, "한·러 경제교류의 평가와 전망," 한국슬라브학회 연례학술대회 발표논문 (1997. 11), p. 2.

〈표 1〉 한·러 교역추이

(단위: 백만 달러)

구 분	1990	1991	1992	1993	1994	1995	1996	1997 (1~8)
총교역량	888.8 (48.3)	1,202.4 (37.6)	859.1 (-28.5)	1,576.0 (83.4)	2,191.6 (39.1)	3,308.8 (51.0)	3,777.8 (14.2)	2,015 (-24.3)
수 출	519.2 (149.9)	625.1 (20.4)	364.6 (-41.7)	601.2 (64.9)	961.9 (60.0)	1,415.9 (47.2)	1,967.5 (39.0)	1,072 (-22.9)
수 입	369.9 (-5.6)	577.3 (56.1)	494.5 (-14.3)	974.8 (97.1)	1,229.7 (26.1)	1,892.9 (53.9)	1,810.3 (-4.4)	943 (-24.4)
무역수지	149.5	47.8	-129.9	-373.6	-276.8	-477.0	157.2	129

주: 1) 1990, 92년은 구소련 전체 교역량임.
　　2) ( )안은 전년동기대비 증가율임.
자료: 한국무역협회

반제품을 주로 수출하여 왔다.

한국의 대 러시아투자는 1996년 현재 모두 82건으로 1억 8백만 달러의 투자가 이루어졌는데 한국의 총해외투자 규모에 비하면 미미한 수준이나 외교관계 수립 후 꾸준한 증가추세를 보이고 있다.[65] 주요 투자업종은 제조업·음식숙박업·무역업·수산과 목재업 등이며 최근에는 러시아의 증권에 투자하는 경향이 증가되었다. 1996년 말 러시아 정부는 유러본드(Eurobond) 시장에 10억 달러의 장기국채를 매각했는데, 한국의 금융기관들이 이 중 10%를 매입하여 러시아 정부를 놀라게 하기도 하였다. 한국정부는 나호드카의 한국전용공단에 대한 한국기업의 진출을 지원할 계획으로 있으며 지리적으로 근접하고 값싼 노동력은 경제구조의 상호보완성과 함께 경제성이 큰 것으로 평가되고 있다.

또한 시베리아에서 북한을 경유하여 부산에 이르는 가스 수송관 건설

---

65) 1996년 말 한국의 해외투자 건수는 총 6,653건에 이르고 투자액은 약 137억에 달한다. 대러시아 투자는 건수면에서 1.2%, 투자액면에서 0.8%에 불과하다. 한국은행, 『해외투자통계연보』(서울: 한국은행, 1997) 참조.

과 함께 송유관 고속도로 철도망을 건설하는 계획이 한국·북한·러시아 간에 급진전되어, 양국 관계장관들은 야쿠트 가스전 공동개발에 관한 의정서에 11월 21일 공식 서명하였다.[66] 이 개발사업은 1995년 말부터 한·러 양국정부 간의 경제협력사업으로 논의되기 시작하였다. 아마도 가장 큰 경제협력은 1995년 초 사하(Sakha)공화국과 한국정부 사이에 협정된 사하(Sakha) 가스전 개발사업으로서 가스 파이프라인이 북한을 거쳐서 연결되도록 되어 있다. 이와 같은 한·러 간의 직접교역통로가 실현되기 위해서는 북한으로부터의 협조를 필수불가결하게 하고 있어 한·러관계뿐만 아니라 남북한관계에도 중대한 영향을 미치게 될 것이다.

4. 한국과 러시아의 군사안보관계

한·러관계의 안보적 측면 역시 전략적 시각으로부터 정치·경제적 시각에서 조명되어야 한다. 동북아에서 과거의 전략적 동맹관계는 붕괴되었으며 러시아의 한반도정책은 경제적·실용적 이익에 기반을 두고 있기 때문이다. 북한과 러시아의 냉각된 관계는 이미 고르바초프 때 시작된 것이며 옐친은 이데올로기적 관계는 물론 군사적·경제적 지원도 중단함을 분명히 하였다. 그러면서도 북한과 러시아는 "현대적 조건과 양국간의 국가이익에 일치하도록 쌍무적 협력을 조정해 나갈 것"에 대해 동의하였다.[67] 이것은 양국관계를 정치적·경제적 이익에 입각한다는 것으로 조·소 군사동맹을 자연스럽게 사멸시키는 한편 공식적 폐기를 위한 적절한 시기와 명분을 찾고 있었음을 의미하였다.

옐친이 1992년 한국 방문 때 조·소 우호협력 및 상호원조조약의 군사조항을 폐기 또는 수정하고 핵무기개발 방지를 위한 압력을 가한다고 한 것이 북한을 곧 포기한다는 것을 의미하지는 않는다. 러시아는 북한

---

66) 『동아일보』(1992년 11월 18일) ; 『조선일보』(1992년 11월 21일).
67) 로가초프의 1992년 1월 북한방문에 대한 언급. S. Crow, "Russian Federation Faces Foreign Policy Dilemmas," p. 19.

과의 군사동맹관계를 정상적인 외교관계로 전환시키면서 남북한에 대
한 균형외교를 전개하려 하고 있다. 이와 같은 러시아의 남북한 균형외
교는 앞에서도 지적한 바와 같이 이중성을 내포한다기보다는 실용적인
외교의 차원에서 이루어진다고 보아야 할 것이다. 러시아는 미그 29기
조립공장건설 약속을 파기하는 등 공격무기공급을 중단하였지만, 한국
에 대해서와 마찬가지로 북한에 대한 상업적인 방어용 무기를 판매하
려고 할 것이다. 러시아는 또한 당연히 두만강유역 개발 등 투자협력이
나 경제교류를 계속 유지하는 차원에서 대북한정책을 추진할 것이다.
두만강 개발계획 및 북한 경유 시베리아 송유관 건설계획의 실현을 위
해서도 정상적인 북한·러시아관계는 필요하다고 보겠다.

국제정치 및 한·러관계가 정치경제에 의해 주된 영향을 받는다고
하여 군사력의 중요성이 전혀 경시되는 것은 아니다. 국제관계의 정치
경제에서도 상호의존관계를 경쟁적으로 이용하여 타국가들에 대한 지
배력을 행사하려 한다면 여전히 갈등은 존재하게 된다.[68] 따라서 한국
은 러시아에 지나치게 비대칭적으로 의존하여 러시아가 영향력 행사
를 하게 되는 경우에 대해서 경계를 하여야 한다. 즉 경제적 이익의
갈등은 군사적 충돌을 일으킬 수 있으며, 군사안보정책은 경제적 안보
를 포함하여 전개되어야 할 것이다. 러시아의 한 권위 있는 군사이론
가는 안보에 대한 과거의 고정관념에서 벗어나 새로운 안보모형을 강
조하였다. 그는 안보에 영향을 주는 새로운 요소들은 정부·사회·민족
간의 상호의존성 증가, 경제적·과학기술적·사회문화적 요인들의 역할
증가, 그리고 다양한 국제기구와 다국적기업들의 중요성 증가들이라고
지적하였다.[69]

---

68) Robert O. Keohane and Joseph S. Nye, *Power and Interdependence*, 2nd ed.
   (Glenview, IL: Scott, Fioresman, 1989), pp. 10-11.
69) Timothy L. Thomas, "Biography: Soviet Military-Theoretician A. A.
   Kokoshin," *The Journal of Soviet Military Studies*, 5, No. 1 (March 1992), pp.
   1-27.

한국과 러시아 정부는 기본관계조약에서는 언급을 하지 않았으나 1992년 11월 19일 군사교류에 관한 의정서를 체결하여 한국과 러시아의 군사협력시대의 막을 올렸다. 러시아 외무장관이 3월에 방한하여 한·러 간 군사분야의 교류협력 가능성을 비친 이래 양국간의 군인사교류, 군수분야 합작회사 설립, 그리고 한국에 대한 군사기술 및 무기판매 등까지도 거론되고 있다. 러시아와의 군사협력은 러시아의 군수산업 민영화에 한국참여를 증대시키는 중요한 정치경제적 의미를 내포하고 있다. 11월 초순 정부와 기업인들로 구성된 조사단이 현지를 방문하였다. 러시아는 군수분야의 항공·우주·광학·기계·전자·통신소재 등의 첨단기술을 가지고 있으며, 한국의 생산기술과 자본 등이 결합하면 가장 유망한 경협 사업으로 예상되고 있다.

옐친은 또한 한국 국회에서의 연설에서 아시아·태평양 지역의 안보문제를 다룰 다자간 안보협의체제를 제의하고 이를 위해 동북아 지역에서 먼저 다자간 협의체를 구성할 것을 제의하였다. 아울러 항해자유확보를 위한 국제해군, 분쟁방지센터, 지역전략연구센터 등의 설치도 제안하였다. 옐친은 주둔군 감축, 중·단거리 미사일 제거, 태평양 함대감축, 함정 및 잠수함탑재 전술핵무기 제거 등, 러시아 극동 군사력 감축에 관한 구체적인 계획도 밝혔다. 미국과 합의한 전략무기 60% 감축 이외에도 일방적으로 중형폭격기 생산중단, SS-18 ICBM 해체, 내년 7월까지의 핵실험 동결, 3년 내 잠수함 생산중단을 선언하고 중국의 참여를 촉구하기도 하였다.[70] 이와 같은 옐친의 제안들은 동북아 국제관계를 냉전구도에서 벗어나 정치경제 중심으로 재편성하려는 계획을 나타낸다고 하겠다. 한국은 새로운 동북아 국제질서의 형성에서 중요한 축으로 부상되고 있으며, 주변국가들을 자극하는 전략적 사고틀보다는 정치경제적 사고틀에 입각해야만이 그 역할을 효과적으로 수행할 수 있을 것이다.

러시아는 북한의 핵문제에 있어 대체로 한국의 입장을 지지하는 차

---

70)『중앙일보』(1992년 11월 20일).

원에서 정책을 추구하였다. 러시아는 한반도의 비핵지대화를 지지하고
있으며 북한이 IAEA에 가입하도록 압력을 가하였다. 1992년 로가초프
는 북한 방문시 북한이 핵확산금지조약 의무를 준수하고 북한 핵시설
에 대한 국제원자력기구의 사찰을 받아들이도록 설득하였다.[71] 또한 러
시아는 북한이 1993년 3월 핵확산금지조약 탈퇴를 선언하였을 때, 철회
하도록 계속 압력을 가했으며, 유엔이 북한제재에 관한 결의문을 채택
하는 데 동의하였다.

그러나 러시아는 북한 핵문제에 대한 북·미 간의 협상과 한반도에너
지개발기구(KEDO) 형성과정에서 소외되자 동북아지역에서의 강대국
지위상실을 우려하고 반발적인 태도를 취하기 시작하였다. 러시아는
1994년 3월 유엔보다는 6자회담(남북한·미·일·러·중)을 통해서 한반도
비핵지대화를 추구하자고 제안하였으며, 외무차관 파노프는 유엔의 '정
당한 이유없는 침략'행위에 대해서 조·소조약 제1조를 준수하여 북한을
군사적으로 지원할 것이라고 경고하였다. 9월 파노프는 북한을 방문하
여 옐친의 친서를 전달하고 전반적인 양국관계 개선 및 핵문제 해결을
위해 공동노력하며 특히 러시아형 경수로를 북한에 설치하도록 노력하
기로 북한관계자들과 합의하였다. 러시아가 북한의 원자로 설립을 지원
하였고 경수로가 러시아형이었기 때문에 연고관계를 주장하였으나 결
국 모든 경비는 KEDO 그리고 대부분의 경비는 한국측에서 부담하게
되므로 이 문제는 일단락되었다.

제 5 절 결론: 새로운 관계를 위해

한국과 러시아관계는 지정학적·전략적 요인보다는 정치경제적 요인
에 의해서 많이 작용되어져 왔으며 또 앞으로도 그렇게 전개될 전망이

---

71) "Yeltsin's Special Envoy Visits Pyongyang-Moscow Stresses Nuclear Issue
    Must Be Resolved," *North Korea News*, No. 615 (January 27, 1992), pp. 5-6.

다. 러시아는 전통적으로 한반도에 대해 현상유지정책을 추구하여 왔으
며 경제적 이익이 관련되어 있을 때는 보다 적극적으로 개입을 하여왔
다. 고르바초프의 정치경제적 신사고 외교정책은 한국분단의 고착화와
냉전을 용해시키는 촉매제가 되었다. 앞으로의 한·러관계가 정치경제적
으로 성숙한 단계에 접어들면 동북아 경제권의 형성에 중추적 역할을
담당할 가능성이 높다고 하겠다.

　현재 러시아는 뚜렷한 외교정책노선을 확정하지 못하고 있으나, 지금
까지의 유럽일변도 외교에서 점진적으로 아시아·태평양 지역의 중요성
을 고려하는 외교로 전환하고 있다. 한국과 러시아의 관계가 침체되어
있는 것은 양국의 외교정책 사고틀의 차이에 근본원인이 있다. 한국의
대러시아정책은 북한 고립을 위한 전략적 이해관계를 근간으로 하고
있다. 따라서 국제적 지위가 하락된 현재의 러시아에 대한 중요성 인식
이 현격히 저하되게 된 것이다. 그러나 정치경제적 시각에서 양국관계
를 본다면 이와 같은 양국관계의 구조는 재조정되어야만 할 것이다.

　소련의 붕괴는 소련과 북한 간의 마지막 연결고리였던 이데올로기를
제거하였으며 러시아 내의 반공산주의체제의 등장은 북한을 더욱 고립
시켰다. 페레스트로이카에 부정적인 태도를 보인 북한은 고르바초프에게
동맹국으로서의 가치를 상실하였으며 제한적이나마 남북대화와 개방정
책을 추구하지 않으면 안 되게 되었다. 이러한 일련의 사태는 한반도를
둘러싼 전통적인 전략적 동맹체제의 해체를 의미하며 주한미군의 철수
도 수년 내에 이루어져 한반도 통일의 문제는 더욱더 국내문제화될 것이
다. 한국·북한·중국·러시아를 포함하는 북방경제협력은 한반도 통일의
분위기를 더욱 앞당겨 줄 것이다. 최근의 북·러관계 개선 노력들은 제한
적인 차원에서 이루어질 것이다. 북한과 러시아는 이데올로기와 정치체
제의 차이 때문에 정치적으로 한정된 수준에서의 개선이 가능할 것이며,
북한의 경제위기는 양국의 경제협력에 커다란 장애가 될 것이다.

　한·러 간의 경제관계는 러시아의 경제적 어려움을 극복하기 위한 시
베리아 개발과 한국경제의 돌파구와 다변화를 위한 경제적 필요성에도

기인하지만 차관제공 및 채무이행에 관한 협상과정에서 나타났듯이 정치적 요소도 내포하고 있다. 경제협력의 규모가 커질수록 정치적 성격을 배제할 수 없으나 경제관계는 정치전략적이기보다는 실용주의적·경제적 관점에서 이행되어야 한다. 한국과 러시아 경제구조의 상호보완성은 앞으로 경제협력을 계속하여 급격히 확장시킬 것으로 보인다. 시베리아의 성공적 개발은 궁극적으로 아시아·태평양 지역의 세력균형을 바꾸어 놓을 수도 있다. 미국과 일본이 유럽 국가들에 비해 경제협력에 소극적인 근본적 이유가 바로 여기에 있다고 하겠다.

한·러 간의 군사안보관계는 고르바초프하의 소극적인 '무력불사용 및 불가침선언'등의 범위를 넘어서 보다 적극적으로 추진될 전망이다. 러시아는 한반도의 비핵화 및 군비통제를 통한 긴장완화에 중요한 역할을 할 것으로 보이며 동북아에서의 국제안보협력기구 창설에 노력을 기울일 것으로 보인다. 북한과는 공격용 무기지원을 지양하고 일상적인 관계에 머무를 것으로 예상되며 한국과는 군인사교류 확대 및 군수산업의 민영화 등에도 협조할 것으로 전망된다. 한국과 러시아의 군사협력은 여러 가지 안보적 의미를 지니고 있어 바람직하나 이것이 군사동맹으로까지 연결된다면 오히려 주변국가들을 자극하여 역효과를 초래할 것이다.

한국은 역사적으로 일본과 중국과는 달리 러시아와 한 번도 직접 무력충돌한 경험이 없으며, 영토문제 등으로 갈등을 일으킨 적도 없다. 한반도를 둘러싼 국제문제에서도 많은 부분에서 이해관계가 일치하고 있다. 양국간의 관계에서 걸림돌은 주로 상호 인식의 차이와 양국의 국내적·국제적 환경에 기인하는 것으로써 이러한 구조적 요인의 극복이 양국관계의 미래를 가늠하게 될 것이다.

제 18 장 대유럽 외교정책

최 동 희

제 1 절 서 론

한국의 안보·통일외교의 면에서 본다면 유럽은[1] 그 자체로서의 중요
성을 지닌 지역은 아니었다. 유럽은 지리적으로 한국과 멀리 떨어져 있
어서 한반도 주변정세에 직접적인 관련이 없었고, 또 전후의 미·소 냉
전구조는 한국의 대유럽정책을 대미정책의 틀 속에 묶어 두었기 때문
이다.

미·소 냉전의 본거지는 유럽이었다. 지구상에서 유일하게 사회주의
체제를 유지해왔던 소련은 제2차 세계대전을 계기로 동유럽을 군사적
으로 점령하였고, 또 그것을 계기로 그 지역에서 공산주의 정부들을 건
립하여 소위 '사회주의 진영'을 공고하게 형성하였다. 한편 미국은 사회
주의 진영에 대응하여 유럽에서의 NATO를 창립하였고 또 경제적으로
는 마샬계획을 통해 유럽의 자본주의 국가들을 도와주었다. 유럽 지역
에서 시작된 미·소의 이러한 이데올로기적 대결은 중국에 공산정부가

---

1) 우리나라에서 사용해 왔던 유럽의 개념은 주로 서유럽을 의미하였다. 넓은 의
   미의 유럽은 자본주의 진영인 서유럽(서구)과 사회주의 진영인 동유럽(동구)을
   합친 개념이었다. 사회주의 진영이 붕괴된 현시점에서의 유럽은 과거의 서구·
   동구 지역을 의미한다.

수립되고 또 한국전쟁이 발발되면서 동아시아 지역으로 확대되었고, 급기야는 지구규모로까지 확대되었다. 세계규모에서의 미·소 대결은 민주주의에 대한 정통 대 이단의 싸움으로서2) 세계를 자본주의 진영과 사회주의 진영으로 양분시켰다. 미국의 자유민주주의와 소련의 인민민주주의 간의 제로섬적 대결로 인해 미·소는 각기 진영의 세력확대와 유지에 전념하지 않을 수 없었다. 미국이 주도해 온 '자본주의 진영'은 그에 소속된 국가들에게는 안보상의 보호막임과 동시에 개별적 국가이익 추구에 대한 통제장치였다.

한국은 미·소의 냉전구조에 남과 북의 대결마저 겹쳐짐으로써 미국을 의지하고 따르는 대내외정책을 거의 숙명적으로 추구해야 했다. 이러한 맥락에서 유럽이란 한국에게는 미국을 가장으로 하는 가족의 한 구성원에 불과했다. 미국과의 혈맹관계를 유지함으로써 한국은 유럽과의 우호관계를 유지할 수 있었고, 또 이것은 사회주의 진영이었던 동유럽과의 적대관계를 의미하였다. 이와 같이 한국의 유럽에 대한 인식은 미국을 매개로 형성되었고, 따라서 한국의 안보·통일외교정책상 유럽의 중요성은 상대적으로 낮을 수밖에 없었다. 그러나 상호의존론적 국제질서의 대두와 수출주도형의 5개년 경제개발계획들이 한국에서 추진되면서 한국·유럽 간의 통상관계는 상당히 추진되었다. 그러니까 최근까지의 한국의 대유럽 외교정책은 주로 통상관계에 제한되었다고 할 수 있겠다.

1990년대에 접어들면서 동유럽의 사회주의 국가들이 무너지고 '사회주의 진영' 자체가 해체되었다.3) 유럽은 자본주의 진영으로서의 서유럽, 사회주의 진영으로서의 동유럽이라는 개념이 없어지고 하나의 유럽을 지향해 가고 있다. EU에 과거의 동유럽을 포함시키는 문제와 NATO를

2) 坂本義和, "冷戰の政治的條件,"『冷戰: 政治的考察』, 岩波講座 現代6 (東京: 岩波書店, 1963), pp. 88-90 참조.
3) 이에 대해서는 최동희 편, 『동유럽의 정치경제와 한반도』(서울: 나남출판사, 1991) 참조.

동유럽까지 확대시키는 문제 등이 유럽에서의 현안들이다. 이러한 유럽의 재편 움직임은 한국의 대유럽 외교정책의 전기를 마련하고 있다.

한국의 대유럽 외교정책을 주제로 하고 있는 이 장은 다음 몇 가지 점에 분석의 역점을 두고자 한다. 첫째 유럽 재편의 실상과 한국의 대유럽 외교정책의 기본방향이 규명될 것이다. 둘째 이미 추진되어 왔던 한·유럽의 경제·통상관계의 현황과 문제점이 분석될 것이다. 셋째 한국의 대유럽 안보·통일외교의 현황과 전개방향이 분석될 것이다.

제 2 절 유럽의 재편과 한국외교정책

1. EU의 발전과 확대

1991년 체결된 '마스트리히트(Masstricht) 조약'이 1993년 11월 1일 발효됨으로써 유럽공동체(EC)는 유럽연합(EU)으로 명칭이 변경되었고 경제통합(EMU: Economic and Monetary Union)뿐 아니라 공동의 안전보장정책의 수립을 거쳐 공동의 방위정책을 지향해 가는 정치통합(EPU: European Political Union), 내무·사법부 통합까지도 계획되고 있다. 경제통합은 1월부터 유럽통화기구(EMI)가 설치되어 경제통화동맹(EMU)의 제2단계로 이행했으나 제3단계(단일통화창출)로의 이행은 예정대로 되지 않고 있다. 즉 1995년 6월에 개최된 EU 정상회담에서 1997년의 단일통화 도입안이 포기되었고 1999년에 도입하기로 의견의 일치를 보았다.[4] EU의 회원국은 1995년 1월을 기해 스웨덴·오스트리아·핀란드가 새로 가입함으로써 15개국으로 늘어났다.

1993년 6월 유럽이사회는 정치적·경제적 조건을 만족시킨다는 전제 하에 헝가리·체코슬로바키아·폴란드·루마니아·불가리아 등 6개국의 장

---

4) 외무부, 『외교백서 1995』(서울: 외무부, 1996), pp. 93 참조.

래의 EU 가맹을 공식 인정하였다. 헝가리·폴란드는 1994년 4월에 정식으로 EU 가입신청을 하였고 나머지 4개국도 모두 EU 가맹을 원하고 있다. EU는 1980년대 말부터 구동유럽 국가들의 자본주의로의 이행을 돕기 위해 여러 가지 협력협정들을 체결하였다.

1988년 9월 EC와 헝가리 간에 무역과 경제협력에 관한 협정이 체결되었는데 그 주요내용은 다음과 같다[5].

첫째 '평등·무차별·호혜 및 상호주의'에 기초한 무역관계를 수립하며 EC는 헝가리에 대해 수입 수량제한(약 2,000품목)을 3단계로 철폐한다. 둘째 헝가리는 EC에 대해 자국의 시장개방과 기업활동의 자유를 약속한다. 셋째 양 당사자는 공업·농업·운수·에너지·환경보호·관광 등 분야에서 인적 교류와 정보교환을 한다.

이상과 같은 내용의 협정이 9월에는 폴란드, 12월에는 구소련, 1990년 5월에는 불가리아·체코슬로바키아, 10월에는 루마니아 등과 EC 간에 맺어졌다.

1989년 8월에는 서구의 선진 24개국이 폴란드·헝가리 경제원조 프로그램(PHARE)계획을 결정하였다.[6] 이 계획은 1991년 1월부터 민주화과정에 있는 동구국가들과 구소련을 포함한 12개국으로 확대되었다. PHARE의 기본목적은 다음과 같다. 즉 그것은 장기간에 걸친 중앙집권적 계획경제체제하에서 폐색상태에 있었던 기업가 정신을 살려내고 시장경제를 조성하여, 동유럽 국가들이 서유럽 국가들과 공통체제를 갖게 하는 데에 있다. 결국 PHARE는 동유럽을 유럽으로 되돌리려는 계획인 것이다. PHARE에 의한 서유럽 24개국의 동유럽 지원은 ① 경제재건을 위한 지원으로서 사회·경제적 기반, 생산부문 기반 등의 정비를 대상으

5) 田中俊郎, " ECのソ連·中歐·東歐政策,"『日本EC學會年報』, 第11號 (1991), pp. 2-3 참조.
6) 田中友義, "EU擴大の構圖-EUの對外的發展と對中歐·東歐政策," 廣瀨佳一 編, 『ヨ-ロッパ 變革の國際關係』(東京: 勁草書房, 1995), pp. 53-58 참조.

로 하는 기술협력, ② 거시경제적 지원으로서 국제수지개선·구조조정·
채권구제 등을 위한 융자, ③ 식량·의료 등의 긴급원조, ④ 수출 리스크
에 대한 보상, ⑤ 민간기업 투자 리스크에 대한 보상 등 5개분야로 되어
있다.

1990년 5월에는 동유럽 경제를 개방적인 시장지향경제로 이행시키고,
또 민간인 기업가의 기업심을 육성하기 위해 유럽부흥개발은행(EBRD)
의 설립협정이 조인되었고 1991년 4월에 정식 발족되었다.[7]

1991년 12월에는 EC와 헝가리·폴란드·체코슬로바키아 간에 연합협정
이 체결되었다.[8] 이 협정의 목적도 동유럽 3국의 정치·경제적 개혁을
촉진하고, 과도기간을 거쳐 자유무역지역을 창설하기 위해 EC의 시장
통합과 동구 3국의 경제와의 일체화를 추진하며, 정치적 대화를 위한
제도적 장치 등을 마련하는 데에 있다. 1993년 1월에 분리독립한 체코와
슬로바키아는 1993년 10월에 다시 협정이 조인되었고, 동년 2월에는 루
마니아, 3월에는 불가리아, 1995년에는 슬로바키아가 협정에 참여하였
다. 이러한 연합협정체결은 동유럽의 EU 가맹을 전제로 한 것이라고
할 수 있겠다.

동유럽 각국이 EU의 지원을 받아 순조롭게 자본주의로의 이행을 해
나간다면, 20세기 말이나 늦어도 21세기초에 EU는 동유럽까지 포괄할
것으로 전망된다. 이러한 현상은 서유럽·동유럽 간의 대결구도를 뛰어
넘어 유럽의 한지붕을 형성하는 것을 의미한다. 동·서 대결구도 속에서
미국을 통해 바라보았던 유럽은 이제는 어디에서도 찾아볼 수 없게 되
었다.

2. NATO의 확대와 '평화를 위한 파트너십'(PFP)

동유럽의 NATO 가입문제는, 동유럽의 EU 가맹문제가 동유럽의 경

---

7) 田中友義 (1995), p. 58.
8) 田中友義 (1995), p. 50.

제적 취약성으로 인해 연기됨에 따라 자연스럽게 대두되었다. NATO의 동유럽으로의 확대문제는 NATO 내외에서 찬성·반대론으로 엇갈리고 있다. '평화를 위한 파트너십'(PFP: Partnership For Peace)은 찬반양론을 지양하고 유럽 일가를 형성하려는 것이라고 할 수 있겠다.

NATO 확대의 찬성론은[9] 우선 과거의 소련 위성국이었던 동유럽과 구소련을 명확히 구분하고 있다. 동유럽 그 중에서도 특히 헝가리·폴란드·체코·슬로바키아는 역사적·문화적으로 서유럽에 속하기 때문에 EU나 NATO에 가입됨이 마땅하다. 그러나 러시아는 역사적·지리적으로 서유럽과 구별될 뿐 아니라 군사적인 면에서도 핵을 보유하고 있는 강대국이기 때문에 동유럽과는 다른 차원에서 NATO와의 협력관계가 열려야 한다. 또 찬성론은 동유럽의 안정과 NATO의 안전보장을 연계시키고 있다. 즉 동유럽이 NATO 가입으로 안정화될 때 현재의 NATO 지역도 안정화될 수 있고, 또 그럴 때에 러시아도 안정될 수 있다고 본다. 확대 반대론은 다음 몇 가지 이유로 요약된다[10]. 첫째 NATO 확대는 서구측과 러시아 간에 새로운 협력관계의 구축이 필요한 시기에 러시아에게 안보적 위협감과 고립감을 줄 수 있다는 점이다. 둘째 NATO의 확대는 NATO의 군사기구로서의 기능과 효율을 떨어뜨릴 수 있다. 셋째 NATO의 새로운 역할에 대한 논의가 끝나지 않은 상태에서 NATO의 확대는 NATO를 크게 약화시킬 위험성이 있다. 넷째 NATO 확대로 인한 방위부담의 증대는 새로운 재원을 필요로 한다. 다섯째 동유럽 지역에는 다양한 민족·국경 문제들이 있는데, 이러한 어려운 문제들이 NATO에 유입된다는 것은 결코 바람직스럽지 못하다.

한편 러시아는 초기에는 무조건 서구와의 협조나 서유럽의 일원이 되기 위한 노력을 기울여왔으나, 동유럽의 NATO 가입에 대해서는 반

9) Ronald D. Asmus, Richard L. Kugler and Larrabee, F. Stephen, "Building a New NATO," *Foreign Affairs*, Vol. 72, No. 4,(Semtember/October 1993).
10) Taylor Trevor, "NATO and Central Europe," *NATO Review*, October, 1991; 岩間陽子, "NATOの東方擴大," 廣瀬佳一 編 (1995), pp. 19-21.

대입장을 취했다. 1993년 8월 옐친 러시아 대통령은, 폴란드의 바르샤바를 방문했을 때 폴란드의 NATO 가입에 대한 질문을 받고 폴란드가 모스크바의 눈치를 보고 문제를 결정하는 시대는 이미 끝났다고 답함으로써 폴란드의 NATO 가입에 관여하지 않겠다는 입장을 밝혔다. 그러나 1993년 9월 30일 옐친 대통령은 워싱턴·런던·파리·본 등에 서한을 발송하여 폴란드·헝가리·체코·슬로바키아의 성급한 NATO가맹을 반대한다는 입장을 밝혔다[11]. 그리고 동유럽의 안전보장에 대해서 옐친은 NATO와 러시아가 공동으로 책임을 져야 한다는 견해를 피력하였다.

NATO 확대에 대한 찬성·반대론이 팽팽히 맞선 가운데 미국은 하나의 타협안으로 '평화를 위한 파트너십'을 제안했다. 1994년 1월 브뤼셀에서 개최된 NATO 수뇌회의에서 '평화를 위한 파트너십'이 채택·발표되었다[12]. PFP에서 NATO 제국은 북대서양협력이사회(NACC)와 유럽안전보장협력회의(CSCE)의 모든 가맹국에 대해서 PFP에 참가하도록 요청하였다. NATO 가입을 희망했던 폴란드·헝가리·체코·슬로바키아에 대해 개별적 취급을 하지 않고 러시아·우크라이나를 포함한 NACC(38개국), CSCE 전회원국에게 가입을 권유하였다. 또 NATO는 NATO 조약 제4조를 회원국에 그대로 적용하여 회원국이 영토보전, 정치적 독립, 안전보장의 면에서 직접적 위협을 느낄 때에는 NATO와 협의할 수 있도록 하였다.

PFP구상에 따르면 유럽의 안전보장은 적대적인 블록에 대항해서 자기 블록을 방위하려는 것으로서가 아니라 유럽을 한지붕으로 통합함으로써 달성될 수 있다는 것이다.

3. EU의 대한정책

EU의 확대와 NATO의 확대 등으로 유럽은 현재 재편되고 있고, 또

---

11) 岩間陽子 (1995), pp. 16-17.
12) 岩間陽子 (1995), pp. 23-27 참조.

그런 것을 토대로 EU의 대한국정책도 변화되고 있다. 특히 EC 집행위의 대한국관계 보고서와 한·EU 기본협력협정을 중심으로 EU의 한국에 대한 최근 입장이 분석될 것이다.

1993년 6월 8일 EC 외무장관 이사회는 EC 집행위가 5월 14일 제출한 대한국관계 보고서를 만장일치로 채택하였다. 이 보고서는 1963년 한·EC 외교관계 수립 이후 EC가 채택한 최초의 대한국관계 공식문서라는 점에서 의미가 있다고 할 수 있다. 이 보고서 중에 특히 EC의 대한정책의 기본방향을 보면 다음 3가지로 요약된다[13]. 첫째 기존의 양자협의 채널을 통해 시장접근 및 투자분야의 현안들을 해결해 나간다. 둘째 1991년 지적재산권 타결에 따라 EC집행위는 대한국 협력분야를 다음과 같이 확대한다. 즉 ① 과학기술 협력분야, ② 관세분야, ③ 시험성적서 상호인증, ④ 산업간 협력, ⑤ 에너지·환경·전자산업·자동차 등 5개 분야이다. 셋째 문화·전통·지리 등의 차이를 극복하기 위해 상호이해를 제고시키기 위한 제반 노력들이 추진된다. 즉 ① 쌍방의 투자 진출업계와 정부 당국과의 대화, ② 경제정책·통계·과학기술 분야에서의 정부기관 간 협력강화, ③ 언론계 및 학계의 교류강화, ④ 유학생에 대한 장학금 지원, ⑤ 한국진출 희망기업인에 대한 연수 실시 등이다.

이상의 EC의 대한정책 기본방향을 다음 2가지 의미로 해석해 볼 수 있다. 첫째는 지금까지의 한·EC 통상관계를 가일층 강화시켜 나간다는 의미이다. 한국과의 협력분야 확대나 통상관계 이외의 문화적인 교류의 강조는 결국 통상관계 활성화를 위한 수단이 될 수 있기 때문이다. 둘째 한·EC관계가 단순한 통상관계 수준에서 다원적 관계로 발전될 수 있음을 의미한다.

한·EC 기본협력협정은 1995년 3월 김영삼 대통령의 EU 방문시 조기 체결원칙이 합의되었고, 근 1년간 실무협의를 거쳐 1996년 2월 29일 브뤼셀에서 가서명된 후,[14] 같은해 10월 28일 룩셈부르크 소재 EU 이사회

---

13) 외무부, "외교문제해설," 93-9 (1993. 6. 10), p. 6.
14) 외무부, "외교문제해설," 96-6 (1996. 7. 11), p. 7 참조.

사무국에서 정식 서명되었다. 기본협력협정은 '정치부문,' '통상부문,' '경제산업부문,' '문화부문,' '분쟁해결' 등으로 되어 있는데 그 주요내용은 다음과 같다.[15] 정치부문에서는 정치대화를 강화하기 위해 별도 공동정치선언을 채택하고, 필요시 양측 정상 간 회담, 한·EU 외무부장관 연계회담, 정부고위급 정세 설명회, 의원교류 등이 시행되도록 되었다. 경제·산업 부문에서는 불법마약거래 및 돈세탁 방지를 위한 협력과 과학기술·환경·에너지·정보통신 등 제 분야에서 기술이전 및 공동연구 촉진 등이 강조되었다. 문화부문에서는 한·EU 간 상호인식 제고를 위한 문화 및 학술교류 등이 추진되게 되었다. 분쟁해결을 위해서는 공동위원회를 설치·운영하고 무역관련 분쟁 발생시 상대방에 사전통고 및 상호협의를 하도록 되었다.

한·EU 기본협력협정은 종전의 통상 중심의 한·EU관계를 정치·산업·과학기술·문화 등 포괄적 관계로 발전시킬 수 있는 제도적 장치라고 할 수 있겠다.

4. 한국의 대유럽정책의 방향

EU가 동유럽까지 확대되는 것은 시간문제이다. 또 PFP의 관점에서 본다면 유럽은 전체가 한지붕으로 덮어지고 있다. 얼마 전까지만 해도 유럽은 서구와 동구로 갈려 심각한 이데올로기적 대결을 벌여 왔다. 그러나 동구에서 사회주의 체제가 무너지고 자본주의 체제로의 이행이 시작되면서 자본주의 체제로서의 서구와 사회주의 체제로서의 동구라는 구별의식은 사라지고 하나의 유럽으로 통합되어 가고 있다고 할 수 있겠다.

한국은 미·소의 대결과 남·북한의 대결이라는 2중적인 냉전구도 속에서 숙명적으로 대미 의존적 정책을 고수해야 했다. 냉전의 한쪽 주

---

15) 외무부, "외교문제해설," 96-10 (1996. 11. 13.), pp. 18-19.

체였던 미국과 유대를 강화하는 것은 약소국인 한국의 기본적인 생존
조건이었다고 할 수 있다. 이러한 냉전적 발상이 한국의 대외정책을
최근까지 지배해 왔다. 한국의 대유럽정책도 이러한 틀 속에서 제한되
었다. 유럽 지역에서도 냉전의 한쪽 주체는 미국이었기 때문에 한국의
대유럽 정책은 자연히 한국의 대미정책의 맥락에서 추진되게 되었다.
그러니까 대유럽 정책은 특히 안보·통일외교의 면에서 별로 중요성이
없었고, 지극히 단순하고 획일적이었으며, 간접적인 의미밖에는 존재
하지 않았다. 이러한 전통적인 한국의 대유럽정책이 일부 활성화되기
시작한 것은 경제·통상외교와 북방정책에 의해서라고 할 수 있겠다.

한국의 대유럽 경제·통상외교의 활성화는 다음 2가지 요인에 기초했
다. 미·소의 이데올로기적 대결이 일부 완화되면서 경제적 실리추구 논
리가 부각되기 시작했고, 그것이 상호의존론적 국제질서로 서서히 발전
되게 되었다. 이러한 국제질서하에서는 경제·통상관계의 중요성이 높아
지게 마련이다. 둘째 1962년부터 한국의 5개년 경제개발계획이 시작되
었다는 점이다. 한국의 경제개발은 국내시장이 협소했기 때문에 내수보
다는 수출에 역점을 두어 추진되었다. 1950년대 평균 수출액이 3천만 달
러 정도였던 것이 1964년에 1억 달러를 수출했고, 1971년에 10억 달러,
1977년에 100억 달러, 1995년에 1,000억 달러를 수출하였다. 이러한 수출
주도형 경제성장과정에서 한국과 유럽과의 통상관계가 활성화되었다.
현재 유럽은 일본, 미국에 이어 한국의 3대 교역국으로 자리잡았다. 그
러나 유럽의 국가수·인구수·경제력 등의 면에서 보았을 때 한국과 유
럽과의 경제·통상관계는 앞으로 확대될 여지가 많다.

한국의 북방정책은16) 넓은 의미에서 대공산권외교라고 할 수 있겠는
데, 1973년 6·23선언으로부터 시작되어 88올림픽 유치 이후 본격화되었
다. 이는 우선 88서울올림픽에 사회주의 국가들을 참여시키려는 목적에
서 적극 추진되었고, 올림픽의 성공적 개최 이후에는 그들과의 외교관

---

16) 외무부, 『한국의 북방외교』, 집무자료 90-113 동구 1 (1990), 참조.

계 수립이 주요과제였다. 한국으로서는 북한과의 관계가 상대적으로 약한 동구 사회주의 국가들을 외교관계 수립의 일차적 대상으로 삼는 것이 바람직했다. 사회주의 국가와의 최초의 수교는 1989년 2월 1일 헝가리와의 외교관계 수립이었다. 북한은 헝가리 주재 북한대사를 소환하고 헝가리의 배신을 극렬하게 비난하였다. 그러나 같은 해 11월에 폴란드의 외교관계가 또 수립되었다. 북한은 헝가리의 경우처럼 폴란드의 배신을 비난하지 않았다. 그리고 1990년 3월에 체코슬로바키아·불가리아·루마니아와 외교관계가 수립되었고, 동유럽과의 이러한 국교정상화를 토대로 1990년 9월 30일 역사적인 대소수교를 할 수 있었다. 한국과 동유럽과의 국교정상화는 2가지 수준에서 그 의의를 찾아볼 수 있겠다. 첫째 남북한관계의 면에서 본다면 긍정적·부정적인 양측면에서의 의미가 있을 수 있다. 긍정적인 의미는 한반도 주변정세를 탈냉전화시킴으로써 평화통일의 기반을 다진다는 점이고, 부정적인 면에서는 북한을 외교적으로 고립화시킴으로써 오히려 남북한의 긴장관계가 고조되고 있다는 점이다. 둘째 한국의 전통적인 대유럽 정책의 면에서 본다면 그것은 냉전상황의 극복을 의미하는 것이었다. 그런데 동유럽은 전체 유럽의 작은 부분에 불과하고, 또 단순한 외교관계 수립만으로 냉전시대에 단순화·획일화되었던 국제질서관이 하루아침에 뒤바뀔 수는 없는 것이다. 한국의 대유럽 정책의 면에서 본다면 북방정책의 의미는 극히 제한된 것이라고 할 수 있겠다.

이제 한국과 유럽과의 관계는 새로운 전기를 맞이하고 있다. 냉전논리에 의해 양분되어 있던 유럽이 이제 하나로 통합되어가고 있다. 냉전적 사고에 의해 단순화·획일화되었던 한국의 대유럽 정책도 이제는 변화되어야 한다. 그 변화의 기본적 틀이 1996년 10월 28일 서명된 한·EU 기본협력협정이라고 할 수 있겠다. 한국의 대유럽 외교정책의 기본적 방향은 다음 몇 가지로 요약될 수 있겠다.

첫째 냉전적 논리로서가 아니라 유럽의 개별성에 기초한 정책수립이 필요하다. 이를 위해서는 유럽에 대한 전반적인 연구와 이해가 수반되어야 한다. 우선 손쉬운 방법으로는 학문분야별로 유럽 연구회, 유럽 학회 등이 다양하게 만들어져서 운영되는 경우이다. 둘째 유럽과의 정치적 관계의 강화를 위한 방안이 모색되어야 한다. 한국의 정치·경제·문화적 관계는 지나칠 정도로 특정국가와의 관계에서만 편중되어 있다. 식생활의 패턴을 비유해서 말하자면 한국은 지나친 편식을 하는 셈이다. 유럽과의 정치관계 증진을 통해 다원적 정치관계가 확립되어야만 할 것이다. 셋째 유럽과의 경제·통상관계가 일층 더 강화되어져야 한다. 미국이나 일본에 비해서 유럽은 국가의 수나 경제력의 면에서 결코 왜소한 지역이 아니다. 지금까지의 한국의 대유럽 정책은 주로 경제·통상관계에 제한되어 있었다고 할 수 있겠으나, 그렇다고 그 관계가 기대치 이상으로 성장된 것은 결코 아니다. 경제·통상관계에서도 한국은 특정국가에 편중된 상황에 놓여 있다. 이의 극복을 위해서도 유럽과의 통상관계의 증진이 필요하다.

제3절 한국의 대유럽 경제외교의 현황과 문제점

1. 한·유럽 통상관계의 현황과 문제점

유럽은 한국의 제3위의 교역대상국으로서 1994년의 대유럽 교역규모는 전체 교역의 12%를 상회하고 있다. 한국과 유럽[17]과의 통상관계의 현황은 <표 1>과 같다. <표 1>에 의하면 1975년부터 1991년까지 한국이 무역수지의 흑자를 보이고 있다. 그러나 1992년부터 무역수지가 적자로 돌아섰고 매년 그 폭이 늘어나고 있다. 통상산업부 분석에 따르면, 이러한 교역부진은 EU의 역내교역 비중증가, 한국상품에 대한 잦은 반덤핑규제, 한국 상품에 대한 낮은 인식 및 중국, 동구권 국가들의 EU 시장

---

17) 여기서의 유럽은 EU·동유럽·러시아 등을 포함하고 있다.

잠식 등에 기인된다.[18] 그러나 이러한 분석은 피상적인 것이고 무역적
자의 구체적인 요인은 <표 2>에 잘 나타나 있다. <표 2>에 따르면 비
내구소비재와 내구소비재의 대유럽 수출이 격감되고 있다. 비내구소비
재의 대유럽 수출이 1988년에 30억 달러 이상이었으나 매년 체감되어
1995년에는 9억 2,000만 달러로 떨어졌다. 이러한 수출의 급감현상에 대
해 정부와 업계는 적극적인 대응조치가 있어야 했다. 유럽의 한국상품
에 대한 반덤핑 규제에 대해서도 수세적인 입장보다 보복적인 적극적
대응도 고려했어야 했고, 한국상품의 가격 경쟁력 문제도 정부와 업계
가 협력하여 사활적 대응이 필요했다. 내구소비재의 경우도 1988년에
30억 달러 이상 수출실적을 올렸으나 1995년에는 17억 2,000만 달러로
크게 줄어들었다. 이 경우 역시 적극적 대응이 없었다고 볼 수 있겠다.
<표 2>에 따르면 우리의 수입구조에 더 큰 문제점이 있다. 식료 및 직
접 소비재의 수입은 1994, 95년에 급증하였다. 1992년에 2억 3,900만 달
러 수입에서 1994년에는 4억 달러, 1995년에는 6억 달러 이상으로 격증
했는데 이것은 3배에 가까운 신장세라 할 수 있겠다. 비내구소비재·내
구소비재의 수입도 급증되었다. 1988년의 비내구 소비재의 수입이 8,700
만 달러에서 1995년에는 무려 7억 5,700만 달러로 격증했다. 내구 소비
재의 수입도 1988년에 2억 6,000여 만 달러에서 1995년에 9억 3,600만 달
러로 증가되었다. 같은 시기에 유럽으로의 소비재 수출은 격감했는데,
수입은 급증했으니 무역수지의 균형이 잡힐 수 없었다. 대유럽 수출감
소는 그렇다 치더라도 소비재 수입의 급증문제는 내적으로 조정이 가
능했던 문제였다. 일찍부터 경제의 위기의식이 고조되었거나 또는 어설
픈 세계화 논의만 없었더라도 상황은 훨씬 좋았을 것이다.

　　1992년부터 무역수지 적자가 계속되고 있지만 유럽에 국한시켜 본
다면 그것이 그렇게 심각한 문제라고 할 수는 없다. 참고로 한국과 일
본과의 통상관계를 살펴보면 <표 3>과 같다. <표 3>에 따르면 1975년

---

18) 통상산업부, 『통상산업백서』(서울: 통상산업부, 1995), p. 141 참고.

부터 계속 무역적자를 보이고 있다. 적자폭도 이제는 100억 달러대를 넘어 1994년 약 120억 달러의 적자를 보이고 있다. 일본과의 통상관계와 비교해 본다면 유럽과의 통상관계는 상당히 건실한 상태라고 할 수 있겠다.

<표 1> 지역별 수출입(유럽)

(단위: $1,000)

연도	수 출	수입
1975	936,729	606,106
1976	1,353,176	798,729
1977	1,760,666	985,773
1978	2,379,104	1,653,582
1979	2,843,320	2,533,417
1980	3,131,280	1,905,037
1981	3,401,001	2,477,487
1982	3,760,771	2,151,300
1983	3,842,109	2,788,087
1984	4,100,490	3,606,471
1985	4,470,427	4,190,089
1986	5,325,467	4,001,579
1987	8,013,451	5,660,698
1988	9,914,752	7,273,430
1989	9,375,932	8,138,539
1990	12,033,819	10,512,149
1991	12,772,820	12,691,183
1992	11,816,753	12,386,801
1993	12,330,970	13,192,903
1994	13,877,571	17,341,114
1995	20,854,173	22,451,851

자료: 한국무역협회, 『무역통계』(1990, 1996) 참조.

<표 2> 상품별·지역별 수출입 (유럽)

(단위: $1,000)

연도 내용		1988	1989	1990	1991	1992	1994	1995
총수출입	수출	9,763,749	8,897,809	12,033,819	9,728,497	9,233,453	10,615,923	16,301,793
	수입	7,025,801	7,629,077	10,512,149	9,879,350	9,584,743	13,237,225	18,191,035
식료 및 직접소비재	수출	94,347	101,239	131,568	115,133	124,089	104,204	130,127
	수입	279,401	151,019	273,962	265,549	239,737	403,945	607,751
공업용 원료	수출	996,846	1,059,686	1,467,748	1,112,648	1,240,039	1,314,578	2,139,349
	수입	3,258,656	3,455,388	4,271,072	3,855,735	3,589,151	4,851,986	6,575,068
자본재	수출	2,575,966	2,666,283	4,317,285	3,790,884	4,067,785	6,646,703	11,382,982
	수입	3,138,779	3,556,442	5,194,232	5,091,733	5,057,461	6,805,054	9,313,681
비내구 소비재	수출	3,021,617	2,470,858	2,751,809	2,505,639	1,968,745	1,009,680	920,242
	수입	87,469	152,890	303,391	250,776	280,384	607,781	757,824
내구 소비재	수출	3,074,973	2,599,743	3,365,409	2,204,193	1,832,795	1,540,759	1,729,093
	수입	261,496	313,338	469,492	415,556	418,012	568,459	936,532

자료: 한국무역협회, 『무역통계』(1989, 1990, 1992, 1996) 참조.

　한국과 일본과의 통상규모를 보면 한국과 유럽과의 통상규모는 앞으로 훨씬 더 커질 가능성이 있다. 일본의 경제적 지배로부터 벗어나기 위해서라도 한국과 유럽 간의 경제·통상관계가 일층 강화되어져야 할 것이다.

2. 주요 국가들과의 통상관계

　한국과 유럽과의 통상관계에 있어서 독일·프랑스·이탈리아·영국 등 4개국이 차지하는 비중은 전체의 70% 이상을 차지한다. 따라서 4개국과의 개별적인 통상관계를 살펴보는 것도 유익할 것이다.

<표 3> 지역별 수출입(일본)

(단위: $1,000)

연 도	수 출	수 입
1975	1,292,904	2,433,603
1976	1,801,554	3,098,694
1977	2,148,287	3,926,576
1978	2,627,266	5,981,487
1979	3,355,028	6,656,699
1980	3,039,408	5,857,810
1981	3,444,126	6,373,553
1982	3,314,444	5,305,295
1983	3,357,530	6,238,328
1984	4,602,187	7,640,063
1985	4,543,434	7,560,389
1986	5,425,746	10,869,306
1987	8,436,757	13,656,626
1988	12,004,069	15,928,766
1989	13,456,797	17,448,627
1990	12,637,879	18,573,851
1991	12,355,839	21,120,216
1992	11,599,454	19,457,650
1993	11,564,418	20,015,519
1994	13,522,860	25,389,988
1995	17,048,871	32,606,368

자료: 한국무역협회, 『무역통계』(1990, 1996) 참조.

   <표 4>는 한국과 독일 간의 통상관계를 나타내는 통계자료이다. 1975년부터 1988년까지는 큰 폭은 아니지만 한국이 계속 무역흑자를 보여왔다. 1989년부터 대독일 무역적자가 시작되어 (1992년은 예외) 해를 거듭할수록 적자폭이 늘어가고 있다. <표 5>는 한국과 독일 간의 상품별 수출입통계이다. 독일로부터의 수입 중 근 2/3에 가까운 액수가 자본재 수입이다. 또 한국의 대독일 수출에도 자본재의 비율이 급증하고 있다. 1995년에는 자본재의 대독 수출이 수입을 웃돌고 있다.

   그러면 왜 대독 무역적자가 계속되는 것일까? 소비재의 수출 격감과

<표 4> 지역별 수출입(독일)

(단위: $1,000)

연 도	수 출	수 입
1975	312,238	192,695
1976	398,209	238,209
1977	480,273	346,948
1978	662,884	490,905
1979	845,349	845,461
1980	876,389	636,902
1981	808,318	671,965
1982	757,737	681,068
1983	775,414	651,364
1984	928,915	796,418
1985	989,499	980,829
1986	1,262,410	1,219,834
1987	2,024,019	1,804,033
1988	2,396,669	2,081,612
1989	2,158,187	2,630,446
1990	2,881,517	3,294,572
1991	3,192,419	3,698,263
1992	2,876,981	3,742,542
1993	3,592,794	3,954,711
1994	4,313,496	5,159,380
1995	5,965,217	6,583,844

자료: 한국무역협회, 『무역통계』(1990, 1996), 참조.

수입급증에 그 원인이 있다고 하겠다. 식료 및 직접소비재의 경우 수출은 소폭으로 감소되었다. 1988년 958만 달러에서 1994년에는 529만 달러, 1995년에는 853만 달러로 줄었다. 한편 수입은 2,100만 달러에서 8,500만 달러로 늘어났다. 비내구소비재의 경우 수출은 9억 5,600만 달러에서 1995년에 3억 900만 달러로 격감되었다. 그런데 수입은 1,700만 달러에서 9,100만 달러로 늘어났다. 내구소비재의 경우 대독 수출은 1988년에 7억 24만 달러던 것이 1995년에는 4억 4,320만 달러로 줄었다. 내구소비재의 수입은 1988년에 7,000만 달러 정도이던 것이 1995년에는 3억

<표 5> 상품별·지역별 수출입(독일)

(단위: $1,000)

연도 내용		1988	1989	1990	1991	1992	1994	1995
총수출입	수출	2,396,669	2,158,187	2,881,517	3,192,419	2,876,981	4,313,496	5,965,217
	수입	2,081,612	2,630,446	3,294,572	3,698,263	3,742,542	5,159,380	6,583,844
식료 및 직접소비재	수출	9,585	6,188	8,522	8,960	6,593	5,296	8,192
	수입	21,160	15,001	22,433	31,113	21,965	20,571	85,303
공업용 원료	수출	195,995	217,550	267,830	240,325	245,340	272,961	406,771
	수입	806,993	923,274	908,885	1,115,745	1,034,724	1,481,316	1,652,008
자본재	수출	503,315	592,495	1,015,134	1,314,038	1,416,014	3,164,504	4,797,017
	수입	1,156,983	1,565,196	2,179,709	2,374,430	2,477,432	3,374,247	4,415,573
비내구 소비재	수출	956,484	770,068	807,196	871,400	666,614	397,218	309,944
	수입	17,974	26,479	43,793	41,730	62,534	87,834	91,796
내구 소비재	수출	702,426	571,884	782,843	757,696	542,420	473,518	443,293
	수입	70,617	100,486	139,752	135,245	145,887	195,411	339,084

※ 1988년은 서독 통계임.
자료: 한국무역협회, 『무역통계』(1989, 1990, 1992, 1996) 참조.

3,900만 달러에 이르렀다. 결국 소비재에서 수출은 줄고 수입이 늘어남으로써 대폭 무역적자가 발생했다고 볼 수 있겠다.

　<표 6>은 한국과 이탈리아 간의 상품별 수출입 통계이다. 1989년부터 무역적자가 시작되어 1995년에는 14억 달러 정도의 무역적자를 보이고 있다. 이러한 무역적자의 주요인도 독일의 경우와 마찬가지로 비내구소비재와 내구소비재에서 대이탈리아 수출은 격감되었는데 수입이 급증한 데에 있다고 할 수 있겠다. 비내구소비재의 경우 1988년에 수출이 1억 7,000만 달러였는데 1995년에는 6천 30만 달러로 줄었다. 수입의 경우는 1988년 2,660만 달러에서 1995년에 3억 5,000만 달러로 급증되었다. 특히 1994년에는 전년에 비해 약 160% 정도가 늘어났다. 비내구소비재의 주요 품목을 보면, 1994년에 총수입 2억 6,675만 달러 중 1억 6,522만 달러가 의류이다. 1995년에는 3억 5천여만 달러 중 의류가 2억 6,457만 달러가 된다. 이는 이탈리아 의류가 한국시장을 석권

하고 있음을 의미한다.[19] 내구소비재의 경우 1988년에 수출이 2억 5,300만 달러에서 1994년에는 7,900만 달러로 격감되었다. 한편 수입은 4,600만 달러에서 1억 7,100만 달러로 늘어났다. 이러한 현상이 유럽의 몇 개 국가에서만 보여지는 것이 아니고 유럽의 주요 국가에서 또 미국·일본 등지에서 일관되게 나타나고 있는 현상이다. 국제수지의 악화는 필연적일 수밖에 없다.

한국과 프랑스 간의 수출입통계<표 7>에 의하면 1990년부터 한국의 무역적자가 시작되고 있다. 1995년에 대프랑스 수출이 14억 6,700만 달러이고 수입이 19억 4,600만 달러이다. 무역적자의 주요인은 독일·이탈리아와 마찬가지로 소비재의 대프랑스 수출이 줄었고 수입이 늘어난 때문이다. 1995년에 자본재 수출입관계를 보면 한국의 대프랑스 수출이 수입을 상회하고 있다.

<표 6> 상품별·지역별 수출입(이탈리아)

(단위: $1,000)

연도 내용		1988	1989	1990	1991	1992	1994	1995
총수출입	수출	732,838	680,534	750,017	837,905	869,214	756,116	1,031,082
	수입	637,550	853,745	1,170,413	1,431,111	1,348,399	1,954,264	2,425,252
식료 및 직접소비재	수출	4,368	9,382	11,819	14,582	23,503	12,273	12,774
	수입	1,523	1,749	2,471	2,587	4,274	5,601	8,426
공업용 원료	수출	114,207	149,056	189,248	168,423	196,146	167,824	218,187
	수입	313,332	404,033	440,434	578,711	583,574	799,757	920,217
자본재	수출	189,771	164,305	157,264	229,280	324,263	411,227	636,964
	수입	249,463	351,474	526,102	665,839	599,328	764,560	974,118
비내구 소비재	수출	170,781	158,767	179,173	246,999	204,042	85,114	60,362
	수입	26,622	50,123	125,210	96,811	100,863	266,752	350,998
내구 소비재	수출	253,711	199,023	212,514	178,620	121,260	79,679	102,795
	수입	46,603	46,343	76,195	87,162	60,359	117,594	171,493

자료: 한국무역협회, 『무역통계』(1989, 1990, 1992, 1996) 참조.

---

19) 품목별 통계는 1996년 무역통계 참조.

<표 7> 상품별·지역별 수출입(프랑스)

(단위: $1,000)

연도 내용		1988	1989	1990	1991	1992	1994	1995
총수출입	수출	1,069,886	893,966	1,118,870	1,127,853	980,920	1,001,831	1,467,224
	수입	1,134,852	879,230	1,223,230	1,421,813	1,380,419	1,818,404	1,946,897
식료 및 직접소비재	수출	17,966	23,955	31,375	22,998	15,129	12,091	13,318
	수입	79,517	16,368	23,135	30,262	34,002	39,689	61,230
공업용 원료	수출	77,827	71,079	93,484	88,092	90,269	97,927	137,961
	수입	358,187	381,459	463,890	487,809	499,578	609,601	808,383
자본재	수출	305,960	229,171	359,896	361,363	380,988	574,487	977,359
	수입	639,266	406,495	633,087	797,578	717,413	924,972	818,998
비내구 소비재	수출	358,623	296,130	321,616	333,862	272,284	129,850	101,396
	수입	12,987	27,023	30,217	36,411	65,465	164,698	152,863
내구 소비재	수출	309,509	273,637	312,489	321,539	222,250	187,476	237,190
	수입	44,897	47,861	72,901	69,752	63,961	79,444	105,422

자료: 한국무역협회, 『무역통계』(1989, 1990, 1992, 1996) 참조.

<표 8>에 따르면 한국은 대영국과의 교역에서 계속 무역흑자를 보고 있다. 비내구소비재와 내구소비재에서는 다른 유럽 국가들과 마찬가지로 한국의 수출이 줄고 수입이 크게 늘었다. 그럼에도 불구하고 무역수지 흑자를 기록하고 있는 것은 자본재에서 한국의 대영국 수출이 크게 앞지르고 있기 때문이다. 자본재 중에서 승용차(1995년 3억 7,000만 달러), 수송기기(1995년에 6억 4,300만 달러), 반도체(1995년에 9,898만 달러) 등의 대영국 수출이 돋보인다.

제 4 절 한국의 대유럽 안보·통일외교

1. 안보·통일외교의 현황

이미 앞에서 지적했던 것처럼 유럽은 한국과 지리적으로 멀리 떨어져 있기 때문에 한국의 안보·통일정책에 직접적 영향을 주는 지역은

<표 8> 상품별·지역별 수출입(영국)

(단위: $1,000)

연도 내용		1988	1989	1990	1991	1992	1994	1995
총수출입	수출	1,950,900	1,861,335	1,750,431	1,767,502	1,829,720	1,782,590	2,874,016
	수입	914,502	923,432	1,226,053	1,558,869	1,355,249	1,662,054	2,387,208
식료 및 직접소비재	수출	9,111	6,384	8,690	4,925	10,419	7,875	9,612
	수입	83,730	34,536	52,017	83,529	79,889	127,612	177,573
공업용 원료	수출	164,607	145,417	171,699	150,581	188,182	206,232	602,741
	수입	412,898	430,799	503,622	611,377	506,086	646,846	985,648
자본재	수출	700,413	745,024	624,275	738,895	902,880	1,101,107	1,749,597
	수입	386,831	400,524	568,413	751,645	670,384	764,060	1,047,521
비내구 소비재	수출	519,943	460,325	504,491	508,631	370,292	152,940	142,951
	수입	11,135	17,682	57,070	45,230	25,693	46,784	81,665
내구 소비재	수출	556,827	504,176	441,276	364,469	357,946	314,436	369,115
	수입	19,869	39,871	44,931	67,088	73,197	76,751	94,800

자료: 한국무역협, 『무역통계』(1989, 1990, 1992, 1996) 참조.

은 아니었다. 그 위에 전후 미·소의 냉전구조가 확립되면서 기계적이고 획일적인 대유럽 안보·통일외교가 추진되었을 뿐이었다. 그러나 최근 한국과 유럽 간의 통상관계의 활성화에 힘입어 안보·통일외교의 면에서도 긴밀한 협력이 추진되고 있다.

1996년 10월 28일 룩셈부르크에서 개최된 한국·EU 각료회의에서는 경제·통상문제뿐만 아니라 정치문제에 대한 논의도 있었다. EU측은 4자회담과 북한의 잠수함 침투사건에 대해 한국의 입장을 지지하였고, 또 EU의 KEDO 참여 자격문제에 대한 의견 개진도 있었다.[20] 또 한국·EU 기본협력협정에도 통상·경제산업 부문이 중심이기는 하지만 역시 정치부문이 삽입되어 있다.

최근 한국과 영국과의 관계를 보면 한국의 안보·통일문제와 관련된 정치적 논의도 심도있게 논의되고 있다. 1996년 3월 메이저 영국 총리가 방한하여 한·영 정상회담이 있었다. 정상회담의 내용은 4가지 분야였

---

20) 외무부, "외교문제 해설," 96-10 (1996. 11. 13), pp. 16-17.

다.21) 첫째는 국제무대에서의 협력 증진에 관한 것으로서 ① 제2·3차 ASEM의 성공적 개최를 위해 공동위원회를 설치한다. ② 영국은 한국의 OECD가입, 한·EU 기본협력협정 및 공동정치선언 조기타결 등에 적극적 지지를 보낸다 등이었다. 둘째 지역안보를 위한 한·영 공조체제의 강화인데, 영국은 특히 KEDO를 지지했고, 또 한반도 평화정착과 통일을 위한 한국의 노력에 대해 적극적 지지를 표명했다. 셋째는 경제·통상 관계에 관한 것이었다. 넷째는 문화교류 확대에 관한 것으로서 주한 영국문화원 활동과 영국대학에서의 한국어 교육 및 대영박물관 내 한국관 개설문제 등이 합의되었다.

1996년 9월 11일에는 서울에서 한·영 정책협의회가 개최되었다. 1995년 3월 한·영 정상회담시 양국의 우호협력관계의 증진을 위해 외무차관급으로 연례정책협의회를 개최키로 합의했는데, 제2차 차관급회의가 개최된 것이다. 주요회의 내용은 한반도문제, 홍콩 반환문제, ASEM 협력문제, KEDO 문제, 한·영 접촉 200주년 기념, 국제기구에서의 협력문제 등으로서22) 주로 한국의 안보·통일 문제와 관련된 것들이었다. 1996년 6월 빔콕(Wim Kok) 네덜란드 총리 방한시에도 경제·통상부문 이외에 정치·안보 부문에 관한 협의가 있었다.23) 빔콕 총리는 EU 차원의 KEDO 참여를 위해 노력할 것과 4자회담에 대한 전폭적 지지를 보였다. 또 ASEM을 통한 아시아·유럽의 관계발전을 위해 양국은 긴밀히 협력할 것과 한국의 OECD 가입을 적극 지지하는 네덜란드의 입장 표명이 있었다.

1993년 프랑스의 미테랑(Fransois Mitterrund) 대통령이 국빈으로 한국을 방문하였다.24) 한국의 경부고속철도사업에 프랑스의 참여가 프랑스로서는 현안문제였지만 한국의 안보문제에 대해서도 상당한 관심을 보였다. 프랑스는 남북한 관계에서 또 북한 핵문제에 있어서 한국을 절대적으로

---

21) 외무부, "외교문제 해설," 96-3 (1996. 3. 30) 참조.
22) 외무부, "외교문제 해설," 96-9 (1996. 10. 10) 참조.
23) 외무부, "외교문제 해설," 96-6 (1996. 7. 11) 참조.
24) 외무부, "외교문제 해설," 93-16 (1993. 9. 24) 참조.

지지한다는 입장을 천명했다. 한국과 국교를 맺은 지 얼마 되지 않은 동유럽 국가들도 한국의 안보·통일문제에 대해 긍정적 입장을 보였다. 1994년 3월 9일 2박 3일 일정으로 루마니아의 일리에스쿠(Iron Iliescu) 대통령이 한국을 공식 방문하였다.[25] 한국·루마니아 양국 대통령은 북한핵문제 해결을 위한 국제적 공조가 필요하다는 데 인식을 함께 하였고, 또 국제무대에서의 상호 협력의지를 재확인하였다. 또 루마니아는 한국의 안보리 비상임이사국 진출을 적극 지지하는 입장을 표명하였다.

1994년 10월 체코의 클라우스(Vaclav Klaus) 수상이 한국을 공식 방문하였다. 클라우스 수상 역시 일리에스쿠 대통령과 마찬가지로 한국의 안보문제에 관해 적극적 지지를 밝혔다.[26]

불가리아의 젤레프(Zhelyu Zhelev) 대통령이 1995년 4월 25일 간에 한국을 공식방문하였다.[27] 젤레프 대통령도 정치문제에 대해서 한국을 전폭적으로 지지하였다. 불가리아는 한반도 평화통일을 위한 한국의 노력을 이해하고, 국제무대에서 한국과 상호협력할 것을 확인하였다. 또 젤레프 대통령은 한국의 안보리 비상임이사국 진출에 대한 전폭적인 지지를 약속하였다.

이상에서 살펴본 바와 같이 EU 수준이든 아니면 개별국가 수준이든 간에 유럽은 이제 한국과의 경제·통상관계 이외에도 정치적·안보적 관계에서도 협력대상이 되고 있다. EU나 중요한 유럽의 개별국가들과 정치적 대화를 하기 위한 모임을 정례화하는 것도 바람직스러운 일이라고 하겠다.

2. 지역적 협력기구의 활용

한국과 유럽이 함께 참여하고 있는 지역기구는 ASEM, ASEAN 확대

25) 외무부, "외교문제 해설," 94-2 (1994. 3. 28) 참조.
26) 외무부, "외교문제 해설," 94-14 (1994. 10. 20) 참조.
27) 외무부, "외교문제 해설," 95-4 (1995. 4. 30).

외무장관회의, 아세안지역포럼(ARF: ASEAN Regional Forum) 등이 있다.

제1차 ASEM정상회의는 1996년 3월 1~2일 간에 걸쳐 태국의 방콕에서 개최되었다.[28] 이 회의에는 아시아 10개국 정상, 유럽 15개국 정상 및 EU 집행위원장 등이 참석했다. 이 회의의 주요결과는 다음 4개 분야로 요약된다. 첫째 아시아·유럽은 상호 동반자관계를 구축하기로 합의하였다. 둘째 정치·안보적 대화를 촉진하기로 하였다. ① UN체제의 효율적 개혁 및 민주적 운영에 대한 합의, ② 포괄적 핵실험 금지조약의 금년 내의 체결 지지, ③ 동남아 10개국의 비핵지대(SEANWFZ)조약 체결의 의의를 인정, ④ 핵무기 비확산 노력, 화학무기협약 조기발효 및 핵분열 물질 생산금지조약 체결을 위한 협상 지지 등이다. 셋째 경제협력을 강화한다. ① 아시아·유럽 간 경제적 동반자관계는 다자적 자유무역체제, 비차별적 자유화 및 개방적 지역주의에 기초해야 한다는 데에 합의, ② 민간기업들 간 무역·투자 증대를 위한 '아시아·유럽 비즈니스 포럼' 창설에 합의, ③ 과학·기술 교류 증대가 양 지역의 경제적 연계강화에 중요하다는 점에 합의 한 것과, 넷째 국제범죄에 대한 협력과 문화교류를 증진한다.

이러한 4개 분야에 대한 합의 이외에 2차 ASEM회의는 1998년 영국에서, 제3차 ASEM회의는 2000년 한국 서울에서 개최되도록 합의되었다. 앞으로 ASEM 회의는 아시아·유럽 간의 정치·안보·경제·문화 등 다방면의 협력을 추진하는 기구로 성장될 것으로 보인다. 한국은 제3차 회의의 주최국으로서 제2차 회의의 주최국인 영국과 ASEM회의를 위한 공동위원회까지 구성하고 있다. 그러므로 ASEM을 유럽과의 포괄적 관계를 열어나가는 기구로 발전시키도록 한국은 노력해야 할 것이다.

ASEAN 확대외무장관회의(ASEAN PMC)는 아세안 7개국과 대화상대국 10개국(한국·일본·중국·러시아·캐나다·호주·뉴질랜드·인도·EU) 간의 전체회의와 아세안 7개국과 대화상대국 간의 개별회의로 구성되어

---

28) 외무부, "외교문제 해설," 96-3 (1996), pp. 6-10 참조.

있다.29) 한국과 EU는 ASEAN PMC 전체회의에서 만날 수 있게 되어 있다. 이러한 국제회의를 계기로 한국은 EU와의 현안문제를 논의하고 협의할 수 있는 것이다. 참고로 1995년 ASEAN PMC 전체회의의 주제별 토의내용을 보면 그 회의가 국제정세 전반에 걸친 문제에 관심을 갖고 있음을 알 수 있다. 토의의 주요내용은30) 보스니아 문제, 중동문제, 북한 핵문제, 핵실험 문제, 미얀마 정세 등이었다.

아세안지역포럼은 1993년 7월 ASEAN PMC에서 1994년부터 ARF개최가 합의됨으로써 성립되었다. 참가국은 아세안 7개국, 대화상대국 7개국(한국·미국·일본·호주·뉴질랜드·캐나다·EU의장국), 협의상대국 2국(중국·러시아), 아세안 옵서버(라노스·파푸아뉴기니·캄보디아) 등 19개국이었다. 제1차는 1994년 7월 태국에서, 제2차는 1995년 8월 브루나이에서 제3차는 1996년 인도네시아에서 개최되었다. 1996년 제3차 ARF에서는 인도와 미얀마가 신규로 가입하여 21개국 외무장관이 참석하였다. 제3차 ARF에서는31) 신규 회원국 가입기준이 확정되었고 아·태 지역 내 안보문제가 협의되었다. 회의 종료 후 발표된 의장성명은 한반도 평화체제 수립, 평화체제 수립 전 1953년 정전협정 준수 및 남북대화 재개의 중요성을 강조하였고, 또 ARF 회원국들의 KEDO에 대한 추가적인 지원을 고려토록 권고하였다.

한국은 ARF를 안보·통일외교의 장으로 이용할 수 있을 것이고 또 그 내에서 EU와의 협력을 도모할 수도 있을 것이다.

제 5 절 결 론

한국과 유럽과의 관계는 최근까지 그리 활발히 전개되지는 못했다고

---

29) 외무부, "외교문제해설," 96-7(1996. 8. 12), pp. 5-8 참조.
30) 외무부, "외교문제해설," 95-8(1995), pp. 1-4 참조.
31) 외무부, "외교문제해설," 96-7(1996. 8. 12), pp. 9-11 참조.

할 수 있겠다. 그러한 이유는 우선 한국의 안보 중심의 대외정책 때문
이었다고 하겠다. 남과 북의 대치 상황하에서 한국은 어쩔 수 없이 한
반도 정세에 직접적으로 영향을 미치는 국가들을 일차적인 관심대상으
로 삼을 수밖에 없었다. 따라서 유럽은 지리적으로 멀리 떨어져 있기
때문에 소원해질 수밖에 없었다. 둘째는 미·소의 냉전구조 때문이었다
고 할 수 있겠다. 미국을 따르고 의지하는 정책은 냉전체제하에서는 그
대로 유럽에서도 실효성 있는 정책으로 받아들여질 수 있었다. 한국의
대유럽정책은 유럽과 한국의 개별성에 기초한 것이 아니라 세계규모의
냉전체제 속에서 기계적 획일적으로 전개되었을 뿐이다.

그런데 최근에 한국과 유럽 관계의 전기가 마련되고 있다. 첫째 냉전
체제 속에서 시작된 한·유럽 간 경제·통상관계가 이제는 한국의 제3위
의 교역국이 될 정도로 발전되었다. 둘째 냉전적 대결구도가 해체되면
서 유럽이 새롭게 변모하고 있다. 서구와 동구 간의 대결구도가 와해되
고 EU가 동유럽까지 또는 NATO가 동유럽까지 확대되려는 상황이 전
개되고 있다. 종전의 냉전적 발상으로는 새로운 상황에의 적응이 어려
울 것이다.

우선 한국과 유럽의 경제·통상관계가 재정립되어야 한다. 유럽이 한
국의 3위의 교역국이라고는 하지만 그 정도의 교역규모는 아직 초보단
계라고 할 수 있겠다. 현재 EU소속국가만 해도 15개국인데 한국과 유럽
전체의 교역규모가 일본 한 나라의 교역규모에도 훨씬 못 미치고 있다.
특정국가에 편중되어 있는 한국의 통상관계를 유럽으로 분산시켜야 교
역규모도 커질 뿐 아니라 정치·경제적 자립도도 높아질 수 있는 것이
다. 둘째 통상관계에 있어서 대유럽 무역적자가 극복되어져야 한다. 그
것을 위해서는 먼저 유럽으로부터의 소비재 수입이 줄어야 한다. 수입
이 줄려면 국산품이 조금 질이 떨어져도 그것을 사용해야겠다는 국민
적 정신이 뒷받침되어야 한다. 그런데 잘못된 세계화 논의로 인해 한국
의 국적은 실종되어 가고 있다.

한국의 대유럽 안보·통일외교도 새롭게 정립해야 할 것이다. 우선 유

럽의 주요 국가들과는 정치적 대화를 할 수 있는 제도적 장치를 마련해
야 할 것이고, 유럽이 완전통합될 때까지는 쌍무적 관계가 유지되어야
한다. 둘째 지역적 협력기구의 활용이 바람직스럽다. 특히 1996년 새로
시작된 ASEM을 한국의 안보·통일외교의 장으로 만들 필요가 있다.

제 19 장 대제3세계 외교정책

이 대 우

제 1 절 서 론

한 국가가 국제무대에서 자국의 정치적 목적을 달성하기 위하여 이용할 수 있는 보편적이고 평화적인 수단을 외교라 한다.[1] 해방 이후 분단국으로서 북한과 대치상태에 있는 한국의 정치적 목적은 국제사회에서 한국이 한반도의 유일한 합법적인 국가임을 확인시키는 것이었다. 또한 남북한 간의 적대적인 군사대치는 해방 이후 한국전쟁을 거치면서 지속되었고 분단상태를 종식시키기 위한 통일문제도 지속적인 외교과제이다.[2]

한국의 외교관계 수립현황을 보면, 1996년 12월 31일 현재 총 189개국 중 182개국과 수교를 했고, 100개의 대사관, 38개의 총영사관, 6개의 대표부를 운영하고 있다.[3] 한국과 국교관계가 없는 나라는 아프가니스탄·쿠바·마케도니아·모나코·산마리노·시리아·캄보디아 등 7개국이다.

전통적으로 한국의 외교정책은 주변4강과의 외교에 거의 모든 중요

---

1) 홍순호, 『한국국제관계사이론』(서울: 대왕사, 1993), p. 512.
2) 오기평, 『한국외교론』(서울: 오름, 1994), p. 196.
3) 외무부, 『외교백서 1997』(서울: 외무부, 1997), pp. 309-312.

성을 부과했다. 특히 한국은 미국과의 관계강화를 위한 외교적 노력을
적극적으로 추진하였다. 물론 그때까지 다른 국가들과의 외교를 소홀히
했다는 것은 아니다. 다만 한국의 생존과 발전을 위해 서방진영을 대표
하는 미국에 한국은 정치·경제·군사적으로 의존하지 않으면 안 되는
상황이었기에 불가피했다 할 수 있다. 즉 냉전이라는 국제적 조건이 민
족의 분단과 민족 간의 극한적인 대결이라는 형태로 전개된 한국에 있
어서의 외교는 자유진영의 종주국이자 한국 안보의 실질적인 담보자인
미국에 의존적이었던 것은 자연스러운 현상이라 할 수 있다. 따라서 한
국외교는 냉전시대에 걸맞는 진영외교에 온힘을 기울였다.

그러나 1960년대에 접어들어 아시아와 아프리카 지역에 많은 신생국
들이 태어남에 따라 국제사회에서 그들의 힘을 무시할 수 없게 되었다.
그들의 힘이란 경제적인 것이라기보다는 정치적인 것으로 유엔에서의
투표권 행사 및 '비동맹운동'(non-alignment movement)을 통하여 발휘된
다. 특히 인도의 네루, 유고의 티토, 이집트의 나세르 등이 주축이 되어
각기 다른 경향을 지닌 국가들을 하나로 뭉치게 한 비동맹운동은 미·소
를 정점으로 하는 양극 사이에서 제3의 정치세력으로 자리를 잡았다.
이 운동은 1997년 현재 113개국이 회원으로 가입하여 있으며, 세계인구
의 45%, 유엔 의석의 64%를 차지하는 큰 세력을 형성하고 있다. 그러나
경제적으로는 매우 낙후되어 세계총생산의 8%밖에는 생산하지 못하고
있으며, 총 외채는 1조 3천억 달러에 이른다.

한국이 실질적으로 관심을 갖기 시작한 시기는 1970년대에 접어들어
비동맹운동의 확산으로 많은 제3세계 국가들이 이 운동에 동참하였고
북한도 당당한 회원국으로 활동할 때였다. 회원국이 되지 못한 한국은
증대되는 북한의 영향력으로 열세를 면치 못하였고, 그러한 열세는 북
한의 의도가 지배하는 '한반도 조항'이 비동맹운동 정상회의에서 선언
형식으로 거의 매번 발표되었다.

다행스럽게도 1980년대 이후 동남아시아를 비롯한 제3세계 국가들과
의 외교관계를 적극적으로 발전시킨 결과 비동맹 정상회의에서 한반도

조항은 삭제되었다. 그러나 1980년대 주춤했던 한반도 조항이 1990년대 비동맹회의에서는 연속적으로 채택되고 있다. 물론 과거의 한반도 조항에서 나타난 것과는 달리 북한의 의지가 전적으로 반영된 것은 아니라고는 하지만 한국의 적극적인 대응방안을 필요로 하고 있다. 즉 탈냉전시대를 맞아 새로운 차원에서의 제3세계 외교의 중요성이 배가되고 있는 지금 통일외교를 정책목표로 하고 있는 우리로서는 과거 어느 때보다도 중대한 국면에 접어들고 있다.

본 장에서는 비동맹운동의 실체를 다시 한번 파악하고, 한국의 제3세계 국가들을 상대로 한 외교활동을 정리하고, 현재의 외교현황에 대한 고찰과 향후 우리의 정책과제에 대하여 생각해 보고자 한다.

제 2 절 제3세계 국가와 비동맹운동

1950년대 중반 이후부터 자주 사용되어 온 '제3세계'(the Third World)의 개념은 정치적·경제적·지리적 의미를 모두 내포하고 있다. 정치적인 의미로는 비동맹중립주의로서, 제2차 세계대전 이후 미·소의 냉전적 양극화 현상에서 동·서 어느 한 진영에도 가담하지 않는다는 중립적인 하나의 새로운 그룹이다. 미국을 중심으로 하는 서방자유진영을 일컫는 제1세계와 구소련을 중심으로 한 동구권지역을 지칭하는 제2세계에 대항하는 국가군을 제3세계라 한다.[4] 그러나 1990년대 탈냉전시대의 도래와 함께 그 정치적 의미는 쇠퇴했다.

현재는 경제적 의미를 강조하여 제3세계 국가는 1인당 국민소득이 1천 달러 미만인 경제적으로 매우 취약한 국가들을 의미한다. 따라서 후진국 또는 개발도상국이라고도 부른다. 그러나 중동의 석유수출국과 몇몇 국가들의 1인당 국민소득은 선진국, 즉 제1세계 수준이기는 하나 그

---

4) '제3세계'의 어원 및 다양한 개념들은 홍순호 (1993), pp. 435-442 참조.

국가들이 속해 있는 지역이 유럽·북미 지역이 아닌 아시아 및 중동이기 때문에 제3세계 국가군에 속한다. 즉 지리적으로 아시아·중동·아프리카· 중남미에 위치한 국가들을 제3세계 국가라 한다.

여기서 짚고 넘어가야 하는 것은 모든 제3세계 국가들이 비동맹운동 회원국은 아니라는 것이다. 예를 들면, 아시아에서는 제1세계로 지칭되는 일본·호주·뉴질랜드를 제외한 30개 제3세계 국가 중 22개 국가만이 비동맹회원국이다. 특히 중국과 한국도 비동맹운동의 회원국이 아니고 중남미의 경우도 마찬가지로 중남미 33개 국가 중 20개 국가만이 비동맹회원국이다. 특히 중남미 부국이라 일컬어지는 멕시코·브라질·아르헨티나 역시 비동맹운동의 회원국이 아니다.[5]

앞서 지적했듯이 제3세계 국가들은 경제적으로 낙후되어 전세계 총생산량(GNP)의 25% 정도밖에는 생산하지 못하고 있다. 그러나 세계 인구의 70% 이상을 차지하고 있고, 풍부한 천연자원을 보유하고 있기 때문에 경제적으로 상당한 잠재력을 갖고 있어 그 중요성이 점차 높아지고 있다.

특히 풍부한 천연자원은 우리의 수입원이나 수출국으로 매우 중요하다. 예를 들면 중동국가들은 1970년대 한국의 해외건설 수주의 80% 이상을, 원유도입에서 70% 이상을 차지하고 있어 우리 경제에 많은 영향을 끼치고 있다.

비동맹운동은 1947년 인도의 네루(Nehru) 수상이 "아시아의 독립국가들은 쟁취한 독립을 유지하기 위하여 자유·공산 어느 진영에도 가담하지 않아야 한다"는 일종의 중도론을 비동맹정책(non-alignment policy)이란 이름으로 제창할 때부터 시작되었다. 이러한 주장은 아시아 신생국가들의 적극적인 지지를 얻어 1950년 1월 콜롬보(Colombo) 회의를 거쳐, 1954년 4월 콜롬보와 같은 해 12월 인도네시아 보고르(Bogor)에서 버어마·실론(스리랑카)·인도네시아·파키스탄·인도 등 5개국 수상회의로 발

---

5) 국가안전기획부, 『세계각국편람』(1996. 10).

전하였다. 그 이듬해인 1955년 4월 '아시아·아프리카 회의'(Asian-African Conference)⁶⁾가 인도네시아 반둥(Bandung)에서 개최됨으로써 제3세계 국가들이 외교무대에 전면적으로 등장하는 계기가 마련되었다. 그리고 1961년 9월 유고의 베오그라드에서 제1차 정상회의를 통해 그들의 정치적 결속력을 강화하기 시작했으며, 1995년 10월 콜롬비아의 카르타헤나에서 제11차 회의를 가졌다(<표 1> 참조).

비동맹운동의 회의 내용은 주로 세계 평화증진 및 선진국과 후진국의 경제적 격차를 줄일 수 있는 노력으로 요약할 수 있다. 그러나 우리에게 중요한 것은 비동맹운동의 정상 및 외상회의에서 '한반도문제 결의안'이 거의 매번 채택되었다는 것이다. 한반도문제는 제2차 비동맹회의에서부터 거론되기 시작하여, 1970년 제3회 정상회의와 외상회의의 최종선언문에는 한반도조항이 항시 포함되었다. 그 내용은 7·4남북공동성명에 규정된 평화통일 3대원칙 준수, 주한외군 철수 및 외군기지 철수, UNC해체, 정전협정을 평화협정으로의 대체 등이다. 1980년대에 잠시 한국조항은 삭제되었으나 1990년대 한반도결의안은 다시 등장하였다. 그러나 1990년대의 결의안에서는 평화협정체결에 관한 내용이 삭제되어 북한의 주장을 일방적으로 대변하는 것은 아니다.

특히 남북한의 입장에서는 정통성의 확보 및 상대방의 국제적 위상을 약화시키려는 목적으로 제3세계 외교를 펼쳤다. 북한은 1960년대 중반부터 제3세계에 적극적인 관심을 표명하였고, 1970년대에는 외교활동을 더욱 강화하였다.⁷⁾

---

6) 일명 '반둥회의'라고 부르는 이 회의는 사상 최초로 아시아·아프리카 양대륙의 유색인종 국가들(29개국)이 세계 평화를 위하여 회동한 역사적인 회의였다. 중국과 인도의 참가로 세계 인구의 절반이 넘는 13억 인구의 대표들이 참석하였다. 여기서 그들은 '세계 평화와 협력 증진에 관한 공동선언'(반둥 평화 10원칙)을 발표하였다.

7) 북한은 1975년 8월 페루의 리마에서 개최된 비동맹 외상회의에서 비동맹운동에 가입하여 외교활동 강화의 계기를 마련했고, 1976년 8월 스리랑카에서 열린 제5차 비동맹 정상회의에서는 한반도문제와 관련한 외국군대 및 기지의 철수, 유엔 사령부 해체, 정전협정을 평화협정으로 대체할 것 등의 북한의 제안을 채택시키

<표 1> 비동맹 정상회의 및 외상회의

	개최일	개최지	주 요 의 제
제1회	1961. 9.	베오그라드(유고)	베오그라드 선언 채택
제2회	1964.10.	카이로(이집트)	평화 및 국제협력 강령 채택, 한국문제 간접 거론
제3회	1970. 9.	루사카(잠비아)	인도차이나로부터의 외국군 철수 결의 채택, 주한외국군의 존재가 국제 평화와 안전에 위협
제4회	1973. 9.	알제이(알제리)	천연자원 국유화, 신국제경제질서 확립, 한반도문제 결의안*
외상회의	1975. 8.	리마(페루)	북한의 회원국 가입, 한국 가입 거부, 한반도문제 결의안*
제5회	1976. 8.	콜롬보(스리랑카)	월남전 이후의 세계평화를 위한 정치·경제 선언 채택, 한반도문제 결의안*
외상회의	1978. 8.	베오그라드(유고)	한반도문제 결의안*
제6회	1979. 9.	아바나(쿠바)	캄보디아 대표권을 논의한 아바나 선언 채택, 한반도문제 결의안*
외상회의	1983. 3.	뉴델리(인도)	한반도문제 결의안 채택기도 좌절
제7회	1983. 3.	뉴델리(인도)	최빈국(36국)의 외채상환, 핵무기 비축, 핵실험금지
외상회의	1985. 9.	르완다(앙골라)	한반도문제 결의안 채택기도 좌절
제8회	1986. 9.	하라레(짐바브웨)	미·소 핵실험금지 요구
외상회의	1988. 9.	니코시아(사이프러스)	한반도 긴장완화를 위한 UN의 합리적 조치 요구
제9회	1989. 9.	베오그라드(유고)	빈·부국 간의 격차해소 등 6개의 최우선 과제 선정
외상회의	1991. 2.	아쿠라(가나)	한반도문제 결의안 채택*
제10회	1992. 9.	자카르타(인도네시아)	남북협력 강화 및 선진 제국의 지원을 촉구, 한반도문제 결의안 채택*
외상회의	1994. 5.	카이로(이집트)	비동맹운동 방향 재정립을 위한 '카이로 선언' 채택, 한반도문제 결의안 채택*
제11회	1995. 10.	카르타헤나(콜롬비아)	한반도문제 결의안 채택* 북한에 미·북 제네바 및 콸라룸푸르 합의 이행 촉구

자료: 통일원, 『북한개요』(서울: 통일원, 1996).

는 데 성공했다. 또한 1979년 9월 아바나에서 열린 제6차 정상회담에서 북한은 비동맹회의 조정위원국으로 피선됨으로써 제3세계 외교의 절정을 이루었다.

1970년대에 접어들어 북한은 한국에 대한 외교적 열세를 만회하기 위한 제3세계 국가, 특히 아시아와 아프리카의 신생독립국과의 외교관계에 있어 적극적인 자세를 취했다. 비록 1970년대 중반 이후부터 한국의 추격으로 주춤하기는 했으나 외교적으로 큰 성과를 거두었다고 평가받고 있다.

그러나 1980년대 비동맹운동권은 쿠바의 친소노선 채택, 베트남의 캄보디아 침공, 중국·베트남 전쟁, 소련의 아프가니스탄 침공 등으로 분열되기 시작하여 그 미래가 불투명하게 되었다. 비동맹회의의 주도권은 친공산 강경파에서 중도온건파에게로 이양되고, 이념갈등보다는 경제적 이익에로 운동의 목표가 변화했다. 따라서 북한의 비동맹회원국을 중심으로 한 제3세계 외교는 그 목적을 상실함으로써 퇴조하기 시작했다.

이념적인 동·서문제에서 실리적인 남북문제를 주요의제로 채택하고 있는 비동맹회의의 성격변화에 한국외교의 대응은 1983년 제7차 비동맹회의에서 효력을 나타내기 시작하였다. 이 회의에서는 북한측이 주장하는 주한미군 철수, 휴전협정의 평화협정으로의 대체, 한반도의 비핵지대화 등은 한국조항에 채택되지 못하고 7·4공동성명 정신에 입각한 한반도 통일 및 외국군 철수만이 채택되었다. 1986년 제8차회의에서도 한반도 문제는 남북한 당사자 간에 평화적으로 해결해야 한다는 온건 비동맹회원국들의 주장이 채택되었다. 이는 북한의 비동맹외교의 실패라 할 수 있으며,[8] 비동맹운동 내부에서의 수정주의 노선의 대두로 인하여 내부갈등이 심화됨에 따라 한국문제는 더이상 중요 의제가 되지 못했다.[9]

제9차 비동맹회의에서도 동·서화해와 이념장벽의 제거에 따른 비동

---

8) 홍순호는 북한의 비동맹외교의 실패요인을 두 가지로 분석했다. 첫째는 비동맹국들의 실리주의에 입각한 외교에 대하여 북한의 경제여건이 이를 충족시키지 못했다. 둘째로 한국외교의 적극적 자세와 경제성장을 이들이 인정했기 때문이다. 홍순호 (1993), pp. 526-527.
9) 배긍찬, "북한의 대서남아 정책," 양성철·강성학 편,『북한의 외교정책』(서울: 서울프레스, 1995), p. 343.

맹운동 노선의 현실주의적 재정립과 회원국들의 가장 시급한 현안인 외채문제 해결을 위해 선진국들과 남북대화를 촉구했다.[10] 또한 실질적으로 냉전체제가 와해된 후 첫모임이었던 제10차 회의에서는 비동맹의 상습적인 정치구호는 사라지고 회원국들의 경제발전을 위한 노력에 경주했다.

그러나 1990년대 들어와 다시 한반도문제 결의안이 비동맹 외상회의 및 정상회의에서 채택되고 있다. 이는 한국의 제3세계 외교가 다소 허술해지고 있음을 나타낸다. 그럼에도 불구하고 국제정치에서 이념적 요소가 줄어들고 있기 때문에 한국과의 경제관계는 증가추세에 있다.

또한 남아시아 국가들 중 인디아와 스리랑카는 민주제도가 확립되었고, 네팔·방글라데시·파키스탄은 최근 군주국과 군부통치로부터 민주적 정권을 수립했다. 이러한 민주정권이 강조하는 것은 이념이 아니고 경제발전이다. 즉 그들의 외교정책은 실용주의 노선을 채택했고, 외국의 직접투자의 증가가 이들의 급속한 경제성장를 열어줄 것을 기대하고 있다. 따라서 경제적으로 큰 시련을 겪고 있는 북한이 한국의 국제적 지위에 타격을 줄 만한 외교적 공세는 더이상 없을 것으로 판단된다.

제 3 절 한국의 대제3세계 외교의 전개과정

해방 이후 남북한 정권은 각기 미국과 소련이라는 후견국을 지닌 채 유엔이라는 국제기구를 매개로 하여 국제적인 정통성 경쟁에 들어갔다. 미·소를 중심으로 한 냉전구조 속에서 정치적인 정통성의 확보는 매우 현실적인 문제로 당시 미국이 주도하는 유엔에서의 외교는 매우 중요

---

10) 비동맹회의에 참석한 정상들은 정책선언을 통해 지속적이고 안정적인 국제평화 수립, 빈·부국 간 격차축소, 식민지주의 배제, 환경보호, 인권보장, UN에 대한 적극적 지원 등 6개항을 비동맹운동의 최우선과제로 선정했다. 홍순호 (1993), p. 445.

한 것이었다.

따라서 한국외교의 최우선과제는 UN의 모든 회원국으로부터 빠른 시일 내에 정부승인을 받는 것으로, 1948년 파리에서 개최된 제3차 UN 총회에 장면 박사를 수석대표로 한 대표단을 파견한 것이 한국의 대유엔외교의 효시였다. 그러나 당시 한국은 진영외교에 정진하여 1948년부터 1960년대 중반까지 한국은 제3세계 국가들과의 관계수립에 그다지 적극적이지 못했다. 이 시기 한국정부가 취해 온 제3세계 외교정책은 '할슈타인 원칙'(Hallstein Doctrine)의 고수였다. 이는 1955년 당시 서독의 외무차관 할슈타인(Walter Hallstein)이 주창한 것으로 서독만이 독일의 유일한 합법국가이므로 동독과 외교관계를 수립하는 국가와는 외교관계를 단절하겠다는 당시 서독외교의 기본방침이었다. 따라서 한반도에서 대한민국이 유일한 합법정부라는 사실을 고수하고 두 개의 한국관을 허용하지 않는다는 전제하에 북한과 외교관계를 수립하는 나라와는 국교를 단절했다. 예를 들면 1964년 모리타니아와의 외교단절과 1965년 콩고와의 국교단절이 있었다.

그러나 1966년 할슈타인 원칙을 포기하고 비동맹중립국 승인, 외교망의 확장, 사절단의 파견과 초청외교의 강화 등을 통한 보다 능동적이고 다각적인 외교활동을 전개했다.[11] 1960년대 한국은 67개국과 수교하였는데 그 중 29개국이 제3세계 국가들이었다. 북한과의 체제경쟁에서 우위를 확보하는 차원에서 제3세계와의 관계강화는 1970년대에도 이어졌다. 그러나 <표 2>에 나타나 있듯이 1970년대 한국은 36개국과 수교한 반면, 같은 기간 동안 북한의 65개국 수교와 비교할 때 열세였다고 할 수 있다. 이러한 현상은 한국의 1966년 할슈타인 원칙 포기와 1970년

---

11) 그 예로 1966년 이동원 외무부장관 등 2개의 사절단이 중동지역 10개국을 방문하고, 1967년 양유찬 순회대사 등 3개 사절단이 아프리카지역 17개국에, 1968년 김용식 대사 등 5개 사절단이 중남미·중동·아프리카 지역 37개국에, 1969년 박동진 주제네바 대사 등 3개 사절단이 중동·중남미·아프리카 지역 10개국에 각각 파견되어 외교활동을 전개했다. 외무부, 『한국외교 40년: 1948-1988』(서울: 외무부, 1990), pp. 288-289.

<표 2> 연대별·지역별 수교현황

연대	남 한						북 한					
	아태 지역	중동 지역	아프 리카	유럽 지역	미주 지역	소계	아태 지역	중동 지역	아프 리카	유럽 지역	미주 지역	소계
1940	2			2	1	5	2			8	.	10
1950	1			7	1	9	1	1	1	.	.	3
1960	5	7	24	10	21	67	2	6	11		1	20
1970	17	5	7	1	6	36	16	4	25	9	11	65
1980	5	5	5	4	5	24	2	2	4	.	6	14
1990	6	2	10	26	.	44	.	2	3	20	4	29
합계	36	19	46	50	34	185	23	15	44	37	22	141

8·15선언[12] 및 비동맹운동에서의 북한의 활약에서 그 이유를 찾을 수 있다. 따라서 한국의 외교적 열세라는 표현은 적절하지 못하다.

그러나 1970년대 북한의 전반적인 외교활동이 강화되었음을 부인할 수는 없다. 아프리카 국가들과의 수교에 많은 성공을 거두었기 때문이다. 1970년대 아프리카 국가들과의 수교상황을 보면 한국은 7개국인 데 비해 북한은 22개국과 수교했다. 수적으로는 확실한 열세이다. 그러나 이는 상대적인 것으로 한국은 이미 1960년대에 24개 아프리카 국가들과 수교했으며, 한국이 1966년 할슈타인 원칙을 포기하기 이전에 북한과 수교를 맺은 국가는 6개국에 불과하다. 결국 1966년부터 1979년까지 북한은 25개 아프리카 국가들과 외교관계를 수립했으나, 이는 한국의 외교정책 변화에 따른 북한의 불로소득이지 외교적 약진이라고 보기는 어렵다.

1970년 8·15선언을 기점으로 한국외교는 냉전적 대결 성향에서 현실적인 평화지향 외교로 전환되었다. 이 선언에서 박정희 대통령은 북한에게 체제경쟁을 할 것을 촉구했다. 즉 어느 체제하에서 국민이 더 잘

---

12) 8·15선언은 한국 주도로 남북한 관계를 대결로부터 평화적 경쟁의 새 국면으로 전환시키고자 하는 노력이었다. 중요한 것은 동구공산제국을 포함한 비적성 국가와의 상거래를 허용하기 위해 통상관계법을 개정하였다는 사실이다. 외무부 (1990), p. 92.

살 수 있는가를 가름하자는 주장이었다. 이러한 생각은 1972년 7·4공동
성명과 1973년의 6·23선언(평화통일 외교정책 특별선언)[13]으로 더욱 구
체화되었다. 특히 6·23선언의 문호개방정책에 따라 북한과 외교 또는
영사관계를 맺고 있는 중립국에 대한 적극적인 외교활동을 전개했다.
이중 가장 중요한 변화는 중동국들과의 관계증진을 위해 아랍 점령지
로부터의 이스라엘군 철수를 주장하는 아랍의 입장을 지지하였고,[14]
1974년 비동맹회의에서는 가입안을 제출하기도 하였다. 중동국가들과의
우호관계 증진의 목적은 경제적인 것으로 원유도입선을 확보하고 민간
기업의 중동 진출을 돕기 위한 것이었다.

한국의 제3세계에 대한 외교적 공세강화는 1975년 제30차 유엔총회에
서 남북한의 상충된 안이 동시에 통과하게 된 데서 비롯된다. 이는 유
엔에서 무승부를 선언한 것으로 간주되어 남북한 외교경쟁의 무대는
유엔에서 제3세계로 옮겨가는 전기가 되었다. 그 결과 친북한국가로 분
류되었던 수단·모리타니아·솔로몬·아일랜드·도미니카·투발루 등과 국
교를 수립했으며, 제3세계 국가들과 비정치적 분야 즉 통상·학술·문화
교류를 통한 점진적인 관계개선을 추구하기 시작했다.

그러나 1979년 '10·26사태' 이후 한국의 국내정치 혼란을 틈타 북한은
외교공세를 펴부었다.[15] 그럼에도 불구하고 제3세계 국가들의 경제실리

---

13) 6·23선언은 7개의 주요내용으로 구성되어 있다. 그 중 '호혜평등의 원칙하에
   이념과 체제를 달리하는 국가와도 서로 문호를 개방한다'는 문구가 획기적이라
   할 수 있다. 이는 "열강의 권력정치나 대국편의주의의 희생양이 되지 않도록 민
   족적 주체성을 가지고 자주적으로 국운을 개척해 나가되 동시에 외향적·개방적
   자세에서 국제협조와 대소국간의 조화에도 힘쓴다는 지혜로운 민족주의 아래
   평화통일 노력을 적극화하는 차원 높은 현실적 조치를 규정하고 있는 것이 특
   징이다"고 외무부는 자체 평가했다. 외무부 (1990), p. 94.
14) 1973년 12월 15일 유엔 안전보장이사회의 아랍 제국 지지성명의 내용은 다음
   과 같다. 첫째 국제분쟁은 무력에 의해서가 아니라 평화적 협상을 통하여 해결
   되어야 하며, 무력에 의한 영토획득은 용납되어서는 안 된다. 둘째 이스라엘군
   은 1967년 전쟁 및 이번 전투에서 점령한 영토로부터 철수해야 한다. 셋째 팔레
   스타인인의 정당한 주장은 인정되고 존중되어야 한다. 넷째 이 지역의 모든 국
   가의 주권, 영토보전, 독립과 평화로운 생존권은 존중되어야 한다.

위주의 외교를 추구함에 따라 1980년대 한국은 이 분야를 통해 적극적인 외교활동을 전개할 수 있었다. 또한 1970년대와 마찬가지로 '방문외교'를 통한 한국의 외교적 노력은 많은 성과를 일구어냈다. 1980년 5월 최규하 대통령의 중동방문시 팔레스타인의 자결권과 팔레스타인 해방기구(PLO)의 대표권을 인정함으로써 중동국가들로부터 좋은 반응을 얻었다. 이는 1980년 6월 18일 아랍에미레이트와의 수교로 이어졌고, 그 결과 중동지역에서의 수교국 수에서 북한을 능가하였다. 아랍에미레이트와의 수교와 그 이전 1980년 2월 북한과 단독 수교국인 나이제리아와 수교함으로써 한국의 아프리카 진출의 교두보 확보와 안정적인 원유공급이라는 제3세계 외교의 큰 성과로 기록되고 있다.[16]

1980년대 한국외교는 1988년 노태우 대통령의 7·7선언(민족자존과 통일번영에 관한 대통령 특별선언)과 올림픽 개최로 절정에 이르렀다. 노태우 대통령의 7·7선언은 남북관계와 북방정책에 있어 획기적인 전환점이었다. 여기서 자주·평화·민주·복지 원칙에 입각한 민족자존과 통일번영의 새 시대를 열어 나가기 위해 정부가 추진해 나갈 6개항의 정책을 제시하였다. 그 중에서 제3세계외교와 관련된 조항은 제5항으로, "남북 간의 소모적인 경쟁·대결 외교를 종결하고 북한이 국제사회에 발전적 기여를 할 수 있도록 협력하며, 또한 남북 대표가 국제무대에서 자유롭게 만나 민족의 공동이익을 위하여 협력할 것을 희망한다"고 명시되었다. 즉 남북한 간의 불필요한 대결·경쟁 외교를 지양한다는 원칙을 수립했다. 따라서 제3세계 국가들과의 실질적인 협력관계 증진을 위한 정책을 우선적으로 실시하고 있다.

또한 올림픽을 계기로 한국의 경제적 위상을 고려한 제3세계 원조도 증가했다. 이러한 제3세계와의 경제협력 강화를 통하여 한국의 통일방

---

15) 1980년 1월 12일 북한의 조국평화통일위원회 위원장 김일의 명의로 한국의 각계 인사들에게 올림픽 단일팀 구성 협의를 위해 만날 것을 제안하고 1월 22일에는 재외동포들에게도 같은 내용의 편지를 발송했다.
16) 홍순호 (1993), p. 517.

안이나 남북한 UN 동시가입에 대한 지지를 확보할 수 있었다.

그러면 한국의 제3세계 경제협력에 관해 살펴보자. 국제사회에서 우리의 외교적 역량을 강화하고 과거에 우리가 받았던 선진국의 원조를 환원한다는 차원에서 제3세계 국가들과의 경제협력을 강화하고 있다. 정치·외교 및 경제적으로 밀접한 관계가 있는 국가들을 우선적으로 돕고 있으며, 1990년대에 와서는 과거 제2세계의 멤버였던 동유럽 국가들의 시장경제체제로의 전환을 돕고 있다.

우리나라의 대외원조는 1960년대 초반 USAID 및 UN 특별기관의 자금에 의한 기술훈련생을 직접 훈련하는 등 기술공여에 의한 경제협력을 통하여 이루어지기 시작했고, 1960년대 중반 USAID 기금에 의하여 월남 및 아프리카 등지에 의료단을 파견하는 의료협력이 이루어졌다.

제3세계 국가에 대한 한국정부의 무상원조는 1977년 9억 원의 예산을 가지고 시작되었다. 무상원조의 액수의 증가폭은 그리 크지는 않았으나 매년 증가추세에 있으며,17) 비동맹국 등 제3세계 국가와의 관계증진, 미수교국과의 관계개선 및 통상증진 활동 기반조성과 인도적 견지에서 재난구호 목적을 달성하기 위해 사용되었다. 특히 무상원조는 국산 기자재로 공급되기 때문에 한국상품의 홍보에도 기여하고 있다.18)

그러나 실질적으로 제3세계를 향한 한국의 경제외교는 1980년대 개발도상국들과 이른바 '기술협정'을 체결함으로써 시작되었고, 1987년 이후 대외경제협력기금(EDCF: Economic Development Cooperation Fund)을 조성하여 후진국에 차관을 제공함으로써19) 본격화되었다.

<표 3>에 의하면 1996년 제3세계 국가들에게 1,970만 달러의 무상원

---

17) 무상원조의 액수를 증가시키라는 미국의 압력은 '책임분담'(responsibility sharing) 차원에서 증가되고 있다. 여타 선진국에 비해 한국의 경제원조 액수는 매우 적으며 국민총생산에서 차지하고 있는 비율도 매우 낮다.

18) 외무부, 『외교백서 1990』, p. 116.

19) 한국의 제3세계 국가들과의 경제협력사업은 미국 USAID 원조계획 및 자금에 의하여 연수생을 초청, 훈련한 것으로 시작되었다. 순수 한국자금으로 연수생을 초청한 것은 1965년도의 일이었고 1967년부터는 전문가도 파견하였다.

<표 3> 지역별 무상협력 현황(1996)

(단위: 천 달러)

	아태지역	아프리카	중동	중남미	동유럽	국제기구	합계
기자재 공여*	1,246	3,124	965	1,425	1,937	1,353	10,052
프로젝트형 사업	8,159	487	1,205	1,491	394	-	11,737
개발조사사업	1,209	-	209	148	-	-	1,566
합계	10,614	3,611	2,379	3,064	2,331	1,353	23,355
연수생 초청(명)	658	51	83	61	175	-	1,029
전문가 파견(명)	27	5	5	12	14	5	68
봉사단 파견(명)	165	12	2	17	28	-	227
의료단 파견(명)	5	12	2	2	3	-	24
태권도 사범(명)	5	2	6	-	1	-	14
국제협력요원(명)	50	7	-	2	6	-	65
합계	910	89	98	94	227	5	1,427

* 기자재 공여에 재난구호금 포함.
자료: 외무부, 『외교백서 1997』, pp. 179-180.

조를 기자재 공여, 프로젝트형 사업, 개발조사 사업 등을 통해 제공했으며, 854명의 연수생을 초청해 교육을 시켰고, 341명의 전문가 및 봉사단을 파견하였다. 또 하나 중요한 것은 비록 제3세계 국가로 분류되지는 않았으나 경제적으로 어려움을 겪고 있는 동유럽 국가들에게도 경제원조를 하고 있다는 사실이다. 1996년 233만 달러의 무상원조와 175명의 연수생 초청 및 52명의 전문가와 봉사단을 동유럽에 파견하였다.

원조를 통한 한국의 제3세계 경제외교는 1991년 '한국국제협력단'(KOICA)의 창설로 장기적이고 일관성 있는 국제협력사업을 추진할 수 있는 제도적인 조치로 활성화되었다. 즉 한국국제협력단을 통하여 기자재 공여, 프로젝트형 사업, 개발조사 사업, 연수생 초청 및 전문가 파견 등의 기술협력사업과 봉사단 및 의료단을 파견하는 인력협력사업 등이 조직적으로 행해지고 있다. 한국국제협력단은 1996년도에 총 5,235만 달러 규모의 무상협력사업을 수행하였고, 1997년에도 7,770만 달러의 예산을 확보했다.[20]

---

20) 외무부, 『외교백서 1997』, pp. 178-179.

<표 4> 1996년 국가별 EDCF 지원방침 결정 현황

(단위: 백만 달러)

국명	사 업 별	차관액
중 국	은천 하동공항건설	5.5
	하문 동도항 제9컨테이너 부두시설	15.0
	평정산시 제4상수도건설	7.0
	해구시 에너지개발	7.0
	안산사 고체폐기물 처리사업	2.5
	농업부 종합농업개발	20.0
베트남	Ba-Ria 발전소 복합화력설비 구매	49.0
필리핀	Laguindigan 공항개발	25.0
미얀마	양곤 항 야적장 건설사업	15.0
	철도차량 구매	20.0
스 리 랑 카	병원시설 개선사업	12.6
	Horana 지방 전화망 현대화사업	15.0
	Gampaha 지방 통신망 확충사업	15.0
	송배전망 개선사업	8.25
	의료기기 구매사업	10.0
	공무원주택 건설사업	10.0
	Ratnapura 도로 개·보수사업	30.0
방글라데시	철도기관차 구매	33.7
몽 골	화력발전소 건설	8.0
네 팔	모디강 수력발전소 건설	15.0
요르단	폐수처리시설 사업(2차)	9.0
	계 2개 사업	19.0
루 마 니 아	Alba 및 Buzau 주 통신망 현대화 사업	30.0
카자흐스탄	통신망 현대화 사업	20.0
우즈베키스탄	통신망 현대화 사업	15.0
합 계		1,013.7

자료: 외무부, 『외교백서 1997』, pp. 180-181.

1986년 정부는 제3세계 개발도상국에 대한 실질적 경제협력관계를 강화하기 위해 장기저리의 차관을 제공하기 시작했다. 그 제도적 장치로 대외경제협력기금법에 의거하여 원화 표시로 공여하는 EDCF를 설치하고, 300억 원의 기금을 조성하여 1987년 6월부터 운영하고 있다. 기금설치 1년 후 총 20개 개발도상국의 46개 사업에 5억 8,940만 달러를 지원하였다.

1996년 말 현재 총 24개국 67개 사업에 10억 1,370만 달러의 EDCF 지원방침을 결정하였다. 그 내역은 <표 4>에 정리되어 있고, 주로 개발도상국의 인프라 구축을 위해 사용되고 있다. 특히 중국을 비롯한 아시아 개발도상국을 중점적으로 지원하고 있다.

이러한 정부의 노력으로 제3세계 국가들과의 교역량은 1990년대에 들어와 급격히 증가하고 있다. <표 5>는 중동·아시아(ASEAN 제외)·아프리카·중남미국가들과의 교역량을 보여주고 있다. 1980년대 타지역에 비해 중동국들과의 교역량은 매우 많다. 1970년대 이후 중동의 건설붐으로 인한 수주량의 증가로 인하여 수출이 꾸준히 이루어지고 있으며, 중동으로부터의 수입은 석유가 주종을 이루고 있음은 주지의 사실이다. 그러나 1990년대 중동의 건설붐은 주춤하기 시작했고, 한국의 산업화 심화에 따른 석유 소비량이 급격히 증가하여 무역수지는 악화일로에 있다.

그러나 중남미·아시아·아프리카에서는 상당한 흑자를 기록하고 있다. 타지역에 비해 교역량은 많지 않으나, 아시아 및 아프리카 국가들과의 교역에서는 1981년 이래 꾸준한 무역수지 흑자를 기록하고 있다. 그 지역의 인구수를 감안하면 아직도 한국기업이 공략할 여지가 충분히 남아 있다. 중남미지역은 1991년 노태우 대통령의 멕시코 방문 이후 수출량이 크게 증가하였다. 무역수지 또한 25~45억 달러의 흑자를 보고 있다.

요약하면 한국의 급속한 경제성장과 이에 따른 선진국과의 통상마찰을 감안하여 제3세계 국가들은 우리에게 실질적인 협력관계 증진을 통한 무한한 가능성과 성취의 잠재력을 제공해 주고 있는 국가들이다. 따라서 탈냉전시대 한국경제의 재도약을 위해 그들과의 경제협력 증진을 위한 정부의 노력이 절실히 요구된다.

<표 5> 제3세계 국가들과의 무역량

(단위: 100만 달러)

	중동		아시아		아프리카		중남미	
	수출	수입	수출	수입	수출	수입	수출	수입
1981	3,196	5,905	560	143	528	115	807	724
1982	2,941	4,985	667	334	715	294	740	1,001
1983	3,525	4,835	866	589	454	188	543	985
1984	2,804	4,715	1,360	605	394	190	1,080	1,419
1985	2,870	3,947	870	560	634	395	1,079	1,859
1986	2,243	2,503	1,004	396	422	174	907	1,258
1987	2,345	3,287	1,028	554	484	90	1,226	1,184
1988	2,793	3,555	1,144	526	755	154	1,601	1,444
1989	2,309	4,612	1,336	741	923	242	1,740	1,544
1990	2,619	6,188	1,327	790	915	363	2,104	1,726
1991	3,310	7,123	1,641	1,150	2,429	113	2,879	2,298
1992	3,500	8,651	1,912	1,130	1,786	340	4,962	2,521
1993	3,704	8,787	3,895	1,198	462	787	4,922	2,348
1994	3,869	9,264	3,755	1,497	2,502	1,197	6,430	3,280
1995	4,880	11,837	4,290	1,957	2,227	1,962	7,370	3,964
1996	5,718	15,080	4,924	2,399	2,250	2,521	8,961	4,392

제 4 절 지역별 외교현황

1. 중동

1962년 4월 9일 이스라엘과의 수교를 시작으로 1995년 4월 13일 이집트와의 수교에 이르기까지 중동의 20개국 중 시리아를 제외한 모든 국가와 국교를 수립했다.[21] 시리아는 친북성향이 강한 국가로 민간기업

---

21) 북한은 1963년 예멘과의 수교를 시작으로 14개국과 국교를 수립했다. 비수교국으로는 바레인·사우디아라비아·아랍에미레이트·이라크·이스라엘·쿠웨이트 등 6개국이다. 그중 이라크와는 1968년 수교했으나, 1980년 10월 단교하였다.

차원에서의 교류가 있을 뿐 한국정부와는 아무런 공식관계가 없다.

중동국가들과의 외교관계에서 어려운 점은 이스라엘과 아랍의 대립이다. 따라서 한국은 이 지역에서 신중한 외교를 펼치고 있다. 앞서 지적했듯이 1973년 유엔 안보리에서 아랍 제국을 지지한 이후 이스라엘과의 관계는 소원해졌고, 한국의 친아랍 정책에 대한 불만의 표시로 1978년 2월 이스라엘은 주한 상주대사관을 철수시켰다. 이러한 한국의 친아랍정책은 1970년대 해외건설시장의 확대 차원에서 한국 해외건설 수주의 80% 이상 그리고 원유수입의 70%를 차지하고 있었던 중동을 무시할 수 없었기 때문이다. 그러나 1985년 이래 이스라엘은 대사관 재개를 요청하고 있으나 한국정부는 신중한 입장을 견지하고 있다.[22] 최근 네타냐후 이스라엘 수상의 방한으로 관계가 급속도로 회복되고 있다.

1991년 걸프전과 관련하여 미국 주도의 다국적군에 대한 3억 8,500만 달러의 재정지원을 했으며, 피해국에도 1억 1,500만 달러의 전후복구를 위한 원조를 제공했다. 이와는 별도로 군 의료지원단(154명) 및 수송단(160명)을 파견하였으며 5대의 항공기를 지원했다.[23] 이는 국제분쟁이 평화적 협상을 통하여 해결되어야 한다는 유엔의 노력에 일조한 것으로 한국의 국제적 공헌도를 높인다는 차원에서도 매우 중요했으며, 걸프 연안 국가들로부터의 지지기반을 확고히 하는 데 일조했다.

북부 아프리카의 지중해 연안에 위치한 아랍권 지역을 마그레브 지역이라 하는데, 이들은 많은 천연자원을 보유하고 있어 한국에게 매우 중요한 지역들이다.[24] 또한 한국의 건설업체가 진출하여 많은 외화를 획득하고 있는 지역이기도 하다. 예를 들면 한국정부의 노력과 동아건

---

22) 김경수, "한국의 대제3세계·비동맹외교," 이범준·김의곤 편, 『한국외교정책론: 이론과 실제』(서울: 법문사, 1993), p. 443.
23) 국방부, 『국방백서 1991-1992』(서울: 국방부, 1992), p. 357.
24) 리비아의 원유(매장량 255억 배럴, 세계 8위), 알제리의 천연가스(매장량 3조 7천 입방미터, 세계 4위), 모로코의 인광석(매장량 106억 톤, 세계 1위) 및 그 지역의 세계적인 어장 등 풍부한 자원을 보유하고 있다. 또한 지정학적으로도 매우 중요한 지역이다. 외무부, 『외교백서 1993』, pp. 184-185.

설의 리비아 대수로 1단계 공사의 성공에 힘입어 제2단계 공사(수주액
48억 5,000 달러)도 동아건설이 맡았다. 단일공사로는 세계 최대의 공사
였다. 그 결과 1989년까지 리비아에서의 총 건설수주액은 약 178억 달러
로 한국 건설사업의 최대 해외시장이었다.

요컨대 중동지역은 한국의 주요 에너지 수입원이고, 해외건설 시장으
로 매우 중요한 지역이다. 그밖에 모리타니아·모로코·사우디아라비아·
오만·예멘 등지에는 한국 원양어업 전진기지가 있다. 그러나 타지역과
마찬가지로 상품 수출시장으로서는 매우 취약한 지역이므로 정부차원
의 노력이 요구된다.

2. 아프리카

1957년 아프리카에서 최초로 독립한 가나(Ghana)공화국을 필두로
1960년에는 17개국이 독립함으로써 당당한 유엔 회원국으로서 국제정치
에 중요 세력으로 등장하였으며,[25] 현재 식민상태에 있는 국가는 없다.
따라서 아프리카는 비동맹운동에서도 주축을 이루게 되었고 국제 정치·
경제 분야의 중요한 지역이 되었다. 국제정치 측면에서 수적으로 우세
한 아프리카 국가들은 UN 또는 국제회의에서 강력한 영향력을 행사하
게 되었다. 경제적인 측면에서 풍부한 천연자원을 보유하고 있는 아프
리카의 잠재력은 높이 평가되고 있다. 특히 세계 금 생산량의 77%, 다
이아몬드 생산량의 78%, 코발트 생산량의 66.3%, 우라늄 생산량의
23.2% 등을 생산하고 있다. 그러나 아직도 세계 최빈국들이 가장 많은
지역이기도 하다. 세계 총 생산량의 10% 미만을 생산하고 있으며, 1990
년대의 성장률은 1.5%에 머물러 있고, 많은 인구가 기아와 질병에 허덕
이고 있다.[26]

---

25) 1960년 제15차 UN총회에서 '식민지 독립선언'(Declaration on the Granting of
   Independence to Colonial Countries and Peoples)을 채택하고, 1960년을 '아프리
   카의 해'(The Year of Africa)로 선포했다.

이 지역은 남북한의 정치대결의 장으로, 1960년대 아프리카에서 신생 독립국이 줄지어 탄생하자 남북한은 국제사회 지지도에서 수적인 우위를 확보하기 위하여 이들 신생국들과 경쟁적으로 외교관계를 수립함과 동시에 상주공관을 설치하였다. 한국은 1961년 코르디브아르와 수교를 시작으로 아프리카 46개국(마그레브 지역 국가 제외) 모두와 수교했다.27) 한국은 1970년대 새로운 시장개척의 일환으로 아프리카 진출을 모색했으나 큰 성과를 거두지 못하고, 단지 유엔에서 북한과의 표 대결을 할 때 우리의 입장을 지지할 수 있을 정도의 관계를 유지하고 있다.

따라서 과거 북한과의 경쟁적·소모적 외교로 인하여 방만하게 운영되어 오던 많은 공관을 폐쇄하고, 현재 13개의 상주대사관만을 운영하고 있다. 그러나 무상원조 및 기술원조 공여는 지속적으로 시행하고 있다.28)

1990년 이후 새로이 형성되고 있는 신국제질서 구도 내에서, 즉 이념 갈등이 사라진 이후 아프리카 제국의 위상은 하락했으나, 유엔 등 다자 외교활동의 주요 무대로서의 아프리카의 중요성은 상존하고 있으며, 1차산품의 주요 공급원, 상품시장 및 경제진출대상으로서의 아프리카 대륙의 비중을 인식, 1960년대 이후 남북 대치상황하에서 주요 외교활동 기반으로 아프리카 지역에 대한 우리 기존의 외교적 투자를 바탕으로 한 실리외교 추진을 계속해 나가고 있다.

특히 1991년 우리의 UN 가입 이후 국제적인 위치에 상응한 책임과 역할 수행의 일환으로 대외원조·경협확대를 통한 아프리카 자체의 민

---

26) 이 지역의 5억 3천만 인구의 GNP는 인구 1천만의 벨기에의 1,500억 달러 보다 적고, 연평균 3.2% 정도 인구가 증가되고 있으나 식량생산은 감소추세에 있다. 또한 전체 인구의 37%만이 깨끗한 물을 마실 수 있으며, 의사수는 2,500명당 1명이다. 따라서 평균수명도 51세에 불과하고, 주민의 절반 이상이 영양 결핍상태이다.

27) 북한은 1958년 기니와의 수교 이후 44개국과 국교를 맺었다. 1996년 현재 남아프리카공화국과 스와질랜드가 미수교국으로 남아 있다.

28) 1989년과 1990년에 부르키나파소·니제르·중앙아프리카·르완다 등의 공관 4곳을 폐쇄하였고, 1992년에도 모리셔스·말라위·시에라리온 등의 공관 3개를 폐쇄했다. 외무부, 『외교백서 1993』, p. 192.

주화·개혁 추진을 고무함으로써 비정치·경제 분야의 실질협력도 강화해 나가고 있다. 예를 들면 한국은 유엔 평화유지활동에 적극적으로 참여하여 아프리카 평화유지에 기여하고 있다. 한국은 1993년 소말리아와 1995년 앙골라에 각각 252명, 198명의 공병단을 파견하였으며, 1994년 서부 사하라에 20명의 의료지원단을 파견하였다.[29] 또한 무상원조 및 기술공여 사업을 지속적으로 펼치고 있다. 예를 들면 1992년 대외경제협력기금을 통하여 나이지리아에 2,500만 달러, 가나에 1,300만 달러, 우간다에 750만 달러의 차관을 공여하는 등 실질적인 협력관계를 강화해 나가고 있다.

이 지역에서 한국외교가 거둔 특별한 성과는 친북정책을 고수하고 있던 에티오피아·잠비아·짐바브웨·탄자니아·토고 등을 국제무대에서 한국의 입장을 지지하게 만들었다는 것이다. 따라서 한국과 아프리카의 교역량은 약 48억 달러(1996년)에 불과하지만 향후 아프리카의 정치적·사회적 불안이 해소되면 경제도 활성화되고 교역량도 꾸준히 증가할 것이므로 꾸준한 실질협력관계의 증진을 이루어야 한다.

3. 남아시아

한국은 아프가니스탄과 캄보디아를 제외한 아시아·태평양 지역 모든 국가와 수교했다. 아시아 지역 국가들 중 한국과 긴밀한 관계를 맺고 있는 국가들은 아세안(ASEAN) 회원국들이지만, 본 절에서는 남아시아로 지칭되는 남아시아 지역협력체(SAARC: South Asian Association of Regional Cooperation) 회원국인 인디아·파키스탄·방글라데시·스리랑카·네팔·부탄·몰디브 등과의 외교관계에 대해 살펴보고자 한다.

이 지역은 비동맹운동의 중심지역으로 정치적으로 매우 중요한 지역이며, 과거 엄정 중립정책을 고수하고 등거리외교를 견지하고 있었으나

---

29) 자세한 내용은 국방부, 『국방백서 1997-1998』참조.

1980년대 후반부터 실리주의에 입각하여 북한보다는 한국과의 관계를 긴밀히 유지하고 있다. 경제적으로는 인구가 약 12억에 달하는 시장 잠재력이 매우 높은 지역으로 최근 개방화정책을 추진 중에 있으며, 한국을 경제발전 모델로 간주하는 매우 호의적인 국가들이다.

그럼에도 불구하고 우리와의 관계는 활발한 편은 아니었으나 1996년 이래 한국은 이들과의 관계를 활성화시키고자 노력하고 있다. 특히 정치보다는 통상 및 투자 등 경제협력에 주력하고 있다. 1996년 2월 김영삼 대통령의 인도 방문을 계기로 무역 및 투자 증대를 위한 외무장관 공동위원회를 설치하고, 매년 정기회의를 개최할 것에 합의했다. 또한 1996년 한해 동안 파키스탄의 부토(Bhutto) 총리와 미라니(Mirani) 국방장관, 스리랑카의 쿠마라퉁가(Kumaratunga) 대통령, 네팔의 로하니(Lohani) 외무장관과 포델(Poudel) 국회의장, 부탄의 쩌링(Tsering) 외무장관 등이 한국을 방문하여 교류확대를 논의했다.

실질적인 경제협력이 이루어지고 있는 국가는 방글라데시와 스리랑카이다. 방글라데시에서 한국은 제2의 투자국으로 1996년까지 1억 5천만 달러를 투자했으며, 9억 달러의 건설 프로젝트에 참여하고 있다. 또한 방글라데시 최초의 민간공업개발단지인 '한국수출전용가공공단'(KEPZ: Korean Export Processing Zone)을 우리 기업이 조성하여 경제협력에 박차를 가하고 있다. 또한 한국은 스리랑카의 사회간접자본시설 확충을 위한 전대차관(two-step loan) 및 산업기술 연수생의 증대 등을 통하여 양국의 경제협력이 확대되어 가는 추세이다.

4. 중남미

이 지역은 세계 총 면적의 15%, 세계 총 인구의 8%(약 4억 7천만)를 점유하고 있는 지역으로, 풍부한 광물 및 농수산자원을 보유하고 있어 제3세계 어느 지역보다 성장잠재력이 매우 큰 지역이다. 아직도 좌익 게릴라들이 준동하고 군부쿠데타 음모가 있기는 하지만, 1990년대에 들

어와 사회안정이 이루어져 경제안정화정책 및 개혁정책을 꾸준히 추진
한 결과 해외자본의 급속한 유입으로 경제가 활성화되고 있다. 특히 멕
시코의 경우 1994년 12월 외환위기로 인해 1995년 마이너스 성장을 하
기도 하였으나, 1996년 약 7%에 달하는 경제성장으로 위기를 슬기롭게
극복하였다.

이 지역 국가들은 전통적으로 국제무대에서 한국의 지지기반이 되어
왔다. 한국은 1959년 브라질과의 수교 이후 쿠바를 제외한 모든 국가와
국교를 맺고 있다. 반면 지리적·문화적 차이로 인하여 경제교류는 활발
한 편은 아니었다. 그러나 1990년대 한국은 중남미의 시장잠재력을 인
정하고 경제교류확대를 위하여 노력하고 있다.

한국이 주목해야 하는 것은 1995년 1월 중남미지역의 경제통합을 목
표로 출범한 남미공동시장(MERCOSUR)이다.[30] 이는 유럽연합(EU)과 '경
제교역협력에 관한 기본협정'을 1995년 12월에 체결하여 2000년까지 자
유무역지역을 결성하기로 합의하였으며, 북미자유무역협정(NAFTA) 회
원국인 멕시코와 자유무역협정 체결을 추진 중에 있다. 결국 NAFTA와
연계하여 미주 자유무역지역의 결성으로 발전할 가능성이 있다.[31] 한국
도 장기적인 관점에서 미주 전체와의 경제협력을 위해 이들과의 경제교
류 확대를 위해 노력하고 있다. 예를 들면 1992년 10월 남미공동시장에
대처하기 위해 브라질리아에서 제1차 남미공동시장 5개 지역 공관장 협
의회를 개최했다.[32] 남미시장을 개척하기 위한 경제외교의 첫발을 내디
뎠다. 그 이후 무역량은 빠른 속도로 증가하고 있다(<표 5> 참조).

그리고 1996년 9월 김영삼 대통령의 중남미 5개국 순방으로 한국과

---

30) 브라질·아르헨티나·파라과이·우루과이 등 4개국이 형성한 경제블록으로, 총
   인구가 중남미 전체의 45%인 약 2억이고 총 GDP는 중남미 전체의 50%를 상
   회하는 약 6,000억 달러이며, 무역에서도 중남미 전체 수출의 40%, 수입의 30%
   를 차지하는 중남미 최대의 경제블록이다. 김완순·한복연, 『국제경제기구론』
   (서울: 박영사, 1997), p. 413.
31) 김완순·한복연 (1997), p. 415.
32) 외무부, 『외교백서 1993』, p. 166.

중남미의 관계는 새로운 차원으로 발전하기 시작했다.[33] 방문국 정상과의 회담에서 한국기업의 중남미 진출 확대에 필요한 제도적 장치인 투자보장협정 및 어업협정 등을 체결하였고, 한국은행의 지점설치도 논의하였으며, 한국의 중남미 투자도 수년 내 40~50억 달러에 이를 것이라약속했다. 또한 그들과 '한·중미 대화협력체' 구성도 합의하여 매년 각료급회담을 개최할 수 있게 되었다.

이처럼 중남미가 한국외교에서 차지하는 비중이 높아지는 관계로 대중남미정책을 효율적으로 추진하기 위해 1996년 11월 외무부(현 외교통상부) 내에 중남미국을 신설하였다.[34] 즉 대중남미 외교를 보다 능동적이고 효과적으로 수행하기 위한 제도적 체제를 갖추었다.

제5절 결 론

해방 이후 한국의 제3세계 외교의 실질적인 목적은 정통성 확보를위한 지지기반 확충이었다. 따라서 한국의 비동맹외교는 제3세계 국가들이 북한을 지지하지 못하게 유도하였고, 북한으로 하여금 국제적 현실에 눈을 뜨고 남북대화에 응하도록 하는 데 역점을 두었다. 반면 북한은 비동맹회원국이라는 유리한 입장을 십분 활용하여 한국을 제3세계에서 고립시키고 한반도의 적화통일에 유리한 방향으로 국제여론을조성하기 위한 정치선전에 급급해 왔다.

그러나 한국은 1970년의 8·15선언이나 1973년의 평화통일 외교정책특별선언 등을 통하여 실질적인 협력관계를 바탕으로 한 제3세계 외교를 전개하여 남북한 경쟁의 주도권을 잡기 시작했다. 게다가 1980년대

---

33) 1991년 9월 노태우 대통령의 멕시코 방문이 한국의 국가원수가 중남미를 방문한 최초였다. 그리고 1996년 김영삼 대통령이 과테말라·칠레·아르헨티나·브라질·페루 등 5개국을 방문하였다.
34) 외무부, 『외교백서 1997』, p. 74.

제3세계 국가들은 이념보다는 자국의 경제발전을 위한 외교적 노력을 하게 되었다. 즉 자국의 경제발전을 위해 탈이념화가 이루어졌다. 이는 각국이 경제적 실리추구를 위해서 국가의 모든 역량을 동원한다는 것이다. 이러한 추세는 1960년대와 1970년대 고도성장을 해온 한국으로서는 매우 반가운 일이었고, 경제침체를 거듭해 왔던 북한에게는 매우 불행한 일이었다. 그동안 축적한 한국의 기술과 자본이 제3세계 외교에서 결정적인 역할을 하기 시작했다. 한국의 대제3세계 경제외교가 시작된 것이다. 게다가 1990년 구소련을 비롯한 동유럽 제국의 몰락으로 정치나 이념보다는 경제와 번영이 국가 간의 중요한 이슈로 부각되어 경제외교의 중요성이 한층 더 부각되었다.

마침내 1991년 9월 남북한이 동시에 유엔에 가입함으로써 남북한 간의 정통성 내지는 지지기반 확대를 위한 외교경쟁은 끝이 나고, 한국외교의 운신의 폭은 더욱 넓어졌다.

이러한 상황변화는 한국의 제3세계 외교정책에 많은 수정과 보완을 요구하고 있다. 첫째, 한국의 경제적 이익을 감안한 제3세계 경제외교를 수행해야 한다. 즉 무조건적인 차관공여나 원조는 지양하고 상호주의에 입각한 경제외교를 펼쳐야 한다. 그러나 경제문제의 정치화로 인한 분쟁의 소지가 다분히 있으며, 지역경제블록 간의 경쟁양상이 두드러지게 나타나고 있는 현실을 감안하여 경제민족주의라는 중상주의적 성향을 보여서는 안 된다. 이는 자국의 경제적 이익의 극대화를 위한 경제분쟁을 격화시킬 수 있기 때문이다.

둘째, 한국의 안보와도 직결되는 자원의 확보를 위한 노력이 필요하다. 예를 들면 석유와 같이 한국에서 전혀 생산되지 않는 자원의 확보를 위해 중동국들과의 유대를 더욱 강화하여야 한다. 1973년 제3차 중동전 이후 한국은 아랍 제국들로부터 서방세계와 함께 석유금수지역에 포함되었던 사실을 기억해야 한다. 따라서 이스라엘과의 관계는 적당한 선에서 유지되어야 한다.

셋째, 비록 아프리카와 아시아의 개발도상국들이 경제적으로 많은 수입을 할 수 없는 처지이지만 한국의 상품수출 증대를 위한 정책이 구사되어야 한다. 1990년대 중남미지역을 대상으로 했던 방법과 같이 대통령이 직접 세일즈외교를 펼치는 것도 고려해야 한다.

끝으로 현재까지는 적극적으로 추진되고 있지는 않으나, 1993년부터 추진되어 오고 있는 페루와의 자유무역협정(Free Trade Agreement) 체결을 서두를 필요가 있다. 앞서 지적했듯이 중남미지역에서의 남미공동시장의 탄생을 시작으로 경제통합이 추진되고 있다. 특히 남미공동시장과 북미자유무역협정의 연계 가능성이 증가하고 있는 지금, 페루가 양쪽 모두의 회원국이 될 가능성이 매우 높다. 따라서 장기적인 관점에서 페루와의 경제관계 증진은 21세기 한국상품이 북중남미 모두에 쉽게 진출할 수 있는 계기가 마련될 수 있다.

요약하면 최근 일고 있는 선진국의 보호주의 정책과 지역주의의 등장으로 인한 선진국과의 통상마찰을 감안하면 제3세계 국가들은 우리에게 실질적인 협력관계 증진을 통한 무한한 가능성과 성취의 잠재력을 제공해 주고 있는 국가들이다. 따라서 탈냉전시대 한국경제의 재도약을 위해 그들과의 경제협력 증진을 위한 정부의 노력이 절실히 요구된다.

종 장

한국외교정책의 과제와 대응방안

김 달 중

Ⅰ. 문제 제기

우리는 19세기 말의 '제1의 개방위기'에 이어 현재 20세기 말의 보편성의 확산시대를 맞아 '제2의 개방위기'에 직면해 있다. 현재 정부는 '시장경제와 민주주의의 병행 발전'이라는 새로운 국가경영철학 아래 경제 살리기와 개혁에 국정의 최우선점을 두고 있다. 하지만 여소야대와 연합여당이라는 정치구조의 취약성으로 인해 개혁과 경제의 구조조정은 제약되고 있고, 더욱이 냉전구조 해체를 위한 남북한문제를 비롯한 대외관계는 상대적으로 진전되지 못하고 있다.

물론 새 정부의 출범과 더불어 한국외교의 새로운 틀과 이를 실행하는 제도적 장치가 마련되는 등 몇 가지 주목할 만한 변화가 있었다. 새 정부가 남북관계를 대결구도에서 평화공존구도로 바꾸어야 한다는 기본구상 아래 그동안의 정경연계 대북정책을 정경분리로, 일방시혜적 남북관계를 상호주의로, 그리고 남북한관계-북미관계의 조화와 병행원칙을 제한적 독립관계로 새롭게 설정한 것은 이전 정부와는 차별되는 것이다. 또 외교·안보·통일관련 정부부처간의 역할분담을 분명히 하고,

과거 통일안보조정회의를 대체할 새로운 외교안보관련 최고 의사결정 기구로 국가안보회의를 신설한 것도 바람직한 발전이라 할 수 있다.

하지만 변화하는 국제환경 속에 그때그때 변화에 대한 적응과 기회의 포착만으로는 국가이익을 관철하기 어렵다. 외교의 목표와 방법에 관한 좀더 장기적이고 포괄적인 접근을 할 필요가 있다. 현시점에서 한국외교정책의 철학적 기초와 원칙, 그리고 목표와 방법을 좀더 포괄적으로 재점검해야 하는 이유 중 무엇보다도 중요한 것은 이제 과거 대외 의존적 외교에서 자주적인 자세와 행동을 필요로 하는 외교로 전환해야 할 시점에 처해 있다는 점이다. 정부는 '한국주도의 대북정책'을 추진하고 있지만 이런 '민족자존'의 외교는 의지와 말로만 되는 것이 아니며, 여건이 성숙해야 하고 그에 합당하는 구상과 준비가 필요한 것이다. 또 민주화의 결과 정부의 재량권이 축소되어 모든 외교정책문제에서 국내적 합의와 설득이 전례없이 중요해지고 있다는 점도 간과해서는 안된다.

이제 한국은 세계라는 큰바다에서 항해할 수 있는 능력을 길러야 하며, 그에 합당한 구상과 준비를 해나가야 한다. 항해시 풍향과 조류를 기회로 이용할 수 있는 능력을 갖춰야 하며, 폭풍이나 암초와 같은 위기를 피할 수 있는 방법을 알아야 한다. 이를 위해서는 우선 국내외적 환경변화를 기초로 외교정책의 대전제를 재수립하고, 또 어떤 정책적 기조와 원칙을 가지고 외교를 수행할 것인가 하는 사려깊은 철학이 수립되어야 한다. 나아가 이를 바탕으로 우리가 지금까지 가지고 있던 외교정책에 필요한 수정과 조정을 거쳐 최선의 국익이 무엇인가를 합의해 내야 하며, 이를 달성·유지해 나가는 목표와 방법을 모색해야 한다.

II. 한국외교의 반성과 과제

지난 50년 동안 한국외교행위는 편향성에서 보편성과 다양성 및 다

차원과 다변화로 전환되고 발전되어 왔다. 그럼에도 불구하고 한국외교
행위는 이제 수정되어야 할 몇 가지 과제를 안고 있다.

　우선 대미관계가 우리 외교의 전부가 될 만큼 막대한 비중을 차지한
점이다. 이는 우리가 건국 당시부터 안보·경제·외교 모든 부문에서 미
국에 전적으로 의존하지 않으면 안 되는 위치에 있었으므로 불가피한
일이었다. 최근 들어 대미일변도적인 외교로부터 다양화의 길을 모색하
고 있는 것도 사실이다. 그러나 이러한 정책전환이 체계적인 계획과 심
사숙고된 의도적인 결과로 이루어졌다기보다는 북방외교라든가 남북협
상 등에서 볼 수 있었듯이 그때그때의 현안과 필요에 의해 단편적으로
시도됨으로써 미국과 일본과의 관계에서 충분한 협의가 이루어지지 못
하고 불필요한 오해와 갈등을 야기하는 경우가 많았다. 따라서 미국이
나 일본, 혹은 북방에 대한 집착과 제한된 시야에서 벗어나 세계 전체
를 상대하는 외교의 다변화, 다시 말해 한국외교의 전세계화를 위한 새
로운 구상과 전략이 필요한 것이다.

　다음은 우리 외교가 안보부문에 집중되어왔다는 점이다. 사실 한국전
쟁을 경험했고, 이후 줄곧 북한의 군사적 위협에 대비해야 하는 우리로
서는 1차적 관심사가 안전보장이 된 것은 당연한 일이다. 동시에 한국으
로서는 북한이 우선적인 실제 및 가상의 적이 되어왔고, 나아가 안보외
교대상으로서 북한이 전부였다 해도 과언이 아니다. 한국으로서 주요 관
심사는 미군을 어느 정도로, 얼마나 오래 붙잡아두며, 미국으로부터 얼
마나 강한 안보공약을 받아내며, 그리고 군사원조는 얼마나 많이 받고
한국군의 현대화에 미국의 지원을 얼마나 확보하느냐 등의 문제들이었
다. 최근에 와서야 주한미군에 대한 비용분담문제와 해외에서의 다국적
군사활동에 대한 한국의 기여문제 등이 안보외교의 중요한 문제들로 등
장하고 있으며, 늦기는 했으나 작전권이양문제도 신중히 논의해야 할 시
기에 이르렀다.

　이제 국제질서와 주변상황의 변화에 비추어 안보외교에 대한 접근을
근본적으로 재검토할 필요가 있다. 우선 탈냉전 이후 안보의 개념이 군

사차원뿐만 아니라 경제·사회·문화·환경 등을 포함한 '포괄적 안보'(comprehesive security)가 중요해지고 있는 만큼 안보의 범위와 대상도 이런 방향으로 조정되어야 할 것이다. 또 우리 외교에 있어서 안보문제의 상대적 비중도 조정해 나가야 할 것이다. 우리가 국제무대에서 경제·환경·자원 등 여러 분야에서 관계를 확대하고 있는 만큼 우리 외교도 안보 이외의 다른 기능적 분야에도 같은 비중을 두는 다차원적 접근을 모색할 필요가 있다.

안보 자체와 관련해서는 상존하는 북한과의 군사적 대결 내지 대치 상황을 중요시하면서도 지역안정과 세계평화질서 수립에도 관심을 갖고 그 과정에 참여하고 공헌할 수 있는 자세와 의지를 가져야 할 것이다. 이것은 지역적으로는 다변적 안보협력 구상에 적극적으로 참여하고, 나아가 국제적으로는 UN 등 국제기구를 통한 지역 및 세계평화유지 활동에 기여하겠다는 정책적·제도적 준비를 의미한다. 안보외교의 다변화는 우선적으로 한국의 유일한 동맹국인 미국과의 밀접한 협의와 협력을 바탕으로 이루어져야 할 것이다. 한반도 내의 안보문제와 관련해서는 1950년대 초 한국전 초기에 형성된 군사협력관계의 조정과 정전체제의 재구성문제를 체계적으로 검토해야 할 필요가 있다. 이 역시 미국은 물론 일본·중국 등 주변 관련국들의 협조와 이해를 구하는 노력을 필요로 할 것이다. 뿐만 아니라 우리나라가 동북아라는 소지역 내지는 아·태 지역 전체의 세력균형에 어떠한 역할을 할 수 있는가도 심각하게 생각해 보아야 할 때이다.

셋째는 우리의 외교가 안보면에 있어서나 경제분야에 있어서나 가시적 실리를 위주로 하는 것이었다는 점이다. 우리의 경우 안보나 경제문제에 있어서 당장에 급한 일들이 많은 상황에서 인류복지·인권·민주주의·세계평화질서 등 고상한 이상을 논한다거나 주장할 여유도 능력도 없었던 것이 사실이다. 그러나 이제 우리나라는 점차 정치·경제·국제의 여러 문제에서 명실상부한 세계공동체의 일원이 되는 자격을 갖추어가고 있다. 민주화와 경제발전, 그리고 UN가입 등으로 우리 자신에 직결되는 이해관계뿐만 아니라 인류와 세계의 안녕과 질서, 그리고 발전과 복지문제들에도 관여할 수 있는 자격을 얻었을 뿐만 아니라 의무까지 부여된 것이다. 이런 의미에서 우리가 해외개발기금을 책정하고 후진국·빈곤국을 원조하는 사업에 착수한 것은 바람직한 일인 것이다. 다만 이런 사업들 역시 너무 근시안적인 이해관계에 집착하지 말고 지속적으로 또 거시적인 안목을 가지고 추진해 나가야 한다.

넷째는 우리가 분단국으로서의 외교활동에 있어서 북한과의 경쟁자로서, 또 북한과의 '제로섬게임'(zero-sum game)을 하는 입장에서 외교를 수행해 왔다는 점이다. 이것은 한국이 1980년대에 이르기까지 정치·이념·군사 등 제 국면에서 취약성을 갖고 북한에 대해 열세를 면치 못했을 뿐 아니라 북한이 한국정부를 전복 또는 타도의 대상으로 삼고 있는 상황에서 불가피한 일이었다. 그러나 1980년대 후반에 이르러 북한은 남한에 비해 경제적으로 크게 뒤져 있을 뿐만 아니라 이념적 경직성과 폐쇄정책으로 국제관계에 있어서도 한국에 비할 수 없는 약세에 처해 있다. 더구나 구소련과 동구사회주의국가들의 몰락으로 북한은 국제적인 고립을 면치 못하게 되었다. 아직 중국이 후원을 어느 정도 지속하고 있다고 하나 북한의 경제적·외교적 열세를 역전시킬 정도는 못되고 있다. 이런 상황에서 북한은 외교면에서 이제 한국의 경쟁상대로 간주될 수 없게 되었다.

한국은 이미 1988년에 이른바 7·7선언으로 북한의 외교관계 확대에 반대하지 않을 뿐만 아니라 그것을 도와줄 용의가 있음을 천명한 바 있고, 이런 정신은 1992년 남북기본합의서에서도 확인되었다. 그러나 북한과의 사실상의 외교적 경쟁관계는 여전히 계속되었으며, 한국은 러시아와 중국과의 수교를 추구해 오면서도 다른 한편으로는 북한이 일본·미국 등 자국의 우방국들과 관계정상화를 추구하는 데 대해 소극적 내지 부정적이었던 것을 부인할 수 없다. 그러나 이제 한국은 남북한의 대화와 협상을 통해 화해와 협력, 그리고 궁극적으로는 통일의 길을 여는 한편 분단을 전제로 한 경쟁위주의 정책으로부터 통일을 대비하는 정책을

구체화하는 방법을 강구해야 한다. 이것은 미·일·중·러 등 주변강대국
들과의 관계뿐만 아니라 UN 등 국제기구에서도 북한을 경쟁국이라기
보다는 앞으로의 동반자로 취급하는 것을 의미한다.

마지막으로 외교정책의 결정과 이행에 관련된 과정과 기구, 그리고
제도도 지적하지 않을 수 없다. 우리는 건국 후 1960~61년의 몇 달 동
안을 제외하고는 강력한 대통령이 외교정책을 주도해 왔다. 그러한 과
정에서 정책의 수립과 이행에 있어서 주무기관인 외무부보다는 사안과
상황에 따라 별개의 정부기관이 큰 영향력을 발휘하는 경우가 많았다.
이것은 외교정책을 체계적이고 일관성있게 운영하는 데 어려움을 주었
을 뿐만 아니라 정규외교관의 입지를 약화시켜 그들의 임무수행에 지
장을 주는 경향이 있었다. 또한 정부기관 또는 특정인들의 자의적 정책
결정방법은 관련부처 간, 그리고 전문가들의 의견수렴 및 조정의 필요
성과 비중을 감소시키는 문제를 야기시켰다.

또한 1980년대 후반 민주화가 진행됨에 따라 외교에 언론과 일반대
중의 관심과 참여가 커지게 되었다. 이것은 의견수렴과 합의의 폭을 넓
힌다는 의미에서는 바람직하나 민주적인 여론조성과 표출, 그리고 수렴
의 훈련과 경험이 부족한 우리에게는 외교에 대한 합리적 의견교환보
다는 원초적인 민족주의 감정의 표현이 되는 경우가 많았다. 그 결과
외교와 관련된 정책방향이 대통령을 중심으로 한 지도층의 독주와 감
정적 반응의 영합 사이를 방황하면서 일관성과 합리성을 잃어버리는
경향이 있었다. 따라서 외교에 관련된 제도와 절차는 물론 그 운영을
합리화하는 일이 매우 중요한 과제로 등장하고 있는 것이다.

Ⅲ. 통일한국의 외교철학과 기조

앞서 보았듯이 21세기 한국외교는 그동안 우리 외교가 가지고 있던
문제점을 극복하고 급변하는 국내외적 여건과 상황을 반영하는 방향으

로 나아가야 할 것이다. 이런 점에서 우리 외교는 다변화·다차원화를 추구해야 할 것이며, 거시적인 안목과 통일지향적인 자세로 운영되어야 할 것이다. 국내적으로는 정책결정과 이행의 제도화 및 합리화를 추구할 때 우리는 21세기 중진국에 걸맞는 성숙한 외교를 펼칠 수 있을 것이다.

21세기 한국외교는 남북분단을 관리하고, 궁극적으로는 통일된 한국을 전제로 해야 할 것이다. 통일한국은 국제적 위상으로 보나 국가적 이해관계에 있어서나 분단된 한국과는 다른 면이 많을 것임은 자명하다. 따라서 외교에 있어서도 철학적 근거와 정책적 기조를 필요로 할 것이다. 대체적으로 통일한국의 외교철학과 정책기조는 민족주의(nationalism), 지역주의(regionalism) 그리고 세계주의(globalism)의 조화 속에 찾아야 할 것이다.

통일한국은 상당기간 동안 '통일된 민족국가'로서의 토대를 다지는 데 주력할 수밖에 없고, 이때 분단민족을 재통합시키는 가장 강력한 요인은 민족주의일 수밖에 없다. 주지하다시피 통일은 국가건설(nation-building)의 과정이기 때문에 지리적 요소로서의 국토분단, 인적 요소로서의 민족분단, 통치기구로서의 국가분단, 이념 및 제도로서의 체제분단을 모두 극복할 때 통일한국은 완성된다고 보아야 한다. 따라서 통일과정에서 민족주의가 갖는 순기능이 고취되어야 한다. 다시말해 민족주의는 통일과정의 정치·경제적 갈등극복은 말할 것도 없고 남북한 사회 내부에 존재하는 사회적·심리적·문화적 갈등을 극복하고 해소하는 토대가 되어야 한다. 이 경우 민족주의는 대외적으로 편협하고 배타적인 국수주의적 민족주의(ultra-nationalism)나, 맹목적 애국주의(chauvinism)와는 달리 지역주의와 세계주의를 포용하는 '열린 민족주의'(open nationalism)를 지향해야 할 것이다.

이런 점에서 통일한국의 정치·경제적 기반을 발전시키기 위한 '국가통합외교'는 무엇보다도 중요하다. 우선 통일 후 황폐된 북한의 경제를 다시 일으켜 남한과 함께 번영된 통일한국의 경제를 이룩할 때까지는 통일된 민족경제체제의 완성을 위한 보다 적극적이고 효과적인 경제외

548

교를 펼쳐야 할 것이다. 시장과 자본 및 투자기회의 확보와 보호뿐만 아니라 북한의 개발과 발전을 위한 외국과 국제기구의 지원 및 참여를 유도하는 외교적 노력이 불가피한 것이다. 그것은 개별국가와의 쌍무적인 관계는 물론 지역적 경제협력구상과 사업 그리고 국제기구 및 단체들과의 유기적인 협력관계를 수립하고 유지·강화함으로써 통일한국의 경제기반을 건강하게 자리잡게 하는 것을 의미한다.

나아가 남북 간의 정치적인 제도통일뿐만 아니라 가치관의 상이성, 사회적·심리적 이질감, 그리고 경제적 격차 등을 극복하면서 효율적이고 민주적인 정치체제를 발전시키기 위해 보다 적극적이고 효과적인 외교가 절실할 것이다. 향후 통일 이전까지 한국의 민주주의가 얼마나 순탄하게, 또 얼마나 공고하게 정착될지는 모르나 북한과의 통합과정에서 정치적 갈등과 불안정의 요인이 확대되고 증폭될 가능성을 배제할 수 없다. 그런 만큼 통일한국의 외교는 주변국과 국제기구의 협조와 지원을 유도해 국내의 이런 정치갈등을 해소하고 통합된 정치체제를 발전시키는 데 제1차적 비중을 두어야 할 것이다.

다음으로 통일한국은 동북아 4강 사이에 위치한 중간세력의 국가로서 안전과 자주를 지켜나가기 위해 지역주변국가와의 대등한 관계에서 지역협력(regional cooperation)을 추구해 나가는 '다자협력외교,' '평화공존외교,' '우호선린외교'가 불가피할 것이다. 비록 21세기에는 상호의존(interdependece)과 저위정치(low-politics)가 주류를 이룬다 해도 동북아지역에서는 지정학적인 권력정치가 상당부문 남아 있을 가능성이 많다. 그런 만큼 통일한국의 안전과 자주를 도모하고 타국의 패권을 배제하기 위해서는 미국을 포함한 모든 주변강대국과의 균형된 지역협력과 우호선린관계를 유지하고 강화할 필요가 있을 것이다. 특히 한국은 통일 후에도 미국과의 전통적인 우호협력관계를 지속시키는 것이 중요하다.

마지막으로 통일한국은 자국과 주변국뿐만 아니라 세계전역에 있어서의 평화·환경·정치·경제·사회 등 제반 문제에 관여해야 할 더 많은 권리와 의무를 갖게 될 것인 만큼 세계로 열린 '글로벌외교'(global diplomacy)가 불가피하다. 따라서 통일한국은 세계의 평화유지활동·군비통제·환경보호·민주화·사회발전·인권신장·문화 등 모든 분야에 참여하고 기여할 능력과 의지를 키워야 할 것이다. 이는 통일한국의 원만한 정치·경제·사회 발전을 위해서도, 또 동북아지역의 평화와 번영을 위해서도 필요불가결한 것이다. 또 통일한국의 외교는 도덕성을 지녀야 할 것이다. 외교에서 도덕성과 이상주의를 강조하는 것은 반드시 비현실적이고 비생산적인 일은 아니다. 한 나라의 외교가 도덕적인 일관성과 설득력을 가질 때 그 정부와 정책은 국내적으로 국민의 지지를 받고 국제적으로도 신뢰와 지지를 얻을 수 있기 때문이다.

IV. 21세기 한국외교 목표

어떤 나라든 외교정책을 수행하는 데 있어 국가의 안전을 도모하고, 경제적 번영을 추구하며, 나아가 다른 나라들과의 관계에서 자국의 위신과 영향력을 높이는 데 그 기본목표를 두게 마련이다. 그러나 이러한 일반적 목표는 그 나라가 대내외적으로 처한 정치·경제·군사적 상황에 따라 다양한 형태로 구체화되기 마련이다.

21세기 통일한국의 외교는 전세계를 대상으로 쌍무적 외교정책, 기능적다자간 외교정책이 있어야 할 것이다. 우선 국가별 외교정책에 있어서는 전통적인 우호협력국가인 미·일과 주요 서구선진국가, 중국·러시아·베트남 등의 동남아 국가, 나아가 중동·남미·아프리카의 주요 국가에 대해 정치·군사·경제 및 문화적 차원의 중요도와 우선순위에 따라 외교자원을 배분해야 할 것이다. 다음은 다자주의와 지역주의의 증대에 대한 외교정책상의 대비가 있어야 할 것이다. 즉 EU·NAFTA·APEC·ASEAN 등에 대한 지역외교정책과 함께 UN본부, 제네바 및 EU대표부, 그리고 WTO·IMF 등 주요 기능적 국제기구에 대한 보다 전문화된 외교정책이 수립되어야 하는 것이다.

외교정책에 있어서 핵심은 목표개념이다. 국가별·지역별, 그리고 국제기구에 대한 개별적 외교정책도 이런 외교정책의 목표개념에 따라 보다 구체화될 수 있다. 21세기 우리가 추구해야 할 외교정책의 목표를 주권·안보·경제·문화 등 문제영역별로 나누어 살펴보면 다음과 같다.

첫째는 주권영역에서의 정책목표이다. 1948년 정부수립 이후 주권영역에서의 외교정책목표는 정부승인외교였다. 즉 한국은 냉전기간 중 북한의 주권을 인정하는 사회주의 국가들과 여타 친북한 성향의 제3세계 국가들을 제외하고는 대부분의 국가들과 수교함으로써 남북한은 서로 자국 정부에 대한 승인만을 고집하고 타방의 정부에 대한 승인을 가로막는 외교경쟁을 해왔다. 그러나 1990년대 들어 북방정책의 결실로 대부분의 사회주의 국가들과 외교정상화를 달성하였다. 남북한의 UN 동시가입으로 UN에서의 남북한 정통성 경쟁외교도 종식되었다. 그 결과 주권영역에서의 외교정책 목표는 통일외교정책에 집중될 수밖에 없다.

통일이란 두 개의 주권을 하나의 주권으로 만드는 일이다. 특히 통일과정에서 주권문제에 대한 외교정책은 매우 중요한 영역으로 기본적으로 두 가지 기본과제를 갖고 있다. 하나는 통일될 때까지 남북한 정부가 주권의 문제를 외교적 차원, 즉 국제적 차원에서 어떻게 관리하느냐 하는 문제이고, 둘째는 한반도 주변4강인 미·일·중·러에 대한 통일 지지 획득의 외교문제이다.

통일과정에서의 주권의 대외적 관리는 통일이 달성될 때까지 남북한이 UN을 비롯한 주요 정부 간 기구뿐만 아니라 지역협력기구나 기능적 국제기구 등에 공동으로 참여하고 협력하는 것으로 나타나야 한다. 1991년 12월 체결된 남북기본합의서 제6조와 제21조는 국제무대에서 경제와 문화 등 여러 분야에서 서로 협력하며 국제사회에 공동으로 진출한다고 규정하고 있다. 이미 한국은 러·중과 수교를 했고, 북한도 미·일과 주권을 인정·존중하는 국교정상화가 이루어져야 할 것이다.

주변4강에 대한 통일지지 획득외교는 통일방법과 통일한국의 대외정책이 4강의 이익에 순기능적이어야 성공적일 수 있다. 이런 의미에서 통일과정은 한반도와 주변4강 간의 관계가 평화공존의 원칙하에 포괄적 우호증진으로 나아가는 것이 바람직하다.

둘째는 안보영역의 정책목표이다. 안보영역에서의 한국외교정책목표는 통일을 이룰 때까지의 안보정책과 통일한국의 안보정책 두 단계로 나누어질 수밖에 없다. 첫번째 단계인 통일이 달성될 때가지의 안보정책 목표는 한국의 방어와 전쟁의 억제이다. 이 단계의 한국 안보위협의 주된 근원은 북한인 만큼 북한의 무력침공을 방어할 수 있는 군사력과 북한의 무력행위를 억지할 수 있는 군사력을 확보·유지하는 것이 정책목표이어야 한다. 이런 목표를 달성하기 위해 그동안 추진해 왔던 정책들, 즉 자주국방능력 강화정책의 계속 추진, 한·미 안보협력의 유지, 남북한관계의 발전, 그리고 동북아 4강체제의 활용은 지속적으로 추진되어야 할 과제이다.

안보영역의 외교정책목표 가운데 자주국방정책 목표와 한·미 안보협력 목표는 서로 보완적이다. 과거 자주국방정책의 주요 목표는 한국군 장비의 현대화로 초점이 맞추어져 있었다. 바로 방위산업 육성과 해외 군장비의 구입을 통해 화력을 증강하는 데 역점이 두어져왔다고 볼 수 있다. 그러나 군사력 및 전투력의 불가결한 요소인 군작전통제에 관한 권위는 한·미 안보협력차원에서 계속 주한미군이 소유행사해 오고 있다. 군작전통제의 권위와 능력이 포함되지 않은 여하한 자주국방정책도 공허한 것인 만큼 자주국방정책에 있어서나 한·미 안보협력에 있어서 한국군 작전통제에 대한 권한은 조속히 한국에 환원되어야 한다. 이것이 가능할 수 있도록 작전통제능력의 기반이 되는 C^4I 능력강화와 작전통제권 환원 이후 지속적이고 효율적인 한·미 안보협력체제 유지는 향후 한·미 안보협력에 있어서 핵심사항이 되어야 한다.

한반도 안보유지를 위한 조건에서 남북한과 주변4강과의 관계는 중요한 의미를 갖는다. 한국전쟁 이후 냉전기간 중에는 미·소 양대 군사동맹체제의 연장선상에서 북한은 중·소와 동맹을 맺고, 한국은 미국과 동맹관계를 맺으면서 미·일 동맹체제에 연계되어 현재에 이르기까지 안정을 유지해 왔다. 이것은 동맹체제에 입각한 한반도의 군사균형이 성공적으로 유지되어 왔다는 것을 의미한다. 그러나 현재와 같은 탈냉전시기에는 종래의 군사동맹체제가 점차 적실성을 상실해 가고 있다. 그런 만큼 종래의 군사동맹체제의 기능을 보완할 수 있는 새로운 질서가 필요하며, 그것은 다름아니라 남북한이 주변4강과의 관계를 정상화하는 것이다. 한국이 이미 러시아 및 중국과 수교를 했으므로 남은 과제는 북한이 일본·미국과의 관계를 정상화하는 것이다. 이런 외교정상화는 이른바 동북아 '4+2체제'의 정치적 신뢰를 구축하는 것을 의미하며 한반도와 동북아의 새로운 평화체제 수립을 위한 정치적 신뢰구축을 의미한다.

한반도의 평화안보 유지와 동북아 평화안보 유지는 불가분의 관계에 있다. 동북아 4강체제의 안정 없이는 한반도 안정이 있을 수 없으며, 그 역의 경우도 마찬가지이다. 이런 점에서 동북아 '4+2체제'의 평화안보 유지를 위해서는 쌍무적 접근방법과 다자간 접근방법이 동시에 필요하다. 즉 한반도에서의 평화와 안보의 유지를 위해서는 남북한이 각각 자국의 전통적 안보협력국가와의 쌍무적 협력이 불가피하며, 더욱이 남북한 당사자 간에 쌍무적으로 정치적 신뢰구축이 수립되고, 평화협정이 체결되어야 하며, 군축 등 군비통제가 이루어져야 한다. 동시에 한반도를 포함한 동북아 지역의 평화와 안보유지를 위한 신뢰구축과 군비통제를 내용으로 하는 다자간 지역협력이 이루어져야 하는 것이다. 따라서 한국의 안보외교는 주변국가와의 쌍무적 안보협력체체와 지역국가 간의 다자간 안보협력체제를 동시에 수용하여 보완적으로 추구해 나가야 할 것이다.

통일이 이루어진 이후 한국의 안보외교는 통일 이전과 비교해 질적인 변화가 불가피하다. 첫째는 통일한국의 위협요인은 북한으로부터의 위협요인이 제거되고 잠재적으로 러·일·중으로 다변화한다고 보아야 하며, 둘째는 통일한국이 통합국력을 바탕으로 동북아 세력균형체제에서 보다 중요한 인자로 부상할 것으로 보아야 한다. 따라서 통일한국의 안보정책은 중·러를 대상으로 하는 대륙전략과 미·일·중·러를 포함한 아·태지역 연안도서국가를 대상으로 하는 해양전략이 균형있게 추구되어야 할 것이다. 통일한국의 경제외교에 있어서 중·러 등 대륙국가들이 매우 중요한 의미를 갖지만 해양은 해양자원과 해운을 포함한 해양경제활동의 중요성을 감안할 때 바다에서의 경제이익과 경제활동의 안전보호는 안보외교의 중요한 목표가 된다. 더욱이 동북아 지역분쟁의 원인이 해양에서의 영토분쟁과 자원 및 환경관리의 분쟁으로부터 연유될 가능성이 높기 때문에 해양안보의 중요성은 더욱 중요하다고 할 수 있다. 따라서 이러한 21세기 통일한국의 안보환경을 고려해 육·해·공군의 균형된 구조와 작전효율을 기할 수 있는 통합군형태로 전력 및 지휘구조를 만들어 가야할 것이다.

요컨대 21세기 통일한국의 안보정책목표는 자체의 자주국방력을 계속 발전시키고 주변4강과의 쌍무적 협력체제를 구축하고 다자간 집단안보체제에 참여하는 3차원적 외교정책목표를 추구해야 할 것이다. 21세기 통일한국은 제3국을 겨냥한 배타적 군사동맹을 맺어서는 안 되며, 주변4강과 평화공존에 입각한 새로운 선린우호협력조약을 체결하고, 여하한 외부로부터의 무력침략에도 대응할 수 있도록 군사적 거부능력으로서의 강력하고 효율적인 군사력을 유지해야 한다. 이런 가운데 동북아 지역의 평화와 협력을 위해 쌍무적 관계를 통해서나 다자간 과정을 통해 적극적으로 영향력을 발휘할 수 있는 적극외교를 전개해야 한다. 다시 말해 통일한국은 4강 간의 의사소통의 중요한 통로가 되어야 하며, 동시에 중요한 중재자가 되어야 하는 것이다. 즉 4강의 이익면에서 보았을 때 통일한국의 역할이 지역안정 유지 및 경제협력에 있어서나 강대국 쌍무간 분쟁관계에 있어서 유익한 역할을 할 수 있다는 점을 인정받아야 하는 것이다.

셋째는 경제와 문화영역의 정책목표이다. 한국은 경제이익을 안보이익에 버금가는 핵심적인 외교목표로 삼아야 한다. 21세기에는 경제요인이 더욱더 국제관계의 핵심분야로 작용할 것인 만큼 건강한 경제력을 소유해야 하고, 고도의 과학기술능력을 갖추어야 하며, 이로써 강력한 대외경쟁력을 가져야 한다. 현재 우리가 IMF 극복과 구조조정에 심혈을 기울여야 하는 것도 이런 이유에서이다. 한국경제의 지속적인 성장과 비교우위를 유지하기 위해서는 공급측면에서 한국경제가 필요한 해외자원의 안정적인 공급을 위한 외교, IMF 및 세계은행과 주요 경제대국과의 자본협력, 그리고 공업선진국들과의 과학기술 협력을 위한 외교가 더욱 활성화되어야 할 것이다. 또한 수요의 측면에서는 한국제품에 대한 해외수요를 증대시키기 위한 통상외교를 더욱 강화해야 할 것이다. 이는 결국 한국경제의 세계화가 더욱 적극적으로 추진되어야 함을 의미한다. 투자부문에서 자원개발을 위한 자원보유국 내에서의 투자, 지역경제권 내의 시장을 목표로 한 선진공업국 내의 투자, 그리고 생산의 효율성을 증대시키기 위한 개발도상국 내에서의 투자가 보다 적극적으로 추진되어야 한다. 다자간 국제금융협력과 자유무역체제에 입각한 통상외교를 더욱 강력히 추진해야 하는 것이다.

또 중국·러시아 등 시장경제 전환권에 대한 장기적 전망을 가지고 경제협력의 기틀을 다지는 외교가 필요하다. 동시에 개발도상국의 사회·경제발전에 대한 쌍무차원의 경제협력을 확대해 나가야 한다. APEC과 같은 아태지역협력은 물론 한반도 주변에 형성될 가능성이 있는 황해권·동해권 혹은 동북아경제권 등 다자간 지역경제협력체 형성에 주도적 역할을 수행하는 외교가 필요하다. 지경학적 입장에서 세계경제대국과 과학기술대국으로 이미 세계 및 지역경제를 선도하는 일본과의 경제협력외교와 경제대국으로 부상하는 중국과의 포괄적인 경제협력은 EU와 NAFTA 그리고 ASEAN과의 경제협력과 함께 21세기 한국경제외교의 핵심을 이룰 것이다. 동시에 장기적 안목에서 러시아·인도 및 아프리카 주요 자원국과의 경제협력을 추진해야 한다.

문화영역의 정책목표는 고전적 의미에서의 국위선양이나 한국과 한국인의 국제적 이미지 고양, 한국정부정책에 대한 대외홍보 목적을 계속 추구하는 것 이외에 몇 가지 추가적 목적을 추구해 나가야 할 것이다. 우선 해외 취업이민은 계속 장려되어야 하며, 역이민과 외국인의 한국이민 및 귀화도 적극 수용되어야 한다. 다음은 학술목적이나 인력훈련을 위한 장단기 해외진출이 유학정책을 포함하여 확대되어야 한다. 동시에 같은 동기를 가진 외국인의 한국유학 내지 훈련기회를 정부차원에서나 민간차원에서 확대해 나가야 하며, 특히 개도국의 인적자원 개발을 지원하기 위한 협력이 적극 추진되어야 한다. 또 남북한 분단시기에 이룩된 해외 교민사회의 양분된 구조를 시정하고, 거주국별로 교민정책을 다양화해 교민의 위상을 높이도록 해나가야 한다. 더 많은 한국인이 국제기구 사무국 직원으로 진출할 수 있는 기회를 확대해 나가는 일도 시급하다. 뿐만 아니라 국제범죄 방지, 환경오염 방지 등을 위한 국제협력에 적극참여하고 인권·민주주의·세계평화 등 보편적인 도덕성과 인도주의적 정책을 적극 추진해 나가야 한다.

V. 통일한국의 외교능력과 체제

21세기 한국외교의 기조와 목표, 그리고 전략은 목표달성을 위해 투입될 수 있는 외교능력에 의해 규정될 수밖에 없다. 외교능력은 광의의 국력을 의미하는 것으로 영향력의 기초가 된다. 국력의 요소는 다양하게 정의될 수 있으나 외교능력으로서의 국력은 군사능력, 경제능력, 국민의 국제화 능력, 정치 및 행정 능력을 들 수 있을 것이다.

21세기 통일한국의 군사력이 적정수준의 병력, 우수한 화력 및 작전통제능력을 갖추고, 또 핵심적 국가이익을 수호하기 위해 군사력 사용에 대한 정치적 의지와 국민의 지지로 보완되어 있는 군사력을 소유하고 있다면 동북아 4강체제 속에서 조정자로서의 역할을 충분히 해낼 것이다. 외교능력으로서의 군사력 효율화는 무엇보다도 육·해·공군의 균형된 통합군 전력구조를 발전시키고, 작전통제권을 소유·행사하면서 자

556

주국방력을 증강하는 길이다.

통일한국의 경제능력은 단기적으로 통일 이후 북한의 사회경제 발전, 남북한 경제통합 및 경제구조의 재구성에 따른 경제적 부담으로 인해 대외영향력에 있어서 능력에 제약을 받게 될 것은 분명하다. 그러나 장기적으로 남북한 경제통합에 의한 인적 자원의 확대, 국내시장의 확대, 국토와 천연자원의 확대, 그리고 생산성 제고로서 경제발전의 기회는 획기적으로 확대될 것이며, 이에 따른 경제능력의 증대는 필연적이다. 외교능력으로서의 경제능력강화는 적극적 구조조정과 과학기술의 발전을 통한 국민경제의 생산성제고를 통해 달성될 수 있다. 연구개발부분에 대한 자원배분이 획기적으로 증가 투입되어야 하며, 과학기술인재양성과 연구풍토 조성에 박차를 가해야 할 것이다.

통일한국의 외교에서 한국인의 국제화 능력은 매우 중요한 의미를 지닌다. 국제화 능력이란 통일한국이 지구촌의 일원으로서 외국 및 외국인과 선린우호관계를 유지하면서 한국인 혹은 한국의 이익을 추구할 수 있는 능력을 의미한다. 이러한 능력을 갖추기 위해서는 국민의 문화적 자질과 소양을 높여야 한다. 국민의식의 국제화와 외국어능력의 보편화, 그리고 국제문제에 대한 이해의 보편화가 이루어져야 한다. 현 시점에서 한국국민의 국제화 능력은 취약하기 그지없다. 국민의식의 국제화능력과 외국어 능력은 매우 미흡한 상황이며, 국제문제에 대한 지식도 부족하다. 더욱이 북한주민들의 경우 국제화 능력문제는 더욱 심각하다고 보아야 한다. 국민의 국제화 능력 강화는 다양한 방법으로 추진될 수 있으나 무엇보다도 교육과 훈련을 통해 달성할 수밖에 없다. 21세기 주역이 될 청소년과 청소년 교육을 책임진 교사들의 해외여행 및 연수기회를 확대하고, 초등학교부터 대학에 이르기까지 세계지역과 국제관계에 대한 교육과 주요 외국어에 대한 교육을 본격화해야 한다. 국제전문인력과 실무인력도 양성해야 하며, 기성세대의 국제문제에 대한 이해를 위한 사회교육도 강화해 나가야 한다.

외교능력으로서의 정치력과 행정능력은 어떤가? 정치력은 국민이 자발적으로 국가발전에 참여하도록 하는 지도력과 정치체제를 의미한다. 또한 국민의 동의와 자발적 참여에 근거하여 국력요인을 조직화하여 국가목표 달성에 효율적으로 투입하는 능력이라고도 볼 수 있다. 이런 점에서 정치지도력이 다원적 민주주의와 개방적 시장경제체체를 추구하고, 정치과정에서 국민의 참여도가 확대되고 국민의 기본권이 존중되며 창의성이 보장되는 정치문화가 정착될 때 강력한 외교능력이 고양될 수 있을 것이다.

외교능력은 외교정책을 수행하기 위한 제도적 장치를 어떻게 수립하고 이행하느냐에도 달려 있다. 그동안 우리의 외교정책 결정과정은 첫째 대외관계 부서 간 정보교류가 원활하지 않으며, 정책대안 형성에서 조정·협력이 미약하고 형식적이며, 둘째 최고 정책결정자에 대한 정보제공과 대안건의가 각 부서 간에 경쟁적으로 이루어져 왔으며, 셋째 정책결정과정에서 최고 정책결정자의 개인적 친분과 신뢰도에 따라 정책정보와 정책대안이 제시·채택되는 경우가 많으며, 넷째 주무부서인 외무부의 정책결정과정 참여가 미약하고, 다섯째 정부 최고차원에서 대안정책을 실무적으로 수립하는 제도적 장치가 허약한 것이 문제점이었다.

또한 외교정책을 집행하는 제도측면의 문제는 더욱 심각했다. 정부조직법은 주무부서인 외무부의 기능을 불명확하고 좁은 의미로 규정했고, 실제로 정부수립 이후 외무부는 정무기능에만 국한되었다고 보아도 과언이 아니었다. 외무부가 정무기능에 집착해 있는 동안 재무부·상공부·경제기획원 등 경제관련부처, 문공부 그리고 독자적인 국방부 등이 기능적으로 한국의 대외정책을 집행함으로써 외교기능의 중복·상충·경쟁의 결과를 가져왔던 것이다. 더욱이 이런 제도상의 문제점은 관계기관과의 내실있는 정책협의나 조정을 어렵게 함으로써 외교정책 목표의 우선순위 결정과 균형된 정책대안 창출을 어렵게 했고, 외교환경변화에 기동성있고 효율적인 대응을 불가능하게 했다.

새 정부 들어 이런 점을 개선하기 위해 외교·안보·통일관련 정부부처간의 역할분담을 분명히 하고, 과거 통일안보조정회의를 대체할 새로운 외교안보관련 최고 의사결정기구로 국가안보회의를 신설하였다. 또 정부조직 개편을 통해 '외교통상부'를 설립함으로써 외무부의 역할과 기능을 확대시켰다. 이것은 외교체제를 효율화시키는 데 있어 진일보한 것이지만, 앞으로도 더 많은 개선과 보완이 뒤따라야 할 것이다.

무엇보다도 21세기 통일한국의 외교능력으로서의 제도적 능력을 강화하기 위해서는 외교제도가 조직·인력·예산을 외교전력으로서 최대화할 수 있도록 운영되어야 할 것이다. 이를 위해 첫째 외교체제는 실질적으로 대외관계 정보를 집중 관리·활용할 수 있어야 하며, 대외정책의 수립과 이행에 대한 조정·통제능력을 가져야 할 것이다. 둘째는 21세기 외교환경에서 국익을 극대화할 수 있도록 외교체제의 창의성·개방성 및 전문성을 높여나가야 할 것이다. 이를 위해서는 외교체제의 조직능력·기획능력·정책결정능력·평가능력 그리고 관리능력을 높이는 방안이 구체적 제도화되어야 할 것이다. 셋째는 21세기 통일한국외교를 담당할 우수한 인적 자원을 확보하고, 이를 체계적으로 훈련시켜야 할 것이며, 동시에 민간외교능력을 최대로 수용·활용해야 할 것이다.

필자 약력

高相斗 연세대학교 사회과학연구소 선임연구원.
연세대학교 정치외교학과 졸업, 독일 Freie Universität Berlin 졸업
(Dipl.-pol., Dr.-phil.).
주요 저술: "러시아 경제개혁과 정치사회구조의 변화"; "독일의 정당통합
과 그 시사점" 등.

琴喜淵 서울시립대학교 국제관계학과 교수.
연세대학교 정치외교학과 졸업, 中華民國 國立政治大學 外交硏究所 졸업
(政治學 碩士), 미국 Miami University 졸업(Ph.D.).
주요 저술: "중국정치에서의 후원자-추종자 관계"; "Policy Conflicts and
Readership Change in Chinese Politics" 등.

金啓東 국가정보대학원 교수.
연세대학교 정치외교학과 졸업, 영국 University of Oxford 졸업(M.A.,
Ph.D.).
주요 저술: *Foreign Intervention in Korea*; "남북한 체제통합: 이론과
실제" 등.

金達中 연세대학교 정치외교학과 교수, 세종연구소 소장.
연세대학교 정치외교학과 졸업, 中華民國 國立政治大學 外交硏究所 졸업
(法學 碩士), 미국 Tufts University, The Fletcher School of Law and

Diplomacy 졸업(M.L., M.A.L.D., Ph.D.).
주요 저술: 『국제정치학의 새로운 영역과 쟁점』(공편저); *The New World Order and Korea: Challenges and Prospects towards the Year 2000* (공편저) 등.

金義坤 인하대학교 정치외교학과 교수.
연세대학교 정치외교학과 졸업, 미국 State University of New York at Albany 졸업(M.A., Ph.D.).
주요 저술: 『현대국제정치이론』; 『한국외교정책론』(공저) 등.

金在鎬 연세대학교 동서문제연구원 전문연구원.
연세대학교 정치외교학과 졸업, 연세대학교 대학원 졸업(정치학 석사), 日本 慶應義塾大學 大學院 졸업(政治學 博士).
주요 저술: "キャリアと選擧の計量分析"; "日本における各黨の政治資金構造" 등.

金正琪 駐사우디아라비아 대사.
서울대학교 외교학과 졸업, 미국 The Johns Hopkins University 졸업 (M.A.), 미국 Illinois State University 졸업(Ph.D.).
주요 저술: *Foreign Trade Policy of South Korea: Structure, Process and Outcomes* 등.

朴漢圭 경희대학교 국제관계학과 교수
연세대학교 정치외교학과 졸업, 미국 Columbia University 졸업(M.A., Ph.D.).
주요 저술: "The Post-Cold War Era and Nuclear Nonproliferation Issues in East Asia"; "Comprehensive Security and Regional Nuclear Cooperation in East Asia: The Case of South Korea" 등.

白珍鉉 서울대학교 국제지역원 교수.

서울대학교 법학과 졸업, 미국 Columbia University 졸업(M.A.), 영국 University of Cambridge 졸업(Ph.D.).

주요 저술: *4Maritime Issues in the 1990's* (공편저); *Exploing Maritime Cooperation in the North East Asia* (공편저) 등.

孫基雄 통일연구원 연구위원.

영남대학교 경제학과 졸업, 연세대학교 대학원 졸업(정치학 석사), 독일 Freie Universität Berlin 졸업(Dr.-phil.).

주요 저술: 『남북한 환경분야 교류·협력 방안연구: 다자적·양자적 접근』; *Umweltmilitarismus, Sozio-Militarismus und Öko-Militarismus* 등.

梁勝咸 연세대학교 정치외교학과 교수.

연세대학교 정치외교학과 졸업, 연세대학교 대학원 졸업(정치학 석사), 미국 University of Washington 졸업(M.A., Ph.D.).

주요 저술: "러시아의 한반도정책에 관한 정치경제적 시각": "러시아의 정체성 논쟁과 러시아연방의 장래" 등.

呂鉉德 여의도연구소 연구위원.

연세대학교 정치외교학과 졸업, 연세대학교 대학원 졸업(정치학 석사·박사).

주요 저술: "한국의 시민사회형 정권과 국가주도형 정권의 비교연구"; "신군부 권위주의체제의 등장과 정치갈등" 등.

李大雨 세종연구소 연구위원.

연세대학교 정치외교학과 졸업, 미국 American University 졸업(M.A.), 미국 Claremont Graduate School 졸업(Ph.D.).

주요 저술: "방위비 분담": "전쟁이 경제에 미치는 영향" 등.

李瑞恒 외교통상부 외교안보연구원 교수.
서울대학교 정치학과 졸업, 서울대학교 대학원 졸업(정치학석사), 미국 Kent State University 졸업(Ph.D.).
주요 저술: "Third World Approaches Antarctica"; "Approaches to Regional Security and Arms Control in Northeast Asia: Tasks Ahead" 등.

李年鎬 연세대학교 동서문제연구원 연구교수.
연세대학교 정치외교학과 졸업, 영국 University of Cambridge 졸업 (M.Phil., Ph.D.).
주요 저술: The State, Society and Big Business in South Korea; "The Limits of Economic Globalization in East Asian Developmental States" 등.

李仁鎬 국가안보정책연구소 연구위원.
영남대학교 정치외교학과 졸업, 연세대학교 대학원 졸업(정치학 석사), 미국 University of Washington 졸업(M.A.I.S.), 미국 Pennsylvania State University 졸업(Ph.D.).
주요 저술:『세계정치의 쟁점과 이해』(공저); "Soviet Military Government in North Korea" 등.

李正民 연세대학교 국제학대학원 교수.
연세대학교 정치외교학과 졸업, 미국 Tufts University, The Fletcher School of Law and Diplomacy 졸업(M.A.L.D., Ph.D.).
주요 저술: Survey of Korean Attitudes on Security, Foreign Affairs, and Unification; The Emerging Strategic Balance in Northeast Asia 등.

李政勳 연세대학교 국제학대학원 교수.
미국 Tufts University 졸업(B.A.), 미국 Tufts University, The Fletcher School of Law and Diplomacy 졸업(M.A.L.D.), 영국 University of

Oxford 졸업(Ph.D.).

주요 저술: *Korean-Japanese Relations: The Politics of KoreanJapanese Relations*; "Unravelling the Next East Asian Relational System: Historical Memory, Finite Deterrence, and Regional Cooperation" 등.

鄭圭燮 관동대학교 북한학과 교수.

연세대학교 정치외교학과 졸업, 연세대학교 대학원 졸업(정치학 석·박사).

주요 저술:『국제관계사상』(공역); "북한 외교정책의 환경요인과 변화과정" 등.

崔東熙 강원대학교 정치외교학과 교수.

연세대학교 정치외교학과 졸업, 연세대학교 대학원 졸업(정치학 석·박사).

주요 저술:『동유럽의 정치경제와 한반도』등.

편저자 약력

◈ 학 력

1945. 3−51. 2.   신양(충남), 종암(서울), 연산(충남) 초등학교
1951. 3−57. 2.   경기 중·고등학교
1957. 3−61. 2.   연세대학교 정치외교학과 (정치학 학사)
1962. 9−65. 6.   중화민국 국립정치대학 외교연구소 (M.L., 법학 석사)
1965. 9−66. 6.   미국 Tufts University, The Fletcher School of Law and
                 Diplomacy (M.A., 국제관계학 석사)
1966. 9−67. 6   동교 (M.A.L.D., 국제법·외교학 석사)
1967. 9−72. 6.   동교 (Ph. D., 국제정치학 박사)

◈ 경 력

■ 연세대학교
1977−현재   사회과학대학 정치외교학과 교수
1979−1980   학생처장
1982−1986   동서문제연구원 부원장
1986−1992   동서문제연구원 원장
1986−현재   동서문제연구원 해양문제연구센터 소장
1992−1996   국제학대학원장
1996−1998   행정대학원장

■ 정부자문관련 활동

1972-1976 외무부 외교연구원 연구위원

1976　　　　 외무부 외교연구원 교수

1981-현재　 외무부 정책자문위원

1982-1992 통일원 남북대화사무국 자문위원

1982-현재　 평화통일자문회의 위원

1985　　　　 총무처 외무고등고시 제2차시험 위원

1989-1994 대통령자문 21세기위원회 위원, 제1분과(외교·통일)위원회 위
　　　　　　 원장

1991-1992 통일원 통일정책평가위원회 위원

1992-1994 교육부 남북한 교수 학술교류 추진위원회 위원, 인문·사회분
　　　　　　 과위원회 위원장

1992-1995 한국학술진흥재단 이사

1993-현재　 통일원 통일정책자문위원회 위원

1994　　　　 통일원 통일정책자문위원회 위원장

1994　　　　 국무총리실 국제화추진위원회 위원

1995-현재　 국방부 정책자문위원

1995-현재　 외무부 정책자문위원회 위원장

1996-현재　 교육부 국제전문인력양성 특성화사업 평가위원회 위원

1997-현재　 교육부 국제전문인력양성 특성화사업 평가위원회 위원장

1997-현재　 교육부 국제실무인력 특성화사업선정 심사위원회 위원,
　　　　　　 국제·경영분과 위원장, 전체위원회 위원장

■ 국내 학회 활동

1972-현재　 한국정치학회 회원, 평생회원

1972-현재　 한국국제정치학회 회원, 평생회원

1973-현재　 대한국제법학회 평의원

1977　　　　 한국국제정치학회 총무이사

1979-1990 한국공산권연구협의회 회원

1981-1983 한국해로연구회 총무
1982-1984 한국공산권연구협의회 총무
1983-현재 한국정치외교사학회 이사
1984-1986 한국공산권연구협의회 부회장
1984 현재 영국 왕립 아시아학회(RAS) 평생회원, 이사·부회장 역임
1985 한국정치학회 총무이사
1986-1988 한국공산권연구협의회 회장
1986-1994 한국해로연구회 집행위원장
1986-현재 한국해로연구회 운영위원장
1986-현재 서울국제포럼 상임이사, 프로그램위원장
1988-현재 영국 국제전략연구소(IISS) 한국위원회 이사
1992-현재 한국세계지역연구협의회 회원
1993 한국국제정치학회 회장
1993-현재 한국국제정치학회 회관건립특별위원회 위원장
1996-현재 아시아·태평양 안보협력이사회 한국위원회(CSCAP-Korea) 회장
1993-1997 한국정치학회 제17차 세계정치학회 서울대회 조직위원회 위원장
1997-현재 21세기 모임 회장
1999-현재 세종연구소 소장

■ 국외 학회 활동
1965-현재 미국정치학회(APSA) 회원
1975-현재 미국국제학학회(ISA) 회원
1982-현재 세계정치학회(IPSA) 회원
1984-현재 U.S. Institute of Foreign Policy Analysis 연구자문위원
1985-1991 아시아·태평양 정치학회(APPSA) 회원
1988-1996 캐나다 Asian-Pacific Foundation 해외이사
1990-현재 Russian International Peace to the Ocean Committee 명예회원
1994-1997 세계정치학회 프로그램위원회 위원, 부회장
1993-현재 Council for Security Cooperration in Asia Pacific (CSCAP)

운영위원

1994-현재   CSCAP 신뢰구축작업반 공동의장
1994-현재   세계정치학회 집행위원
1997-현재   세계정치학회 수석부회장

◈ 상 훈

1977. 12. 31.   외무부장관 표창(한국외교정책 수립과 외교관 교육에 대한
                공헌)
1992. 11. 24.   수교훈장 창의장(북방외교 정책수립과 사회주의국가와의 학
                술교류협력에 대한 공헌)
1995. 5. 13.   연세대학교 우수업적 교수 표창(우수연구업적)
1996. 8. 14.   독일연방공화국 십자공로훈장(한·독 학술교류협력 및 한·독
                이해증진에 공헌)
1997. 5. 10.   연세대학교 장기근속 표창(20년 장기근속)
1997. 12.   한국정치학회 공로패(제17차 세계정치학회 서울대회 조직위
                원회 위원장으로서 대회의 성공적 개최와 학회의 세계화에
                대한 기여)

◈ 저 서

■ 국문저서

1. 『현대사회와 마르크시즘』, 공저, 서울: 연세대학교 출판부, 1984.
2. 『蘇聯의 亞細亞政策과 韓半島』, 편저, 서울: 法文社, 1987.
3. 『헝가리·유고슬라비아: 政治·經濟·社會文化構造와 政策』, 편저, 서울:
   法文社, 1988.
4. 『韓國과 海路安保』, 편저, 서울: 法文社, 1988.
5. 『中國的 社會主義와 改革政治』, 공저, 서울: 法文社, 1989.
6. 『폴란드·동독: 政治·經濟·社會文化構造와 政策』, 공저, 서울: 法文社,

1989.

7. 『아시아 共産主義의 持續과 變化: 中國·北韓·베트남』, 공편저, 서울: 法文社, 1989.

8. 『볼셰비키 革命: 理想과 現實』, 공편저, 서울: 法文社, 1989.

9. 『불가리아·알바니아: 政治·經濟·社會文化構造와 政策』, 공저, 서울: 法文社, 1990.

10. 『소련의 改革政治』, 공저, 서울: 法文社, 1990.

11. 『東歐의 改革과 韓國과의 經濟協力』, 공저, 서울: 法文社, 1991.

12. 『中國의 政治體制와 改革』, 공저, 서울: 法文社, 1992.

13. 『베트남·캄보디아·라오스: 政治·經濟·社會·文化構造와 政策』, 공저, 서울: 法文社, 1992.

14. 『東歐의 政治·經濟』, 공저, 서울: 법문사, 1992.

15. 金達中 編. 『南北間 經濟交流에 따른 海上運送戰略 硏究』, 편저, 서울: 한국해로연구회, 1994.

16. 『국제정치학의 새로운 영역과 쟁점』, 공편저, 서울: 나남, 1995.

(이외 25권)

■영문저서

1. Dalchoong Kim, et al. eds., *Energy Policies in Korea and Japan: Comparison and Search for Cooperation*, Seoul: Yonsei University Press, 1986.

2. Dalchoong Kim, et al. eds., *New Directions in East-West Relations: German and Korean Perspectives*, Seoul: Institute of East and West Studies, Yonsei University, 1987.

3. Dalchoong Kim, ed., *Resources, Maritime Transport and SLOC Security in the Asia-Pacific Region*, Seoul: Institute of East and West Studies, Yonsei University, 1988.

4. Dalchoong Kim, et al. eds., *East-West Relations and Divided Nation Problems in the Gorbachev Era*, Seoul: Institute of East West

Studies, Yonsei University, 1988.

5. Dalchoong Kim, et al. eds., *Korea-Canada in Emerging Asia Pacific Community*, Seoul: Institute of East and West Studies Yonsei University, 1988.

6. Dalchoong Kim, et al. eds., *Asia Communism: Continuity and Transition*, Berkeley: University of California Press, 1988.

7. Dalchoong Kim, et al. eds., *Korea and Canada: New Frontiers in the Asia-Pacific Era*, Seoul: Institute of East and West Studies, Yonsei University, 1989.

8. Dalchoong Kim, et al. eds., *Economic Cooperation Between Korea and Hungary*, Seoul: Institute of East and West Studies, Yonsei University, 1990.

9. Dalchoong Kim, et al. eds., *Korea and the United Kingdom*, Seoul: Institute of East and West Studies, Yonsei University, 1990.

10. Dalchoong Kim, et al. eds., *Divided Nations and East-West Relations on the Threshold of the 1990s*, Seoul: Institute of East and West Studies, Yonsei University, 1990.

11. Dalchoong Kim, et al. eds., *Vietnam-Korea Economic Cooperation*, Seoul: Institute of East and West Studies, Yonsei University, 1991.

12. Dalchoong Kim, et al. eds., *The Role of Market and State: Economic and Social Reforms in East Asia and East-Central Europe*, Seoul: Institute of East and West Studies, Yonsei University, 1991.

13. Dalchoong Kim, et al. eds., *Consequences of German Unification and Its Implications for a Divided Korea*, Seoul: institute of East and West Studies, Yonsei University, 1992.

14. Dalchoong Kim, et al. eds., *Britain and Korea: Education, Welfare and the Economy*, Sheffield, U.K.: Center for Korean Studies, University of Sheffield, 1992.

15. Dalchoong Kim, et al. eds., *Korea-India Tryst with Change and*

Development, New Delhi: Khama Publishers, 1993.

16. Dalchoong Kim, et al. eds., *The New World Order and Korea: Challenges and Prospects towards the Year 2000*, Seoul: The Korean Association of International Studies, 1993.

17. Dalchoong Kim, et al. eds., *Integration and Disintegration in Europe and Northeast Asia*, Seoul: Institute of East and West Studies, 1994.

18. Dalchoong Kim, et al. eds., *Economic Integration Strategies in East Asia and Europe*, Seoul: Institute of East and West Studies, Yonsei University, 1995.

19. Dalchoong Kim, et al. eds., *Maritime Policy, Maritime Security and Ocean Diplomacy in the Asia-Pacific*, Seoul: Institute of East and West Studies, 1995.

20. Dalchoong Kim, et al. eds., *UN Convention on the Law of the Sea and East Asia*, Seoul: Institute of East and West Studies, 1996.

21. Dalchoong Kim, et al. eds. *German Unification and Its Lessons for Korea*, Seoul: Institute of East and West Studies, 1996.

22. Dalchoong Kim, et al. eds., *History, Cognition and Peace in East Asia*, Seoul: Yonsei University Press, 1997.

(이외 35권)

【국문 요약】

한국의 외교정책

　한국은 높은 수준의 외교를 펼칠 역량이 아직 부족한 상태이며, 외교는 특히 국력과 불가분의 관계를 지니고 있는바, 한국외교가 현재 당면한 후진국 수준의 외교는 어느정도 예상된 것이라 하겠다. 하지만 스위스, 스칸디나비아 3국, 태국 등은 국력에 비해 월등히 높은 외교력을 보이는 나라들이며, 이것을 볼 때 우리는 미약한 국력에도 불구하고 자국의 입장을 무리없이 관철시키는 것이 외교의 진가임을 알 수 있다.

　특히 미·러·중·일 등 세계4강에 포위되어 있고, 조만간 남북대결구도를 어떤 방식으로든 해결해야 할 한국으로서는 이제 생존을 위해 높은 수준의 외교력을 발휘해야 할 시기에 직면하고 있다. 이러한 어려운 시기에 한국외교를 오랫동안 체계적으로 연구해 온 김달중 교수의 본서는 외교학계뿐만 아니라 외교 현장에도 공헌하는 바가 큰 학계의 개가이다.

　사실 외교분야는 다른 분야에 비해 이론적 성취가 실천으로 연결되지 않고 서로 고립되어 존재해온 분야이다. 그러나 미국의 경우처럼 대부분의 외교 선진국에서는 노련한 외교관과 외교정책을 연구하는 대가들의 상호교류를 통해 연구성과와 현장경험을 공유하는 좋은 제도를 볼 수 있다. 따라서 이번 감달중 교수의 연구성과도 외교정책을 연구하는 전문학자들뿐만 아니라 외교현장에서 뛰는 외교관들도 일독함으로써 한국외교의 선진화를 앞당기는 데 기여할 수 있을 것이다.

　이 책은 총 3부 19장으로, 제1부 '외교정책이론과 한국외교정책', 제2부 '기능별 한국외교정책', 제3부 '지역별 한국외교정책'으로 구성되어 있으며 종장에서는 한국외교정책의 가제와 대응방안을 모색하고 있다.

【Abstract】

Korea's Foreign Policy

Editor: Kim Dalchoong

ORUEM Publishing House, 15000won, 576pp., 153×224㎜, 1998

ISBN 89-7778-058-6   93340

Korea lacks the ability to fully utilize any diplomatic skill of a high quality. Because diplomacy is inseparably related to national power, the underdeveloped level of diplomacy of today's Korea is to be expected to some degree. However, Switzerland, the three Scandinavian countries (Sweden, Finland and Norway), and Thailand are countries which fully utilize diplomatic skill compared to their national power. Taking this into consideration, we can understand that the essence of diplomacy is to realize a country's intention in spite of its weak national power.

Especially Korea, which is surrounded by four great powers — the U.S., Russia, China, and Japan and which has to solve the problem of South-North confrontation in some way, is faced with a period in which it needs to utilize diplomatic ability of a high quality for its survival. At such a difficult moment, this book by Kim Dalchoong, who has systematically studied the diplomacy of Korea for a long time, is a triumph which contributes not only to the academic circles but also to the diplomacy circles.

In fact, the field of diplomacy has been comparatively separated, without any of its theoretical results being put into practice. In the case of diplomacy-developed countries like the U.S., one can find a good system through which research results and in-service experiences are shared among veteran diplomats and expert researchers in foreign policy. Therefore, not only the expert researchers but also veteran diplomats of Korea can contribute to advancing the level of diplomacy of Korea by reading this book.

This book consists of three parts, nineteen chapters in all: Part One "The Theory of Foreign Policy and Korean Foreign Policy"; Part Two "Korean Foreign Policy by Function"; and Part Three "Korean Foreign Policy by Region". The last chapter tries to find the task of Korean foreign policy and subsequent measures.

한국의 외교정책

발　행: 초판 1998년 6월 15일

　　　　재판 1999년 9월 10일

편저자: 김달중

발행인: 부성옥

발행처: 도서출판 오름

등록번호: 제2-1548호('93. 5. 11.)

서울특별시 서초구 서초동 1420-6 통일시대연구소빌딩 301호

전화: 02) 585-9122, 9123 / 팩스: 02) 584-7952

ISBN 89-7778-057-8　　93340　　　　　　　　　　정가 15,000원